U0901130

2012年贵州宣传工作年鉴

中共贵州省委宣传部 编

贵州人民出版社

责任编辑：夏　昆　周于飞
封面设计：唐锡璋

图书在版编目(CIP)数据

2012年贵州宣传工作年鉴／中共贵州省委宣传部编.
—贵阳：贵州人民出版社，2013.12
ISBN 978-7-221-11600-0

Ⅰ.①2…　Ⅱ.①贵…　Ⅲ.①宣传工作—贵州省
—2012-年鉴　Ⅳ.①D64-54

中国版本图书馆CIP数据核字(2013)第306590号

2012年贵州宣传工作年鉴

中共贵州省委宣传部　编

贵州出版集团
贵州人民出版社　出版

(地址　贵阳市中华北路289号　邮编　550004)

贵阳经纬印刷厂印刷

880×1230mm　16开本　24.625印张

650千字　56插页　印数900册

2013年12月第1版　2013年12月第1次印刷

ISBN 978-7-221-11600-0　定价：128.00元

《2012年贵州宣传工作年鉴》编委会

编辑说明

一、《2012年贵州宣传工作年鉴》是中共贵州省委宣传部编辑出版的内部性资料工具书。本书汇集2012年贵州宣传思想工作信息资料，全面反映全省宣传思想文化工作战线2012年取得的新进展、新成效和新经验，为推动宣传思想文化工作发展服务。

二、《2012年贵州宣传工作年鉴》所用稿件分别由各市（州）党委宣传部、省直宣传文化系统各单位和省委宣传部各有关处室提供，并经领导审阅。编辑部根据情况对部分内容进行了适当调整。

三、根据我省宣传思想工作实际情况，本书设立《工作总述》、《重要会议及活动》、《领导文稿》、《余声心文章》、《省委宣传部工作》、《省直宣传文化部门工作》、《各市（州）宣传思想工作》、《文件选编》、《大事记》、《干部队伍》等部类，对2012年度全省宣传思想工作的大事、重要活动均尽量收入，较为全面地反映了2012年贵州宣传思想工作的实际进展情况。

四、《2012年贵州宣传工作年鉴》在撰稿、编辑、印发过程中得到各级领导、有关方面和社会各界的关心和支持，在此特表示感谢。

《贵州宣传工作年鉴》编辑部

2013年7月

重要会议和重要活动

中国共产党贵州省第十一次代表大会胜利召开

2012 年 4 月 15 日，中国共产党贵州省第十一次代表大会隆重召开

2012 年 4 月 19 日，新当选的中国共产党贵州省第十一届委员会常务委员会委员

2012 年生态文明贵阳会议

2012 年生态文明贵阳会议开幕式

会议场景

全 省 宣 传 部 长 会 议

2012年1月17日，全省宣传部长会议在贵阳召开

省委书记栗战书出席会议并作重要讲话

省委副书记王富玉主持会议

省委常委、宣传部部长谌贻琴在会上作总结讲话

会议同期套开全省文明办主任会议

会议同期套开全省外宣办主任会议

省委书记栗战书会见国家广播电影电视总局党组成员、中央人民广播电台台长王求

4月28日，省委书记栗战书在贵阳会见了国家广播电影电视总局党组成员、中央人民广播电台台长王求，并接受了他的采访，就贵州奋力“后发赶超”、构筑“精神高地”、新闻媒体“走转改”及其他问题回答了提问

省委书记赵克志到省委宣传部调研

10月19日，省委书记赵克志到省委宣传部调研，在省委宣传部主持召开座谈会，听取省委宣传部工作汇报。赵克志同志充分肯定了省委宣传部工作取得的成绩，并对我省宣传思想文化工作作出重要指示

7月24日，省委宣传部召开全体干部职工大会，省委组织部副部长郑德川同志宣布省委关于省委宣传部主要领导同志职务调整的决定，省委决定由喻红秋同志接替谌贻琴同志担任省委宣传部部长

8月2日，省委宣传部召开全省宣传部长座谈会，省委常委、宣传部部长喻红秋出席会议并讲话

12月24日，贵州省文学艺术界联合会第七次代表大会召开

4月10日至11日，全省党委宣传系统舆情信息暨调研工作会议在剑河县召开

重大主题宣传活动

——党的十八大贵州代表团记者开放日活动

2012年11月9日，中国共产党第十八次全国代表大会贵州省代表团讨论对中外记者开放

2012年11月9日，中国共产党第十八次全国代表大会贵州省代表团讨论对中外记者开放。图为开放日结束后，省委书记、省长赵克志接受中央电视台等各家媒体记者采访

2012年11月9日，中国共产党第十八次全国代表大会贵州省代表团讨论对中外记者开放。图为外媒记者聚焦贵州代表团

——全省学习贯彻党的十八大精神

省委宣传部通过召开全体干部职工大会、处级以上干部会议，认真学习贯彻党的十八大精神

贵州省直机关领导干部学习宣传贯彻党的十八大精神座谈会

省社科界学习贯彻党的十八大精神座谈会

贵阳市宣传文化系统学习贯彻党的十八大精神座谈会

11月8日，中国共产党第十八次全国代表大会在北京召开，省武警总队、黔西南州、三穗县、黎平县、从江县、松桃县、清镇市、施秉县、普安县、德江县等地组织广大干部群众收看、收听党的十八大开幕式，并以多种形式学习贯彻党的十八大精神

省武警消防总队组织消防官兵收看党的十八大开幕式

德江县街头播放党的十八大开幕式

黔西南州举办文艺演出喜迎党的十八大召开

施秉县四大班子领导集中收看党的十八大开幕式

普安县

三穗县

清镇市

松桃县

黎平县

从江县

——学习贯彻省第十一次党代会精神

4月26日，学习贯彻省第十一次党代会精神省委宣讲团宣讲工作座谈会在贵阳召开，省委常委、宣传部部长谌贻琴出席并讲话

省委宣讲团省第十一次党代会精神报告会

4月20日，省委宣传部召开干部职工大会传达学习省第十一次党代会精神

省社科界学习贯彻省第十一次党代会精神座谈会

5月3日至4日，贵州广播电视台、贵州广电传媒集团在贵阳市委党校召开“贯彻落实党代会精神，改革创新促跨越发展”大会

4月27日，平塘县举行学习贯彻省第十一次党代会精神专题宣讲报告会，贵州广播电视台党委副书记、总编辑肖凯林同志作专题宣讲，全县副科级以上领导干部300多人聆听了报告

白云区举行省第十一次党代会精神宣讲报告会

毕节市宣传文化系统学习宣传贯彻省第十一次党代会精神工作会议

5月14日，云岩区召开学习宣传贯彻贵州省第十一次党代会精神和加强党的纯洁性建设宣讲会

——第七届贵州旅游产业发展大会在百里杜鹃隆重召开

省委书记栗战书分别向民革中央、民盟中央、国家旅游局赠送了纪念牌匾，国家旅游局局长邵琪伟接受赠送

——2012年中国·贵州国际绿茶博览会

茶博会开幕式

市民参加茶博会

南明区茶文化活动表演现场

南明区“黔茶飘香·品茗健康”系列活动表演现场

印江县佛光茶表演现场

——第二届中国（贵州）国际酒类博览会

酒博会开幕式

第二届中国贵州国际酒类博览会新闻发布会现场

酒博会高峰论坛现场

两位中国酒商通过法语翻译了解是否可以在贵阳代理法国波尔多地区的红葡萄酒

加拿大酒商正在促销

常务副省长谌贻琴和副省长蒙启良在酒博会上参观巡馆

——2012“牛头牌”杯多彩贵州旅游商品两赛一会

开幕式现场

省委副书记陈敏尔与俄罗斯客商亲切交谈

选手们正在比赛

参观者现场购买银饰

理论武装

2012年2月28日，省委、省政府在北京召开《国务院关于进一步促进贵州经济社会又好又快发展的若干意见》专家座谈会。国务院发展研究中心副主任卢中原，省委常委、副省长黄康生出席会议并讲话，省委常委、宣传部部长谌贻琴致辞

省委常委、副省长黄康生讲话

国务院发展研究中心副主任卢中原发言

省委常委、宣传部部长谌贻琴致辞

2012 年 2 月 24 日，由省委宣传部、省直机关工委主办，省委讲师团、省社科联承办的 2012 年第二期甲秀视线讲坛在贵阳举行。中央党校党建研究部主任、教授、博士生导师王长江应邀作“坚持解放思想　推动跨越发展”专题报告

3 月 9 日，2012 年第 3 期“甲秀视线讲坛”举行，国家行政学院张孝德教授作专题报告

2012 年 4 月 25 日，由省委宣传部、省直机关工委主办，省社科联、省委讲师团承办的 2012 年第 4 期（总第 24 期）“甲秀视线讲坛”在贵阳举行，省委政研室原副主任、研究员吴祖平应邀作“坚持科学发展，奋力后发赶超”专题报告

7月13日，由省委宣传部主办，省社科联、省委讲师团承办的2012年第6期“甲秀视线讲坛”，在省委组织部培训中心举行，省扶贫办主任叶韬作了“深入推进扶贫开发，加快脱贫致富步伐”的主题报告

8月23日，2012年第8期“甲秀视线讲坛”举行，教育部长江学者、复旦大学社会科学高等研究院副院长纳日碧力戈做专题报告

9月21日，2012年第9期“甲秀视线讲坛”举行，北京市委讲师团团长崔耀中为听众作精彩报告

10月25日，2012年第10期“甲秀视线讲坛”举行，中央党校党建教研室副主任、教授戴焰军做专题讲座

7月6日，由省委宣传部、省委政策研究室、省委党史研究室、贵州日报报业集团、中共黔东南州委主办的弘扬"三敢"精神，构筑"精神高地"推动跨越发展理论研讨会在黎平召开

第十六次全国社会科学院图书馆馆长协作会议暨社科系统信息化建设专题研讨会在贵阳举行

2012年贵州省暨贵阳市社会科学宣传普及活动周启动仪式

2012年贵州省社会科学学术年会开幕式

欠发达地区"后发赶超"论坛会现场

安顺市"解放思想　推动跨越"大讨论活动动员大会

宣传教育

12 月 5 日，省委书记赵克志，省委副书记、省政府党组书记陈敏尔，省委常委、宣传部部长喻红秋亲切接见罗阳先进事迹报告团成员

报告会现场

贵州省“背篼干部”精神报告会现场

“背篼干部”先进事迹走进省直机关座谈会

9 月 10 日，由省委宣传部、省文明办主办的“贵人善行——颂最美贵州精神做最美贵州人”主题活动在贵阳举行

2012 贵州省道德模范先进事迹报告会

贵州省“五型企业”暨企业文化示范单位试点工作专题调研座谈会

2012 年贵州省文化科技卫生“三下乡”集中示范活动在清镇市举行

文化艺术

4月15日，中国共产党贵州省第十一次代表大会专场文艺演出“同心跨越”在贵阳举行。演出结束后，省委书记、省人大常委会主任栗战书，省委副书记、省长赵克志，省委副书记王富玉，省委常委、省人大常委会副主任、统战部部长龙超云，省委常委、贵阳市委书记李军，省委常委、省委办公厅秘书长张群山，省委常委、宣传部部长谌贻琴与演员合影留念

9月29日，省委书记、省长赵克志，省委副书记陈敏尔，省委常委、常务副省长谌贻琴，省委常委、宣传部部长喻红秋，省人大党组副书记、副主任龙超云在贵州饭店国际中心剧场观看越剧“新版梁祝”，并与演员合影

省委常委、宣传部部长喻红秋出席首届贵州少数民族文学“金贵奖”颁奖仪式

由鲁迅文学院主办，省作协承办的鲁迅文学院第二届西南六省区市青年作家培训班9月10日至26日在贵阳举办。中国作协书记处书记、副主席廖奔，中国作协书记处书记李敬泽，鲁迅文学院常务副院长白描，鲁迅文学院副院长成曾樾，中共贵州省委宣传部常务副部长李建国等出席了开班典礼

9月20日，省文化厅在天柱县举行全省群众文化活动“龙、狮、鼓、棍”示范点挂牌仪式

5月25日至27日，全国首届贵州·岑巩陈圆圆吴三桂史迹研讨会先后在岑巩县和凯里市召开

5月22日，省文联召开纪念毛泽东同志《在延安文艺座谈会上的讲话》发表70周年座谈会

“论道”《跨越十年·融入世界》庆典晚会在北京隆重举行，邀请了白岩松等知名人士参加

第二届中国（贵州）国际酒类博览会形象大使选拔总决赛，省领导与演员合影

4 月 22 日晚，在第七届贵州旅游产业发展大会开幕前夕，一场主题为“磅礴乌蒙”的文艺晚会在黔西县杜鹃花广场隆重上演。晚会分为乌蒙古风、乌蒙神韵和乌蒙春晓三个篇章。彝族舞蹈《铃铛舞》、组舞《花开季节》和毕节籍著名歌手阿鲁阿卓一曲《花都之恋》，将整台晚会推向高潮

央视《走遍中国　走进黔南》开机仪式

2012 年中国雷山苗年暨鼓藏节开幕式

“我们的节日·春节”主题活动

电影《近距离击杀》开机仪式在独山县举行

话剧《天地文通》剧照

大型民族舞剧《天蝉地傩》剧照

2月21日，中国英雄史诗的重大新发现“苗族英雄史诗”《亚鲁王》出版成果发布会在北京举行

——多彩贵州舞蹈大赛

省委常委、宣传部部长喻红秋出席颁奖典礼

国际标准舞《太极风》

街舞《唤醒》

舞艺超群谢欣

原生态舞《月亮》

现代舞《永不褪色的记忆》

民族民间舞《太阳》

文化体制改革和文化产业发展

表彰大会现场

省委常委、宣传部部长谌贻琴带队参加第八届中国（深圳）国际文化产业博览会

签约仪式

省委常委、宣传部部长谌贻琴参观贵阳馆

多彩贵州品牌研发基地开工典礼

12月26日，省文化产业示范基地授牌仪式在贵阳举行，省委常委、宣传部部长喻红秋，省人大常委会副主任陈华祥等领导出席

多彩贵州系列产品：多彩贵州核桃乳、多彩贵州茶

精神文明建设

——“四在农家”创建活动

湄潭县万亩茶园“富在农家”

黔西县特色农业助农增收

盘县富饶牧场

贵州省"四在农家"创建活动省级示范点挂牌仪式

学在农家长智慧

农家书屋成为农民群众汲取精神食粮的载体

机耕作业比赛

专家现场传授农民农业适用技术

乐在农家

桐梓县在『四在农家』创建中打造的大娄山威风锣鼓队

丰富的农闲生活

余庆村民的钱杆舞乐在其中

遵义市“四在农家”现场会大联欢

乐在农家

美在农家

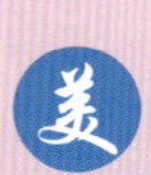

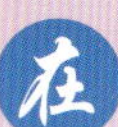

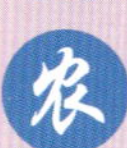

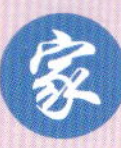

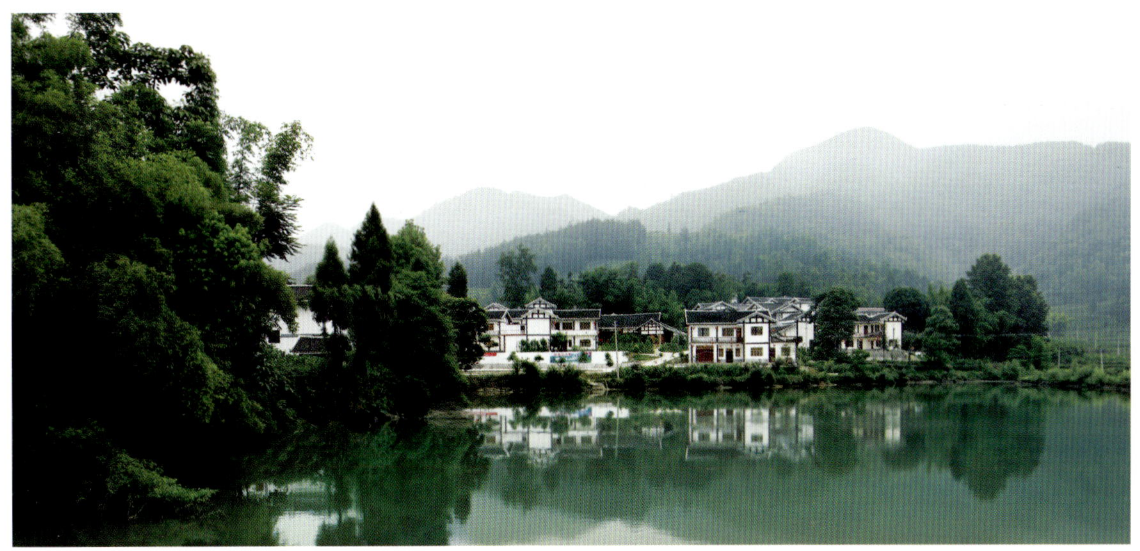

美丽乡村——湄潭县田家沟

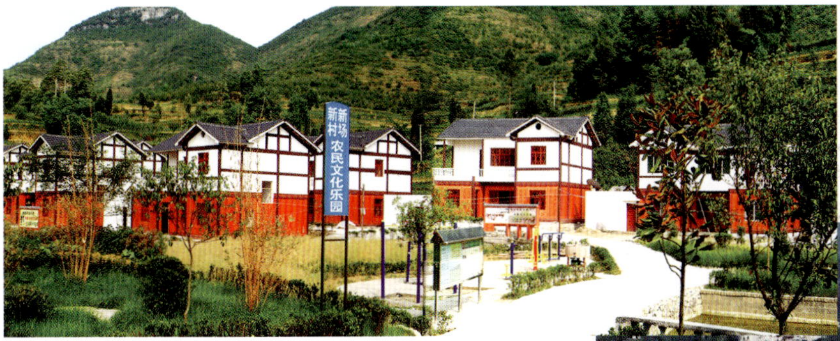

绥阳县蒲场镇新场新村农民文化家园

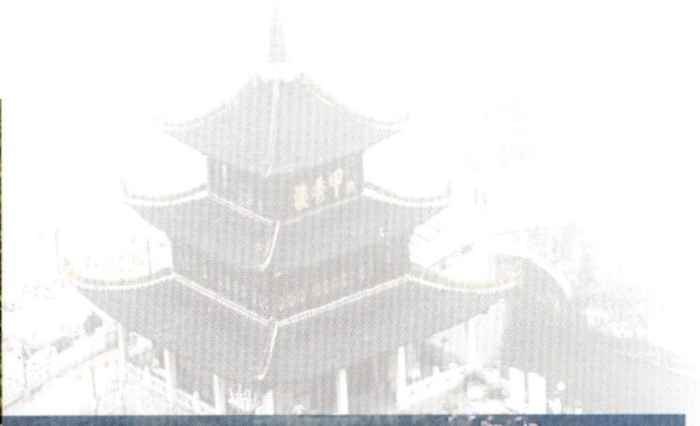

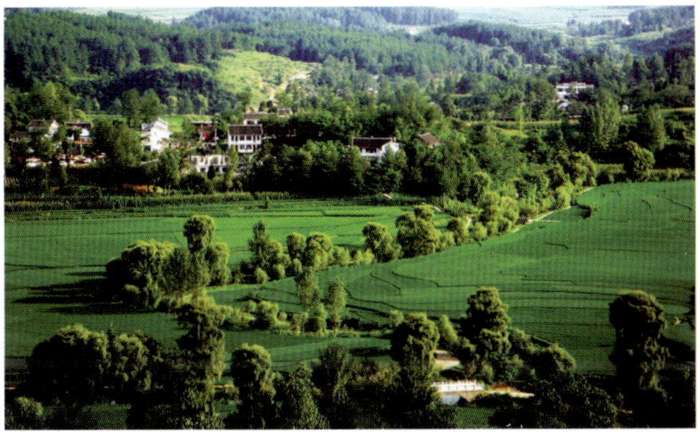

黔西县新农村

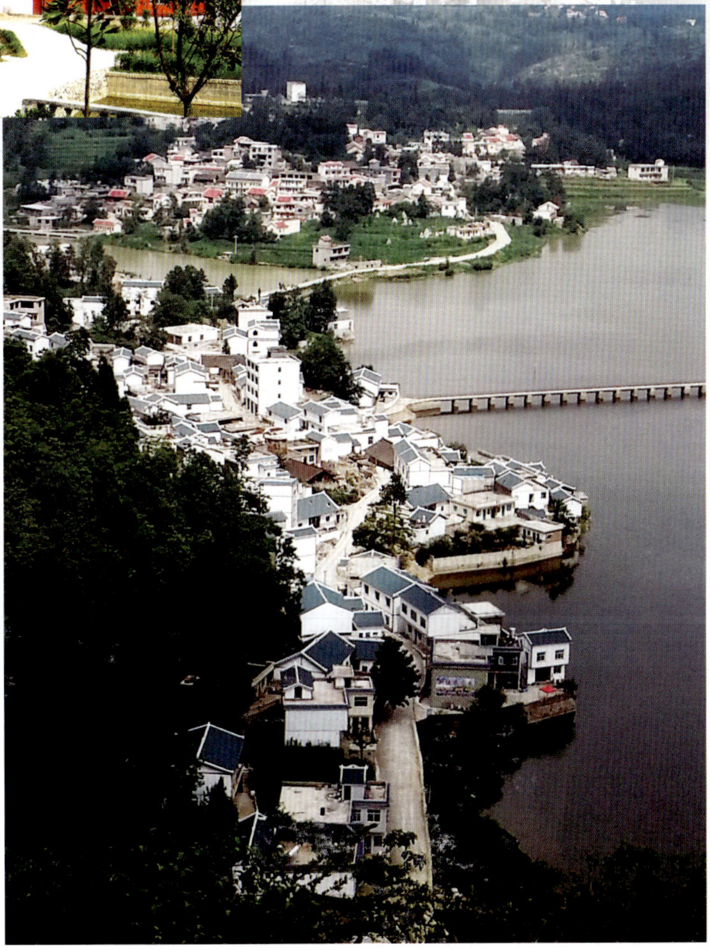

傍水而居的盘县两河乡许家屯新民居

——文明创建活动

2012年全省深化“整脏治乱”专项行动推动文明城市创建工作经验交流会在湄潭县召开

全省2012年进一步实施“文明交通行动计划”推进会

贵阳市召开迎接城市文明程度指数测评暨道德领域突出问题专项教育和治理工作推进会

文明城市——贵阳筑城广场鸟瞰

——道　德　模　范

10月29日，由省委宣传部、省文明办主办的“道德之光·贵州骄傲”第三届贵州省道德模范颁奖晚会在贵阳隆重举行

6月18日，“全国道德模范故事汇”基层巡演贵州贵阳专场在省委大礼堂精彩上演。“中国枪王”——全国敬业奉献模范何祥美，全国孝老爱亲道德模范、贵州女孩张蕾等全国道德模范现场讲述了他们的感人事迹

——未成年人思想道德建设活动

2月8日，全国未成年人思想道德建设工作视讯会议在京召开。中共中央政治局委员、中央书记处书记、中宣部部长刘云山出席会议并讲话。省委常委、宣传部部长谌贻琴，宣传部副部长、省文明办主任杨兴举与有关部门负责同志和干部在贵州分会场参加收看

“千校万师”培训工程在贵阳启动

“千校万师”培训工程学员自编自导自演的爱岗敬业诗歌朗诵

“千校万师”培训工程学员实地参观中小学校

2012 年 12 月 29 日,“祖国好·家乡美”颁奖典礼在贵阳举行

全省中小学“祖国好·家乡美”主题系列活动启动仪式

3 月 6 日,由省委宣传部、省文明办、省教育厅等单位联合举办的 2012 年贵州省中小学“祖国好·家乡美”主题系列活动启动仪式在贵阳市白云三中举行。省委宣传部副部长、省文明办主任杨兴举及有关单位干部和中小学生近千人出席启动仪式

2012 年 8 月 23 日,贵州省中小学中华经典优秀童谣诵读大赛在贵阳举行

——志愿者服务活动

贵阳市“关爱他人　关爱社会　关爱自然”志愿服务活动启动仪式

贵州省“绿丝带”志愿服务工作会议

遵义市“关爱他人　关爱社会　关爱自然”志愿服务活动启动仪式

凯里市“关爱他人　关爱社会　关爱自然”志愿服务活动启动仪式，中国志愿服务基金会理事长甘英烈向凯里“四下乡”志愿服务队授旗

汇川区志愿服务启动仪式

遵义市“文明交通伴我行·巾帼志愿在行动”启动仪式

对外宣传工作

2012 贵州·香港投资贸易活动周启动仪式

2012 贵州·香港投资贸易活动周媒体推介会

2012 贵州·香港投资贸易活动周签约仪式

中国外文局2012年全国外宣工作协作会在贵阳召开

2012年8月16日，贵州2012茶叶、食品、药品开幕式在香港会议展览中心开幕

第二届网络问政与舆情监测高峰论坛在贵阳举行

国务院新闻办郭卫民局长考察晴隆养殖基地

6月4日至10日，省委宣传部、省委外宣办与南方传媒学院联合开办了“2012贵州省外宣办主任高级管理课程班”

2012第四届“全国知名网络媒体、博主多彩贵州行”大型主题采访活动启动仪式

2012第四届“全国知名网络媒体、博主多彩贵州行”大型主题采访活动媒体见面会

7月1至7日，全国省报记者“国家公园省　多彩贵州行”大型采访活动成功举办，图为记者在黄果树瀑布前合影

华盛顿中国文化节·贵州文化周开幕式演出，中国驻美大使张业遂及到场嘉宾在肯尼迪艺术中心演出现场与演员合影

多彩贵州风参加法国图瓦尔艺术节，中国代表团在第一站的敦刻尔克进行游演

7月16日至22日，全国50家广播电台著名节目主持人入黔直播“听多彩之声　说魅力贵州”

2012诚信友爱贵州人年度颁奖仪式

“讲访帮促”活动

2012年，省委宣传部部务会成员深入平塘县开展“讲访帮促”活动，在文化设施建设、产业发展规划、群众民生问题、教育学习培训等方面开展调查研究，努力为基层办实事、办好事

2月23日，省委常委、宣传部部长谌贻琴参观大塘镇新场村村容村貌

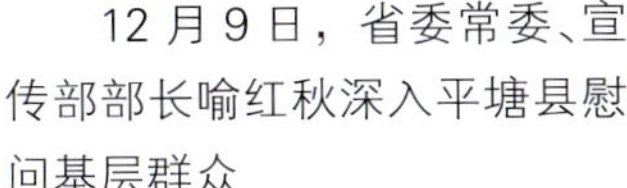

12月9日，省委常委、宣传部部长喻红秋深入平塘县慰问基层群众

5月31日下午，经省委宣传部挂帮工作组联系协调，中国作家协会党组副书记、书记处书记、鲁迅文学院院长张健同志率中国作协、中华文学基金会相关负责同志一行赴平塘县，通过“金叶育才图书室”工程向平塘县白龙、摆茹、克度等乡镇的40所中小学赠送价值238万余元的75000余册图书和50台电脑

省委常委、宣传部部长喻红秋在平塘县宣讲党的十八大精神

省委宣传部常务副部长李建国主持召开平塘县“帮县联乡驻村”临时党总支第一次会议

省委宣传部常务副部长李建国主持召开平塘县“帮县联乡驻村”临时党总支第二次会议

省委宣传部副部长、贵州日报报业集团党委书记、社长姚远深入平塘县调研

省委宣传部副部长、省文明办主任杨兴举在平塘县调研

省委宣传部副部长谢念在平塘县调研

多彩贵州文化产业发展中心主任、省委宣传部文改文产办主任袁华在平塘县调研

省委宣传部秘书长张云泓在平塘县大塘镇调研

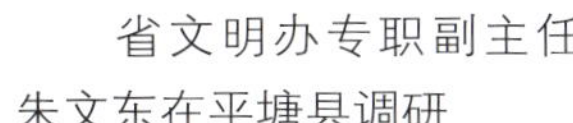

省文明办专职副主任朱文东在平塘县调研

机关党建工作

6月27日，省委宣传部副部长、省文明办主任杨兴举同志以“加强党的纯洁性建设，为贵州经济社会跨越发展提供坚强保证”为主题，为部机关党员干部上党课

机关党委组织干部职工赴黎平县开展党性教育

7月18日，省委宣传部部机关团支部组织机关团员青年到平塘县抗洪救灾

目 录

工作总述

重要会议及活动

领 导 文 稿

栗战书同志文稿

赵克志同志文稿

陈敏尔同志文稿

王富玉同志文稿

谌贻琴同志文稿

喻红秋同志文稿

余心声文章

省委宣传部工作

省直宣传文化部门工作

各市(州)宣传思想工作

文件选编

2012年省委宣传部工作大事记

干部队伍

工　作　总　述

全省宣传思想工作情况

在省委的正确领导下,2012年,省委宣传部坚持“高举旗帜、围绕大局、服务人民、改革创新”的总要求,以迎接学习宣传贯彻党的十八大精神为主线,围绕中央和全省工作大局,全面贯彻落实国发2号文件和省第十一次党代会精神,内聚力量、外塑形象,大力构筑贵州“精神高地”,为全省“科学发展、后发赶超、同步小康”提供思想保证、精神动力、舆论支持和文化条件。

一、围绕迎接学习宣传贯彻党的十八大,全力做好统一思想、凝聚人心、武装头脑的工作

始终把迎接学习宣传贯彻党的十八大作为全年宣传思想工作的首要政治任务和重中之重,精心组织,强力推进,形成声势、掀起热潮。

一是会前报道浓墨重彩。围绕胡锦涛同志“7·23”重要讲话,突出“科学发展、辉煌成就”主题,组织省内各新闻媒体分阶段、分类别、分系列地推出专题报道,深入宣传十六大以来党和国家取得的伟大成就和宝贵经验,全方位展示贵州的经济社会发展成就。在《人民日报》等中央主要媒体集中推出6期贵州特刊,在全国产生了较大影响。

二是会中宣传持续升温。精心组织十八大贵州代表团开放日活动,共有71家中外媒体的103名记者到场采访。组织专家、学者、领导干部对十八大报告进行细致解读,在省内各新闻媒体大版面进行宣传报道,会议期间分别在《人民日报》、《光明日报》、《经济日报》、《瞭望新闻周刊》各推出一期贵州特刊(专题)。

三是会后贯彻系统全面。会议结束后,迅速抓好五项工作:代省委起草《关于学习宣传贯彻党的十八大精神的通知》;立即下发《关于做好党的十八大精神宣讲工作的通知》;组织开展“学习贯彻党的十八大精神基层行”大型采访活动,在全省媒体开设“在党的十八大精神指引下——科学发展、后发赶超、同步小康”专栏;组织全省社科理论系统举办系列座谈会、研讨会、学习会,全方位、多角度、分层次地宣传党的十八大和省委十一届二次全会精神。

同时,全面深入宣传习近平总书记系列重要讲话精神和胡锦涛主席视察贵州重要讲话精神,不断把学习宣传党的十八大精神引向深入。举办全省学习贯彻党的十八大精神宣讲骨干培训班,组织省市县乡四级联动宣讲活动1万余场,直接听众超过170万人。深入推进学习型党组织建设,做好省委中心组学习服务工作,促进各级党委(党组)创新中心组学习。切实抓好理论阐释研究,推出《论新起点 新机遇 新动力 新要求》等5篇“余心声”政论文章,制作播出电视政论片《科学发展奔小康》。在全省开展“解放思想,推动跨越”大讨论活动,推进“社科理论下基层”活动。

二、围绕全省工作大局加强舆论引导,为贵州“科学发展、后发超越、同步小康”造势鼓劲、营造氛围

始终紧扣省委、省政府中心工作,围绕全省改革发展稳定大局,超前谋划,精心组织,富有成效地推进新闻宣传和舆论引导工作。

一是国发2号文件和省第十一次党代会宣

传形成声势。围绕国发2号文件的出台，组织省内各新闻媒体通过专栏、专题、消息、社论、侧记、通讯、综述、图片等多角度、多层次、立体化地进行宣传解读。在京举行国发2号文件新闻发布会，召开了国发2号文件专家座谈会，《人民日报》、新华社、中央人民广播电台、中央电视台、凤凰卫视、《文汇报》、《大公报》等媒体进行了专题报道。全面做好省第十一次党代会宣传报道，在全省媒体统一开设“同心谋跨越 五年铸辉煌——喜迎贵州省第十一次党代会”专栏，围绕大会提出的思路、战略、目标、任务，对报告进行全方位解读，实现了报道力度、深度、广度三个方面的有机统一。

二是重大主题宣传产生积极影响。精心组织2012年全国和省“两会”宣传报道和开放日活动，在《人民日报》等中央媒体上推出宣传专版48个，省主要新闻媒体和网站刊播稿件近4000篇。在新闻战线全面深入推进“走基层、转作风、改文风”活动，组织24家中央驻黔媒体和省主要媒体、网站开展“我和背篼干部进农家”主题采访活动；开展“下基层看变化 扶贫攻坚在迤那”主题采访，宣传连片特困地区扶贫开发新模式；开展“帮县联乡驻村促发展”主题采访，宣传贵州社会管理创新经验；开展“挺起乌蒙脊梁”、实施扶贫生态移民，加快推进“扶贫攻坚”主题采访，产生了较大社会影响。

三是舆论引导能力和水平不断提升。修订《关于进一步健全完善新闻宣传工作机制的实施意见》，进一步规范新闻宣传工作机制和新闻应急处置措施。及时妥善处置“涉日保钓”、威宁抗震救灾、毕节五少年死亡、茅台酒申报“国酒”商标等重大舆情。加强网上正面宣传和网络管理，扎实做好网络评论工作，组织开展52家“全国知名网络媒体博主多彩贵州行”，与人民网共同举办“第二届网络问政与舆情监测高峰论坛”。推动与民生密切相关的有关部门开设微博客。

三、围绕大力构筑贵州“精神高地”，扎实推进社会主义核心价值体系建设

以社会主义核心价值体系建设为根本，深化具有贵州特色的群众性精神文明创建活动，实施文化惠民工程，培育良好社会风尚，促进城乡文明程度和群众文明素质不断提高，不断夯实贵州“精神高地”的基础。

一是培育践行社会主义核心价值体系。广泛开展“贵人善行”、“五心教育”等活动，组织第三届贵州省道德模范评选和我评议我推荐身边好人活动，评选出道德模范58名、“贵州好人”240名，贵州入选“中国好人榜”总数位居全国前列。在全省举办近千场“百千万”学习雷锋宣讲和“道德模范先进事迹报告会”，听众近百万人次。组织选树先进典型，对威宁县经济社会发展、贵阳市社区管理创新、铜仁市社会稳定风险评估机制、遵义市服务型党组织建设等重大典型进行挖掘、提炼、宣传。深化“我们的节日”主题活动，开展“五型企业”创建，组织群众性中华经典诵读和文化活动，编辑出版图书《贵州省爱国主义教育基地导览》。

二是全面提升贵州社会文明程度。编印贵州公民文明手册，开展“不满意问题征集活动”，经委托专业机构测评，2012年群众对全省公共服务质量满意度达87.25%，比上年提高近1个百分点。深化“整脏治乱”专项行动，组织开展文明城市测评。拓展“四在农家”创建活动，组织1000余个文明单位（先进单位）与1000多个村寨开展城乡共建、结对帮扶活动。创新“和谐贵州·三关爱”志愿服务活动，全省注册志愿者超过139万人。广泛开展“祖国好·家乡美”、“做一个有道德的人”及美德少年星级评选等活动。扎实开展“千校万师”培训工程，完成12000多名德育骨干教师的培训，该工程被中央文明办纳入《全国未成年人思想道德建设工作测评体系（2012年版）》进行推广。

三是加快推进重点文化惠民工程。推动建成3166个农家书屋和445个乡镇公共电子阅览室，建成333个农民文化家园。推动完成240372场农村电影公益放映任务，推动建成400个村级农民体育健身工程、50个乡镇农民体育健身工程、300个社区全民健身路径工程。继续实施“西部开发助学”工程和“文明贵州助学行动”。争取到“绿色电脑进西部”活动为全省216所中小学校及142个乡镇、社区文化站赠送电脑4000台，价值2000多万元。申请到中央与省专项彩票公益金3350

万元,支持我省134个“乡村学校少年宫”项目建设。改造提升娄山关红军战斗遗址等5个爱国主义教育基地的陈列布展。

四、围绕全面深化文化体制改革,进一步解放和发展文化生产力

以推动贵州多民族文化大发展大繁荣为主题,全面、深入、有序推进我省文化体制改革工作,积极推动文化事业和文化产业繁荣发展,不断满足人民群众的精神文化需求。

一是文化体制改革全面推进。全面实现了六个“基本完成”目标,即:基本完成国有经营性文化单位转企改制任务,基本完成建设一批国有文化企业和企业集团任务,基本完成有线电视网络整合任务,基本完成文化市场综合执法改革任务,基本完成公益性文化事业单位内部机制改革任务,基本完成文化行政管理体制改革任务。我省及9个市(州)均被表彰为全国文化体制改革工作先进地区。努力培育骨干文化企业,积极推动省直5大集团公司和各市(州)转制文化企业进一步深化完善改革,打造合格市场主体。加大与省有关部门的协调力度,积极推动广电网络、出版集团、家有购物3家骨干文化企业加快上市步伐。

二是文化产业快速发展。重点推进省“十大文化产业园”和“十大文化产业基地”建设,已有2个项目建成投入使用;加大文化项目招商引资力度,组织全省600余人的代表团参加第八届深圳文博会,省、市(州)签约合同项目54个,签约金额188亿元,截止12月,项目履约率为100%,累计到位资金32.8亿元,资金到位率17.5%。积极扶持文化产业项目建设,安排专项资金4677万元,对84个重大文化产业工程和重点文化产业项目给予扶持。制定出台《贵州省文化产业示范基地申报评选管理试行办法》。认真组织开展文化产业统计工作,推动组建贵州省文化产业发展基金。授权18家企业使用“多彩贵州”商标,逐步构建“多彩贵州”品牌产业集群。加快“多彩贵州”品牌研发基地建设。

三是文艺精品生产持续繁荣。不断完善文艺产品生产创作竞争激励机制,制订《中共贵州省委宣传部文艺工作专项经费使用管理办法》和《贵州省文艺精品创作专项资金使用管理暂行办法》。创作生产《风雨梵净山》、《知行天下》等电视剧。组织我省第十二届精神文明建设“五个一工程”评选,电视剧《奢香夫人》获中宣部第十二届精神文明建设“五个一工程”优秀作品奖。精心组织《同心跨越》文艺晚会、“走进经典音乐·李岚清音乐讲座”、傅庚辰作品音乐会等重大文艺活动。成功举办2012“多彩贵州”舞蹈大赛。

五、围绕塑造多彩贵州新形象,全面提升贵州知名度和美誉度

在外宣规模、推介深度、工作效果上下工夫,全力塑造“走遍大地神州、醉美多彩贵州”整体形象,充分展示贵州“科学发展、后发赶超、同步小康”的全新面貌。

一是抓好省重大活动的对外宣传工作。以贵州·香港投资贸易活动周、第二届中国(贵州)国际酒类博览会、第七届省旅发大会、中国·贵州国际绿茶博览会、中国·贵阳国际特色农产品交易、生态文明贵阳会议等重大活动为平台,集中开展宣传推介,充分展示我省资源禀赋、产业优势和经济社会发展的良好态势。

二是积极实施“走出去”外宣战略。积极推动贵州文化走出去,加大在省外、境内、国外我省主要旅游客源市场的宣传推介力度,组织“多彩贵州风”艺术团赴美国、日本开展文化交流活动,组织“大白嗓合唱团”参加德国音乐节,努力提升贵州文化在海内外的影响力和认知度。

三是深化拓展“请进来”外宣战略。精心组织“听多彩之声·说魅力贵州”全国广播电台著名节目主持人入黔大型直播采访、“多彩贵州踏春行”等大型采访活动,邀请近百家境内外传统媒体和网站的200多名记者编辑和知名博主参加多形式的媒体采访和体验活动,刊发了上万篇(幅)图文稿件。加强与中央外宣机构和媒体的联系沟通,承办2012年全国外宣工作协作会。

四是着力提升新闻发布工作水平。紧贴省委、省政府重大主题活动,加强新闻发布的管理和指导,全年组织了国务院新闻办和国家扶贫办“贵州扶贫开发推进可持续发展”新闻发布活动、省第十一次党代会新闻发布会等43场新闻发布活动和5场新闻通报会,约有280多家(次)单位和部门的290多人(次)出席发布活动,约有

1700多家(次)中外媒体和网站的2600多人(次)记者与我省领导及有关部门和地方负责人进行了现场问答。进一步完善新闻发言人制度,推动党委政府新闻发布制度科学化和规范化建设,推动党务政务信息公开,推动省级重要部门新闻发布常态化。

六、围绕加强阵地建设和管理,积极培养高素质干部人才队伍

强化宣传思想文化阵地建设管理,在加强作风建设中锻造学习型、发展型干部人才队伍,大力营造"发展要快、风气要正、作风要实、干部要干"的良好氛围。

*一是加强意识形态领域管理。*做到守土尽责、守土有方、守土有效。省委办公厅印发《省委宣传部关于当前我省意识形态领域情况和做好迎接党的十八大宣传舆论工作的意见》。加强对各类社科学会协会管理,加强对报告会、研讨会管理,加强对非时政类报刊、都市类报刊的管理,加强对出版工作的指导,加强对网站、论坛、博客的监管,决不给错误思想和言论提供传播渠道。加强调研和舆情工作,编发《贵州舆情信息》5000余篇、《网络舆情快报》230期、《网络舆情专报》47期。

*二是加强作风和机关效能建设。*认真开展"创先争优"、"四帮四促"等活动,深化"走转改"活动,扎实开展"帮联驻"工作。2012年宣传部机关干部300余人次到平塘县开展帮扶工作,帮助协调水利、交通等各类项目资金上亿元,直接争取中宣部、协调省直宣传文化单位投入文化基础设施建设资金2700万元。开展全省市(州)党委宣传部业务目标绩效考核工作,推动落实宣传思想文化工作各项任务。在2012年省直单位领导班子、领导干部履行党建和干部工作职责满意度民意调查中,我部所有考核指标并列第一。

*三是加强干部人才队伍建设。*坚持德才兼备、以德为先用人标准,选好配强宣传思想文化领域各级领导班子,建立省直宣传文化单位领导干部及市州党委宣传部主要负责人信息库。深化干部人事改革,加大竞争性干部选拔力度,得到省委书记赵克志同志批示肯定。与省委组织部共同出台了《贵州省管国有文化企业领导人员管理办法(试行)》。指导省文联做好换届工作。按照中宣部要求,不断加强县级和城乡基层宣传文化干部队伍建设,提前1年完成我部承担的培训任务。举办了文化创意产业培训班(韩国)、全省转制文化企业培训班、全省社科教学科研骨干研修班、全省新闻发言人培训班、全省外宣主任培训班等。组织评选全省第五批"四个一批"人才53名,目前全省已选拔"四个一批"人才168人,8人入选全国宣传文化系统"四个一批"人才。

重要会议及活动

2012年文化、科技、卫生“三下乡”活动在清镇启动

1月7日，尽管寒流滚滚，但贵州省清镇市犁倭乡却洋溢着暖暖的情意。来自省、市的专家、学者们在这里开展科技和农业实用技术咨询服务，宣传普及科学知识、进行医疗指导及义诊、宣传防毒禁毒知识、发放宣传资料等，文艺工作者为当地群众奉上了一台精彩的文艺演出。

当日，贵州省2012年文化科技卫生“三下乡”集中示范活动在清镇市犁倭乡举行，省委宣传部、省文明办、省文化厅、省教育厅、省科技厅、省卫生厅、省农委、省司法厅、省广播电影电视局、省人口计生委、省新闻出版局、团省委、省妇联、省科协、省社科联、省出版集团等16个部门和贵阳市委、市政府及贵阳市19家单位共600多人参加了示范活动。

本次贵阳市各单位赠送物资及慰问金价值35余万元，省、市17个部门捐赠资金、物资共计227.94万元。

全省宣传部长会议召开

1月17日，全省宣传部长会议在贵阳召开。省委书记栗战书出席会议并讲话，他强调，要按照“高举旗帜、围绕大局、服务人民、改革创新”的总要求，紧紧围绕迎接宣传贯彻党的十八大和省第十一次党代会这条主线，牢牢把握推动多民族文化大发展大繁荣这个主题，唱响贵州“加速发展、加快转型、推动跨越”的最强音，推动工作出亮点、创品牌、上水平，为全省经济社会发展提供强大思想保证、精神动力、舆论支持和文化条件。

省委副书记、省政协副主席王富玉主持会议，省委常委、省委宣传部部长谌贻琴，省人大常委会副主任周忠良，副省长谢庆生，省政协副主席左定超出席会议。

栗战书指出，李长春同志在全国宣传部长会议上的重要讲话，充分体现了党和国家的总体战略部署，体现了建设社会主义文化强国对宣传思想文化工作的新要求，必将对全国宣传思想文化工作产生重大而深远的影响。刘云山同志的重要讲话，对做好今年的宣传思想文化工作提出了六个方面的明确要求，具有很强的指导性和可操作性。要深刻把握中央精神，统一思想、提高认识，坚定信心、明确方向，奋力开创我省宣传思想文化工作新局面。

栗战书说，过去一年，全省宣传思想文化战线围绕中心、服务大局，主动作为、尽职尽责，对内凝聚“贵州力量”，对外展示“贵州形象”，打好了系列宣传战役，深化了理论学习和理论武装、推出了一批文艺精品、拓展提升了一些品牌、攻克了许多

改革难点、办成了不少惠民之事，为我省“十二五”开好局、起好步作出了重要贡献。

栗战书强调，当前，贵州正处在改革发展的关键时期，宣传思想文化工作担负着为全省经济社会发展提供强大思想保证、精神动力、舆论支持和文化条件的重大历史使命。各级党组织、党委宣传部门要提高思想认识，准确把握形势，进一步增强做好宣传思想文化工作的责任感和紧迫感。既要看到我们在政策支持、物质保障、工作基础方面面临的机遇和条件，同时也要清醒地认识到我们面临的一系列新挑战、新要求、新使命。无论面临的形势发生什么变化，宣传思想文化工作的重要地位不能变，宣传思想文化工作的政治优势不能丢。

栗战书强调，做好今年的宣传思想文化工作，要把握主题主线，进一步推动宣传思想文化工作出亮点、创品牌、上水平。一要围绕迎接宣传贯彻党的十八大和省第十一次党代会，抓好舆论引导。这是全省宣传思想文化战线的首要政治任务，要提前谋划、精心准备、周密安排，进一步做大做强主流舆论，打牢共同思想基础。二要围绕我省经济社会发展的总基调总目标总要求，强化凝心聚力。这是全省宣传思想文化工作的中心任务。要从当前贵州发展态势良好、发展机遇增多、干部群众干劲更足的实际出发，把新闻舆论的主基调放在攻坚克难、增强信心、抓住机遇、加快发展上；要围绕贯彻实施《国务院关于进一步促进贵州经济社会又好又快发展的若干意见》，迅速掀起宣传高潮，把党中央、国务院的关心支持传递到全省各族人民群众的心坎上；要围绕省委、省政府重大决策部署，组织声势浩大的宣传报道，在全社会形成积极进取、昂扬向上的舆论氛围。三要围绕保持党的纯洁性，进一步强化理论武装和思想保洁。深入学习中国特色社会主义理论体系，把保持党的纯洁性作为党委(党组)中心组学习和各级党校、行政学院、讲师团、党史研究室、社会科学研究部门培训的重要内容，作为理论工作者和专家学者的重要研究课题，切实把保持党的纯洁性转化为提速转型发展的政治优势和组织优势。四要围绕构筑“精神高地”，推进社会主义核心价值体系建设。要改变贵州“经济洼地”的面貌，必须首先构筑贵州人民的“精神高地”，这是当前我省宣传思想文化工作最紧迫的任务。要着重抓好大力弘扬贵州时代精神，大力倡导“爱国、敬业、诚信、友爱”的价值取向，着力提升具有贵州特色的精神文明创建水平。五要围绕繁荣发展多民族文化，深入推进文化体制改革。毫不动摇地深入推进各项改革，加快完善政策保障机制，确保在党的十八大之前全面完成既定改革任务，通过深化改革尽力改善文化民生，深化改革破解动力不足问题，壮大文化产业总体实力，创作生产更多文艺精品。六要围绕提升“贵州形象”，切实做好对外宣传工作。要多渠道提升贵州发展的良好形象，多手段展示贵州自然人文的独特魅力，多方位拓展对外文化交流的空间，有计划有步骤地打造一批贵州文化品牌，把贵州的宣传思想文化工作水平在全国提升到一个新高度。

栗战书强调，要切实加强和改进党的领导，为做好宣传思想文化工作提供坚强政治保证。各级党委、政府要把宣传思想文化工作放在重要位置，时刻放在心上、抓在手里，善待媒体、善用媒体、善管媒体、善容媒体。全省宣传思想文化战线要把握正确的舆论导向，做到“把得牢”；思想、认识、行动要紧跟形势发展，紧跟党委、政府中心工作，做到“跟得上”；要带着感情、带着责任、带着追求，贴近生活、贴近实际、贴近群众，深入开展“走转改”活动，做到“贴得紧”；要实实在在地抓好一个个项目、组织好一场场活动、打造好一个个品牌，做到“抓得实”。

王富玉在主持会议时强调，各级党委(党组)特别是宣传思想文化部门要认真学习、深刻领会、全面贯彻全国宣传部长会议和此次会议精神，把思想统一到中央和省委的要求上来，不断创新内容形式、载体平台，进一步增强宣传思想文化工作的针对性和实效性，努力营造“稳中求进、提速转型”的浓厚氛围，唱响加速发展、加快转型、推动跨越的最强音。要深入把握新形势下宣传思想文化工作的特点和规律，紧密结合贵州实际，精心策划，开拓创新，真抓实干，使我省的宣传思想文化工作水平跃上新台阶。

谌贻琴在总结讲话中要求，各级宣传思想文化部门要把思想、行动统一到迎接宣传贯彻党的十八大和省第十一次党代会上来，统一到省委、省政府加快推进全省经济社会发展的重大决策部署上来，统一到推动贵州多民族文化大发展大繁荣的战略部署上来，在增强思想凝聚力、壮大舆论传播力、巩固道德感召力、夯实文化保障力、发展文化生产力、提升作品影响力、提高形象塑造力等七个方面打造品牌，全面提升我省宣传思想文化工作水平。

会议表彰了2009—2011年度全省文明城市、文明村镇、文明单位，为2011年宣传思想工作创意奖获得者颁了奖。省文化厅、省广电局、省新闻出版局作了交流发言。

各市（州）、县（市、区、特区）党委宣传部部长，省直有关部门、各人民团体有关负责同志，省直宣传文化系统各单位领导班子成员，省军区政治部、省武警总队政治部负责同志，中央驻黔主要新闻单位负责同志，省委宣传部部长办公会议成员参加会议。参加全省文明办主任会议、外宣办主任会议的同志列席会议。

全省文明办主任和外宣办主任会议在筑召开

1月17日，省文明办主任会议在贵阳召开，会议传达学习党的十七届六中全会、省委十届十二次全会，中央和贵州省经济工作会议，全国宣传部长会议、文明办主任会议精神，对2011年精神文明建设工作进行总结，研究部署2012年工作。省委宣传部副部长、省文明办主任杨兴举出席会议并讲话。各市（州）文明办主任，省文明委成员单位有关负责同志，省文明办全体同志参加了会议。会上，黔西南州、黔南州、贵阳市、遵义市、六盘水市、安顺市、毕节市、铜仁市等市（州）在会上先后作经验交流。

1月17日，全省外宣办主任会议在贵阳召开，会议传达学习党的十七届六中全会、省委十届十二次全会，中央和贵州省经济工作会议，全国宣传部长会议、外宣办主任会议精神，对2011年对外宣传工作进行总结，研究部署2012年工作。省委宣传部副部长周晓云、省委外宣办专职副主任谢念出席会议并讲话。各市（州）外宣办主任参加了会议。

全省未成年人思想道德建设工作视频会议召开

2月8日，未成年人思想道德建设工作视频会议召开。会议贯彻落实全国未成年人思想道德建设工作视讯会议精神，对全省未成年人思想道德建设工作进行安排部署。省委常委、省委宣传部部长、省文明委副主任谌贻琴出席并讲话。谌贻琴指出，近年来，我省各级党委政府高度重视未成年人思想道德建设工作，打造了“祖国好·家乡美”、“千校万师”等行之有效的品牌载体，并办了不少惠及广大未成年人的好事实事。谌贻琴强调，在新形势下，各级党委、政府要切实增强做好未成年人思想道德建设工作的责任心和使命感，按照中央的要求，在抓好社会主义核心价值体系宣传教育，完善学校、家庭、社会“三结合”教育网络，推进校外活动场所建设，提供优秀文化产品和公共服务，净化社会文化环境，关爱特殊群体未成年人等六个方面取得新突破，把我省未成年人思想道德建设工作不断推向深入。我省安顺市荣获第三届全国未成年人思想道德建设工作“先进城市”，贵阳市文明办、遵义市文明办、六盘水市教育局、毕节市文明办、黔西南布依族苗族自治州兴义市丰都小学被评为第二届全国“先进单位”，连立梅、黄文被评为第二届全国“先进工作者”。

我省召开非时政类报刊出版单位体制改革工作会

2 月 8 日，我省召开非时政类报刊出版单位体制改革工作会。省委常委、宣传部长谌贻琴，省政府副省长谢庆生出席并讲话。会议传达了中央办公厅关于关于非时政类报刊出版单位体制改革的相关精神和《贵州省非时政类报刊出版单位体制改革工作实施方案》，宣读《关于成立贵州省非时政类报刊出版单位体制改革工作联席会议办公室的通知》。谌贻琴强调，非时政类报刊出版单位体制改革是继全国经营性出版单位体制改革之后，党中央作出的又一项重大决策部署。按照中央文化体制改革工作领导小组的部署和要求，加快推进非时政类报刊出版单位转企改制，是 2012 年新闻出版体制改革的一项主要任务，也是我省完成文化体制改革任务的收官之战。因为文化体制改革其他版块的任务我们已经基本完成，非时政类报刊体制改革这一仗打完后，我们将全面完成改革任务，所以能否按时完成非时政类报刊出版单位转企改制，直接关系到我省能否在党的十八大召开前全面完成文化体制改革各项任务，具有十分重要的意义和影响。我省在全国较早制定并上报审批《贵州省非时政类报刊出版单位体制改革实施方案》，《方案》是去年富玉副书记亲自召集会议研究，反复磋商论证、多次修改完善，最后报经中央改革办和新闻出版总署正式批准实施，既符合中央精神，也切合我省实际，现在的关键就是抓落实、出成效。谌贻琴指出，要认清形势，统一思想，切实增强推进非时政类报刊出版单位体制改革的责任感紧迫感。要坚定信心，攻坚克难，贯彻落实好中央和省委的决策部署。要强化责任，狠抓落实，确保按时全面完成非时政类报刊出版单位各项改革任务。

我省召开新闻宣传工作表彰座谈会

2 月 9 日，我省召开新闻宣传工作表彰座谈会，回顾总结 2011 年新闻宣传工作，安排部署今年特别是国发 2 号文件和全国“两会”新闻报道工作。省委常委、省委宣传部部长谌贻琴强调，要准确把握形势，突出工作重点，以奋发有为的精神，努力开创贵州新闻宣传工作新局面，为推动贵州经济社会又好又快、更好更快发展营造良好舆论氛围。谌贻琴充分肯定了中央、香港驻黔和省内主要新闻媒体的工作成绩。她说，一年来，我省重大新闻宣传战役取得圆满成功，对外宣传声势和力度实现重要突破，新闻宣传创新策划能力有效提升，干事创业氛围和信心进一步增强，贵州新闻宣传战线成绩显著。谌贻琴指出，今年是我省宣传思想工作的“品牌年”，新闻宣传工作政治任务很重、工作要求很高。全省新闻宣传战线要树立着眼全局的战略眼光，建立协调各方的工作机制，完善媒体运行的支撑体系，打造能征善战的新闻队伍，推动我省新闻宣传工作再上新台阶。谌贻琴强调，当前最重要的任务是做好国发 2 号文件和全国“两会”的宣传。各新闻单位要准确把握形势，切实增强责任感和紧迫感，周密计划，靠前指挥，确保各项工作顺利推进。要突出工作重点，努力提高我省经济社会发展成就报道的冲击力和震撼力，深入做好国发2号文件的内容、意义和贯彻落实情况的跟踪报道，大力宣传贵州时代精神的模范典型，确保圆满完成“两会”宣传报道任务。特别要注重对外宣传贵州发展新思路、新成就，贵州社会新面貌、新气象，贵州人新精神、新品质，努力树立贵州良好形象。会上，对2011年度宣传报道贵州的主要新闻单位和优秀新闻作品进行了表彰，中央、香港驻黔、省级主要新闻单位代表作了交流发言。

国发2号文件新闻发布会在京举行

根据省主要领导同志有关指示精神，经我省积极争取，2012年2月13日上午，春节刚过，国务院新闻办公室在京举行《国务院关于进一步促进贵州经济社会又好又快发展的若干意见》（国发〔2012〕2号，以下简称“国发2号文件”）新闻发布会。时任省长赵克志、国家发改委副主任杜鹰、时任省委常委、副省长黄康生出席，分别介绍国发2号文件出台的战略考量和贵州发展战略布局等，并回答新华社、中央电视台、中央人民广播电台、香港文汇报等媒体记者提问。国新办一局局长郭卫民主持会议。发布会结束后，赵克志、杜鹰等接受了多家媒体的现场采访。64家中外媒体近150名记者参加，贵州广播电视台、国新网、人民网、新华网、中国网、央视网等进行全程直播。截至2月14日，据不完全统计，境内外媒体和网站发稿近300篇（条、幅），在百度输入关键词“国务院关于进一步促进贵州经济社会又好又快发展的若干意见 新闻发布会”，显示相关信息达284万条。这是我省首次在国新办举行新闻发布会，通过这一高端新闻发布平台，我省向外界充分展示了抢抓机遇、进一步推动经济社会发展历史性跨越的信心和决心，形成了我省国发2号文件对外宣传的一个高潮，成为我省继2011年全国两会期间在全国人大会议新闻中心举行贵州代表团专场记者会之后，借助国家级高端、开放平台开展权威发布的又一成功案例。时任省委书记栗战书充分肯定新闻发布会“很成功”。

“构筑贵州历史性跨越的精神高地研讨会”在贵阳召开

2月13日，由省委宣传部、当代贵州杂志社、当代贵州期刊传媒集团联合举办的“构筑贵州历史性跨越的精神高地”研讨会在贵阳召开。

2011以来，我省经济社会发展取得喜人成绩，特别是全体干部群众的精神面貌发生根本性改变。省委书记栗战书在全省宣传部长会议上提出，要着力构筑贵州的“精神高地”，努力走出“经济洼地”。为进一步学习、领会、研究构筑贵州“精神高地”有关问题，研讨会专门邀请来自省委、省政府有关部门负责同志，省直宣传文化系统以及高校、企业的专家和有关负责人，围绕如何构筑贵州历史性跨越的“精神高地”进行了共同研讨。

与会人员分别从历史、哲学、社会学等角度，围绕增强文化自觉与文化自信，树立科学的世界观、人生观、价值观，重视人的全面发展，把握贵州精神作为精神要求和发展要素的双重属性等多个方面，多角度，广视野，理论联系实际地对贵州“精神高地”的内涵和时代特征进行了阐释，对如何理解“只有构筑精神高地，才能走出经济洼地”，如何建设贵州“精神高地”等分别提出了独到性、启发性的见解。

“保持党的纯洁性推动贵州跨越发展”研讨会举行

2月16日，由省委宣传部、省社科院主办的“保持党的纯洁性推动贵州跨越发展”研讨会在筑举行。

本次研讨会旨在进一步讨论总结我省党的建设的经验做法，进一步深化对胡锦涛总书记在十七届中纪委七次全会上的重要讲话和省委书记栗战书《加强反腐倡廉建设坚决保持全省党的纯洁性》讲话的认识和领会，“化理论为方法，化理论为实践”，努力开创贵州科学发展新局面。

与会学者紧扣“保持党的纯洁性”这一主题，分别从理论依据、现实反映、制度保障和贵州实践等方面展开研讨和交流，递交了《树立正确利益观保持党性纯洁》、《保持和维护党的纯洁性，必须大力加强制度建设——新时期加强“党要管党、从严治党”制度研究》、《遵循马克思主义执政党保持纯洁性的规律》、《保持党的纯洁性努力降低执政成本》、《进一步发挥纪检监察机关作用，保障我省经济建设健康发展》、《贵州特色廉政文化建设思考》、《科学构建惩防体系保持党的纯洁性》等论文。

本次研讨会共收到论文23篇，数量多、质量高，内容既有经验的总结提升，也有理论的严谨思考；既有宏观视角的研究判断，也有微观视角的分析观察；既有国外政党的经验启示，也有我党的实践创新；既有其他兄弟省市的参考，也有我省各级党组织的做法。具有很强的针对性、操作性、时效性和指导性。

省委、省政府在北京召开座谈会促贵州又好又快发展

2月28日，贵州省委、省政府在北京中国大饭店召开《国务院关于进一步促进贵州经济社会又好又快发展的若干意见》专家座谈会。国务院发展研究中心副主任卢中原，省委常委、副省长黄康生出席会议并讲话，省委常委、省委宣传部部长谌贻琴在会上致辞。

会上，来自国务院发展研究中心、农业部、国家发改委、国家信息中心、人民日报社、中国社会科学院、求是杂志社、北京大学、中国人民大学、北京中科景元城乡规划设计研究院的专家学者以及来自贵州省委政策研究室、省委讲师团、省政府发展研究中心、省社会科学院的专家学者，从经济、社会、文化、旅游等不同角度对贵州更好地贯彻落实国发2号文件发表了各自的真知灼见。

卢中原在发言中对贵州省委、省政府的邀请表示感谢，同时对贵州发展战略总体规划提出具体意见和建议。他说，贵州的发展，首先要眼睛向内。在国发2号文件贯彻落实中，要结合贵州实际，着力培育内需，挖掘内部潜力，扩大投资需求和消费需求，将资源优势转变成经济优势。其次，

要向外扩大开放力度，充分利用与周边省份、周边国际区域经济的一体化，带动贵州经济、旅游和特色产业的发展，充分借力周边省份的制度创新、融资平台和产权交易平台，建成贵州自己比较完善、系统的金融区域中心和产权交易区域中心。要将新能源的开发、技术改造与本地的资源优势密切结合，实现产业的调整转型。要用竞争政策、税收政策、金融政策和价格政策，调整行业利润分配不够均衡的局面，营造通过制度创新发展民营经济的良好氛围。并希望在贯彻落实国发2号文件的同时，认真梳理已有的中央支持贵州的各种区域性规划和政策，提高“含金量”，为贵州争取更多的资金和项目支持。

黄康生在讲话中代表省委、省政府对出席座谈会的各位专家学者表示欢迎，对他们长期以来对贵州发展的关心和支持表示感谢。他说，各位专家学者从不同角度以战略的眼光、渊博的学识、丰富的经验提出的意见，让我们开阔了思维、扩大了视野、拓宽了思路，大家怀着对贵州的深厚感情和责任，帮贵州出思路、想办法、出实招，这些真知灼见，意见中肯，情真意切，让人备受鼓舞和深受启发，对贵州更好地落实国发2号文件，走出一条后发赶超之路具有积极的推动作用。我们将认真学习研究、消化吸收，努力将各位专家学者的意见和建议转化为推动国发2号文件各项政策落到实处的重要力量。贵州干部群众一定会以更加饱满的热情、务实的工作和有力的措施，奋力为贵州经济社会后发赶超、跨越发展作出贡献，不辜负党中央、国务院对贵州的期望，不辜负国家各部委对贵州的支持，不辜负贵州各族人民的期待。

谌贻琴在致辞中说，当前贵州经济社会发展呈现良好态势，但与全国同步实现建设小康社会的任务还很艰巨。国发2号文件内涵丰富，政策“含金量”高，落实好政策和项目，既是重大机遇，也是重大考验，解读好文件精神，把握运用好政策，是一项紧迫任务，也是一项系统工程，需要立足当前，着眼长远，抓好落实，努力走出一条符合自身实际和时代要求的后发赶超之路，既需要贵州依靠自身的不懈努力，更需要充分借助外力、外脑，集思广益、共谋发展大计。希望专家学者们站在全国平台的高度，以宽阔的视野、超群的智慧、创新求实的思路，为贵州贯彻落实好国发2号文件出谋划策、建言献计，帮助贵州把政策用好用活用足，推动贵州经济社会又好又快、更好更快发展。

省直有关部门负责人参加座谈会，人民日报、新华社、光明日报、经济日报、中央人民广播电台、中央电视台、香港文汇报、香港经济日报，腾讯网、搜狐网等40多家境内外媒体到会采访，人民网、新华网、金黔在线等网络媒体对座谈会进行了图文直播。

甲秀视线讲坛
“坚持解放思想　推动跨越发展”
专题报告会在筑举行

为帮助领会国务院2号文件精神，把思想和行动统一到中央和省委的决策上来，2月24日，由省委宣传部、省直机关工委主办，省委讲师团、省社科联承办的2012年第二期甲秀视线讲坛在省委大会堂西楼会议室举行。中央党校党建研究部主任、教授、博士生导师王长江应邀作“坚持解放思想推动跨越发展”专题报告。省委常委、省委宣传部部长谌贻琴出席报告会。

王长江教授长期从事世界各类政党运行机制的比较和中国共产党建设问题研究，主要致力于把政党比较拓展到党的建设领域，并在该领域主持开创了世界政党比较学科，著有《世界政党比较研究》等专著，合著、主编或参与编写的有关政党比较和党的建设的著作50余部。

当前，贵州正处于加速发展、加快转型、推动跨越的关键时期，国务院2号文件的出台极大地激发和振奋了贵州各族干部群众加快发展的精气神。王长江教授围绕解放思想是党的事业发展的基本经验、推进科学发展必须进一步解放思想、用解放思想来进一步推进改革创新等三个方面，从历史经验和现实要求上，从贵州过去的发展和未来的跨越上，深刻阐述了坚定不移地继续解放思想的重要性和必要性，明确提出贵州的跨越发展需要不断探索创新，通过进一步深化改革开放来实现，其中，解放思想是推动探索和创新的最强大动力。报告内容丰富、深入浅出，对全面贯彻落实好2号文件精神，具有重要启发作用。

省直机关干部、科研单位研究人员，贵阳和黔南的理论工作者和实际部门的同志近200人参加报告会。

2012年贵州省中小学“祖国好·家乡美”主题系列活动正式启动

3月6日，2012年贵州省中小学“祖国好·家乡美”主题系列活动正式启动。省委宣传部、省文明办、教育厅、团省委、省妇联、省文联、省关工委等主办单位在贵阳市白云区第三中学联合举行了活动启动仪式。省委宣传部副部长、省文明办主任杨兴举代表主办单位在启动仪式上讲话，号召全省中小学生积极参与到“在党旗下成长”诗文大赛、“颂歌献给党”歌唱大赛、“中华经典优秀童谣”诵读大赛、“名诗名言”书法大赛和“多彩家乡”摄影绘画大赛五项活动来，唱响共产党好、社会主义好、改革开放好、伟大祖国好、各民族人民好的主旋律。

贵州省专项彩票公益金支持建设50所乡村学校少年宫项目培训班在贵阳举行

3月6日，贵州省专项彩票公益金支持建设50所乡村学校少年宫项目培训班在贵阳举行。省委宣传部副部长、省文明办主任杨兴举出席并讲话，省教育厅、省文明办以及各市(州)文明办负责人、未成年人工作科科长，部分县(市、区、特区)文明办、教育部门负责人，省专项彩票公益金支持建设的50所乡村学校少年宫校长等共180余人参加培训。据悉，2012年，省文明办会同省财政厅、省教育厅继续组织实施了中央与省专项彩票公益金支持建设乡村学校少年宫项目134个，总投资3350万元。

传承雷锋精神·参与志愿服务活动启动

2012年3月5日在贵阳市筑城广场开展“学雷锋日和中国志愿服务日”大型集中示范和宣传活动。省委副书记陈敏尔出席活动并对我省深入开展学习雷锋志愿服务活动作了安排部署，提出要以传承和弘扬雷锋精神为主题，以社会志愿服务为载体，不断创新内容、形式、方法、手段，广泛开展学雷锋实践活动和志愿服务活动。当日现场组织了1000余名“绿丝带”自愿者集中开展了环境保护、法律咨询、科普宣传、家电维修、义务理发、义诊、心理咨询、疾病预防等便民利民服务。全省各地同日启动了相应活动，为广大群众提供宣传、咨询、义诊服务10余万人次。由此全省“传承雷锋精神·参与志愿服务”绿丝带志愿服务活动月拉开序幕。活动产生了广泛的社会影响，受到了广大群众的一致好评。之后为大力普及“学习雷锋、奉献他人、提升自己”的志愿服务理念，推动学雷锋活动常态化，由中央文明办主办，中国志愿服务基金会、贵州省文明办承办的“关爱他人、关爱社会、关爱自然”志愿服务启动仪式，于2012年5月9日、11日、13日，分别在遵义市、贵阳市、凯里市隆重举行，对全省学雷锋志愿服务工作起到了积极的推动作用。

第三期甲秀视线讲坛“坚持科学发展　转变经济发展方式”专题报告会举行

为帮助领会国发2号文件精神，3月9日，由省委宣传部、省直机关工委主办，省委讲师团、省社科联承办的2012年第三期甲秀视线讲坛在省委组织部干部培训中心会议室举行。国家行政学院教授、博士生导师、中国公共经济研究会副秘书长张孝德应邀作“坚持科学发展转变经济发展方式”专题报告。

张孝德教授主要从事宏观经济与区域经济、生态经济研究，主持完成了中央部委和地方政府委托的课题20多项，先后受邀为中央有关部委、全国部分省、市、县和北京大学、清华大学等单位开办讲座200多场次。

国发2号文件的出台，为贵州加速发展、加快转型、推动跨越提供了重要的历史机遇，全省正抓住这一历史机遇。张孝德教授围绕坚持科学发展、转变经济发展方式的八个战略问题等方面，从科学发展的历史背景和现阶段发展的现实要求及我省过去的发展和未来的跨越上进行了深刻阐述，并提出贵州多彩的民族文化和秀美的自然生态，是建设乡村文明不可多得的宝地，贵州的生态文明与生态经济之路，要在坚持经济生态为导向的同时，探索传统工业经济生态化、智能化、低碳化发展路径。报告还紧紧围绕科学发展和加快转型的主题，剖析经济社会可持续发展进程中需要解决的新问题，深入浅出，对全面贯彻落实好国发2号文件精神，实现我省“后发赶超”走出“经济洼地”具有重要启发作用。

省直机关干部、科研单位研究人员近200人参加报告会。

贵州省第十一次党代会举办专场文艺演出《同心跨越》

4月15日晚，由省委办公厅、省委宣传部、省委统战部共同举办的省第十一次党代会专场文艺演出《同心跨越》在贵阳国际生态会议中心会议大厅隆重上演，省领导及老同志栗战书、赵克志、王富玉、王思齐、龙超云、李军、张群山、谌贻琴、石晓、禄智明、谢庆生、刘鸿庥、陈海峰、左定超、武鸿麟、班程农和出席省第十一次党代会的代表们一同观看演出。

当晚8点，伴随着激越的鼓乐歌舞《中华同心》，演出正式拉开序幕。在《同心同德光荣梦想》、《同心同向团结和谐》、《同心同行奔向小康》三个篇章的精彩演出中，我省歌舞戏曲艺术家们激情奉献了一台美轮美奂的文化盛宴，表达了全省上下坚持科学发展，奋力后发赶超，努力打造一个充满活力、日新月异、幸福祥和的新贵州的坚定信心。歌曲《你又来到乌蒙山》、诗歌朗诵《背篼干部精神赞》以娓娓歌声、深情诵读，展现了贵州经济社会发展面临的黄金机遇、新时期贵州党员干部与群众同呼吸、共命运的崇高情怀；舞蹈《信念》和《山与路》，反映了贵州各族儿女团结一心，和谐发展，构筑“精神高地”，冲出“经济洼地”的坚定信念。戏曲《五湖四海话贵州》、花灯表演唱《十谢共产党》等具有浓郁贵州特色的精彩节目，展现了贵州的开放创新，抒发了黔中儿女对党的无限热爱。晚会在歌舞《同心同行奔小康》的优美旋律、美妙舞姿中落下帷幕，赢取代表们阵阵掌声。

演出结束后，栗战书、赵克志、王富玉、龙超云、李军、张群山、谌贻琴等走上舞台，与演出人员亲切握手，合影留念。

第七届贵州旅游产业发展大会文艺晚会毕节启幕

4月22日晚，由中共贵州省委、贵州省人民政府主办，贵州省旅游局、中共毕节市委、毕节市人民政府承办的“磅礴乌蒙”第七届贵州旅游发展大会文艺晚会在毕节黔西县盛大举行。

毕节地处贵州高原屋脊，古有夜郎文明、水西文化，今是我国西部大开发拉开序幕之地。这里冬无严寒，夏无酷暑，有“大西南的世外桃源，旅游者的洞天福地”之称。其晚会就在这样一个俊秀恬静之地如期举行，吸引了全国各地数百位旅游发烧友及国际知名摄影师前来参观。

晚上8点，演出现场焰火喷射，歌声嘹亮。来自毕节的各少数民族欢聚一堂，载歌载舞。多彩的民族服饰，原生态的民间音乐，婀娜多姿的民族舞蹈，彰显出毕节民族民间文化的无穷魅力，晚会因此盛况空前。

此次晚会以“磅礴乌蒙·花海毕节”为主题，著名彝族歌手阿鲁阿卓重回家乡为父老乡亲演唱《北方飞来黑颈鹤》、《家园》等歌曲，把晚会推向了高潮，而那深沉饱含感情的配乐诗朗诵又让在场的观众感受到毕节发展步步坚实走来的不易和艰辛。各位民族艺术家轮番上阵之后，晚会在具有民族特色的大型歌舞《阿西里西》的音乐声和观众热情鼓掌欢呼声中圆满落下帷幕。

第七届旅游产业发展大会在毕节召开

4月23日，第七届贵州旅游产业发展大会在毕节市百里杜鹃景区召开。会议提出，实现贵州旅游业转型升级、跨越发展，关键是牢牢把握当前贵州旅游业发展的阶段特征、主要矛盾和重大任务，高起点、高标准对旅游发展做出科学规划，通过规划引领、项目带动，充分发挥比较优势和后发优势，加快建设文化旅游发展创新区，走出一条符合自身实际和时代要求之路。

贵州省委书记栗战书，国家旅游局局长邵琪伟，贵州省省长赵克志，贵州省委常委谌贻琴、喻红秋、秦如培、廖国勋，省人大常委会副主任傅传耀，副省长黄康生，民革中央副主席何丕洁，民盟中央副主席陈晓光等出席会议。会议由贵州省政协副主席、省旅游发展和改革领导小组组长王富玉主持。

邵琪伟介绍了全球旅游业发展特点和我国旅游业发展思路，分析了近年来贵州旅游发展呈现的4个鲜明特点，并对贵州旅游业发展提出了几点建议。邵琪伟说，近年来，贵州旅游业始终坚持发展优先，旅游业在全省工作中的摆位越来越突出；始终坚持合力兴旅，旅游业的发展环境越来越优越；始终坚持服务民生，旅游业的增收富民功能越来越凸显；始终坚持后发赶超，旅游知名度在全国越来越高。

他表示，国家旅游局将一如既往地加大对贵州旅游业发展的支持力度：支持贵州编制以《贵州省生态文化旅游发展总体规划》为重点的旅游规划；支持贵州开展旅游产业综合改革；支持贵州扩大开放，帮助支持开拓重点市场特别是国际市场；支持贵州建设以"全国最佳避暑度假基地"等7大旅游基地为重点的精品景区，支持贵州推出中国"红军长征"红色旅游线路，把贵州原生态民族文化与喀斯特自然风光、国酒茅台文化体验游线路纳入国家旅游宣传推广的重点线路；支持贵州发展旅游特色商品和旅游纪念品；帮助贵州建立全国旅游人才开发示范基地等。邵琪伟还对贵州旅游业下一步发展提出了进一步推进旅游与相关产业融合发展、继续加强重点旅游地区旅游基础设施建设、进一步开拓国际旅游市场等建议。

今年1月出台的《国务院关于进一步促进贵州经济社会又好又快发展的若干意见》指出，"文化旅游开发潜力大"是贵州发展的重要优势，明确了贵州建设"文化旅游发展创新区"的战略定位和把贵州打造成"世界知名、国内一流的旅游目的地、休闲度假胜地和文化交流的重要平台"的战略目标。为了更好地贯彻落实《意见》，贵州省与国家旅游局经协商同意，决定编制《贵州省生态文化旅游发展规划》，指导和推动贵州旅游业发展。

赵克志在讲话中围绕"规划引领，项目带动，加快建设文化旅游发展创新区"主题，强调贵州要通过编制规划，更加清晰地明确贵州旅游在全国市场中的定位，充分挖掘特色旅游资源优势，探索文化与旅游融合发展的新路子，以差异化发展提升吸引力、影响力和竞争力，使旅游业成为贵州省特色优势产业体系中一张亮丽的名片。

赵克志说，《贵州省生态文化旅游发展规划》是截至2020年前贵州省旅游业发展的指导性文件，要以具体工程为载体和抓手，提升规划的可操作性，要能够通过项目化实施落到实处。他具体提出了2020年前，贵州要建设的旅游交通、旅游精品、生态旅游等10大重点工程。

会上，牙买加驻华大使考特尼·拉特雷宣读了《促进中国花文化走向世界国际宣言》，并倡议设立"世界鲜花及植物旅游城市和风景名胜区联盟"。

贵州旅游产业发展大会自2006年以来已连续举办了七届，成为贵州省整合各方资源，推动承办地在基础设施、生态环境、接待能力和旅游产业发展等方面实现提速发展的重要抓手，形成了"举办一届旅发大会，打造一个旅游精品，助推一地经济发展”的模式。贵州希望通过第七届旅游产业发展大会的举办，进一步支持承办地毕节市旅游交通及配套服务设施建设，打造新型国民休闲度假旅游基地。来自贵州省和国内外的旅游及相关机构负责人、旅行商代表等，共 1100 余人参加了大会。

贵州省举行大规模非法出版物公开集中销毁活动

4 月 24 日，侵权盗版及非法出版物集中销毁和“绿书签行动 2012”系列宣传活动在贵阳市振华广场举行。省委常委、省委宣传部部长、省“扫黄打非”工作领导小组副组长谌贻琴出席并宣布活动启动。本次活动公开销毁各类盗版音像制品、盗版软件及非法书报刊、电子出版物等 180 万件，这是贵州省迄今规模最大、数量最多的非法出版物公开集中销毁活动。此次活动旨在用实际行动和工作成果迎接“4·26”世界知识产权日，并向广大市民群众展示全省各级“扫黄打非”工作部门打击侵权盗版和非法出版物取得的成果，进一步唤起社会各界积极参与到保护知识产权的行动中来，营造净化社会文化环境的健康意识和良好的社会氛围。活动当天吸引了部分学校、省市新闻媒体及社会各级群众 900 多人参与。销毁活动中，省、市领导，出版物经营业代表、青少年代表和社会群众纷纷在“打击侵权盗版、保护知识产权”的条幅上签名，同时主办方在现场为群众发放绿书签和知识产权保护方面的资料，并开展开展“扫黄打非”宣传和咨询活动。截止 4 月 24 日，全省各级“扫黄打非”工作部门共集中销毁各类盗版及非法出版物 237.9 万件，组织执法人员开展各类宣传活动 216 次，发放宣传资料 85000 份，接受群众咨询 23700 人次。

甲秀视线讲坛 2012 年第四期举行

4 月 25 日，由中共贵州省委宣传部和中共贵州省直机关工委主办，贵州省社科联承办的 2012 年甲秀视线讲坛第四期讲座在贵阳举行。省委政研室研究员吴祖平作了题为“坚持科学发展，奋力后发赶超”的报告。

吴祖平研究员紧紧围绕省第十一次党代会报告主题，从四个方面为大家解读党代会报告。一是在攻坚克难中奋起直追的五年——过去五年贵州经济社会发展成就显著，开始进入经济加速发展新阶段；二是瞄准目标，努力追赶的未来五年——奋战五年，努力追赶，开启贵州科学发展新征程；三是走符合自身实际和时代要求的后发赶超之路——牢牢把握发展第一要务，努力走出符合自身实际和时代要求的后发赶超之路；四是为推进历史性跨越提供坚强保障——以保持党的先进性、纯洁性为主题，全面加强和改善党的建设。报告坚持理论与实际相结合、历史与现实相结合，既有理论深度，又有很强的现实针对性，对于大家深入领会、全面掌握省第十一次党代会精神，把思想和行动统一到省党代会精神上来，完成好省党代会提出的各项任务具有很好的启发和促进作用。

报告会由省社科联党组书记、副主席唐福金主持。省直宣传文化系统、省直有关部门干部 120 余人聆听了报告。

栗战书会见中央人民广播电台台长王求一行

4月28日上午，省委书记栗战书在贵阳会见了来黔采访调研的国家广播电影电视总局党组成员、中央人民广播电台台长王求一行。省委常委、省委宣传部部长谌贻琴，中央人民广播电台中国之声总监蔡小林参加会见。

栗战书代表省委、省政府衷心感谢中央人民广播电台对贵州工作的关心和支持，欢迎王求带队来黔采访、开展"走、转、改"活动。他说，采访组一行带着对贵州人民的深厚感情，深入基层、深入群众，吃住在农家，采写了一大批动情、动心，鲜活有分量的好报道。大家扎实的工作作风、良好的职业素养，令人钦佩和感动。

栗战书对中央媒体在"走、转、改"活动中发挥的表率和引领作用给予高度肯定。他说，中央媒体"走、转、改"活动开展得深入持久、有声有色，新闻报道焕然一新，展现出鲜明的针对性和强烈的时代性，深受群众欢迎。实践证明，只要我们坚持马克思主义新闻观，贯彻好党的群众路线，深入基层发现人民群众创造的智慧，汲取丰富的营养，新闻就有生命、就有力量、就有价值。贵州省要认真学习中央媒体在"走、转、改"活动中展现的优良作风，将其延伸至党政机关，继续大力推动干部下基层、"四帮四促"等活动，以作风的大转变，更好地为人民服务，努力提高人民群众的幸福指数。

栗战书还就贵州经济社会发展和省第十一次党代会有关部署，接受了中央人民广播电台的采访。他说，在党中央、国务院的亲切关怀下，贵州上下按照中央领导同志对贵州工作的指示要求，深入贯彻落实科学发展观，抢抓国发[2012]2号文件重大机遇，真抓实干、奋力爬高，经济社会发展出现良好态势，后发优势逐步显现。全省上下有志气、有信心大力构筑贵州"精神高地"，奋力冲出"经济洼地"，到2020年与全国同步实现全面小康，不辜负党中央、国务院的关怀和全省各族人民群众的期待。

王求对贵州省第十一次党代会的胜利召开表示祝贺。他说，采访组在贵州开展"走、转、改"的过程，是一次接受锻炼、接受教育的过程。大家深切感受到，贵州老百姓朴实、真诚，党员干部一心为民谋发展，经济社会发展势头强劲，全省上下人气旺、劲头足，大家倍感振奋。中央人民广播电台将一如既往关注贵州发展，为贵州实现既定的发展目标贡献力量。

省直有关部门、中央人民广播电台贵州记者站负责同志参加会见。

省社科界学习贯彻
省第十一次党代会精神座谈会召开

5月11日，由省委宣传部和省社科联共同举办的"省社科界学习贯彻省第十一次党代会精神座谈会"在贵阳召开。部分省第十一次党代会精神省委宣讲团成员和省直机关的领导、社科界专家近三十人参加座谈。

大家一致认为，省第十一次党代会，是在党的十八大即将召开、我省改革开放和社会主义现代化建设进入关键时期召开的一次重要会议。大会高举中国特色社会主义旗帜，以邓小平理论和"三个代表"重要思想为指导，深入贯彻落实科学发展观，紧扣加速发展、加快转型、推动跨越，奋力后发赶超，为与全国同步实现全面建设小康社会宏伟目标而奋斗这一主题，对未来五年我省的奋斗目标、主要任务和重要措施作了周密部署，对我省未来五年乃至更长时间的发展具有极为重要的指导意义。

与会专家表示，当前和今后一个时期，学习宣传研究和贯彻落实省第十一次党代会精神是我省社科界的一项重要任务，我们要按照省委的要求，把思想和行动统一到大会精神上来，紧紧围绕省第十一次党代会提出的重要思想、重要观点、重要举措和目标任务、结合改革开放和经济社会建设实际进行研究、阐释，推出一批有价值有分量的理论成果，为推动省第十一次党代会精神的学习、宣传和贯彻落实作出积极贡献。

座谈会由省社科联党组书记、副主席唐福金主持。省委宣传部副部长谢念出席会议并讲话。

2012 年甲秀视线讲坛第五期举行

5 月 29 日，2012 年甲秀视线讲坛第五期讲座在贵阳举行。省发改委主任、研究员刘远坤作了题为“国发 2 号文件及其推进试点试验区示范区建设”的报告。

刘远坤是国发 2 号文件的起草者和见证者之一，对国发 2 号文件的诞生背景、诞生过程、内容构架等了然于心。因此，在此次讲坛上，他紧紧围绕国发 2 号文件的诞生、国发 2 号文件的“钢架”、国发 2 号文件的试点试验示范三大板块，用平实而又生动的语言，深入浅出地为与会者作了精彩的解读。

据了解，国发 2 号文件鼓励贵州先行先试，提出的试点、试验、示范多达 28 处 33 次，给贵州跨越发展留下广阔的空间和巨大的潜力。刘远坤也重点围绕这些内容，为与会者进行了详细讲解。但刘远坤也提出，贵州人不能认为国发 2 号文件一颁布，贵州的发展就可以一劳永逸。他说，国发 2 号文件仅仅是为贵州的跨越赶超落实了第一步，接下来，贵州还将有很长的路要走，还有许多艰辛的任务要去完成。

“在奋力赶超之路上，贵州人不仅不能有丝毫懈怠，还应该穷追不舍。”刘远坤说。

省直宣传文化系统、省直有关部门干部 130 余人聆听了报告。

中国作家协会中华文学基金会“育才图书室”走进平塘

5 月 31 日，中国作家协会、中国烟草总公司和中华文学基金会共同主办的育才图书室工程赠书仪式在平塘县举行。这次赠书活动共捐赠电脑、图书总价值 238 万元，并在平塘县 40 所中小学建立育才图书室。中国作家协会党组副书记、副主席、全国政协常委张健，中华文学基金会秘书长李小慧等出席赠书仪式。

育才图书室工程是由季羡林、王蒙、张锲、铁凝等一批著名作家在 2004 年发起，由中国作家协会、中国烟草总公司和中华文学基金会主办的，旨在以实际行动贯彻党的科教兴国战略和教育振兴计划的社会公益活动。这项活动得到了中央领导的称赞和社会各界的支持。截至目前，已为西部地区 1549 所学校和福利院建立了育才图书室，受益人数达900余万人。

为了促进我省贫困地区的基础教育建设，在省委宣传部挂帮工作组牵线搭桥下，这次对平塘县捐建的育才图书室，是中华文学基金会第二次走进我省的爱心行动，共捐赠50台电脑和7.5万余册图书，在平塘县40所中小学建立育才图书室。据悉，育才图书室工程还将继续关注和支持我省的文学和教育事业，并积极开展文学系列活动，促进文学交流，鼓励和资助文学创作。

赠书仪式上，张健深情寄语为推动贵州科学发展、实现贵州人民的幸福安康而共同努力奋斗。

贵州省文化产业管理培训班在北京开班

5月14日，贵州省文化产业管理培训班在北京开班。我省部分市县党委宣传部副部长和文产办主任共38人参加培训。培训邀请了一批专业基础扎实、文化产业实操经验丰富的国内专家学者和企业高级管理人员授课，设置《以科学的理念推动文化发展和发展》、《中国传统文化的现代价值》、《文化创意产业的改革与商机》、《旅游业现状与法制建设》等课程，并安排了798艺术区、孔庙和国子监博物馆两个现场教学点，通过课堂教学与现场教学结合、专题研讨和师生互动结合，积极创新培训方式，使参加培训的学员深化了认识、开阔了视野、增长了知识、交流了经验。

谌贻琴率贵州代表团赴深圳参加第八届深圳文博会

5月18日至21日，谌贻琴率贵州代表团赴深圳参加第八届深圳文博会。省有关部门领导，各市(州)、县(市、区、特区)常委、宣传部长或副市(州)、县(市、区、特区)长，省内外有关企业负责人、省有关媒体记者等600余人参加文博会。通过搭建展示交流平台、招商交易平台、学习培训平台、新闻宣传平台等四个平台，本届文博会取得了积极成效。尤其是在招商引资推介暨签约仪式上，我省成功签约54个合同项目，签约金额190亿元，是贵州代表团参加历届深圳文博会签约金额最多的一次，占本届文博会全国合同成交额875.62亿元的21.7%，涉及全省9个市(州)40多个县、区、市，文化与旅游相结合的项目43个，占80%，总金额132亿元，占签约总金额的70%，充分体现了我省文化与旅游深度融合的发展趋势。文博会期间，还分别考察了坂田手造文化街 & 创意园、DIP深圳设计产业园、观澜版画基地、东部华侨城等17个分会场，内容涉及工艺品设计、动漫制作、文化艺术、文化创意、数字内容等，通过考察学习考察组干部大大开阔了视野，提升了文化产业的理念，启发了开展文化产业工作的思路。

全省“社科理论走基层”活动启动

5月31日，由省委宣传部、省社科联组织开展的全省“社科理论下基层”活动启动仪式在南明区彭家湾、五里冲项目建设指挥部会议中心举行。启动仪式结束后，“社科理论下基层”专家组成员50余人到彭家湾、五里冲开展贵阳棚户区改造实地考察调研，并与贵阳市委宣传部、市社科联，南明区委、区政府，后巢乡党委、政府和彭家湾、五里冲项目建设指挥部有关负责同志就贵阳旧城改造工作进行现场答疑座谈。在面对面交流中，专家们积极提供咨询服务，解答基层干部在棚户区改造、城市规划建设、社会管理创新等方面的具体问题。与会专家纷纷表示，此次活动形式新颖、实践性强，为理论工作者深入实地、深入基层了解社情民意提供了新渠道，也为理论普及工作能更好地深入基层、扎根群众开辟了新路径。

部分专家组成员还前往位于金阳新区的贵阳护理职业学院参观考察。同时专家组成员、省委党史研究室主任徐静研究员还为该院近1000名师生作“弘扬雷锋精神·构筑精神高地”专题报告。

中外媒体聚焦晴隆、贞丰两县扶贫开发情况

6月1日至2日，中央外宣办、国务院扶贫办联合组织人民日报、新华社、光明日报、中央电视台、中央人民广播电台、《中国扶贫》杂志社、香港文汇报、凤凰卫视、印度时报、中国网、国际网及贵州日报、贵州广播电视台等19家中外媒体共赴我州，开展以“可持续发展”为主题的大型采访活动，主要采访黔西南州晴隆、贞丰两县通过“石漠化”治理和扶贫开发推进可持续发展项目的有关情况。在采访中，中外媒体深刻感触到：“只要选好选准路子，绝处绝地也能逢生。”

中央外宣办一局局长郭卫民，国务院扶贫办政策法规司副司长田志清，州委常委、州委宣传部长、州委统战部长杨骏，省扶贫办党办副主任王真勇等陪同采访。

媒体采访团一行，先后深入到我州晴隆县光照镇哈马村林官箐草场、晴隆山草场、晴隆海权羊肉加工厂，贞丰北盘江银洞湾村等地实际考察，采访各地石漠化治理，扶贫开发推进可持续发展项目，农民增收致富等情况，记者们走山串户，穿梭在高山峡谷之间，用镜头、录音记录着我州石漠化治理和扶贫开发取得的丰硕成果。

欠发达地区“后发赶超”论坛举行

6月7日，欠发达地区“后发赶超”论坛在贵阳举行。副省长谢庆生讲话，省政协副主席陈海峰出席。本次论坛由省委宣传部主办，省社会科学院承办。论坛以“欠发达地区‘后发赶超’”为主题，旨在深入贯彻落实科学发展观，坚持解放思想，求真务实，集省内外知名专家智慧，紧紧围绕

欠发达地区坚持科学发展、奋力后发赶超的重大理论和现实问题进行深入讨论，为欠发达的地区经济社会又好又快、更好更快发展建言献策，为加快跨越发展探索出一条符合实际和时代要求的后发赶超之路提供理论支持。

谢庆生说，我们要深刻认识"后发赶超"问题的重要性，从历史的角度看，赶超是后发国家实现经济结构现代化，从传统社会向现代社会转型的过程，同时又是对自然发展进程的"压缩"和跨越。"后发赶超"是贵州正在探索和实践的新路。当前，贵州正处于加快发展的关键时期，经济发展已有一定基础，已具备"后发赶超"的基础条件。同时，"后发赶超"是新时期我们理论工作者研究的重要课题。本次论坛研讨中要围绕欠发达地区"后发赶超"的重要性、急迫性；后发劣势与后发优势之辨析；"经济洼地"与"精神高地"之关联；欠发达地区"后发赶超"的条件解析等问题，进行深入研讨，创新研究，理清欠发达地区发展的重要理论与实践问题，促进欠发达地区实现"后发赶超"。

本次论坛邀请了西部地区社科院、中部和东部地区部分省社科院的领导和专家以及我省专家学者共60余人参加。会前共征集了相应的论文20多篇，梳理了6个论坛专题。

2012贵州·香港投资贸易活动周举行媒体推介会

6月10日下午，省委、省政府在香港举行2012贵州·香港投资贸易活动周媒体推介会。省委常委、常务副省长、省委宣传部部长谌贻琴，向香港各大新闻媒体介绍2012贵州·香港投资贸易活动周基本情况、国发2号文件有关情况、贵州"十二五"投资和发展商机。副省长蒙启良主持推介会。

中联办宣文部有关负责人，香港文汇报、香港大公报、香港商报、凤凰卫视、香港经济日报等香港主要媒体，人民日报、新华社、中央人民广播电台、中国国际广播电台、中央电视台等中央驻港主要媒体共20多家媒体负责人与会。

谌贻琴代表贵州省委、省政府对香港新闻媒体长期以来对贵州发展的关注和支持表示感谢。她说，一年前，在香港各界的鼎力支持下，贵州在香港成功举办了第一届贵州·香港投资贸易活动周，黔港合作实现了历史性突破。一年来，华润集团、香港鸿基伟业、嘉里集团、招商证券等一批大集团、知名企业相继落户贵州，活动周签约投资项目开工率达70%以上；香港文汇报、香港大公报、香港商报、香港凤凰卫视、香港经济日报、星岛日报等媒体，多次派记者赴黔对贵州经济社会发展、投资环境及招商引资情况，进行全方位、多角度、宽领域的报道，为推动黔港合作发挥了重要作用。

谌贻琴向新闻媒体介绍了贵州经济社会发展情况。她说，去年，我省生产总值、固定资产投资、金融机构存贷款净余额净增1000亿元以上，生产总值、固定资产投资、规模以上工业增加值、公共财政预算收入等主要经济指标增速均居全国前列，这在贵州历史上是从未有过的。今年以来，我省经济社会呈现出持续向好的发展态势，一季度生产总值增长14.7%，增速排全国第1位，规模以上工业增加值增速排全国第3位，固定资产投资增速排全国第2位，社会消费品零售总额和公共财政预算收入增速均排全国第1位，实际利用外资中有22.3%来自于港澳台，全部入境旅游人数中有68.5%来自于港澳台。这些成绩的取得，离不开各位新闻界朋友的关心和大力支持。

谌贻琴说，今年是贵州发展史上极其重要的一年。国发2号文件的出台将贵州发展上升为国家战略。文件明确了对贵州未来十年的"两步走、一条路"发展目标，从财税、投资、金融、产业、土地、人才、对口支援等七个方面提出了一系列突破性支持政策，对贵州加快实现经济社会发展的历史性跨越，与全国同步建成全面小康社会，必将起到巨大的推动作用，也将给包括香港企业家在内的国内外客商投资贵州提供更多的合作机遇。

谌贻琴介绍，贵州省委、省政府将2012年确定为“改革开放年”，并决定继续举办贵州·香港投资贸易活动周，按照突出重点、突出特色、突出实效的“三突出”原则，精心组织安排活动周开幕式、项目签约仪式及招待会、媒体推介会、贵州优势产业说明会、黔港优势产业对接洽谈会四项主体活动。她强调，活动周结束后，贵州将切实抓好跟踪、落实、服务等后续工作，巩固、扩大和提升活动周取得的成果。要大力改善交通物流等基础条件，推进产业园区建设，拓展对外开放和招商引资领域，营造良好投资环境，竭诚为招商项目落地和企业发展提供优质高效的服务，努力在全社会营造亲商、爱商、敬商、护商的良好氛围，把贵州建设成为创业氛围深厚、发展空间广阔、投资回报丰厚的开放热土。

香港文汇报、香港大公报、香港商报、成报、香港经济日报负责人对一年来黔港合作不断加深，交流互动不断密切给予赞赏。大家纷纷表示，通过推介会更加感受到了贵州加速发展、加快转型、推动跨越的生动场景，更加感受到了贵州坚持科学发展、推动开放合作、奋力后发赶超的坚定决心，也更加感受到了贵州的开放魅力和发展潜力。大家将充分发挥各自媒体优势，为进一步深化黔港合作搭建沟通桥梁，努力为贵州对外开放搭建服务平台。

省发展改革委、省经济和信息化委、省旅游局、省政府金融办相关负责人分别就我省能源资源优势及深加工、特色工业发展、文化旅游、金融业等方面进行推介。推介会上还播放了“活动周”电视宣传片。

第四届“全国知名网络媒体博主多彩贵州行”大型主题采访活动在贵阳启动

6月11日，以“网眼看贵州，聚焦新跨越”为主题的2012第四届“全国知名网络媒体、博主多彩贵州行”大型主题采访活动在贵阳启动。省委常委、常务副省长、省委宣传部部长谌贻琴发来致辞。100余名知名媒体人士及博主参加了活动启动仪式。

活动紧紧围绕贯彻落实国发2号文件和省第十一次党代会精神，展示我省近年来经济社会发展成就，宣传工业强省、城镇化带动战略实施情况和丰富的文化旅游资源；结合弘扬贵州时代精神，宣传我省干部群众干事创业的精气神，宣传基层党员干部服务群众新举措，宣传道德模范、诚信友爱贵州人新形象，为我省经济社会发展提供精神动力和舆论支持。

谌贻琴在致辞中说，当前，贵州正处于全力推进科学发展、奋力实现后发赶超的关键时期，已进入经济起飞的新阶段。从2009年起，全国知名网络媒体多彩贵州行已连续举办4届，本届活动增设了知名博主采访，是网络文化建设领域贯彻党的十七届六中全会精神的具体行动。衷心希望通过各位知名网络媒体记者、知名博主的亲身感受和生花妙笔，全面反映贵州人民坚持科学发展、奋力后发赶超的火热实践，真实描绘贵州改革开放取得的巨大成就和辉煌成果，为党的十八大胜利召开营造良好的网上舆论氛围，谱写网路文化发展的新篇章。

在启动仪式前的媒体见面会上，我省各相关部门介绍了全省经济社会发展情况、工业强省建设情况、精神文明创建以及历史文化相关情况。

本次活动由省委宣传部、省文明办、省发改委、省经信委主办。省委外宣办、贵阳市委宣传部、遵义市委宣传部、安顺市委宣传部、毕节市委宣传部、铜仁市委宣传部、黔东南州委宣传部、黔南州委宣传部、黔西南州委宣传部承办。金黔在线、多彩贵州印象网、贵州文明网协办。

启动仪式结束后，全国网络媒体分赴4条线

路围绕“后发赶超看贵州、诚信友爱看贵州”进行为期5天的采访活动。

贵州省外宣办主任高级管理课程开班

6月5日上午，南方传媒学院贵州省外宣办主任高级管理课程举行开学典礼。来自全省各级外宣工作战线的100多位同学齐聚广州市广州大道中289号大院南方传媒大厦，开启为期一周的学习旅程。这是外省学员首次坐进南方传媒学院的课堂。开学典礼结束后，广东省委宣传部副部长、广东省委外宣办主任莫高义为同学们上了第一堂课。

南方报业传媒集团管委会主任、董事长，南方日报社社长，南方传媒学院院长杨兴锋在开学典礼上致辞，并向学员代表授予南方传媒学院校徽。他代表南方报业全体同仁、南方传媒学院全体导师向远道而来的各位新同学表示热烈的欢迎和诚挚的祝贺！贵州省委外宣办专职副主任哈思挺代表贵州省委宣传部、贵州省委外宣办对南方报业传媒集团和南方传媒学院表示衷心感谢。

全国“道德模范故事汇”基层巡演活动走进贵州

6月18日，为大力开展道德模范学习宣传活动，推动公民道德建设深入开展，全国“道德模范故事汇”基层巡演活动贵州贵阳专场在省委礼堂隆重举办。此次活动由中央文明办、中国文联、中国曲艺家协会主办，省委宣传部、省文明办、省文联承办。

演出从三届全国道德模范中选取典型人物，创作成故事、说唱、二人转等曲艺节目，由著名评书表演艺术家刘兰芳领衔，一批有实力的演员参演，为观众奉献了精神盛宴。模范的先进事迹感人肺腑，演员的倾情讲述引人入胜，现场气氛感人，不时发出热烈掌声。

“道德模范故事汇”活动自2010年开展以来，深入高校、企业、社区、部队等基层单位，受到群众热烈欢迎。

贵州省文化产业管理培训班在上海交通大学开班

6月1日，贵州省文化产业管理培训班在上海交通大学开班。省委宣传部、各市（州）文产办主任、文化产业重点县区党委宣传部长、多彩贵州文化产业发展中心、贵州大学旅游与文化发展研究院共48人参加培训。培训注重针对性和指导性、强调理论与实践结合，设置了文化产业规划编制、怎样做一个宣传文化管理干部、国际文化产业发展现状及趋势、转型期文化发展思考、文化旅游融合发展、文化创意产业发展、品牌选择及打造等课程，考察了上海创意园区、上海文化产权交易所、杭州宋城、横店影视城，学习考察、学勇并重，取得了积极效果。

非时政类报刊出版单位体制改革专题协调会召开

6月28日，非时政类报刊出版单位体制改革专题协调会召开。会议由省委宣传部常务副部长、省文改文产办主任李建国主持，省文改文产领导小组部分成员单位分管领导及相关处室负责人，非时政类报刊主管主办单位分管领导及部分报刊出版单位主要负责人参加会议。会议通报了兰州全国文化体制改革工作座谈会精神，分析我省非时政类报刊出版单位体制改革进展情况及主要存在问题，并按照中央要求对下一步改革工作进行具体安排。

贵州省弘扬“三敢”精神理论研讨会在黎平召开

7月6日至7日，由省委宣传部、省委政策研究室、省委党史研究室、贵州日报报业集团、中共黔东南州委主办的弘扬“三敢”精神，构筑精神高地推动跨越发展理论研讨会在黎平召开。

省人大常委会副主任顾久，中央党史研究室副主任曲青山，中央文献研究室副主任张宏志等130余人出席研讨会。

2011年“七一”期间，省委书记栗战书深入黔东南州黎平等县调研，在参观黎平会议会址和纪念馆后指出，黎平会议精神，就是一个敢闯新路、敢于突破，敢于胜利的“三敢”精神。这次理论研讨会，对深化黎平会议精神研究，弘扬“三敢”精神，构筑“精神高地”，推动跨越发展，实现后发赶超，建设美好黔东南具有重要的现实意义和深远的历史意义。

顾久在讲话中指出，黔东南州作为“三敢”精神的诞生地，在率先践行“三敢”精神上，内化于心、外用于形，推动着经济社会实现跨越发展，全面实现了“十一五”各项目标任务，2011年在全省经济发展综合测评排位中从2010年的第4位上升到第3位。顾久强调，贵州4000多万干部群众一定会不负众望，大力弘扬和践行“三敢”精神，形成强大的精神动力，推动贵州经济实现又好又快更好更快发展！

曲青山在讲话中说，“敢闯新路、敢于突破、敢于胜利”即“三敢”精神的提出，是对黎平会议地位、作用、意义认识和研究的深化。联系今天改革和发展的实际，黎平会议的成功具体就表现和体现在“三敢”方面。“敢闯新路”是前提和条件，“敢于突破”是要求和标准，“敢于胜利”是归宿和目的。“三敢”之间，相辅相成，构成一个有机整体。

张宏志在研讨会上说，“三敢”精神的依据就是实事求是，1986年10月，时任中共贵州省委书记胡锦涛到黎平参加纪念红军长征胜利50周年“黎平会议学术讨论会”发表讲话指出：“黎平会议给予我们深刻的启示，就是要坚持从实际出发，采取符合实际情况的行动方针，这是克敌制胜的一个法宝。革命战争年代是这样，在今天建设四化的历史时期也同样是这样。”这段话折射出解放思想，实事求是就是“三敢”精神的核心价值，在过去、今天都值得我们借鉴。

2012年甲秀视线讲坛第六期举行

7月13日，由省委宣传部主办，省社科联承办的2012年甲秀视线讲坛第六期讲座在贵阳举行，省扶贫办党组书记、主任叶韬作了“打好连片特困地区攻坚战，创建全国扶贫开发攻坚示范区”的主题报告。

叶韬主任从全国和我省扶贫开发的历史轨迹、我省扶贫开发面临的形势和任务、大力创建全国扶贫开发攻坚示范区三个方面，对新形势下如何推进我省扶贫开发工作作了生动的阐述。报告坚持理论与实际相结合、历史与现实相结合，既有理论深度，又有很强的现实针对性，有助于机关干部进一步深刻领会、贯彻落实国发2号文件和省第十一次党代会精神。

报告会由省社科联党组书记、副主席唐福金主持。省直宣传文化系统、省直有关部门干部120余人听取了报告。

2012年甲秀视线讲坛第七期举行

7月30日，2012年第七期“甲秀视线讲坛”举行。中共中央党校教授、博士生导师陈述应邀作“坚持改革开放，创新发展体制机制”专题报告。

陈述从我国取得的举世瞩目的伟大成就与继续坚持改革开放、主要问题严峻挑战与创新发展体制机制、宝贵的基本经验与历史启示等3个方面出发，剖析经济社会可持续发展进程中需要解决的新问题、新动向，对我省在新时期全面贯彻落实好国发2号文件精神，进一步提高对内对外开放水平，努力增强开放对经济增长的带动作用，实现贵州后发赶超具有重要启发作用。

第五届“听多彩之声　说魅力贵州”全国50家广播电台著名节目主持人入黔采访大型直播活动在黔东南举行

7月16日—22日，第五届“听多彩之声 说魅力贵州”全国50家广播电台著名节目主持人入黔采访大型直播活动在黔东南举行。参加活动的主持人通过电话连线、录音报道、并机直播等形式共发稿350余条，时长3000余分钟；微博发帖、跟帖共计5000余条；3场现场直播累计180分钟，共有30家电台主持人参与并机直播。本届“听多彩之声 说魅力贵州”活动还首次邀请了13家网络媒体、10家省内平面媒体、电视媒体记者，全程跟随56家广播电台主持人采访。中国日报网、中国新闻网、中国广播网、中国民族广播网、新浪、腾讯、今日传播网等20多家网络媒体登载活动图片数百幅，掀起了中央、省外媒体报道贵州的高潮。

省委宣传部举办“贵州—南方传媒学院新闻发言人培训班”

为进一步提高我省新闻发言人队伍的素质和水平，7 月 16 日至 22 日，贵州省新闻发言人培训班在广州南方传媒学院举办，省委有关部委、省政府有关部门、各市（州）党委和政府新闻发言人及新闻助理 66 人参加。这是继 2010 年在清华大学、2011 年在复旦大学举办培训班后，我省第三次借用省外高端平台举办新闻发言人培训。此次培训，充分依托南方传媒学院深厚的传媒行业背景和优秀的师资平台，进一步提升我省新闻发言人与媒体打交道的能力。重点做好课程设置和教师选择，创新形式，将课程讲授与现场交流、模拟演练、专家点评、参观考察等结合，增强针对性、实战性和现场感。培训班邀请到广东省委宣传部副部长、省委新闻发言人杨健，南方报业传媒集团董事长、南方日报社社长杨兴锋，“腾讯网”总编辑陈菊红，南方报业传媒集团副总编辑丘克军，中山大学传播与设计学院副教授、复旦大学媒介素质研究中心副主任张志安，暨南大学副校长林如鹏，中山大学传播与设计学院副院长张宁等，分别就新闻发布流程及技巧、媒体传播规律与网络舆情应对、政务微博管理及发布技巧、政府危机管理和媒体应对等进行讲授。学员们普遍认为培训课程实用性强、信息量大，有利于提高应对媒体、处置突发事件的能力。南方传媒学院高度重视本次培训，《南方日报》、《南方都市报》均刊登了培训有关消息，国务院新闻办官方网站、人民网、中华网、南方报业网、搜狐网、21 世纪网、黔龙网等对报道进行转载，进一步向外界展现了我省新闻发言人的整体形象。

省委宣传部中心组召开会议深入学习胡锦涛同志在省部级主要领导干部专题研讨班上的重要讲话精神

7 月 30 日，贵州省委宣传部中心学习组召开会议，深入学习领会胡锦涛总书记在省部级主要领导干部专题研讨班上的重要讲话精神。省委常委、省委宣传部部长喻红秋出席并讲话。喻红秋在讲话中指出，胡锦涛总书记从坚持和发展中国特色社会主义的政治高度，深入分析我国面临的新形势新任务，科学阐述了事关党和国家全局的若干重大问题，深刻回答了党和国家未来发展的一系列理论和实践问题，明确了我国现代化建设事业的时间表和路线图，讲话内容博大精深，论述深刻精辟，对于团结动员全党全国各族人民解放思想、改革开放、凝聚力量、攻坚克难，坚定不移地沿着中国特色社会主义道路奋勇前进，满怀信心地为全面建成小康社会而努力奋斗具有重大的现实意义和深远的历史意义。喻红秋强调，深入学习领会胡锦涛总书记的讲话精神，把思想和行动更好地统一到中央决策部署上来，为党的十八大胜利召开营造良好的舆论环境，是当前各级宣传思想文化部门的一项重要政治任务。她要求，要加大胡锦涛总书记讲话精神和全省上下学习贯彻讲话精神的宣传力度，按照中央、中宣部和省委要求，精心组织策划，采取多种形式，不断推出有力度的新闻宣传报道，把宣传工作开展得更有针对性、更有声势、更有实效。要重点宣传好贵州经济社会发展取得的巨大成就，做好舆论引导工作，为全省经济社会又好又快、更好更快发展助力加油，为迎接党的十八大胜利召开营造良好的舆论环境。

全省宣传部长座谈会召开

8月2日，全省宣传部长座谈会在贵阳召开。会议传达了全国宣传部长座谈会精神和省委常委(扩大)会议精神，并对下半年宣传思想文化工作进行部署。省委常委、省委宣传部部长喻红秋出席会议并讲话。

喻红秋指出，近年来，我省宣传思想文化战线按照中央“高举旗帜、围绕大局、服务人民、改革创新”的总要求，认真贯彻落实中央和省委的决策部署，奋力推动贵州多民族文化大发展大繁荣，为全省经济社会又好又快、更好更快发展，实现历史性跨越营造了良好舆论氛围。特别是今年以来，我省宣传思想文化工作继续不断开拓新局面，理论武装扎实推进，舆论导向把握正确，重大宣传浓墨重彩，品牌创建影响广泛，文化改革成效显著，对外推介全面提升，得到了中宣部和省委的充分肯定和大力支持。当前全省宣传思想文化工作已达到了一个新的历史水平，发展态势良好，为今后继续推进打下了坚实基础。

喻红秋强调，全省宣传文化系统要认真学习领会好、宣传阐释好、贯彻落实好胡锦涛总书记7月23日在省部级主要领导干部专题研讨班上的重要讲话精神，以高度的政治自觉和强烈的责任意识，把思想和行动统一到胡锦涛总书记重要讲话精神上来。要围绕迎接党的十八大这条主线，迅速行动起来，精心组织安排，切实做好统一思想、凝聚人心、武装头脑的工作，举全战线之力，营造浓厚氛围，确保阵地安全，超前谋划工作，推动形成热潮。要围绕推动贵州后发赶超、跨越发展，卓有成效地开展宣传思想文化工作。要把握导向、营造氛围，为贵州后发赶超加油鼓劲；要大力构筑“精神高地”，为贵州跨越发展凝神聚气；要深化文化体制改革，为贵州多民族文化繁荣发展增添活力；要提升多彩贵州知名度美誉度，为贵州开放带动塑形造势。要加强学习，主动作为，勇于创新，转变作风，保持奋发有为的精神状态，推动宣传思想文化工作不断取得新成效。

各市(州)党委宣传部部长，省直宣传文化系统各单位主要负责同志，中央驻黔主要新闻单位负责同志在会上作了交流发言。省委宣传部部务会议成员及副巡视员、各处室主要负责同志等参加会议。

全省“和谐贵州三关爱”志愿服务工作会议召开

8月8日，贵州省“和谐贵州三关爱”绿丝带志愿服务活动工作会议在江口县召开。会议的主要任务是：贯彻落实中央文明办和省文明委有关志愿服务工作的精神，总结交流各地开展“和谐贵州三关爱”绿丝带志愿服务经验，分析形势，明确任务，安排部署今后一段时期的工作，进一步推动全省“绿丝带”志愿服务工作广泛深入开展，以优异成绩迎接党的十八大胜利召开。

会上，贵阳市、遵义市、安顺市、凯里市、江口县、贵州省人民医院作了交流发言。省委宣传部副部长、文明办主任杨兴举出席会议并讲话，省文明办专职副主任朱文东主持会议，铜仁市委常委、宣传部长刘婕致辞，团省委副书记马雷宣读《关于对"和谐贵州三关爱"绿丝带志愿服务行动优秀组织单位和优秀志愿者的表彰决定》。

会议对去年以来全省"绿丝带"志愿服务行动进行了回顾。大家一致认为，贵州省志愿服务工作在省委、省政府的领导下，在各地、各部门和广大志愿者的共同努力下，围绕中心、服务大局，广泛开展讲文明树新风、扶危济困、应急救援等各项志愿服务活动，为推动优美环境、优良秩序、优质服务建设做出了积极贡献。主要体现在：体制机制逐步建立、志愿服务理念日益普及、"和谐贵州三关爱"行动深入开展、打造深化了志愿服务活动品牌。

杨兴举指出，志愿服务是弘扬雷锋精神的重要抓手，是新形势下推进精神文明建设的有效载体，是深入开展志愿服务活动是加强和创新社会管理、建设和谐贵州、维护社会稳定的有效途径，是深入开展志愿服务活动是创建文明城市、文明村镇、文明单位的重要内容。各地各部门要从推进构筑"贵州精神高地"的战略高度，充分认识开展志愿服务活动的重要意义。

杨兴举要求，各地、各部门要以弘扬雷锋精神为主题，大力普及志愿服务理念。要在营造浓厚社会氛围上下功夫，要在引导人们自我教育、自我提高上下功夫，要在进学校、进社区上下功夫。要以"关爱他人、关爱社会、关爱自然"为重点，广泛深入地开展志愿服务活动。一要以困难群体为重点，深入开展"和谐贵州三关爱"志愿服务活动。要深入开展关爱空巢老人志愿服务行动，深入开展关爱留守儿童志愿服务行动，深入开展关爱残疾人志愿服务行动。二要以社会服务为重点，广泛开展"关爱社会"志愿服务活动。要广泛开展践行文明礼仪志愿服务，广泛开展维护社会秩序志愿服务，广泛开展基层文化志愿服务。三要以环境保护为重点，大力开展"关爱自然"志愿服务活动。要积极开展普及生态文明理念志愿服务，积极开展绿化美化志愿服务，积极开展清洁环境卫生志愿服务。

杨兴举强调，各地、各部门要继续探索新形势下志愿服务活动的特点和规律，健全领导体制、整合社会资源，完善工作机制、确保常态运转，加大投入力度、提供有力保障，推动志愿服务活动持续健康发展。

参加会议的有省文明办、团省委、省卫生厅、省计生委负责人，省"和谐贵州三关爱"绿丝带志愿服务领导小组成员单位相关处室负责人，9个市(州)文明办、团委负责人、88个县(市、区、特区)文明办负责人，江口县有关领导。会议期间，与会同志还实地参观了江口县第一敬老院和"微笑小屋"志愿服务点。江口县"爱 西行"团队在敬老院通过"每天7点半学校"，对30多名孤儿进行学习辅导，以及一对一、多对一照顾孤寡老人的志愿服务经验，使大家深受启发。与会同志纷纷表示，一定要把这一行之有效的做法带回本地进行推广。

2012年甲秀视线讲坛第八期举行

为深入贯彻落实国发2号文件和省第十一次党代会精神，深化省直宣传文化系统党员干部对建设民族团结进步繁荣发展示范区的认识，8月23日，由省委宣传部主办，省社科联承办的2012年甲秀视线讲坛第八期讲座在贵阳举行，教育部长江学者，复旦大学特聘教授、社会科学高等研究院副院长纳日碧力戈作了"文化互助与文化自觉：民族团结新观察"的报告。省直宣传文化系统、省直有关部门干部100余人听取了报告。

纳日碧力戈教授围绕民族团结这一主题，从团结归心、重叠共识、民族生态、重接天地通、建设美德中国等几个方面进行了精彩而生动的阐述。

报告坚持理论与实际相结合、历史与现实相结合，既有理论深度，又有很强的现实针对性，对于机关党员干部进一步贯彻落实国发2号文件和省第十一次党代会精神，建设民族团结进步繁荣发展示范区，具有很好的启发作用。

中国外文局2012年全国外宣工作协作会在贵阳召开

8月23日，由中国外文局主办，中共贵州省委宣传部、中共贵州省委外宣办协办的中国外文局2012年全国外宣工作协作会在贵州省贵阳市召开。中国外文局局长周明伟，贵州省委常委、宣传部长喻红秋，贵州省委宣传部常务副部长李建国，贵州省委宣传部副部长周晓云等出席，来自全国25个省、自治区、直辖市，2个计划单列市及3个特邀城市宣传部门、外宣部门的负责人和干部，以及中国外文局所属中国网、北京周报社、今日中国杂志社、人民画报社、人民中国杂志社、中国报道杂志社、外文出版社、对外传播研究中心、教育培训中心等单位的负责人等80余人参加会议。中国外文局副局长兼总编辑黄友义主持会议。

会上，周明伟作主题报告。他指出，当前，国内外环境不断变化，对外宣传面临新的形势与任务。在国际社会对中国发展模式、发展道路和发展走向更加关注，国内改革攻坚期面临的经济社会问题逐渐凸显，新媒体新技术正从根本上改变信息来源和传播途径的情况下，对外宣传工作更需要讲究科学性、艺术性；需要从对外宣传的效果出发，注意把握细节；需要关注危机与突发事件的舆论应对，争取主动；需要用国外受众易于接受的形式讲清中国在改革攻坚期的特征、问题、困难和矛盾，增进理解和友谊，营造有利于科学发展、长期发展的良好外部舆论环境。

他强调，地方外宣工作是向世界说明中国的重要组成，也是对外推介地方形象、促进地方经济发展的重要渠道。各省市区在对外推介中，如何主动把握舆论的话语权、根据本地的特色和优势设置能够吸引国外受众关注的议题，如何选取适当的材料构建介绍本省基本知识的体系，选取国外受众最关心、最需要的事实和数字，如何以适合外国受众习惯的话语体系进行表达和阐释，使用能够被引用、理解的信息语言，图文语言，用更多的色彩、数字、动画、图像、音像等来介绍各地情况，是需要地方外宣部门与外文局共同思考和研究的课题。

他表示，外文局目前正致力于设计一个既满足国际传播需要、又能推介各地概况的内容模式，希望与各地在对外宣传工作中加强协作、资源互补，将中国各地的发展理念、经济社会、风土人情、历史文化介绍给世界，丰富向世界说明中国的素材。

喻红秋代表贵州省委省政府致辞。她指出，多彩贵州拥有得天独厚的自然风光、凉爽宜人的气候条件、丰富多元的民族文化，近年来经济社会加速发展，以“多彩贵州”品牌为核心的整体形象塑造成效逐步显现。贵州拥有丰富的外宣资源，但是外宣渠道相对贫乏，缺乏在全国乃至国际有影响力的自有媒体。过去几年，中国外文局利用多语种、多媒体的优势，对贵州外宣工作给予了大量支持。中国外文局和贵州省委宣传部签订的战略合作框架协议，进一步开启了双方新的合作渠道。同时，她希望能够以这次会议为契机，进一步完善与各省（区市）的沟通合作机制，形成全方位、立体式的外宣工作格局。

中国外文局有关部门和单位负责人向与会人员介绍了对外宣传业务基本情况、近年来与各地开展外宣交流协作的相关成果，以及正在开展外宣协作项目。

会上，根据各省市对外传播实践需要，中国外文局专门邀请了资深外宣专家对各地外宣品制作中的共性问题及外宣实务进行点评，赢得了与会外宣干部的广泛好评。

会上，与会领导围绕外文局与各地的外宣协作模式、协作项目等进行了讨论交流，为外宣协作机制的完善积极建言献策，与外文局相关单位达成多项合作意向。

多彩贵州品牌研发基地开工建设

8 月 29 日，多彩贵州品牌研发基地在贵阳龙洞堡正式开工建设。

多彩贵州品牌研发基地近邻多彩贵州城，距离贵阳龙洞堡机场仅 3 公里，占地面积 142 亩，总建筑面积65460 平方米，计划投资4.94 亿元，以多彩贵州品牌的文化方舟和品牌旗舰为定位，由研发中心、文化交流中心、展示中心和品牌管理中心四大部分组成，致力于搭建多彩贵州文化研究、多彩贵州特色文化产业孵化和培育、多彩贵州文化展示和宣传、多彩贵州文化培训和交流四大平台，是多彩贵州品牌的总部和文化综合体。

“多彩贵州”商标已使用在了特色产业、服务平台、演艺活动和基地项目四大类别 14 家企业中，直接推动了贵州演艺、网站、金融、白酒、茶叶、房产等产业的发展，拉动投资在 40 亿元以上，初步形成了以文化品牌统合多方产业的特色文化产业集群。

2012 中国酒业高峰论坛举行

9 月 9 日下午，2012 中国酒业高峰论坛在贵阳市金阳国际生态会议中心举行，300 多位国内外知名酒企负责人、酒业专家共聚一堂，围绕“传统与创新—中国酒业国际化之路”主题，深入探讨全球酒业发展和创新大计。副省长孙国强致欢迎辞代表贵州省委、省政府和省委书记、省长赵克志对国内外参会嘉宾表示热烈欢迎和衷心感谢。

四川省副省长刘捷、孙国强、贵州茅台集团董事长袁仁国、法国波尔多市政府国际关系议员让-弗朗索瓦·布雷斯特、中国酒业协会副理事长王琦、新西兰葡萄酒协会主席麦尔·麦克伦南、五粮液集团有限公司董事长唐桥、西班牙瓦伦西亚自治区政府对外贸易局局长埃琳娜·比斯巴尔、贵州省酿酒工业协会理事长季克良、德国威海姆酒庄庄主弗兰茨·威海姆、通化葡萄酒股份有限公司副总经理李志刚、法国波尔多经典酒庄销售总监白艾玛、西班牙千年酒庄庄主弗朗西斯科·马杰纳特、江南大学副校长徐岩教授等 14 位演讲嘉宾先后发表主题演讲。论坛还举办了互动演讲及名酒品鉴会。

据了解，中国酒业高峰论坛将采用国际论坛的模式，邀请国内外业界嘉宾出席，每年定位一个主题，并设主旨演讲。四川、云南、湖南等兄弟省市相关企业、行业协会负责人和专家学者出席了本次论坛。

首届贵州少数民族文学“金贵奖”第三届乌江文学奖颁奖典礼举行

9月11日，首届贵州少数民族文学“金贵奖”和第三届乌江文学奖颁奖典礼在贵阳举行。省委常委、省委宣传部部长喻红秋，中国作协党组成员、书记处书记、副主席廖奔，中国作协党组成员、书记处书记李敬泽出席并为获奖作家颁奖。

贵州少数民族文学“金贵奖”是由省作协、省民委具体实施的贵州少数民族文学专项奖，从今年开始每三年评选一届。以加大发现、培养少数民族作家力度，充分挖掘和弘扬贵州优秀多民族文化，提升贵州少数民族文学在全国的影响，增强贵州少数民族作家的自信心和对本民族文化的自豪感，进一步打造贵州民族文学品牌，促进贵州民族文学的大发展大繁荣。

两年一届的乌江文学奖是由省作家协会和铜仁市委宣传部、思南县委、县政府共同设立的贵州文学专项奖，旨在繁荣我省文学创作，打造乌江品牌，以鼓励优秀小说、诗歌、散文杂文、报告文学、文学理论评论的创作，推动贵州文学事业的繁荣与发展。乌江文学奖在全面反映我省文学创作最高成就的同时，还辐射带动全国所有以乌江为主题的文学创作。

颁奖典礼上，苗族作家韦文扬的小说集《苗山》等16部作品获首届贵州少数民族文学“金贵奖”，肖江虹的中篇小说《百鸟朝凤》等15部作品获第三届乌江文学奖。获奖作品包括小说、散文、诗集、理论评论等。

“贵人善行——颂最美精神　做最美贵州人”主题活动正式启动

在第三届贵州省道德模范“最美乡干部”胡荣忠、“最美乡村老师”刘刁聪、“最美乡村医生”钟晶亲口讲述的一段段平凡而又感人肺腑的故事中，“贵人善行——颂最美精神 做最美贵州人”主题活动于9月10日在贵阳市正式拉开序幕。省委常委、宣传部部长喻红秋，省文明办主任杨兴举，宣传部副部长谢念等出席了启动仪式。在启动仪式现场，喻红秋同多名道德模范一起按下了象征着活动启动的水晶球。

围绕褒扬当代贵州人中的凡人善举，着眼群众身边事、寻常事、感人事，宣传群众身边人、寻常人、高尚人。此次贵州省委宣传部和贵州省文明办将共同发起“凡人善举－颂最美精神 做最美贵州人”活动将从今年9月起启动，在为期近11个月的活动期间里将进行推荐“最美贵州人”、走进“最美贵州人”、微谈“最美贵州人”、给力“最美贵州人”和争做“最美贵州人”五项具体活动。并将在2013年该项活动总结大会上揭晓2013年“十大最美贵州人”评选结果。

省委常委、省委宣传部部长喻红秋在启动仪式上表示，“贵人善行”主题活动是倡导凡人善举、弘扬“最美精神”的生动实践。她表示“贵人善行”活动对继承和发扬中华民族优良传统，构建社会主义核心价值体系，贵州构筑“精神高地”意义重大，将对切实提升群众道德素质，提升贵州对外形象起到积极的作用。

2012年甲秀视线讲坛第九期开讲

9月21日，由省委宣传部和省直机关工委主办，省委讲师团、省社科联承办的2012年甲秀视线讲坛第九期讲座在贵阳举行。中国社会科学院特约研究员、北京市委讲师团团长崔耀中作了题为《十六大以来我们党取得的成就经验和解放思想的理论创新》的报告。

2004年以来，崔耀中主持创办了辅导报告精品超市、宣讲家网站、《大讲堂》、百姓宣讲、部委基层主题联学、市民理论学校、理论宣讲示范基地、宣讲家杯优秀报告（党课）评选、辅导报告专家库等具有广泛社会影响的九大理论宣讲品牌，中宣部和中央主流媒体多次在全国推广经验做法；被中宣部评为“全国先进宣讲个人”；被北京市委、市政府和奥组委授予“北京奥运会、残奥会先进个人”。在人民日报、光明日报发表文章有《党的先进性的本质特征》、《坚持中国特色社会主义发展道路》、《不断深化对科学发展观的认识》、《解放思想是发展中国特色社会主义的一大法宝》等。

在此次讲坛上，崔耀中从政治、经济、文化、社会事业等方面阐述了十六大以来我们党取得的成就。在总结经验时，崔耀中表示必须抓住战略机遇发展自己，解放思想、实事求是、理论创新，牢牢把握科学发展这个主题，牢牢把握社会主义现代化建设的战略布局，党的建设常抓不懈，高举中国特色社会主义旗帜不动摇，坚持改革开放不动摇、不懈怠、不折腾。

2012’多彩贵州舞蹈大赛颁奖盛典举行

9月27日晚，“中天城投杯”2012’多彩贵州舞蹈大赛颁奖盛典在贵州广播电视台演播厅隆重举行。历时半年的本届舞蹈大赛，为党的“十八大”胜利召开和新中国成立63周年献上一份厚礼。

省委常委、省委宣传部部长喻红秋，省人大常委会副主任顾久，副省长谢庆生出席颁奖盛典并为获奖者颁奖。

多彩舞台上，新出炉的金黔、银瀑、铜鼓奖作品闪耀舞台，《蒙坝女子芦笙舞》、《踩月亮》、《山尖尖》、等优秀节目熠熠生辉。团体奖一、二、三等奖获得者分别是贵阳市代表队；遵义市和安顺市代表队；武警总队政治部、黔东南、黔南代表队。金黔奖的获奖作品分别是原生态舞蹈《踩月亮》；贵州民族民间舞《太阳山》；现、当代舞《永不褪色的记忆》；国际标准舞《太极风》；街舞《唤醒》，新人赛——电视节目《中天未来方舟舞艺超群》金黔奖、银瀑奖、铜鼓奖和优秀奖获得者分别是谢欣、李齐伟、梁茜和汪莹蛟。

几个月来数千名舞者相互砥砺、切磋舞艺。经历12个赛区的海选、复赛，以及在贵阳举行的半决赛、决赛，原生态舞、民族民间舞、现当代舞、国际标准舞以及街舞等5个舞种，分别产生了金黔奖1名，银瀑奖2名，铜鼓奖3名和优秀奖4名。新人赛通过电视节目《舞艺超群》在北京、上海、成都、深圳、贵阳等地的海选，扩大到了全国。

贵州广电传媒集团和工行贵州省分行签订战略合作协议

9月28日，贵州广电传媒集团和工行贵州省分行签订战略合作协议。本着"长期合作、互相支持、共谋发展"的原则，贵州广电传媒集团和工行贵州省分行建立长期稳定的战略合作伙伴关系，工行贵州省分行将综合运用中长期贷款、临时贷款、备用贷款、贸易融资、融资租赁、票据融资等结构化融资产品组合，为贵州广电传媒集团提供全方位、优质高效的金融服务，在未来几年为集团提供不少于50亿元的意向性融资支持，促进广电产业发展。

李长春在贵州调研时强调：充分发挥文化资源优势

10月12日至15日，李长春先后来到黔西南州、黔东南州、贵阳等地，深入少数民族村寨、企业、社区和宣传文化单位，就贯彻落实党的十七届六中全会精神、加快转变经济发展方式、推进文化改革发展等进行调研。

贵州是我国西部多民族聚居地区，李长春十分挂念各族群众的生产生活情况。他专程前往黔西南布依族苗族自治州兴义市下纳灰村，看望慰问各族群众。身着盛装的布依族和苗族群众唱起悦耳的"八音坐唱"，跳起欢快的"祈福"舞。李长春走到群众中间，与大家亲切握手。他说，我代表胡锦涛总书记来看望大家，转达对各族群众的亲切问候。在村民梁大成开办的家庭旅馆前，李长春与当地村民围坐一起拉家常，得知他们通过发展农家乐，收入大幅增加，生活明显改善，李长春十分高兴。他勉励大家利用当地壮美的峰林地貌、秀丽的田园风光、浓郁的民族风情，把农家乐办得更大更红火，带动各族群众过上富裕美好的生活。位于黔东南苗族侗族自治州雷山县的西江千户苗寨，至今已有千余年历史，是目前全国最大的苗族自然村寨，素有"苗都"之称。李长春沿着崎岖的山路，驱车百余公里深入苗寨考察。他来到西江苗族文化博物馆，听取苗族历史、民族服饰情况介绍，饶有兴致地观看苗族笙歌鼓舞表演，与群众手牵手跳起踩歌堂舞；他还走进苗族银饰手工艺传人李光雄的店铺，询问旅游纪念品开发销售情况，对贵州大力推进文化与旅游相结合取得的成绩给予充分肯定。李长春强调，贵州的实践充分证明，文化与旅游结合，有利于把文化之"魂"与旅游之"体"有机统一起来，提升旅游的品位、精神价值和人文含量，增强文化的传播力；有利于把创新非物质文化遗产传承保护与推动经济社会发展有机结合起来，促进二者良性互动；有利于加快贫困地区群众脱贫致富步伐，帮助更多群众共同富裕；有利于提升全社会文明素养，推动社会主义新农村建设；有利于促进民族团结进步，巩固和发展平等团结互助和谐的民族关系。要大力发展旅游文化产业，培育新的文化消费增长点。

加快贵州文化改革发展是李长春调研的一个重点。在贵阳金阳新区碧海社区服务中心，李长春与正在办理业务的居民亲切交谈，走进阅览室和少儿活动室察看群众文化活动情况。他强调，要坚持面向群众、面向基层,加快构建覆盖城乡的公共文化服务体系,不断提高公共文化产品和服务供给能力,切实保障各族群众的基本文化权益。他勉励基层社区工作者不断拓展服务的广度和深度,切实把中央的方针政策以及党和政府的关心传递到每一名群众的心坎上。贵州广播电视信息网络股份有限公司通过整合全省广电有线网络资源,4年来每年收入增长超过25%。李长春希望他们在转制基础上,建立现代企业制度,完善法人治理结构,加快发展步伐,努力成为具有较强实力和竞争力的合格市场主体。多彩贵州文化艺术有限公司创排的大型民族歌舞《多彩贵州风》,演出超过2050场,接待观众200余万人次,票房收入1.5亿元,成为贵州标志性文化品牌。贵阳交响乐团通过创新体制机制,走出了一条"企业创办、政府支持"的新路,取得了社会效益和经济效益双丰收。在贵阳大剧院,李长春观看了《多彩贵州风》和贵阳交响乐团排演,对贵州深化文化体制改革、繁荣文化市场的成功探索表示赞许。他希望贵州依托丰厚的文化资源,培育一批有实力的演艺企业,打造一批特色鲜明、群众喜闻乐见的优秀作品,不断满足各族群众的精神文化需求,增强贵州文化的吸引力和影响力,为建设中华民族共有精神家园作出更大贡献。

李长春十分关心贵州提高自主创新能力、实现跨越式发展的情况。在皓天光电科技有限公司、朗玛信息技术股份有限公司和航天风华精密设备有限公司,李长春了解企业研发生产情况,勉励企业加大研发投入,推进自主创新,抢占行业发展制高点,不断做大做强做优做长。李长春还来到贵阳城乡规划展览馆,听取贵阳城市历史和发展规划介绍。他希望贵阳紧紧抓住中央深入实施西部大开发战略的重大机遇,牢牢把握主题主线,增强服务意识、责任意识、示范意识,不断提升综合实力和影响力、辐射力,在实现贵州经济社会发展的历史性跨越中发挥排头兵作用。

电影《近距离击杀》新闻发布会暨开机仪式在独山举行

10月14日,由中央电视台电影频道节目制作中心,中共独山县委、独山县人民政府,北京十月天文化传媒有限公司,贵州星辉佳业国际影视文化传媒有限公司、内蒙古电影集团联合摄制,著名导演孙铁执导的抗战电影《近距离击杀》新闻发布会暨开机仪式在独山民族文化宫广场举行。中央电视台电影频道、贵阳电视台、贵州卫视、金黔在线、贵州都市报、贵阳晚报、黔南日报等多家媒体到场进行报道。

中央电视台电影频道电视电影部副主任母铁军,北京十月天文化传媒有限公司董事长、本片出品人袁熙伯,黔南州委常委、宣传部长、统战部长罗桂荣,独山县四家班子领导潘志立、梁嘉庚、黄永健、刘明等以及该片导演孙铁,主演代表巫刚、董勇出席仪式并为电影开机揭幕。

国家广电总局电影局为该片发来贺信,祝贺电影《近距离击杀》在独山顺利开机。

导演孙铁介绍,该片讲述了抗战后期日军为加快围剿我抗日根据地进程,制定"斩马行动"以狙杀我关键人物马政委,警卫连在护送政委突围过程中,与日军展开殊死斗争的动人故事。与以往国内抗战题材电影不同的是,该片将以悬疑推理为主,突出表现战争的残酷与人性的光辉,激发人们对生命和生活的反思,激发人们的爱国热情及对历史的反思。剧中两大人物马政委和警卫连长分别由知名演员巫刚、董勇饰演。我国的抗战"北起卢沟,南止深河",选择在深河桥所在地独山县开机具有重要意义。

罗桂容代表黔南州委州政府为对电影《近距离击杀》开机仪式表示祝贺。罗桂容说,该片能在黔南州独山县拍摄,是宣传黔南的一次大好机遇,该片在央视电影频道及各大院线播出后,将进一步提高黔南的知名度和美誉度，促进我州文化旅游产业发展，塑造对外良好投资形象。

独山县委副书记、县长梁嘉庚在致辞中指出，《近距离击杀》将在独山境内的紫林山森林公园、上司镇、水岩乡、兔场镇等地取景拍摄，独山的自然风光和人文风貌、文化特色等将在剧中体现，该片的顺利拍摄是独山文化建设的一大盛事，更是独山人民精神文化生活的一件喜事。他表示，摄制组在独山拍摄期间，我县将积极配合，确保影片拍摄工作顺利进行。

主演巫刚、董永均表示将认真演绎，以好的表现回馈观众。

据了解，该片已于10月8日在独山上司镇开机拍摄。

第十六次全国社会科学院图书馆馆长协作会议在贵阳召开

第十六次全国社会科学院图书馆馆长协作会议暨社科院系统信息化建设专题研讨会于10月15日至10月20日在贵州饭店国际会议中心召开。出席这次会议的代表来自中国社科院和各省市社科院的领导、图书馆长、信息中心主任等近100人。东道主贵州省政协副主席代表到会致辞，中国社科院网络信息中心主任张新鹰到会祝贺并发表了学术演讲。贵州省社科院吴大华院长、广东省社科院章扬定副院长分别代表两家联合承办机构在大会上致辞。万建强、胡广翔、杨倩描、贾玲、石宝军、胡长春、郭以正等在本次论坛做了主题发言。我院信息中心主任罗繁明主持了全国社会科学院图书馆长论坛，副主任肖智星在社科院系统信息化建设专题研讨会上作了科研全过程动态管理软件开发的演讲。

省委书记赵克志到省委宣传部调研

10月19日，省委书记赵克志到省委宣传部调研。他首先传达学习了习近平同志近期对贵州党建工作的重要批示精神，要求全省宣传思想文化战线深入贯彻落实胡锦涛总书记“7·23”重要讲话和李长春、习近平同志视察贵州工作时的重要指示，按照中央关于宣传思想文化工作的各项要求部署，全面提升宣传思想文化工作水平，对内凝聚“贵州力量”、对外展示“贵州形象”，为科学发展、后发赶超、同步小康提供强有力的保障和支撑，以优异成绩迎接党的十八大胜利召开。省委宣传部部长喻红秋汇报了我省宣传思想文化工作，省委常委、省委秘书长廖国勋陪同调研。

赵克志充分肯定了我省宣传思想文化工作。他说，近年来，在中央的正确领导下，在中央国家机关和中央媒体的大力支持下，我省宣传思想文化战线坚持唱响主旋律、巩固主阵地、打好主动仗，多彩贵州品牌影响力不断提升，文化和旅游融合发展成绩显著，文化体制改革和文化产业发展取得明显成效，宣传文化系统队伍建设取得新进展，为推动全省经济社会又好又快、更好更快发展提供了强有力的思想保证、精神动力和文化支撑。他强调，主旋律、主阵地只能加强不能削弱。全省宣传思想文化战线要努力适应新形势和新要求，围绕落实主基调、实施主战略和同步小康“两步走”战略目标，更好地发挥宣传思想文化工作服务全省发展大局的作用。一要切实加强理论武装工作,高水平地办好理论学习宣讲报告会,大力促进党员干部解放思想、实事求是、与时俱进、求真务实,着力打牢全省人民团结奋斗的共同思想基础。二要浓墨重彩做好党的十八大宣传报道,继续深入阐释好省第十一次党代会精神,围绕科学发展、后发赶超、同步小康,进一步激发各族干部群众“构筑精神高地、冲出经济洼地”的志气信心。三要总结宣传推广一批典型,善于发现、挖掘各行各业涌现出来的先进模范,推出一批有震撼力、影响力的人物和事迹,推广一批经济建设、社会管理领域的成功经验,体现贵州人的时代风范。四要切实加强对外宣传工作,加大多彩贵州形象宣传,用发展变化的事实,展示贵州加速发展、加快转型、推动跨越的生动实践,展示贵州人民不甘落后、奋力爬高的精气神,着力塑造我省开放创新、团结奋进的新形象。五要加强和改进全省新闻宣传工作,深入开展“走基层、转作风、改文风”活动,深入基层、深入实际、深入群众,减少对一般性会议、调研、会见活动的报道,倡导清新朴实、生动鲜活、言简意赅的文风,增强新闻宣传的吸引力、感染力、公信力,推动新闻宣传工作不断迈上新台阶,为全省改革发展再作新贡献。

贵州省文化体制改革和文化产业发展暨“五个一工程”表彰大会召开

10月19日,全省文化体制改革和文化产业发展暨“五个一工程”表彰大会在贵阳召开。

省委副书记陈敏尔出席并讲话。省委常委、省委宣传部部长喻红秋主持会议。省人大常委会党组副书记、副主任龙超云传达李长春同志视察贵州时在沿途作的重要指示和赵克志书记在省委常委(扩大)会议上的讲话精神,副省长谢庆生传达全国文化体制改革工作表彰大会和第十二届精神文明建设“五个一工程”表彰座谈会精神。省人大常委会副主任周忠良、省政协副主席左定超出席会议。

陈敏尔充分肯定了全省文化改革发展所取得的显著成绩。他指出,近年来我省文化体制改革按照中央部署和要求,不断加大力度、加快进度,在实施集团化改革、转制文化企业进入市场发展、文化艺术精品创作、项目带动促进文化与旅游融合发展、公共文化服务惠及民生等方面取得突破,奠定了很好的工作基础和发展基础。发展文化产业是推动全省科学发展后发赶超的重要支撑,是满足人民群众精神文化需求的重要途径,是促进贵州开放开发的重要举措,是促进民族团结进步的重要手段。全省上下要不断深化对加快发展文化产业重要意义的认识,以高度的文化自觉和文化自信,提振干事创业的精气神,用文化产品展示贵州的发展变化。

陈敏尔强调,加快发展我省文化产业,要重点做好以下工作:一是要着力培育文化产业发展的市场主体。做大做强转制文化企业,构建现代企业制度,形成核心竞争力,开辟投资融资渠道,打造一批大企业集团和产业集群;放开搞活民营文化企业,做好“放、引、扶”三篇文章,吸引民间资本进入文化领域;谋划实施一批文化产业园区,加快推进“十大文化产业园”和“十大文化生产基地”建设,推动文化产业集聚发展。二是要下大力气打造更多精品力作。立足贵州鲜明的民族文化、红色文化、历史文化、生态文化等题材抓好选题规划,创新运作模式、遵循艺术规律抓好生产制作,运用现代方式抓好传播推广,以“多彩贵州”为龙头抓好品牌创建,推出更多独具贵州特色和市场竞争优势的文化精品力作。三是要努力走出一条文化与旅游融合发展的新路子。围绕建设文化旅游发展创新区的目标,丰富文化内涵促进旅游产业转型,借力旅游市场推动文化产业发展,创新文化旅游融合发展的体制机制,努力把贵州建设成为世界知名、国内一流的旅游目的地、休闲度假胜地和特色文化交流高地。四是要进一步加强文化人才队伍建设。牢牢把握培养、引进、使用三个环节,大力培养文化创意人才、专门人才、经营管理人才和基层文化人才,挖掘民族民间艺人,加大高层次人才引进力度,健全用人机制和分配机制,打造人才聚集高地。五是要日益完善公共文化服务体系。按照体现“公益性、基本性、均等性、便民性”的要求,注重规划布局,注重政府职能发挥,注重“建、管、用”并重,实施文化惠民工程,构建覆盖城乡的公共文化服务体系,满足人民群众基本文化需求。

陈敏尔强调,当前,我省文化产业正处在加速发展的阶段,更加需要各级党委、政府强有力的领导和引导。要坚持党委统一领导、党政齐抓共管、宣传部门组织协调、有关部门分工负责、社会力量积极参与的文化改革发展领导体制和工作机制。要针对制约我省文化产业发展的困难和问题,进一步研究制定更具针对性和可操作性的政策措施,在财政投入、项目审批、税收减免、用地保障、人才引进等方面对文化产业进行重点倾斜和扶持。要加强考核督查,加强统计分析,加大宣传引导力度,形成全社会重视、参与、支持文化改革发展的浓厚氛围。

喻红秋对认真贯彻会议精神、抓好工作落实提出了具体要求。她强调,要进一步巩固文化体制改革成果,坚持改革方向不动摇,坚持深化改革不动摇,努力开创贵州文化改革发展的新局面。要围绕把文化产业培育打造成我省国民经济支柱性产业的目标,推动省直五大集团公司充分发挥龙头骨干作用,推动省“十大文化产业园”和“十大文化产业基地”发挥集聚带动作用,推动各市(州)重点打造特色文化产业,统筹好文化产业和文化事业同步发展,统筹好文化产业和旅游产业融合发展,形成文化产业与文化事业、文化产业与旅游发展竞相繁荣、相互促进的大格局。各地各部门要在思想认识上形成共识,在体制机制上激发动力,在工作推进上形成合力,确保完成既定的目标任务。

会议隆重表彰了全省文化体制改革工作先进单位、先进个人和贵州省第十二届精神文明建设“五个一工程”组织工作奖获奖单位。省广电网络股份有限公司、贵阳日报传媒集团经营有限公司和遵义文化旅游演艺有限公司在会上作经验交流发言。

省文改文产领导小组成员和宣传文化系统的负责同志;各市(州)党委副书记、宣传部长,政府分管文化和旅游的副市(州)长以及宣传文化部门负责同志;部分县(市、区)政府主要负责同志和宣传部长;部分高校负责同志;有关学会行业、协会、中介机构负责同志;旅游景区、旅行社代表;民营文化企业代表参加会议。

2012 年贵州省暨贵阳市社会科学宣传普及周活动启动

在全省上下喜迎党的十八大胜利召开之际,10 月 20 日,由省委宣传部、省社会科学界联合会、贵阳市委宣传部、贵阳市社会科学界联合会联合举办的 2012 年贵州省暨贵阳市社会科学宣传普及周活动开幕式在贵阳筑城广场举行。

为深入学习贯彻中央及省委相关精神,加大哲学社会科学在全社会的传播力度,充分发挥哲学社会科学“认识世界、传承文明、创新理论、咨政育人、服务社会”的重要作用,促进公众人文素质和全社会文明水平的进一步提升,省委宣传部、省社科联决定在我省举办首届社科普及周活动,同时本届社科普及周活动也是我省喜迎党的十八大胜利召开的系列活动之一,主题为“提升公众人文素养,构筑贵州精神高地”。社科普及周期间,全省将围绕这一主题,省属主要文科高校、各级社科类学会(协会、研究会)和相关部门也将组织开展各类社科宣传普及活动 100 余项,包括将举办的 36 场讲座、9 场专题调研、5 场科普展览、10 余场论坛及研讨会等。同时,各市(州)也同步启动本地区的社科普及周活动,共安排了 47 场活动,有开幕式、专题调研、报告会、社科展览、科普宣传、知识竞赛等。

当天的开幕式现场举行了学习贯彻省第十一次党代会精神知识竞赛活动组织奖颁奖,对"贵州省人文社会科学普及贵阳基地"和"贵州省人文社会科学普及省图书馆基地"进行授牌并向两个基地捐赠《走进人文世界——贵州公众人文社科素养读本》(普及版),价值 17.6 万元。省委宣传部、省文化厅、省新闻出版局、团省委、省总工会、省妇联、省环保厅、省林业厅、省气象局、贵阳市、贵州出版集团等相关单位的领导和省属社科类学会(协会、研究会)工作者、高校师生、医务工作者,以及游园群众 1000 余人参加了开幕式。开幕式结束后,贵州省大型社科普及咨询和广场文艺演出活动正式开始。

2012 年甲秀视线讲坛第 10 期开讲

10 月 25 日上午,由省委宣传部、省直机关工委主办,省社科联、省委讲师团承办的"甲秀视线讲坛"2012 年第 10 期在贵阳举行。中共中央党校党建教研部副主任、教授戴焰军,以"提高执政党建设科学化水平"为题作了精彩演讲。

戴教授分别从党的建设科学化的含义、提高科学化水平是党的建设的根本要求、高科学化水平要落实到党的建设各个方面三个部分进行了深入解读。他说,党的建设科学化,是指在探求和把握党的建设规律基础上,形成相应的理论、制度、方法,并在实践中坚持把这种理论武装、制度保证和方法支撑贯穿于党的建设的一切方面,从而推进党的建设新的伟大工程不断向前发展的过程。

科学化的本意就是把握和遵循规律。党的建设科学化需要在认识规律的基础上形成科学的理论、制度、方法,并以科学理论指导、科学制度保障、科学方法支撑。戴教授分别从理想信念、党内民主、干部队伍建设、党的基层组织建设、党的作风建设、反腐倡廉等六个方面分析了为什么提高科学化水平是党的建设的根本要求。他强调,提高党的建设科学化水平,是党的建设的总体性要求,但它却必须通过党的建设中各方面的具体要求和各项具体工作来实现。最后,戴教授总结了提高科学化水平需要的体现五个方面的基本要求:重视顶层设计解决深层问题、科学化要注重吸取历史经验、要把科学化体现在常规工作中、调查研究要从实际出发、要解放思想大胆探索广泛吸收。

全省宣传文化系统和省直有关单位的百余位干部聆听了此次讲座。

贵州省第三届道德模范颁奖晚会隆重举行

10 月 29 日晚,由省委宣传部、省文明办主办的"道德之光·贵州骄傲"第三届贵州省道德模范颁奖晚会隆重举行。晚会由中央电视台《新闻联播》主播康辉和海霞和贵州广播电视台《贵州新闻联播》的主播窦爱丽共同主持,以"道德之光·贵州骄傲"为主题,由"敬业奉献、见义勇为、诚实守信、孝老爱亲、助人为乐"5 个篇章组成。

作为从最终评选出的 58 名道德模范的代表,晚会在各个篇章用事迹短片生动地展现了最美乡村女医生钟晶"飞腿哥"张槐乾、诚实守信的民营企业家杨茂荣、好媳妇邵天英、带着儿子支教的孙方红的感人故事,并将请他们上台进行了交流。

听了他们的故事,现场的观众响起了此起彼伏的掌声,有的甚至站起来为他们鼓掌。

在台上,最美乡村女医生钟晶讲到因为在贞丰县龙河村,当地的村民都把自己当成亲人,她们的真情和温暖让她不忍心离开那里。但是4年来,她却远离父母、爱人、女儿,只有每年春节才能与家里人团聚。"我很想念家人,不能亲自照顾孩子,不能在父母身边尽孝,心里充满了深深的内疚。"此时,在钟晶不知情的情况下,晚会组将钟晶的女儿及其家人突然请到了现场,一家人团聚的画面无不令人动容,台上台下哭成一片,观众报以持续热烈的掌声。

在看了"飞腿哥"张槐乾的爸爸从福建来到演播厅为儿子加油时,在台下候场的伴舞贵大学生张茜无法抑制地哭了,她不断地用手抹去脸上的泪水,只得花着妆上台。"张槐乾这样的行为不是每个人都能做到的,我很感动也很佩服他,张爸爸来到现场给他惊喜,也给了我们很大的惊喜。"

道德模范们在获奖后都很激动,一方面很高兴,一方面又很忐忑,他们说,自己只做了一些力所能及的事却得到这么高的荣誉。"助人为乐"道德模范宋振纹告诉记者"虽然我已经退休,但是我助人为乐的事业将永远不会退休。"

著名歌手韦唯登台献唱的一首《爱的奉献》将晚会推向了高潮,歌声、掌声、热泪融为一体。

2012年贵州省社会科学学术年会开幕

为期一个月,主题为"传承创新跨越发展"的2012年贵州省社会科学学术年会于10月31日上午在贵阳开幕。省委常委、省委宣传部部长、省社科联主席喻红秋出席开幕式并讲话。

喻红秋指出,我省社科界自2008年创办学术年会以来,进一步整合学术资源,交流和展示社科研究成果,推介宣传学术新人,促进社科成果转化,为繁荣发展我省哲学社会科学事业,为贵州科学发展、后发赶超提供精神动力和理论支持。党的十八大将在年会期间召开,我省社科理论界要以胡锦涛总书记在省部级主要领导干部专题研讨班上的重要讲话精神为指导,借助年会这个平台着力引导广大社科工作者认真学习党的十八大精神,深刻领会精神实质,准确把握科学内涵,把思想和行动统一到党的十八大精神上来,努力营造深入学习宣传贯彻党的十八大精神、推动我省经济社会又好又快发展的良好舆论氛围。

喻红秋要求,社会科学工作必须牢牢抓住正确政治方向,积极引导广大哲学社会科学工作者自觉坚持以马克思主义为指导,准确把握和运用中国特色社会主义理论体系,增强用科学理论统领学术研究的自觉性和坚定性。要把坚持正确方向与贯彻"双百"方针有机结合起来,充分发扬学术民主,切实尊重学术规律,鼓励不同流派、不同观点之间的切磋讨论,鼓励解放思想、大胆探索,形成生动活泼、宽松和谐的良好氛围,推动哲学社会科学的繁荣发展。要紧紧围绕年会主题,突出服务大局,着力把推动贵州科学发展、转型跨越、后发赶超的重大现实问题作为主攻方向,把重点放在全省全局性、战略性、前瞻性重大问题的研究上,推出一批既有理论高度、又有实践价值的研究成果。要大力推进协同合作机制,推动理论工作部门和实际工作部门、基础学科领域和应用学科领域的深度结合,汇聚多方力量,开展协同攻关,推进研究体系创新,推出更多精品力作,培养更多领军人才,打造更多高水平研究团队。

开幕式对2012年全省社科普及活动周先进单位和个人进行了表彰。随后,年会举行主题报告会,北京大学马克思主义学院院长、博士生导师郭建宁教授作了题为"中国文化强国战略"的专题报告。

大型原创舞台剧《传奇遵义》在京演出

为进一步提升我省群众文化活动水平，10 月 13、14 日晚，我省唯一列入全国首批创建国家公共文化服务体系示范区的遵义市，精心打造原创大型舞台剧目——《传奇遵义》进京参加文化部主办的“大地情深 · 国家公共文化服务体系示范区进京展演活动”。此次进京展演活动由国家文化部主办，遵义市委、市政府承办，以改制后的遵义市歌舞剧团有限公司为具体承演单位。

省委宣传部牵头赴威宁自治县开展重大典型宣传前期调研

根据省委主要领导同志指示精神，2012 年 10 月 20 日至 25 日，省委宣传部副部长、省文明办主任杨兴举带队赴威宁自治县开展重大典型宣传前期调研。调研组分为三个小组，分别围绕威宁县班子状况、经济社会发展和民生状况、先进典型和工作亮点等内容，采取召开座谈会、走访干部群众、个别谈话、查阅资料、实地考察等方式进行。调研过程中，调研组同志以严肃认真、高度负责的态度，力求把本次调研工作做好、做细、做到极致。调研结束后，调研组认真总结、精心提炼，形成了《关于对威宁自治县进行重大典型宣传的调研情况报告》，并迅速呈报省委领导审阅。

全省深化“整脏治乱”专项行动推动文明城市创建工作经验交流会在湄潭召开

10 月 23 日，全省深化“整脏治乱”专项行动推动文明城市创建工作经验交流会议在遵义市湄潭县召开。会议的主要任务是总结交流经验，研究部署当前和今后一个时期工作，继续深化“整脏治乱”专项行动，推动文明城市创建工作上新水平、新台阶。省委常委、省委宣传部部长喻红秋出席会议并讲话，省政府副省长谢庆生主持会议，相关市县代表作了经验交流发言。省直有关部门负责人、各市（州）文明委负责人和文明办主任、各县（市、区、特区）文明委负责人参加了会议。

2013年度贵州省党报党刊发行工作会议召开

10月23日，2013年度全省党报党刊发行工作会议在贵阳召开。省委常委、省委宣传部部长喻红秋出席会议并讲话。

喻红秋指出，党报党刊作为中央和省委指导工作的重要思想舆论工具，是党的意识形态工作的重要阵地，是党和政府与人民群众沟通联系的桥梁，是各级干部群众了解中央和省委方针政策、重要工作部署和最新动态的最权威、最有效的途径。认真做好党报党刊发行工作，进一步扩大主流舆论的影响力，学习好、宣传好、贯彻好党的十八大精神，对于把全省党员和干部群众的思想统一到党的十八大精神上来，把力量凝聚到实现党的十八大确定的各项任务上来，具有十分重要的意义。各级党委政府要以高度的责任感和使命感，理直气壮地抓好宣传发动和组织推动，不折不扣完成党报党刊发行任务。喻红秋强调，各级各部门要从充分发挥党报党刊引导、激励、动员、组织群众的作用的高度，从进一步扩大贵州知名度和美誉度的角度来考虑党报党刊发行工作，采取有效措施，层层分解指标，严格管理制度，积极探索创新，认真抓好党报党刊发行工作，确保发行量稳中有升。喻红秋要求，各地各部门要加强组织领导，高水平、高质量地完成党报党刊发行工作。主要领导同志是党报党刊发行工作的第一责任人，分管领导是直接责任人，要亲自抓部署、抓督办落实；各有关部门要把重点党报党刊发行作为一项重要内容，纳入思想政治工作考核评估和文明单位评选工作之中；各新闻单位要努力提高办报办刊水平，进一步增强党报党刊的权威性、公信力，增强宣传报道的吸引力、感染力。希望中央重点党报党刊结合自身媒体实际，为贵州坚持科学发展、奋力后发赶超提供强大舆论支持。会议对2012年度党报党刊发行竞赛活动先进单位进行了表彰，省邮政管理局、省邮政公司、中央驻黔新闻单位和省主要新闻单位代表作了交流发言。省直有关部门，各市（州）党委办公室（厅）、宣传部、邮政局负责同志参加了会议。

贵安新区重大文化设施规划建设课题启动会议召开

10月26日，贵安新区重大文化设施规划建设课题启动会议召开。根据《贵安新区重大文化设施规划建设课题方案》的安排，成立了由省委宣传部、省文化厅、贵阳市委宣传部有关领导同志组成的工作协调组和由省委讲师团、省发改委、省建筑设计研究院、省社科院以及北京有关研究机构专家组成的课题组，主要任务是谋划文化馆、博物馆、图书馆、贵州大剧院等一批公共文化服务设施和多彩贵州风演艺文化产业园、现代影城综合体、会展城等一批契合贵安新区文化旅游资源的重大文化产业项目，既满足贵安新区居民文化需求，又面对游客市场开放。研究提出公共文化服务设施和重大文化产业项目的功能定位、建设规模、选址要求、文化特色、建筑风格及其运作、投融资、管理运营等方式的建议，最终形成课题报告报省委省政府决策参考。

中外媒体聚焦党的十八大贵州代表团开放日

科学发展、后发赶超、同步小康——一个个生动的事例、一组组翔实的数据、一张张自信的笑脸，吸引着众多媒体的关注。11月9日上午，出席十八大的贵州代表团在人民大会堂贵州厅举行媒体开放日活动，讨论大会报告，并回答记者提问。

人民日报、新华社、中央人民广播电台、中央电视台、经济日报、中国新闻社、香港商报、共同社等境内外71家媒体的103名中外记者前来采访。

代表团团长、省委书记赵克志主持贵州代表团讨论。他说，大会开幕以来，贵州代表团的全体代表，承载着全省156万共产党员的信任和4000万各族人民的厚望，以高度的责任感和荣誉感，履行神圣使命，聚精会神开好大会，认真讨论报告。贵州代表团的全体代表感谢中外媒体记者对贵州的关注和关心，对大家的到来表示热烈欢迎，愿意诚恳回答各位记者朋友的提问。

代表团副团长、省委副书记陈敏尔在发言中说，通过学习报告，进一步加深了对中国特色社会主义伟大道路、全面建成小康社会宏大目标、“五位一体”重大部署、中国共产党巨大优势的认识。对贵州来说，贯彻落实十八大精神，最重大的任务是坚持科学发展，奋力后发赶超，实现同步小康。贵州要认准目标，坚定信心，增强使命感、紧迫感，以贵州的同步小康支持全国全面小康；发挥优势，把丰富的资源优势、特殊的政策优势、后发优势转化为经济优势、发展优势；选好路径，大力推进工业化、城镇化和农业现代化“三化”同步；抢抓机遇，抓住和用好政策性机遇、结构调整机遇、东西部合作机遇，借势赶超，借力发展。各级党组织要成为后发赶超、同步小康的战斗堡垒，保持干事创业的“精气神”。

李军代表说，报告明确提出把生态文明建设同经济建设、政治建设、文化建设、民生建设一道纳入中国特色社会主义事业五位一体的总布局，并且对大力推进生态文明建设进行全面部署，具有特别重大的现实意义和深远的历史意义。贵阳市将按照十八大关于大力推进生态文明建设的新精神、新要求、新部署，在省委、省政府的坚强领导下，坚持不懈建设生态文明城市，着力优化空间开发格局，着力发展绿色经济，着力保护生态环境，着力弘扬生态文化，着力完善制度安排，为科学发展、后发赶超、同步小康注入恒久动力。

谌贻琴代表说，报告明确提出，到2020年要如期全面建成小康社会，要加大对中西部地区的支持力度，进一步坚定了我们推动科学发展、后发赶超、同步小康的信心和决心。近年来，贵州紧紧围绕主基调，大力推进工业化、城镇化、农业现代化“三化”同步，经济社会发展明显提速、转型明显加快、效益明显提升、民生明显改善、后劲明显增强。下一步，我们将认真贯彻落实大会精神，进一步增强忧患意识、创新意识、宗旨意识、使命意识，积极争取中央“给力”，千方百计向外“借力”，发奋图强自身“发力”，推动贵州经济社会又好又快、更好更快发展。

刘晓凯代表说，报告鲜明阐述了十八大的主题，宣示了我们党将举什么旗、走什么路、以什么样的精神状态、朝着什么样的目标继续前进的根本问题。报告明确提出科学发展观同马克思列宁主义、毛泽东思想、邓小平理论、“三个代表”重要思想一道，是党必须长期坚持的指导思想，完全符合党心军心民心，对坚持和发展中国特色社会主义具有重大意义。我们要认真学习和贯彻落实报告精神，按照报告要求，全面推进各项工作。他着重向记者介绍了贵州近几年来教育事业取得的长足进步。

围绕大会报告，陈鸣明、杨兴友、崔向前、余留芬、邹市明等代表结合各自工作实际先后发言，会议气氛热烈，向在场的中外记者充分展示了开放贵州的魅力。

上午10时50分，代表们发言结束后，记者们争相举手，要求提问采访。

省委宣传部传达学习党的十八大精神

11 月 18 日下午,省委宣传部召开全体干部职工大会,传达党的十八大精神。省委常委、省委宣传部部长喻红秋传达并讲话。

喻红秋强调,要把学习宣传贯彻党的十八大精神作为当前和今后一个时期的首要政治任务,在全省宣传思想文化系统掀起学习、宣传、贯彻党的十八大精神的高潮。要深刻领会党的十八大的主题和重要意义,认真研读十八大报告,切实提高政治素养、理论素养和业务素养,用党的建设的最新理论成果来武装头脑,做中国特色社会主义的执行者和捍卫者。要紧密结合党的十八大精神,联系我省实际,深入理解我省推进经济社会发展的一系列方针、政策和措施。

喻红秋要求,要以学习宣传贯彻党的十八大精神为契机,按照省委的要求,认真总结党的十八大贵州代表团宣传报道工作的成功经验,奋发努力,趁势而上,在贵州科学发展、后发赶超的进程中扎实做好宣传思想文化各项工作,为实现贵州经济社会发展历史性跨越提供舆论支持、精神动力和文化条件。要组织好全省学习贯彻党的十八大精神的新闻宣传、理论宣传,组织好党的十八大精神的宣讲工作,组织好党的十八大精神的阐释解读,组织好党的十八大重大理论问题的研究工作,营造学习宣传贯彻落实十八大精神的良好氛围。要突出工作重点,继续抓好精神文明创建各项活动。要全面推进文化建设,进一步深化文化体制改革,大力发展文化事业和文化产业。要适应新形势新要求,加强干部、人才队伍建设,切实抓好宣传思想文化部门的自身建设,为做好各项工作夯实基础。

2012 多彩贵州旅游商品“两赛一会”开幕

11 月 22 日上午,2012“牛头牌杯”多彩贵州旅游商品设计大赛总决赛、旅游商品能工巧匠选拔大赛总决赛、旅游商品展销大会在贵阳贵州饭店国际会议中心举行。省委副书记陈敏尔宣布开幕。省委常委、常务副省长谌贻琴,省委常委、省委宣传部部长喻红秋,省人大常委会副主任龙超云、傅传耀,副省长黄康生,省政协副主席陈海峰出席开幕式,副省长孙国强讲话。

陈敏尔一行兴致勃勃地参观了总决赛现场,每到一处,陈敏尔都向参展企业和参赛选手详细询问参赛作品制作及商品的生产销售等情况。在俄罗斯工艺大师雷特尼科娃的展位,陈敏尔亲切与外国朋友交谈,希望他们与贵州能工巧匠共同切磋、传经送宝、交流合作,共同提升“两赛一会”的专业化、产业化、国际化水平。陈敏尔在参观中指出,当前,全省上下正在深入贯彻落实党的十八大和省委十一届二次全会精神,奋力推进科学发展、后发赶超、同步小康。“两赛一会”要借助这一东风,在总结提高、推陈出新的基础上,创新活动体制和机制,为广大民营企业、中小企业和能工巧匠开辟广阔发展空间,进一步推动我省旅游商品产业发展壮大,为促进文化旅游融合发展作出新的贡献。他勉励广大企业和选手在选材、设计、制作上注重与市场接轨,把创意变成设计、设计变成产品、产品变成商品;注重挖掘文化内涵,做到观赏价值与实用价值的有机统一,推出深受市场欢迎的旅游商品精品;注重创新营销方法,运用电子商务等现代手段,积极开拓市场,提高旅游商品的市场占有率。

孙国强在开幕式上说,要充分发挥旅游商品

"小创业、大就业,小商品、大产业"的特点,把"两赛一会"推上新台阶。要把握新的方向,将"两赛一会"与全省"同步小康创建活动"结合起来;要开展新的合作,与省内外、国内外的专家学者、工艺大师密切合作,提升赛会水平和质量;要创造新的业态,进一步推动赛会深入发展;要扩大新的就业,将旅游商品产业作为富民经济、创业经济和民生经济予以大力发展,带动更多农民和少数民族群众致富。

从2006年开始,省委、省政府连续7年举办"两赛一会"。此次全省参加各市州分赛区活动的企业、手工艺人和群众总计超过5万人,最终有286名选手和575件(套)作品跻身全省总决赛。展会期间,将举行旅游商品设计大赛和旅游商品能工巧匠选拔大赛总决赛,参赛作品和选手角逐52件"贵州名创"和88名"贵州名匠"奖项;旅游商品展销大会,汇集展示全省9个市州、88个县市区及部分省内企业、国内外工艺美术大师的精美商品;"贵州与世界对话——旅游商品国际论坛",邀请俄罗斯、埃及、伊朗、南非、印度、以色列、马来西亚、中国台湾等国家和地区的工艺美术大师现场献艺,与中国工艺美术大师和贵州旅游商品企业、能工巧匠开展交流沟通。还将举行贵州省旅游商品协会成立大会和旅游商品专题培训等活动。

省社科界学习宣传贯彻落实党的十八大和省委十一届二次全会精神

11月23日,省委宣传部、省社科联召开座谈会,来自我省社科界的专家、学者在座谈会上交流了学习党的十八大精神的体会。

会议强调,省社科界要把握正确导向,坚持贴近群众、贴近实际、贴近生活,采取各种形式,加强宣传阐释,为学习贯彻落实党的十八大精神创造良好的理论氛围。要充分发挥社科界思想库、智囊团的作用,围绕省委、省政府中心工作,结合如何进一步解放思想、五位一体如何布局等问题,抓实理论研究,推出高质量的理论成果,为与我省与全国同步小康提供坚实的思想理论支撑。

省委宣传部传达学习贯彻胡锦涛主席视察贵州重要讲话精神

12月10日,省委宣传部召开处以上干部会议,传达学习贯彻国家主席胡锦涛视察贵州时的重要讲话精神和全省领导干部大会精神。省委常委、省委宣传部部长喻红秋就有关工作进行安排部署。

喻红秋要求,要认真学习领会胡锦涛主席重要讲话的深刻内涵,把学习胡锦涛主席重要讲话精神与学习十八大报告、十八届一中全会和习近平同志近期一系列重要讲话精神结合起来,与学习省委十一届二次全会精神和赵克志同志近期一系列重要讲话精神结合起来,吃透精神,领会意图;要把思想和行动统一到胡锦涛主席重要讲话精神上来,统一到全省领导干部大会精神上来,统一到贵州科学发展、后发赶超、同步小康的战略部署上来；要突出重点，发挥宣传思想文化战线的职能作用，阐释好中央和省委的方针、思路和举措，树立好贵州先进典型，组织好全省解放思想大讨论活动，并进一步做好对外宣传、树立贵州新形象；要扎实工作，着力抓好核心价值体系建设、公民道德建设、文化惠民工程、文化事业文化产业发展等各项工作，着力构筑贵州“精神高地”；要求真务实，切实转变工作作风，厉行节约、勤俭办事，把精力放在研究工作、创新工作上，积极深入基层、开展调查研究，争取使宣传思想文化工作再上新台阶、再创新业绩。

省委常委、宣传部部长
喻红秋赴平塘宣讲党的十八大精神

12月9日，省委常委、宣传部部长喻红秋深入平塘县大塘、克度等乡镇开展工作调研后，在平塘县行政中心多功能会议厅举行报告会，对党的十八大精神进行了精彩的宣讲。

省委宣传部秘书长张云泓、省委宣传部理论处处长刘正品，省文明办协调组副组长李海、省委宣传部理论处副处长李胜等参加了报告会。

州委书记黄家培，州委常委、宣传部长、统战部长罗桂荣等省、州领导出席了报告会。

县委书记严肃，县委副书记、县长臧侃等县四家班子领导，挂职平塘的省、州党建扶贫工作队员及全县各乡镇负责人参加了报告会。

喻红秋在宣讲中指出，在当前和今后的一个时期，各级领导干部和党员的首要政治任务就是学习好、宣传好、贯彻好党的十八大精神。随后她向与会同志介绍了党的十八大盛况，传达了党的十八大精神，并谈了自己学习党的十八大精神的感受和体会。宣讲中，喻红秋强调，全面地把握党的十八大精神，要从八个方面去深刻地领会。一是要深刻领会这次大会的重要意义，要认识到这是一次高举旗帜、继往开来的大会，是一个团结奋进、民主务实的大会，是在我国全面建成小康社会的决定性阶段召开的一次十分重要的会议。二是要深刻领会党的十八大的主题，这个主题就是要继续高举中国特色社会主义伟大旗帜，始终保持解放思想、改革开放、凝聚力量、攻坚克难的精神状态，全面推进经济建设、政治建设、文化建设、社会建设、生态文明建设和党的建设，坚定不移地沿着中国特色社会主义道路前进，团结一心为全面建成小康社会而努力奋斗、艰苦奋斗、不懈奋斗。三是要领会这次大会总结了过去五年和十年党和国家事业取得的历史成就。四是要深刻领会科学发展观的历史地位和指导意义。五是要深刻理解中国特色社会主义的丰富内涵；六是要深刻认识全面建成小康社会和全面深化改革的目标，这也是全党的共同意志；七是要深刻领会社会主义政治、经济、文化、社会、生态等方面建设的重大部署；八是要深刻领会全面提高党的建设科学化水平的重大任务。喻红秋最后认为，这次大会有三大成果，第一是党的十八大报告形成了一个高水平的马克思主义纲领性文件，是全党智慧的结晶；第二是选举产生了以习近平为总书记的新一代中央领导集体，将会带领全党全国人民从一个胜利走向另一个胜利；第三是通过修改和充实内容产生了一个与时俱进的新党章。

宣讲中，喻红秋要求黔南州及平塘县全体干部要按照中共贵州省委十一届二次全会的要求，深刻领会大会的意义，从奋斗目标、道路、精神状态等方面深刻领会大会的主题，深刻领会大会关于总结过去五年和十六大以来十年的经验总结，深刻领会大会的历史地位和指导意义，用科学发展观来武装思想，攻坚克难、开拓创新，实现经济社会又好又快发展，同时要深刻领会大会丰富的内涵、奋斗目标、总体布局和“一条主线”、“两个坚持”、“三型政党”、“四自能力”、“五个建设”的目标。要不断深入贯彻落实党的十八大和省委十一

届二次全会精神，把学习当作头等大事，将学习与工作相结合，狠抓落实，在解放思想上进一步深入，积极开展宣讲活动，深入社区、校园、企业、农村等地宣传党的十八大精神。同时，要结合省委十一届二次全会精神提出的“十破十立”，开展多形式的十八大学习活动，掀起学习热潮，以党的十八大和省委十一届二次全会精神为指引，在全县各级干部群众的共同努力下，凝聚力量，攻坚克难，实现后发赶超，确保 2020 年与全国全省全面同步建成小康社会。

贵州省文学艺术界联合会第七次代表大会召开

12 月 24 日上午，贵州省文学艺术界联合会第七次代表大会在贵阳隆重开幕。省委书记赵克志，中国文联党组书记、副主席赵实讲话，省委副书记、省政府党组书记陈敏尔，省委常委、省委宣传部部长喻红秋，省人大常委会副主任顾久，省政协副主席左定超出席开幕式。

赵克志代表省委、省政府向大会召开表示热烈祝贺，对我省文艺工作和文联工作给予了充分肯定。他说，省第六次文代会以来，全省广大文艺工作者积极投身构筑贵州“精神高地”的艺术实践，创作了一大批优秀作品，为我省多民族文化大发展大繁荣作出了积极贡献。当前和今后一个时期，全省文艺界要深入学习贯彻党的十八大精神，进一步把思想和行动统一到党的十八大和习近平总书记系列重要讲话精神上来，统一到中央关于文化繁荣发展的决策部署上来，努力开创我省文艺事业又好又快发展新局面。一要把握文艺创作之“魂”，自觉用社会主义核心价值体系引领文艺创作，始终坚持社会主义先进文化前进方向；二要把握文艺创作之"要"，大力构筑“精神高地”，助推贵州科学发展、后发赶超、同步小康；三要把握文艺创作之“基”，坚持贴近实际、贴近生活、贴近群众，为人民群众创造出更好更多的精神食粮；四要把握文艺创作之“源”，大力推动文艺创新，努力打造更多文艺精品力作；五要把握文艺创作之“本”，始终坚持人才是第一资源，努力培养和造就一支德艺双馨的文艺工作者队伍。他要求，各级党委、政府要充分发挥文联的职能和作用，为文联开展工作创造良好条件。各级文联要创新体制机制，密切与文艺工作者的联系，加快“贵州文艺家之家”建设，全力做好各项工作，不断扩大贵州文艺影响力。

赵实说，贵州省文联在省委省政府的坚强领导下，团结凝聚广大文艺工作者，为推动贵州改革发展、共筑“精神高地”作出了重要贡献。希望贵州广大文艺工作者始终坚持“二为”方向和“双百”方针，坚定不移地走中国特色社会主义文化发展道路；始终坚持以人民为中心的创造导向，努力为人民抒情、为人民放歌；始终追求德艺双馨，努力展示文艺工作者的良好形象。贵州省文联要适应新形势、新任务、新要求，努力加强自身建设，不断提高工作水平，为建设社会主义文化强国作出新的更大贡献。

省文联主席杨长槐致开幕词，省文联党组书记、副主席李碧川作工作报告，省妇联主席罗宁代表各群团组织致祝词。会议表彰了第二届贵州省德艺双馨文艺工作者。

来自省内文艺界的代表和兄弟省区文联负责人、省直有关部门负责人，各市州分管领导和企业家代表参加开幕式。

12 月 26 日，贵州省文学艺术界联合会第七次代表大会圆满闭幕，省委常委、省委宣传部部长喻红秋出席并作重要讲话。新当选省文联主席、省人大常委会副主任顾久致闭幕词。

喻红秋首先对全省文艺工作所取得的成绩给予充分肯定。她指出，全省文艺界要以学习宣传贯彻党的十八精神为首要任务，充分发挥文学艺术助推贵州科学发展、后发赶超、同步小康的独特作用，紧紧围绕省委、省政府中心工作，在服务大局中激发活力，创作出更多具有贵州特色、贵州风格、贵州气派的优秀作品，着力反映先进人物，讴歌时代典型，表现火热生活，记录贵州后发赶超足音，反映贵州前进步履，为人民立言、为发展鼓劲、为跨越抒情，推动贵州文艺繁荣发展，努力开创贵州文艺事业又好又快发展的新局面。

顾久致闭幕词时说，贵州省文联具有"全省文联一盘棋、文艺创作抓精品、文艺活动创品牌、人才培养出名家、文化惠民促和谐、对外交流扩影响、自身建设强职能"的工作思路，在这个全面推动多民族文化大发展大繁荣、加快建设文化强省的关键时期，我们应当拥有贵州文化和文艺工作者的自觉、自信和自尊，努力发掘、发展和创立贵州有特色的文化，增强构筑贵州"精神高地"的责任感和使命感。

会议选举顾久为省文联第七届委员会主席，选举李碧川、李远刚、汪信山、欧阳黔森、陈加林、彭治力、禄琴、王阿依、包俊宜、殷文霞、侯丹梅、姚晓英、龙耀宏、唐亚平、张贵华为副主席。大会主席团聘请杨长槐、徐圻为名誉主席。

罗阳同志先进事迹报告会在贵阳举行

12 月 25 日上午，中央宣传部、中央组织部、国务院国资委、辽宁省委和中航工业集团联合举办的罗阳同志先进事迹报告会在贵阳举行。报告会之前，省委书记赵克志，省委副书记、省政府党组书记陈敏尔会见了罗阳同志先进事迹报告团成员。省委常委、省委宣传部部长喻红秋，省委常委、省委秘书长廖国勋参加会见，喻红秋主持报告会。

赵克志、陈敏尔与报告团成员一一握手，代表省委、省政府向大家表示亲切慰问。赵克志说，罗阳同志把自己的毕生精力奉献给了党和人民的航空事业，事迹非常感人、精神十分可贵，为广大党员干部树立了一面光辉旗帜。我省是重要的国防工业基地，开展向罗阳同志学习活动有着特殊重要的意义。报告会的举办，一定能够激励全省党员干部和贵州"军工人"再接再厉、奋发进取，为贵州科学发展、后发赶超、同步小康提供强大的精神动力。全省上下要认真贯彻落实习近平总书记的重要指示和刘云山同志会见报告团成员时提出的明确要求，迅速掀起向罗阳同志学习的热潮，把学习罗阳同志先进事迹与深入学习贯彻党的十八大和十八届一中全会精神结合起来，与弘扬社会主义核心价值体系结合起来，与深入开展创先争优活动结合起来，与进一步改进工作作风、密切联系群众结合起来，认真学习罗阳同志信念坚定、对党忠诚的政治品格，攻坚克难、开拓创新的拼搏精神，淡泊名利、无私奉献的优秀作风，把全部心思、全部精力投入到党和人民的事业中去，让人民群众享受到更多更好的发展成果。

报告会上，中航工业沈阳飞机工业（集团）有限公司副总经理苗玉华、办公室秘书科科长任仲凯、制造工程部综合处处长潘新、试飞站员工刘一夫和中央电视台军事部记者倪宁等五位报告团成员，结合亲身经历，饱含深情地讲述了罗阳同志在生活、学习、工作中一个个感人至深的故事，充分展现了罗阳同志既心存高远、又脚踏实地，干惊天动地事、做默默无闻人的崇高精神与品格，充分展现了作为一名航空人心系蓝天、航空报国，脚踏实地、恪尽职守，用生命铸就共和国航空工业的壮丽一生。报告感人肺腑、催人泪下，深深打动了现场听众，会场不时响起热烈的掌声。

省直机关工委、省委教育工委、省委国防工委、省国资委、省军区、省武警总队、省消防总队、高等院校、贵阳市各界代表 1000 余人聆听报告会。

“诚信友爱贵州人”年度颁奖典礼举行

12 月 28 日下午，由省委宣传部、省文明办、省团委、省委外宣办主办，全省九个市、州文明办，金黔在线、贵阳新闻、腾讯微博等承办的“开放奋进贵州”网络文化传播系列活动之一的 2012“诚信友爱贵州人”年度颁奖典礼在省委办公业务大楼会议室举行。

活动从今年 1 月持续到 6 月，广大网友通过官方微博和网站积极参与了“随处找”、“随手拍”“随时传”活动。最终，活动主办方从团结友爱、助人为乐、见义勇为、诚实守信等方面评出 2012“诚信友爱贵州人”最感动人物、最感动事例、最热心微博、最响亮宣言等五个奖项。

贵阳市委宣传部、安顺市委宣传部、遵义市委宣传部等荣获“诚信友爱贵州人”活动组织奖；“背篼干部”、周科永、向欣园、张槐黔、钟晶、王冬等 10 人荣获最感动人物奖；贵阳“无人报摊”见证城市十大文明，微博传递 100 小时、挽救一条生命，用一对戒指换栋教学楼等荣获最感动事例奖；共青团贵州 12355、贵州志愿者行动指导中心等荣获最热心微博；松松家梦梦、瀑乡安顺等荣获最闪亮宣言奖。

在颁奖典礼上，省委宣传部领导为获奖集体和个人颁发了奖牌及荣誉证书，获奖集体和个人代表进行了发言。

2012“祖国好 · 家乡美”颁奖晚会举行

12 月 29 日，2012 贵州省中小学“祖国好 · 家乡美”主题系列活动颁奖典礼在贵州电视台演播厅举办了盛大的颁奖晚会。

连续举行 4 年的“祖国好 · 家乡美”主题活动，吸引了 600 多万中小学生参与。此次颁奖晚会由“热爱祖国”，“美丽家乡”，“美丽校园”和“美丽少年”四个部分组成。晚会上，中小学生们表演了诗歌朗诵，苗族舞蹈，中华童谣和歌曲独唱等，并颁发了在本次主题活动中获得诵读，唱歌，书法，诗文，摄影，绘画一等奖的优秀作品，还表彰了优秀组织单位：十佳少年宫，颁发了美德少年奖。

2012“祖国好 · 家乡美”主题系列活动颁奖晚会的圆满落幕，进一步推动我省未成年人思想道德建设工作，把我省加强和改进未成年人思想道德建设的《实施意见》落到实处。同时，也为所有的中小学生更好地展示自我提供一个良好的平台。

贵州省文化产业示范基地授牌仪式举行

12月26日，省文化产业示范基地授牌仪式在贵阳举行，省委常委、省委宣传部部长喻红秋讲话，省人大常委会副主任陈华祥出席。

会议对贵阳国际会议展览中心有限公司、贵州省广播电视信息网络股份有限公司等24个第一批省文化产业示范基地的企业进行授牌。贵州日报集团黔森影视工作室、贵州大明边城旅游开发股份有限公司在会上作交流发言。

喻红秋向获牌企业表示祝贺，她说，这些企业和单位在近年来我省文化产业发展的实践中，彰显了贵州多民族文化的特色，在不同行业内产生了较好的示范效应。

喻红秋指出，省委十一届二次全会和刚刚结束的全省经济工作会议认真贯彻落实党的十八大精神，把文化产业纳入全面建成小康社会进程的统计监测指标体系，提出文化产业增加值权重占小康社会指标体系的5%。在我省贯彻落实党的十八大精神全面建成小康社会的“新起点、新机遇、新动力、新要求”面前，我省文化产业正迎来了难得的黄金发展期，需要采取一系列更加有力的措施，加快发展。开展省文化产业示范基地的建设和申报评选工作就是加快发展我省文化产业的一个重要抓手。

喻红秋强调，我省文化产业仍然“散、弱、小”，因此，充分发挥文化产业示范基地的示范带动作用，加强骨干文化企业和专精特文化企业的培育，加快文化产业发展，显得尤为重要和迫切。要以示范基地评选为手段，加快各类文化企业培育，推动形成大文化工作格局，形成齐抓共管的强大合力，示范基地要再接再厉、做大做强，充分发挥示范引领作用。特别要注重围绕省委十一届二次全会提出的实施“5个100工程”，发挥文化产业渗透力、延长产业链、增加附加值的特点和优势，不断开创我省多民族文化大发展大繁荣的新局面。

省文改文产领导小组成员单位及相关单位负责人，各市(州)宣传部相关负责人及文改文产办主任出席会议。

全省转制文化企业培训班举行

12月27日，全省转制文化企业培训班举行。培训班旨在推动全省转制文化企业加快建立现代企业制度，完善法人治理结构，打造真正合格市场主体，最终实现加快文化产业发展的目的。省文改文产办、省文化厅、省广电局、省新闻出版局相关负责同志和处(室)负责人，省广电、日报、出版、期刊、演艺5大集团公司及所属子(分)公司领导班子成员、集团内设机构中层干部，非时政类报刊转制企业主要负责同志，各市(州)文改文产办主要负责人及转制文化企业主要负责人近200人参加培训。湖南出版投资控股集团有限公司党委书记、董事长龚曙光应邀赴我省作专题培训。围绕改革的必要性、改革的成效、改革过程中的战略发展方式以及改革的具体路径四个方面，龚曙光深入浅出地阐释了“为什么改和怎么改”两个问题，并总结出“改革之前给出愿景、改革之初付出牺牲、改革中间分出红利、改革过程安排配套”四条经验，为参加培训的同志献上了一场精彩演讲。

领　导　文　稿

栗战书同志文稿

把迎接宣传贯彻党的十八大作为首要政治任务 构筑贵州“精神高地”唱响跨越发展最强音

——在全省宣传部长会议上的讲话摘要

（1月17日）

全省宣传思想文化战线要按照“高举旗帜、围绕大局、服务人民、改革创新”的总要求，紧紧围绕迎接宣传贯彻党的十八大和省第十一次党代会这条主线，牢牢把握推动多民族文化大发展大繁荣这个主题，唱响贵州“加速发展、加快转型、推动跨越”的最强音，推动工作出亮点、创品牌、上水平，为全省经济社会发展提供强大思想保证、精神动力、舆论支持和文化条件。

李长春同志在全国宣传部长会议上的重要讲话，充分体现了党和国家的总体战略部署，体现了建设社会主义文化强国对宣传思想文化工作的新要求，必将对全国宣传思想文化工作产生重大而深远的影响。刘云山同志的重要讲话，对做好今年的宣传思想文化工作提出了六个方面的明确要求，具有很强的指导性和可操作性。要深刻把握中央精神，统一思想、提高认识，坚定信心、明确方向，奋力开创我省宣传思想文化工作新局面。

过去一年，全省宣传思想文化战线围绕中心、服务大局，主动作为、尽职尽责，对内凝聚“贵州力量”，对外展示“贵州形象”，打好了系列宣传战役，深化了理论学习和理论武装、推出了一批文艺精品、拓展提升了一些品牌、攻克了许多改革难点、办成了不少惠民之事，为我省“十二五”开好局、起好步作出了重要贡献。

当前，贵州正处在改革发展的关键时期，宣传思想文化工作担负着为全省经济社会发展提供强大思想保证、精神动力、舆论支持和文化条件的重大历史使命。各级党组织、党委宣传部门要提高思想认识，准确把握形势，进一步增强做好宣传思想文化工作的责任感和紧迫感。既要看到我们在政策支持、物质保障、工作基础方面面临的机遇和条件，同时也要清醒地认识到我们面临的一系列新挑战、新要求、新使命。无论面临的形势发生什么变化，宣传思想文化工作的重要地位不能变，宣传思想文化工作的政治优势不能丢。

做好今年的宣传思想文化工作，要把握主题主线，进一步推动宣传思想文化工作出亮点、创品牌、上水平。一要围绕迎接宣传贯彻党的十八大和省第十一次党代会，抓好舆论引导。这是全省宣传思想文化战线的首要政治任务，要提前谋划、精心准备、周密安排，进一步做大做强主流舆论，打牢共同思想基础。二要围绕我省经济社会发展的总基调总目标总要求，强化凝心聚力。这是全省宣传思想文化工作的中心任务。要从当前贵州发展态势良好、发展机遇增多、干部群众干劲更足的实际出发,把新闻舆论的主基调放在攻坚克难、增强信心、抓住机遇、加快发展上;要围绕贯彻实施《国务院关于进一步促进贵州经济社会又好又快发展的若干意见》,迅速掀起宣传高潮,把党中央、国务院的关心支持传递到全省各族人民群众的心坎上;要围绕省委、省政府重大决策部署,组织声势浩大的宣传报道,在全社会形成积极进取、昂扬向上的舆论氛围。三要围绕保持党的纯洁性,进一步强化理论武装和思想保洁。深入学习中国特色社会主义理论体系,把保持党的纯洁性作为党委(党组)中心组学习和各级党校、行政学院、讲师团、党史研究室、社会科学研究部门培训的重要内容,作为理论工作者和专家学者的重要研究课题,切实把保持党的纯洁性转化为提速转型发展的政治优势和组织优势。四要围绕构筑"精神高地",推进社会主义核心价值体系建设。要改变贵州"经济洼地"的面貌,必须首先构筑贵州人民的"精神高地",这是当前我省宣传思想文化工作最紧迫的任务。要着重抓好大力弘扬贵州时代精神,大力倡导"爱国、敬业、诚信、友爱"的价值取向,着力提升具有贵州特色的精神文明创建水平。五要围绕繁荣发展多民族文化,深入推进文化体制改革。毫不动摇地深入推进各项改革,加快完善政策保障机制,确保在党的十八大之前全面完成既定改革任务,通过深化改革尽力改善文化民生,深化改革破解动力不足问题,壮大文化产业总体实力,创作生产更多文艺精品。六要围绕提升"贵州形象",切实做好对外宣传工作。要多渠道提升贵州发展的良好形象,多手段展示贵州自然人文的独特魅力,多方位拓展对外文化交流的空间,有计划有步骤地打造一批贵州文化品牌,把贵州的宣传思想文化工作水平在全国提升到一个新高度。

要切实加强和改进党的领导,为做好宣传思想文化工作提供坚强政治保证。各级党委、政府要把宣传思想文化工作放在重要位置,时刻放在心上、抓在手里,善待媒体、善用媒体、善管媒体、善容媒体。全省宣传思想文化战线要把握正确的舆论导向,做到"把得牢";思想、认识、行动要紧跟形势发展,紧跟党委、政府中心工作,做到"跟得上";要带着感情、带着责任、带着追求,贴近生活、贴近实际、贴近群众,深入开展"走转改"活动,做到"贴得紧";要实实在在地抓好一个个项目、组织好一场场活动、打造好一个个品牌,做到"抓得实"。

构筑"精神高地" 冲出"经济洼地"

(6月16日)

贵州地处云贵高原,是地理海拔的相对"高地"。由于自然条件等因素制约,在发展上长期处于相对"洼地",经济社会发展主要指标都处在全国靠后位置。2005年胡锦涛总书记视察贵州和在2010年8月谈到贵州工作时,都明确指示我们要有志气、有信心,艰苦奋斗、长期奋斗,努力实现经济社会发展的历史性跨越。当前,面对东部率先发展、中部迅速崛起、东北加快振兴、西部竞相开发的发展压力和竞争压力,贵州要实现科学发展、后发赶超,必须深入贯彻落实科学发展观,更加重视精神力量的引领和支撑。为此,中共贵州省第十一次党代会明确提出要构筑"精神高地",建设全省人民共有的精神家园,为确保2020年与全国同步建成全面小康社会凝神聚力。

马克思主义认为,社会存在决定人们的思想意识,但思想观念一经形成,作为一种相对独立的精神力量,又会对现实社会生活和历史进程产生重大影响。革命战争年代,贵州是红军长征历时最长、发生重大事件最多的省份,面对异常严酷的自然环境和艰难险阻,红军以坚定的步伐走出了"长征精神",实现了中国革命的伟大转折。新中国成立后,广大建设者们在崇山峻岭中凿通了滇黔、川黔、湘黔铁路，建起了航天、航空、电子三大军工基地。改革开放初期，时任省委书记的胡锦涛同志倡导创办了以“开发扶贫、生态建设、人口控制”三大主题为核心内容的毕节试验区，矢志改变喀斯特山区的贫困落后面貌。近年来，冷洞村人用不畏磨难的双手战胜特大旱灾，敦操乡干部用背篼背走贫困、背回人心、背出干群鱼水情。实践证明，精神力量是干事创业的强大动力，正是凭借“不怕困难、艰苦奋斗、攻坚克难、永不退缩”的贵州精神，我们创造了一个又一个革命、建设和改革的奇迹。因此，我们提出要构筑“精神高地”，具有重大的现实意义。

构筑“精神高地”、建设精神家园，需要有凝聚人心的核心价值、引领人生的理想坐标、启迪心灵的精神生活，需要一种先进的文化和强大的精神力量去支撑和推动。精神家园寄托于一定文化体系之中，通过一定的文化形态得以存在。党的十七届六中全会深刻指出，文化是民族的血脉，是人民的精神家园。构筑“精神高地”、建设精神家园，马克思主义理论是制高点，社会主义核心价值体系是灵魂。我们要以社会主义先进文化为引领，不断从优秀的民族传统文化中萃取精华，将彰显贵州志气、体现贵州奋斗精神的民族文化元素提炼升华，并使之内化为贵州各族人民的精神需求和行动自觉。我们要深刻认识和领会我省各族人民在革命、建设和改革各个历史时期波澜壮阔的实践中孕育催生的伟大精神，从人民群众的实践中提炼、拓展和丰富贵州精神价值的内涵，从中汲取继续前进的不竭动力。我们要在扩大开放中学习改革开放30多年来沿海省份率先实践的改革创新、锐意进取、艰苦创业的精神，从中汲取营养并使之转化为全省广大干部群众的统一认识和共同意志。构筑“精神高地”，对不同群体有不同的要求。就领导干部来讲，核心价值准则就是政治忠诚、胸怀人民、真抓实干、公正廉洁，为全省后发赶超发挥引领和示范作用；就党员干部来讲，主要标准就是思想纯洁、勤政敬业、激情干事、敢于担当，在各自岗位上为科学发展献计献力；就普通群众来讲，基本要求就是热爱祖国、勤劳勇敢、遵纪守法、诚实守信，用自己的双手创造美好的生活。

不可否认，由于贵州经济社会发展的长期滞后，在人们生活中还不同程度地存在着自卑自轻、自暴自弃的思想，固步自封、小进即满的思想，畏首畏尾、不敢拼搏的思想，相互封闭、孤立发展的思想等等，消除这些旧思想观念的消极影响，是构筑贵州“精神高地”不可回避的历史课题。我们要在科学提炼、大力弘扬时代精神同时，把这股强大的精神力量引导到推动科学发展上来。以构筑“精神高地”助推贵州经济社会发展“洼地崛起”，以冲出“经济洼地”、实现经济社会又好又快发展的新成效，为消除旧的思想观念的束缚奠定社会基础，实现构筑“精神高地”和冲出“经济洼地”的良性互动。

一要弘扬自尊自重、自信自强的精神。贵州是一个资源丰富、风光秀丽，民族文化多彩，人民勤劳勇敢，发展潜力巨大的省份，正呈现出前所未有的发展生机与活力。贫困，不是贵州永久的标签；无奈，更不是贵州人不变的状态。经过长期的艰苦奋斗，2011年我们奋力实现了经济起飞，全省GDP增速跃至全国第三位，改变了多年靠后的局面。今年第一季度，GDP增速继续保持良好势头，跃升至全国第一。但从总体上看，贵州全面小康社会实现程度与西部相差4年、与全国相差8年，2010年人均GDP仅为全国平均水平的43.7%，多项经济指标在全国落后，全省88个县市区中有50个被列为扶贫开发重点县，贫困与落后仍然是贵州的主要矛盾。当前，贵州最紧迫的任务是“赶”和“转”，缩小与西部和全国的差距。科学发展面临的压力大、困难多，但我们也面临着新的机遇和有利条件。过去的一年，我们在加快发展中进一步统一了全省干部群众的思想认识，进一步树立起了发展的信心，广大干部群众干事创业的激情空前高涨，精神面貌焕然一新。今年1月12日，国家出台了《国务院关于进一步促进贵州经济社会又好又快发展的若干意见》，把贵州与全国同步实现全面小康上升为国家战略，凸显了贵州发展问题的重要性和全局性意义。《意见》为贵州的发展指明了方向和路径，提供了良好环境和宝贵条件，给贵州发展带来了千载难逢的大好机遇。省第十一次党代会提出了冲出“经济洼地”要实现的核心指标，即确保经济增速实现高于全国、高于西部地区平均水平，高于我省以往水平，到2016年全面建设小康社会实现程度提高到80%以上,达到西部地区平均水平,生产总值、公共财政收入、固定资产投资、城镇居民人均可支配收入、农民人均纯收入比2011年翻一番以上。这是我们立足于贵州实际制定的切实可行的阶段目标,只要我们下定决心,发愤图强,知难而进,长期奋斗,就一定能不断缩小差距并逐步跟上全国改革开放和现代化建设步伐。

二要弘扬改革创新、锐意进取的精神。进一步解放思想、转变观念,深入推进改革开放,通过扩大开放和体制机制创新,推进社会主义市场经济体制向西部有效延伸和不断完善,这是深入推进新时期西部大开发和贵州全面建成小康社会的必然要求。我们要紧紧围绕以改革促发展、以开放带开发,着力解决发展的动力活力问题。2011年,开展"项目、作风、环境"建设年活动,大力改善投资软硬环境,提高开放水平,广泛集聚省内外、国内外资本、人才等要素加快发展。全省上下把扩大开放、切实搞好招商引资作为经济社会发展的重要推动力,通过学习先进经验,吸引外来投资,力求把经济"洼地"变成投资热土,取得了扩大对外开放的丰硕成果。我们把今年作为"改革开放年",将在继续扩大开放的基础上,加强重点领域和关键环节的改革。贵州在改革开放方面还有巨大的潜力可挖,通过深化改革、扩大开放还可以释放更大的发展动力和活力,我们要进一步办好毕节试验区,为全省深化改革积累经验。任何事情,"能"与"不能"很大程度上取决于信念,要在全社会大力倡导和弘扬改革创新、锐意进取的文化氛围,激发人们走出封闭、走出保守,以敢于创新、善于创新的勇气,争取更大的开放、更快的发展。

三要弘扬不畏艰苦、百折不挠的精神。贵州发展滞后、基础较差、条件艰苦,做成一件事,往往要付出加倍的努力,需要一种不畏艰苦、百折不挠的精神,需要一种在逆境中求崛起的精神。我们在全省广大党员干部中大力倡导"科学发展、'干'字当头",就是要求大家知难而上、迎难而上、克难而上,围绕有效解决贫困和落后这一主要矛盾,努力突破制约我们事业发展的瓶颈,推动经济社会发展大踏步赶上去,在自觉承担起富民兴黔的伟大事业中实现共产党人的人生价值和理想追求。贵州发展,既要"快"更要"好",在"快"的同时要有质量有效益,让人民群众得到真正的实惠。按照2300元新的扶贫标准,我省2011年有1521万贫困人口,贫困发生率达45.1%,扶贫攻坚任务还相当艰巨。国家新一轮扶贫开发把连片特困地区作为主战场,其中涉及我省的有武陵山片区、乌蒙山片区和滇黔桂石漠化片区,覆盖了我省65个县80.3%的国土面积。下一步工作中,我们将把扶贫攻坚作为"第一民生工程",举全省之力,向贫困发起总攻。只要我们坚定理想信念,不向困难低头、不向挑战示弱、不向挫折妥协,一天不耽误,敢闯新路、敢于突破、敢于胜利,释放强大的精神力量,奋力追、全力赶、努力转,就一定能够成就富民兴黔的大业。

四要弘扬团结协作、互帮互助的精神。团结协作是一切事业成功的基础,有了团结协作、互帮互助的精神力量,就没有战胜不了的困难,就没有攻克不了的难关。贵州有17个世居少数民族,在长期共同的生产生活实践中,各民族同胞在贵州高原创造了多姿多彩、相互交融的贵州文化,形成了平等、团结、互助的民族关系。把握好各民族共同团结奋斗、共同繁荣发展这个主题,充分调动一切积极因素,团结一切可以团结的力量,努力构建和谐贵州,是构筑"精神高地"和全面建成小康社会的重要任务。我们要以礼敬、自豪的态度对待优秀传统文化,在全社会大力弘扬"爱国、敬业、诚信、友爱"的价值取向,通过加强先进文化建设和公民道德建设,进一步增强各民族的文化认同和共同理想信念,在建设精神家园中为人们提供精神支撑、情感寄托和心灵归宿,进一步增强人民群众在社会生活中的安全感、信任感、和谐感、希望感、理想感、幸福感,增强促进社会和谐、推进科学发展的精神力量,为冲出"经济洼地"提供不竭动力。我们特别要在广大党员干部中倡导团结协作的精神,始终做到在政治上志同道合、思想上肝胆相照、工作上密切协作,营造自觉维护团结的良好氛围、奋发干事创业的良好氛围,带领贵州各族人民艰苦奋斗、长期奋斗,努力实现贵州经济社会发展的历史性跨越。

(原载于2012年6月16日《求是》杂志)

赵克志同志文稿

省委书记赵克志对我省宣传思想文化工作作出重要批示

（8月10日）

2012年8月10日，省委书记赵克志对《中共贵州省委宣传部关于报送2012年上半年工作总结和下半年工作安排的报告》作出重要批示，高度肯定领导以来的宣传思想文化工作，对下一步工作提出系统要求。

赵克志书记批示：今年以来，全省宣传思想文化工作高举旗帜、围绕大局、服务发展，做了大量卓有成效的工作，为我省构筑“精神高地”、冲出“经济洼地”作出了积极贡献。

谨向全省宣传思想文化战线的同志们表示感谢！望牢牢把握正确的舆论导向，紧紧抓住迎接党的十八大这一主线，围绕全省科学发展、后发赶超这一大局，把学习、宣传、贯彻好胡锦涛总书记重要讲话和关于贵州工作的重要指示精神作为当前重大政治任务抓紧抓好，进一步提升发展共识、凝聚发展力量，努力开创我省宣传思想文化工作新局面，为全省经济发展、社会进步、和谐稳定作出新的贡献。

省委书记赵克志对我省宣传思想文化工作作出重要指示

（10月19日）

10月19日，省委书记、省长赵克志到省委宣传部调研，在省委宣传部主持召开座谈会，听取省委宣传部工作汇报。赵克志同志充分肯定了省委宣传部工作取得的成绩，并对我省宣传思想文化工作作出重要指示。

近年来，在中央的正确领导下，在中央国家机关、中央媒体的大力支持下，我省宣传思想文化战线坚持唱响主旋律、巩固主阵地、打好主动仗，多彩贵州品牌影响力不断提升，文化和旅游融合发展成绩显著，文化体制改革和文化产业发展取得明显成效，宣传文化系统队伍建设取得新进展，为推动全省经济社会又好又快、更好更快发展提供了强有力的思想保证、精神动力和文化支撑。

全省宣传思想文化战线要深入学习贯彻胡锦涛总书记“7·23”重要讲话和李长春同志视察贵州时的重要指示精神，围绕落实主基调、实施主战略和同步小康“两步走”战略目标，努力适应新的形势和新的要求，扎实做好统一思想、集中心思、凝聚力量的工作，更好地为全省改革发展稳定大局服务。一是要切实加强理论武装工作，高水平地办好理论学习宣讲报告会，大力促进党员干部解放思想、实事求是、与时俱进、求真务实，着力打牢全省人民团结奋斗的共同思想基础。二是要浓墨重彩做好党的十八大宣传报道,深入阐释好省第十一次党代会精神,围绕科学发展、后发赶超、同步小康,进一步激发各族干部群众"构筑精神高地、冲出经济洼地"的志气信心。三是要总结宣传推广一批典型,善于发现、挖掘、抓住各行各业涌现出来的先进模范,推出一批有震撼力、影响力的人物和事迹,推广一批经济建设、社会管理领域成功经验,体现贵州人的时代风范。四是要切实加强对外宣传工作。加大多彩贵州形象宣传,用发展变化的事实,展示贵州加速发展、加快转型、推动跨越的生动实践,展示贵州人民不甘落后、奋力爬高的精气神,着力塑造我省开放创新、团结奋进的新形象。五是要加强和改进全省新闻宣传工作,深入开展"走基层、转作风、改文风"活动,深入基层、深入实际、深入群众,减少对一般性会议、调研、会见活动的报道,倡导清新朴实、生动鲜活、言简意赅的文风,增强新闻宣传的吸引力、感染力、公信力,推动新闻宣传工作不断迈上新台阶,为全省改革发展再作新贡献。

省委书记赵克志对我省文艺工作作出重要指示

(12月24日)

省第六次文代会以来,省文联在中国文联的指导下,团结带领全省广大文艺家和文艺工作者,高举中国特色社会主义伟大旗帜,坚持"二为"方向、"双百"方针和"三贴近"原则,牢牢把握社会主义核心价值体系这个兴国之魂,积极投身构筑贵州"精神高地"的艺术实践,以充沛的激情、生动的笔触、优美的旋律、感人的形象,创作了一大批弘扬民族精神、反映时代风貌、富有艺术感染力、凸显贵州特色的优秀作品,贵州文艺界呈现出创作繁荣、成果丰硕、人才辈出的良好态势。

当前和今后一个时期,全省文艺界首要的政治任务就是学习好、宣传好、贯彻好党的十八大精神,更好地把思想和行动统一到党的十八大和习近平总书记系列重要讲话精神上来,统一到中央关于文化繁荣发展的决策部署上来,努力开创我省文艺事业又好又快发展新局面。要把握文艺创作之"魂",自觉用社会主义核心价值体系引领文艺创作,始终坚持社会主义先进文化前进方向。要把握文艺创作之"要",大力构筑"精神高地",助推贵州科学发展、后发赶超、同步小康。要把握文艺创作之"基",坚持贴近实际、贴近生活、贴近群众,为人民群众创造出更好更多的精神食粮。要把握文艺创作之"源",大力推动文艺创新,努力打造更多文艺精品力作。要把握文艺创作之"本",始终坚持人才是第一资源,努力培养和造就一支德艺双馨的文艺工作者队伍。

各级党委、政府要充分发挥文联的职能和作用,进一步加大投入力度,关心文联的组织建设、队伍建设、阵地建设,支持文联承担更多的文艺工作责任,为文联开展工作创造良好条件。各级文联要适应新形势新任务,创新管理体制、运行机制、组织形式、活动方式,密切与文艺工作者的联系,全力做好组织、引导、维权、服务工作。要积极为广大文艺家深入生活、深入群众创造条件、营造环境,积极指导和推动群众性文艺活动。要加快"贵州文艺家之家"建设,为文艺家搭建各种文化交流平台,畅通交流渠道,拓展交流空间,不断扩大贵州文艺的影响力。

陈敏尔同志文稿

总结经验 深化认识奋力推动贵州多民族文化大发展大繁荣

——在全省文化体制改革和文化产业发展暨“五个一工程”表彰大会上的讲话

(10 月 19 日)

这次会议的主要任务是,深入贯彻落实党的十七届六中全会和全国文化体制改革工作表彰大会、第十二届精神文明建设“五个一工程”表彰座谈会精神,认真学习传达李长春同志考察贵州时的重要讲话和克志书记在省委常委会上的讲话精神,总结经验、表彰先进,安排部署下一阶段工作,确保文化产业发展各项任务落到实处、取得实效。下面,我讲几个问题。

一、充分肯定全省文化改革发展所取得的显著成绩

我省文化体制改革自 2006 年启动、2008 年探索推进尤其是 2010 年全面铺开以来,按照中央、省委部署和要求,不断加大力度、加快进度,取得了阶段性成果,奠定了很好的工作基础和发展基础。截至目前,全面实现了既定的六个“基本完成”目标,即基本完成国有经营性文化单位转企改制任务,全省 299 家需实施转企改制的国有经营性文化单位已全部完成改革任务,共核销事业编制 9017 个;基本完成建设一批国有文化企业任务,组建成立了省直五大集团公司和一批市(州)文化集团公司;基本完成有线电视网络整合任务,在全国率先实现省市县“一张网”,这次长春同志到贵州广电网络公司视察比较满意,赞扬贵州广电网络“一张网”这种整合模式是比较成功的一种;基本完成公益性文化事业单位内部机制改革任务,全省 221 家公益性文化事业单位初步完成人事、收入分配、社会保障三项制度改革并不断深化完善;基本完成文化市场综合执法改革任务,全省 9 个市(州)、88 个县(区、市)均组建统一的执法机构并正式履行职责;基本完成文化行政管理体制改革任务,全省各市县文化、广电、新闻出版行政部门实现“三局合一”,推进了文化资源的优化配置,省市县各级电台、电视台实现“两台合并”。改革为我省文化产业发展注入了生机和活力,在以下五个方面取得了突破:

*一是实施集团化改革取得突破。*组建了省直广电、报业、出版、期刊、演艺 5 大集团公司,每家集团公司都有自己的产业亮点、产业重点,成为行业内的龙头骨干企业,为引领和促进全省广播影视、新闻出版、文化艺术产业发展奠定了基础。目前,省广电网络公司、家有购物公司、贵州出版集团公司等正积极开展筹备上市工作,努力做大做强。贵阳、遵义、六盘水、安顺、毕节等地经营性文化单位在完成转企改制后进一步深化改革,组建了一批广电、报业、演艺、文化旅游集团公司,打造本地文化产业发展的骨干力量。

*二是转制文化企业进入市场发展取得突破。*省直和各市(州)国有文艺院团转制后打造精品剧目,试水国内外市场,一批剧目得到中央领导的充分肯定和中央媒体的广泛关注。广电系统以改革

为契机，成立星空影业公司，推进了城市院线的发展；广电网络公司大力开拓市场，有线数字用户已超过340万户；组建家有购物集团公司，积极拓展业务，成为中国家庭电视购物前三强。贵州出版集团公司引进四川文轩共同组建新华文轩有限责任公司，打造了贵州最大的书城。贵州日报报业集团在新媒体培育尤其是影视剧创作生产方面硕果累累、备受关注，贵阳日报传媒集团产值利润从2009年的3000万元增长到2011年的8000万元，《当代贵州》和转制后的《黔中早报》、《乌蒙新报》等开展跨区域拓展市场。

三是文化艺术精品创作取得突破。“贵州制造”影视行业异军突起，拍摄制作的《奢香夫人》、《幸存日》、《少年邓恩铭》、《绝地逢生》、《云上太阳》等20多部影视剧在央视、全国电影院线和多家省级卫视播出。演艺剧目打造成绩斐然，先后推出《天地文通》、《天蝉地傩》等10多部舞台剧，共有7部文艺作品获全国精神文明建设“五个一工程奖”。歌舞剧目在央视青歌赛、中国舞蹈“荷花奖”大赛等重要赛事中屡创佳绩。图书出版多次获得国家级奖项。高雅艺术推广取得积极进展，贵阳市与贵阳星力集团创新实施“民办公助”，组建了民营性质的贵阳交响乐团，成为贵阳市一张靓丽的城市名片。实施公益性活动培育与市场运作推广相结合的方式打造品牌，产生了一批以《多彩贵州风》为代表的“多彩贵州”系列品牌。应该说，文化改革成果关键看出作品、出人才、出效益，只有这样，才能形成文化发展的良性循环。

*四是项目带动促进文化与旅游融合发展取得突破。*发挥多民族文化资源优势，重点围绕文化与旅游融合发展，启动实施省“十大文化产业园”和“十大文化产业基地”，充分发挥中央和省文化产业发展专项资金扶持引导项目建设的作用，以项目化落实为抓手，推动实施了一大批深圳文博会招商引资项目和特色文化产业项目，有力促进了文化与旅游结合发展，全省各市（州）初步呈现民族民俗文化、红色文化、历史文化、生态文化共存共荣的特色文化产业发展格局，既提升了旅游产业竞争力，又彰显了贵州多民族文化特色，促使文化旅游产业成为我省发展文化产业的中坚力量。

*五是公共文化服务惠及民生取得突破。*截止2011年底，贵州省广播电视村村通工程已基本实现全省已通电行政村和20户以上的自然村全覆盖，建成农民文化家园1678个、农家书屋15615个、各级文化信息资源共享工程21080个、乡镇综合文化站1222个，组建农村数字电影院线11条并配备数字放映设备1017套，1578家图书馆、博物馆、文化馆（站）和47个爱国主义教育基地实现免费开放，并在全国率先建成运行贵州数字图书馆。尤其是贵州山多坡陡，农村群众居住分散，但通过艰苦努力，成为全国广播电视村村通模式主要创立地。创新开展“四在农家”创建活动，已覆盖行政村8600多个，受益群众达1500万人。从实际出发，利用城乡文化广场以及民族地区风雨桥、鼓楼、花台等，普及开展文化活动、兴办民族节庆。乡镇、社区等基层群众文化活动如火如荼、欣欣向荣。贵州文化资源就在基层、在民间，不是上面去“送文化”、“种文化”的问题，而是要不断到基层到民间去发现文化、总结文化、提炼文化，做成产业，做成可以走出大山的文化产品。

总结我省取得的阶段性成果，最根本的就是遵循中央战略决策部署，从贵州实际出发，创造性地开展工作。一是坚持文化自觉自信，明确“依靠改革创新、建设文化强省、促进历史跨越”的目标，形成合力共推改革、共谋发展；二是坚持统一思想与行政推动相结合，在提高认识基础上推进改革，在深化改革过程中进一步统一思想；三是坚持以人为本，制定一系列优惠政策扶持改革，确保改革单位干部群众切身利益不受影响，并在改革发展中不断得到实惠；四是坚持发挥资源优势，借助旅游市场渠道，大力发展特色文化产业；五是坚持实施品牌带动战略，打造“多彩贵州”品牌，走品牌引领发展之路。对此，全省上下要倍加珍惜、充分发扬。

成绩来之不易，这既是全省各地各有关部门共同努力的结果，也是社会各界各方面关心支持的结果。在此，我代表省委、省政府向全省所有参与、支持、配合贵州文化改革发展的同志们，表示衷心的感谢并致以崇高的敬意！

二、不断深化对加快发展文化产业重要意义的认识

发展文化产业，解决思想认识问题是前提。面对文化多元多样性和文化改革发展的新形势，我们既要统一思想，把思想和行动统一到中央、省委决策部署上来，又要解放思想，做到认识上与时俱进。只有不断深化认识，才能广泛形成共识，增强紧迫感、使命感，提高做好工作的积极性、主动性。

第一，这是推动全省科学发展后发赶超的重要支撑。文化是经济增长点，也是一个国家和地区的终极竞争力。在现代社会中，文化和经济融为一体，经济硬实力与文化软实力呈现出相互依托、相互支撑的态势，从国外来看，文化产业已成为当今世界的支柱产业，增长速度远高于经济发展速度，特别是欧美发达国家的文化产业增加值占GDP的比重已达到20%左右。从国内来看，北京、上海、广东、浙江、云南等省市的文化产业增加值占GDP的比重都超过5%，有的达到10%左右，成为重要的支柱产业。从我省来看，省委十届十二次全会提出把文化产业打造成我省国民经济支柱性产业的目标，到"十二五"期末，文化产业增加值达到全省生产总值的5%。2011年贵州省文化产业总收入394亿元，文化产业增加值140亿元，占全省GDP比重2.46%，离5%的目标差距还很大，这也说明我们文化产业发展的空间还很大。事实上，一个地区和城市，文化产业发展状况已成为衡量其经济社会发展水平的重要标志。更为重要的是，在文化上的自觉自信自强是我们实现科学发展、后发赶超的重要保证，是构筑"精神高地"、冲出"经济洼地"的强大动力。我们必须站在战略全局的高度，像抓经济工程一样抓文化工程，像抓工业项目一样抓文化项目，不断把文化产业做大做强，助推全省经济社会又好又快发展。

第二，这是满足人民群众精神文化需求的重要途径。国际经验表明，人均国内生产总值达到3000美元时，居民消费进入物质消费和精神文化消费并重时期；超过5000美元时，居民消费将进入精神文化需求的旺盛时期。我省2011年人均国内生产总值已达2500美元，城乡居民消费正由生存型、温饱型，向小康型、享受型转变，人们的精神文化需求迅速增长。我省明确提出，要在2020年与全国同步实现小康，文化民生是重要组成部分。我们既要不断加大政府投入兴办公益性文化事业，满足人民群众基本性、均等性的文化需求，又要通过市场运作，大力发展文化产业，满足人民群众多样化、个性化的文化需求。这就需要我们发挥丰富的文化资源优势，创作生产出更多"既叫好又叫座"的文化产品，不断满足人民群众日益增长的精神文化需求。

第三，这是促进贵州开放开发的重要举措。扩大开放是推动贵州发展成本最低、动力最足、效果最好、作用最持久的办法。发展文化产业，是推动开放开发最有效的手段，更有深远而持续的意义。爱尔兰大型舞剧《大河之舞》自1995年首演以来，经久不衰、屡创奇迹，被称为"爱尔兰文化使者"。贵州具有浓郁的民族民俗文化、灿烂的红色文化、厚重的历史文化、良好的生态文化，一旦交通等基础设施改善，这些文化资源就会很快升值，通过产业发展方式把文化传播开来，必然会提升贵州的知名度、美誉度、关注度，给贵州带来更多的人流、物流、信息流和资金流。克志同志指示要向全国人民传递贵州积极正面的声音，文化工作者的重要使命就是通过文化把贵州声音发布出去，树立贵州的良好形象。因此，我们要推动更多的文化产品和服务走出去，更好地展示贵州文化的独特魅力，更好地展示多彩贵州日新月异的独特形象，用文化产品展示贵州的发展变化，以文化的大开放促进贵州的大发展。

第四，这是促进民族团结进步的重要手段。文化对民族问题有三个促进作用。一是促进民族团结和谐。文化需要交流、合作、共享，文化是促进各民族团结和谐很好的媒介。二是促进民族文化特别是非物质文化遗产传承传播。我们的民族文化、非物质文化遗产如果只在深山里、在村寨里、在一些民间艺人家庭里，久而久之，这些文化就要失传。而如果变成文化产品，进入旅游市场、进入城镇、进入景区，找到展示的舞台，就能解决传承传播问题。三是促进少数民族地区脱贫致富。长春同志这次调研的兴义市万峰林街道办事处下纳灰村，搞农家乐、搞旅游、搞文化产业之前，人均收入1000元，现在是7000元，可见搞文化搞旅游增收效果来得很快。少数民族地区可以通过农业产业结构调整、外出务工等多条途径脱贫致富,而搞文化搞旅游是其中很好的一条途径。

三、着力培育文化产业发展的市场主体

文化产业的发展需要有一大批文化企业的集聚,没有一批成长性好、生产力强的企业作支撑,文化产业就难以做大做强。目前,我省共有文化企业4200多家,其中,国有文化企业600多家,民营文化企业3600多家,而近邻云南省国有文化企业3400多家,民营文化企业17000多家,相比之下差距很大。同时,我省国有文化企业尤其是省直五大集团公司,涵盖了省直文化艺术、广播影视、新闻出版三大领域所属60多家经营性文化单位,但总资产加起来不足90亿元,而仅一个湖南中南出版传媒集团股份有限公司2010年资产就达到97.3亿元。另据统计,2011年,全省所有文化企业创造的文化产业增加值为140亿元,占比低于全国平均水平。因此,我们一定要把培育市场主体作为发展文化产业的关键来抓紧抓好。

1. 做大做强转制文化企业。在文化体制改革中,已经转制的企业要着力做好以下三件事:一是要构建现代企业制度。要进一步深化文化体制改革,按照《公司法》要求,加快健全完善转制文化企业法人治理结构,强化企业内部经营管理和成本核算,打造合格的市场主体,防止搞"翻牌公司",防止国有资产流失。二是要加快形成核心竞争力。支持有比较优势和竞争力的骨干文化企业,开展跨区域跨行业跨所有制合作,进一步做强主业、做大产业,延长产业链,提升产业集中度,打造一批规模大、实力强的"航母型"文化企业和企业集团。依托现有骨干文化企业,壮大和催生一批关联企业,培育发展文化创意、数字动漫、广告会展、咨询服务等新兴文化业态,建成一批特色鲜明、辐射力强的文化产业集群。文化企业发展可以多样化,可以搞其他产业,但一定不能丢掉主业,而要做强主业、做长产业链。三是要积极开辟投资融资渠道。文化、广电、新闻出版三大行业要积极引进战略合作者,投资重大文化产业项目。广电网络、家有购物、出版集团等已明确筹备上市的国有文化企业,要加强与国家有关部委的对接,加强与相关上市工作机构的衔接,积极谋划发展项目,确保在上市筹备工作上取得实质性突破,力争早日实现上市融资。各地各部门一定要认真落实好中央和省的各项优惠政策,为国有文化企业发展壮大提供有力保障。

2. 放开搞活民营文化企业。长春同志在视察贵阳交响乐团时指出,民营资本进入文化领域,跟市场有着天然的联系,不闯市场就没有后路,必须背水一战,这样的体制最有活力,现在文化领域民营经济发展不充分,应该吸引更多的民营资本进入文化领域来。对于民营文化企业发展,我们要努力做好三篇文章:一是要做好"放"的文章。要在政策允许范围内,切实降低准入门槛,开辟绿色通道,引导更多民营企业发展文化产业。凡是能让民间资本进入的领域,都要放手发展民营文化企业。二是要做好"引"的文章。要通过谋划实施重大文化产业项目,借助各种招商引资平台,积极引进一批省内其他行业企业和外地企业发展我省文化产业。近年来,一些房地产、矿产、科技等企业纷纷转型投资文化产业,如中天城投公司在我省打造了国内一流的会展基地,较好促进了我省会展经济的发展,并且启动贵州大剧院建设,还投资参与了贵州文化广场建设。江苏民营企业金杨集团进入贵州组建多彩贵州文化艺术有限公司,打造推出的《多彩贵州风》自2005年公演以来已持续演出2000余场,仅今年到目前为止收入已超过5000万元,已经成为我省演艺产业的龙头。对此,我们要高度重视、真诚欢迎并提供积极帮助,同时要正确引导他们健康地发展文化产业。三是要做好"扶"的文章。要通过落实省委、省政府扶持民营企业的各项政策,既扶持发展骨干文化企业和大型企业集团,又加快扶持发展一批"精、专、特、新"的中小微型民营文化企业,形成大中小文化企业相互促进、相得益彰的格局。省市县三级都要研究出台更加优惠的政策,营造良好的服务和环境,使民营企业与国有文化企业享受同等待遇,吸引更多企业到贵州投资兴业,吸引更多文化从业人员到贵州安居乐业。

3. 谋划实施文化产业园区。实践证明,建设文化产业园区,可以形成产业集群效应,实现资源共享,推动文化产业的快速发展。抓园区、抓基地、抓项目、抓企业是发展文化产业的重要抓手。

我们要按照优先发展、集聚发展的原则,大力加强园区建设,整合文化资源和文化项目,充分发挥其示范、辐射和推动作用。当前,最紧要的是要加快推进省“十大文化产业园”和“十大文化产业基地”建设进程,力争早日全面建成、早日投入使用、早日发挥示范带动作用,不断提升我省文化产业的规模化、集约化、专业化水平。各地在谋划和实施文化产业园区和基地的过程中,要注重依托各地特色优势文化资源,依托区域中心集镇,依托景区景点,依托现有开发区和产业园区,做到因地制宜、因势利导、借力发展。加强对外合作交流,充分利用文博会、交易会和重大经贸活动、文化活动,积极开展多层次、多渠道、多领域的文化产业招商。

四、下大力气打造更多精品力作

文化产业发展的最重要标志是生产一大批精品力作,既包括精神产品创作,也包括物质产品制造和文化服务产品提供。近年来,我省打造推出了一批文化精品力作,不少作品获得了国家级奖项,很多产品受到了市场青睐。今天的贵州,正处在需要文化精品也能够创造文化精品的时代。可以说贵州是个文化资源富集地,应该成为文化产品的高产地、盛产地。因此,我们要进一步繁荣创作生产,推出更多独具贵州特色和市场竞争优势的文化精品力作,更好地保护、传承、传播贵州多民族文化,更好地创作、生产、推广一大批有影响力、竞争力的文化产品。

1. 抓好选题规划。贵州文化资源十分丰富,是文化事业和文化产业发展取之不尽的源泉。对贵州鲜明的民族文化、红色文化、历史文化、生态文化等题材,要在分门别类挖掘和研究的基础上,科学系统地进行规划,推出一批如苗族英雄亚鲁王、彝族女杰奢香夫人、心学大师王阳明、晚清重臣丁宝桢等历史文化名人和一批如夜郎文化变迁、苗族大迁徙、红军四渡赤水等重大事件,加强选题论证,真正将更多的优势资源集中到带动性强、影响力大的重点企业和重大项目上来。重大选题规划可以在省内外进行招标。对于我省多民族文化历史积淀的资源,如非物质文化遗产、17个世居少数民族的风俗历史等,更要进行认真规划、精心梳理、系统保护。对此,政府要给予扶持,企业也要主动担当起社会责任。

2. 抓好生产制作。要弘扬社会主义核心价值体系、体现以人民为中心的创作导向,生产出更多具有贵州特色、贵州风格、贵州气派的优秀作品。要在认真总结已有好的运作模式经验基础上,改革投入机制,落实文化作品奖励办法,并通过项目吸引更多企业参与投资创作,充分调动政府、企业和文化工作者的积极性。要根据不同行业不同门类精品力作生产制作的规律,积极鼓励创新创造创意,倡导不同题材体裁、风格样式的竞相发展,推出更多具有原创价值的文化精品力作,尤其是提高对重大题材、重点项目的组织化程度,集中力量打造一流的精品力作。同时,还要大力推动科技与文化融合,加大对文化产品生产制作的科技投入,用科技手段强化精品力作的表现形式,用技术含量提升精品力作的魅力,用现代手法来体现传统文化的内容和特色。

3. 抓好传播推广。精品力作只有广泛传播出去,不断进入市场,才能被社会接受、欣赏和消费,既叫好又叫座,才能焕发生机、传之久远。我们近年来所打造推出的多部影视剧在央视黄金时段播放,在全国引起了好反响、赢得了好口碑,成就了不断亮相全国荧屏的“贵州制造”现象。因此,打造精品力作固然重要,找到好的渠道和平台传播作品同样十分重要,要大力推动产品传播方式实现现代化和多元化。如故宫博物馆通过推进数字化建设,实现在网络上游览故宫,拓展宣传面、提升传播力的做法,在我们一些文化精品的打造上就可以借鉴。各地各部门一定要充分利用省内外各种媒体资源以及各类宣传推介、数字化手段,为作品的传播推广搭建高端平台。

4. 抓好品牌创建。品牌是一个产品区别于其他产品的标识和特色,精品力作的打造也要以品牌的理念和方法贯穿始终,使作品既体现独有的文化特色,又具备独立的知识产权,在同类产品中彰显竞争力。我省制作拍摄的影视剧《奢香夫人》在央视热播后,初步产生了“拍摄一部剧、带动城镇旅游、促进产业发展”的良好效应。我们要认真总结,积极探索文化精品品牌打造的规律,在影视、音乐、歌舞等方面打造推出一批品牌。尤其要维护好、发展好“多彩贵州”这一综合性文化品牌,深化内涵、丰富形式、拓展渠道,使其进一步做大做强、做优做长。

五、努力走出一条文化与旅游融合发展的新路子

联系当前形势任务,做大做强我省文化产业,最现实的选择是推动文化与旅游融合发展。文化与旅游的融合发展,既是产业开发,也是市场开拓,一定要做成优势、做出亮点。长春同志在贵州考察指导工作时,对我省文化和旅游相结合的模式给予了充分肯定。他指出:"文化和旅游良性互动,这是魂和体的关系。贵州在二者的结合上,体现得很充分"。同时,长春同志还从保护非物质文化遗产、提升旅游精神价值、促进民族团结进步、促进新农村建设、加快群众脱贫步伐等五个方面提出了明确要求。我们要认真贯彻落实长春同志的指示要求,围绕建设文化旅游发展创新区的目标,大力推进文化与旅游深度融合,努力把贵州建设成为世界知名、国内一流的旅游目的地、休闲度假胜地和特色文化交流高地。这里强调三点:

1\. 丰富文化内涵促进旅游产业转型。文化是旅游之魂,旅游是文化之体。要把提升文化内涵、体现人文关怀贯穿到旅游的全过程,彰显文化特色,突出文化元素,增强文化底蕴。一是要深入挖掘旅游资源的文化内涵。旅游是一种社会体验、人生体悟、动态学习,实质是追求文化的差异性体验。要坚持旅游开发与文化研发相结合,深入挖掘喀斯特地形数以千计的瀑布、溶洞、峡谷、湖泊等自然风光的人文意义,挖掘多民族尤其是世居少数民族的文化内涵,挖掘革命胜地的历史故事,挖掘白酒酿造等工业旅游的文化特色,打造人文旅游精品景点,提升旅游的文化底蕴和特色魅力,不仅满足人们观光的需求,还可以满足人们求知和体验的需求。二是要积极丰富旅游业态和产品。要从突出和彰显我省文化底蕴、地域特色、气候特点、民族风情等方面入手,大力开发观光、体验、休闲、娱乐、运动、节会等文化旅游产品,发展主题文化、商务会展、探险运动、养老保健、乡村度假、虚拟旅游等新兴业态,延伸产业链,不断把旅游业做大、做新、做深。结合全省实施的100个示范小城镇建设工程,规划建设一批历史文化与旅游深度融合的特色旅游小城镇。三是要大力提升旅游综合服务功能。旅游产业是吃住行、游购娱要素俱全的产业体系。要围绕这六大要素,丰富旅游文化内容,强化旅游功能配套,让游客流连忘返。创造良好的环境,提高旅游从业人员文明素质,提升旅游服务档次和水平。

2\. 借力旅游市场推动文化产业发展。文化发展离不开旅游市场的繁荣。要借助旅游业搭建起来的市场平台,大力开拓文化消费市场,推动文化产业做大做强,形成文化产业与旅游产业发展双赢局面。一是要积极发展特色演艺。发展特色演艺目前已成为各地旅游景区丰富游览内容、增强娱乐性的重要取向。这些演出使景点文化价值大为提升,吸引了游客,延长了逗留时间,既增加了在景区的消费,又提高了景点知名度。要充分调动专业和民间力量,引导和推动文艺院团走进重点景区,尽快打造一批能够代表我省旅游特色、具有震撼力的演艺产品,力争实现重要景区都有自己的主打演出。二是加强对非物质文化遗产的传承和保护。文化只有传播出去,被更多人接受,才能更好地得到传承,如果只有自娱自乐文化就会衰弱,最后失去生机与活力。对非物质文化遗产,除了运用现代媒体等渠道以及言传身教、潜移默化等方式进行传播之外,还要通过旅游产业发展方式来传承传播。三是要开发文化旅游产品。旅游产品开发是对旅游地历史文化的挖掘、创造和有效的利用。要精心开发融入贵州地方标志性文化元素的旅游产品,通过旅游市场的大力推广,让具有地域标志性文化符号的产品成为游客来贵州的"必购品",使贵州文化传承下去、传播开来。

3\. 创新两大产业融合发展的体制机制。文化与旅游融合不是简单叠加,硬性捆绑,它涉及各个要素、各个环节。这几年,我省在不断实践中,构建形成了宣传、文化、旅游等"多位一体"的文化旅游大外宣格局,今后还要进一步完善相关体制机制。一是统筹管理运行机制。整合文化部门与旅游部门的管理资源,在重点文物保护、非物质文化遗产传承、重要文化基础设施开发等各个方面实现最大融合。通过联合、重组、兼并等方式组建文化旅游产业集团。二是统筹发展投入机制。积极创造条件,鼓励和引导社会资本投资,加大对文化与旅游发展的投入,使资金产生叠加效应。三是统筹对外宣传机制。建立健全政府搭台、企业唱戏、联合促销、全方位开拓客源市场的市场营销机制,促进旅游和文化深度融合,更好地展示我省旅游形象和文化软实力。

六、进一步加强文化人才队伍建设

人才是第一资源,是发展文化生产力最基础、最重要、最活跃的力量。克志书记非常重视人才问题,多次作出明确指示。近年来,我省扎实推进文化人才队伍建设,据统计,截止2011年,全省大专以上学历文化产业从业人员为32956人,全省宣传文化系统“四个一批”人才168人,非物质文化遗产传承人8197人,涌现了不少知名影视剧创作者、少数民族歌手等文化人才,如欧阳黔森创作了多部贵州题材的影视剧,推动了“贵州制造”影视剧不断亮相全国荧屏。我们要牢牢把握三个关键环节,进一步下大气力抓好人才队伍建设。

一是“培养”。结合我省文化人才、文化产业发展现状,深入实施“四个一批”人才培养工程和“文化产业金黔人才培养工程”,打造人才聚集高地。文化产业是创意产业,要依托省内高等院校、职业学校等,加快创意人才的专业化培养,在重点领域培养一批创意领军人物。要加强专业文化工作队伍建设,造就大批名演员、名作家、名编剧、名导演等专门人才,形成“文化名人效应”。要培养一批既懂文化发展规律又懂市场经济规律、既善于谋划艺术生产又熟悉市场运作和科学管理的经营管理人才,特别是具备战略思维、全球视野和富有开创精神的文化企业家。要重视发现和培养非物质文化遗产和民族民间文化传承人,大力挖掘推出一批民族历史和文字专家,民族民间器乐演奏大师、工艺美术大师、服饰设计大师等,引领特色文化产业发展。要大力培养基层文化服务管理人才,鼓励专业文化工作者和社会各界人士积极参与基层文化建设,形成充满活力的基层文化人才工作队伍。

二是“引进”。从总体来看,我省文化产业人才总量少,缺乏具有影响力和知名度的领军人才、拔尖人才。要创新人才引进理念,以文化产业园区、基地引人才,以文化重点企业、重大项目引人才,以发展各类文化机构引人才。要创新人才引进方式,把招才与引智结合起来,加大高层次文化人才引进力度,学习借鉴国际国内前沿管理理念、创意思路和运营模式;积极鼓励高校、文化企事业单位通过特聘教授、联合攻关课题、专家加盟等多种形式和渠道,开展国内外、国际大师级人才的柔性引进,将人才资源落在省内,不求所有、不求所在、但求所用。要创新引进政策,在工资待遇、职称评定、配偶工作安置、子女入学等方面给予文化人才优厚待遇;对高层次人才,要开辟绿色通道,特事特办,量身定做待遇套餐。

三是“使用”。各级要进一步解放思想,打破条条框框,通过改革改出活力,调动人才的积极性和创造性。一方面要健全用人机制,注重公平,任人唯贤,不拘一格用人才;允许人才“流动”,不能把人才封闭起来;引入竞争机制,实行竞争上岗,实现能上能下、人尽其才、才尽其用。另一方面要健全分配机制,允许以智力入股参与分红,探索实行年薪制、协议工资制和项目工资总量包干制等多种分配方式;在职称评定、参与培训、项目资助等激励分配上,对非公有制文化单位人员和民间文化人才一视同仁、平等对待。对各类人才,各级要在感情上尊重、在政治上爱护、在工作上支持,为他们干事创业创造良好条件。

七、日益完善公共文化服务体系

文化产业和文化事业都是文化建设的重要组成部分,必须坚持“两手抓、两手硬”,实现双轮驱动、两翼齐飞。要按照体现“公益性、基本性、均等性、便民性”的要求,实施文化惠民工程,健全基础设施,完善服务网络,建立保障机制,构建覆盖城乡的公共文化服务体系。

1.注重规划布局。在加快工业化、城镇化建设的进程中,各地一定要注重统筹好硬件和软件的建设,切实把文化馆、图书馆、博物馆、书店和乡镇文化站、社区及村级文化活动中心等公共文化基础设施建设纳入城市和乡镇发展规划中,做到合理布局、设施完善、功能齐全,多留赞叹、少留遗憾、不留包袱。各市(州)中心城市尤其是省会城市要结合城市拓展,加强重大文化设施的规划布局,县(区)要解决公共文化设施“欠账”和“补课”的问题。市(州)、县要在中心城区规划文化核心区,建成一批标志性公共文化设施,提升城市品位,彰显文化特色。民族地区在规划布局公共文化设施时要与文化遗产保护结合起来。规划布局基本的公共文化设施要坚持向农村倾斜、向基层倾斜,着力解决农村、基层文化设施匮乏的问题,满足群众基本文化需求。

2. *注重政府职能发挥*。加快建设公共文化服务体系,实现和保障公民的基本文化权益是各级政府的重要职能,加大对公共文化服务设施的投入力度应纳入各级政府重要议事日程。政府要发挥主导作用,加强对公共文化事业的投入和指导监督,从资金、设施、机构、人员等方面,保障公共文化服务事业正常运转和功能的充分发挥。在加大政府财政投入力度的同时,要通过项目资助、贷款贴息、税收优惠等方式,努力拓宽投资建设渠道。要创新政府与社会力量共同参与、政府与民间协力发展的模式,引导、鼓励社会各界以多种形式参与到公共文化服务建设中来。要解决好各级政府在资金使用中的统筹使用,比如在建设图书馆等文化设施时,就要实行县、乡联动,统筹建设,避免重复建设,资源浪费。

3. *注重"建、管、用"并重*。目前,我省在公共文化设施建设上,既存在设施不足的问题,又存在场地流失、挪作他用、闲置不用、服务不佳等问题。为此,要以大型公共文化设施为骨干,以社区和乡镇基层文化设施为基础,建设完善关系人民切身文化利益的公共文化设施。同时,又要管好用好公共文化设施。对承担管理使用公共文化设施的公益性文化事业单位,要进一步深化内部机制改革,实施绩效考核,做到"人尽其才、物尽其用"。要创新使用和管理方式,积极探索建立事业单位法人治理结构,赋予公共文化服务单位自主权。在国家法律和政策许可范围内,支持社会力量参与公共文化事业,采用"公建民营"的方式管理公共文化设施,形成政府主导、社会参与、市场运作的管理使用模式,最大限度地发挥公共文化设施的服务功能。

八、形成加快文化产业发展的强大合力

当前,我省文化产业正处在加速发展的阶段,迫切需要各级党委、政府强有力的领导和引导。各地各部门要高度重视,狠抓落实,形成工作合力,确保各项任务完成。

(一)*加强组织领导*。坚持党委统一领导、党政齐抓共管、宣传部门组织协调、有关部门分工负责、社会力量积极参与的文化改革发展领导体制和工作机制,落实党政一把手负总责的领导责任制。各级要切实把文化产业发展纳入重要议事日程,明确思路,研究对策,解决问题,把工作牢牢抓在手上。各级文化、广电、新闻出版等行业主管部门要强化工作措施,抓好本系统本领域文化产业发展任务。各级编制、发改、经信、科技、财政、人社、国土、商务、工商、税务、金融等部门要按照职责分工,继续为文化产业发展提供优质服务和强力支撑。

(二)*加强政策支持*。深化改革推动文化产业发展,必须坚持以政策引路、用政策推动、靠政策保障。对于国家和我省已经出台的政策,各地各部门要不折不扣地全面落实、执行到位,确保企业获发展、群众得实惠。要针对制约我省文化产业发展的困难和问题,进一步研究制定更具针对性和可操作性的政策措施,在财政投入、项目审批、税收减免、用地保障、人才引进等方面对文化产业进行重点倾斜和扶持,加快推动文化产业发展。要积极搭建文化产业投融资服务平台,引导更多的产业资本和金融资本进入文化产业。要注重文化立法,推进非物质文化遗产保护、公共文化服务等工作逐步走上法制化轨道。

(三)*加强考核督促*。完善考评体系,进一步严格考核,真正使文化产业发展成为衡量领导班子和领导干部科学发展实绩和能力的重要依据。要以项目化落实为抓手,把发展文化产业落实在看得见、摸得着的项目上,取得实实在在的成果。要加强统计分析,定期汇总上报有关数据和工作情况,为党委、政府决策提供可靠依据。加大工作督导力度,对各地各部门承担的任务、实施的项目适时组织检查验收、落实责任跟踪问效。与此同时,加大宣传引导力度,形成全社会重视、参与、支持文化改革发展的浓厚氛围。

王富玉同志文稿

在主持省文明委 2012 年第一次全体会议时的讲话

（2 月 10 日）

同志们：

这次会议的主要任务是总结 2011 年全省精神文明建设工作，安排部署 2012 年全省精神文明建设工作。会议议程有五项，一是请省委宣传部副部长杨兴举同志作全会审议议题说明。二是请全体成员审议 7 个送审稿。三是请庆生同志讲话。四是请贻琴同志讲话。最后我再强调几点。下面依次进行。

（议程略）

同志们，今年 1 月 13 日，中央文明委召开了全体会议，李长春同志发表了重要讲话，提出了精神文明建设工作的总体要求、重要原则和主要任务。在春节前召开的全省宣传部长会议上，战书书记作了重要的讲话，强调全省宣传思想文化战线要紧紧围绕迎接宣传贯彻党的十八大和省第十一次党代会等六个重点，推动工作出亮点、创品牌、上水平。刚才，贻琴、庆生同志作了很好的讲话。大家要认真学习、深刻领会、贯彻落实。兴举同志对审议议题作了说明，大家对今年的工作要点及几个工作方案进行了讨论，提出了修改意见，文明办要认真梳理、及时修改完善，按程序送审印发。

2011 年，全省精神文明建设工作紧紧围绕社会主义核心价值体系建设这个根本，在推进中不断巩固提升、在落实上不断深化拓展，可以说开局良好，成效显著。一是紧紧围绕纪念建党 90 周年这一重大主题，唱响共产党好、社会主义好、改革开放好的主旋律。二是紧紧把握全国第九届少数民族传统体育运动会在我省召开这一重要契机，提升公民文明素质，展示良好形象。三是紧紧围绕提升城乡文明程度这一目标，深入开展“整脏治乱”专项行动、“满意在贵州”主题活动和“四在农家”创建活动，文明城市创建工作取得新突破。四是紧紧抓住加强和改进未成年人思想道德教育的关键环节，开展各项主题活动和培训计划，推动形成社会、家庭、学校三位一体教育网络取得新进展。总体来看，2011 年全省精神文明建设工作，唱响了主旋律、占领了主阵地，主题突出、亮点纷呈、成效显著。这些成绩来之不易，是在中央领导和上级部门的大力支持下，依靠全省各级各部门同心协力、苦干实干的结果，是在座各位共同努力，真抓实干的结果。在此，我向同志们表示衷心感谢。

2012 年，是党和国家发展进程中具有特殊重要意义的一年。做好 2012 年全省精神文明建设工作，总体要求是：全面贯彻党的十七届六中全会精神和省第十届十二次全会精神，紧紧围绕迎接宣传贯彻党的十八大和省第十一次党代会精神，按照高举旗帜、围绕大局、服务人民、改革创新的总体要求，着力推进社会主义核心价值体系建设，凝聚人心、汇聚民气，为推动全省经济社会发展、创造“贵州速度”提供强大思想保证和精神动力。为此，要抓好以下工作：

第一，以迎接党的十八大和省第十一次党代会召开为契机，大力弘扬贵州时代精神，唱响主旋律。集中开展群众性宣传教育活动，深入进行理想信念教育、国情教育、革命传统教育、改革开放教育和国防教育，广泛开展共产党好、社会主义好、改革开放好的宣传教育。运用多种形式、采用多种手段,大力宣传全省广大干部群众立足本职、勤奋工作的崭新风貌,大力宣传全国和我省改革开放和现代化建设的辉煌成就,大力弘扬民族精神和时代精神,倡导爱国、敬业、诚信、友爱的价值取向,唱响主旋律、占领主阵地。加强爱国主义教育基地建设和管理力度,利用好贵州红色资源丰富这一有利资源,着力在吸引力、感染力上下工夫,使其成为发光体、感召源。抓好第三届全省道德模范评选工作,推选出一批在全国有影响力、在民众中有感召力、在社会上有说服力的模范典型。组织开展好"五心教育"、"诚信农民建设"等活动,使之成为推动全省社会主义核心价值体系建设的具体载体和抓手。在国有企业及国有控股企业中继续加强和改进思想道德建设工作,找准切入点,抓好载体,做实工作。继续加强"和谐贵州三关爱"绿丝带志愿服务行动的宣传和组织实施工作,在留守儿童、空巢老人、残疾人帮扶上下真工夫、做实工作。

第二,以着力推动黔中经济区文明城市群建设为重点,促使"整脏治乱"工作上新台阶。2011年我省文明城市创建工作取得了重大突破,在各方的共同努力下,贵阳市荣获了全国文明城市称号。2012年,我们一定要以此为契机,推动各项文明创建工作上新台阶。按照建设黔中经济区文明城市群的要求,利用好《全国文明城市测评体系》标准,深化"整脏治乱"专项行动,突出抓好城市规划、建设、管理中的重点、难点和薄弱环节,推动各地在城镇化进程中加大基础设施配套建设投入力度,不断完善市政基础设施和公共服务设施。

第三,深化拓展"满意在贵州"主题活动,推动窗口服务水平提高。全面开展"满意在贵州"主题活动,整体提升社会公共服务水平。把诚信建设摆到突出位置,大力推进政务诚信、商务诚信、司法诚信、社会诚信和个人诚信建设,在全社会形成干事创业、敬业奉献、诚实守信的良好风气。针对师德、医德、公务员道德和企业道德等方面存在的突出问题,着力整治以权谋私、造假欺诈、见利忘义、损人利己等不法不良行为。在党政机关开展"创文明机关、做人民满意公务员"活动,在窗口服务行业开展"礼貌待人、诚信服务"活动,在各类企业开展文明单位创建工作。建立"末位淘汰制",文明单位工作滑坡、出现问题的要予以摘牌。组织开展丰富多彩的学礼仪、讲文明实践活动,充分展示贵州人良好的精神风貌,推动形成良好社会风尚。

第四,以着力推动农村千里文明长廊创建为抓手,进一步加强农村精神文明建设。今年上半年,省委、省政府将在遵义市召开全省"四在农家"创建工作推进大会,各县(市、区、特区)书记、县长均要参会,在全省范围内强力推进"四在农家"创建活动。会议召开后,各级各部门要认真贯彻落实会议精神,高度重视"四在农家"这个在全国唱响的品牌,切实把全省农村精神文明建设统一到"四在农家"创建品牌上来,树立全省一盘棋的思想,形成不同层次、不同类别的创建示范点,推动农村千里文明长廊建设。探索建立以城带乡、以工促农、各方帮农的工作机制,文明城市、文明单位要与农村结对帮扶,推动城乡共创共建。大力开展星级文明户、文明村镇、文明集市等创建活动,发挥农民的主体作用,抓好村庄整治,推进移风易俗,促进乡风文明。

第五,以不断增强时代精神和民族精神的影响力为目的,大力营造有利于未成年人健康成长的社会环境。继续加强"祖国好·家乡美"主题系列活动和"千校万师"培训工程,开展的形式要多样、内容要丰富,要具有操作性、感染力,在润物细无声中将优秀传统文化精髓、民族精神、时代精神沁润到孩子们的心灵中,帮助他们树立起正确的世界观、人生观、价值观。继续做好各专项治理工作,净化互联网、手机媒体、网吧、荧屏声频视频,治理校园周边环境和出版物市场,遏制淫秽色情等违法有害信息的传播。切实加强有形阵地和无形阵地建设,创作出一批优秀的少儿精神产品,建设并用好一批活动场所、活动阵地,丰富未成年人精神文化生活,营造出有利于未成年人健康成长的良好社会文化环境和氛围。

第六,坚持一手抓创建,一手抓文明传播。随着现代信息技术的迅猛发展,特别是微博等新媒介的广泛运用,互联网、手机已经成为信息传播的重要途径和意识形态交锋的主战场。要注重加强互联网的运用和管理,利用好新技术新媒体,努力掌握信息化条件下精神文明建设工作的主导权。加强学习,努力做到善于运用各种网络手段,积极引导网上热点,以易被受众接受的话语方式和表现形式,发布正面声音、宣扬主流价值。文明办开设了文明网和文明贵州的微博,这个局开得很好,下一步要在充实内容、增加影响力、传播力上下工夫。

各地各单位要切实把精神文明建设工作摆到更加突出的位置,纳入重要议事日程,为精神文明建设工作提供必要的经费保障、组织保障和人员保障,确保有人干事、有钱办事。各部门要按照省委、省政府的安排部署,进一步细化任务,落实责任,不折不扣地做到谁主管谁负责,确保每一项任务都有人抓、有人管、有人落实。省文明办要加强督办。文明委各成员单位之间要加强协调配合,调动一切积极因素,动员各方面力量参与到精神文明创建活动中来,形成齐抓共管、合力争先的工作格局。

在主持贵州省哲学社会科学工作领导小组全体会议时的讲话

(2 月 10 日)

同志们:

这次会议的主要任务是总结去年我省哲学社会科学工作,研究部署今年全省哲学社会科学工作。会议议程有六项:一是请省委宣传部常务副部长李建国同志作《贵州省 2012 年哲学社会科学工作要点(征求意见稿)》说明。二是请省教育工委副书记方仕平同志作《贵州省教育厅关于深入推进高等学校哲学社会科学繁荣发展的意见(送审稿)》说明。三是全体成员审议《贵州省 2012 年哲学社会科学工作要点(征求意见稿)》和《贵州省教育厅关于深入推进高等学校哲学社会科学繁荣发展的意见(送审稿)》。四是请庆生同志讲话。五是请贻琴同志讲话。最后我再强调几点。下面依次进行。

(议程略)

同志们,刚才,贻琴、庆生同志讲了很好的意见,大家对《要点(征求意见稿)》和《意见(送审稿)》提出了很好的意见和建议,请省社科规划办和省教育厅根据大家的意见修改后按程序送审印发,请各单位切实抓好落实。

下面,我讲三点意见:

一、充分肯定 2011 年全省哲学社会科学工作取得的成绩,乘势而上推动哲学社科工作加快发展

2011 年,在省委、省政府的正确领导下,全省哲学社会科学工作按照高举旗帜、围绕大局、服务人民、改革创新的总要求,立足贵州实际,着力研究全省经济社会发展中的重大现实问题,各方面工作扎实推进,取得了较显著成绩。

*一是坚持正确导向取得新进展。*全省哲学社会科学工作始终把坚持正确政治方向放在首位,把讲政治、抓导向贯穿哲学社会科学工作的各个方面和各个环节。在开展"十二五"规划研究、确定研究项目上,把中央和省委、省政府提出的新思想、新观点、新论断落实到具体研究任务之中;在成果验收上,把是否体现马克思主义立场、观点、方法作为社科成果的首要标准;在涉外学术活动上,严格按照有关政策和法规进行管理和引导,确保社科工作健康、有序开展。

*二是服务省委、省政府工作大局取得新进展。*全省哲学社会科学工作紧紧围绕我省"十二五"时期发展的目标以及省委、省政府中心工作,把研究力量和主攻方向集中在关系贵州经济社会发展的重大理论和现实问题上,形成了诸如省委政研室的黔中经济区发展战略研究、省政府发展研究中心的产业规划和布局研究、省社科院的扶贫开发

战略研究等一批研究成果，越来越多的社科研究成果得到省委、省政府的重视，并成为制定政策的重要参考，为推动我省经济社会又好又快、更好更快发展做出了贡献。

*三是着力改革创新取得新进展。*省委宣传部着力抓好国家课题的申报组织工作，2011 年度国家课题立项在西部地区处于上游水平，全年立项总数 82 项，比上一年增加 26 项，增幅达 46.4%，资助经费总额 1189 万元，首次突破千万元大关。省社科联在认真总结过去经验基础上，改进和完善评奖工作机制，组织实施了《贵州省第九次哲学社会科学优秀成果评奖》工作，得到广大社科工作者的好评。省社科院成功引进《科研全过程动态管理信息系统》，积极推动科研成果的资源共享、动态管理。

*四是推进科学管理取得新进展。*面对新形势新任务，省社科领导小组不断提高社科管理的科学化、规范化水平，下发了《贵州省哲学社会科学研究"十二五"规划纲要》，重新修订《贵州省哲学社会科学规划课题管理办法》，恢复设置一般课题。省委宣传部协同相关部门组织举办了 4 期研修班，培训哲学社会科学教学科研骨干 260 人。通过举办"甲秀视线"讲坛、建立人文社科普及基地、开展"社科理论下基层"活动等，推进了工作平台建设。省社科院积极探索实行院、所科研目标责任制，调动了部门的积极性。

2011 年，全省哲学社会科学工作成绩来之不易。这些成绩的取得，是省委、省政府高度重视和正确领导的结果，是省直各部门、各高校、相关科研机构和广大专家学者积极参与、大力支持的结果，是社科领导小组成员单位包括在座各位同志团结奋斗、真抓实干的结果。在此，我代表省委向为哲学社会科学事业付出辛勤劳动、作出重要贡献的同志们致以崇高敬意和衷心感谢！

二、准确把握新形势新任务新要求，充分发挥社科工作助推我省经济社会"提速转型"的重要作用

今年，是全面贯彻落实国务院 2 号文件精神的第一年，党的十八大和省第十一次党代会将胜利召开。省委、省政府提出了"稳中求进、提速转型"的总基调、总目标，"稳中求快、快中保好，能快则快、又好又快"的总要求。做好今年的哲学社会科学工作，必须准确把握形势，围绕中心，服务大局。

*一是要深入学习宣传研究即将召开的党的十八大和省第十一次党代会精神。*这是社科界今年的首要政治任务。会议召开后，广大哲学社会科学工作者要深入学习领会精神实质，积极参加各种形式的宣传宣讲活动，围绕党的十八大提出的新思想、新观点、新论断和省第十一次党代会作出的重大决策部署，认真开展研究。

二是围绕国发〔2012〕2 号文件精神，着力抓好若干重大专题研究。《国务院关于进一步促进贵州经济社会又好又快发展的若干意见》（国发〔2012〕2 号），是 1990 年以来首个从国家层面全面系统支持我省发展的综合性政策文件，对我省发展具有划时代的里程碑意义。社科界要充分发挥党委、政府工作的"思想库"和"智囊团"作用，吃透 2 号文件精神，认真梳理出若干重大专题，整合力量，加强研究，力争推出一批上水平、有价值的研究成果，为党委、政府提供决策参考。

*三是要继续深入学习领会党的十七届六中全会和省委十届十二次全会精神，加强我省文化改革发展研究。*要大力加强对社会主义核心价值体系建设特别是弘扬"开放创新、团结奋进"的贵州时代精神、构建贵州"精神高地"研究。挖掘和弘扬贵州优秀的多民族文化，积极推进我省历史悠久的地域文化和特色鲜明的民族文化的研究，增强干部群众对贵州文化的认同感和自信心，形成推动贵州跨越发展的强大精神力量。切实加强对完善公共文化服务体系和做大做强我省特色文化产业等研究，为推动我省多民族文化大发展大繁荣发挥积极作用。

*四是要根据全省"两会"和全省经济工作等会议精神，加强应用对策研究。*去年末和今年初，我省相继召开了全省经济工作会议、全省"两会"和省委农村工作暨全省扶贫开发工作会议，明确了我省经济社会发展的大政方针。社科界要紧紧围绕我省经济社会发展的总任务、总基调、总目标、总要求，着力开展应用对策研究，为加快我省经济社会发展出谋献策。

*五是要加强哲学社会科学阵地管理。*加强对

哲学社会科学阵地管理是做好意识形态工作的重要任务之一。要进一步依法加强对哲学社会科学阵地管理工作,坚持正确政治导向,在各种学术活动和研究中坚持正确政治导向,不允许“跑音走调”,更不允许“杂音嘈杂”,始终与中央和省委保持高度一致,为党的十八大和省第十一次党代会的胜利召开营造良好思想氛围。

三、切实加强组织领导,推动哲学社会科学工作再上一个新台阶

各级党委、政府以及社科工作领导小组各成员单位一定要从全局和战略的高度,充分认识做好新形势下哲学社会科学工作的重大意义,把繁荣发展哲学社会科学作为一项战略任务摆在重要位置,纳入经济社会发展全局,纳入重要议事日程,纳入科学发展考核评价体系,更好地发挥哲学社会科学工作对经济社会发展的推动作用。建立健全符合哲学社会科学发展规律、有利于调动广大社科工作者积极性、主动性、创造性的领导体制、工作机制和综合评价体系。牢固树立人才资源是第一资源的观念,尊重劳动、尊重知识、尊重人才、尊重创造,努力开创我省哲学社会科学领域人尽其才、人才辈出的生动局面。努力争取各级财政加大对哲学社会科学研究经费的投入,保证哲学社会科学研究经费每年都有增加。根据我省哲学社会科学研究队伍状况、学科建设和研究任务的需要,合理确定科研规模、科研结构和经费资助额度。在以财政支持为主的前提下,鼓励有条件的单位和课题组,面向市场和企业需求广开渠道,积极探索与社会各方合作开展研究的途径,形成多元化的科研经费融资渠道,努力促进科研成果的利用和转化,实现研究成果社会效益与经济效益的双赢。

在主持 2012 年省委对外宣传工作领导小组会议时的讲话

(2 月 10 日)

同志们:

这次省外宣工作领导小组会议的主要任务是,认真贯彻落实全国宣传部长会议、全国对外宣传工作会议和全省宣传部长会议精神,围绕省委、省政府工作大局,回顾总结 2011 年外宣工作,安排部署 2012 年外宣工作。会议议程有五项,一是请省委宣传部副部长周晓云同志汇报 2011 年全省外宣工作,作《贵州省 2012 年对外宣传工作要点(征求意见稿)》说明,二是讨论《贵州省 2012 年对外宣传工作要点(征求意见稿)》,三是请庆生同志讲话,四是请贻琴同志讲话,最后我再强调几点。下面依次进行:

(议程略)

刚才,贻琴、庆生同志讲的意见,我都赞成,希望大家抓好落实。晓云同志对 2011 年的外宣工作作了简要总结,并对 2012 年工作要点作了说明,大家对今年的《要点》提了很好的建议,没有发言的同志回去修改后将意见反馈给省委外宣办,我们将根据大家的意见和建议修改后送审下发。

下面,我讲三点意见:

一、充分肯定 2011 年外宣工作取得的成绩

2011 年,在中央外宣办和省委、省政府的领导下,全省外宣战线紧密配合全国对外宣传工作大局,紧紧围绕省委、省政府工作中心,不断提高开放意识,创造性地开展工作,一系列重大外宣活动实现历史性突破,创造我省诸多第一,可以说是两点多、成效大、效果好。

*一是服务大局意识强,重大主题重大活动对外宣传成效显著。*以全国“两会”、第九届全国少数民族传统体育运动会、中国(贵州)国际酒类博览会暨 2011 贵阳投资贸易洽谈会等全国和省的重大活动为平台开展对外宣传,不断提高“世界感

知多彩贵州”、“多彩贵州踏春行”等品牌活动的实效性，加大“走出去”和“请进来”的力度，提高外界对贵州的认知度和关注度，在巩固多彩贵州“宜游”、“宜居”形象的同时，塑造了贵州“投资新热土，创业新空间”的“宜业”形象，我省整体形象塑造成效初显，贵州的知名度和美誉度不断提升。

*二是开放创新意识强，外宣渠道外宣平台进一步拓展。*在中央电视台黄金时段投放贵州形象广告片，推出“贵州”形象标识，反响强烈。借助全国“两会”平台在北京召开了贵州代表团专场记者会，借助贵州·香港投资贸易活动周在香港召开媒体推介会，获得广泛关注。创新网评员工作制度，工作成效显著，同时开设贵州省政府新闻办官方微博，并因管理运行良好获人民网十大政务微博奖项。赴复旦大学开展新闻发言人和外宣办主任培训，收效明显。

*三是团结协作意识强，全方位大外宣格局构建层次和工作合力明显提升。*各级各部门加强协作、整合资源、联合作战，在省委、省政府的重大活动中，各司其职、各负其责，共同促进了活动的圆满举办和良好的对外传播。结合自身特点和职能，自主开展多种形式的对外宣传活动，进一步扩大了贵州对外宣传的广度和深度。通过多种形式调动社会力量参与对外宣传，越来越多的贵州籍在外各界人士，全省干部群众都自觉参与到贵州对外宣传中。

二、努力实现 2012 年贵州对外宣传工作新突破

今年是党的十八大和省第十一次党代会召开之年，是贯彻落实国务院 2 号文件精神的第一年，也是深入实施新一轮西部大开发战略，继续推动我省经济社会又好又快、更好更快发展的关键之年，可以说是大事多、喜事多。外宣战线要再接再厉，以高度的责任感和使命感，争取实现全省对外宣传工作更多的历史性突破，为贵州经济社会发展营造更好的外部环境。

*一要准确把握国际国内环境的变化和传播规律，提高对外宣传的实效性和影响力。*从国际上看，一方面，随着我国的综合国力和国际地位不断提升，国际社会更加关注中国、借重中国；另一方面，国际敌对势力不愿意看到一个社会主义国家强大，千方百计对我进行干扰、遏制和丑化。更好地营造于我有利的国际环境，是我们面临的现实考验。从国内看，“十二五”时期，是我国全面建设小康社会的关键时期，是深化改革开放、加快转变经济发展方式的攻坚时期。国家实行扩大内需的方针、深入实施西部大开发、东部产业加快转移，特别是国务院出台了《关于进一步促进贵州经济社会又好又快发展的若干意见》，有利于我们争取中央支持。进一步向外界展示贵州，塑造良好贵州形象，我们面临的任务比以往更紧迫。这就要求我们要清醒认识国际国内舆论传播的现有格局，贴近受众的思维习惯，构建既能与外界对话，又独具贵州特色的话语体系，增强对外宣传的针对性、实效性与亲和力、说服力。

*二要精心策划重大主题和重要活动对外宣传，提高贵州知名度和美誉度。*始终贯穿“围绕中心、服务大局”意识和树立贵州综合形象意识，配合省委、省政府重要活动、重大决策部署及重要时间节点等，将经济贸易、社会发展等方面外宣与文化、旅游、体育等的外宣进一步紧密结合，策划部署工作、开展活动，做到总体宣传有影响、主题宣传有平台、专业宣传有载体、日常宣传有活动，进一步塑造“多彩贵州、开放贵州、希望贵州、奋进贵州”综合形象，传达贵州不甘落后、积极进取、奋力爬高的决心，展示贵州实施工业强省战略和城镇化带动战略取得的成绩和改善软硬条件、优化投资环境的举措，宣传贵州民族团结民生改善的良好局面，推介贵州丰富多元的文化和优美奇特的风光，叫响“走遍大地神州，醉美多彩贵州”品牌，全方位、多层次、宽领域、多角度彰显贵州魅力。

*三要努力扩大对外文化交流和对外文化贸易，提高文化影响力和竞争力。*集中力量组织好重大文化交流活动，深入打造“感知多彩贵州”品牌，继续赴美开展文化旅游交流活动，抓住中日关系正常化 40 周年、中德建交 40 周年等契机，策划组织好赴日本和德国的文化交流活动，积极寻求机会赴其他国家和地区开展多种形式的文化外宣活动。以 2013 年纪念贵州建省 600 周年活动为契机，做好各种预热宣传。加强文化外宣与文化外交、文化交流、文化贸易等的统筹协调、协同发展，积极传播贵州文化。以更广阔的思路、更有效

的政策、更得力的措施，打造一批代表贵州形象、具有民族特色和高市场占有率的文化精品，推出更多具有贵州风格、贵州特色、贵州气派的文化产品，推动贵州文化更好地走出去、走向世界。

四要建立健全新闻发言人制度和机制，提高新闻发布权威性和引导力。始终贯穿新闻发布工作与外宣工作紧密结合的意识，着力打造“权威发布”品牌。完善新闻发言人制度和新闻发布工作机制，配合全省工作大局、重大活动策划重点新闻发布活动，开展经济社会重要信息机制化发布和突发事件应急新闻发布。

五要着力提升使用和管理新兴媒体的能力，提高互联网对外宣传的传播力和影响力。坚持“积极利用、科学发展、依法管理、确保安全”的方针，在外宣工作中始终贯穿必须最大限度用好互联网等新兴媒体的意识，加强新媒体传播规律研究和运用，不断建立适应媒体环境发展变化的新工作机制。建立健全我省互联网内容管理工作体制，设立省互联网发展专项资金。精心组织重大主题网上宣传，唱响主旋律、打好主动仗。加强重大突发性、群体性事件的网上舆论引导和管理工作，加强重点新闻网站传播能力建设，逐步开设英文等多语种网站，打造对外传播新平台。大力加强微博建设和管理，积极占领互联网新阵地。

三、进一步构建“大外宣”格局

完成好各项外宣任务，必须始终把各方面的积极性调动起来，把各方面的资源整合起来，把各方面的力量凝聚起来，形成对外宣传合力，打好外宣总体战和攻坚战。我们一定要树立系统的工作意识和开放意识，进一步加强统筹，扩大开放，努力构建重点突出、特色鲜明、“多位一体”的大外宣工作格局。

一要明确责任、加强配合，健全领导体制和工作机制。进一步建立健全“外宣领导小组统一领导、党委宣传部门统一协调、对外宣传办公室具体负责、涉外部门各司其职、社会各方积极参与”的大外宣领导体制和工作机制，充分发挥各个部门和社会各界的作用，以项目积聚资源，以活动整合力量，推动形成全方位、多层次、宽领域的大外宣格局。各部门既要群策群力、协同作战，又要各司其职、独当一面，不能各唱各的调、各演各的戏。在省委、省政府的重大主题和重大活动的对外宣传工作中，省委外宣办要积极承担综合协调职能、做好整体策划。各单位要结合自身工作内容，自主开展对外宣传工作。

二要扩大开放、整合资源，拓宽外宣渠道和平台。外宣工作要加大开放力度，主动外联、争取支持、拓宽渠道。要提高市场化运作的能力，拉动更多社会力量投入外宣事业。加强与贵州在外各界人士特别是媒体人士的联系，争取他们关注贵州、宣传家乡。加大外宣干部“走出去”学习培训的力度，打造具有开阔视野和国际眼光的外宣干部队伍。统筹对内对外宣传，树立全体干部群众的贵州形象意识。

三要主动外联、热情服务，构建和谐媒体关系。媒体是开展对外宣传的重要渠道和平台。各单位要加强建立和维系媒体关系的意识，在日常工作和重大活动中不断建立与媒体的机制化联系。特别是要通过各种渠道与省外、中央甚至境外、国外的媒体建立联系、寻求合作。善于总结自身工作的亮点，策划选题、制造话题，主动提供给媒体宣传报道，以有价值的选题吸引媒体关注，以热情周到的服务赢得媒体的好感。成员单位中有些本身就是媒体，更要充分发挥自已的优势，加强与同行之间的沟通交流，形成宣传推介贵州的声势。

谌贻琴同志文稿

在第二十五次全省“扫黄打非”工作电视电话会议上的讲话

(1月9日)

同志们：

刚才，全国“扫黄打非”工作小组召开了第二十五次全国“扫黄打非”工作电视电话会议，中共中央政治局委员、中央书记处书记、中央宣传部部长、全国“扫黄打非”工作小组组长刘云山同志出席会议并作重要讲话。云山同志全面总结了2011年全国“扫黄打非”工作，深刻分析了面临的形势，对今年的“扫黄打非”工作进行了安排部署。我们要认真贯彻落实这次全国电视电话会议精神，特别是云山同志重要讲话精神，按照《贵州省2012年“扫黄打非”行动方案》要求，扎实做好今年的“扫黄打非”工作。

下面，结合实际，我讲三点意见。

一、把握新形势，切实增强“扫黄打非”工作责任感和紧迫感

刚刚过去的2011年，是“十二五”开局之年，在广大干部群众的同心协力、奋力拼搏下，我省经济社会发展呈现出“发展提速、转型加快、效益较好、民生改善、后劲增强”的良好态势。在思想文化领域，社会主义核心价值体系建设扎实推进，主流意识形态地位不断加强和巩固，文化事业、文化产业繁荣发展，广大人民群众的文化生活日益丰富。这为我们加强文化市场监管提供了有利条件。特别是2011年全省“扫黄打非”战线积极开展了一系列“扫黄打非”集中行动和专项治理工作，有力震慑了违法犯罪分子，有效净化了社会文化环境，为全省经济社会又好又快更好更快发展提供了强大的思想舆论支持，为我们把“扫黄打非”工作进一步推向深入奠定了坚实的基础。在此，我谨代表省委、省政府，向全省“扫黄打非”战线的同志们表示崇高的敬意和衷心的感谢！

在充分肯定成绩的同时，我们也要清醒地看到，当前“扫黄打非”形势还相当严峻，任务十分繁重。党的十七届六中全会审议通过的《中共中央关于深化文化体制改革推动社会主义文化大发展大繁荣若干重大问题的决定》，对开展“扫黄打非”工作提出了新要求。刚刚结束的全省经济工作会议，确定了明年工作“稳中求进”的总基调和“提速转型”总目标，提出了“稳中求快、快中保好、能快则快、又好又快”的总要求。把握好总基调、总目标、总要求，确保实现经济社会又好又快、更好更快发展，离不开新闻出版领域的支持与配合。各级各部门务必充分认识“扫黄打非”的重大意义和肩负的重要责任。

就“扫黄打非”的具体工作来讲，2012年所面临的环境、形势和任务出现了新变化。首先，敌对势力的思想文化渗透企图更为明显。2012年我们党将召开十八大，在这个敏感节点，境内外敌对势力必然会利用各类出版物，对我们进行攻击和渗透，千方百计地实施其西化和分化图谋。我们要特别警惕和防止敌对分子围绕政策出台和人事变动，炮制新的政治性非法出版物和有害信息，传播政治谣言，攻击党的领导，诬蔑社会主义制度，制造思想混乱，误导群众情绪，破坏社会稳定，甚至制造宗教矛盾，煽动民族分裂。其次，打击侵权盗版、保护知识产权的形势更为严峻。目前，打击侵权盗版不仅是经济层次的问题，而且是已上升到政治层面的问题，关系到国家的根本利益。在国际上，保护知识产权已成为西方国家对我施压的重要筹码，我们所承受的压力越来越大。在国内，由于侵权盗版现象的存在，已严重影响了国家的民族创新能力。同时，由于部分群众对保护知识产权的重要性认识不够，我们还面临着思想教育和行政监管上的双重困难，任务十分繁重，需要付出加倍的努力。第三，净化文化和出版物市场的任务更加繁重。当前我省文化和出版物市场存在的问题不少，有的甚至还较为突出。如宣扬淫秽色情的出版物仍然屡禁不止、屡查不绝；盗版以及其他非法出版销售活动仍比较活跃等等。特别是市县两级的文化体制改革还没有完全到位，部分地方人员编制和工作经费短缺，必然影响“扫黄打非”工作的深入开展。由此，今年我省的“扫黄打非”工作仍将面临严峻的形势和挑战，我们一定要进一步增强政治意识、大局意识、责任意识和忧患意识，切实增强我们工作的责任感和使命感，发挥主动性，掌握主动权，打好主动仗，坚定不移地推进“扫黄打非”斗争。

二、落实新任务，扎实开展“扫黄打非”专项行动

刚才全国的电视电话会议已明确了今年“扫黄打非”工作的重点任务，全省各地各部门要严格按照这一总体部署，以开展集中专项整治行动为抓手，全面落实好今年的各项“扫黄打非”工作任务。

1. 严密封堵政治性非法出版物。封堵政治性非法出版物及有害信息，是“扫黄打非”的首要任务，是党中央国务院交给各级党委政府的严肃政治任务，必须作为头等大事、重中之重的工作来抓，确保万无一失。要牢固树立政治意识、大局意识和责任意识，进一步完善应对政治性非法出版物的快速反应和联合封堵机制，精心策划、周密部署，发现问题及时采取果断措施予以解决。要按照严防境外输入、严防地下印制、严防国内流通、严防网上传播的要求，切实加大对境外、省际出版物流入环节的日常监管，反复开展市场清查，各司其职，各负其责，周密配合，严防死堵，做到露头就打、除恶务尽，确保万无一失。

2. 坚决打击各类侵权盗版行为。要通过扎实开展集中整治行动，加大对重点地区、重点部位、重点时段、重点对象的监管，坚持不懈地开展“反盗版天天行动”，做到天天有行动，天天见成效；要突出解决游商地摊兜售侵权盗版及非法出版物的问题，做到早发现、早通报、早处置，反复清查，坚决打击。要加强对出版物集中经营场所及相关单位的日常监管，依法严厉打击制售盗版制品的违法犯罪活动。要切实加强对印刷复制源头和运输环节的监管，做好源头防控工作，切断盗版及非法出版物的流通渠道。

3. 大力扫除淫秽色情等文化垃圾。要切实担负起净化社会文化环境的重任，大力扫除淫秽色情、凶杀暴力、封建迷信等文化垃圾，特别是淫秽色情书刊、音像制品、卡片类印刷品、动漫及网络游戏，坚决打击危害未成年人身心健康的违法犯罪活动。要针对网吧、电子邮件、手机短信和群发通讯传播有害信息等问题，加大对互联网站、手机短信、游戏软件的清查力度，坚决查禁那些渲染凶杀暴力、淫秽色情和封建迷信的网站网页和网吧。

4. 切实加大案件查处力度。要把大案要案作为深化“扫黄打非”工作的有效手段和重要考核指标，坚决查办一批有较大社会影响的非法出版案件。要按照“彻查、彻究、彻办”的办案原则，充分发挥公安、新闻出版、版权、文化等部门的职能作用，查源头、端窝点、封网络，务求有案必查、一查到底。对涉及政治内容的图书、报刊及音像制品，要依法快审快结、及时惩处，以震慑违法犯罪分子，确保社会政治稳定和文化安全。

三、开创新局面，努力构建“扫黄打非”长效机制

严格按照中央领导同志提出的“扫黄打非”工作只能加强、不能削弱的要求，全面贯彻落实科学发展观，着力探索我省“扫黄打非”工作的长效机制。

1. 切实加强领导。各级党委政府要切实加强对“扫黄打非”工作的领导，把“扫黄打非”工作摆上重要议事日程。各级“扫黄打非”工作小组组长作为第一责任人，要切实履行好职责，着重解决好当前“扫黄打非”工作机构不够健全、队伍不够稳定、经费缺乏保障等问题。要健全落实好“扫黄打非”机构，安排合理的人员编制，并把“扫黄打非”经费纳入各级财政预算，并逐年增加，保证“扫黄打非”工作有领导主事、有机构管事、有人员做事、有经费办事。

2. 不断创新方式。各地各部门要紧密联系本地本部门的实际情况，积极探索新思路、新举措。要进一步强化各职能部门的工作职责，将“扫黄打非”作为加强和创新社会管理的必要内容，形成强有力的工作合力。全面推进“扫黄打非”工作“景区工程”、“社区工程”、“乡（镇）村工程”，不断延伸监管平台，拓展工作领域，努力形成全方位的“扫黄打非”监管网络。

3. 强化社会宣传。要切实加强对“扫黄打非”工作的宣传力度，组织报刊、电台、电视、网站等媒体，通过形式多样、内容丰富的宣传，多视角、全方位地展示我省“扫黄打非”工作成果和先进事迹，增强“扫黄打非”工作的社会影响力，促进广大人民群众理解、关注、支持和参与“扫黄打非”工作。有针对性地加大对外宣传力度，树立我省保护知识产权的良好形象。

4. 加强队伍建设。要切实加强执法人员的理论学习，进一步提高政治敏感性，增强维护社会政治稳定和文化安全的政治责任感。切实加强执法人员的宗旨教育，牢固树立执法为民的工作理念。切实加强执法人员的业务培训，促进执法人员增强法制观念，提高依法管理和依法办事的自觉性，提高守法意识和执法水平。

同志们，“扫黄打非”是党和政府的要求，是人民群众的强烈愿望，是我们的神圣职责。我们一定要认真学习贯彻党的十七届六中全会和省委十届十二次全会精神，全面贯彻落实好全国电视电话会议要求，围绕中心，服务大局，振奋精神，真抓实干，努力推动全省“扫黄打非”斗争的深入开展，以优异成绩迎接党的十八大和省十一次党代会胜利召开！

展示新风貌　创造新业绩
推动宣传思想文化工作迈上新台阶

——在全省宣传部长会议上的总结讲话
（1月17日）

同志们：

这次全省宣传部长会议，是在全省上下深入贯彻落实党的十七届六中全会和省委十届十二次全会精神，推动贵州多民族文化大发展大繁荣关键时期召开的一次重要会议。省委高度重视这次会议，今天上午，省委书记栗战书同志出席会议并作重要讲话，王富玉副书记、周忠良副主任、谢庆生副省长、左定超副主席出席会议。会议传达贯彻了全国宣传部长会议精神，回顾总结了2011年我省宣传思想文化工作，分析了当前面临的形势，研究部署了今年的工作。针对今年各地党委宣传部大多数部长刚刚履新的实际，这次会议特地将范围扩大到县一级。上午大家就学习贯彻落实全国宣传部长会议精神和战书书记重要讲话精神，围绕省委宣传部2012年宣传思想工作要点，进行了分组学习讨论，提出了许多好的意见和建议，我们将认真梳理、充分吸收。同时分别召开了全省文明办主任会议、外宣办主任会议。刚才，姚远同志通报了去年全省市（州）党委宣传部年度业务目标绩效考核结果，建国同志对今年工作要点作了说明，兴举同志宣读了2009至2011年全省文明城市、文明村镇、文明单位的表彰决定，晓云同志宣布了2011年贵州宣传思想工作创意奖评选结果，省文化厅等单位主要负责同志作了发言。会议规格高、规模大，内容丰富、高效紧凑，开得很好。

大家通过认真学习讨论战书书记的重要讲话，一致认为，讲话总揽全局、高瞻远瞩、内涵丰富、催人奋进，既充分体现中央精神又结合了贵州实际，具有很强的政治性、思想性、指导性和针对性。战书书记在讲话中从六个方面高度评价了我省宣传思想文化工作去年取得的显著成绩；充分肯定了我省宣传思想文化工作队伍是一支政治坚定、战斗力强、能打硬仗的队伍，是一支勇于创新、甘于奉献、作风优良的队伍；深刻分析了我省宣传思想文化工作面临的形势，并对做好今年宣传思想文化工作提出了新要求新部署。大家倍感亲切、倍感自豪、倍受振奋、倍增信心，表示一定要牢牢抓住宣传思想文化工作所面临的大好发展机遇，顺势而为、乘势而上，以高度的文化自觉和文化自信推动贵州多民族文化大发展大繁荣，以良好的精神风貌推动全省宣传思想文化工作创造新业绩、迈上新台阶。

下面，我就学习贯彻中央和省委精神，落实战书书记重要讲话，做好今年宣传思想文化工作，讲三个方面的意见。

一、统一思想，把握重点

今年是党和国家改革发展进程中具有特殊意义的一年，也是贵州经济社会发展的关键之年。4月份，省里将召开省第十一次党代会，下半年，我们将迎来党的十八大胜利召开。做好今年的宣传思想文化工作，政治任务很重、工作要求很高，各级宣传思想文化部门必须统一思想、深化认识，切实把握总要求，增强主动性，扎实推动各项工作的开展。

*一要把思想行动统一到迎接宣传贯彻党的十八大和省第十一次党代会上来。*做好今年的宣传思想文化工作，首先必须把握好中央和省委关于今年宣传思想文化工作的总体部署和要求，要把为党的十八大和省第十一次党代会胜利召开营造良好氛围作为全年工作的头等大事。在全国宣传部长会议上，李长春同志的重要讲话，回顾总结了党的十六大以来宣传思想文化工作取得的八个方面成绩和六条宝贵经验，提出了工作总的思路并进行了全面部署。刘云山同志就做好今年工作作出了“增强使命感、把握总思路、唱响主旋律、突出着力点、善于抓管理、深化‘走转改’”六大方面的工作安排。战书书记在讲话中全面系统分析了宣传思想文化工作所面临的三大机遇和三大挑战，就进一步推动我省宣传思想文化工作出亮点、创品牌、上水平部署了六个方面的重点任务，并对提升我省宣传思想文化工作水平提出了“把得牢、跟得上、贴得紧、抓得实”的具体要求。全省宣传思想文化战线要把中央领导同志和战书书记的重要讲话精神学习领会好、理解把握好，切实把中央和省委的精神贯穿到理论武装、新闻出版、文学艺术、思想道德建设、精神文明创建、文化体制改革、文化产业发展、对外宣传和干部队伍建设等工作中去。

*二要把思想行动统一到省委省政府加快推进全省经济社会发展的重大决策部署上来。*抓好宣传思想文化工作，必须围绕中心、服务大局，在全局中找准位置和着力点，在大局下思考和谋划工作。去年是贵州发展史上极不平凡的一年，中央对贵州的支持力度空前加大，省委省政府科学决策、有力领导，各地各部门抢抓机遇、奋力赶超，全省广大干部群众精神振奋、埋头苦干，全省经济社会发展呈现出“发展提速、转型加快、效益较好、民生改善、后劲增强”的良好态势，许多指标增速在全国排位大幅度前移。今年是贵州发展更为关键的一年，全省经济工作会议和刚刚结束的省“两会”，提出了今年工作“稳中求进、提速转型”的总基调、总目标和“稳中求快、快中保好，能快则快、又好又快”的总要求，明确了全年的主要任务和工作重点，推出了一系列新思路新举措。1月12日，国务院出台了《国务院关于进一步促进贵州经济社会又好又快发展的若干意见》（国发［2012］2号），使我省在国家层面获得了更大的支持。全省宣传思想文化战线要紧紧围绕这些重大决策部署，谋划工作重点、进行科学阐释、开展主题宣传、营造良好氛围，充分报道各地各部门落实党中央、国务院和省委、省政府重大决策部署，推进改革发展的有力措施和新鲜经验，充分反映各地各部门保障和改善民生取得的实际成效，积极主动做好经济社会热点难点问题的舆论引导，着力提振士气、凝聚共识、坚定信心，营造聚精会神搞建设、一心一意谋发展的良好环境，营造倍加顾全大局、倍加珍视团结、倍加维护稳定的浓厚氛围，为推动各项工作任务的完成，实现全年经济社会发展奋斗目标作出积极贡献。

三要把思想和行动统一到推动贵州多民族文

化大发展大繁荣的战略部署上来。文化建设是中国特色社会主义建设的重要内容,始终是宣传思想文化战线的重要职责。去年11月,省委十届十二次全会在深入贯彻党的十七届六中全会精神基础上,对推动贵州多民族文化大发展大繁荣作出了全面部署。全会审议通过的《意见》,是指导当前和今后一个时期推进我省文化跨越发展、建设文化强省的纲领性文件,为加快推动文化改革发展提供了有力保障,我们迎来了多民族文化繁荣发展的春天。今年我省宣传思想文化工作的一项十分重要的任务,就是要进一步抓住机遇,抓好省委十届十二次全会精神的贯彻落实。目前,省委十届十二次全会《意见》的任务分解已经明确,我们要在前一阶段学习贯彻的基础上,继续深化认识、深入研究、吃透精神,进一步制定具体措施,细化工作方案,以时不我待、奋发有为的精神状态,全力以赴抓好文化改革发展的各项工作,按时全面完成文化体制改革任务,建立充满活力的文化体制和工作机制,使文化事业和文化产业发展水平得到显著提升,人民群众精神文化生活需求得到更大满足,文化与经济社会更加协调发展,推动实现历史性跨越。

总之,今年宣传思想文化工作面临的压力大、任务重、挑战多,但我们获得的支持也将会更大、投入将会更多、环境将会更好。大家一定要更加深刻认识省委省政府对宣传思想文化工作的高度重视,更加深刻认识宣传思想文化工作的重要地位,更加深刻认识宣传思想文化工作肩负的重大责任,更加自觉、更加主动地服从服务于全省工作大局,以更大的信心、更高的标准、更实的作风做好新形势下的宣传思想文化工作,不断提升工作水平,决不辜负省委的期望和全省人民的重托。

二、打造品牌,创新工作

为贯彻落实好全国宣传部长会议和战书书记重要讲话精神,在总结过去经验和立足当前实际的基础上,我们决定把今年确定为全省宣传思想文化工作"品牌年",在新的历史起点上,奋力把我省宣传思想文化工作提升到一个新的高度。

(一)为什么要确定"品牌年"主题

品牌是一种识别标志,是一种信任依托,是一种价值理念,是品质优异的核心体现。精心打造品牌,有利于提高宣传思想文化工作的吸引力、感染力、影响力,有利于增强社会凝聚力和文化认同感。确定宣传思想文化工作"品牌年"主题,主要基于以下几点考虑。

这是落实中央和省委精神的需要。党的十七届六中全会《决定》明确提出,"加大对拥有自主知识产权、弘扬民族优秀文化的产业支持力度,打造知名品牌。"李长春同志提出,要"制定实施文化品牌,加快形成一批在全国乃至世界具有一定知名度和核心竞争力的文化品牌。"国发[2012]2号文件指出,要"做大做强以'多彩贵州'为代表的民族歌舞、工艺美术、节庆会展、戏剧、影视、动漫等文化品牌。"省委十届十二次全会《意见》提出,要"培育民族文艺品牌","提升'多彩贵州'品牌影响力","构建省市(州)品牌体系,形成具有民族文化特色和自主知识产权的品牌群"。战书书记在去年多次强调打造贵州特色文化品牌重要性的基础上,今天上午再次提出,"只有巩固创新和挖掘打造一批独具特色的知名品牌,才能把贵州的宣传思想文化工作水平在全国提升到一个新高度。"

这是干部群众的热切期盼。当前,我省正处于"十二五"改革发展的关键时期,全省上下围绕"两加一推"主基调,全力推进工业强省、城镇化带动主战略的实施,进入了全面建设小康社会、实现经济社会发展历史性跨越的新阶段。干部群众干事创业的热切期盼和巨大热情,同样体现在宣传思想文化领域,迫切需要更多更好的精神文化产品,尤其是对宣传思想文化工作如何打造品牌有一种热切的期盼。实现贵州的文化自觉、文化自信、文化自强,建设贵州人的精神文化家园,一个集中体现就是要推出一批具有贵州特色的文化品牌。

这是过去工作的经验总结。从2008年到2011年,我们分别确定了"实效年"、"创新年"、"提升年"和"创优年"的主题。围绕每年确定的主题开展工作,已经成为我们抓好宣传思想文化工作的有效途径和重要经验。将2012年确定为"品牌年",既是对过去几年工作主题的继承和延续,又是对今后一个时期工作的递进和深化;既是立足以往工作成绩的再发展再创造,又是为了更好保持当前工作的良好态势；既突出了今年工作的主题，又强调了抓好工作的结果。必将进一步开创我省宣传思想文化工作的新局面，进一步提升我们工作的吸引力、影响力。

这是立足现实的理性思考。近年来我省宣传思想文化工作不断取得新进展，打造了一批卓有成效的工作品牌。但是，与其他省的一些知名品牌相比，影响力、竞争力都还有待提高。从当今文化发展的态势来看，文化品牌多不多、影响力大不大已经成为衡量一个地区宣传思想文化工作是否取得显著成效的一个标准。面对推动贵州多民族文化大发展大繁荣的历史重任，面对把宣传思想文化工作推向更高层面的紧迫要求，我们必须在做大做强品牌上下更大工夫，深化拓展老品牌，创新打造新品牌，把贵州好“现象”熔铸成贵州好“形象”。

要特别强调的是，我们打造品牌的目的，不是为品牌而打造品牌，而是为了更好推动工作；不是为了哗众取宠吸引眼球，而是为了更好汇聚群众智慧，提升工作水平。品牌体现的是我们工作的创造力、竞争力、影响力，我们要通过确定“品牌年”主题，努力使宣传思想文化工作把握规律性、体现时代性、富于创造性，使各项工作品牌叫得响、抓得实、传得开、留得下，经得起历史、实践和人民的检验。

（二）如何打造宣传思想文化工作品牌

对于宣传思想文化工作来说，培育和创造品牌的过程，就是创新工作、找准抓手、搭建平台、拓展载体的过程。我们要充分发挥宣传思想文化工作的优势，从历史经验出发，从工作实际出发，从群众需求出发，不断赋予宣传思想文化工作新的时代内涵，不断增强竞争力影响力。

第一，要在振奋精神、增强思想凝聚力上打造品牌。当前，全省干部群众干事创业、创先争优、增比进位的干劲很足、热情很高。理论武装工作要大力发挥统一思想、凝聚力量、振奋人心、鼓舞斗志的积极作用，着力在普及化、大众化上下工夫。一是着力打造理论学习品牌。通过推出“余心声”政论文章、抓好“甲秀视线讲坛”、“发展·名家论坛”和“四学四创”主题活动（即“向书本学习、向实践学习、向群众学习、向先进学习，创学习型领导班子、创学习型党组织、创学习型党员、创学习型示范点”主题活动）等，深入推进全省学习型党组织建设，加强和改进各级党委（党组）中心组学习，抓好保持党的纯洁性的宣传教育，更好做到用中国特色社会主义理论体系武装头脑、指导实践、推动发展。二是着力打造理论宣讲品牌。创新宣讲形式，丰富宣讲内涵，通过开展“三联三讲”活动（即“省、市、县三级联动，讲理论、讲形势、讲政策”宣讲活动），使党的十七届六中全会和省委十届十二次全会精神不断深入人心，为宣讲好党的十八大、省第十一次党代会精神做好精心准备。三是着力打造理论研究品牌。深化重大问题和现实问题的研究，充分发挥理论研究工作者的作用。去年我省成为国家全年社科课题首批立项超过一千万元的11个省份之一，今年要在此基础上科学谋划、整合力量，启动“贵州优势学科群”建设，提高全省社科研究成果转化水平。

第二，要在把握导向、壮大舆论传播力上打造品牌。去年以来，各新闻单位打造了一批品牌栏目，为发展壮大正面主流舆论，增强传播力影响力，提升贵州形象发挥了积极作用。今年各级新闻单位要再接再厉，牢固树立现代传播理念，善于利用现代传播手段打造新闻宣传品牌，不断增强主流舆论的传播力。一是打造重大主题宣传报道品牌。各级各类新闻媒体要精心组织、周密部署、超前谋划，充分做好党的十八大和省第十一次党代会的宣传报道工作，推动全省兴起学习宣传贯彻热潮，唱响共产党好、社会主义好、改革开放好主旋律。要围绕中央和全省的重大会议、重大决策、重大典型和重大活动，推出一批有特色的宣传报道和栏目。深入宣传我省在党的纯洁性建设方面的先进典型。二是打造基层报道新闻品牌。坚持人民至上理念，深化新闻战线作风建设，在“走转改”活动中挖掘新闻“富矿”，发现宣传亮点，关注社会热点，解读民生难点，推出一批有深度有影响的鲜活报道和一线新闻。三是打造网络宣传品牌。做大做强做优“金黔在线”等重点新闻网站和门户网站，开展好“第四届全国知名网站媒体多彩贵州行”、“名博解读文明贵州”、“诚信友爱贵州人”等网络文明传播活动，办好微博贵州，提升贵州网络媒体的传播力和影响力。四是打造广电品牌栏目。提升《论道》、《百姓关注》等新闻节目的影响力，继续推出类似《全国卫视贵州行》等一批在省内外都有较大影响力和较高收听收视率的品牌节目、精品栏目。五是打造贵州出版品牌项目。抓好《贵州文化简明丛书》的编撰工作，组织实施“贵州文库”工程，策划出版贵州建省600年系列丛书。

第三，要在弘扬新风、巩固道德感召力上打造品牌。中央即将颁布《社会主义核心价值体系实施纲要》，这是今年宣传思想文化领域的一件大事。我们要通过大力开展各种形式多样、富有特色、生动活泼的实践活动，让社会主义核心价值体系在黔中大地落地生根、枝繁叶茂。一是贯彻落实好中央部署。按照中央统一要求，大力开展“科学发展 辉煌成就”主题教育活动，广泛深入开展学雷锋活动并使之常态化，深入进行理想信念教育、国情教育、革命传统教育、改革开放教育和国防教育，广泛开展保持党的纯洁性教育，大力弘扬廉政文化。二是大力构筑贵州精神高地。在全社会大力培育和弘扬“开放创新、团结奋进”的贵州时代精神，推动形成“爱国、敬业、诚信、友爱 ”的价值取向，在提高知晓率、深化认同感、增强自觉性、扩大覆盖面上下工夫，使之内化于心、外践于行，成为全省不同社会阶层的共同精神追求，不断提升贵州人的精神风貌。三是打造道德实践活动品牌。开展公民道德宣传月和公民道德宣传日主题活动，组织开展第三届全省道德模范评选表彰和道德模范先进事迹巡回宣讲活动。重点抓好“迎接十八大、讲文明树新风，争做文明有礼贵州人”活动。广泛开展“五心教育”（忠心献给祖国、孝心献给父母、爱心献给社会、诚心献给他人、信心留给自己）实践活动。组织开展好“诚信农民”、“诚信青年”等主题活动。

第四，要在加强创建、夯实文化保障力上打造品牌。深入开展精神文明创建，大力促进文化惠民，提升社会文明程度，是近年来我省宣传思想文化工作的一大亮点。去年刘云山同志就曾高度赞誉我省精神文明创建“六大品牌”活动。经过全省上下多年共同努力，今年年初贵阳市率先荣获全国文明城市荣誉称号，使我省全国文明城市创建工作取得历史性突破。下一步要进一步巩固提升老品牌，着力打造新载体，不断深化拓展群众性精神文明创建活动内容内涵。一是巩固深化文明创建活动品牌。在全省范围内不断深化“四在农家”、“整脏治乱”、“满意在贵州”、“祖国好 · 家乡美”、“千校万师”、“和谐贵州 · 三关爱”活动的内涵，拓展覆盖范围、延伸工作链条，不断提升影响力和吸引力。在工作中要自觉把宣传思想文化工作的价值取向与人民群众的利益需求结合起来，使人民群众对我们的工作积极支持、乐于参与，在支持参与中享受创建成果，提升文明素质。二是拓展创新文化惠民工程品牌。以保障群众基本文化权益为主要内容，实施好“八大文化惠民工程”，进一步打造符合贵州实际、体现贵州特色的文化惠民品牌，推动各地加强和完善公共文化服务设施建设，逐步解决我省文化基础条件薄弱、历史欠账较多等问题，让更多的群众享受文化发展成果。三是扎实推进文明城市创建工作。以第三届全国、全省文明城市先进表彰为契机，以《全国文明城市测评体系》为导向，抓好城市规划、建设、管理中的重点、难点和薄弱环节，着力建设黔中经济区文明城市群、高速公路沿线农村千里文明长廊。四是打造思想政治工作品牌。以建设“五型企业”（学习型、责任型、文化型、和谐型、幸福型）为载体，大力加强和改进新形势下国有企业思想政治工作。推进大学生思想政治教育和未成年人思想道德建设，抓好“乡村学校少年宫”建设。

第五，要在深化改革、发展文化生产力上打造品牌。去年是我省文化体制改革的攻坚之年，又是文化产业“十二五”规划的起步之年，我们在任务很重、难度很大、时间很紧的情况下，办成了一批大事要事，取得了决定性成效，发展壮大了一批品牌，有力推进了贵州文化改革发展。今年我们要深入贯彻落实《国家“十二五”时期文化改革发展规划纲要》，在去年的基础上，以品牌建设推进全省文化体制改革，确保既定任务在党的十八大以前全面完成，发展壮大贵州文化产业，把文化资源优势转化为经济社会发展优势。一是做大做强骨干文化企业品牌。通过实施“六个一批”，将省直广电、报业、出版、期刊、演艺5大集团公司打造为龙头旗舰，不断深化其内部改革，加快建立现代企业制度，进一步壮大我省文化产业整体实力。

虽然目前改革的主体任务已经基本完成，但是深化完善改革，发挥体制优势，促进文化产业发展的任务仍然十分艰巨，需要我们付出更大努力。二是围绕重点产业打造品牌。重点围绕文化旅游业、民族文化产业、文化与相关产业融合发展三个方面，打造培育一批知名品牌。尤其是要落实好国发〔2012〕2号文件要求，“建设一批文化产业基地和特色文化产业群。”各地要加大省“十大文化产业园”、“十大文化产业基地”等重大文化产业项目的规划力度和推进力度，加快形成一批具有市场竞争力的文化品牌，并不断孵化催生新的文化业态。三是通过政策扶持创新品牌。针对具有一定实力基础、获得自主知识产权、具有鲜明民族特色、具备潜在市场竞争能力的文化企业和文化产品，制定相关扶持政策和条件，加强指导和策划，为其打造品牌提供良好环境。今年我们还要办好全国少数民族产业博览会，使之成为展示全国文化产业品牌的高端平台。认真做好我省参加第八届深圳“文博会”的各项筹备工作，各地各单位要争取在签约项目上有重大突破。

第六，要在丰富创作、提升作品影响力上打造品牌。近年来我省文艺创作成绩喜人、精品迭出，尤其是去年的《奢香夫人》等影视作品在全国引起强烈反响。今年我们要继续加大对文艺精品力作的扶持和奖励力度，积极打造品牌，创作生产更多具有贵州特色、贵州风格、贵州气派的优秀作品。一是壮大贵州文艺品牌。充分发挥“多彩贵州”品牌的核心带动作用，重点抓好2012’多彩贵州舞蹈大赛，认真组织实施精神文明建设“五个一工程”，发挥好贵州省文艺奖等奖励的激励作用，推进《二十四道拐》、《知行天下》等影视剧、广播剧、舞台剧等文艺精品的创作生产，争取更多代表贵州的文艺作品在全国高端平台展示。二是培育特色民族文化品牌。推进民族文化创作生产项目实施，办好全省少数民族文艺汇演和大型节庆活动，打造原生态文艺精品，壮大民族文艺人才队伍，积极创建具有民族特色、地方特点的文艺品牌。三是发展群众文艺品牌。广泛推动全省各地开展群众性文化活动，鼓励和支持全省广大机关、企业、农村、社区、学校开展丰富多彩的文艺活动，充分调动广大群众进行文化创造的积极性主动性。需要强调的是，省委十届十二次全会《意见》明确提出：“实施文学、音乐、舞蹈、美术‘原创振兴计划’，努力打造一批精品力作。”在今年工作中，我们将大力鼓励各地开展原创作品征集比赛等活动，大家一定要充分立足贵州文化的特质、特点、特色，认真思考谋划，争取做出成绩。

第七，要在扩大开放、提高形象塑造力上打造品牌。去年以来，我们集中力量打好了几场外宣战役，大力塑造了贵州开放自信、希望奋进的良好新形象，为贵州加快发展营造了良好的外部环境。今年我们要进一步加大工作力度，以品牌建设为推手，争取在外宣规模、推介深度、工作效果上取得更多的历史性突破。一是坚持打造外宣活动品牌。深化拓展“走出去”和“请进来”相结合的外宣战略，以“多彩贵州”系列外宣活动为核心，继续推出“世界感知多彩贵州”、“多彩贵州踏春行”、“听多彩之声·说魅力贵州”等各有侧重、各有特色、各分阶段的大型外宣品牌活动。筹备抓好赴日、德、法、美等国的交流推介活动。二是积极整合外宣力量资源。继续夯实“党政推动、政企联合、多位一体、聚合发力”的大外宣格局，加强策划组织，整合外宣力量，通过建立健全省内外媒体联系机制，建立外宣专家库人才库，推进省级部门新闻发布工作常态化制度化，打造“贵州省新闻发布权威平台”专题网站等，提升外宣工作整体水平。三是不断搭建高端外宣平台。通过在省外、境外搭建或借助高端外宣平台，把全省经贸外宣、商务外宣、文化外宣、旅游外宣等充分结合起来，积极策划组织重大或系列新闻发布会、宣传推介会，开展高规格、高密度的推介活动。

三、担负使命，争创一流

推动宣传思想文化工作迈上新台阶，关键在于要有一支政治上靠得住、工作上有本事、作风上过得硬、人民群众信得过的干部队伍。我们必须通过加强干部队伍建设，使宣传思想文化战线始终保持蓬勃向上的朝气、开拓进取的锐气和求真务实的风气，为推进宣传思想文化工作改革创新提供坚强的组织保障。

一要切实增强政治素质，不断提高掌控力。宣传思想文化工作，是在意识形态领域搞建设，担负着提升国民素质，铸造民族灵魂的重任，具有很强的思想性、政治性、政策性。当好宣传部长，必须要有坚定的政治立场、较高的理论水平、敏锐的政治眼光和较强的政治鉴别力，做到在其位、谋其政，尽其责、竭其力。特别是面对当前宣传思想文化工作发展快、规模大、范围广、层次多、分工细、协调难的新形势新特点，迫切需要我们把提升政治素质放在首要位置，以高度的政治责任感和强烈的事业心切实担负起政治责任、领导责任，不断增强驾驭能力、统筹能力，切实提高对宣传文化阵地和思想意识形态领域的引导能力、管理能力，敢抓敢管、敢于负责，更好发挥宣传思想文化部门的职能作用。

二要坚持不懈加强学习，不断激发创造力。时代发展很快，互联网、手机等新兴媒体进入城乡千家万户，虚拟社会等新事物大量涌现，只有不断学习才能跟得上发展的步伐。宣传思想文化战线的领导干部，必须强化学习意识，把学习作为人生的一种追求，争做“真读书”、“读好书”、“善读书”的楷模，不断增强推动科学发展的能力、科学判断形势的能力、驾驭市场经济的能力、应对复杂局面的能力。要把学习当作一种责任、一种觉悟，做到学以致用、用以促学、学用相长，努力提高为群众服务的本领和解决各种复杂问题的能力。尤其是刚刚到岗的新同志，要尽快熟悉工作，抓紧学习有关业务知识，特别是要尽快提高自己与媒体打交道的能力，切实做好宣传思想文化工作。

三要始终做到以人为本，不断强化亲和力。有一副对联是这样写的：“吃百姓饭，穿百姓衣，莫道百姓可欺，自己也是百姓；得一官不荣，失一官不辱，莫道一官无用，地方全在一官。”我们做宣传思想文化工作一定要始终坚持群众路线，真正做到一切为了群众、依靠群众、服务群众。要进一步深入开展“走转改”活动，使之常态化，继续组织好“新春走基层”、“送欢乐下基层”、“三下乡”、“四进社区”等活动，倡导带着感情走基层、在走基层中升华感情，真正同群众情相系、心相连。要倾听群众呼声，善解群众思想扣子，不回避现实生活中提出的热点问题，不回避人民群众提出的热点难点问题。既搞好理论教育，又为群众代言；既宣传教育群众，又引导激励群众。既善用互联网等新手段，又传承群众喜闻乐见的自我教育好传统，与群众面对面、心贴心，寻求共鸣点、找准突破口，使宣传思想文化工作彰显民本，体现民意。

四要大力选拔优秀人才，不断增强竞争力。人才资源是第一资源。比投入、比硬件，我们比不过发达省市，硬件不足要靠软件补，其中很重要的一条就是靠人才来支撑。要有识才的慧眼、揽才的气度、用才的魄力、爱才的感情、聚才的方法，花更多的心血，下更大的功夫，采取超常规的举措，千方百计地把优秀人才聚集到宣传思想文化事业和各项工作中来。要不拘一格挑选人才，对优秀年轻人才要破格提拔使用，对我省宣传思想文化工作急需的人才要大胆吸引、量才施用。要深入推进“四个一批”人才培养工程，组织开展大规模宣传干部和人才培训。要尊重劳动、尊重知识、尊重人才、尊重创造，以事业留人、感情留人和适当的待遇留人，真正形成良好氛围。

五要深入推进廉政建设，不断强化免疫力。随着宣传思想文化工作职能的不断强化、范围的不断拓宽，宣传思想文化战线担负的任务越来越重，将会掌握调配更多的资源和权力。面对党和人民对我们的信任和重托，我们必须更加注重廉洁自律、强化党风廉政建设。要有强烈的事业心和高度的责任感，清正廉洁，兢兢业业，耐得住寂寞，守得住清贫，经得住诱惑，不断提高自身的免疫力。对贪腐行为，坚决查处，决不手软，对苗头性、倾向性问题，要早发现、早提醒、早整治，把问题消除在萌芽状态。要在宣传思想文化战线深入开展保持党的纯洁性教育活动，不断强化“三项学习教育”活动，推动全省宣传思想文化系统在党风廉政建设、保持党的纯洁性上做表率、走前列。

同志们，当前贵州正处于大改革、大开放、大发展、大实干的时代，正是全省宣传思想文化战线燃烧激情、干事创业的黄金机遇期！我们要在省委的正确领导下，高举发展团结奋斗的旗帜，解放思想、振奋精神、开拓创新，认真落实“品牌年”各项工作部署，更加积极主动地推动贵州多民族文化大发展大繁荣，以优异成绩迎接党的十八大和省第十一次党代会胜利召开！

龙年将至，万象更新。祝大家身体健康、工作顺利、新春愉快、阖家幸福！谢谢大家！

在 2011 年度新闻宣传工作表彰座谈会上的讲话

（2 月 9 日）

同志们：

春节刚刚过去，很高兴与大家一起座谈，共同回顾去年工作，谋划今年发展。

刚刚过去的 2011 年，是我省经济社会发展取得重大成就的一年。全省干部群众高举“发展、团结、奋斗”的旗帜，克服各种不利因素的影响，排难而进、逆势而上，圆满完成了全年的主要目标任务。地区生产总值达 5702 亿元，增长了 15%，增速从全国 20 几位上升到第 3 位。固定资产投资 5100 亿元，增长 60%。工业增加值 1970 亿元，增长 21.1%。财政收入 1330 亿元，增长 37%。这个成绩的取得，极大地增强了贵州的信心，鼓舞了士气，提振了全省人民的精气神。

过去的一年，也是贵州新闻宣传战线取得显著成绩的一年。在省委、省政府的正确领导下，贵州新闻宣传战线紧紧围绕全省工作大局，充分反映人民群众的意愿和心声，不断加强主题宣传和舆论引导，大力展示贵州的新气象、新面貌、新成就，推出了一系列鼓舞人心、提振士气的精品力作，提升了传播能力和舆论引导水平，打造了一支政治过硬、作风优良、业务精湛的队伍。

*一是重大新闻宣传战役取得圆满成功。*2011 年，我们接连打好了三场重大的新闻宣传战役，在宣传规模、报道深度、外宣力度、传播效果上都取得了历史性突破。全国“两会”的报道中，成功策划了七次对贵州省领导的专访，并在全国人大新闻中心组织了专场记者会，吹起了强劲的“贵州风”。“国际酒类博览会暨贵阳投洽会”一共邀请到 60 余家国内外媒体的 200 余名记者，推出了一系列高频率、大篇幅、深层次的报道，有力地扩大了活动的社会影响。第九届少数民族运动会的宣传，打造了新闻服务工作的“贵州标准”，中央电视台三个频道对开幕式进行了同步直播，海内外约 1.3 亿人次收看，综合收视率超过了以往历届民族运动会。此外，在“三个建设年”、“创先争优”、“四帮四促”、“纪念建党 90 周年”、“两加一推”、“走基层、转作风、改文风”等重大活动中，新闻宣传工作都发挥了凝聚人心、提振精神，扩大影响、树立形象的重要作用，多次受到省委、省政府的表扬和嘉奖，为全省经济社会发展营造了良好的舆论环境。

*二是对外宣传的声势和力度实现重要突破。*过去一年，中央、香港驻黔媒体围绕中心、服务大局的能力进一步增强，各项工作均取得了重要的进展，为宣传贵州、推介贵州作出了新的、更大的贡献。据统计，《人民日报》共刊发相关报道 240 余篇，其中，30 篇头版稿件、7 篇头版头条，1 篇头版报眼，发稿数量比 2010 年增长了一倍，在人民日报社国内各分社名列前茅。新华社贵州分社刊发各类稿件 18800 多条，其中文字报道 12000 多条，图片 4500 多张，音视频报道 2370 多条，比上年增长了 20% 左右，70 条报道得到了中央领导同志的批示。中央电视台贵州记者站共发稿 312 条，其中，新闻联播 22 条，两个联播头条，自采稿件在《新闻联播》的播出数量在全国记者站里名列前茅。《经济日报》共刊发 266 篇（幅），发稿数量也有大幅上升。中央人民广播电台共发稿 1826 条，对贵州的宣传力度进一步加强。《中国日报》、中新社和三家香港媒体今年的发稿量也有了很大的增长。

*三是新闻宣传的创新策划能力有效提升。*比如，人民日报贵州分社通过精心策划、深入采访，撰写了《多彩贵州再奋进》一文，5 月 7 日在《人民日报》头版头条刊发，振奋人心、鼓舞士气，在全国

引起了很大反响，得到了战书书记的高度肯定；新华社"走基层"栏目10月23日播发的《在痛定思痛中浴火重生—从瓮安之乱到瓮安之变警示录》，产生了广泛的社会影响力，被全国420多家媒体采用，得到中央领导、省委主要领导及社会各界的高度评价；中央电视台精心策划，争取了多个"开篇工程"。5月份，朱昌国的报道被中宣部作为央视《红旗飘飘》栏目的开篇之作播出，8月份，《养牛老人杨光树的坚守》被《新闻联播》作为"走基层"栏目的开篇播出。11月份，有关"走转改"题材的《贵阳 无人报摊六年不差钱》又在《新闻联播》以头条播出。《经济日报》的《多彩贵州奋力"爬高"》等稿件，也受到了社会各界的广泛好评，今年开年以来，又有两篇稿件上了头版头条。中央人民广播电台策划的"情牵大乌蒙"走基层大型采访活动，组织了40多名编辑、记者组成的采访团，深入贵州最艰苦的地方，共完成报道320多篇(条)，推出了很多有血有肉、情感丰富的好作品，在社会上引起了较大的反响。

四是干事创业的氛围和信心进一步增强。最近两年来，贵州新闻宣传战线心齐、气顺、干劲足，已经形成了一股干事创业的好气象。作为西部地区的欠发达省份，贵州先天条件不足，中央、香港驻黔媒体克服人员偏少、经费紧张、交通落后等不利因素，发扬艰苦奋斗的作风和力争上游的精神，认真思考工作，积极策划选题，专心致志做好新闻报道，积极宣传省委、省政府的中心工作，取得了有目共睹的成绩。我们的中央、香港驻黔媒体，记者相对于国内其他分社和记者站来说比较少，但是发稿量却名列前茅。我认为，这两年中央、香港驻黔媒体在有限的条件下，能够取得这么大的成绩，最主要的原因在于把全部心思放在了新闻工作上，放在了干事创业上，形成了一种争比进位的良好氛围。每次遇到重大主题宣传，各单位都能认真思考、积极策划，扑下身子深入基层、深入一线，采写大量鲜活的新闻报道。有这样真抓实干的精神，我相信，驻黔媒体在新的一年里，将取得更加突出的成绩。

过去的一年，贵州日报、当代贵州、贵州广播电视台等省主要新闻单位，紧紧围绕省委、省政府的重大决策部署，推出了一系列重点报道、深度报道、典型报道和系列报道，圆满完成了各项宣传报道任务，为全省经济社会又好又快发展营造了良好的舆论氛围。各单位坚持走科学发展之路，在推进市场经营、加快体制改革、加强内部管理等方面，也取得了明显成效。在这里，我对大家一年来辛勤的工作，表示衷心的感谢！对于大家取得的成绩，表示热烈的祝贺！

2012年，是宣传思想工作的"品牌年"，如何在去年工作的基础上，进一步增强做好新闻宣传工作的自觉性和针对性，进一步提高新闻宣传工作的传播力和影响力，进一步树立贵州的良好形象、扩大贵州的对外影响，把我们的工作提升到一个新的高度，需要每一个人开动脑筋、深入思考。结合贵州的工作实际，总结去年的工作经验，我认为，努力开创贵州宣传的新局面，需要认真做好以下几个方面的工作：

一要树立着眼全局的战略眼光。新闻宣传是围绕中心、服务大局的工作，是否具有宽广视野和全局观念，是贵州宣传出品牌、出影响的关键因素。我们要善于抓方向、谋大势、顾大局，善于思考带有全局性、前瞻性、战略性的重大问题，善于把自己的工作放到全省、全国的工作格局中去把握，放到改革、发展、稳定的大局中去衡量。只有这样，才能站得高、看得远、抓得准，才能确保新闻宣传有的放矢、事半功倍。令人欣慰的是，最近两年来，我们的新闻媒体已经逐步树立起了全局观念和战略思维。比如，中央、香港驻黔媒体，都在思考各自在全国记者站中的位置和作用。每逢重大主题宣传，大家都在努力加强与总社的联系，想方设法凸显贵州的声音，树立贵州的形象，扩大贵州的影响。在平时的工作中，努力站在全国的高度来思考贵州的选题，切实提高了上稿率，推出了一大批影响深远的重大题材。各级宣传部门在去年的几次重大外宣活动中，也提高了境界、开阔了眼界，逐步树立起了比较意识和竞争意识，开始有意识的把自己的工作放在全国的平台上进行思考和谋划，取得了很好的成效。省内媒体在这方面，也有突破，比如贵州广播电视台，在去年的"两会"报道中，专门派人到中央电视台和中央人民广播电台帮助工作，一方面学习经验、接受锻炼，另一方面加强贵州宣传，一举两得，值得继续坚持和推广。

二要建立协调各方的工作机制。做好新闻宣传工作，光靠新闻媒体在一线打拼是远远不够的。新闻管理部门要进一步加强统筹意识、协调意识和服务意识，担负起更大的责任和义务。去年的全国“两会”，我们通过省委办公厅、省政府办公厅，协调省直各厅局撰写了十二篇基础性稿件，提供给媒体作为参考，发挥了很好的效果。实践证明，有没有各地各部门的积极配合，有没有全省一盘棋的通力支持，重大主题宣传的效果是截然不同的。近年来，各地各部门对于宣传工作更加重视，经常主动上门，请求帮助协调媒体做好报道。但另一方面，少数部门和单位的意识和观念还未转变过来，配合宣传的工作做得不够好，轻则影响重大主题宣传的效果，重则影响贵州的整体形象。这个问题，我们非常重视。今后，要切实建立协调各方的工作机制，加强与各地各部门的联系和沟通，寻找合适的方式方法，把与新闻单位的通气工作进一步制度化、常态化，为新闻单位了解全省工作情况、做好采访报道，提供良好的环境和便利的工作条件。

三要完善媒体运行的支撑体系。中央、香港驻黔媒体一个突出的困难就是记者太少。比如《人民日报》、《光明日报》、《经济日报》在贵州的社(站)，只有一两个人。在人员如此紧张的情况下，大家发扬艰苦奋斗的精神，加班加点、苦干实干，刊播了大量的稿件，为贵州宣传做出了重大贡献，令人敬佩。但进一步做好贵州宣传工作，光靠发扬精神是不够的，必须切实解决大家的实际困难。一些中央、香港驻黔机构人手不够，没有等、靠、要，而是发挥主观能动性，充分利用全省各地的新闻中心，组织了一支通讯员队伍，建立了供稿体系，极大地提高了发稿数量，这种经验很值得推广。我考虑，在经过充分研究讨论的基础上，把这种做法在全省进行巩固推广，不仅仅是市县的媒体，省级新闻媒体也要充分支持中央、香港媒体的工作，在选题策划、稿件资源、人力物力等方面，进一步加强合作。对于媒体反映的其他困难，比如经费紧张等问题，我们今年准备提高中央、香港媒体的发稿奖励金额，并给省各主要媒体一定的奖励。至于财政支持等其他问题，可以参考其他省的相关情况、组织充分论证，如果可行，我们将尽量协调省政府，做好相关工作。

四要打造能征善战的新闻队伍。去年重大活动多，全国“两会”、“酒博会暨投洽会”、第九届少数民族运动会，宣传战役一场接着一场，强度高、压力大、任务重。我们新闻宣传战线发扬吃苦耐劳的精神，经受了考验，打好了这几场硬仗。实践充分证明，我们的队伍是一支政治过硬、作风优良、业务精湛、能征善战的队伍。今后，要继续加大人才引进的力度，千方百计地把优秀人才聚集到新闻宣传事业中来。要不拘一格挑选人才，对优秀人才要破格提拔使用，对我省宣传思想文化工作急需的人才要大胆吸引、量才使用。要深入推进“四个一批”人才培养工程，组织开展大规模宣传干部和人才培训。要做好人才梯队的培养，特别是要大胆提拔使用一批业务素养高、综合素质强的优秀年轻干部。

2012 年，是党和国家改革发展进程中具有特殊意义的一年，也是贵州经济社会发展的关键之年。年初召开的全省经济工作会议和省“两会”，提出了今年工作“稳中求进、提速转型”的总基调和总目标，提出了“稳中求快、快中保好，能快则快、又好又快”的总要求，明确了全年的主要任务和工作重点，推出了一系列新思路新举措。1 月 12 日，国务院出台了国发 2 号文件，使我省在国家层面获得了更大的支持。3 月份，全国“两会”即将召开。4 月份，省里将召开省第十一次党代会。下半年，中央将召开党的十八大。做好今年的新闻宣传工作，政治任务很重、工作要求很高，全省新闻宣传战线务必统一思想、深化认识，切实增强积极性和主动性，扎实推动各项工作的开展。

当前一个阶段，最重要的任务就是做好全国“两会”宣传和国发 2 号文件的宣传。前段时间，我专程赴北京，到中宣部、中央外宣办、新闻出版总署、人民日报、中央电视台等部门和单位，就国发 2 号文件的宣传进行了专题汇报和工作对接。云山部长、雒树刚常务副部长、王晨主任、蔡名照副部长、柳斌杰署长、胡占凡台长等领导同志高度重视，非常支持贵州的工作，对汇报中提出的各项事宜给予了认真研究答复。2 月 5 日，我们召集了协调会，对国发 2 号文件的宣传，做了详细安排。

下一步，关键是要抓好落实，部内各相关处室要抓紧与上级主管部门对接，中央、香港驻黔新闻单位等要加紧与总社的联系，把各项工作安排落到实处。

全国“两会”召开在即。下面，我重点就全国“两会”的宣传，讲几点意见：

一、准确把握形势，切实增强做好“两会”宣传的责任感和紧迫感。全国“两会”是中国政治生活中的一件大事，十八大将在下半年召开，今年的全国“两会”更是具有特殊意义，“两会”宣传做得好不好，关系到全局，关系到发展，关系到对外形象，具有重大的政治意义，大家一定要在思想上高度重视起来。去年的全国“两会”宣传，我们取得很大的成功，《人民日报》刊发了署名文章，中央电视台的名牌栏目对省委书记、省长进行了专访。今年全国“两会”，战书书记已经做了重要指示。如何在去年的工作基础上，把今年的工作做得更好，难度很大，需要全省新闻战线的同志开动脑筋、认真策划。各新闻单位要把“两会”宣传作为重大的外宣攻坚战役，制定周密方案和采访计划，成立专门的班子和队伍，加强培训、责任到人。主要领导同志要靠前指挥，抓策划、抓采制、抓节目、抓落地，确保各项工作顺利推进。

二、突出工作重点，确保圆满完成“两会”宣传报道任务。根据今年工作的新形势、新变化，今年全国“两会”宣传要突出以下几个重点：一是要做好贵州经济社会发展成就的宣传。在去年的全国“两会”上，我们重点介绍了贵州的发展战略、发展思路等。按照省委、省政府的工作部署，全省上下真抓实干，经济社会发展取得了有目共睹的成就，兑现了省主要领导在去年“两会”新闻发布会上的承诺。今年的“两会”宣传，要重点做好我省经济社会发展成就的宣传，要切实提高报道的冲击力和震撼力，把成就报道做出气势、做出影响。二是要做好国发2号文件的宣传。在全国“两会”召开之前，我们要在北京召开新闻发布会、专家座谈会等，请大家做好重点报道。“两会”期间，各新闻单位对于2号文件的宣传，要在“深”字上做文章，通过专题报道、系列报道，把2号文件的主要内容和重大意义讲深入、讲透彻，把中央各部门的支持措施和我省的贯彻落实情况跟踪好、报道好。三是要做好贵州时代精神的宣传。今年年初，省委宣传部、省文明办联合下发了《关于大力培育和弘扬贵州时代精神的通知》，就培育和弘扬贵州时代精神作了安排部署。各新闻单位在“两会”报道中，要进行大力宣传，推出一批贵州的道德模范、优秀党员等，切实做好典型推广。

三、注重对外宣传，在全国“两会”宣传中进一步树立贵州良好形象。内宣服从外宣，是省委对新闻宣传工作的新要求。这次“两会”，重中之重的任务是做好对外宣传，把贵州发展的新思路、新成就，贵州社会的新面貌、新气象，贵州人的新精神、新品质推介出去。这是一个核心任务，这个任务完成得好不好，关系到“两会”宣传的成败。要争取在重要版面、重要时段、重要专栏多上贵州的稿件，充分反映贵州代表委员认真参会、正确行使民主权利、忠实履行职责、积极参政议政的情况，充分宣传贵州经济社会发展取得的重大发展成就，充分推介“开放创新、团结奋进”的贵州时代精神，大力展示贵州的新形象。省各新闻单位的随团记者要积极配合中央媒体的稿件采写，多为中央媒体记者提供选题和素材。贵州广播电视台要积极向中央台提供相关稿件，努力提高上片率、用稿率，扩大贵州的对外影响。

同志们，一年初始，万象更新。在党中央、国务院的大力支持和省委、省政府的正确领导下，贵州全省上下高举“发展、团结、奋斗”的旗帜，奋力赶超，稳步迈向全面小康社会。新闻宣传战线一定要抢抓时代机遇，以只争朝夕、奋发有为的精神，切实将贵州新闻宣传推上一个新的台阶，为全省经济社会发展做出更大的贡献！

在全省非时政类报刊出版单位体制改革工作会议上的讲话

（2月8日）

同志们：

非时政类报刊出版单位体制改革是继全国经营性出版单位体制改革之后，党中央作出的又一项重大决策部署。按照中央文化体制改革工作领导小组的部署和要求，加快推进非时政类报刊出版单位转企改制，是2012年新闻出版体制改革的一项主要任务，也是我省完成文化体制改革任务的收官之战。因为文化体制改革其他版块的任务我们已经基本完成，非时政类报刊体制改革这一仗打完后，我们将全面完成改革任务，所以能否按时完成非时政类报刊出版单位转企改制，直接关系到我省能否在党的十八大召开前全面完成文化体制改革各项任务，具有十分重要的意义和影响。我省在全国较早制定并上报审批《贵州省非时政类报刊出版单位体制改革实施方案》，《方案》是去年富玉副书记亲自召集会议研究，反复磋商论证、多次修改完善，最后报经中央改革办和新闻出版总署正式批准实施，既符合中央精神，也切合我省实际，现在的关键就是抓落实、出成效。刚才，建国同志、庆武同志传达了有关的文件精神，省科协、贵州都市报社、旅游休闲报社、晚晴杂志社、当代贵州期刊传媒集团公司等单位相关负责同志作了交流发言，大家谈得都比较好。庆生副省长就全省非时政类报刊出版单位转企改制相关工作作了安排部署，并提出了明确要求，我完全赞成。省新闻出版局、各相关部门和单位一定要按照要求，认真履职，狠抓落实。

下面，我就加快推进我省非时政类报刊出版单位体制改革工作讲三点意见。

一、认清形势，统一思想，切实增强推进非时政类报刊出版单位体制改革的责任感紧迫感

党的十七届六中全会通过的《中共中央关于深化文化体制改革推动社会主义文化大发展大繁荣若干重大问题的决定》明确要求：推进非时政类报刊社转企改制，加快公司制股份制改造，完善法人治理结构，形成符合现代企业制度要求、体现文化企业特点的资产组织形式和经营管理模式。长期以来，非时政类报刊出版单位在普及马克思主义中国化理论、宣传党的路线方针政策、传播科学文化知识、丰富人民群众精神文化生活、服务社会主义现代化建设等方面，发挥了重要作用。但也应该看到，在社会主义市场经济条件下，非时政类报刊出版单位的现行体制制约了报刊传播业的发展，存在规模过小、资源分散、结构不合理、市场竞争力弱等突出问题，不进行体制机制的深入改革，既难以适应社会主义市场经济发展的需要，也不符合社会主义文化大发展大繁荣的要求。因此，只有通过改革，推进非时政类报刊资源重组、结构调整，形成一批专、精、特、新的报刊企业，在现代企业制度的运行机制下，充分释放生产力，增强市场竞争力，为广大人民群众提供更加优质的文化产品，实现社会效益和经济效益的有机统一。

从全国范围来看，不少省市文化体制改革工作已基本结束，中央文化体制改革工作领导小组近期将召开全国文化体制改革工作会议对先进地区进行表彰。一些省市在非时政类报刊出版单位体制改革上取得了突破，重庆市是最早列入文化体制改革的试点城市，目前该市54家非时政类报刊社已于2011年底基本完成转制工作；山东、湖南、山西等省已于2011年底完成重点非时政类报刊出版单位转企改制；陕西省体量大、任务重，但也在2011年底前初步完成了81家非时政类报刊出版单位转企改制；《辽沈晚报》完成整体转企组建成立辽宁北方报业传媒股份有限公司，标志着辽宁省晚报都市类报纸迈出了采编、经营整体转企改制的实质性步伐。

从我省现状来看，我省文化体制改革从最初的试点探索、加大力度到全面提速，现已取得了阶段性成效。截止 2011 年 12 月 31 日，我省文化体制改革已实现了既定的六个“基本完成”目标，即：基本完成国有经营性文化单位转企改制任务，基本完成建设一批国有文化企业和企业集团任务，基本完成有线电视网络整合任务，基本完成文化市场综合执法改革任务，基本完成公益性文化事业单位内部机制改革任务，基本完成文化行政管理体制改革任务。在全省 294 家需实施转企改制的经营性文化单位中，已有 264 家单位完成改革任务，共核销事业编制 8300 余名，剩余未完成改革任务的均为非时政类报刊出版单位。尤其是被称为文化体制改革“难中之难”的一般国有文艺院团，通过努力已率先取得了重大突破，是全国 8 个完成一般国有文艺院团改革的省份之一。全省 22 家国有文艺院团均按要求完成了改革任务，核销事业编制 2127 名，出现了闯市场、增收入的良好势头。贵州日报报业集团所属新报社和贵州都市报社及黔中早报、乌蒙新报等报社也积极探索转企改制，先行先试，为全省非时政类报刊出版单位体制改革积累了经验。我省改革得到了中央有关领导和中央改革办的充分肯定。

但无论是从全国形势看，还是从我省改革现状看，我省非时政类报刊出版单位体制改革依然任务重、欠账大。各有关部门和单位要从深入贯彻落实党的十七届六中全会和省委十届十二次全会精神，从推动社会主义文化大发展大繁荣的高度，从提高我省报刊出版业整体实力和竞争力的高度，从更好的发挥我省报刊引导舆论、教育人民、推动跨越作用的高度，深刻认识深化非时政类报刊出版单位体制改革的重要性，切实把思想认识统一到中央和省的决策部署上来，增强责任感紧迫感，积极稳妥地推进改革，构建有利于我省报刊出版业科学发展的新体制、新机制；尤其是领导干部更要树立市场竞争意识，充分认识改革是适应市场经济深入发展、满足人民群众精神文化需求的客观要求，是打破陈旧体制束缚、解放和发展文化生产力的迫切需要，也是拓展广大文化工作者干事创业平台、维护自身权益的现实途径；要积极引导广大干部职工充分认识到深化文化体制改革是大势所趋，“早改早主动、晚改就被动、不改没出路”，坚决破除事业体制依赖症、市场经济恐惧症，不断增强改革自觉和自信。

二、坚定信心，攻坚克难，贯彻实施好中央和省的决策部署

中央关于这次非时政类报刊出版单位转企改制工作，确定了分期分批实施的原则。其中，晚报、都市类报刊出版单位暂不转制不等于不可以转制，我们出版集团转企改制时，按照中央的精神，人民出版社和民族出版社是可以保留事业编制不转的，但我们从发展和闯市场的角度来考虑，实施了整体转制，现在发展得都很好，机制很活，这说明改革是发展的必由之路，改革才会有生机活力，所以说暂不转制不等于不可以转制。我省制订的《方案》广泛征求了各相关部门和单位的意见，对符合中央确定的指导思想、方针原则、政策措施和工作要求的意见都作了充分采纳。中央改革办和新闻出版总署批准首批非时政类报刊出版单位转制的省份只有 10 个，我省是其中之一，我们一定要坚定信心、攻坚克难，推动首批转制的非时政类报刊出版单位又好又快地完成改革任务，为第二批转制单位积累经验，发挥积极示范作用。对此，我强调三点：

*一是严格标准。*按照中央文件要求，省、市（州）、各部门、各单位的非时政类报刊，文化、艺术、生活、科普类等非时政类报刊，以及专业技术性较强的行业性报刊等已经明确的非时政类报刊出版单位，要率先转企改制或并入划转。省级及省会城市党报党刊所属的晚报、都市类和财经类报刊等出版单位，经中央改革办、新闻出版总署批准可进行转制。在转制过程中要严格遵循中央改革办关于国有经营性文化单位转企改制确定的六条标准，确保改革经得起检验，职工切身利益得到保障，国有文化资产保值增值，报刊出版产业不断繁荣发展。

同时，按照《方案》明确分期转制的改革单位名单，我省首批转制的非时政类报刊出版单位共 32 家，分两期完成。第一期的 18 家单位要在今年 5 月底前完成转制，剩余的 14 家单位要在今年 8

月底前完成转制。各部门各单位一定要认真按照《方案》明确的时间和步骤，抓紧组织实施，确保我省首批非时政类报刊出版单位按期保质保量全面完成改革任务。要强调的是，第一期必须按时完成改革任务，第二期也要不等不候、同时启动，力争提前完成任务。

二是把握重点。在改革过程中，大家要重点把握好两个方面。一方面，通过抓好首批非时政类报刊出版单位转企改制，积累经验，作好示范。非时政类报刊出版单位体制改革根据报刊的不同性质和功能，分期分批进行转制，便于操作，首批转制积累的经验可以直接应用于后面批次的改革。首批改革单位的改革要切实做到积极稳妥、扎实有效，不留死角、不留隐患。另一方面，要通过改革做大做强主流媒体、调整优化报刊产业结构。要严格按照中央要求，具体明确非时政类报刊出版单位转制条件，设置门槛、提高标准，“关停并转”一批不符合资质或严重亏损的报刊；不具有独立法人资格的报刊编辑部，要区别不同情况，并入其他新闻出版传媒企业或予以撤销，切实提高报刊集中度；要把非时政类报刊出版单位转企改制与资源整合、优化结构结合起来，重点推动以贵州日报报业集团、当代贵州期刊传媒集团等所属的子报子刊和实力雄厚的行业性报刊为龙头，对有关媒体资源实施跨区域跨行业整合，培育形成一批大型综合性或专业性报刊传媒集团公司；已经成立的报刊传媒集团公司，要着眼于做大做强，在引领报刊产业发展上发挥主力军作用。我们就是要通过“做大做强一批，调整重组一批，淘汰退出一批”的改革，形成一批内容贴近实际、贴近生活、贴近群众的非时政类报刊出版单位，不断扩大主流舆论的吸引力和影响力，实现我省新闻出版产业的繁荣发展。

这里要特别强调的是，涉及有非时政类报刊被整合进入相应集团公司的一些省直部门和地方的领导干部，一定要充分认识整合做大做强传媒集团是中央和省委的战略决策，要顾全大局，积极支持和配合做好工作。省科协、省老龄委等单位积极支持改革，推动大众科学杂志社、科学快报社、晚晴杂志社等报刊单位成功划转进入当代贵州期刊传媒集团公司，为整合报刊资源做大做强开了好头，体现了主管主办单位、报刊转制单位和资源整合单位高度的政治敏锐性和顾全大局的思想境界。

三是用好政策。《方案》明确了要认真执行省的各项优惠政策。我省出台的改革扶持政策在全国都是很优惠的，凝聚了省编办、财政、人事社保、工商、税务等部门对文化体制改革的重视、关心和倾斜。我省文化体制改革推进迅速、成效明显，政策的有力支撑是一个非常重要的因素。各有关部门和单位一定要认真落实好政策，充分发挥政策的优势，切实解决好转企后的职工待遇问题、财政拨款问题、社保接续问题、税收优惠问题等，真正以我省各项改革优惠政策支撑非时政类报刊出版单位体制改革的顺利进行。

三、强化责任，狠抓落实，确保按时全面完成非时政类报刊出版单位各项改革任务

非时政类报刊出版单位体制改革，是今年文化体制改革工作的重点，也是目前我省唯一一个未全面完成任务的改革领域。时间紧，任务重，必须切实强化责任，狠抓工作落实。

一是明确任务，形成工作合力。根据中央明确的“时间表”和“路线图”，我省非时政类报刊出版单位体制改革工作要与中央同步推进，必须在党的十八大召开前全面完成任务，这就需要在仅有的时间内切实抓紧工作，环环相扣、积极推进，才能赢得先机、占据主动。省新闻出版局一定要精心谋划、周密部署，着眼统一思想、着力提高认识，汇聚各方力量，共同推动改革。尤其是要向相关人员解读好政策，做好解疑释惑，善于用省内省外文化改革发展的显著成效和鲜活案例来进一步证明改革是发展的必由之路的道理；各非时政类报刊出版单位的主管主办单位是改革的责任主体，要从文化繁荣发展的全局出发，切实负起责任，按照中央和省的部署安排，全力推进改革，不折不扣，真转真改。特别是对所主管的非时政类报刊社转制后，在管理上不仅不能有丝毫放松，更要加大管理力度和扶持力度；各非时政类报刊出版单位要认真研究、理解吃透、准确把握中央关于非时政类报刊出版单位体制改革的指导方针及要求，尽快研究制定符合中央要求、切合贵州实际的具体改革方案，以早日获准批复实施。

二是强化跟踪督办，确保任务逐项落到实处。我省成立了省非时政类报刊出版单位体制改革工作联席会议办公室，设在省新闻出版局，负责日常工作。按照《方案》明确的时间和步骤，联席会议办公室要积极协调有关部门和改革单位认真实施改革，切实组织开展好督促检查工作，掌握进度，指导推动相关单位按期完成改革任务；要加强与中央改革办、新闻出版总署的协调沟通，积极争取支持；还要将各改革单位的改革方案以及日常督办情况及时报告省文改文产领导小组。省文改文产领导小组将适时对各非时政类报刊出版单位的改革情况进行检查验收，并将改革进展情况纳入对有关部门和单位以及领导干部的目标考核范畴。

三是做好政策解释，充分调动广大干部职工的积极性。改革要以人为本，要深入细致地做好思想工作，积极引导广大干部职工充分认识到深化文化体制改革是大势所趋，早改早主动、晚改就被动、不改没出路，从而自觉参与、支持改革。下午，联席会议办公室要举行政策讲解，这很好。希望认真组织，吃透政策、用好政策，真正以政策为支撑，以思想工作为手段，调动广大干部职工的积极性，热情投身改革、积极支持改革、主动配合改革，确保各项改革任务圆满完成。

同志们，在省委、省政府的坚强领导和各地各部门的共同努力下，我省文化体制改革已取得了决定性成效，文化事业文化产业不断呈现出繁荣发展的喜人态势。非时政类报刊出版单位体制改革作为我省文化体制改革的最后一个重点和难点，决定着我省文化体制改革能否早日全面告捷。希望大家坚定信心、攻坚克难，扎实工作、奋勇赶超，以优异的成绩迎接党的十八大和省第十一次党代会胜利召开！

在贯彻落实全国未成年人思想道德建设工作视讯会议精神会上的讲话

(2月8日)

同志们：

刚才，中央文明委召开了全国未成年人思想道德建设工作视讯会议。云山同志发表重要讲话，充分肯定了十六大以来未成年人思想道德建设工作取得的成绩，对做好新形势下的未成年人思想道德建设工作提出了明确要求，并从五个方面对下一阶段工作进行了安排部署。我们一定要认真学习，深刻领会，抓好贯彻落实。会上，我省安顺市继贵阳市、遵义市之后，名列第三届全国未成年人思想道德建设工作“先进城市”之一，贵阳市文明办、遵义市文明办、六盘水市教育局、毕节市文明办、黔西南布依族苗族自治州兴义市丰都小学获第二届全国未成年人思想道德建设工作“先进单位”称号，省文明办未成年人思想道德建设工作组副组长连立梅、省团校校长黄文两位同志获第二届全国未成年人思想道德建设工作“先进工作者”殊荣。在此，我代表省文明委向受到表彰的城市、单位和个人表示热烈的祝贺！

近年来，我省各级党委、政府认真贯彻落实《中共中央国务院关于进一步加强和改进未成年人思想道德建设的若干意见》(中发〔2004〕8号)精神，切实采取有效措施，全省未成年人思想道德建设工作呈现出良好发展态势。一方面，打造了行之有效的品牌载体。广泛开展“祖国好·家乡美”、“做一个有道德的人”等主题系列活动，广大中小学生对社会主义核心价值体系的认知、认同、自觉践行方面有明显提高；实施“千校万师”未成年人思想道德建设骨干教师培训工程，师德师风建设得到进一步加强。这些品牌有力提升了我省未成年人思想道德建设水平，取得了实实在在的效果，影响力不断扩大。另一方面，办了不少惠及广大未成年人的好事实事。进一步加大对网吧、互联网、荧屏声频、出版物市场及校园周边环境的集中整治力度；充分发挥学校教育的龙头作用、家庭教育的基础作用和社会教育的平台作用，探索建立和逐步健全了内容贯通、内外衔接、全面覆盖的领导体制和工作机制；逐步改善未成年人校外活动场所，过去一年，通过积极争取，中央和省级专项彩票公益金支持我省建设的乡村学校少年宫达 124 所，投入资金 2480 万元。这些好事实事受到广大家长和社会各界的好评。

当然，我们也要清醒认识到，新形势下我省未成年人思想道德建设还面临着诸多困难和问题。一些地方机构机制不健全，存在着无人员、无编制、无经费的问题；一些学校重智轻德的现象依然存在；学校、家庭、社会“三结合”教育网络发展不平衡，对留守儿童的关心、关爱和教育还比较欠缺；未成年人文化产品和校外活动场所相对匮乏，还不能满足广大未成年人的精神文化需求；未成年人健康成长的社会文化环境净化还需进一步加强。这些问题应当引起足够重视，并采取措施加以解决。

下面，结合实际，我讲三点意见。

一、统一思想，认清形势，切实增强做好未成年人思想道德建设工作的责任感和使命感

未成年人是祖国未来的建设者，是中国特色社会主义事业的接班人。进一步加强和改进未成年人思想道德建设，是党中央从推进新世纪新阶段党和国家事业发展、实现党和国家长治久安出发作出的一项重大决策，对于确保我国在激烈的国际竞争中始终立于不败之地，确保实现全面建设小康社会、进而实现现代化的宏伟目标，确保中国特色社会主义事业兴旺发达、后继有人，确保实现中华民族的伟大复兴等，具有极其重大而深远的战略意义。

当前，未成年人思想道德建设面临一系列新形势、新挑战。随着经济全球化、社会信息化步伐不断加快和我国对外开放的日益扩大，广大未成年人不可避免地会面临世界多元文化的冲击和国外敌对势力的思想文化渗透。随着改革的不断深化，我国社会领域和文化领域发生了深刻变化，在社会不断进步的同时，一些消极的社会文化现象也有所蔓延，对未成年人成长带来不可忽视的消极影响。我省有未成年人 1300 多万，在各级各部门及社会各界的关心支持和教育培养下，绝大多数未成年人正在健康成长，但是也有少数未成年人，受各种消极因素的影响，出现了精神空虚、道德滑坡、行为失范，有的甚至走上违法犯罪的歧途，这表明我省未成年人思想道德建设工作的任务很重、难度很大。

赢得青少年，就是赢得未来。我们必须充分认识加强和改进未成年人思想道德建设的重要性和紧迫性，真正站在党的事业后继有人和社会主义事业兴旺发达的战略高度，站在全面建设小康社会和实现中华民族伟大复兴的全局高度，站在忠实践行党的宗旨和深入贯彻落实科学发展观的政治高度，站在实现贵州经济社会发展历史性跨越的时代高度，切实增强未成年人思想道德建设工作的责任心、使命感，认真研究新形势、解决新问题，举全社会之力，努力开创我省未成年人思想道德建设工作的新局面。

二、突出重点，抓住关键，强力推进未成年人思想道德建设工作取得新突破

做好我省当前和今后一段时期的未成年人思想道德建设工作，必须按照中央文明委的要求部署，结合当前未成年人思想道德建设工作实际，以贯彻党的十七届六中全会精神、省委十届十二次全会精神和迎接宣传贯彻党的十八大、省第十一次党代会为主线，以建设社会主义核心价值体系为根本，在巩固已有成果的基础上，把握工作重点、采取扎实措施，努力在以下六个方面取得新的突破：

*一是在抓好社会主义核心价值体系宣传教育方面取得新突破。*社会主义核心价值体系是开展未成年人思想道德建设工作的根本。要深入持久地面向未成年人开展社会主义核心价值体系宣传教育，通过进教材、进课堂、进学生头脑，使他们树立正确价值观，在思想情感上认知认同，在学习生活中遵循践行。要加强理想信念教育、爱国主义教育、道德和法制教育，引导未成年人树立崇高理想和远大志向，培养良好品质，增强社会责任感，从小打牢思想道德基础。要把学雷锋活动作为弘

扬社会主义核心价值体系的重要载体，作为未成年人道德实践的重点内容，通过多种多样的道德实践活动，大力弘扬雷锋精神。要在围绕弘扬“开放创新、团结奋进”的贵州时代精神，围绕倡导“爱国、敬业、诚信、友爱”的价值取向，在广大青少年中大力开展系列宣传教育，引导未成年人从小树立自强不息、奋发有为的精神品质，为实现我省经济社会发展历史性跨越构筑精神高地。要巩固提升这些年我省开展未成年人思想道德建设的有效品牌载体，通过深化“祖国好？家乡美”、“千校万师”、“中小学弘扬和培育民族精神活动月”、“心向党、跟党走”、“爱父母、敬师长”等活动，不断创新教育形式，丰富教育内容，强化教育效果。

*二是在完善学校、家庭、社会“三结合”教育网络方面取得新突破。*学校、家庭、社会“三结合”教育网络，是推进未成年人思想道德建设的基础性工作。要充分发挥学校的龙头作用，大力加强师德师风建设，积极倡导“学为人师、行为世范”的职业精神，继续实施好“千校万师”未成年人思想道德建设骨干教师培训工程，使广大中小学教师成为学生健康成长的指导者和引路人；要充分发挥家庭的基础作用，大力发展家庭教育公共服务，办好家长学校、家庭教育指导中心，强化家庭教育的培训、咨询和指导。广泛宣传先进家庭教育理念，帮助家长掌握科学的教育方法，不断拓展家庭教育空间，促进家庭教育从封闭型向开放型转变；要充分发挥社区的平台作用，整合利用社区育人资源，建立健全社区与学校、家庭联系沟通机制。组织“五老”人员、志愿者积极参与未成年人思想道德教育，形成社会化、开放式的未成年人思想道德教育格局。

*三是在推进校外活动场所建设方面取得新突破。*要积极有效整合并综合利用各类未成年人活动场所资源，充分发挥爱国主义教育基地、国防教育基地、法制教育基地、科普教育基地、环保教育基地的作用，积极为未成年人开展道德实践活动创造条件、提供保障、搭建平台。要加大农村未成年人活动场所建设力度，建好用好管理好中央和省级专项彩票公益金支持乡村学校少年宫项目，加强对乡村学校少年宫的考核评估，使其充分发挥作用。要清理青少年校外活动场所被挤占、挪用、出租等问题，支持鼓励图书馆、博物馆、科技馆等拓展服务渠道、扩大服务范围，为未成年人提供更多综合性、多功能性的活动场所。要扶持未成年人心理健康辅导站建设，为开展心理健康教育提供基础、创造条件。

*四是在提供优秀文化产品和公共服务方面取得新突破。*文化产品是思想传播和道德教育的载体，是实现德智体美全面发展的重要支撑，对未成年人心智启迪、心灵塑造有着独特作用。要积极支持具有贵州特色的优秀少儿歌曲、优秀童谣、动漫、网络游戏、影视节目、出版物的创作生产，扎实推进少儿文艺出版精品工程。充分运用广播电视、互联网、报刊杂志、剧场剧院等资源为优秀少儿文化产品进行推介，推动更多优秀少儿节目上声频荧屏和网络。要加快建设公益性上网场所，丰富网络文化产品，推动未成年人优秀文化产品传播数字化、网络化。

*五是在净化社会文化环境方面取得新突破。*净化社会文化环境，关系着未成年人的健康成长，是未成年人思想道德建设的重中之重。要进一步加强对网吧的整治监管，坚决取缔“黑网吧”和变相经营网吧，严厉整治网吧违规接纳未成年人现象。要继续保持对互联网、手机传播淫秽色情和低俗信息的打击力度，防止不良信息的蔓延和传播。严格控制不适合未成年人的广播影视节目在大众媒体上播出，遏制广播电视节目低俗媚俗之风，整治损害未成年人身心健康的不良广告。切实做好校园周边环境的治理工作，加强学校周边秩序和学生学习环境的优化管理，努力做好安全防范工作，确保中小学生和幼儿的安全。要坚持谁主管谁负责和分级管理、属地管理原则，落实监管责任，健全管理制度，做到守土有责、守土尽责。

*六是在关爱特殊群体未成年人方面取得新突破。*结合我省农村未成年人群体中，留守儿童、家庭贫困儿童、外来务工人员子女、残疾儿童等占有较大比例的实际，保障他们健康成长是未成年人工作重点和难点。要坚持以城带乡、城乡共建，广泛开展面向农村未成年人的志愿服务，依托“和谐贵州·三关爱”绿丝带志愿者服务行动，力争通过五年左右的努力探索和工作实践，建立全方位、综合性、制度化的农村留守儿童思想道德建设工作

体系。对家庭贫困和特殊群体的未成年人，要针对他们面临的教育、生活、心理、安全等实际问题，广泛动员社会力量，积极搭建沟通平台，广泛开展“手拉手”、“爱心妈妈”亲情帮扶等活动，不断改善他们的学习成长环境。要推动解决进城务工人员子女就地入学，帮助他们接受教育、学习知识，在同一片蓝天下健康成长。

三、完善机制，强化保障，协力开创未成年人思想道德建设工作新局面

加强和改进未成年人思想道德建设，是全党全社会必须共同完成的重大任务。各级党委政府要切实担负起政治责任，把加强和改进未成年人思想道德建设作为一项事关全局的战略任务，切实加强和改善领导。

*一是加强组织领导。*各级党委、政府要高度重视，以更加坚定的决心，更加有力的措施，扎实推进未成年人思想道德建设。要将未成年人思想道德建设纳入党委、政府重要议事日程，纳入经济社会发展总体规划，纳入科学发展考核评价体系，放在突出位置来抓。各级党委政府要建立健全“党委统一领导、党政群齐抓共管、文明委组织协调、有关部门各负其责、全社会积极参与”的领导体制和工作机制。省文明委各成员单位既要发挥优势、各负其责，又要相互支持、密切配合。各级文明办要加强与有关部门的沟通联系，认真做好组织协调和联络服务工作，形成加强未成年人思想道德建设的强大合力。

*二是不断改进创新。*要按照“三贴近”的要求，结合新形势下未成年人思想道德建设规律，探索新思路，创造新办法，有效增强工作的针对性和实效性。要坚持以人为本，充分尊重未成年人的主体地位和主动精神，在平等交流中实现教育引导。在交流实践中，精心策划采用一些参与式、体验式、互动式的教育方法，增强未成年人思想道德建设的亲和力、吸引力、感染力。要切实加强对未成年人思想道德建设的实践交流和理论研讨，深入基层调查研究，挖掘、总结、推广创新案例和典型经验，并充分发挥它们的示范带动作用。

*三是切实加大投入。*省文明委各成员单位，今天参加会议的各个部门，各市（州）、各县（市、区、特区）党委、政府都要结合实际，坚持为未成年人办看得见、摸得着的好事实事，加大对未成年人思想道德建设工作在人力、物力、财力等方面的投入力度，为未成年人开展各项主题系列活动提供经费保障。要加强乡村学校少年宫建设，调动社会各方面力量积极参与，争取文明单位支持共建乡村学校少年宫。

*四是抓好队伍建设。*要重视教师在未成年人思想道德建设工作中的关键作用，着力建设好一支为人师表、热心育人的中小学及幼儿园教师队伍，建设好一支熟悉孩子心理、专业素养较高的青少年宫、博物馆、爱国主义教育基地等文化教育设施辅导员队伍。建设好一支依法行政、文明执法的各类文化市场管理队伍。建设好一支充满爱心、经验丰富的“五老”队伍，形成未成年人思想道德建设的骨干力量。

同志们，未成年人思想道德建设牵动着党和国家的心、牵动着人民群众的心、牵动着孩子们渴望健康成长的心。我们一定要认真贯彻落实中央要求，在省委的坚强领导下，以更加饱满的热情、更加务实的作风，把未成年人思想道德建设不断推向前进，努力开创我省未成年人思想道德建设工作新局面，为实现贵州经济社会又好又快、更好更快发展作出新的更大的贡献！

在全省“整脏治乱”专项行动和“满意在贵州”主题活动电视电话会议上的讲话

（2月20日）

同志们：

这次会议的主要任务是回顾总结去年工作，安排部署今年工作，进一步推动“整脏治乱”专项行动和“满意在贵州”主题活动深入扎实有效开展。

2011年，省委、省政府在巩固前五年成果的基础上，启动了新一轮五年行动计划。总体上看，通过全省上下的共同努力，两项工作开局很好，逐步走上了制度化、规范化、常态化轨道。领导、督查、考核、投入等工作机制不断完善；城市道路、公共厕所、农贸市场等城镇基础设施进一步改善；一批群众反映强烈的突出问题得到解决；旅游、交通等社会公共服务水平和质量明显提高，特别是为第九届全国少数民族传统体育运动会的成功举办营造了良好环境，展示了贵州开放和谐、文明进步的良好形象。同时，人民群众在活动中得到实实在在的好处，幸福感和满意度逐步上升。经调查机构测评，全省城乡环境的群众综合满意率为79.73%，社会公共服务行业综合满意度为85.49%，分别比去年提升了6.73个百分点和1.06个百分点。两项活动的深入推进，有力地促进了公共秩序、公共环境和公共服务不断优化，城乡文明程度和群众文明素质不断提升，推动文明城市、文明单位创建工作取得突出成效，涌现出一批先进典型，贵阳市荣获全国文明城市称号，实现了我省全国文明城市创建零的突破；遵义市、凯里市荣获全国文明城市提名资格；余庆县、荔波县被确认为全国文明县城；雷山县被评为全国文明县城。66个单位获全国文明单位荣誉。在此，我向在“整脏治乱”专项行动和“满意在贵州”主题活动中付出辛勤劳动的同志们表示衷心的感谢并致以亲切的问候！

刚才，庆生同志宣读了2011年两项工作的考核通报。下面，我就进一步做好全省“整脏治乱”和“满意在贵州”工作讲三点意见。

一、把握形势，深化认识，坚定不移推动活动深入开展

今年是实施“十二五”规划承上启下的关键一年，意义重大。从政治上来看，今年我们将迎来党的十八大和省第十一次党代会胜利召开。从经济上来看，全省经济工作会议确定了2012年“稳中求进、提速转型”的总基调、总目标，提出要千方百计保持不低于2011年的增长速度，努力实现“稳中求快、快中保好，能快则快、又好又快”。今年初，国务院出台了《关于进一步促进贵州经济社会又好又快发展的若干意见》（国发〔2012〕2号），对促进我省经济社会又好又快发展提出了新的更高要求。从精神文明建设工作的发展势头来看，全省各级党委、政府高度重视精神文明建设，文明城市、文明单位、文明村镇创建工作呈现出比学赶超的良好态势。深入推进“整脏治乱”和“满意在贵州”工作，不断改善和提升贵州文明形象，显得更加重要和迫切。

*一是确保实现后发赶超的需要。*国务院出台的国发2号文件是首个从国家层面系统支持贵州发展的政策文件，是贵州各族人民盼望已久的一件大事，体现了党中央、国务院对贵州各族人民的关心和支持，这对贵州2015年实现接近西部发展平均水平，2020年实现与全国同步建成全面小康，具有划时代的里程碑意义。国发2号文件明确要求，贵州要“努力走出一条符合自身实际和时代要求的后发赶超之路，确保与全国同步实现全面建

设小康社会的宏伟目标”。中央的全面“给力”,也要求贵州各族人民必须自身“发力”,才能实现后发赶超。我们必须充分认识我省加快发展的优势和条件,充分认识我省发展中面临的困难和问题,充分认识制约我省发展的一个突出问题就是发展的环境不够优化。我们开展“整脏治乱”专项行动和“满意在贵州”主题活动,就是要进一步加强基础设施建设,改善人民群众的生产生活环境;就是要提高社会公共服务水平和质量,培育公民文明素质,为实现我省经济社会发展后发赶超营造良好环境。

二是构筑贵州“精神高地”的需要。精神是一种强大的资源,是一个地区核心竞争力的重要组成部分。省委书记栗战书同志最近提出,要改变贵州“经济洼地”的地貌,必须首先构筑贵州人民的“精神高地”。我们开展“整脏治乱”专项行动和“满意在贵州”主题活动,就是要引导干部群众讲文明、知礼仪,树立文明新风,提高文明素质,提振精气神,夯实各族人民团结奋斗的共同思想道德基础;就是要引导干部群众把爱祖国、爱家乡的热情转化为建设家乡、干事创业的行动;就是要教育引导干部群众弘扬雷锋精神,立足本职岗位、努力干好工作,使“爱国、敬业、诚信、友爱”的价值取向成为全省人民的共同追求,内化于心、外践于行,为构建和谐贵州、平安贵州、幸福贵州作出贡献。

三是巩固深化精神文明创建工作品牌的需要。“整脏治乱”和“满意在贵州”创建活动,是我省文明城市和文明单位创建工作的品牌活动,在全国有一定的影响力和知名度。中央文明委、文明办领导在黔考察期间对此予以充分肯定,要求坚持不懈地抓好抓实。今年中央启动了新一轮全国文明城市、文明单位创建活动,省委、省政府提出以“整脏治乱”和“满意在贵州”为载体,推进文明城市和文明单位创建,着力建设黔中经济区文明城市群,确定了在2015年省级以上文明城市(县城)覆盖50%、2020年覆盖70%的工作目标。目前,我们的工作离省委、省政府的要求还有很大差距,离全省人民群众对公共环境优美、公共秩序优良、公共服务优质的良好社会环境的期盼还有很大差距。为此,只有坚持不懈、坚定不移地深化拓展“整脏治乱”和“满意在贵州”活动,才能巩固提升我们文明城市和文明单位创建工作水平。

四是加强和创新社会管理,做好新形势下群众工作的迫切需要。去年西秀区“7·26事件”和黔西县“8·11事件”给我们的重要启示,就是精神文明创建工作一定要坚持以人为本、人民至上原则,坚持为群众办好事办实事,维护好广大群众的根本利益。社会管理本质上是为人民群众服务的过程,精神文明建设承担着宣传、动员、服务群众的使命,本质也就是群众工作。开展“整脏治乱”专项行动和“满意在贵州”主题活动,就是要广泛宣传动员群众参与到活动中来,对内凝聚人心、鼓舞斗志,对外提升形象、扩大影响;就是要推动群众生活环境和社会服务方面最关心、最直接、最现实利益问题的解决,让群众在创建中得到实惠、提高素质、享受文明,密切党群干群关系、促进社会和谐稳定。

二、突出重点,突破难点,坚持不懈推动活动创新发展

省委办公厅、省政府办公厅即将印发的《实施方案》,明确了今年的主要工作任务和目标,各地各部门要结合实际,尽快制定切实有效的具体措施,推动薄弱环节得到加强,突出问题得到进一步解决。

第一、坚持不懈加强城镇基础设施建设,在推动城镇环境设施改善上有新变化。基础设施建设滞后一直是制约我省经济社会发展和精神文明建设的瓶颈,使一些地方的“整脏治乱”工作陷入集中整治——反弹——再整治—再反弹的怪圈。当前,我省正大力实施城镇化带动战略,今年省文明委在“整脏治乱”工作方面,将加大对基础设施建设的考核分值权重,各地要以此为契机,以《全国文明城市测评体系》和文明单位评选标准为导向,高起点规划、高标准建设、高强度投入,加快城镇基础设施建设,配套完善城市功能。大力加强公共交通、给排水、污水处理和垃圾处理等市政基础设施建设,突出抓好停车场、公共厕所、农贸市场和环卫设施建设,完善交通标识标线,绿化美化亮化环境,大力加强旅游景区、景点服务设施标准化建设,使基础设施建设迈上新台阶。

第二、坚持不懈抓好城镇管理,在推动重点区域和部位整治上有新突破。今年“整脏治乱”专项行动要突出解决重点部位和区域存在的脏乱问题,紧紧抓住公共厕所、农贸市场、背街小巷、街头门面、景区景点、车站码头、工业园区、城郊结合部、交通沿线等重要节点,坚持人民至上,寓服务于管理之中,抓好“门前三包”责任制的落实。坚持公正、文明、柔性、服务、人性执法,促进城市管理执法的科学化、规范化和人性化,提高城市综合管理水平。相关职能部门要依法行政,切实加强行风政风建设和执法培训,规范执法行为,提升执法素养和能力,加大政务公开力度,改进执法和服务方式方法,坚决反对动粗来硬,防止激化矛盾,杜绝小问题酿成大事端。通过深入宣传动员、严格依法管理、完善督查奖惩和长效机制等措施,促进专项行动深入开展,突出问题得到有效解决。

第三、坚持不懈抓好宣传教育,在推动群众文明素质提升上有新成效。人民群众是精神文明创建活动的参与者和享受者,公民文明素质的养成和提高,离不开丰富的社会实践。如果没有广大群众文明行为的养成,任由乱吐乱扔、乱行乱停,那我们将处于一个什么样的脏乱环境?如果群众没有积极参与,何以养成文明行为习惯?如果没有群众对社会公共服务行业和政务服务窗口部门的监督,我们的社会服务水平就不会有明显提高。因此,要坚持一手抓建设管理、一手抓宣传教育,坚持一切为了群众、依靠群众、服务群众,精心设计人民群众乐于参与、便于参与的活动载体,加强文明素质和法治等宣传教育,广泛组织动员广大群众积极参与,引导他们讲文明、树新风、明是非、知礼仪,自觉履行法定义务和社会责任,争做文明有礼的贵州人。以增强诚信意识和责任意识为重点,加强职业道德宣传教育,提高社会服务水平。组织开展丰富多彩的学礼仪、讲文明实践活动,大力实施“文明交通行动计划”,集中解决人们行为习惯和社会生活中存在的突出问题,让广大群众在参与中得实惠、受教育、有提高。

第四、坚持不懈抓好窗口服务行业,在推动社会公共服务质量改善上有新提高。窗口服务行业的服务水平和质量是一个地方文明形象的集中展示,要始终坚持把窗口服务行业作为突破口,抓好服务水平和质量的提高,推动社会公共服务水平的整体提升。要把诚信建设摆到突出位置,针对一些行业和领域存在的突出问题,开展专项整治和宣传教育活动,大力推进政务诚信、商务诚信、司法诚信、社会诚信和个人诚信建设,强化行业自律,引导公民增强诚信为本、操守为重的观念,在全社会形成干事创业、敬业奉献、诚实守信的良好风气,进一步夯实经济社会发展的道德根基。特别是重点抓好政务、公交、旅游、卫生、商务、金融、通信等窗口服务行业,针对医德、公务员道德和职工职业道德等方面存在的突出问题,整治以权谋私、造假欺诈、见利忘义、损人利己等现象,把专项整治和政风、行风建设紧密结合起来,坚持道德教育、问题治理和制度建设一起抓,努力实现全省窗口服务行业环境整洁、管理规范、服务高效、文明热情的目标,进一步提高社会公共服务水平和质量。

第五、坚持不懈抓好突出问题的解决,在推动公共管理水平提高上有新作为。要寓创建于为民服务中,解决群众反映强烈的环境脏、秩序乱、服务差等突出问题,增强活动的针对性和实效性,扩大影响力和吸引力。坚持堵疏结合,标本兼治,按照因地制宜、便民利民的原则,处理好“面子”和“肚子”的关系,规范临时停车位、临时经营市场摊区的管理,在解决城市脏乱的同时兼顾群众的生计。各级政务服务中心要重点整治服务态度差、效率低、懒散等突出问题,提高服务效率和服务质量;省卫生厅和省爱委会要切实做好卫生城市创建工作,整治医疗服务机构服务态度差、乱收费、环境脏乱等突出问题;省住房与城乡建设厅要指导督促各地按国家标准建好管好公厕,推动公厕免费开放;省工商局、省商务厅要按照文明集市创建标准建好、管好农贸市场;省旅游局要突出整治旅游服务标准低和服务质量差等问题,推动旅游行业服务规范化;省交通运输厅等部门要大力改善火车站、长途客运站和公交车站的环境卫生、公共秩序,重点整治城市出租车拒载、拼客、宰客、甩客和车容车貌脏乱等突出问题,严厉打击“黑的”现象;商务、工商、物价、食品卫生监督等部门要联合行动,突出整治假冒伪劣、价格欺诈、不安全食品等不诚信经营行为;金融系统要着力解决排队时间过长、收费乱等问题;通信部门要着力解决收费乱、套餐乱和垃圾短信等问题。要继续通过网络媒体开展不满意问题征集活动，督促有关地区和部门及时办理回复群众不满意问题，暂时不能解决的问题要积极主动地做好解释工作。

三、加强领导，完善机制，扎实有效推进活动再创佳绩

“整脏治乱”专项行动和“满意在贵州”主题活动面广、线长、点多，必须加强领导，完善机制，务求实效。

*一是要强化组织领导。*各级党委、政府要切实加强对这两项工作的领导，做到有人办事、有钱办事，主要领导要亲自过问，分管领导要具体抓，解决突出问题。省直各部门、各成员单位要承担起对本单位、本系统主题活动的指导和督查职责，结合实际制定实施方案，采取有力措施推动活动扎实有效开展。各地要根据党政换届后领导班子成员变动情况，及时对领导小组及其办公室进行调整，充实力量，不让工作脱节断档。各部门要按照省委省政府的要求，进一步细化任务，落实责任，不折不扣的做到谁主管谁负责，确保每一项任务都有人抓、有人管、有人落实。

*二是要建立和完善长效机制。*要进一步健全完善党委统一领导、党政群齐抓共管、文明委组织协调、有关部门各负其责、全社会积极参与的领导体制和工作机制，形成全党全社会共同推进的生动局面。各级文明委要加强统筹规划、组织协调、督促检查、分类指导，推动工作落实。职能部门要充分发挥作用，注重运用工程管理的方法，设计好每一项重点工作的时间表和线路图，抓细节、重过程，强化过程管理和督查督办，确保各项工作实现预期目标。各级文明办、整治办、满意办要认真做好组织协调、指导督查和联络服务工作，创新完善精神文明创建活动的体制机制，督促相关成员单位及时主动地协调解决文明创建工作中的实际问题、破解发展难题，推进作风转变，以工作实效影响带动群众，取信于民，赢得支持。要充分发挥行业主管部门、群众团体、行业协会的作用，不断扩大工作覆盖面，努力形成各方联动、整体推进的工作格局。要借助统计部门、调查机构等方面力量，建立健全科学的督促检查、成效测评、动态管理机制，不断促进工作科学化、规范化、常态化。

*三是要强化督查考核。*继续坚持明查暗访、新闻舆论监督、社会监督等工作机制。继续将“整脏治乱”和“满意在贵州”工作纳入市、县党政领导班子政绩考核评价体系，作为干部考核的重要依据。各级领导小组要认真履行党委、政府赋予的职责，敢于动真碰硬，对工作落实不力、问题突出的单位要进行重点督办。各级党委、政府两办督查室要加强督查，对工作不力、问题突出的要进行公开通报。继续坚持以省直重点牵头部门和市、县为主要对象的双向考核督查机制。继续坚持动态管理、挂牌督办和黄牌警告制度，对已获省级文明城市创建工作先进以上的地方届期考核实行“末位淘汰制”；对工作滞后、群众满意度低的地方实行黄牌警告；对工作滑坡、问题突出的文明单位要予以摘牌。

同志们，今年是贵州历史上具有重要意义的一年，国务院出台了促进贵州经济社会又好又快发展的 2 号文件，我们要坚定信心、振奋精神、抓住机遇、努力工作，以优异的成绩迎接党的十八大和省第十一次党代会胜利召开！

在省科协七届六次全委会议上的讲话

（2 月 20 日）

各位委员、同志们：

今天，省科协召开七届六次全委会议，主要任务是认真学习《中央书记处关于科协工作的几点意见》，贯彻落实党的十七届六中全会、国发 2 号文件精神和省委十届十次、十一次、十二次全会、全省经济工作会议及“两会”精神，回顾总结 2011

年工作,研究部署2012年任务。这对于各级科协组织把握大局、履行职能、发挥优势,团结带领广大科技工作者积极投身贵州经济社会跨越发展、与全国同步进入全面小康社会的宏伟事业,具有十分重要的意义。

省委、省政府历来高度重视科学技术发展,把科技工作摆在十分突出的位置。去年,省委、省政府召开了全省科学技术大会,出台了《关于加强科技创新促进经济社会更好更快发展的决定》,启动实施"八大科技工程"和"六大科技行动计划",这必将进一步推动贵州科技工作的大发展,有力促进科技与经济紧密融合。各级科协组织和广大科技工作者一定要认真学习领会,坚决贯彻落实。

2011年是我省发展进程中很不平凡的一年。面对繁重的工作任务和严峻的困难挑战,在省委、省政府的正确领导下,全省上下高举"发展、团结、奋斗"的旗帜,大力实施"两加一推"主基调和工业强省、城镇化带动主战略,全省经济社会发展呈现出"发展提速、转型加快、效益较好、民生改善、后劲增强"的良好态势。这些成绩的取得,是省委、省政府正确领导的结果,是全省各级干部群众共同奋斗的结果,也饱含着各级科协组织和广大科技工作者的心血、智慧和汗水。

过去的一年,全省各级科协组织及所属团体认真贯彻落实省委、省政府工作部署,围绕中心、服务大局,在推动经济社会发展、提高全民科学素质、服务科技工作者等方面亮点纷呈、卓有成效,特别是围绕服务工业强省战略开展的院士专家论坛和引聘科技专家等一系列工作,主动有为,影响很大,为实现全省经济社会又好又快更好更快发展做出了积极贡献,得到了各级党委、政府以及社会各界的充分肯定。刚才受表彰的单位和个人就是其中的杰出代表。借此机会,我代表省委、省政府,向受到表彰的先进单位和个人表示热烈的祝贺!向全省广大科技工作者和各级科协工作者致以崇高的敬意和亲切的问候!

刚才,会议传达了中央书记处关于科协工作的几点意见和中国科协八届二次会议精神。中央书记处对科协工作给予高度评价,对做好今年科协工作提出了具体要求,为我们做好当前和今后一个时期的科协工作指明了方向,大家要认真学习领会,结合实际抓好落实。一会儿,湘生同志还要作工作报告,对过去一年科协工作作全面总结,对今年工作进行具体部署。

下面,我先讲几点意见。

*一要勇担历史重任,努力在服务贵州后发赶超中体现价值。*今年1月12日,国务院颁布了《关于进一步促进贵州经济社会又好又快发展的若干意见》(国发〔2012〕2号),详细地阐述了促进贵州发展的重大意义、指导思想、基本原则、发展目标、战略定位、空间布局、主要任务和政策措施,为贵州的发展指明方向、提出要求、给予支持,是贵州经济社会发展的一个重大历史机遇,是我们推进科学发展一个新的起点,对贵州发展具有划时代的里程碑意义。在去年召开的全省经济工作会议上,省委、省政府把"稳中求进、提速转型"作为今年经济工作的总基调、总目标,并提出在"十二五"期间,创造一个高于过去、高于西部、高于全国的"贵州速度"。当前,全省干部群众发展意识更加增强、发展信心更加提升、发展激情更加高涨。各级科协组织一定要增强责任感和使命感,围绕中心,服务大局,在学习贯彻落实国发2号文件、推动实现"稳中求快、快中保好、能快则快、又好又快"中找准位置,发挥优势,体现自身价值,积极引导广大科技工作者投身到经济社会发展大潮中,把科学技术第一生产力作用充分发挥出来。一是更加主动地面向经济建设主战场。国发2号文件明确提出,贵州要努力走出一条符合自身实际和时代要求的后发赶超之路,确保与全国同步实现全面建设小康社会的宏伟目标。各级科协组织和广大科技工作者要把自身事业发展与贵州实现后发赶超结合起来,紧紧围绕同步实现小康社会的宏伟目标,围绕加速发展、加快转型、推动跨越的主基调,围绕工业强省、城镇化带动主战略,切实加强科技创新,把科技创新优势转为经济发展优势,搭建科技合作交流平台,推动建立"院士专家工作站",扎实开展"院士专家企业行"活动,不断把更多创新要素引向企业和基层,大力促进我省科研成果就地转化,产生实实在在的经济效益。二是更加积极地提高自主创新能力。国发2号文件明确把贵州定位为全国重要的能源基地、资源深加工、特色轻工业基地,以航空航天为重点

的装备制造基地，并明确要求提高科技创新支撑能力，加强核心技术和关键技术研发。各级科协组织和广大科技工作者要围绕2号文件中明确的重点产业、重点领域、重点工程建设，突破技术性和关键性难题，开展多种形式的科技攻关活动，不断创造一流的科研成果，加快建立以企业为主体、市场为导向、产学研相结合的技术创新体系。三是更加扎实地当好科技智囊团和思想库。要充分发挥科协人才荟萃、学科齐全、联系广泛的优势，深入挖掘和利用科协组织中专家学者、科技人才以及各学会、协会、研究会的智力资源，继续举办好“贵州省工业强省十大产业院士专家论坛”和“领导干部与院士专家恳谈会”，加强贵州省工业强省十大产业科技思想库建设，鼓励和支持思想库专家和广大科技工作者加强专题调研、学术研讨和科学论证，形成有针对性、可操作性的对策建议，使科协组织和广大科技工作者真正成为我省加速发展的科技智囊团和思想库。

二要勇当传播使者，努力在提升全民科学素质中建功立业。人口素质问题是影响经济社会发展的关键因素，事关全省“十二五”规划和全面建设小康社会目标能否如期实现，科学文化素质作为人口素质的重要内容，必须毫不含糊、毫不犹豫地抓好。作为科普工作的主力军，各级科协组织和广大科技工作者要大力弘扬科学精神，普及科学知识，传播科学思想，倡导科学方法，努力把提高全民科学文化素质这一基础性工作抓实抓好。一是区分重点人群。分不同人群特点有针对性提升科学素质，以重点人群的科学素质行动带动全民科学素质的整体提高。围绕增强领导干部科学决策和管理能力，加大面向领导干部、公务员的科普工作力度；围绕培养青少年科学兴趣，大力加强科学知识教育，积极举办科技创新大赛；围绕培养更多的高素质劳动者，在农民、城镇劳动人口中广泛开展科普技能培训。二是加强阵地建设。顺应时代发展的要求，进一步开展“百万公众网络学习工程”，不断加强与有关部门的沟通联系，加大对高校、科研院所、企业和社会各类科普资源的整合力度，推动建立跨部门、社会化的科普资源集成共享机制，为广大群众提供便捷、高效的服务。三是创新活动载体。坚持贴近实际、贴近生活、贴近群众，实现人往下走、工作往实做、活动往下沉，深入打造“科普日”、“科普示范县”、“科技致富二传手培训工程”、“华硕图书室”等工作品牌，扎实开展“社区科普益民”活动，拓展和发挥社区科普设施功能，努力促进科普工作的“常态化”、“大众化”。

三要勇立时代潮头，努力在竭诚服务中加强自身建设。当前，世情、国情、党情、省情深刻变化，科协要在新的形势下开创工作新局面，就必须解放思想、大胆创新、主动作为，在发扬优良传统的基础上，全面加强自身建设，切实在服务科技工作者方面有新作为，使科协组织更好地成为党和政府联系广大科技工作者的桥梁和纽带。一是不断扩大科协覆盖面和影响力。加强基层科协组织和干部队伍建设，继续加大对县（市、区）科协的工作指导力度，通过开展各类业务培训，提升科协工作者素质，强化服务意识，提高服务能力。加强在企业、高校、高新区等领域发展科协基层组织，不断扩大科协基层组织覆盖面，真正做到哪里有科技工作者，科协工作就做到哪里，哪里科技工作者密集，科协组织就建到哪里，让科协组织提供的服务延伸到每一个科技工作者。二是努力推进科协文化建家工作。通过积极构建共同的文化价值体系，坚持以文化凝聚人心、以文化促进发展，大力培育良好的人文修养，营造有感召力的人文环境，推动形成科协系统普遍认同的核心理念和行为准则，培育具有鲜明时代特征的科协文化，不断增强科协组织的生机和活力。三是推动形成与科技工作者紧密联系的服务机制。定期征求科技工作者的意见和建议，切实帮助他们解决工作、学习和生活中遇到的实际困难，维护他们的合法权益，积极为他们学习、交流搭建有效平台，鼓励科技工作者干好事业，帮助科技工作者干成事业，真正使科协成为凝聚和吸引科技工作者的温暖之家，真正把各方面的科技人员更加紧密地团结在党和政府的周围，切实为贵州发展凝才聚力。

科协是党领导下的人民团体，是推动科技事业发展的重要力量。希望各级党委和政府从全局和战略的高度，进一步加强和改进对科协工作的领导，认真解决科协工作中遇到的困难和问题，努力为科协及所属团体的发展创造良好环境和条件，支持科协组织在推动经济社会发展中发挥重要作用。

各位委员、同志们,科技事业使命光荣、责任重大,科协工作前景广阔、大有可为。希望全省各级科协组织和广大科技工作者锐意进取、扎实工作,不断开创全省科技工作新局面,为加快实现我省经济社会发展历史性跨越再立新功,以优异成绩迎接党的十八大和省第十一次党代会胜利召开!

在国发 2 号文件专家座谈会上的致辞

(2 月 28 日)

尊敬的卢中原副主任,各位领导、各位专家,来宾们、朋友们:

大家上午好!非常感谢各位在百忙之中,来参加由中共贵州省委、贵州省人民政府举办的《国务院关于进一步促进贵州经济社会又好又快发展的若干意见》专家座谈会。在此,我谨代表贵州省委、省政府向前来出席座谈会的各位领导、专家表示热烈欢迎!对你们长期以来对贵州发展的关心和支持表示衷心感谢!

今年 1 月 12 日,《国务院关于进一步促进贵州经济社会又好又快发展的若干意见》(国发〔2012〕2 号)颁布实施。这是党中央、国务院立足全面建设小康社会,统筹全国区域协调发展作出的一项重大决策部署,为贵州加快脱贫致富,确保与全国同步实现全面建设小康社会提供了强有力的政策等方面的支撑。国发 2 号文件作为从国家层面系统全面支持贵州发展的文件,在贵州发展进程中具有划时代的里程碑意义,充分体现了党中央、国务院对贵州工作的高度重视和关怀,充分体现了社会各方对贵州发展的大力支持和帮助。

贵州是我国西部多民族聚居的省份,也是贫困问题最突出的欠发达省份。为改变贫困落后面貌,贵州各级党委、政府和各族人民进行了长期的探索和艰苦努力。西部大开发以来,贵州抢抓机遇、加快发展,各项工作取得了长足进步,经济社会面貌发生了深刻变化。特别是近年来,贵州省委、省政府在以往工作的基础上,确立了“加速发展、加快转型、推动跨越”的主基调,大力实施工业强省、城镇化带动战略,全省经济社会发展呈现出“发展提速、转型加快、效益较好、民生改善、后劲增强”的良好态势。去年,尽管贵州发展的多个指标增速在全国排位大大前移,但与全国比,我们的发展差距仍在拉大,面临着既要“转”又要“赶”的双重压力,与全国同步实现全面建设小康社会的任务还很艰巨,迫切需要我们以学习贯彻落实国发 2 号文件为契机,更加振奋精神,扎实工作、奋力拼搏,努力实现经济社会发展的历史性跨越。

贯彻落实好国发 2 号文件,是贵州当前和今后很长时期的中心工作。一方面,文件内涵丰富、政策“含金量”高,分别从财税、投资、金融、产业、土地、人才、对口支援等七个方面,提出了 119 项支持贵州加快发展的突破性政策,明确了在贵州实施 13 项试点、17 项示范、13 项重要规划和 176 项重大工程项目。落实好这些政策和项目,既是我省又好又快、更好更快发展的重大机遇,也是对我省工作的重大考验。解读好文件精神,把握运用好政策,特别是创造性地制定更加开放、灵活、具体的政策措施,是一项紧迫的任务,也是一项系统工程,需要我们立足当前、着眼长远,扎实抓好文件落实。另一方面,我们又要在贯彻落实文件的过程中,努力走出一条符合自身实际和时代要求的后发赶超之路,既需要贵州依靠自身的不懈努力,更需要充分借助外力、外脑,集思广益、共谋发展大计。为此,贵州省委、省政府今天召开此次座谈会,目的就是为了向在座各位请教,望你们站在全国平台的高度,以宽阔的视野、超群的智慧、创新求实的思路,为贵州贯彻落实好国发 2 号文件出谋划策、建言献计。我们相信经过大家的悉心指点,一定能够帮助贵州更加深刻地领会和吃透文件精神,把政策用足用活用好,推动贵州经济社会又好又快、更好更快发展。

东风吹来满眼春,扬帆破浪正当时。“尽快使贵州富裕起来,是西部和欠发达地区与全国缩小差距的象征,是国家兴旺发达的标志。”乘着国发2号文件的东风,“到2020年与全国同步实现全面建设小康社会”,贵州4000多万各族群众满怀期望、充满信心。恳请各位领导和专家一如既往地关心贵州、帮助贵州、支持贵州、“给力”贵州。

最后,请允许我再一次对出席座谈会的各位来宾表示最诚挚的感谢,祝本次座谈会取得圆满成功!祝大家身体健康,万事如意!谢谢大家!

在多彩贵州舞蹈大赛组委会上的讲话

(3月17日)

同志们:

刚才庆生同志对本届多彩贵州舞蹈大赛的相关工作谈了很好的意见,我完全同意。下面,有一些个人的想法,也提出来,与大家进行交流。

一、进一步提高认识

将多彩贵州主题文化活动进行到底,这不仅是省委、省政府的明确要求,更是广大干部群众的殷切希望。结合今年的新形势、新任务,办好多彩贵州舞蹈大赛,更具有特殊意义。

首先,这是检验各市、州和省直各有关部门、单位贯彻落实国发2号文件和省委十届十二次全会精神的重要评判。国发2号文件和省委十届十二次全会都强调,要挖掘贵州的多民族文化资源,做大做强多彩贵州文化品牌。大赛是多彩贵州文化品牌树立的坚实基石,也是挖掘贵州多民族文化资源的重要抓手,按照大赛《总体方案》抓好各项工作的落实,是各市、州和各有关部门、单位贯彻落实国发2号文件和省委十届十二次全会精神的必然要求,对大赛工作麻痹对待或者敷衍了事的地方、部门、单位,如果还夸耀自己在贯彻落实国发2号文件和省委十届十二次全会精神方面取得这样那样的实效,这是很难令人信服的。

其次,这是检验各市、州和省直各有关部门、单位在加快文化发展方面“增比进位”的重要评判。“增比进位”是省委、省政府对全省经济社会发展提出的要求,文化发展同样概莫能外。现在,经济社会发展的许多重要指标实现了“增比进位”,但在一些地方、一些领域,文化发展还明显滞后于经济社会发展,这种滞后,通过分析历届多彩贵州主题文化活动各大奖项的归属情况就可得到印证。对文化发展的重视,不能停留在口头上,要靠打造优秀作品和培养优秀人才来体现。如果连多彩贵州的舞台上都望“奖”兴叹,文化发展的“增比进位”可能就无从谈起。

最后,这是检验各市、州和省直各有关部门、单位队伍建设、作风建设的重要评判。市、县两级党委换届之后,一批新锐力量充实到宣传文化战线,各市、州党委宣传部和省直各有关部门、单位队伍建设、作风建设总体上得到有力推动。虽然很多同志都是初次参与大赛工作,但从大家的发言来看,干劲很足,热情很高,让人欣慰。组织上把大家摆到这个岗位上,这是对大家的信任,同志们要以过硬的作风,拿出实实在在的成绩,向组织上交出合格的答卷。

二、进一步强化执行

开放性、创新性、实效性,这是历届多彩贵州主题文化活动都坚持秉承的工作理念。本届多彩贵州舞蹈大赛,应该说《总体方案》起草,在体现开放性、创新性、实效性,大力构筑贵州精神高地,为迎接党的十八大和省十一次党代会胜利召开营造良好社会氛围方面,是动了不少脑筋的,得到了大家的肯定。大家好的意见和建议,在工作中也会采纳。《总体方案》确定,接下来的关键,就是要强化执行。

一是要强化责任意识。大赛《总体方案》对各市、州和省直各有关部门、单位都明确了具体责

任。对照要求,各司其职,抓好落实,是大赛顺利举行的重要保证。刚才建国同志对当前和今后必须抓紧进行的几项工作作了部署安排,希望大家高度重视,切实承担起各自应该承担的责任,保质保量完成任务。有一些任务很艰巨,必须拿出一流的决心和勇气。

二是要强化运作力量。运作力量如何,关乎大赛执行成败。对大赛组委会办公室而言,贵州广播电视台和省文联、省舞协是运作力量的主要组成部分,希望你们把可以组织的最优秀的电视团队、最优秀的舞蹈专家都组织进来,切实把大赛运作好。各赛区也要高度重视强化本赛区运作力量的问题,要借鉴大赛组委会办公室的模式,调动一切可以调动的力量,为本赛区的选拔和组队工作服务。

三是要强化参赛主体。优秀作品和优秀人才是大赛的参赛主体,关乎大赛的水平。只有提升作品和人才的水平,整个大赛的水平才会上得去,才会让国内舞蹈界真正认识到"汉藏蒙维朝、苗舞在崛起"(意即国内舞蹈界传统认为中国舞蹈以汉族舞蹈、藏族舞蹈、蒙古族舞蹈、维吾尔族舞蹈、朝鲜族舞蹈为代表,前两届多彩贵州舞蹈大赛举办后,一些权威专家提出,苗族舞蹈也是中国舞蹈的代表之一)。参赛主体的强化,需要艺术家自身付出努力,更需要各级党委、政府和各有关部门创造积极条件,采取一些实际措施,激发艺术家的创造性、主动性。

三、进一步扩大成果运用

怎么运用好大赛的成果,不至于让优秀作品和优秀人才在颁奖之后便烟消云散,一直都是我和庆生同志非常关心的问题。对接中央电视台和中国文联相关文艺家协会举办的大赛,让贵州优秀作品和优秀人才到高端平台进行展示,这是过去多彩贵州主题文化活动在成果运用上的惯常做法,取得了很大成绩。本届多彩贵州舞蹈大赛在坚持这种做法的同时,另外提出要组织大赛涌现的优秀人才,参加多彩贵州明星艺术团,开展"走出去、走下去"演出,应该说,这在成果运用上是一种创新,是一种拓展。正因为是创新,是拓展,也希望在一些环节上要把握好。

其一,要选择好运作主体。今年的《宣传思想工作要点》明确,要组建多彩贵州明星艺术团。这个设想,是参照中央的心连心艺术团提出的,一方面,艺术团走出去、走下去,代表的是省委、省政府的形象,是高规格的,另一方面,艺术团又不养人,只养事,是非建制的。中央的心连心艺术团,是由中央电视台来负责运作的,中央宣传部给予指导。多彩贵州明星艺术团怎么运作,可以借鉴心连心艺术团的经验,也可以大胆探索符合贵州实际的全新模式。

其二,要谋划好推出时机。今年全省宣传文化战线最重要的工作,是迎接、宣传、贯彻党的十八大和省第十一次党代会,多彩贵州明星艺术团的推出,必须与迎接、宣传、贯彻党的十八大和省第十一次党代会联系起来,成为迎接、宣传、贯彻党的十八大和省第十一次党代会工作的重要组成部分。太早,组织工作可能跟不上,太晚,又会失去意义。要认真思考时机把握,谋划好推出的最佳时间节点,发挥最大效益。

其三,要设计好演出路线。去年,全省经济社会发展突飞猛进,今年,国发2号文件的下发,为贵州经济社会发展更增动力。多彩贵州明星艺术团走哪里,不能光考虑个别地方、企业、单位欢迎多彩贵州明星艺术团到来的积极性、主动性,更要考虑全省经济社会发展的大局需要。换句话说,多彩贵州明星艺术团所到之处,必须是省委、省政府的目光关注之处,要在省委、省政府的目光之下,放大省委、省政府的声音,这样才谈得上服务大局。

以上就是我个人的一些想法,提出来,可能对大家的工作会形成一些帮助。

谢谢大家!

就做好贯彻落实《国务院关于进一步促进贵州经济社会又好又快发展的若干意见》系列读物出版工作的几点意见

（3 月 23 日）

在全省上下深入学习贯彻落实国发 2 号文件，喜迎省第十一次党代会胜利召开之际，贯彻落实国发 2 号文件系列读物即将陆续出版，对此，我表示热烈的祝贺，对参与这项工作的单位和同志表示衷心的感谢！

国发 2 号文件，是首个从国家层面全面系统支持我省发展的纲领性文件，凝结着党中央、国务院对我省 4000 万干部群众的亲切关怀，是贵州经济社会发展历史进程中的重大标志性事件，具有划时代的里程碑意义，具有十分重大而深远的政治意义、发展意义和历史意义。省委、省政府高度重视国发 2 号文件的学习贯彻落实工作，省委书记栗战书同志、省长赵克志同志多次召开会议进行研究，明确作出了一系列工作部署。

我就进一步学习宣传和贯彻落实好国发 2 号文件，再强调几点意见。

一、在深入学习贯彻国发 2 号文件中进一步展示“贵州形象”

当前全省各级各部门的首要任务，就是要切实把思想和行动统一到国发 2 号文件的要求上来，对内凝聚人心、对外展示形象，把各项部署真正转化为全省各族人民的生动实践，加快推进贵州历史性跨越。而做好这些工作，必须进一步加大学习宣传力度，采取多种有效形式，帮助各级党员干部准确把握文件精神，进而结合本地本部门实际抓好落实，形成举全省之力抢抓机遇，举全省之力实施重点突破，推进历史性跨越的浓烈氛围。这次组织出版贯彻落实国发 2 号文件的系列读物，可以说，既是创新决策服务、促进研究成果社会化的重要成果，也是对国发 2 号文件积极有效的宣传探索，将对各级干部学习贯彻文件提供重要参考和有益帮助。在下步工作中，各地各部门要结合自身职能，在全面理解文件精神，准确掌握文件要求的基础上，进一步加强对文件精神的学习宣传，通过各方面协同努力，营造贯彻落实和促进发展的浓厚社会氛围和舆论环境。要通过多渠道、全方位的宣传，让全省上下更加全面深入地了解文件的精神实质和内容，更加深切地感受党中央、国务院对贵州各族群众的关怀，更加迸发出实现后发赶超的强劲动力，向外展示一个多彩、开放、奋进的贵州新形象。

二、在深入学习贯彻国发 2 号文件中进一步构筑贵州“精神高地”

党的十七届五中全会以来，通过全省上下的努力，不仅全省经济社会发展焕然一新，而且难能可贵的是，全省各级干部的精神面貌发生了明显变化。我们在改革稳定发展的过程中，牢固树立了面对困难不屈不挠、迎难而上的精神。贯彻落实好国发 2 号文件，是贵州当前和今后很长一段时期的中心工作，也是对我省工作的重大考验。国发 2 号文件内涵丰富，政策含金量高，分别从财税、投资、金融、产业、土地、人口、对口支援等七个方面提出了 119 项支持贵州加快发展的突破性政策，明确了在贵州实施 13 项试点、17 项示范、13 项重要规划和 176 项重大工程项目。所以说，落实好这些政策和项目，既是我省又好又快、更好更快发展的重大机遇，也是对我省工作的一张试卷。如何完成文件提出的目标任务，迎接好考验？唯有提振“精气神”，迎难而上！要把构筑贵州“精神高地”作为重大战略任务，支撑贵州冲出“经济洼地”。要进一步凝心聚力，传承好长征精神、遵义会议精神、三线精神、贵州抗旱精神，尤其是培育和弘扬“开放创新、团结奋进”的贵州时代精神,以更加坚定的信心、更加饱满的热情、更加强劲的气势,百折不挠地去完成国发2号文件提出的各项任务,能快则快,又好又快向预定目标迈进,努力改变贫穷落后的面貌,努力与全国同步进入全面小康社会。

三、在深入学习贯彻国发2号文件中进一步凝聚“贵州力量”

如何千方百计让国发2号文件的巨大影响、巨大作用、潜在发展空间变为现实,转化为现实生产力,关键在于各级干部结合贵州实际创造性地做好“落实”这篇大文章。明晰了这一点,就能更好把握主动权,把工作做得更扎实一些,使发展动力不断提升。栗战书书记在省委常委会、全省项目建设年现场观摩会等多次强调,全省上下要进一步转变作风,快速行动起来,结合本地本部门实际,一丝不苟的抓好国发2号文件的贯彻落实。赵克志省长指出,出台一个好的文件不容易,要把好的文件落地更不容易。我们要以出版系列读物为契机,进一步抓好国发2号文件的学习,进一步发挥专家学者的优势和作用,推出更多分量更重、水平更高的辅助读物和研究成果,帮助全省干部群众更加深刻学习领会、贯彻落实国发2号文件精神,提高贵州实现后发赶超的自觉性,提高决策的科学性,更好地理解省委、省政府发展思路和发展举措,最广泛地凝聚起全省人民干事创业的智慧和力量,推动贵州实现后发赶超,确保实现到2020年与全国同步建成全面小康社会的宏伟目标!

在2012年第一季度新闻通气会上的讲话

(3月31日)

同志们:

2012年的第一季度,在大家的共同努力下,我们在全国“两会”、国发2号文件、省“两会”等重要主题宣传中,取得了很好的成绩。四月份,省里即将召开第十一次党代会,这是全省人民政治生活中的一件大事,省委对党代会的宣传报道工作高度重视,战书书记多次明确指示,克志省长昨天还专程到贵州广播电视台、贵州日报报业集团调研,提出具体要求。我们觉得有必要在这个时间节点上,把大家请来,对前一阶段的工作做一次小结,对迎接省第十一次党代会和学习宣传贯彻党代会精神的宣传报道工作进行再动员、再部署。

前一阶段,对国发2号文件的宣传,我们进行了精心安排,争取国务院新闻办公室召开了新闻发布会,还召开了专家座谈会和支持贵州又好又快发展金融座谈会。中央、香港新闻单位大力支持,在重要版面、栏目和时段,刊播了很多分量足、质量高的稿件。比如,《人民日报》2月13日一版头条刊发了《贵州后发赶超乘势启航》,3月2日二版刊发了评论员文章《实现贵州发展的历史性跨越》,社会反响很好;新华社播发了《从经济洼地奋起 闯后发赶超之路》、《经济观察:中国西部多条“出海通道”勾勒区域发展新版图》等大量稿件;《经济日报》3月3日刊发消息《14家金融机构助推贵州发展》;中央人民广播电台《新闻纵横》栏目播出《国务院发布2号文件,看贵州如何后发赶超》,并在《新闻与报纸摘要》栏目播报了相关简讯;中央电视台《新闻联播》播出了新闻发布会和贵州贯彻落实2号文件的相关报道,总长达4分钟,3月2日《焦点访谈》又推出了一期专题报道《贵州:新机遇、新发展》;中国新闻社报道《支持贵州又好又快发展14家金融机构甩出“真金白银”》被广泛转载。其他中央、香港驻黔媒体也鼎力支持,为国发2号文件的宣传做出了积极贡献。

今年全国“两会”的宣传,有高度、有深度、有声势、有影响,充分展示了贵州“奋进崛起、后发赶超”的新气象,达到了“内振精神、外塑形象”的预期目标。亮点主要体现在五个方面:一是总体宣传规模和声势取得了重要突破。30 多家重要媒体刊播涉黔报道近 1000 条,刊载贵州宣传专版 48 个。二是贵州代表团团组开放活动受到境内外媒体高度关注。共邀请到 80 多家中外媒体、180 余名记者参加采访,记者提问气氛十分热烈,时间一再延长,长达 2 个半小时。三是重要版面和时段的报道实现了较大增长。《人民日报》先后组织了 5 个整版的涉黔报道,《经济日报》刊发了 7 个贵州宣传专版,中央电视台基本实现天天都有涉黔新闻,中央人民广播电台、中国日报社、中国新闻社等其他媒体也刊播了大量稿件。四是对外宣传方式进一步创新,效果明显增强。3 月 5 日—11 日,共组织了 11 场小型系列集体采访,40 余家媒体、260 余名记者对代表、委员做了系列采访,刊播了大批稿件,得到了代表委员和新闻记者的一致好评。五是省内媒体报道浓墨重彩、成效显著。《贵州日报》每天至少保持 3 个整版,3 月 9 日的专题报道还受到了中宣部的表扬。当代贵州策划推出《贵州风度》特别报道。贵州广播电视台广播方面共播发各类报道 61 条,贵州卫视《新闻联播》播出各类新闻 58 条,时长总计 200 余分钟。

近一段时间,关于长顺县敦操乡“背篼干部”的宣传报道做得有声有色。3 月 15 日至 19 日,中央电视台《新闻联播》连续五天,以新闻纪实的方式推出了“背篼干部”的系列报道,每集报道达 4 分钟左右,并配有编前编后语。节目播出后,在全国产生了重大反响。省委高度重视,栗战书书记、王富玉副书记、陈敏尔副书记先后作出批示,要求全省向“背篼干部”学习。最近在这方面,省委宣传部主要做了三项工作:一是和组织部联合发文,号召全省向敦操乡干部学习,迅速掀起学习热潮;二是下发通知,并召开新闻通气会,就“背篼干部”的宣传进行了全面的安排部署;三是准备组织一次集中采访,开展深入报道。“背篼干部”这个重大典型的出现,与中央媒体的大力推介分不开。昨晚,央视新闻联播又播报“再访敦操乡‘背篼干部’”的节目。下一步,希望中央、香港驻黔新闻单位进一步加大宣传力度,做好深度报道,争取把“背篼干部”推成全国意义上的先进典型。

省第十一次党代会的宣传方案已经下发,各新闻单位的前期报道已经启动,并统一开设了“同心谋跨越、五年铸辉煌——喜迎贵州省第十一次党代会”专栏,刊播了一批稿件。刚才,各家新闻单位的负责同志就党代会的宣传工作,谈了各自的计划、打算,提出了相关的意见、建议,讲得很好,各处室负责同志要认真研究,在工作安排中予以采纳。下面,我再谈几点意见:

*一要提高思想认识,全力以赴抓好党代会宣传。*省第十一次代表大会,是在贵州发展的关键时期召开的一次重要会议。它关系到贵州未来五年的发展,关系到全省经济社会发展的历史性跨越,关系到全面建设小康社会目标的顺利实现,具有极其重要的政治意义和历史意义。省委对党代会的宣传工作高度重视,提出了很高的要求,全省新闻战线要充分认识到身上肩负的重要责任,以最大的热情、最实的作风、最精良的策划,全力以赴抓好省十一次党代会的宣传,绝不能辜负省委、省政府的重托。现在离党代会召开只有半个月,时间很紧、任务很重,各新闻单位要集中精力和人力物力,精心组织、精心策划、精心落实,把迎接省第十一次党代会的宣传报道工作做细、做实、做活、做出成效,把贵州取得的巨大成就和美好前景讲充分、讲深入、讲透彻,让省委满意,让全省人民满意。省各新闻单位的一把手要切实负起责任,亲自安排部署,亲自统筹协调,亲自督促工作进度,确保各项宣传报道任务顺利推进。

二要坚持正确导向,营造热烈向上的舆论氛围。“舆论导向正确,是党和人民之福;舆论导向错误,是党和人民之祸”。坚持团结稳定鼓劲、正面宣传为主,唱响主旋律、打好主动仗,是新闻工作的指导方针,也是对党代会宣传的基本要求。在党代会的宣传报道中,无论是传统媒体,还是网络媒体,无论是大报,还是小报,无论是综合频道,还是专门频道,都要牢固树立政治意识、大局意识、责任意识,坚持正确的舆论导向。党报党刊、电台电视台是正面宣传的主力军,要通过大量的正面报道、成就报道、典型报道,发挥“引导社会、教育人民、推动发展”的功能,达到“统一思想、凝聚共识”的目的。都市类媒体、网络媒体也要增强正面宣传的自觉性,充分发挥受众广泛、形式活泼、贴近生活的特长特色,相互补充,相得益彰,形成党代会的主流舆论强势。在新闻报道中,要分

清大局和小局、主流和支流，绝不能剑走偏锋、猎奇炒作，打乱党代会的宣传部署和工作节奏。

*三要加强策划创新，形成亮点纷呈的宣传局面。*各媒体在完成规定动作之外，要发挥主动性和创造性，积极策划新闻选题，改进创新报道方式，在扩大报道声势、加强报道深度、提高报道鲜活性上下工夫，争取形成一个“主题鲜明、重点突出、亮点纷呈、生动活泼”的宣传局面。加强党代会的策划创新，要重点做好以下几个方面：一是要具备全局意识。做新闻报道，不能把眼光局限在具体的新闻点上，而要善于从战略上、全局上分析和把握形势。有高度，新闻报道才有气度。二是要进行深度拓展。记者编辑要沉下去，抓活鱼。停留在事物的表面上，浅尝辄止，永远也做不出好新闻。三是要精心制作。努力做到素材到位、采访到位、编辑到位、点题到位。只要肯思考、肯琢磨，就一定能够做出打动人心的好作品。

*四要发挥规模效应，打造重若千钧的宣传态势。*做好党代会的宣传，必须处理好新闻和宣传的关系。不注重新闻规律的宣传，枯燥乏味，没有说服力和影响力；不注重宣传规律的新闻，零零碎碎、松松垮垮，缺乏冲击力和震撼力。这次党代会的宣传，不但要做好“三贴近”，使新闻报道可信、可近、可亲，还要努力扩大宣传报道的声势：一是要加大力度，通过大版面、大时段的投入，进行全方位、立体式的宣传，形成规模效应，做到先声夺人。二是要高度集中，把新闻选题进行归纳梳理、分门别类，通过系列报道、专题报道、组合报道，形成冲击力，打造重若千钧的宣传态势。三是要擅长宏大叙事。以宽广视野和宏大眼光，统筹驾驭林林总总的新闻素材，把党代会宣传做出高度、做出深度、做出气度。

*五要重视对外宣传，千方百计地提高传播效果。*近两年来，我省抓经济社会发展的思路已经打开，全面开放的格局逐步形成，对外宣传的重要性也日益凸显。此次党代会的宣传，不能照搬往届党代会宣传的老思路、老经验、老办法，而要与时俱进、改革创新，一方面对内做好统一思想、凝心聚力的工作，另一方面积极开展对外宣传工作。要善于把握不同受众的文化传统、思维方式和表达习惯，善于把贵州的历史文化、发展成就、时代风貌、价值观念融入党代会的新闻报道中，充分扩大党代会的对外影响，在全国媒体上放大贵州的声音，树立“自觉、自强、自信、自立”的贵州形象。希望中央、香港驻黔媒体大力支持党代会的外宣工作，在重要版面、重要时段、重要专栏，刊播一批分量重、质量高、影响大的报道。省内各新闻单位要加强媒体联动，按照内宣服从外宣的要求，拓展与中央、香港、省外媒体的深度合作，积极提供稿件，千方百计扩大党代会的对外影响。

*六要做好协调配合，实施新闻宣传的“组合战役”。*省委宣传部要发挥居中协调的作用，与省直各部门保持密切的沟通，为媒体提供足够的新闻点和报道素材，并做好新闻中心设置、现场直播准备等基础性的工作。媒体之间要做好三个资源共享：对会场的文字实录和图片共享，所有程序性报道新闻稿共享，重要采访线索共享。各媒体内部要做好统筹工作，精心安排好新闻、文艺、社教等各类节目，以及要闻版、专版、专刊，共同为党代会营造良好舆论氛围。网络媒体和传统媒体要实现有效互动，充分发挥技术优势，创新方法手段，运用“博客”、“微博”等传播形式，进一步拓宽宣传范围。对于中央、香港驻黔新闻单位提出的采访要求，省委宣传部各相关处室要全力支持，省内新闻单位要在选题策划、稿件资源、人力物力等方面给予全力配合。

*七要严肃新闻纪律，完善审稿制度和问责制度。*我们的新闻媒体在报道把握上总体是好的，对推动贵州经济社会发展、维护社会和谐稳定发挥了重要作用。但是也要看到，少数媒体内部管理混乱，少数从业人员职务行为失范，严重影响了媒体的健康发展。刚才，谢念同志就近期新闻报道中出现的一些问题进行了通报。应该说，马上就是党代会，在这个高度敏感的时期，省内媒体连续播发几条负面报道、问题报道，说明现在有必要再重申一下新闻纪律。下面，我再强调几点：第一，严格掌控负面报道。各新闻单位一把手要加强把关，党代会前后，绝对不能再出现任何差错，尤其是政治性、导向性的差错。第二，把握好舆论监督的分寸。在开展舆论监督时，要分时机、分场合、分方式，绝对不能因为把握不当，影响全省的工作大局，影响贵州的对外形象。第三，严格三审

三校制度。初审、复审、终审的每个环节，必须落到实处，责任编辑、部门主任、总编辑各个关口，要切实负起责任。第四，加强问责制度。出了问题，不能再姑息，必须严肃处理，并自上而下的追究责任，尤其是领导的责任。不能老是把过错归结为经验不足、队伍年轻等原因。第五，扎实开展“走、转、改”活动。各新闻单位要进一步加强对编辑记者队伍的管理，进一步转作风、改文风。第六，完善新闻管理制度。目前，部新闻出版处起草了《贵州省属新闻媒体日常管理量化考核办法》，拟对省属新闻媒体进行量化考核。正面报道取得良好社会效益，受到中央领导、省委领导表扬，被中央媒体转载的，记相应的正分；刊播负面报道、庸俗报道、虚假报道，炒作群体性、突发性事件，受到中央和省委领导批评的，记相应的负分。每年根据累积的正负分值，进行相应的奖惩。《考核办法》要抓紧修改完善，征求意见后尽快下发。

各新闻单位的负责同志回去以后，要及时传达今天的会议精神，重申纪律要求，确保圆满完成党代会的各项宣传报道工作。谢谢大家！

在2012年中国科协决策咨询工作座谈会上的致辞

(4月11日)

尊敬的春法书记，各位来宾、朋友们、同志们：

在全省上下贯彻落实全国“两会”精神、喜迎省第十一次党代会之际，中国科协在贵阳召开2012年科协决策咨询工作座谈会，研讨新形势下推进科协调研工作的新经验、新思路，意义十分重大。这次会议在我省召开，充分体现了中国科协对贵州发展的大力支持，为我省向兄弟省（区、市）学习取经提供了一次难得的机会，对我省加强和与会代表的交流合作搭建了一个很好的平台，这对我们进一步做好科协工作是极大的鞭策。在此，我代表贵州省委、省政府，对会议的召开表示热烈祝贺！向出席会议的中国科协领导和各位来宾、朋友表示诚挚的欢迎！

长期以来，中国科协十分关心和支持贵州的发展，不断加大对贵州的支持力度，特别是在黔东南生态文明试验区建设、引聘科技院士专家等方面，给予鼎力支持。中国科协情系贵州、关心贵州、支持贵州的一系列举措和行动，让我们倍受感动、倍受鼓舞，极大地增强了贵州各族人民与全国同步建成全面小康社会的志气和信心。

贵州省委、省政府十分重视发挥科协组织联系科学技术工作者的桥梁纽带作用，对科协的各项活动给予积极支持，努力以科技和人才为支撑点，促进全省经济社会又好又快更好更快发展。改革开放以来特别是西部大开发以来，在党中央、国务院的亲切关怀和中央国家机关各部委、各兄弟省（区、市）的大力支持下，贵州充分发挥科技和人才的支撑作用，各项工作取得了显著成效。2011年全省经济社会发展呈现出“发展提速、转型加快、效益较好、民生改善、后劲增强”的态势，尤其是许多经济指标增速在全国排位迅速提升，有的达到了前三位。今年1至2月继续保持了总体良好的发展态势，全省规模以上工业增加值比上年同期增长17.6%，增速全国排名第5；固定资产投资同比增长38.8%，公共财政预算收入增长33.7%，增速均在全国排名第3位，预计一季度可以实现“开门红”。

当前，贵州正处在推进科学发展、奋力后发赶超的关键时期，特别是今年年初，国务院出台了《关于进一步促进贵州经济社会又好又快发展的若干意见》（国发〔2012〕2号），这是从国家层面系统支持我省发展的纲领性文件，为贵州发展创造了千载难逢的历史性机遇。全省上下正在抢抓机遇、乘势而上，努力构筑“精神高地”、奋力冲出“经济洼地”。我们真诚期盼中国科协一如既往地关心和指导贵州,我们真诚期望各兄弟省(市、区)科协一如既往地关注和支援贵州,我们真诚期待贵州科协一如既往地发挥好桥梁纽带作用,为贵州发展提供科技和人才保障,促进经济社会发展历史性跨越。

各位领导、各位朋友,在春天这个美好季节,黔中大地充满着无限生机与活力,贵州发展正当其时。我们坚信,在大家的关心和支持下,贵州的各项工作一定会再创辉煌,贵州的明天一定会更加灿烂!

最后,祝会议圆满成功!祝各位来宾工作顺利、身体健康!谢谢大家!

培养高度的文化自觉和文化自信

——《悦读贵州》丛书序

文化是土壤,孕育民族传统和民族精神;文化是根系,生长精神财富和物质财富;文化是力量,推动社会进步和时代发展。文化自觉是一种理性认知,主要体现为对本地区、本民族历史发展的深刻洞察和正确把握;文化自信是一种精神指引,主要体现为对本地区、本民族文明进步的坚定信念和主动担当。

贵州经济发展过去“总是垫底”,文化不彰、自觉不够、自信不足,既是其果,又是其因。面对“三不沿”的区位状况,面对没有平原支撑的地理条件,面对“三无”的历史误读,面对“贫穷落后”的外部认知,我们或多或少地显得信心不足、精神不振、斗志不昂。究其根本,正是源于我们对贵州文化的自觉不够、自信不强。横向比,归咎于自然地理等不利条件,我们容易怨天尤人、自甘落后;纵向比,满足于经济社会的常态发展,我们又容易松气懈怠、放慢步伐。

文化上的自觉自信集中体现在人的精神状态上。高度的文化自觉和文化自信催生开放创新、团结奋进的时代精神,并以此为基构筑起贵州的“精神高地”,促使我们自立自强,充分发挥“主观优势”,戮力扭转“客观劣势”,让贵州的事业和产业发展由无生有、由劣转优、由弱变强,大踏步跟上国家建设全面小康社会和现代化的步伐。

培养高度的文化自觉和文化自信要从促进贵州人全面的“文化自知”着手。唯有熟知贵州的历史、了解贵州的文化,才能切实增强身为贵州人的主体意识、责任意识、忧患意识、机遇意识,真正做到自觉自信自强,科学把握当下贵州面临的挑战和机遇,迎难而上、乘势而上,把“加速发展、加快转型、推动跨越”的美好愿景,变成活生生的历史创造。

正是基于上述认识,中共贵州省委宣传部策划编撰一套较为全面、准确地反映贵州文化的丛书,一套让我们的干部群众乐于阅读、便于阅读的丛书。因为力图全面、准确反映贵州文化,所以丛书是开放性的,将持续不断地推出,且我们约请的作者都是相关领域的名家大家。因为希望乐于阅读、方便阅读,我们的作者编者“蹲下身子、自降标准”,努力跳出专业的、习惯的思维方式和叙述方式,改说干部群众更易阅读、更易理解的“大白话、普通话”。借此机会,我向丛书的作者和编者表示衷心的感谢,感谢你们为贵州文化正本清源,为贵州文化的生根普及所做出的努力和贡献。

名家大家说“大白话、普通话”不是易事,加之丛书第一辑推出时间较紧,在行文风格、语言风格上还需进一步向普通大众看齐。希望我们的作者和编者依托扎实的专业功底,在以后的书中把“贵州故事”讲述得再精彩些、生动些、浅显些,让我们的读者朋友学习更愉悦些、记忆更深刻些、理解更通透些。

在贵州省“背篼干部”精神报告会上的讲话

(4月13日)

同志们：

在全省各族人民高举发展团结奋斗的旗帜，大力弘扬贵州时代精神，构筑贵州“精神高地”的伟大实践中；在推动全省经济社会“加速发展、加快转型、推动跨越”，尽快走出“经济洼地”，实现后发赶超的伟大征程上，黔中大地涌现出了一批又一批全心全意为人民服务的党员干部。黔南州长顺县敦操乡的“背篼干部”就是他们当中的杰出代表。他们每天翻山越岭数十公里，风雨无阻地往返于陡峭崎岖的山间，为村民送去代买的生活用品、生产物资，送去党的政策、致富信息……年复一年、日复一日，用双肩背来了民心，背出了党和人民的“鱼水深情”。

“背篼干部”的感人事迹在中央电视台新闻联播连续5天播出后，在全国产生了广泛的影响，引起了中央领导的高度重视，中央政治局委员、中组部部长李源潮同志专门作出重要批示，指出“‘背篼干部’当邮差、装民生、背民心，他们的事迹和精神很感人，应大力宣传和提倡。”战书书记、敏尔副书记、永春部长对学习、宣传、倡导“背篼干部”精神，以及举办好这次报告会提出了明确要求。

刚才，报告会以敦操乡“背篼干部”先进事迹为主线，通过专题片、作报告、诗朗诵、专家点评等多种形式，生动展现了敦操乡“背篼干部”的感人事迹。我们要学习他们真心实意服务群众的高尚品质，学习他们具体实在服务群众的优良作风，学习他们围绕发展服务群众的发展意识，学习他们坚持不懈服务群众的奉献精神。在今后的工作中，我们要认真组织好“背篼干部”精神的宣传，再挖掘、再培养、再树立一批好的典型，推动学习“背篼干部”精神成为一种常态，推动广大党员干部切实转变作风，深入开展“四帮四促”、“三个建设年”等活动，真正把身子沉下去，把感情注进去，扎扎实实地为群众办实事、办好事，把好事、实事做在群众所需之时、所盼之处。

同志们！再过几个月，全国各族人民将迎来党的十八大胜利召开；再过两天，全省各族人民将迎来省第十一次党代会胜利召开，让我们紧密团结在以胡锦涛为总书记的党中央周围，在省委、省政府的坚强领导下，进一步弘扬“背篼干部”精神，大力构筑贵州“精神高地”，最大限度地凝聚起全省各族人民的智慧和力量，最大限度地激发起全省上下的热情和干劲，为贵州实现后发赶超、跨越发展做出新的更大的贡献！

谢谢大家！

在省委宣传部传达贯彻省委第十一次党代会精神会议上的讲话

(4月20日)

同志们：

4月15日至19日，省第十一次党代会在贵阳召开。会议听取和审议通过了栗战书同志代表中国共产党贵州省第十届委员会向大会作的报告和中国共产党第十届省纪委工作报告,选举产生了中国共产党贵州省第十一届委员会、第十一届纪律检查委员会,选举了贵州省出席中国共产党第十八次代表大会代表。19日下午的省委十一届一次全会还选举产生了新一届省委领导班子。这次大会,是在党的十八大即将召开、贵州改革开放和社会主义现代化建设关键时期召开的一次重要会议,是全省各族人民政治生活中的一件大事。开好这次会议,对于统一思想、凝聚力量,团结带领全省各族人民推进科学发展、奋力实现后发赶超,保持全省经济社会发展的良好势头,在今后五年为与全国同步实现全面建设小康社会宏伟目标打下具有决定性意义的基础,有着十分重要的意义。省第十一次党代会精神,主要体现在栗战书同志代表中国共产党贵州省第十届委员会向大会作的报告当中。报告在总结过去成绩,分析当前形势的基础上,贯彻中央精神,回应人民期望,提出了今后五年的发展主题、指导思想、奋斗目标和重点任务,政治性、思想性、指导性、方向性很强,是一个鼓舞人心、催人奋进、加快发展的好报告,报告共获得25次掌声。学习后很受教育、很受启发、很受鞭策、很受鼓舞。这个报告是贵州深入贯彻落实科学发展观、实现后发赶超的总动员令,是向绝对贫困宣战、消灭贫困,推动跨越发展,与全国同步实现全面建设小康社会的进军令。我觉得报告给人印象最深有5个方面。

一、这是一个高瞻远瞩的好报告

报告站位很高、指向很明,报告紧紧围绕坚持科学发展、奋力后发赶超的主题,深刻阐述了我们将"把一个什么样的贵州带入科学发展新阶段"和"建设一个什么样的省委和各级党组织"这两个重大问题。报告按照国发2号文件关于加快建设全国重要的能源基地、资源深加工基地、特色轻工业基地、以航空航天为重点的装备制造基地和西南重要陆路交通枢纽"四基地一枢纽",着力打造扶贫开发攻坚示范区、文化旅游发展创新区、民族团结进步繁荣发展示范区和长江、珠江上游重要生态安全屏障"三区一屏障"的战略定位,提出要"奋战五年,努力追赶,开启贵州科学发展新征程",明确未来五年的发展目标是:一是奋战五年,努力冲出"经济洼地",综合经济实力跃上新台阶;二是奋战五年,全力总攻"绝对贫困",人民生活水平跃上新台阶;三是奋战五年,着力构筑"精神高地",人们的道德文化水准和精神面貌跃上新台阶;四是奋战五年,广泛凝聚发展合力,民主法制建设跃上新台阶;五是奋战五年,深入推进党的建设新的伟大工程,党的建设科学化水平跃上新台阶,建设一个经济持续增长、政治文明进步、文化繁荣发展、民族团结和睦、社会和谐稳定、生态环境良好,充满活力、日新月异、幸福祥和的贵州。报告还明确提出要建设这样一个新贵州,必须以保持党的先进性、纯洁性为主题,全面加强和改善党的建设,提高党的执政能力,把党的纯洁性建设落实在党的思想、政治、组织、作风建设和反腐倡廉之中,为推进历史性跨越提供坚强保障。

二、这是一个求真务实的好报告

报告无论是对过去五年成绩的肯定,还是对目前存在问题的剖析、对未来发展的规划,都非常客观、非常务实、非常深刻。报告在回顾过去五年工作时,鲜明地指出"过去五年贵州经济社会发展成就显著,开始进入经济加速发展的新阶段",具备了经济加速发展、实现基本起飞的条件,站在了改革开放和社会主义现代化建设的新起点,踏上了全面建设小康社会的新征程。在充分肯定成绩的同时,报告明确地指出"贫困和落后是贵州的主要矛盾,加快发展是贵州的主要任务",指出我们在经济社会发展方面,还面临着7个方面的困难和问题,党的建设方面存在着5个问题,特别是在分析党的建设方面存在的问题时,指出"一些党员干部理想信念不够坚定,贯彻落实中央精神的创造力、执行力不强;一些党员干部思想观念落后,素质能力跟不上;一些党员干部不善于做新形势下的群众工作,群众观念淡薄,脱离群众、脱离实际,作风不实,官僚主义、形式主义严重;一些党员干部为政不廉,拜金主义、享乐主义抬头,以权谋私问题等腐败现象多发,从源头上预防和惩治腐败任务繁重;一些基层党组织软弱涣散,战斗堡垒作用发挥不好。毫不回避、毫不掩饰、毫不留情,充分体现了省委直面困难和问题的勇气和信心。

三、这是一个充满激情的好报告

一般都认为政治报告应当四平八稳。但这个报告不一样,字里行间渗透了对贵州这片热土、对贵州这方人民的深情。正因为渗透了感情，所以这个报告有强大的感染力、穿透力，读了之后印象十分深刻。比如：要“善走别人走过的成功之路，不走别人走过的弯路，敢走别人没有走过的新路，就一定能够走出一条符合我省实际和时代要求的后发赶超之路！”比如：“全省共产党员和各族群众都要拿出敢闯新路、敢于突破、敢于胜利的气概，拿出发愤图强、坚韧不拔、后来居上的志气，不向困难低头，不向挑战示弱，不向挫折妥协，一天也不耽误、一步一个脚印地将全面建设小康社会的宏伟蓝图变成美好现实！”比如“引导干部用心想事、不当‘糊涂官’，扎实干事、不当‘甩手官’，激情成事、不当‘太平官’。坚决向庸、懒、散、慢作风顽症‘亮剑’，坚决向不敢担责、无所作为、好人主义‘亮牌’，坚决向拖沓推诿、吃拿卡要等阻碍发展、损害形象、影响投资环境的行为‘开刀’，坚决向主观主义、官僚主义、形式主义‘宣战’。”这些语言掷地有声、铿锵有力、振奋人心。

四、这是一个勇于担当的好报告

报告提出，奋战五年，努力追赶，开启贵州新征程。比如“三、一、五”的目标，实现“三高于、一达到、五翻番”，即今后五年，每年的经济增长速度高于全国、高于西部地区平均、高于我省以往水平；到2016年全面建设小康社会实现程度提高到80%以上，达到西部地区平均水平；生产总值、公共财政收入、固定资产投资、城镇居民人均可支配收入、农民人均纯收入比2011年翻一番以上。基础设施的“瓶颈”制约基本缓解，工业对经济的拉动作用显著提高，城镇化率接近45%；20个县（市、区）实现全面小康，30个国家扶贫开发工作重点县、500个贫困乡实现“减贫摘帽”，农村贫困人口减少到500万人以内。这些目标是激励人心的目标，也是振奋人心的目标，充分体现了省委勇于担当的社会责任感和使命感，体现了不甘垫底、奋力攀高、后发赶超的志气和信心。正如书记报告说，任何事情，如果在思想上不可能，在行动上就不会努力，在很大程度上，“能”与“不能”取决于信念。我省要加快发展、迎头赶上，最重要的是“人穷志不短”。

五、这是一个锐意创新的好报告

报告有很多新思路、新观点、新要求。比如，对后发赶超路径的解读，报告说我们要开创的后发赶超之路，是一条追赶全国“三化”步伐，同步推进工业化、城镇化和农业现代化，广泛汇聚发展要素，充分运用一切先进发展成果，促进经济加速跨越和社会全面进步的道路；是一条面对更加强化的市场约束和更加刚性的环境约束，面临既要“赶”又要“转”的双重压力、双重任务，破解资源环境制约、实现循环利用，做到既提速又转型、经济效益社会效益生态效益同步提升的道路；是一条充分调动人民群众积极性主动性创造性，让人民群众充分享受发展成果，不断提升幸福指数的道路。比如，对大力调整产业结构的解读，报告提出要坚持高端引领、高头嫁接、高位切入。不是“压”传统产业，而是既要改造提升传统产业，更要大力发展战略性新兴产业；不是“压”重工业，而是既要继续发展新型重工业，更要大力发展特色轻工业；不是“限”资源开采业，而是既要科学开采，更要拓展精深加工；不是不能发展载能产业企业，而是既要把耗能、排放严格控制在标准范围内，更要多上低耗能、无污染、清洁安全的产业企业；不是不要粮食产量，而是在提高粮食单产、确保粮食安全的基础上，大规模地实施结构调整，更多地发展经济作物和产业化经营，更多地增加农民收入。比如，报告提出要切实增强文化自觉和文化自信，提升各族干部群众干事创业的精气神。要构筑“自觉自信自强、创业创新创优”的“精神高地”，冲出“经济洼地”。报告指出，唯有“干”字当头，才能改变面貌；唯有拼搏奋进，才能后发赶超；唯有构筑“精神高地”，才能冲出“经济洼地”。要用新时期的贵州精神激励我们转变作风、服务基层、推动跨越，激励我们吃苦奉献、迎难而上、只争朝夕，激励我们风气要正、作风要实、干部要干，激励我们艰苦奋斗、长期奋斗、不懈奋斗！

围绕学习宣传贯彻省第十一次党代会精神，我讲三点意见。

一、迅速在全省掀起学习党代会精神的热潮

从现在起到党的十八大召开之前，学习宣传贯彻党代会精神，是我省重要的政治任务。报告内容丰富，思想深刻，只有学深学透才能深刻领会全会精神，才能自觉把思想和行动统一到省第十一次党代会的决策部署上来，真正转化为推动宣传思想文化工作科学发展的强大动力。宣传思想文化工作担负着宣传群众、动员群众、教育群众、引导群众的重大职责，宣传好党的方针政策，更是宣传工作的首要职责。“教育者必先受教育”，在学习领会全会精神方面，省委宣传部的党员干部要争当全省干部群众的模范，更要先学一步，学深一步，通过自身的深入领会、全面准确地掌握全会精神实质，才能把党代会精神宣传到位、传达到位、落实到位。部领导班子要带头学习，部中心学习组要组织专题学习，对报告中提出的一些重要思想观点、重大决策部署进行深入研讨，推动全社会的学习。各支部、各处室要组织开展学习活动，把党代会精神的学习与具体业务工作联系起来，融会贯通进去，推动工作上台阶、出品牌。

在加强自身学习的同时，要按照省委的部署，组织好全省的学习工作。要抓好各级党委中心组的学习，组织领导干部认真学习党代会精神。认真编写省党代会精神宣讲提纲和学习读本。组织省市县三级宣讲团，在全省开展学习省党代会精神宣讲活动。撰写刊播有关省党代会精神的理论文章。做好省党代会精神“甲秀视线讲坛”专题讲座。组织省社科界围绕省党代会报告开展理论研究，以“社科理论下基层”活动为载体，组织社科工作者到基层宣讲党代会精神。通过一系列的理论学习宣讲活动，推动全省上下掀起学习省第十一次党代会精神的热潮，切实把全省干部群众的思想和行动统一到全会精神上来。

二、集中力量打一场党代会精神宣传报道的主动仗、漂亮仗

这段时间，省第十一次党代会会议的宣传报道选题准确，手法新颖，浓墨重彩、有声有色，取得了圆满成功，党代表满意，广大干部群众满意，省委给予充分肯定。要认真总结党代会宣传报道中的成功经验，并将这些经验贯穿到今后的工作中去。要继续加大力度，持续深入推进宣传报道工作。要组织骨干记者，深入全省各地、各部门，及时报道学习贯彻省第十一次党代会精神的相关情况，侧重报道各地干部群众的积极反应和学习贯彻情况。要邀请党代会报告的起草人或专家学者对党代会报告作深入浅出的解释，引导全省干部群众深入理解党代会精神。要充分宣传各地各部门贯彻落实党代会精神的工作思路、工作举措、先进典型和先进经验。积极做好党代会精神的网上宣传，借助全国知名平台扩大对外影响。总之，要通过持久、深入的宣传，把全省党员干部和各族群众的思想和行动统一到省第十一次党代会精神上来。

三、认真谋划和落实好宣传思想文化重点工作

这次党代会报告中，对宣传思想文化工作的阐述占了重要篇幅，其中党代会报告对构筑贵州精神高地的论述，更是引起了参会代表以及全省上下的高度关注和热烈讨论。战书书记谈到：“‘精神高地’一段，我感到非常满意。”“对贵州精神高地的描述和凝练，是我感到非常满意的一段。”昨天的《人民日报》还发表了他写的《构筑精神高地冲出经济洼地》的文章，云山部长专门批示：“战书同志讲得好、立意新，论述也精辟，可以此为主题写一篇文章在《求是》上发表。”党代会报告对文化的作用作了进一步强调，提出了贵州文化建设必须牢牢把握和始终坚持的基本要求，还对今后五年的宣传思想文化工作做了总体安排部署。报告强调要坚持以政府为主导，鼓励社会参与，按照增加投入、转换机制、增强活力、改善服务的方针，实施“八大文化惠民工程”，建设一批重点文化项目、基本公共文化设施，不断满足人民群众最基本的文化需求；强调要坚持以市场为导向，按照创新体制、转换机制、面向市场、壮大实力的方针，调动社会力量发展文化产业，实施好“六个一批”工程，继续打造“多彩贵州”等文化品牌，实施文艺精品工程，加快推进省“十大文化产业园”、“十大文化产业基地”建设，充分满足人民群众多方面、多层次、多样性的精神文化需求。党代会报告还围绕党的先进性和纯洁性，强调了要加强思想理论建设。

围绕贯彻落实省党代会精神，一是要根据省委的部署，起草印发全省宣传思想文化系统贯彻落实省党代会精神的通知，对学习宣传贯彻工作提出具体要求。二是要根据省委办公厅贯彻落实省十一次党代会精神工作任务分解的文件，对宣传思想文化系统各单位贯彻落实党代会精神的具体任务进行分解。三是各处室要结合业务工作，重点围绕构筑贵州精神高地和推动贵州文化事业、文化产业繁荣发展，认真谋划思考贯彻落实党代会精神的具体措施，拟定工作方案，精心组织实施，切实把党代会精神真正落到实处，不辜负省委和全省各族人民对宣传思想文化战线的重托和期望。

在学习贯彻省第十一次党代会精神省委宣讲团宣讲工作座谈会上的讲话

（4月26日）

同志们：

刚才，大家围绕学习贯彻省第十一次党代会精神，介绍了自己学习的心得体会，交流了各自的宣讲经验，并就下一步如何做好党代会精神宣讲谈了自己的思考和打算。看得出大家对这次宣讲作了认真准备，深入思考，大家讲得都很好，听了之后很受教育、很受启发。

在座各位都是从我省有关职能部门、高等院校、社科研究机构的负责同志和理论专家中精心挑选出来的，有丰富的实践阅历，有深厚的理论功底。有的同志还多次参加省委宣讲团的宣讲，有丰富的宣讲经验。大家担负着一定的领导责任，工作很忙，能够抽出时间参加宣讲，是非常不容易的，是对我们工作的大力支持。在此，我代表省委、代表省委宣传部对大家表示感谢！大家从明天起就要赴各地各系统进行宣讲，听理论处的同志说，振东副秘书长明天就要在省直机关工委作首场宣讲报告，田洪副主任在国防工委，安江书记在安顺市也要开展宣讲，其他各位同志都要在5月5日前完成省委宣讲团的宣讲任务，这充分反映了各地各系统对学习宣传贯彻党代会精神的高度重视，也充分说明了我们宣讲团的同志对工作认真负责的态度和雷厉风行的作风。今天这个会，是座谈会，也算是动员会，希望每一位同志都按照省委的要求，把宣讲工作做好。相信通过大家的努力，这次宣讲活动一定能取得预期的效果。

这里，我对做好这次宣讲工作谈几点意见。

一、宣讲工作意义重大、责任重大

省第十一次党代会，是在党的十八大即将召开、贵州改革开放和社会主义现代化建设关键时期召开的一次重要会议。会议审议通过的报告，在总结过去成绩，分析当前形势基础上，认真贯彻中央精神，深切回应人民期望，提出了今后五年的发展主题、指导思想、奋斗目标、重点任务和战略措施。报告高瞻远瞩、气势恢宏，充满激情、勇于担当，求真务实、锐意创新，具有很强的政治性、思想性、指导性、方向性，是贵州站在新起点、面对新形势、谋划新发展、实现新跨越的纲领性文件。学习宣传贯彻党代会精神，是当前和今后一个时期各级党组织和广大党员干部的一项重要政治任务。对于学习宣传贯彻党代会精神，省委专门下发了通知，作出了全面部署，提出了明确要求，我们要按照省委的要求，认真组织好学习宣传贯彻党代会精神的各项活动。组织省委宣讲团赴各地各系统宣讲，就是贯彻落实省委决策部署的一项重要举措，是把党代会精神宣传到群众中去的重要途径和有效方式。这种方式有助于带动各地各系统搞好面向基层群众的宣讲活动，在全省形成省、市、县三级联动的宣讲格局，进一步营造良好舆论氛围，迅速在全省兴起学习党代会精神的热潮；有助于把党代会提出的一系列新思想、新观点、新目标、新战略、新举措讲清楚讲透彻，把工作部署和工作要求讲充分讲明白，进一步深化认识、凝聚起推进经济社会发展的共识；有助于推进广大党员干部群众更好地理解和落实党代会提出的各项政策措施，进一步武装头脑、指导实践，推进党代会精神的深入贯彻落实。

二、宣讲内容要全面准确、突出重点

党代会报告着眼大局、着眼长远、着眼发展，提出了很多新思想、新观点、新论断，宣讲时我们要按照中央精神和省委要求，以党代会报告为蓝本，按照《宣讲提纲》的统一口径，全面准确地进行宣讲，让广大干部群众对党代会精神有一个全面准确的了解和认识。同时，又要结合各地各系统实际，有所侧重，突出重点，把握精神实质。宣讲时要着力讲清楚这样几个问题：一是要着力讲清楚会议是一次承前启后、继往开来的大会，统一思想、提振士气的大会，民主和谐、团结奋进的大会，会议向全省广大党员干部和群众发出了坚持科学发展、奋力后发赶超的动员令，吹响了“奋战五年，努力追赶，开启贵州科学发展新征程”的冲锋号，对于建设一个经济持续增长、政治文明进步、文化繁荣发展、民族团结和睦、社会和谐稳定、生态环境良好，充满活力、日新月异、幸福祥和的贵州，具有重大而深远的意义。二是要着力讲清楚近年来尤其是近两年来，省委省政府团结带领全省各族人民，攻坚克难，奋起直追，在经济建设、政治建设、文化建设、社会建设、生态文明，全面加强党的建设等方面取得的重大成就，让广大干部群众进一步增强“自觉自信自强、创先创新创优”精神，凝聚起奋力追、全力赶、努力超的坚定信心和强大力量。三是要着力讲清楚坚持科学发展，奋力后发赶超是当今贵州的时代所赋、大局所在、民心所向，关系改变我省经济社会发展落后面貌，关系促进民族团结、增强民族凝聚力、促进社会和谐，关系到2020年实现与全国同步全面建设小康社会的奋斗目标，激发广大干部群众不向困难低头，不向挑战示弱，不向挫折妥协，切实增强奋力后发赶超的责任感、使命感和紧迫感。四是要着力讲清楚党代会提出的“三高于、一达到、五翻番”等各项奋斗目标，这些目标具有很强的前瞻性、战略性、针对性和可操作性，具有强大的感召力和推动力，激发人们投身后发赶超的热情。五是要着力讲清楚省党代会提出的一系列重大战略举措，这是走出一条符合我省实际和时代要求的后发赶超之路必须抓好的基础性工作，涵盖了我省经济社会发展的各个领域，推动各地各部门结合自身实际，进一步明确具体思路，制定发展规划，落实好各项任务。六是要着力讲清楚加强和改善党的建设为推进贵州实现历史性跨越提供坚强保障，省委十一届一次全会审议通过关于大力加强党的纯洁性建设，确保全省后发赶超、跨越发展的《决定》，指出了加强党的纯洁性建设的重要意义、指导思想、目标要求、基本原则和具体举措，对我们永远忠于党忠于人民、始终保持党的纯洁性提出了新的更高的要求，有助于进一步推进全省党组织建设，充分认识党委总揽全局、协调各方的领导核心作用，形成共同推动贵州后发赶超的强大合力。

在讲清楚上述内容的同时，宣讲中我想还要注重突出三个方面内容：一是要突出一大主题。党代会报告开宗明义提出了大会的主题，特别强调以党的十八大精神为指引，坚持科学发展，奋力后发赶超，全面建设小康社会，要结合贵州实际，把这个问题讲清讲透讲活，有利于为我们在新的起点上推进改革开放和社会主义现代化建设指明方向、注入动力。二是要突出五大目标。《报告》按照国发2号文件“四基地一枢纽、三区一屏障”的目标定位，从五个方面描述了我省未来五年的发展目标，这些目标，是反复测算和充分论证后提出的，既有现实紧迫性，又有发展的基础与实现目标的可能性，既是一个目标，更是行动和举措。三是要突出两大问题。《报告》重点回答了“把一个什么样的贵州带入科学发展新时期新阶段”、“建设一个什么样的省委和各级党组织”两个重大问题。作为指导贵州未来五年发展的纲领性文件，省党代会《报告》在总结过去五年工作的基础上，承担着科学谋划全省今后五年乃至更长一段时期的目标任务、发展思路和发展重点的历史性使命。这三个方面内容，体现了对今后我省发展认识的进一步深化，是党代会《报告》突出强调的重点、难点、亮点，希望同志们一定要宣讲好。

三、宣讲要联系实际、深入浅出

宣讲是一门技术，更是一门艺术。宣讲中抓住了干部群众的兴奋点，联系了干部群众所关心的实际问题，干部群众就坐得住、听得进、喜欢听、乐意听，宣讲就会收到好的效果。因此，我们要认真总结运用以往宣讲的成功经验，既全面理解和深刻把握全会精神，又注重讲究宣讲艺术，努力增强宣讲的吸引力感染力。一是要深入学习文件、领会精神实质。要从认真研读党代会文件原文入手,参考我们提供的学习贯彻党代会精神宣讲提纲,深入研究会议关于我省经济社会发展面临的形势基本判断,深刻理解会议关于我省改革发展的重大成就和宝贵经验的科学总结,准确把握党代会提出的推进我省经济社会发展的指导思想、重要方针、目标任务、政策举措等重要内容,真正领会精神实质,准确把握科学内涵。二是要认真调研备课、熟记讲稿内容。提升宣讲效果,因素很多,其中关键的一项是要有一个高质量的宣讲稿。这就要求我们每个宣讲员要在深入学习领会党代会精神的基础上,广泛收集资料,认真开展调研,了解干部群众在学习贯彻党代会精神方面所关注的问题,了解当地经济社会发展特别是后发赶超中的有关问题,通过鲜活的事例,通过科学的取舍,通过引人入胜的方式,使它真正成为重点突出、结构严谨、内容丰富、资料翔实,说理性、针对性强的宣讲稿。宣讲稿形成后,要花时间、下工夫对宣讲稿进行熟悉和消化,对框架结构、重点内容、相关数据牢记于心、成竹于胸。重点内容要脱稿,面对观众,和观众交流要投入真情激情,打动自己然后打动听众。自己充满信心,宣讲才有激情,听众才会动情。三是要坚持正确导向、把握宣讲口径。党代会精神的宣讲,政治性、政策性、理论性和导向性都很强,特别要注意把握好宣讲的基调和口径,要坚持团结稳定鼓劲,坚持正面宣传为主,高扬主基调、高唱主旋律。宣讲成就,既要把成绩讲充分,又要注意把握分寸、留有余地。分析形势,既要充分说明有利条件和重大机遇,又要实事求是讲清楚面临的困难和问题。展望前景,既要给人信心、给人力量,又要阐明为实现奋斗目标需要付出的艰辛努力。对党代会提出的改革开放重大举措、重大政策和涉及群众切身利益问题的宣讲,一定要符合中央精神和省委精神,全面准确、科学严谨。特别要注意防止片面性,避免简单化。四是要紧密联系实际、贴近群众需要。宣讲党代会精神,要紧密联系当前国际国内形势的发展变化,联系我省经济社会发展实际,联系各地各部门工作的具体情况。要注意收集、梳理干部群众广泛关注的热点问题,有针对性地解疑释惑。要倡导清新朴实的文风,多讲群众听得懂、听得进的话,善于运用生动事实、典型事例讲清道理,善于运用群众喜爱的接受形式阐明观点,使我们的宣讲更加深入浅出、生动鲜活,为群众喜闻乐见。要重视互动这一环节,运用会后交流、座谈会等形式,和干部群众面对面交流,增强宣讲的实际效果。

同志们,学习宣传贯彻好省第十一次党代会精神,是我们必须完成好的一项重要政治任务。这次宣讲时间紧、任务重,听众的期望值很高,希望大家按照省委的要求,以高度的责任感、饱满的工作热情全力以赴做好这次宣讲工作。

最后,祝大家一路顺利,圆满完成省委交给的宣讲任务!

在省直宣传文化系统学习贯彻省第十一次党代会精神座谈会上的讲话

(4 月 27 日)

同志们:

倍受瞩目的省第十一次党代会前不久胜利闭幕了,大会开得很成功,达到了预期目的,展示了贵州干部群众的崭新形象,是一次承前启后、继往开来的大会,是一次统一思想、提振士气的大会,是一次民主求实、团结奋进的大会。当前,我们的任务就是把省第十一次党代会精神学习好贯彻好落实好,推动贵州科学发展、后发赶超。这几天,我们省直宣传思想文化系统各单位迅速行动,迅速传达学习,对贯彻落实党代会精神作出安排部署，充分体现了各单位的政治意识、责任意识和大局意识。今天把大家召集起来召开这样一个座谈会，主要是想了解一下各单位的学习贯彻情况，并请大家结合工作实际，谈谈对下一步宣传贯彻落实党代会精神的一些打算以及今后五年重要工作的思考。

今天，各单位的主要负责同志围绕学习宣传贯彻党代会精神作了很好的发言，听了以后很受教育、很受启发。我感到，有这样几个特点：一是认识深刻，发言的同志站在全局的高度，对党代会报告的认识和理解很深透、很全面，发言中体现出了对报告主题、内涵精神实质的深刻认识和积极回应，显示出对省委省政府一系列决策部署的全面理解和准确把握。二是谋划超前，各单位都以党代会精神为指引，对未来五年的重点工作进行了前瞻性的、战略性的谋划，思路清晰、重点突出、目的明确，充分体现了我们这支队伍抢抓机遇、自加压力、不等不靠的良好精神风貌。三是建议务实，围绕新形势下宣传思想文化工作的特点和要求，大家对今后的发展战略、发展规划、发展重点、发展措施提出很多好建议，只要按照规划和既定目标，形成时间倒逼机制，确保阶段任务如期完成。必将为全省广大干部群众更好地学习贯彻落实好党代会精神起到重要的推动作用。下面，结合大家所讲，我再谈几点意见。

一、把学习宣传贯彻省第十一次党代会精神作为当前全省宣传思想文化战线首要的政治任务，迅速在全省掀起宣传贯彻党代会精神的热潮

前一阶段，各单位各媒体为党代会的召开营造了良好的舆论氛围和社会氛围，推出了很多很好的报道，得到了省委主要领导同志的肯定，甚至外省一些领导同志都被我们做的工作、付出的努力所感动。党代会后的宣传，要趁热打铁、做深做活做实。各单位要进一步总结经验，切实履行好学习和宣传的双重职责，各尽所能，相互配合、协调联动，迅速在全省掀起学习热潮，在领会科学内涵、吃透精神实质、把握基本要求上下工夫，在武装思想、指导工作、推动落实上见成效，进一步增强全省干部群众坚持科学发展、奋力后发赶超，与全国同步实现全面小康的决心和信心。

*一要迅速掀起宣传热潮。*其一，要发挥主流媒体的引导作用，形成强大的宣传声势。各级宣传部门和新闻媒体要通过开设专栏、开辟专题等多种形式，组织好“贯彻党代会精神基层行”等大型采访活动，在全社会营造浓厚的学习贯彻氛围。报刊、广播、电视、网络等媒体要采取切实有效的措施，集中力量、集中版面、集中时段加强宣传报道。其二，要深入基层，抓好典型宣传报道。各类新闻媒体结合开展的“走、转、改”活动，进一步把党代会精神带到基层，及时报道各地区、各部门、各条战线学习贯彻全会精神的有关情况，总结推广有代表性的典型经验，形成良好的舆论导向。其三，要开展形式多样的社会宣传。各级党委要充分利用宣传栏、阅报栏和公益广告等各种宣传文化阵地，充分利用楼宇电视、车载电视、户外显示屏、手机短信等都市类媒体，广泛开展宣传，努力使省第十一次党代会精神家喻户晓，深入人心。

*二是要加强学习研究和政策阐释。*各级党委（党组）理论中心组要把党代会作为近期学习的重要内容，深入学习研讨，以中心组学习带动广大干部群众的学习，扎实推进学习型党组织建设。要充分发挥理论研究部门的作用，深入研究报告中提出的新思想、新观点、新论断和系列重大决策部署，结合国发 2 号文件中提出的一系列重大问题开展深入研究，以调研推动工作，推动各项政策措施的落实。这里强调一下，我们的中国特色社会主义理论研究中心要切实发挥作用，三个基地要切实提高研究水平，有计划、有步骤地推出理论成果，争取能承担起省委省政府主要领导部分署名文章的重任，争取能在全国媒体上有声音有观点，争取能将研究成果转化为推动发展的现实生产力。要组织各级理论和社科工作者，通过召开座谈会、举办研讨班等形式，做好向广大党员和干部群众的宣传阐释工作，把学习不断引向深入。

*三是要精心组织宣讲活动。*省市县各级宣传文化单位要精心组织宣讲活动，帮助全省干部群众领会党代会报告的科学内涵、吃透精神实质、把握基本要求。今天，宣讲活动已经正式启动。这里再强调一下，要充分总结以往宣讲的经验，在宣讲中一定要注意语言的准确性、鲜活性，一定要让宣讲的同志明白，宣讲省委的决策部署不是搞个人演讲，也不是搞学术讲座，不能“各拿各的号，各

唱各的调”。宣讲的同志首先要打动自己，才能打动听众，要通过宣讲，讲出发展的信心，讲出发展的志气，讲出发展的干劲。各级社科联要围绕学习贯彻省第十一次党代会精神等内容，紧扣各地经济社会发展实际，组织省内外知名专家学者组成社科理论下基层专家组，赴全省各市（州）、县（市、区、特区）开展专题讲座。要充分发挥基层文化站的阵地作用，采取群众喜闻乐见的形式，联系实际学习宣传贯彻党代会精神。

二、深入贯彻落实省第十一次党代会精神，进一步推动我省宣传思想文化各项工作扎实有效开展

近年来，从文化建设的重要性来看，文化的社会作用得到普遍认同，全省上下对于文化建设重要性的认识空前提高，为我省文化改革发展提供了良好的社会环境。去年省委十届十二次全会专门部署了文化建设工作，明确指出要努力建设文化强省，省委省政府加大投入推动多民族文化繁荣的决心和力度空前加大，为我们开展好工作提供了有利的政策环境。应该说，正是有这样好的环境和条件作保障，我省宣传思想文化工作才取得了显著成绩，理论武装效果明显，品牌载体不断创新；舆论引导坚强有力，主题宣传有声有色；文艺精品亮点纷呈，实现了质和量的飞跃；文明创建深化拓展，特色鲜明措施有效；文化改革风生水起，主体任务已经基本完成；对外宣传力度加大，贵州形象鲜明突出，为推动贵州多民族文化繁荣发展打下了良好的基础。

党代会报告中明确指出，“欠发达、欠开发、欠开放的贵州要实现经济社会发展历史性跨越，决不能忽视人的思想观念问题，决不能忽视文化条件的作用，更需要一种先进的文化和强大的精神力量去支撑和推动”，并用了大量的篇幅着墨于思想文化工作，一方面，显示了省委省政府对我们过去的工作是高度肯定的，对这支队伍是充分信任的。另一方面，也显示了省委省政府对宣传思想文化工作是高度重视的，对我们今后的发展给予了很高的期望。我们一定要倍加珍惜这千载难逢的机遇，在以往工作的基础上倍加努力工作，不能辜负省委省政府的殷切希望和人民群众的翘首期待。

结合工作实际，全省宣传文化系统贯彻落实省第十一次党代会精神的总体要求是：坚定一个目标、树立一种理念、明确一个思路，找准一个定位。一个目标，就是党代会提出的“奋战五年，构筑精神高地，人们的道德文化水准和精神面貌跃上新台阶”的战略目标。一种理念，就是以“依托历史、立足现实、尊重过去、面向未来”的理念，创新建设符合时代精神要求的贵州新文化。一个思路，就是以深化文化体制改革推动多民族文化大发展大繁荣的工作思路。一个定位，就是立足打造文化旅游发展创新区。各单位各部门要吃透精神，把贯彻落实党代会报告精神同贯彻落实国发2号文件结合起来，同贯彻落实党的十七届六中全会精神和省委十届十二次全会精神结合起来，加强研究、加强谋划、加强对接，切实把报告精神转化为发展规划，转化为政策措施，转化为具体项目，转化为良好的精神状态，确保宣传思想文化工作取得新的更大成绩。今后的重点工作，考虑从以下几点入手：

一要紧紧围绕社会主义核心价值体系建设，大力构筑“精神高地”。党代会报告明确指出：贵州条件艰苦，摆脱贫困落后仍是最主要的矛盾，做成一件事，需要“有志气、有信心”，需要付出加倍的努力，需要有一股在逆境中求崛起的劲儿。唯有“干”字当头，才能改变面貌；唯有拼搏奋进，才能后发赶超；唯有构筑“精神高地”，才能实现“洼地崛起”。应该说，构筑“精神高地”，是我们省的一项“灵魂工程”，是社会主义核心价值体系在贵州落地生根的生动实践，也是这个时代赋予我们宣传思想文化工作的历史重任。我们要思考如何更好地将构筑“精神高地”与省委省政府中心工作结合起来、与精神文明创建结合起来、与各单位的业务工作结合起来、与提升群众文明素质结合起来，使这项工作更有力、更协调、更务实。构筑“精神高地”，需要一种先进的文化和强大的精神力量去支撑和推动，我们要坚持“依托历史、立足现实、尊重过去、面向未来”的理念，以礼敬、自豪的态度对待优秀传统文化，通过挖掘整理和科学扬弃，既传承贵州优秀传统文化，更要摈弃封闭落后的思想观念，努力创新建设符合时代精神要求的贵州新文化。当前，要加强导向管理，实施科学管理，推动意识形态阵地管理由“防范型”向“利用型”转变；组织实施好文艺精品工程，抓好重大主题出版物的出版发行，在全社会大力倡导和践行“爱国、敬业、诚信、友爱 ”的价值取向，大力弘扬“开放创新、团结奋进”的贵州时代精神，改变自卑、自轻、自弃及自大心理，树立和形成自尊、自重、自信、自强的文化思想；抛弃固步自封、不思进取的精神状态，倡导和弘扬改革创新、锐意进取的文化氛围，激发人们走出封闭、走出保守，以敢于创新、善于创新的勇气，争取更大的开放、更快的发展。

二要紧紧围绕完善公共文化服务体系，提高基层文化惠民能力。大力加强公共文化服务体系建设，是实现人民群众基本文化权益的关键，也是改善民生的重要内容。受经济发展水平的制约，我省“文化惠民”还需跨越一道道的坎。要思考如何处理好“八大文化惠民工程”建设与基层公共文化设施建设之间的关系，如何处理好城市与农村地区之间文化资源配置的关系，如何处理好公共文化活动组织过程中政府、市场、企业三者之间的关系，如何处理好做大现有的重点文化品牌与丰富基层群众文化生活之间的关系。要组织实施好省级重大文化设施建设工程、市县文化馆（图书馆）建设工程、乡镇综合文化站工程、村（社区）文化室工程等各级骨干工程，要以广播电视村村通、农家书屋工程、全民阅读活动、民族文字出版、文化环保工程等文化惠民工程为支撑，建立完善覆盖城乡、惠及全民的公共服务体系，维护好、实现好、发展好人民群众的基本文化权益。

三要紧紧围绕打造文化旅游发展创新区，推动多民族文化繁荣发展。“文化旅游发展创新区”是国发 2 号文件中对贵州发展的定位之一，明确要求贵州探索特色民族文化与旅游融合发展的新路子，把贵州建设成为世界知名、国内一流的旅游目的地、休闲度假胜地和文化交流的重要平台。要实现中央的这一战略意图，我们宣传思想文化部门责无旁贷。要思考如何通过实施“六大文化产业工程”，加快推进省“十大文化产业园”、“十大文化产业基地”建设，进一步发挥好文化产业发展的引导和示范作用，从而带动文化产业快速发展；要思考如何继续打造‘多彩贵州’等文化品牌，实施好多彩贵州品牌研发基地项目，争取加快在品牌推广运行模式上取得突破，通过制定“多彩贵州”客栈、餐饮、工艺品等认证标准，真正实现文化与旅游的深度融合；要思考如何理顺发展机制，加快建立现代企业制度，完善法人治理结构，培育合格市场主体，实现由“生产型责任主体”向“经营型责任主体”的转变。要思考如何在文化产业发展中塑造贵州文化的个性与品位，体现贵州特色，从而在市场竞争中保持旺盛的生命力。当前，要加速推动完成我省非时政类报刊出版单位改革任务；加快推动已转制文化企业认真对照改革标准，查漏补缺、规范完善各项改革手续；要以深圳文博会为平台，充分发挥培训干部、宣传贵州、推动招商、促成交易的重要作用，认真组团参加第八届深圳文博会，推动文化产业在日常招商上取得新突破。

四要紧紧围绕构筑人才汇聚的“桥头堡”，在队伍建设上有新突破。人才是事业的支撑。贵州要走出“经济洼地”，要靠精神的引领，也要靠人才的引领。作为单位的主要负责人，大家可能都深深的体会到了人才的重要性。我也时常听到很多领导很多单位这样说：“什么都不缺，就是缺真正能干事的人。”我在很多场合也多次强调过，我们的干部要能说会写，能谋会划。这是宣传思想文化工作的性质和特点决定的。能否实现多民族文化的繁荣发展，将蓝图变为现实，就是要靠一支优秀的队伍来落实。我们要思考如何在坚持党管人才的前提下，创新人才引进机制，为优秀人才营造良好的政策环境，切实做到事得其人、人尽其才、才尽其用？思考如何推进改制后的机制创新，充分调动职工的积极性、主动性和创造性，形成合力？要思考如何加强专业技术骨干人才的培养力度，提高专业技术人才的综合素质？要思考如何推动宣传思想工作队伍由“知识型”向“能力型”转变，努力实现学习由“学了什么”向“学会什么”、由“拥有知识”向“拥有能力”转变，努力将知识转化为能力，在实践中不断提高做好新形势下宣传思想工作的能力？当前，要进一步规范省直国有及国有控股文化企业领导人员选拔任用考核管理，加强和改进重要岗位和重要舆论阵地干部的管理。要切实加强基层宣传文化队伍建设，实施“文化产业金黔人才培养工程”、“基层文化人才培养工程”。按照分级分类、分工负责的要求,要以市县党委宣传部负责人为重点,继续开展领导干部和各类专业人才的培训、哲学社会科学教学科研骨干研修等工作。

五要紧紧围绕作风转变,切实提高队伍的执行力、战斗力。这次党代会报告用了近三分之一的篇幅来安排部署党的建设工作,重点强调了作风建设问题。战书书记在多个场合也指出,在贵州崛起,奋力赶超的新征程中,党员干部作风的好坏,直接决定着加速发展的速度、加快转型的深度、推动跨越的强度和人民群众的满意度。在我省,每个党员干部都将经历作风的“大阅兵”、“大锻造”。全省宣传思想文化战线尤其要在作风转变中走前列、作表率,因为只有我们自己具备了优良的工作作风,良好的精神状态,构筑起了自身的“精神高地”,我们才能推动全省人民群众的道德文化水准和精神面貌跃上新台阶。各单位要深入思考如何坚持重心下移,推动宣传思想工作由“重上层”向“重基层”转变,从而更好地服务基层群众?各单位各部门要围绕省十一次党代会精神,要紧密联系自身工作实际,对照检查在精神状态、工作作风上存在的差距和不足。要按照中央和省委关于保持党员、干部队伍纯洁性的要求,加强宣传文化系统和党员、干部特别是领导班子建设。要结合年初制定的目标任务,深入开展“四帮四促”、“创先争优”活动,夯实党组织的工作基础。要在新闻、文艺、出版、哲学社会科学等领域广泛深入开展“走基层、转作风、改文风”活动,对在“走、转、改”中涌现的优秀新闻作品要加大表彰力度。要进一步深化“三项学习教育”活动,真正在作风转变中提高工作成效。

结合贯彻落实党代会精神,大家要立足全年抓落实,在抓既定部署、薄弱环节、重点项目上下工夫,要注意把握工作节奏,有序地推进各项工作,确保今年“品牌年”工作出亮点上水平。今年已经过去近5个月了,时间不等人,有些工作还没有启动的要抓紧尽快启动,正在组织实施的要注意协调对接,把文化工作与经济工作有机结合起来,借这次党代会东风,把全省的宣传文化工作抓得更紧、更实、更好。贵州未来五年的发展,离不开文化的支撑。各单位要认真组织,集中精力学习领会党代会的精神,真正做到融会贯通,学以致用,把全省宣传文化战线的思想统一起来,形成干事创业的合力,以优异的成绩迎接党的十八大胜利召开!

今天的会议到此结束,谢谢大家!

在省委宣传部机关团支部“为构筑贵州‘精神高地’贡献青春力量”座谈会上的讲话

(5月4日)

青年朋友们:

今天非常高兴,在第90个“五四”青年节和部里的青年聚在一起,畅谈如何构建贵州“精神高地”,为后发赶超贡献青春力量。首先我代表省委宣传部对大家的辛勤工作表示衷心的感谢,并致以节日的祝贺和诚挚的问候。

来宣传部工作的五年里,看到部机关年轻人队伍越来越壮大,比例越来越大,知识结构越来越优化,逐渐成为部机关各处室的骨干力量和生力军,有的年轻人已经崭露头角,走上了领导岗位。我心里感到很欣慰。刚才,大家的发言充满了朝气、充满了志气、充满了正气,讲得很好。看到大家奋勇争先的志气和昂扬向上的精神状态,我心里非常高兴,也非常兴奋。

下面,我讲三点意见,与大家交流。

一、贵州“精神高地”是一个内涵丰富、立体多元的精神体系

构筑贵州“精神高地”,是今后五年全省的一项重要战略任务。对宣传部来说,具有双重角色,需要承担双重任务。我们既是推动者,也是实践者、探索者,我们既是倡导者,更是示范者,所以讨论这个问题非常有意义。

今天战书书记接受中央人民广播电台台长王求的采访,主要内容就是怎样构建贵州“精神高地”,冲出经济洼地。这次战书书记的讲话,在省第十一次党代会阐述贵州“精神高地”的基础上,又有升华,主要体现在四个方面,一是解读贵州“精神高地”的内涵。贵州在地理海拔上是相对高地,但在经济发展上是洼地,当前,我省与全国小康进程的差距大致是8年,在未来的8年里,要把拉下的8年赶回来,需要“志气+信心+行动”,这就是贵州的“精神高地”。二是阐释贵州“精神高地”的特点。这个特点从两个方面来讲,第一,构筑贵州“精神高地”对不同群体有不同的要求,比如对领导干部,要求有坚定的理想信念,有强烈的推动改革发展的责任感,带领本地本部门不断开创工作新局面,为全省后发赶超发挥引领和示范作用;对普通党员干部,要求全心全意为人民服务,做好本职工作;对老百姓,就是要热爱祖国,热爱家乡,辛勤劳动,用双手创造自己的幸福生活。第二,不同时期“精神高地”的内涵、要求也是不一样的。比如长征精神,红军指战员在长征途中表现出了对革命理想和事业无比的忠诚、坚定的信念,表现出不怕牺牲、敢于胜利的乐观主义精神,表现出了顾全大局、严守纪律、亲密团结的高尚品德。这些是伟大长征精神的内涵,贵州“精神高地”在当时的主要表现就是这些内容;在抗旱时期,我们的抗旱精神就是那时的精神高地;在贵州后发赶超的关键时期,“开放创新、团结奋进”的贵州时代精神就是现在“精神高地”的重要内容。三是提出构筑贵州“精神高地”的重点。从精神状态来说,我们要构建的“精神高地”,要克服自卑、自轻、自弃、自满自足、固步自封的思想心理,树立自信、自尊、自重、自强的精神状态。四是指出构筑贵州“精神高地”最后落脚点和最终目的是推动发展,冲出经济洼地。要坚持科学发展、“干”字当头、苦干实干。战书书记在党代会报告中关于构建“精神高地”、冲出经济洼地这段非常精彩的阐述,得到云山同志的高度肯定,认为很有高度,很有新意,要求在进一步挖掘和提升的基础上,梳理后在《求是》杂志上发表。

战书书记强调,构筑贵州“精神高地”,形成权威的解读和完善的阐释,统一成完整的构想,还需要在实践中探索、完善、提升。省委宣传部提出构筑“精神高地”这一重大理念,我们有责任和义务按照战书书记的指示,进一步深入探索,把它理解好阐述好。

二、把思想和行动统一到构筑贵州“精神高地”上来

今天是“五四”青年节,时光荏苒,转眼就90周年。今天下午胡锦涛总书记将在人民大会堂发表重要讲话,部团支部要组织大家认真学习,踊跃讨论,结合实际把总书记对青年的寄语、希望和要求落实好,为构筑贵州“精神高地”、冲出经济洼地、实现后发赶超而建功立业。这里我谈四个方面的内容。

(一)志存高远,坚定理想信念。青年人一定要把自己的命运和国家、民族的命运紧紧的联系在一起,把个人的理想追求同全面建设小康社会这个宏伟目标联系在一起。具体到贵州,就是要把个人的理想和追求同贵州实现后发赶超、和全国同步实现全面小康这个宏伟事业紧紧联系在一起,把它当作人生坐标和崇高理想。

一个人的理想、工作动力和最终成就密切相关,尤其是在贵州加速发展、加快转型、推动跨越这样一个特殊的历史时期,更需要树立远大理想,用我们的能力、智慧和汗水报效家乡,服务社会。坚定的理想和信念,既体现在顺境,要满怀激情,坚定不移地为理想去奋斗,去拼搏;更体现在逆境,遇到挫折时,不改变信仰和信心。当我们把理想信念和贵州的命运、前途联系在一起时,就要立足做大事,而不是力求做大官,为贵州的后发赶超、实现全面小康,努力付出,做出最大的贡献。

人生的价值、意义与官位并不对等,有的人虽然职位不高,但他们的名字永远都被人们颂扬,这种人生最有价值、最有意义;有的人地位很高,但是一路走过以后,没有任何痕迹,除了大家记住他是领导外,根本没有记得他做过什么,这样的人生意义何在?省农科院副院长李桂莲,在罗甸县农业产业结构调整中呕心沥血,致力于优良蔬菜品

种的推广，带动一方农民增收致富，被亲切地称为“女财神”。这样的人才值得敬仰，值得崇尚，值得歌颂。道德模范朱昌国是一名村支书，但是温总理都被他感动，并把他身上体现出的抗旱精神概括为“贵州精神”。青年人的理想信念不是追求名追求利，追求职务有多高，而是要为所处的时代做一番事业，为和谐盛世添光添彩。

一是有了理想信念，才会有大局。在工作中，个人之间的分歧和意见很正常，不能因为一个人无意间说了自己的坏话，做了一两件不该做的错事，就过多地计较，看一个人要看主流，要看这个人是不是有利于大局，有利于事业的发展。人非圣贤，孰能无错。如果别人做错一件事，就要秋后算账，这能有利于大局吗？有了理想信念，才能做到虚怀若谷，包容别人，理解别人。

二是有了理想信念，才会有志气。现在贵州就是要后发赶超，就是要实现历史性跨越。有了这样一个宏伟目标，有了这样一个理想信念，必须有志气才能实现，我们的志气就会突显出来。正如战书书记所说，我们不愿总是垫底，也要奋力爬高，要强力去和高的攀，敢跟快的赛，这种志气都是理想信念所决定的。

三是有了理想信念，才会有信心。革命的乐观主义看问题总会看到希望，哪怕面对危机的时候，也能从危机中看到机遇。桌子上的半杯水，对于乐观的人来说，已经有半杯水，就很不错了，而对于悲观的人来说，只看到还有半杯没有水可能就会失望，甚至自暴自弃。天上不会掉馅饼，没有救世主，只有自己救自己。贵州实现后发赶超现在就需要我们真正的自觉，真正的自强，真正的靠自己。

四是有了理想信念，才会有精气神。在讲《论语》心得时，于丹讲到一个小故事，几个工匠在修宫殿，不同的人就有不同感受。一个人在那里唉声叹气有气无力，他认为这是一个苦差事，自己是被抓丁抓到这里来的；第二个人虽然也在干，但是面无表情，他认为是为饭碗而干，因为要生存。这个还好，至少他知道这是份维持生存的职业；第三个人却精神饱满神采飞扬，他认为自己是在修建一座宏伟的宫殿，这个宫殿修成后将会非常漂亮，他觉得是在为一个宏伟蓝图而奋斗，充满激情充满干劲。这个故事启示我们，朝气和激情就来源于理想信念对自身志气、信心的巨大提振。

（二）勤奋学习，打牢构筑“精神高地”的根基。构筑“精神高地”要有构筑的能力，要有构筑的智慧，还要有构筑的胆识。能力从何而来？智慧从何而来？胆识从何而来？就从学习中来。学习就是要读好两本书，一本是有字之书，就是书本知识，必须要学好的；一本是无字之书，是社会知识，这更要学好。从李军任部长时开始，宣传部就确立了凡进必考的原则，进人的起点都是硕士研究生以上，以后都是按这个要求来优化队伍结构，现在硕士研究生以上的学历的人在部里几乎占了半壁河山，在年轻人中硕士学历层次更是占了绝大多数，这是书本知识的优势。但是，大家还要努力从无字之书中汲取营养，增长才干。

一是要善于向别人学习。这里着重强调的是我们还要善于从群众中汲取营养汲取智慧，不能满足于已有的知识。在遇到困难的时候，一个人冥思苦想也想不出解决方法，但如果找几个人一起讨论讨论、研究研究，把每个人不同角度的观点收集整理出来，也许就是一套完整的解决问题和困难的好方法。三人行必有我师焉。学历层次高并不代表别人都不如自己，并不代表别人没有自己可以借鉴的长处。例如，农民搞农业生产的一些智慧和经验，那是我们在书本上都学不到的。所以不管什么时候，我们都要谦虚，都要善于向别人学习。

二是善于在矛盾和棘手事务中学习。我也经常跟青年人讲自己的亲身经历，遇到困难的时候，遇到矛盾的时候，遇到棘手事务的时候，千万不要躲避，千万不要上交，要勇敢去面对，勇敢去解决，积极去探索，这是一个很好的学习机会。如果你把这样的复杂问题处理过一遍两遍，就积累了经验，再遇到类似问题时就能迎刃而解。办法总比困难多，困难是解决一个少一个，矛盾也是消化一个少一个，如果能认真面对并解决掉它，不管是对领导还是对年轻人来说都会有不小的进步。

三是善于在失误中学习。虽然我们希望什么事情都是零差错，什么时候都不发生失误，但这几乎不可能，人的一生中不可能不出现失误不出现差错。在出现失误出现差错后，我们就要善于在总结中学习，在总结的过程中既要总结客观原因，更要总结造成失误的主观原因，要从自己身上找原因。从自己身上找到了失误的原因，今后就会提醒自己要规避原来的失误，借鉴别人的成功经验，或者探索新的路子，这样就会不断提高自己的水平和能力。相反，如果失误后总是强调客观原因，自己永远也不会进步。因为强调客观原因，表明自己没错，都是别人造成的，意味着不需要改变自己，不需要提高自己，不需要完善自己。所以我们要从失误中学习，当自己工作出现了差错，首先要从自己身上找原因，深刻剖析自己。

四是善于在批评中学习。很多人喜欢报喜不报忧，喜欢别人唱赞歌，不喜欢别人挑剔，不喜欢别人批评，这个也可以理解。但是，忠言逆耳利于行，批评蕴含着很深奥的道理和很真诚的友善。对于正确的批评，一定要认真地听，认真地吸纳；对于尖锐的批评，要耐心地听，这种批评不一定完全正确，但即使只有一半正确，吸收了对你也能有所进步和提升；对于错误的批评，要冷静地听，听完后你才知道批评是对是错，如果不对，你以后就会避免犯同样的错误，也会有所收获。所以对待批评，要有科学的态度和理性的思考，虚心听取每一个人的意见，但最终保持自己正确的判断。

活到老，学到老。只有学习才能提高能力，只有学习才能提高境界，只有学习才能增强胆识。我们要把学习作为立身之本，作为永恒课题，作为我们的精神追求，作为一份责任一份境界。有几句话对我一生影响比较大，与大家共勉。“虚其心，受天下善”，保持谦虚谨慎的态度，就会受尽天下的益处；“大其心，容天下事”，要有胸怀，不要以自己的好恶来判断是非；“静其心，观天下理”，不要浮躁，不能盲目地横加指责。在毛主席给侄子的一封信里讲了十二条，其中一条就是一个人在遇到非常棘手的矛盾，而自己又很不冷静时，千万不要马上决策，这样可以减少一些失误。所以我们青年人要戒急戒躁，当机立断的时候要马上决断，但缺乏决断的必要条件时，最好是先放一放，三思而后行。

（三）勇于创新，为构筑“精神高地”提供不竭动力。创新是一个民族的灵魂，是一个国家兴旺发达的动力源泉。在省第十一次党代会报告里，在接受中央媒体采访时，战书书记都特别强调创新精神。对于一个民族、一个单位来说，没有创新就没有希望。对于青年人来说，没有创新精神，很难有所作为。随着科学技术的飞速发展和社会的巨大变化，社会关注度的不断提升对我们工作提出了新的更高要求，如果亦步亦趋，用老经验老办法解决新问题新矛盾，那就不会有新的突破，不会有大的进步。包括文艺创作、网络舆论引导、人事制度改革等宣传思想文化工作，如果没有创新，就不会有今天大好的局面，也不会得到全省干部群众的充分认可。

年轻人思维敏捷，充满活力，在创新方面要勇当弄潮儿，更应该勇于担当。创新有风险，守旧最保险，但守旧不可能创造奇迹。我们敢不敢于创新，我们善不善于创新，我们勇不勇于创新，也是检验我们党性、责任感和使命感的尺度之一。如果把事业看得很重，为了这份事业能够开创新局面、实现新突破，你就会不计较个人得失，大胆去创新。如果你把个人乌纱帽看得很重，把个人名利看得很重，就会患得患失，不愿去创新，不敢去创新，也不乐于创新。朱镕基同志当总理的时候，曾到北京大剧院去看过一部名叫《商鞅变法》的话剧，在看剧的过程中朱镕基总理不由自主的掉泪了，第二天《瞭望》杂志刊登了一篇《朱镕基泪洒为商鞅》的报道。商鞅作为一个改革家，为了秦朝的兴旺，倾注自己一生的精力，最后被车裂而死。当时，朱镕基总理正在大力推进金融体制财政体制等一系列改革，面临着巨大阻力，但为了国家民族的长远发展，阻力再大风险再大也得干，体现了党和国家领导人敢于创新的责任感和使命感。

我们去四川考察，他们提出“敢想敢干为人民”，这和构筑贵州“精神高地”一样，都是创新。创新，我们首先要加强学习，有底气，有责任感，有胆识。照搬照抄不是创新，是四平八稳。什么叫创新？什么是真正的马克思主义者？“不如马克思就不是马克思，等于马克思也不是马克思，超过马克思才是马克思。”这是非常富有哲理的。马克思的一些基本论述基本原理没有搞清楚，肯定不是真正的马克思主义者；如果只懂得条条款款，不懂得在实践中运用，不懂得结合实际，也不是真正的马克思主义者；只有结合实际，与时俱进，运用马克思主义的基本立场和方法指导实践，并在实践中不断丰富和完善马克思主义，不断探索创新，这才是真正的马克思主义者。

（四）爱岗敬业，将构筑贵州"精神高地"内化于心、外践于行。构筑精神高地，最后还要落实到推动发展的行动上来。不同的部门有不同的工作，你选择了这份职业，就要忠诚、热爱、献身于它，就要心无旁骛，不要东比西攀。如果一个人在一个单位一个部门，牢骚满腹，怨天尤人，这样的人肯定不会有作为，肯定干不成大事。在一个地方如此，换了两三个地方还是如此，不用细究，问题肯定出在他自己身上。要像雷锋同志一样，干一行爱一行，精一行专一行，你才会有所作为，才会有所成就。

一是要执著、要忠诚、要奉献。在机关工作，确实很辛苦，特别是现在的宣传工作，无论从工作的面，还是工作的量都已经不是传统意义上的宣传工作了，如今已形成大宣传大文化格局，大到无所不包，无所不在，无所不有。确实，和好的企业好的单位比，我们的待遇还有一定差距，对年轻人来讲，在待遇还没有提高的情况下，就要耐得住寂寞，扛得住清贫，经得起诱惑。

二是要满怀激情。工作再苦再累，只要我们有一股精气神，满怀激情，身上就会有一股使不完的劲，给人的印象、展示的形象就会不一样。就像到少数民族地区看农民群众演戏时，他们是全身心的投入，用心用情去演，你会被感动，很享受。而有些歌舞团演员跳舞时，毫无表情，给人的感觉就像是完成一项强加的任务，没有一点精神，更没有激情，你会觉得别扭，很难受。我们的工作应该满怀激情，才能充分发挥主观能动性和积极性。

这里，我想再强调一下，在座的年轻同志大多是各个部门、处室的中坚骨干力量，许多工作都是由你们先提出初步的处理意见供领导决策参考的。现在，宣传部每年管理的经费有两点几个亿，虽然数量不少，但是与所要办好的事情相比，并不多，这些钱都要用在刀刃上，才能发挥出最大的社会效益和经济效益。花钱既要讲效果，也要讲节约。我经常讲花钱有三种方法，花别人的钱办自己的事，这只追求效果，别人的钱花多少不用管，只要效果好，根本不讲节约；花自己的钱办别人的事，就会精打细算，只讲节约，不注重效果，不求过得硬，只求过得去。我们要做到花国家钱的时候，就当是花自己的钱办自己的事一样，既要讲节约，又要讲效果。所以每一个部门提出经费报告，尤其是需要我们提出初步意见的时候，要像花自己的钱办自己的事一样，兼顾节约和效果。

三、坚持不懈、奋勇攀高，在构筑贵州"精神高地"的历史进程中再做新贡献

当前，我们正处于贵州发展的最好时期，也是贵州宣传思想文化工作的最好时期，大家都很幸运，生逢盛世，所以要倍加珍惜。当回顾往事的时候，我们走过了一段非常精彩、非常值得回味、值得留念的历程，给后人讲起来的时候，我们也会很骄傲、很自豪，也很欣慰。

构筑贵州"精神高地"还需要做到"三个不满足"、"三个加强"，"不能满足已有的知识"，知识更新很快，大宣传对人的知识结构要求很高，自己专业的可能熟悉，自己专业外的可能就不熟悉，所以要通过轮岗交流锻炼培养人，更新知识结构；"不能满足已有的水平"，水平是相对的，如果你再努力一点、再勤奋一点、要求再高一点，就可以干得更好；"不能满足已有的境界"，比如心底无私、人无所求，只求把工作干好，做到这些不是最高境界，在宣传部门，作为一个年轻人，最高境界是不仅是对自己有更高要求，还要去影响周围的人，不仅是我们构筑好贵州"精神高地"，还要推动全省提振干事创业的精气神，这些都是境界的要求。"三个加强"一是加强学习，二是加强实践锻炼，三是加强个性修养，通过不懈的努力，为建设充满活力、日新月异、幸福祥和的新贵州做出应有的贡献，为全省的宣传思想文化工作，尤其是构筑贵州"精神高地"做出卓越贡献！

最后祝大家节日愉快，事业有成。

在全国道德领域突出问题专项教育和治理活动视讯会议贵州分会场上的讲话

(5月15日)

同志们:

刚才,中央政治局委员、中宣部部长刘云山同志作了重要讲话,对道德领域突出问题专项教育和治理活动进行了全面安排部署;中央几个部门负责人发言安排了具体工作。大家要结合实际,认真抓好会议精神的贯彻落实。

下面,结合我省工作实际,我讲三点意见。

一、统一思想认识,以高度的责任感、紧迫感开展专项教育治理活动

中华民族有高尚的道德追求,视道德为立身之本、为政之要、立国之基。加强思想道德建设,是传承中华民族传统美德的内在要求,是我们党一贯倡导的治国理念,是发展社会主义市场经济的现实需要,也是贵州实现后发赶超的迫切要求。

近年来,省委、省政府高度重视我省思想道德建设,持续深入地开展了“整脏治乱”专项行动和“满意在贵州”主题活动,并取得明显成效,广大群众文明素质不断提高,社会文明程度迈上新台阶。但是我们也要清醒地看到,当前我省正处在“两加一推”,全面建设小康社会的关键时期。这既是发展的机遇期,同时又是社会矛盾的凸显期,体制机制的深刻变革,社会结构的深刻变动,利益格局的深刻调整,思想观念的深刻变化,使思想道德领域还存在一些与社会健康发展要求不相适应的问题,特别是在一些行业,还存在假冒伪劣商品充斥市场,偷税漏税、商业欺诈等群众反映强烈的问题;在社会生活中,还存在一些人人生观、价值观扭曲的突出问题,有的人公德意识、家庭美德意识和法律意识比较薄弱的问题。这些都迫切需要我们不断加强思想道德建设,进行专项教育和治理。

这次中央文明委决定在全国开展这次专项教育和治理活动,就是从全局的高度出发,为解决道德领域的突出问题采取的重要措施。我们要以此为契机,将活动开展作为实施公民道德建设工程的有力抓手,作为重点领域行风政风建设的有效载体,作为民生建设和精神文明创建活动的重要内容。各级各部门要充分认识开展此次专项活动的重大意义,切实认识到在思想道德领域进行专项教育和治理的必要性和紧迫性,以高度的政治责任抓好会议精神的贯彻落实,以强有力的措施解决好存在的突出问题。

二、立足实际开展工作,确保我省专项教育治理活动取得明显成效

根据中央要求,立足我省实际,为贯彻落实好本次视讯会议精神,我们要在下步工作中重点抓好以下几个方面。

*一要注重教育、常抓不懈。*整治道德领域的突出问题,首先要以教育为主,打牢思想基础。一方面,要广泛开展形式多样的教育活动。通过开展道德讲座、巡回宣讲、道德评议、文明礼仪知识宣传和比赛、“身边好人评选”、“诚信友爱贵州人”网络评选、社区课堂教育、网上道德讲堂等形式多样的活动,使广大干部群众在积极参与中提升思想道德水平。另一方面,要不断拓展教育范围和领域。要把家庭教育、学校教育、单位教育和社会教育紧密结合起来,多渠道多层次多手段向群众开展诚信教育和公德教育,使思想道德教育不留死角、不留空白,努力形成人人受教育、人人讲道德,在社会做好公民、在单位做好职工、在家庭做好成员的良好局面。

*二要突出重点、加强管理。*要按照中央要求,突出抓好食品行业、窗口行业和公共场所三大重点领域的教育治理,在突出重点、深化内涵,创新形式上下工夫,大力整治食品行业假冒伪劣、窗口

行业服务质量差、公共场所环境脏乱等突出问题。要以建设优美环境、提供优质服务、建立优良秩序为目标，强化管理，认真开展自查自纠和市民巡查，增强诚信意识、责任意识和文明意识。要把活动开展作为加强和创新社会管理的重要内容，综合运用行政、法律等各种手段，加强对三大重点领域的管理引导，多措并举促进社会思想道德水平提高。

*三要结合实际、取得实效。*要充分立足贵州实际，把活动开展同"学雷锋"活动和"整脏治乱"、"满意在贵州"、道德模范先进事迹报告会等具有贵州特色的精神文明创建活动结合起来。各地各部门，尤其是重点领域行业，要把活动作为加强政风行风建设的有效载体，健全规章制度，落实监管责任，堵塞管理漏洞，一定要针对突出问题采取有力措施进行整治，并将整治成效公之于众，让人民群众看到明显进展。要按照中央要求，组织人大代表、政协委员、道德模范和劳动模范及志愿者队伍开展好巡查。要依托我省开展的网上"不满意问题征集"活动、电台行风热线"阳光946"栏目，发动群众参与监督，查找问题和不足，督促有关部门及时办理并向社会公布。

三、强化组织领导，切实建立健全专项教育治理活动的工作机制

这次专项教育和治理活动，是一项系统性工程，涉及方方面面的工作，需要各级各有关部门群策群力、共同推进，需要社会各方面积极参与、形成合力。要强化组织领导、完善机制体制，确保活动开展取得扎扎实实的成效。

*一要加强统筹协调。*各地各有关单位要切实加强领导，把专项教育和治理活动摆上重要日程，周密安排部署，精心组织实施，加强督促检查，抓好工作落实，形成各负其责、各司其职、密切配合、齐抓共管的良好局面。各级文明委要建立联席会议制度，加强统筹协调，负责组织推进专项教育和治理活动。省文明办要具体牵头，根据中央会议和文件精神，结合我省实际进行安排部署，按照目标任务和方法步骤，在全省各地和有关行业系统开展专项教育和治理活动。贵阳市作为全国文明城市，要按照中央"先行推开、取得经验"的要求，在此次专项教育和治理活动中作表率、走前列，发挥示范带动作用。

*二要形成强大合力。*加强道德建设，治理道德问题，是一项全民共建共享的民心工程，需要全社会共同担当。要注重发挥广大干部群众在教育治理活动中的主体作用，使每一位公民都成为道德建设的参与者、维护者、践行者。要突出广大党员干部的带头示范作用，把本次专项活动的开展与保持党的纯洁性结合起来，促使广大党员特别是党员领导干部带头加强思想道德建设，带头学模范，带头践行社会主义荣辱观，自觉讲党性、重品行、作表率，努力成为践行社会主义核心价值体系的楷模，成为"讲文明、树新风、促和谐"的楷模。

*三要强化舆论引导。*各级各有关单位要采取多种形式，运用多种媒体，构建全方位、立体化的舆论引导格局。要加强新闻宣传，报刊、电台、电视台、网站等各级各类新闻媒体要开设专题专栏，在"走转改"活动中挖掘鲜活事例，反映各地各部门道德建设的突出成效；要加强社会宣传，通过动员会、户外广告、手机短信、电子屏幕等载体和形式，推动专项教育和治理活动在全社会的知晓度、覆盖面和影响力；要加强典型宣传，大力宣传诚实守信、恪守公德的先进单位和个人，树立好典型，推广好经验；要加强舆论监督，加大对不讲诚信、道德失范行为的曝光力度，不断扩大活动的影响力，推动活动开展取得实效。

会议结束后，参会各单位要立即向党委、党组传达会议精神，根据中央要求和省里工作部署，结合自身实际，针对突出问题，认真制定活动方案，明确目标任务和工作要求，落实责任分工，迅速在本系统开展专项教育和治理活动并取得明显实效，为党的十八大胜利召开营造良好社会环境。

喻红秋同志文稿

在全省宣传部长座谈会上的讲话

（8月2日）

同志们：

这次全省宣传部长座谈会，传达了全国宣传部长座谈会和7月20日省委常委（扩大）会议精神，各市（州）党委宣传部、省直宣传文化系统各单位、中央驻黔主要新闻单位负责同志作了发言，大家对上半年工作进行了简要回顾，对做好下一步工作进行了思考。通过交流和探讨，进一步认清了形势、统一了思想、明确了任务。全省宣传思想文化战线要按照中央、中宣部和省委、省政府的要求，切实做好下半年宣传思想文化工作。

我刚刚到任几天，看了一些关于我省宣传思想文化工作的资料，特别是听了大家的发言后，我已深深地感受到了全省宣传思想文化战线创先争优、干事创业的劲头，感受到了大家只争朝夕、奋力拼搏的激情，各地各部门工作都抓得实、抓得紧、抓得有成效，让我很受鼓舞。近年来，我省宣传思想文化战线按照中央"高举旗帜、围绕大局、服务人民、改革创新"的总要求，认真贯彻落实中宣部和省委的决策部署，奋力推动贵州多民族文化大发展大繁荣，为全省经济社会又好又快、更好更快发展，实现历史性跨越作出了重要贡献。今年以来，我省宣传思想文化工作继续不断开拓新局面，取得可喜成效。一是理论武装扎实推进。推进中国特色社会主义理论体系的宣传教育普及，精心组织中央和省委重要会议精神的宣讲，深入推进全省学习型党组织建设，创新党委（党组）中心组学习方式，抓好理论宣传的大众化普及化，进一步打牢全省人民团结奋斗的共同思想基础。二是舆论导向把握正确。始终坚持团结稳定鼓劲，正面宣传为主的舆论导向，做大做强主流舆论，切实增强主流媒体的传播力影响力，大力构筑贵州"精神高地"，培育弘扬贵州时代精神，扎实推进社会主义核心价值体系建设。三是重大宣传浓墨重彩。围绕贯彻落实国发2号文件、省第十一次党代会、全国和省"两会"精神，围绕"两加一推"主基调、工业强省和城镇化带动主战略以及"创先争优"、"三个建设年"、"四帮四促"等重大决策和重大活动，打好了一个又一个宣传战役，唱响了"开放创新、团结奋进"主旋律。四是品牌创建影响广泛。推出和打造了以"多彩贵州"系列文化活动、"余心声"政论文章、"四在农家"、"整脏治乱"、"满意在贵州"、"祖国好·家乡美"、"千校万师"、"和谐贵州·三关爱"等为代表的一系列具有贵州特色的宣传思想文化工作品牌，推出了一批文艺精品，影视剧创作异军突起，在全国产生了较大影响。各地各部门结合实际，探索和创造了很多好做法好经验，形成了不少工作亮点，有力地服务了经济社会发展。五是文化改革成效显著。在省级层面组建了五大文化集团公司，提前完成了文化体制改革阶段性任务，重大文化产业项目建设稳步推进。在今年2月召开的全国文化体制改革工作会议上，我省及9个市（州）均被表彰为全国文化体制改革工作先进地区，取得"满堂红"优异成绩。六是对外形象全面提升。围绕省委、省政府举办的重大活动，在北京、香港等地策划组织了一系列大型新闻发布会和媒体推介会，赴欧美和东南亚等国家和地区开展了一系列"多彩贵州"主题演出活动，有力提升了贵州的知名度和美誉度。

总之，当前全省宣传思想文化工作已达到了

一个新的历史水平,发展态势良好,为今后继续推进打下了坚实基础。这些成绩的取得,是中宣部和省委、省政府高度重视、正确领导的结果,是省委宣传部历届班子锐意创新、强力推进的结果,是全省宣传思想文化战线包括驻黔媒体团结一致、奋力拼搏的结果。我们要继续按照中央和省委、省政府的要求和部署,不断开创我省宣传思想文化工作新局面。下面,结合中宣部和省委、省政府有关要求,我讲四点意见。

一、以高度的政治自觉和强烈的责任意识,把思想和行动统一到胡锦涛总书记重要讲话精神上来

7月23日,在中央举办的省部级主要领导干部专题研讨班上,胡锦涛总书记作了重要讲话。讲话精辟分析了当前我国面临的新形势新任务,系统总结了党的十六大以来的伟大实践,科学阐述了事关党和国家全局的若干重大问题,深刻回答了党和国家未来发展的一系列理论和实践问题,对于我们在新的历史条件下推进中国特色社会主义伟大事业和党的建设新的伟大工程具有重大而深远的指导意义。讲话高屋建瓴,思想深刻,内涵丰富,论述精辟,通篇闪耀着马克思主义真理的光辉,充满了思想的力量、理论的力量、真理的力量,是统一思想、凝聚力量的宣言书,是继续深化改革开放的动员令,为党的十八大胜利召开奠定了重要的政治、思想和理论基础。我们要认真学习领会,切实用讲话精神统一思想和行动。

*第一,要学习领会好。*学习领会讲话精神,要准确把握五点:一要准确把握当前和今后一个时期党和国家工作的总要求。胡锦涛总书记在讲话中强调,高举中国特色社会主义伟大旗帜,以邓小平理论、“三个代表”重要思想为指导,深入贯彻落实科学发展观,解放思想,改革开放,凝聚力量,攻坚克难,坚定不移沿着中国特色社会主义道路前进,为全面建成小康社会而奋斗。这是我们党立足世情国情党情的新变化,立足我国发展的新要求和人民群众的新期待,提出的当前和今后一个时期党和国家工作的总要求,我们要切实把握好、落实好这个总要求。二要准确把握贯彻落实科学发展观的重大意义和实践要求。充分认识科学发展是当代中国的鲜明主题,充分认识科学发展观是全面建设小康社会、加快推进社会主义现代化的有力理论指导,充分认识深入贯彻落实科学发展观是一项长期艰巨的任务。三要准确把握坚持和发展中国特色社会主义的深刻内涵。中国特色社会主义是党和人民90多年奋斗、创造、积累的根本成就。要深刻把握中国特色社会主义道路、理论体系和制度的相互联系,深刻把握中国特色社会主义的实践特色、理论特色、民族特色、时代特色,深刻把握改革开放是发展中国特色社会主义的强大动力。四要准确把握经济建设、政治建设、文化建设、社会建设以及生态文明建设的重大部署。讲话着眼中国特色社会主义事业总体布局,对推进经济、政治、文化、社会建设以及生态文明建设作出一系列新的重大部署。这些重大部署有原则要求、有政策安排、有举措办法,体现了战略设计、宏观谋划与实施步骤、具体措施的统一,为促进经济社会又好又快发展,提供了重要遵循。五要准确把握全面推进党的建设新的伟大工程的新任务新要求。讲话从伟大事业和伟大工程的结合上,深刻分析了新形势下党的建设面临的突出问题,明确提出了加强党的建设的新任务新要求。要充分认识加强党的建设的重要性和紧迫性,深入把握党的建设的工作部署,深刻领会维护党的集中统一的政治要求。

*第二,要宣传阐释好。*胡锦涛总书记的重要讲话,内容极其丰富、内涵十分深刻,涉及党和国家事业发展的方方面面,必须全面系统地宣传报道好、解读阐释好。7月26日上午,省委书记、省长赵克志同志主持召开省级党员领导干部座谈会,对我省学习贯彻胡锦涛总书记重要讲话精神作出了全面部署。我们要切实按照中央和省委的要求,领会深刻内涵,把握精神实质,在全省迅速掀起宣传学习热潮。一要精心组织、周密部署。各级宣传部门要把学习宣传重要讲话作为当前和今后一个时期的一项重要政治任务,充分运用一切宣传资源、宣传阵地和宣传载体,科学准确、系统深入地组织好宣传活动。二要全面宣传、形成热潮。各级主要新闻媒体要开辟专栏,及时报道全省干部群众的热烈反响和学习贯彻的实际行动,使之家喻户晓、深入人心,用贵州人喜欢看、喜欢听的形式,表达好、传播好讲话精神。三要深入

解读、凝聚共识。各级理论研究部门要推出一批有深度、有说服力的文章、评论,帮助人们更好理解和掌握讲话精神实质,增强贯彻落实科学发展观的自觉性坚定性,切实把干部群众的思想和行动统一到讲话精神上来,不断把学习宣传贯彻讲话精神引向深入。

*第三,要贯彻落实好。*学习贯彻胡锦涛总书记重要讲话,既要体现在思想认识的提高上,又要反映在实际工作的运用上,最重要的是要用讲话精神统一思想,在武装头脑、指导实践、推动工作上见实效。当前,要在抓好三个结合上下功夫。一要把学习总书记"7·23"重要讲话与学习习近平同志的总结讲话结合起来。习近平同志在省部级主要领导干部专题研讨班上的总结讲话,对深入学习领会胡锦涛总书记重要讲话提出明确要求,指出必须传承发挥好我们党在长期奋斗中形成的"五大优势",具有很强的指导意义。最近《人民日报》等中央主流媒体相继刊发了系列社论及评论员文章,有助于我们更加全面深刻领会总书记的讲话精神。二要把学习总书记"7·23"重要讲话与学习贯彻国发2号文件精神、省第十一次党代会精神结合起来。要在大力宣传重要讲话同时,深入宣传好国发2号文件的重要精神、宣传好省第十一次党代会提出的各项任务,宣传好省委、省政府作出的重大决策部署。要善于紧密联系干部群众思想工作实际,在广泛深入宣传讲话精神同时,有针对性地加强社会热点难点问题的引导,进一步凝聚社会共识、壮大主流思想舆论,维护好改革发展稳定的大局。三要把学习总书记"7·23"重要讲话与研究探索我省宣传思想文化工作的规律结合起来。总书记在讲话中对建设社会主义文化强国,以及加强宣传舆论工作提出了明确的要求,我们要结合贵州实际贯彻落实。这些年我省宣传工作的成效证明,经济欠发达地区,宣传思想文化工作不一定就落后。我们要以总书记的讲话精神为指引,从当前全省跨越发展、后发赶超的新形势新任务出发,深入研究和探索我省宣传思想文化工作的特点和规律,找准着力点、拓展新途径,富有成效地推动工作。

二、围绕迎接党的十八大这条主线,切实做好统一思想、凝聚人心、武装头脑的工作

再过一段时间,我们将迎来党的十八大的胜利召开,迎接好宣传好贯彻好党的十八大精神,是全党全社会的共同任务,更是宣传思想文化战线的头等大事和分内之责。我们要按照中央和省委要求,迅速行动起来,精心组织安排,全面展开迎接党的十八大的宣传工作,举全战线之力,加大工作力度,推动形成热潮。

*第一,要营造浓厚氛围。*从现在起,要全面展开迎接党的十八大的宣传工作,加大工作力度,推动形成热潮,着力营造解放思想、改革开放、凝聚力量、攻坚克难的浓厚氛围。要整合全省宣传力量打好这场极为重要的宣传战役,各级新闻单位要按照省委宣传部下发的宣传报道方案,认真落实工作部署,形成强大宣传合力,切实做到有声势、有特色、有质量、不断创新宣传内容和方式,在宣传力度、报道规模、传播效果上取得新突破。要在兴起迎接宣传党的十八大的热潮中充分反映贵州,在继续深化"坚持科学发展 奋力后发赶超"主题宣传同时,全方位展示贵州辉煌成就。要积极争取中央媒体支持,重点做好人民日报"喜迎党的十八大"特刊组稿工作,各单位在组稿过程中要按照克志书记作出的"注意与省第十一次党代会报告一致"的重要批示精神,既讲好"普通话"、又要讲好"贵州话",充分反映贵州的发展举措、反映贵州经济社会建设成就,以鼓舞士气,进一步激发全省干部群众干事创业热情。

*第二,要确保阵地安全。*这里需要特别指出的是,十八大召开前后,思想理论领域将会十分活跃,各种力量都试图发出自己的声音,难免会出现"杂音"、"噪音",我们必须在大是大非面前保持清醒,在思想上、政治上、行动上自觉与党中央保持高度一致。要严格宣传纪律和管理责任,强化意识形态领域管理,确保阵地安全可靠。全省宣传思想文化系统各单位更要切实担负起政治责任、领导责任和管理责任,坚持一手抓建设、一手抓监管,一手抓运用、一手抓引导,看好自己的阵地,管好自己的队伍,做到守土有责、守土有方、守土有效。要认真贯彻落实全省信访和维稳电视电话工作会议精神,深刻领会"发展第一要务"和"维稳第一责任"的关系,加强对重点领域、重点部位、重点人群和薄弱环节的管理,绝不能在宣传思想

文化领域出现问题。要加强对各种报告会、研讨会、论坛的管理，加强对都市类报刊、出版物市场的管理，加强对互联网、微博客等的管理。要严格规章制度、细化工作流程，确保内容安全、刊播安全、传输安全。

第三，要超前谋划工作。党的十八大召开后，中央和省委将会就学习宣传贯彻党的十八大精神作出全面部署。宣传思想文化战线担负着重大责任，在学习宣传贯彻党的十八大精神中，必须发挥主力军作用。我们一定要超前准备、精心组织好各项工作，做好提前量，打好主动仗，全力抓好用党的十八大精神统一思想、武装头脑工作，全力抓好用党的十八大报告提出的党的最新理论创新成果教育引导广大党员和干部群众，进一步巩固全党全国人民团结奋斗的共同思想基础，不断凝聚思想共识、开创事业新局面。尤其是要超前准备好向中央主要媒体及时报送贵州各级党组织和广大党员群众学习贯彻党的十八大精神的有关文字图片和视频材料，准备好中央宣讲团来黔宣讲接待工作，准备好我省宣讲党的十八大精神宣讲提纲，准备好相关座谈会、理论研讨会以及全省宣讲活动。此外，党的十八大前后世界舆论高度关注中国，对来华来黔采访的境外记者，要及早准备、及早筹划接待方案，制定对外宣传口径，既要满足境外记者的报道需求，又要积极引导报道倾向，使之于我有利。

三、围绕推动贵州后发赶超、跨越发展，卓有成效地开展宣传思想文化工作

当前和今后一段时期，将是贵州坚持科学发展、奋力后发赶超，与全国同步实现全面小康的关键时期，宣传思想文化工作必须紧紧围绕这一大局，扎实有效地开展工作。7月20日，省委召开常委（扩大）会议，传达学习胡锦涛总书记、习近平同志和李源潮同志近期就贵州工作谈话时的重要指示精神，省委书记、省长赵克志同志在会上作了重要讲话，强调三个“倍加珍惜”、提出四个“不动摇”，要求始终做到三个“坚持”。这些都对我省宣传思想文化工作指明了方向，提出了更高的要求。全省宣传思想文化战线要认真学习领会，自觉贯彻落实，以更强的责任感、使命感，更加主动地服从服务于全省工作大局，扎扎实实地做好下半年各项工作。

（一）把握导向、营造氛围，为贵州后发赶超加油鼓劲。目前中央对贵州的支持力度空前加大，省委、省政府科学决策、有力领导，各地各部门抢抓机遇、奋力赶超，全省广大干部群众精神振奋、埋头苦干。我们一定要始终坚持把舆论引导的主基调放在展示辉煌成就，推动科学发展上，为贵州发展再鼓干劲、再增信心，奏响贵州实现后发赶超的最强音。一要深入宣传国发2号文件和省第十一党代会精神。国发2号文件将贵州发展上升到国家战略层面，为贵州后发赶超提供了强大的政策支撑，省第十一次党代会提出的思路、战略、目标、任务是全省智慧的结晶，得到全省上下高度广泛认同。深入宣传和贯彻落实国发2号文件和省第十一次党代会精神，仍是当前我省新闻舆论宣传的重头戏。当前和下一步的宣传要在前一段基础上，着力深入宣传。要围绕“四基地一枢纽”、“三区一屏障”的战略定位，围绕“两加一推”的主基调，围绕“稳中求进、提速转型”的总要求总目标，围绕工业强省、城镇化带动主战略等重大决策部署，多角度，多层次、立体化地进行宣传。各级新闻单位要组织有深度、有分量的宣传报道，切实办好重点专栏专题，深化宣传主题，创新宣传方式，既要从宏观上展示成就、总结经验，又要善于以小见大、以理服人，用事实说话，用数据说话，力求生动活泼、出新出彩。二要全面加大全省经济社会发展成就宣传。要开动宣传机器，全方位、全景式地展示全省经济、政治、文化、社会建设以及生态文明建设各个领域发展的成就，全面展示各级党组织和广大党员推动科学发展的实际行动。全面准确深入宣传中央和省委的重大决策部署，大力宣传当前我省着力稳投资、调结构、抓创新、增活力、惠民生的积极成效，引导全省干部群众积极投身实现贵州经济社会发展历史性跨越的伟大事业。三要全力引导社会热点难点问题。目前我省正处于经济起飞时期，同时也是矛盾和问题的多发频发时期，加强社会热点难点问题的引导，凝聚社会共识、壮大主流思想舆论的任务十分繁重，我们要按照克志书记“在抓发展、抓改革的同时必须抓好稳定”的要求，积极引导、有效引导社会热点难点问题。要加大网上舆论监管，及时引导网上热点，防止发酵放大和恶意炒作，切实维护社会和谐稳定。

（二）大力构筑“精神高地”，为贵州跨越发展凝神聚气。省第十一次党代会深刻指出，唯有构筑“精神高地”，才能冲出“经济洼地”。我们要以迎接党的十八大胜利召开为契机，最大限度发挥宣传思想文化战线凝心聚力的作用，全力构筑贵州“精神高地”，凝聚起实现经济社会发展历史性跨越的强大精神力量。一要深入挖掘内涵，丰富精神资源。要以社会主义核心价值体系建设为根本，以“开放创新、团结奋进”的贵州时代精神为核心，以贵州千百年来积淀的优秀民族文化传统和近现代以来创造形成的革命精神、科学精神、人文精神、实干精神为支撑，特别要深入挖掘贵州建省600年来的丰富历史文化资源，不断增强全省党员干部、各族群众的文化自觉、文化自信，加快构筑自觉自信自强、创业创新创优的贵州“精神高地”，为经济社会发展提供持久动力。二要扩大品牌影响，深化创建活动。我省精神文明创建的六大活动品牌，成效显著、来之不易。一个品牌的打响需要多年时间来建设、推广、完善，我们一定要珍惜现有成果，不断加以巩固提升。要推动创建活动向纵深发展，在推进力度、覆盖广度、深入程度上下功夫。要通过扩大六大活动品牌的覆盖面和社会影响力，推进全省文明城市、文明单位、文明村镇等群众性精神文明创建，尤其要以“四在农家”创建活动为载体，进一步加强农村精神文明建设，从整体上提升全省文明水平。三要夯实群众基础，扩大社会实践。良好社会文明风尚的形成，需要持久广泛深入的建设。我们要不断扩大思想道德建设工作和志愿者服务的群众基础和社会实践，通过广泛开展道德模范评选表彰、诚信贵州活动、“五心教育”活动、先进典型选树、广泛开展学习雷锋活动等，充分展示贵州人良好的精神风貌，推动全省道德文化水准和精神面貌跃上新台阶。要推进大学生思想政治教育和未成年人思想道德建设，加强爱国主义教育基地建设和管理力度。

（三）深化文化体制改革，为贵州多民族文化繁荣发展增添活力。要把完成我省文化体制改革的主要任务，巩固提升改革成果，推进文化全面发展繁荣，作为迎接党的十八大的一项重要任务。要进一步深入贯彻落实好省委十届十二次全会《意见》要求，深入扎实推进各项工作，进一步解放和发展文化生产力，推动贵州多民族文化大发展大繁荣，为全省经济社会发展注入不竭动力。一是要深化文化体制改革。我省非时政类报刊出版单位，是目前唯一还没有全面完成转企改制任务的领域，各有关部门和市（州）一定要强力推进、全力攻坚，确保在8月中上旬前按要求完成转企改制任务。文艺院团、广电网络、出版发行等已基本完成转企改制任务的经营性文化单位，要对照标准查漏补缺，切实做好收尾工作。同时要进一步规范完善公益性文化事业单位内部机制改革、文化市场综合执法改革、“两台合并”、“三局合一”等改革任务，确保顺利通过中央验收。已转制文化企业和集团公司要加快建立现代企业制度，完善法人治理结构，打造真正合格的市场主体。省里明确要求推进上市的广电网络、家有购物、出版集团等公司要加快工作步伐，努力在年内取得实质性进展。二是要做大做强文化产业。从目标上讲，省委、省政府明确要求，今年我省要完成180亿元文化产业增加值的目标。广播影视、新闻出版、文化旅游三大行业和各市（州）要从本行业本地的优势出发，明确目标、分解任务、落实责任，确保完成今年的任务。从项目上讲，要加快规划建设省“十大文化产业园”和“十大文化产业基地”，推动建设一批优势明显、特色鲜明的市县文化产业项目，尤其是要千方百计地确保今年深圳文博会签约190亿元的项目尽快落地。从政策上讲，要加大协调对接力度，确保国家和省已出台的各项扶持政策措施及时落实兑现，同时要加快推进制定和实施支持文化产业发展的财政、税收、金融、土地、园区（基地）、知识产权等相关政策的具体实施办法，组建省文化产业发展基金。这里强调一下，各地各有关部门推进文化改革发展的工作将纳入今年年度目标考核，大家要高度重视，逐项抓好落实。三是要不断发展繁荣文化事业。要突出和彰显贵州文化的特质、特性、特点，创作生产更多贵州文艺精品并在全国高端平台展示，做大做强一批贵州文化品牌。坚持文化惠民，加强城乡公共文化服务体系建设，保障基本文化权益。着力办好2012“多彩贵州”主题文化活动。实施好“八大文化惠民工程”，坚持把“送文化”与“种文化”结合起来，努力满足广大人民群众的精神文化需求，为全省经济社会加速发展和后发赶超提供坚实的文化条件。

（四）提升多彩贵州知名度美誉度，为贵州开放开发造势开道。克志书记深刻指出，“贵州欠发达、欠开发，根本是欠开放。”省委多次强调，贵州是典型的内陆山区省份，开放带来的活力在某种意义上比改革带来的活力还要大。宣传思想文化工作要充分利用省委、省政府推进开放的重要载体和平台，积极思考谋划重大外宣推介活动和文化交流活动，全面宣传贵州发展的广阔前景和后发优势，促进全方位、多层次、宽领域开放格局的形成，提高贵州对内对外开放水平，有效吸引社会各界对贵州的广泛关注，争取国内外对贵州的更多支持。一是要继续在拓展渠道上下功夫。坚持深化和拓展“走出去”和“请进来”相结合的外宣战略，主动拓宽外宣渠道，联系邀请境内外重点媒体来黔采访报道，深化与中央媒体以及中央宣传文化单位的联系，继续组织好文化精品在省外国外的展示和巡演活动，扩大贵州文化在海内外的影响力和认知度。二是要继续在平台打造上下功夫。积极借助国内外重大活动和重要外宣平台，全力展示“走遍大地神州、醉美多彩贵州”的良好形象。要把握好第二届中国（贵州）国际酒类博览会等重大外宣平台，组织高规格高水平的宣传推介活动和新闻发布。在香港等地区继续宣传推介我省综合形象、经济社会发展环境和投资环境等。三是要继续在整合资源上下功夫。整合经贸外宣、文化外宣、旅游外宣等力量，集中开展高规格、高密度的宣传推介活动。要注重统筹协调省与各市（州）之间的重点外宣工作，加强联动，整合资源，合力策划、实施精品外宣活动，完成系列外宣品制作推广。

四、保持奋发有为的精神状态，推动宣传思想文化工作不断取得新成效

状态决定作为，有为才会有位。在迎接党的十八大召开的关键时期，我们必须进一步增强政治意识、大局意识、责任意识，全力以赴投入工作，聚精会神抓好落实，确保各项工作取得实实在在成效。

（一）加强学习，不断提升工作能力。我们已迈入知识经济时代，大量新知识、新信息、新技术扑面而来，以数字化、网络化为代表的现代信息技术突飞猛进，带来了传播方式的革命性飞跃，特别是互联网打破了传统媒体的时空界限，成为思想文化信息的集散地和社会舆论的放大器。在飞速发展变化的时代面前，如果我们不积极接触前沿知识，所知所学没有厚度深度，就无法适应环境，更谈不上开展好工作。全省宣传思想文化系统的每一位同志一定要有强烈的危机感和紧迫感，把加强学习当成终身追求，不断提高理论水平，拓宽知识面。不仅要懂得传统媒体和常规的宣传手段，还要熟悉运用网络、手机、微博客等新兴媒体传播手段；不仅要懂经济、懂产业，还要懂经营、懂管理；不仅要熟悉本部门业务工作，还要广泛了解面上和相关部门的工作，真正掌握过硬本领，提升在“大宣传”格局下开展宣传思想文化工作的能力和水平。

（二）主动作为，积极服务发展大局。围绕中心、服务大局，是做好宣传思想文化工作的根本职责和基本规律。只有服从服务好全省工作大局，把一切工作都置于这个大局下来思考和谋划，才能找准宣传思想文化工作的方向和定位。今后凡是中央和中宣部部署的任务，凡是省委、省政府的要求，凡是对当前和长远具有实际意义的工作，我们都要高度重视、做出成绩。一方面，要做到主动服务跟得上。加强对中央路线方针政策和省委、省政府决策部署的学习，经常研究宣传思想文化工作中带政治性、方向性的问题，保证跟得上形势发展，跟得上党委、政府中心工作，关键时候不掉链子。另一方面，要做到超前谋划贴得紧。就是绝不能被动等待党委、政府提出要求、部署任务，要在把握党委、政府意图的基础上超前策划，切实做到围绕大局转、服从大局干，绝对不能搞成“两张皮”。无论抓理论武装还是抓舆论导向，无论抓文明创建还是对外宣传，一切工作开展都要从大局出发，为大局服务。

（三）勇于创新，争创一流工作水平。创新永无止境、永不停步。面对市场化、网络化、自主化越来越突出的工作新形势，宣传思想文化工作要始终保持积极进取的精神状态，把创新工作提升到新的高度。要坚持以解放思想为先导,紧密联系自身实际、创造性地开展工作,大力推进宣传思想文化工作创新观念、创新思路、创新方法,使各项工作把握规律性、体现时代性、富于创造性。要注意用好以往的成功经验,积极适应社会生活和人们接受习惯的新变化,在拓展广度深度上下功夫,在丰富内容和形式上下功夫。要善于突出工作重点、深化工作主题、整合工作资源,善于抓大事、要事,以重点工作的突破带动整体工作开展,不断提高宣传思想文化工作的科学化水平,努力在全省创先争优,在全国范围争先进、找位置、出经验。

(四)转变作风,更好服务人民群众。要以保持党的先进性、纯洁性为主题,切实抓好宣传思想文化系统的作风建设。把加强和改进作风作为贯彻落实胡锦涛总书记"7·23"重要讲话精神和省第十一次党代会精神的重要举措,作为迎接宣传贯彻党的十八大的重要方面。要按照胡锦涛总书记"坚持工作重心下移,深入实际、深入基层、深入群众"和克志书记"做好联系群众、宣传群众、组织群众、团结群众工作"的要求,坚持贯彻"从群众中来,到群众中去"的工作路线和调查研究的工作方法,不断深化"走基层、转作风、改文风"活动,切实抓好宣传思想文化系统的"帮联驻"工作,既为群众解忧,又为群众代言;既宣传教育群众,又引导激励群众。

同志们,当前,迎接党的十八大的宣传工作已经全面展开,时间紧、任务重、要求高,宣传思想文化战线责任重大、使命光荣。我们要发扬特别能吃苦、特别能战斗的精神,奋发进取、开拓创新,以更加饱满的政治热情和良好的精神状态,确保全年各项工作任务的完成,以优异的成绩迎接党的十八大胜利召开。

在贵州省科协第八次代表大会闭幕式上的讲话

(8月20日)

各位代表、同志们:

贵州省科协第八次代表大会在与会代表和同志们的共同努力下圆满完成各项议程,就要闭幕了。这次大会开得很成功,全面总结回顾了省科协过去五年的工作,选举产生了省科协新一届领导班子,明确了今后五年的工作目标和任务,是一次团结鼓劲、民主和谐、求真务实、开拓创新、凝聚力量、催人奋进的大会。

省委、省政府和中国科协对这次大会的召开高度重视。中国科协常务副主席、书记处第一书记、党组书记陈希同志,中共贵州省委书记、省人民政府省长赵克志同志,省政协主席王正福同志,省委副书记陈敏尔同志等四大班子领导出席大会开幕式。省委书记、省长赵克志同志作了重要讲话,他指出,当前贵州正处在加速发展、加快转型、推动跨越的关键时期,比以往任何时候都迫切需要科技进步的支撑,更加需要科技工作者贡献智慧和力量。他要求全省各级科协组织要进一步凝聚广大科技工作者的智慧和力量,加大招才引智工作力度,引导科技工作者更有针对性地开展科技攻关。全省广大科技工作者要主动适应科技工作面临的新形势,努力在贵州科学发展、后发赶超中更加奋发有为。中国科协常务副主席、书记处第一书记、党组书记陈希同志作了重要讲话。他强调,科协组织要把思想和行动统一到中央决策部署上来,努力在加快科技事业发展和服务党的群众工作中走在前列,取得无愧于时代、无愧于党和人民的崭新业绩。两位领导的讲话高屋建瓴、催人奋进,具有很强的战略性和指导性,对科技工作、科协工作和广大科技工作者提出了新的更高要求。我们要高度重视、认真学习,特别是全省各级科协组织和广大科技工作者要深刻领会、把握重点,切实把讲话精神贯彻落实到工作实践中,把大会确定的各项任务落到实处。

这次会议承前启后,隆重热烈,对动员和组织广大科技工作者全面贯彻落实国发2号文件精神和省第十一次党代会精神,为我省实现科学发展,奋力后发赶超,加快科技进步,推进自主创新,必将产生重大而深远的影响。

借此机会,我代表省委省政府对新选举产生的第八届委员会表示热烈祝贺,对第七届委员会五年来卓有成效的工作表示衷心感谢。希望省科协新的领导班子不负重望,不辱使命,团结带领广大科技工作者,继续谱写科协事业发展的新篇章。下面,我讲三点意见:

一、认清形势,抢抓机遇,进一步强化做好科协工作的使命感

党的十七大明确提出把自主创新能力显著提高、科技进步对经济增长的贡献率大幅上升、进入创新型国家行列,纳入全面建设小康社会奋斗目标;明确指出提高自主创新能力、建设创新型国家是国家发展战略的核心,是提高综合国力的关键,这为我们做好新时期科技工作指明了方向。党中央、国务院高度重视贵州发展,特别是国发2号文件的下发,标志着贵州的发展纳入了国家发展战略,为我省在新的历史起点上进一步推进改革、建设和发展提供了千载难逢的机遇。当前,我省正处在改革开放和社会主义现代化建设的关键时期,正处在加快转变经济发展方式、全力推动科学发展的重要阶段,省委提出了坚持科学发展,奋力后发赶超,努力与全国同步实现全面小康的奋斗目标。会议期间,省委常委、省政府常务副省长谌贻琴同志向大会作了关于贵州经济形势与任务的报告。我们感到,新的形势和任务使科技工作和科协工作地位更加重要、责任更加重大,这既需要各级科协组织和广大科技工作者发挥更大的作用,也为科协组织和科技工作者开展工作提供了广阔的空间和舞台。因此,省科协新一届委员会和领导班子必须进一步增强做好工作的责任感和使命感,围绕我省发展战略,按照"三服务一加强"的工作定位,切实把思想和行动统一到省委省政府的决策部署上来,认清形势、抢抓机遇、开拓创新、奋发有为、扎实工作,以更深刻的认识、更开阔的思路、更有力的措施,不断开创我省科协工作的新局面。

二、围绕中心,服务大局,进一步强化履行科协职能的责任感

近年来,全省各级科协组织团结和动员广大科技工作者,认真贯彻落实中央和省委的各项决策部署,围绕中心,服务大局,为促进贵州经济社会发展做出了积极贡献。实现贵州经济社会快速、持续、健康、全面发展的目标,是包括广大科技工作者在内的全省人民的共同期望,更是光荣的使命和责任。全省各级科协组织一定要切实增强责任感,最大限度地把广大科技工作者动员起来、组织起来,为早日实现贵州经济社会又好又快、更好更快发展做出新的更大的贡献。

*一是要充分发挥自身优势,加速培育引进,促进科学发展。*坚持以转变发展方式为主线的科学发展,是决定贵州经济未来发展的关键所在,也是科协工作服务中心大局的根本任务。各级科协组织要紧紧围绕"加速发展、加快转型、推动跨越"主基调和推进"工业化、城镇化、农业现代化"三化同步,发挥自身优势促进经济发展,紧紧围绕国发2号文件中明确的重点产业、重点领域、重点工程建设,突破技术性和关键性难题领域,组织实施好院士专家援黔行动计划,帮助地方、企业、农村开展多种形式的科技攻关活动,不断创造一流的科技成果。各地要尽快建立"院士专家工作站",积极主动搭建不同层次不同形式的学术交流平台,广泛开展科技学术交流与合作。不断把更多的创新要素引入地方、企业和农村,大力促进我省产业结构优化升级、科研成果就地转化,促进经济发展由主要依靠物质资源消耗向依靠科技进步转变。

*二是要充分发挥职能作用,服务社会民生,促进科学发展。*提升全民素质是推动科学发展的基础工程。各级科协组织作为普及科学技术的主要社会力量,要把普及科学技术作为义不容辞的社会责任,把提高全民科学素质作为重要工作抓实抓好。在巩固发展社会化科普工作格局、推动科普资源共建共享、提高重点人群科学素质上多下功夫,精心组织重点科普活动,强化科普示范创

建，把科学普及转化为文化繁荣亮点，使优质科普资源惠及人民群众，推动人民群众科学文化素养普遍提升。要努力推进科普工作的“常态化”、“大众化”，积极深入基层，深入打造“科普日”、“科技活动周”、“科普示范县”、“科普惠农兴村计划”、“科技致富二传手培训工程”、“贵州科技馆科普大讲堂”、“社区科普益民”等工作品牌，让人民群众享有优质高效的科普服务。

*三是要充分发挥协同作用，凝聚力量，促进科学发展。*科技工作者是党和国家的宝贵财富，是自主创新的主体，是推动贵州科学发展、赶超跨越的中坚力量。各级科协组织要把密切党和政府同科技工作者的联系作为基本职责，把竭诚为科技工作者服务作为根本任务，把科技工作者是否满意作为衡量工作的主要标准，发挥好人民团体的协同作用，坚持以科技工作者为本，畅通联系渠道，创新服务机制，千方百计为科技工作者提供优质高效服务，使科协真正成为深受广大科技工作者信赖的组织。要充分发挥科协人才荟萃、学科齐全、联系广泛的优势，深入挖掘和利用科协组织中专家学者、科技人才的智力资源，把人才资源转化为产业发展的动力。继续加强贵州省工业强省十大产业科技思想库建设，鼓励和支持思想库专家和广大科技工作者加强专题调研、学术研讨和科学论证，形成有针对性、可操作性的对策建议，促进以科技、人才转移带动产业转移。认真做好海外高层次人才联系的窗口工作，吸引更多的海外杰出科技人才来贵州落户。要推动制定完善有利于科技人才脱颖而出的政策措施，积极营造有利于人才成长的良好环境，大力宣传、举荐、表彰有突出贡献的创新创业人才和团队，为科技工作者成长成才铺好路、架好梯、搭好台。

三、加强领导，改革创新，进一步强化促进科协建设的紧迫感

各级科协组织是党领导下的人民团体，是党和政府联系科技工作者的桥梁和纽带，促进各级科协组织的建设，推进科技进步与创新事关我省经济社会发展大局。近年来，各级科协组织的建设得到进一步加强，职能定位更加明确，作用发挥日益凸显，这与各级党委政府的重视分不开，也与科协组织自身努力分不开。但是，我们也看到，少数地方对科协组织建设的重视仍然不够，队伍建设亟待加强，基础设施比较落后，条件保障尚有差距，一定程度影响了其职能作用的充分发挥。这些问题必须引起高度重视，采取措施切实加以解决。

各级党委、政府要从战略和全局的高度，充分认识加强科协建设的重要意义，进一步加强对科协工作的领导。重视关心支持科协依照法律和章程创造性地开展工作，定期加强工作指导，定期听取工作汇报；要切实保障科协工作经费，不断加大经费支持力度，专项工作经费要纳入本级财政预算，认真落实到位；要进一步加强科协工作队伍建设，健全机构、落实编制，特别是落实好开展《科学素质纲要》工作所必需的编制和机构，努力建设一支结构合理、精干高效、团结协作、勤奋廉洁的干部队伍；积极支持和引导科协团体承担有关社会职能，尤其是要重视发挥科协团体在科技成果评价、科技人员评价和科技奖励等方面的作用。要鼓励全社会都来关心科技事业，支持科协工作，共同营造有利于科技人才施展抱负、脱颖而出，各展所长、各尽所能的环境和氛围，形成推动科技进步和创新的强大合力。

各级科协组织要不断加强自身建设，解放思想、主动作为，以改革创新精神提高科协工作科学化水平。以“自觉自强自信”的精神面貌，“创先创新创优”的昂扬斗志，全面加强思想建设、组织建设、作风建设和制度建设，真正把科协建设成为学习型、服务型、创新型、和谐型组织。积极适应新形势新任务的需要，认真研究和探索科协工作的新特点新规律，不断创新工作的思路举措、载体方法、体制机制，积极探索建立适应新的时代要求，符合科技团体发展规律的组织体系、运行机制、活动方式和组织文化，进一步增强科协工作的吸引力和有效性，使科协工作更加体现时代性、把握规律性、富于创造性。

各位代表、同志们：

展望新的五年，省第十一次党代会吹响了贵州科学发展、后发赶超嘹亮号角，开启了全面建设小康社会的新征程。各级科协组织和广大科技工作者使命光荣，责任重大。我们相信，在省委省政府坚强领导和中国科协的悉心指导下，省科协八届委员会一定能够团结和带领全省广大科技工作者,紧密团结在以胡锦涛同志为总书记的党中央周围,高举中国特色社会主义伟大旗帜,以邓小平理论和"三个代表"重要思想为指导,深入贯彻落实科学发展观,团结一心、扎实工作,奋力开拓、锐意进取,为贵州跨越发展做出新的更大贡献!以优异的成绩迎接党的十八大胜利召开!

在"贵人善行——颂最美精神做最美贵州人"主题活动启动仪式上的讲话

(9月10日)

尊敬的刚才发言的三位"最美贵州人"、同志们:

为深入贯彻落实党的十七届六中全会精神和省第十一次党代会精神,进一步加强全省社会主义核心价值体系建设,大力发掘、宣传和树立先进典型,充分发挥先进典型弘扬美德、传播文明、引领风尚的示范带动作用,树立一大批全省各行业、群众身边涌现出来的充分展现贵州时代精神,奋力构筑"精神高地"的先进典型,今天,我们在这里举行"贵人善行——颂最美精神做最美贵州人"主题活动启动仪式。"贵人善行"主题活动既是倡导凡人善举、弘扬"最美精神"的生动实践,更是凝聚全省干部群众精神力量,构筑贵州"精神高地"、构建和谐社会,喜迎党的十八大的重要举措。下面,我就如何组织开展好"贵人善行"主题活动讲三点意见。

一、切实提高对"贵人善行"主题活动重要性的认识

近年来我省涌现出胡荣忠、刘习聪、钟晶、王传芬、潘琴、向欣园等一批贵州的"最美人物",刚才我们大家共同听了三位同志的他们的感人事迹,他们的发言,确实是深受感动,他们的先进事迹,他们无上的大爱,他们崇高的善行,应该说确实是冲击着我们的心灵,我想他们是我们贵州千千万万"贵人善行,最美贵州人的代表",那么在贵州,我们发现更多的"最美贵州人",我们发现美、挖掘美、宣传美、引导人们做最美的贵州人是我们崇高的职责和使命。为了开展好这项活动,我们要加深对这项活动的认识。

第一,开展"贵人善行"主题活动,对于继承和发扬中华民族优良传统意义重大。"贵人",《辞海》中指尊贵的人,而我们指贵州人、品德高尚的人;"善行",即美好的品行、美好的行为。"贵人善行",就是特指高尚贵州人及其美好行为。善,是中华民族的传统美德,是中国优秀传统文化的精华,老子说:"夫唯道善贷且成",曾子说:"人而好善,福虽未至,祸其远矣",可见,古人历来对"善"都有着极高的推崇。推崇和践行"善",既是中华民族的优秀文化体现,也是在构建和谐社会、践行社会主义核心价值体系中的体现。"善"体现人类发展的共性,也体现了不同人类发展阶段的个性。是"善"让人们心中永远充满光明、充满希望,是大善让人们充满大爱。

第二,开展"贵人善行"主题活动,对于构建社会主义核心价值体系意义重大。"贵人善行"就是要在全省大力弘扬"最美精神",而"最美精神"所展现的爱国爱民的思想境界、助人为乐的高尚品格、见义勇为的英雄气概,从根本上都体现了马克思主义人生观和价值观的基本要求,也体现了广大党员干部和群众立足平凡、追求崇高的美好情怀,是中华民族精神和时代精神在新时期新阶段的生动体现。"最美精神"从根本上充分体现了社会主义核心价值体系的内在要求,"贵人善行"主题活动就是从理论与实践、思想与行动、平凡与伟大、个人与社会等方面对社会主义核心价值体系的生动实践。

第三,开展"贵人善行"主题活动,对于构筑贵

州“精神高地”意义重大。贵州在历史的长河中，蕴育了长征精神、遵义会议精神、三线建设精神、大关精神、贵州精神、贵州时代精神，这些一脉相承的精神力量不断激励全省人民奋勇向前。近年来，我省呈现出发展提速、转型加快、民生改善、后劲增强的良好态势。这是把精神力量转化为具体行动、体现到工作实践中的结果，是全省广大干部群众继承革命传统、共同努力奋斗的结果。而“最美精神”的涌现，正是全省各行各业千万个“最美贵州人”努力奉献精神状态的生动体现，为构筑贵州“精神高地”提供了源源不断的强大精神动力。

二、不断提升“贵人善行”主题活动社会影响

当前和今后一段时期，是贵州坚持科学发展、奋力后发赶超，与全国同步建成小康社会的关键时期。“贵人善行”主题活动，要作为全省推选先进典型、弘扬社会正气、构筑“精神高地”的一个有力抓手，为贵州跨越发展凝神聚气，为贵州文化繁荣发展增添活力，为贵州提升形象塑形造势。

*一是全力构筑贵州“精神高地”。*省第十一次党代会指出，唯有构筑“精神高地”，才能冲出“经济洼地”，实现科学发展、后发赶超。我省要改变贫穷落后面貌、摘掉“垫底”帽子，必须从解放思想、更新观念入手，加强全省各族人民共有精神家园的建设。我们要以迎接党的十八大、学习宣传贯彻十八大精神为主线，以社会主义核心价值体系建设为根本，切实以“贵人善行”主题活动为载体，不断增强全省党员干部、各族群众的文化自觉、文化自信，全力构筑“自觉自信自强、创业创新创优”的贵州“精神高地”，为坚持科学发展，奋力后发赶超提供强大的精神力量。

*二是切实提升群众道德素质。*近年来，我省通过组织开展弘扬雷锋精神、“五心教育”、“和谐贵州·三关爱”志愿服务、“祖国好·家乡美”、“道德模范”和“身边好人”评选等群众性精神文明创建活动，大力弘扬“爱国、敬业、诚信、友爱”的价值取向，推动了全省道德文化水平和精神面貌跃上新的台阶。当前，贵州经济社会发展已进入新的历史时期，对全省思想道德建设提出了更高的要求，全省各地各部门要以“贵人善行”主题活动为抓手，大力弘扬热爱祖国、助人为乐、见义勇为、诚实守信、敬业奉献、孝老爱亲的思想境界和高尚情怀，以贵州“最美事迹”感动人、“最美人物”鼓舞人、“最美精神”塑造人，不断提升全省各族人民的道德素质和精神追求。

*三是努力提升贵州对外形象。*要按照省委提出的着力构筑“精神高地”、努力构建和谐社会的要求，持之以恒地实施贵州形象提升工程。通过“贵人善行”主题活动，切实把大力弘扬贵州时代精神和开展“贵人善行”结合起来，将“贵人善行”作为贵州对内对外宣传的重要内容充分展示，不断提升奋进贵州、开放贵州、文明贵州、和谐贵州的新形象，大力营造齐心协力促跨越的良好氛围。

三、切实抓好“贵人善行”主题活动工作落实

各地各部门要高度重视“贵人善行”主题活动的组织实施，以高度的政治责任感和强烈的事业心，认真安排部署，采取有效措施，抓紧抓好、抓出成效。

*一要广泛组织动员，推荐身边典型。*各地各部门要切实采取有效措施，通过多种形式、发动广大群众积极推荐身边人、寻常人、高尚人，自觉主动学好人、帮好人、做好人，不断培养激励人们发现美、讲述美、推荐美、颂扬美，切实形成人人支持、人人参与的良好局面。

*二要加大宣传报道，营造社会氛围。*全省新闻单位要结合自身工作特点，制定工作方案，广泛开展“贵人善行”主题的宣传和报道活动，充分运用一切宣传资源、宣传阵地和载体，精心组织、周密部署、形成声势，使“贵人善行”主题活动在全省家喻户晓、深入人心。刚才谢念同志对宣传报道已经做了安排，希望各宣传单位认真的贯彻落实。

三要坚持常抓不懈，形成长效机制。“贵人善行”主题活动贵在坚持，要建立和完善组织协调、典型推荐、宣传推介、考核评估等机制，要把“贵人善行”的宣传报道工作融入到我省新闻宣传、社会宣传、对外宣传和群众性精神文明建设的各方面和全过程，充分发挥“最美贵州人”在建设社会主义核心价值体系，构筑“精神高地”、构建和谐社会中的示范和引领作用，为贵州后发赶超、跨越发展提供不竭的精神动力和良好的人文环境，以优异的成绩迎接党的十八大胜利召开，谢谢大家！

在第二届网络问政与舆情监测高峰论坛上的讲话

（9 月 21 日）

尊敬的人民日报马利副总编、人民网廖玒总裁，各位领导、嘉宾、同志们：

在金秋九月的美好季节，我们相聚在多彩贵州，举行第二届网络问政与舆情监测高峰论坛。在此，我谨代表中共贵州省委宣传部，向出席论坛的人民日报、人民网领导、各位专家学者和兄弟省（区、市）网宣部门的同仁们表示热烈欢迎！向长期给予贵州关心支持的各位朋友们表示诚挚的感谢！

第二届网络问政与舆情监测高峰论坛由人民网、中共贵州省委宣传部共同主办。论坛主题为“微时代 · 大责任”，这充分体现了全国网宣同行对网络传播发展态势的关切，对自身责任和使命的思考，是贯彻党的十七届六中全会精神和胡锦涛总书记 7 · 23 讲话，推动社会主义文化大发展大繁荣的一种高度自觉。相信围绕这一主题深入探讨、广泛交流，有助于提升网络管理和舆论引导水平，有利于推动我国网络文化健康发展。

本届论坛在贵州举行，是人民网和各兄弟省（区、市）对贵州互联网宣传管理工作的关心支持，为我们提供了一个难得的学习机会，必将对我们的工作产生极大的促进作用。

贵州是我国西部多民族聚居的省份，是一个山川秀丽、气候宜人、资源丰富、人民勤劳、发展潜力很大的省份。近年来，在党中央的坚强领导下，全省围绕“加速发展、加快转型、推动跨越”的主基调，重点实施工业强省和城镇化带动战略，同步推进农业现代化，经济社会面貌发生深刻变化。今年 1 月 12 日，《国务院关于进一步促进贵州经济社会又好又快发展的若干意见》（国发〔2012〕2 号）颁布实施，为贵州后发赶超提供了强有力的政策支持。在党中央、国务院的关心支持下，在有关部门和兄弟省（市、区）的帮助下，全省各族干部群众团结奋进，今年上半年贵州经济呈现出强劲的发展势头，GDP 增速排名全国第二，主要经济指标增速创 20 年最高，呈现出全社会经济社会发展持续向好的态势。

贵州是典型的内陆山区省份，扩大开放尤为重要。借助当今最具影响力的大众传媒—互联网，我们打开了开放的一扇窗户。我们省委书记赵克志同志多次强调要发挥好网络媒体在信息发布、理顺群众情绪、协调利益关系等方面的重要作用，发挥好政务微博和党员干部微博的引领作用。在工作实践中，我省着力网上正面宣传，着力网上阵地建设，着力舆论引导工作，为推动全省经济社会又好又快更好更快发展提供了有力的舆论支持和良好的舆论氛围。借此机会，我向在座各位介绍一下我省网络文化建设的做法，也是和大家交流。

一、主动适应互联网，唱响贵州科学发展、后发赶超主旋律

2008 年，胡锦涛总书记考察人民网时指出“互联网已成为思想文化信息的集散地和社会舆论的放大器，我们要充分认识以互联网为代表的新兴媒体的社会影响力”。

互联网的普及和发展为贵州经济社会发展、为贵州宣传工作提供了难得机遇和有利条件。我省积极利用互联网，加强网上正面宣传，壮大主流舆论声音，加强网络文化建设，大力营造健康向上的网络文化。尤其是当前，我们紧紧围绕迎接宣传贯彻党的十八大这条主线，围绕省委省政府中心工作，通过图文、音视频、微博客、博客等生动活泼的宣传形式，深入宣传党的十七届六中全会、总书记 7 · 23 讲话、国发 2 号文件和省第十一次党代会精神，全面加大全省经济社会成就宣传，全力引导社会难点热点问题，全力构筑贵州“精神高地”，在互联网上唱响主旋律、打好主动仗，为贵州科学发展、后发赶超营造了积极的舆论氛围。

二、主动利用互联网，搭建社会管理创新的新平台

互联网既是信息传播的重要媒介，也是创新社会管理的重要平台。为更好地借助网络了解民情、汇聚民智，积极推进网络问政，搭建政府和民众间的沟通交流平台，我省进行了一系列的探索。省委领导高度关注人民网地方领导留言板，关切网友反映问题，要求有关部门及时处理反映问题。今年8月，省委办公厅建立书记与基层干部群众的“信息直通车”，开通电子邮箱、传真、手机短信等三个交流平台。在省委外宣办（省互联网信息办）每日报送讲话的网络舆情刊物上，省领导也多次作出批示，责成相关部门调查处理网上反映问题，及时回应社会关切。

我省重点新闻网站金黔在线打造的“贵州新闻热线96677”，贵阳新闻网开设的“百姓—书记市长交流平台”，借助媒体平台搭建起政府部门了解社情民意的重要渠道和为民服务的重要途径。参与回复、互动交流的部门涉及全省9个市州各个行业部门近200个，解决了大量通过互联网反映出来的社会问题、民生问题，促进政府工作不断改进。

三、主动依靠互联网，推动政务微博新应用

当前，随着互联网新技术新业务的广泛运用，微博等社交网络进一步改变了信息传播方式和社会舆论格局，日益成为网上舆论的新载体和社会意见的生成地。最新统计数据显示，新浪、腾讯两家微博客网站的注册账号达8亿个。贵州微博用户也增长迅猛，2011年微博用户数比上年增长了近2.6倍。

目前，贵州全省433家政府机构开设了政务微博，13家新闻媒体和网站开设微博。贵州省人民政府新闻办公室先后在新浪、腾讯、人民和新华网开设的官方微博“微博贵州”关注“粉丝”数已近100万人。在腾讯微博开通的“贵州微博服务大厅”是全国第二家上线的省级微博大厅。我省公安、旅游、共青团等系统各级均开设了官方微博。新闻媒体也积极运用微博拓展新闻发布渠道，及时发布贵州最新动态，成为广大网友了解贵州、关注贵州的重要平台和窗口。

相比全国，我省的政务微博无论是数量，还是规模都还亟需提升。今后我们将积极推动党政机关特别是与民生密切相关的部门和单位开设微博客、办好微博客。群众在哪里、群众的热点难点在哪里，网络舆论服务工作就跟进在哪里。我们将以更加包容的姿态、更加开放的心态问政于民、问计于民、问需于民，以细致周到的服务赢得民心，以工作的实际成效凝聚民心。

本次论坛精英荟萃，希望参加此次大会的领导、专家学者畅所欲言、共话发展，共同探索网络问政和舆情监测的特点规划，共同促进网络文化繁荣发展。

最后，预祝第二届网络问政和舆情监测论坛圆满成功！祝愿各位朋友和来宾在贵州心情愉悦、身体健康！

谢谢大家！

在全省文化体制改革和文化产业发展暨“五个一工程”表彰大会上的讲话

（10月19日）

同志们：

刚才，敏尔副书记代表省委作了重要讲话，从八个方面深刻阐述了我省文化体制改革和文化产业发展的重要问题，尤其是回顾总结了我省文化体制改革取得的阶段成果，深刻分析了贵州发展文化产业的重大意义，部署了下一阶段我省文化改革发展建设的重要任务，讲话充分体现了9月份刚刚召开的全国文化体制改革工作表彰大会和第十二届精神文明建设"五个一工程"表彰座谈会精神，贯彻了中共中央政治局委员李长春同志视察贵州时的重要讲话精神，贯彻了省委常委扩大会议上赵克志书记的重要讲话精神，契合贵州文化改革发展的实际，具有很强的针对性、指导性、操作性。我们要认真学习、深刻领会、抓好落实，要进一步增强责任感紧迫感，努力开创贵州文化改革发展的新局面。下面，我就贯彻落实好这次会议精神尤其是敏尔副书记重要讲话精神再强调几点。

一、进一步巩固发展文化体制改革成果

近年来，我省文化体制改革工作按照中央的部署，在省委、省政府的正确领导下，经过各地各有关部门和单位的努力，取得了阶段性成果，得到了中宣部、文化部、广电总局、新闻出版总署的表彰。成绩来之不易，凝聚了全省宣传思想文化系统广大干部职工和有关部门同志们的辛勤劳动，我们要倍加珍惜。同时也要清醒地认识到长期形成的束缚文化发展的旧体制的影响不可能在短期内完全消除，当前只是完成了改革的阶段性任务，不少转制企业仍然存在市场意识不强、发展动力不足、发展办法不多的问题，与合格市场主体的要求还有很大差距；一些文化事业单位服务意识不强、管理水平不高的现象仍然突出；文化行政管理部门仍然存在关系不顺、职能不清、效能不高等问题。

针对这些问题，我们必须认真总结经验，坚持改革方向不动摇，坚持深化改革不动摇，在三个方面进一步巩固发展文化体制改革的成果。一是巩固发展经营性文化事业单位转企改制的成果，要以建立现代企业制度为目标，按照《公司法》的要求，进一步健全完善法人治理结构，把改革改组改造结合起来，不断增强企业实力。进一步建立健全企业内部经营管理机制，不断提升企业的市场适应能力和竞争力。二是巩固发展公益性文化事业单位的内部机制改革成果，要进一步引入竞争和激励机制，激发内在活力，提高服务水平，丰富服务内容，打造服务品牌，切实改变我省一些公益性文化事业单位设施闲置、阵地流失、人浮于事、服务不佳的状况。要注意做好和分类推进事业单位改革工作的衔接，确保改革有序、扎实推进。三是进一步巩固发展文化行政管理体制改革成果，要进一步深化完善政企分开、政事分开、管办分离，增强文化行政管理部门在政策调节、市场监管、社会管理、公共服务等方面的职能，不断提升管理效能，为促进文化的繁荣发展营造良好的环境。

二、在新的历史起点上奋力开创我省文化建设的新局面

当前，我省正处于"两加一推"的攻坚时期，这也是我省文化改革发展的重要战略机遇期。随着我省经济社会的加快发展，人民群众对文化的需求越来越旺盛，文化引领社会风尚、支撑经济发展的作用也越来越凸显。站在新的历史起点上，我们必须以更加强烈的文化自觉和文化自信，推动中国特色社会主义文化发展道路在贵州大地上越走越宽广，开创我省文化建设的新局面，形成文化产业与文化事业竞相繁荣、相互促进的大格局。

为此，要围绕把文化产业培育打造成我省国民经济支柱性产业的目标，着力推动文化产业跨越发展。一是要推动省直五大集团公司充分发挥龙头骨干作用。要大力推动省直广电、报业、出版、期刊、演艺五大集团公司实施跨区域跨行业跨所有制合作，整合资源、强强联合，做大做强主业，积极拓展相关产业，创作生产更多叫座叫好的文化产品，增强行业影响力、市场竞争力。对贵州出版集团公司及贵州广电传媒集团公司所属的广电网络、家有购物等公司，要按照省委、省政府的要求，加快股份制改造步伐，加大上市工作的力度，早日上市融资，增强企业发展的实力，真正成为引领贵州文化产业发展的骨干和龙头。二是要推动省"十大文化产业园"和"十大文化产业基地"切实发挥集聚带动作用。省"十大文化产业园"和"十大文化产业基地"是写入省委十届十二次全会、省第十一次党代会报告的重大文化产业项目，涉及9个市(州)和省有关部门，包含新闻出版、数字动漫、民族文化、历史文化、红色文化等多种业态，体现了贵州文化产业的特色和优势，是我省提高文化产业集中度，带动文化产业集聚发展、形成规模效应的重大举措。刚才敏尔副书记在讲话中也反复强调，希望大家认真领会。各市（州）和省有关部门要加强对项目规划和建设的组织领导，落实责任、倒逼进度，推动园区、基地早日建成、早日见效，从根本上改变我省几乎没有文化产业园区基地的现状。三是要推动各市（州）重点打造特色文化产业。9个市（州）要立足各自不同的资源禀赋和文化特色，实施差异化发展战略，打造优势特色产业，最终形成支撑多彩贵州的产业集群。如贵阳的阳明文化产业、遵义的红色旅游产业、黔东南的苗侗文化产业、黔西南的布依文化产业、毕节的古彝文化产业等，都要通过培育富有实力的企业，深化文化内涵，打造文化精品，增强文化市场竞争力，形成民族文化、红色文化、历史文化等各具特色、优势互补的文化产业格局。

在大力发展文化产业的同时，要切实做好“统筹”和“融合”两篇文章：一是统筹好文化产业和文化事业，实现互动共赢。要善于通过文化事业的发展拓展文化产业，通过文化产业的发展支撑文化事业。要把文化事业和文化产业发展一起谋划布局，找准两者的结合点，实现两者互动共赢。要鼓励社会力量参与博物馆、文化馆、图书馆、纪念馆等文化事业单位的发展与内部运营管理，增强文化事业的活力，采取积极措施引导各类文化企业提供公共文化服务，不断满足我省城乡人民的基本文化需求。二是要促进文化和旅游融合发展。这次长春同志视察贵州所作的重要指示，充分肯定了贵州实施文化与旅游结合的做法和经验，刚才敏尔副书记在讲话中也对推动我省文化和旅游的融合发展作了深刻而富有指导性的阐述。我们要积极谋划一批特色鲜明的项目，要通过项目实施促进文化与旅游的融合发展，支持国有转制文化企业借助主业优势投资旅游项目，鼓励扶持各类中小企业实施旅游项目。要借助深圳国际文化产业博览会等平台，招商实施一批文化旅游产业项目。

三、齐心协力形成促进文化改革发展的长效机制

敏尔副书记刚才的讲话，对加强我省文化改革发展的组织领导，从严格落实责任、强化政策扶持、加强考核督促三个方面提出了具体的要求。各地各部门贯彻落实敏尔副书记的要求，根本的一条就是要形成推动文化改革发展的强大合力。一是在思想认识上形成共识，文化产业与国民经济各行业的关联度高、涉及面广，文化改革发展事关党委政府众多部门。回顾我省文化体制改革工作之所以能较好完成阶段性任务，一条重要的经验就是党政齐抓共管，各部门密切配合，形成了强大的合力。今后文化改革发展面临的任务仍然繁重，对此必须在思想上深化认识、形成共识。二是在体制机制上形成合力，要按照“党委统一领导、党政齐抓共管、宣传部门组织协调、有关部门分工负责、社会力量积极参与”的要求，构建完善高效的工作体制机制。按照中央要求，把文化建设摆在全局工作重要位置，纳入经济社会发展总体规划，纳入科学发展考核评价体系，与经济社会发展一同研究部署、一同组织实施、一同督促检查，各地主要领导要亲自推动，分管领导要合力抓好。设在宣传部门的各级文改文产领导小组办公室要切实发挥好组织协调作用，在调查研究、出台政策、制定规划、推动重大项目等方面抓出实效。三是在工作推进上形成合力，各地各部门要认真对照省委十届十二次全会对重大文化改革发展工作的责任分工，加强协同配合，采取有力的措施，确保今年既定的目标任务全面完成。

关于这次会议的贯彻落实，大家回去以后，各市（州）要向各地主要领导同志和常委会汇报好这次会议的精神，尤其是敏尔副书记刚才重要讲话的精神，各部门单位也要抓好学习贯彻，提出具体的贯彻落实意见和措施。

同志们，推动贵州多民族文化实现跨越发展，责任重大、使命光荣。我们要以贯彻落实好这次会议的精神为契机，推动我省深化文化体制改革和加快文化发展的各项任务落到实处，不断开创贵州多民族文化大发展大繁荣的新局面，以优异成绩迎接党的十八大胜利召开！

在传达学习党的十八大和省委十一届二次全会精神时的讲话要点

编者按:11月18日至22日,党的十八大代表、省委常委、宣传部长喻红秋同志分别组织召开省委宣传部干部职工大会、省直宣传文化系统和中央驻黔媒体负责人座谈会、省委宣传部副处级以上干部会议,学习传达党的十八大精神和省委十一届二次全会精神,安排部署当前和今后一段时间我省的宣传思想文化工作。现将喻红秋同志三次会议讲话录音摘要刊发如下。

省委宣传部干部职工大会

11月18日

刚才,我主要传达了党的十八大报告、中纪委工作报告等内容。党的十八大举世瞩目,是承前启后、继往开来的大会,具有重大历史意义。学习宣传贯彻好党的十八大精神是我们全党当前最重要的政治任务。按照中央要求和省委部署,当前宣传思想文化部门要重点把握好以下几个方面工作,切实掀起学习宣传贯彻十八大精神的高潮。

一、认真学习领会党的十八大精神,增强走中国特色社会主义道路的自觉和自信

作为宣传思想文化部门,我们要做好学习宣传党的十八大精神的工作,首先要抓好自身的学习,要先学一步、学深一步。

第一,要深刻领会党的十八大的重大历史意义。要把握这么几个关键点:党的十八大是在我们党和国家发展的重要时期和关键阶段召开的一个重要的会议,是一次承前启后、继往开来的会议。大会的一个重要成果,就是选举产生了新一届中央领导集体,习近平同志满票当选中央委员、政治局委员、政治局常委、总书记、中央军委主席,说明我们党思想意志高度统一。大会回答了一系列根本性的重大问题,规划了改革开放和社会主义现代化建设的宏伟蓝图,明确了前进的方向,为夺取全面建成小康社会新胜利提供了可靠的保障。这次大会也为我们贵州的发展提供了新的机遇,是我们贵州发展的新起点,为我们提供了新的动力。只有深刻认识到这次大会的重大意义,我们才能学习好、领会好党的十八大精神。宣传思想文化工作者应该要有这样的政治自觉。

第二,要认真研读党的十八大文件原文。党的十八大报告、党章《修正案》以及中纪委工作报告,是我们学习的重中之重,必须认真阅读原文,反复体会精神。比如,要重点领会大会的主题,就是十八大报告开篇所讲的:“高举中国特色社会主义伟大旗帜,以邓小平理论、‘三个代表’重要思想、科学发展观为指导,解放思想、改革开放、凝聚力量、攻坚克难,坚定不移地沿着中国特色社会主义道路前进,为全面建成小康社会而努力奋斗。”这是大会精神的核心、主题和主旨。比如,要深刻领会我们党近十年来、五年来的主要成就和基本经验,深刻领会和始终坚持科学发展观,这是重中之重;比如,要深刻领会中国特色社会主义内涵,认真领会中国特色社会主义的总依据、总要求、总布局、总任务,以及中国特色社会主义一系列丰富的内涵要求,理解中国特色社会主义道路、理论、制度和实践,要有道路自信,理论自信、制度自信;还比如,要认真领会加强社会主义文化建设要求,建设社会主义文化强国,整体增强国家文化软实力,坚持文化走出去,推动社会主义文化大发展大繁荣。部机关下发的学习通知中,提出了详细的学习要求,进行了系统的梳理,大家要仔细对照,认真地学习。

第三,要切实提高政治素养、理论素养和业务素养。政治素养、理论素养和业务素养是高度一致的,如果没有政治上的坚定清醒,就没有理论上的深厚积淀,如果没有很高的理论素养,同样就没

有政治上的清醒敏锐,更谈不上业务素养。作为党的宣传工作者、理论工作者,必须坚持这三个素养的统一。革命先烈夏明翰有一句话,“砍头不要紧,只要主义真”。现在这个主义,就是中国特色社会主义。我们必须坚持中国特色社会主义,用我们全部的智慧和心血来践行这个主义,推进这个主义。宣传部的同志,一定要在政治上、理论上、业务上都过硬,做中国特色社会主义道路的执行者,做理论体系的捍卫者。

第四,要紧密联系贵州经济社会发展实际。我们学习党的十八大报告,一定要联系贵州的实际,不能空对空地学,这是我们在学习中必须遵循的一个原则。近年来,省委、省政府按照中央的要求,提出了一系列发展思路,这些发展思路和举措,完全符合中央要求和贵州实际,符合十八大报告要求。我们在学习十八大报告的同时,要更加深入地理解省委、省政府一系列方针、政策,从心底里理解和认同我们为什么要提出“科学发展、后发赶超、同步小康”;为什么要高举“发展团结奋斗”的旗帜;为什么要坚持“加速发展、加快转型、推动跨越”;为什么要实施工业强省、城镇化带动主战略、同步推动农业现代化,以信息化支撑“三化同步”;为什么要破解水利、交通、资源瓶颈;为什么要实施招商引资;为什么要扶贫攻坚等等。要深刻认识到,我们省的发展思路、政策不仅完全符合中央要求,而且是环环相扣的。

二、肩负使命、奋发努力,为实现贵州历史性跨越提供舆论支持、精神动力和文化条件

党的十八大为做好宣传思想文化工作指明了方向,省委、省政府高度重视宣传思想文化工作,这是我们面临的好形势、新机遇。全省宣传思想文化战线要始终贯穿学习宣传贯彻党的十八大精神这根主线,扎实抓好各项工作。

第一,要全面宣传好十八大精神。明天将召开省委十一届二次全会,主要是从全省工作层面对贯彻落实党的十八大精神做出部署。宣传阐释好党的十八大精神和省委十一届二次全会精神,关系到我们省能不能统一思想,关系到我们省能不能凝聚力量,也关系到我们的各项指标能不能如期完成。克志书记对我们的工作看得很重,要求我们宣传工作要鼓起全省的士气,激发贵州人的精气神。我们只有不断地讲,反复地讲,通过多种形式的宣传报道,不断加深人们的思想认识,才能真正把宣传工作做到位。当前,要组织一批学习贯彻落实十八大精神的情况报道,组织一批理论文章,组织好重大典型的宣传。要指导各级媒体阐释好会议的精神,包括一些评论、理论文章都要搞好。另外,为了激励我省新闻报道上水平,我们要切实抓好新闻阅评工作。

第二,要组织好党的十八大精神的宣讲工作。按照中宣部的部署,中央宣讲团22号在北京进行首场宣讲后,将到各省进行宣讲,要做好中央宣讲团到贵州宣讲的各项服务保障工作。同时,要组织好省里的三级宣讲,督促、指导各个市(州)和县(区、市)的宣讲工作。

第三,要组织好重大理论问题研究。党的十八大提出了一系列新的思想、理论和政策,我们要围绕这些重大理论问题,联系贵州的实际,围绕我们省党代会、省委全会提出的一系列工作部署,进行深入的研究和阐释,推动我省宣传思想文化工作上高度、有深度。

第四,要全面深入推进文化改革发展。党的十八大报告把社会主义文化建设作为单独的一部分,讲得很重,大家要认真学习领会。要深刻认识到宣传思想文化战线建设社会主义文化的重要职能作用,认识到我们面临的新形势、新任务和新机遇,认识到文化建设就是省委中心工作的一部分,是我们宣传部的直接任务,我们抓文化建设,就是围绕中心、服务大局。经济欠发达地区的文化完全可以率先发展、跨越发展。我们虽然取得了“五个突破”的成果,但是离做大做强还有距离。面对十八大提出的新任务新要求,我们要继续深化文化体制改革,深化拓展品牌,进一步在这些品牌的基础上突出重点,抓得更有成效。为更好推进文化改革发展工作,我们初步提出贵州文化改革发展的路径是:贯彻中央要求,立足贵州实际,把握文化产业发展的内在规律,彰显贵州文化资源优势,坚持文化自觉自信,走出了一条以改革为动力,以品牌为引领,以文化与相关产业融合发展为特色的欠发达地区文化跨越发展之路。提出这样一个路径,既要立得住,又要在新的起点上指导文化建设迈出新的步伐,切实让文化产业成为我省的支柱产业。

三、立足新形势、推动新发展，不断加强宣传思想文化战线自身建设

我到省委宣传部工作三个月来，深切地感受到省委高度重视宣传工作，克志书记今天上午在会上又再一次要求我们在宣传报道上提高水平，要有深度和分量。我们要充分认识到肩头的责任和担子，扎扎实实把各项工作搞上去，不辜负省委的重托。

一是要勤于思考。当前我们省发展得非常快，而且现在我们省的目标任务既宏伟又艰巨，争取用七八年的时间和全国同步建成小康社会，这个担子对贵州来说是前所未有的艰巨。这一点对我们宣传工作是一个巨大考验。在这个后发赶超的过程中，宣传工作的担子格外重。怎么鼓起士气、吹响号角，怎么鼓劲加油，怎么事半功倍，怎么推波助澜，怎么壮大声势，在欠发达地区实现宣传工作的后发赶超，这些都是我们面临的重大任务。今后大家要开动脑筋，创新工作，发挥每位同志的积极性和创造性。实现我们贵州宣传工作的跨越，必须始终用科学发展观指导我们的工作，要和省委和中央的工作贴得更紧，要善于抓重点工作，今后我们的资金、人员、时间都要集中到重点工作上，这方面我们要认真思考。

二是要振奋精神。面对新形势新任务，我们面临的压力也是前所未有，我们要比以往任何时候都要努力、都要艰苦，我们要想得更多、做得更多。在贵州后发赶超的过程中，省委的要求非常高，要求我们竭尽全力，甚至要使出十二分的力量，加班加点必然是常态，占用休息时间也会是常态，现在同志们加班加点已经习以为常，以后要进一步强化干部队伍纪律，加强管理和自我管理，做好长期吃苦的准备。

三是要激情干事。宣传工作以前做得很好，李军同志、贻琴同志已经给我们打下了很好的基础，但是我们要在好的基础上继续发展，继续迈出新的步伐。克志书记说，“要充满激情地工作”，宣传部的同志更要有激情，做到天天有激情、时时在状态，如果我们都没有激情、不在状态，那么我们感染不了别人，别人也不会看重宣传工作。我们要敢想敢干，想在前面，把不可能变为可能。工作要有新成果、事业要有新发展，还要出人才、出干部，我们空缺的岗位都要补齐，同志们努力工作，我们就会给同志们提供一个成长成才的平台。我们不论能力大小，在有限的工作年限都要努力地工作，就像习近平总书记说的：“人的生命是有限的，为人民服务是无限的。”我们每个人的工作年龄都是有限的，但是为党和人民工作是无限的。要在以往成绩的基础上，不断开创我们省宣传工作的新局面。

省直宣传文化系统和中央驻黔媒体负责人座谈会

11月19日

今天会议的主要任务是，传达学习11月15日晚中央政治局常委刘云山同志在全国宣传部长会议上的讲话精神，贯彻落实中宣部对学习宣传党的十八大精神的工作部署。云山同志的重要讲话，内涵丰富、思想深刻，系统阐述了党的十八大的重要意义，对宣传思想文化战线学习宣传贯彻好党的十八大精神作出了全面部署，提出了新的要求。下面，我就学习全国宣传部长会议精神，结合我省工作实际，讲三点意见。

一、振奋精神，不断增强做好工作的责任感荣誉感

党的十八大召开期间，全省宣传思想文化战线和中央驻黔媒体团结一心、奋力拼搏，以高度的政治责任感和自觉主动、昂扬向上、奋发有为的精神状态，全力以赴做好各项宣传工作，形成了强大工作合力。回顾总结本阶段工作，要把握好三个方面。

第一，要充分肯定成绩。十八大期间，克志书记专程看望了我们宣传报道组的同志，作了重要讲话。他对宣传报道工作肯定了三点：一是信息量大。他说，浙江省纪委书记任泽民说，这次住在一起的三个省代表团宣传信息量大的，就是门口摆放材料最多的贵州。二是宣传报道有深度。他说，我们对十八大报道的质量和水平有了很大的提高，今后提升宣传报道的质量和水平，要挖掘人民心里、工作深处、社会变革那种深层次的东西，

来启迪人们的思想、打开思想的天窗,起到解放思想、更新观念、推动发展的作用。三是开放日搞得很好。他说,开放日组织得很好,媒体记者也比较多。今后干部就得以开放的姿态、开放的胸怀、开放的心理、开放的形象来对待媒体。敏尔副书记也特地感谢了我们中央驻黔媒体,高度赞誉我们的宣传报道非常到位,做得很出色,认为是“形成了一股贵州热”。

*第二,要深刻总结经验。*有这么四个方面可以总结:一是省委高度重视和支持。我们工作出色,根本原因是克志书记的高度重视,很多工作都是克志书记提醒、支持的,甚至亲自替我们做工作。二是发挥全战线的力量。我们这次组织了80多人的宣传报道团队,是近两年规模最大的一次。省委宣传部分管领导和全体同志积极努力,贵州日报、贵州电视台、当代贵州等省内媒体全力以赴,中央驻黔媒体出彩出色、充分报道。三是充分做好准备工作。我们不仅阵容强大,而且宣传资料准备充分,让媒体更加方便报道贵州。开放日来了103名记者,71家新闻单位,是近年来最多的一次。四是想方设法努力突破。这次宣传报道的成功充分说明,只要想得到就能做得到,就能作出成效来。事在人为,没有什么事情是绝对不可能的。只要大家心气足,心往一处想、劲往一处使,敢想、肯干、会运作,就能把宣传工作做出水平来。这次宣传报道,我省宣传思想战线形成了前方后方紧密联系、多支队伍相互配合、各种资源充分整合、所有信息及时传递的良好机制,积累了打整体战、打规模战、打持久战的丰富经验。

*第三,要全面把握形势。*目前宣传思想文化工作比以往任何时候都得到中央的重视,得到省委的重视。我们的老部长、老领导云山同志当选中央政治局常委,充分体现了党中央对宣传思想文化工作的重视,今后中央对宣传思想文化工作的要求将会更高,我们工作在全局工作中的地位将会更重。这次省委十一届二次全会要开三天,意义十分重大,大家要增强责任意识、使命意识。克志书记对宣传工作给予了肯定,也指出了不足,也有很多期望,他希望我们“百丈竿头更进一步”,要在现有的水平上再提升一大步,要把干部群众鼓舞起来,使大家有激情,要在贵州营造一浪高过一浪的发展氛围。贵州要用七八年的时间实现与全国同步小康,注定我们要背水一战,宣传思想文化工作必将面临巨大挑战、巨大压力,必须先行一步、先声夺人、推波助澜,要比以往更加辛苦、更加努力,作出更大的贡献。

二、乘势而上,全力以赴做好当前宣传报道各项工作

学习好、宣传好、贯彻好党的十八大精神,是宣传思想文化战线首要政治任务和头等大事。做好这项工作一定要浓墨重彩、富有气势、主题突出、重点明确,要有深度和影响力。具体来讲,要做好以下几项工作。

*第一,全面抓好新闻宣传。*要全面宣传报道十八大精神和省委全会精神,对十八大的重大观点、理论成果、目标任务、总体布局,对省委全会提出的一系列新的目标任务、新的要求,都要认真宣传,大力宣传。要生动宣传我省各级各单位干部群众学习贯彻十八大精神的情况和鲜活场景。另外各级媒体还要结合自己的实际,开设报道专栏,既不要多,更要求精,必须联系贵州实际,不能空对空。尤其是对省委全会提出的以县为单位建成全面小康,在全省开展的“讲访帮促”活动以及省里的重大的活动,都要声势浩大地进行宣传。要立足自己的本质工作的优势和特点,使宣传报道出新出彩。

*第二,扎实做好理论阐释。*宣传文化系统要发挥自身的优势,省委讲师团、社科院、社科联等,包括省文化厅都要立足自己的实际做好宣传阐释工作,拿出有价值的理论研究成果,为我们省学习十八大、贯彻十八大,贯彻省委全会提供理论依据。同时,理论宣传、阐释和媒体要有很好的沟通、互动。各媒体也要推出一些言论、评论,尤其是贵州日报,要更注重理论性,及时推出一些言论、评论,要及时跟进评论,电视台也要深入宣传。当代贵州要强化报道的理论性、经验的导向性,除了面上的报道,理论的高度,报道的深度还是要加强。总之,大家要根据自身特点,去创造性的贯彻落实十八大精神和省委全会精神。省委宣传部要在这些工作中要做好协调、服务、指导、督促、落实的工作。

*第三,做深做活网上宣传。*要高度重视发挥

互联网、手机等新媒体的广泛影响力，这次我们十八大宣传就是传统媒体和网络新媒体的紧密互动。下一步我们要做深做活网上宣传，省主要网站，要创新在线访谈、网上座谈、论坛互动等工作，也要注重发挥短信平台和微博的作用。

第四，精心准备宣讲工作。宣讲工作是重头戏。要做好迎接中央宣讲团来黔宣讲的各项工作，组织好我们省的宣讲团，要往前赶，要备课，要精心挑选宣讲团成员，要做好各市州的接洽工作。同时，要督促指导各市州的开展好自身的宣讲工作。

第五，大力推进解放思想。克志书记最近在多次讲话里都强调解放思想，他要求以思想的大解放促进我们的开发开放，促进经济社会的发展。贵州如果没有解放思想，后发赶超就无从谈起。宣传思想文化战线在解放思想上一定要走在前面、做在前面，尽我们分内的责任，而且要做得更好，为全省的解放思想积极营造良好的舆论氛围。要通过积极的宣传报道，推动我们省的解放思想不断向深入发展。要发一系列的评论，一系列的报道来阐释，这次的解放思想活动，宣传报道和理论工作要更加深入。

第六，深入挖掘典型报道。今后宣传工作的一个重点，就是要放到典型宣传报道上。搞典型宣传，目的就是要树立贵州新形象，让人家感觉到贵州现在发展蒸蒸日上，各项事业都不断有亮点成效，我们就要树立起在全国都有影响的典型，做到克志书记讲的墙里开花墙外香，墙里也要香。遵义的“四在农家”模式、社区管理的“贵阳经验”、社会风险评估的“铜仁经验”、基层矛盾化解的“余庆经验”、社区戒毒康复“阳光工程”，这五个典型，是克志书记重点强调的，要大力宣传报道，充分挖掘背后的意义。除了这些，我们还可以往更广更深的方向进行挖掘，通过省里的宣传，然后再通过中央媒体的再宣传，树立起贵州的形象。

第七，发挥驻黔媒体作用。中央驻黔媒体是我们贵州整个宣传思想文化队伍的重要组成部分，是一家人，希望大家和我们一起分担省里的宣传任务，一起宣传报道贵州的亮点、贵州的成效，以中央媒体的水平和宽阔的视野挖掘贵州有价值的亮点报道，向全国讲好贵州的故事。驻黔媒体的宣传报道，既要有量上的提高，也要有质上的飞跃，同时还要注意用好内参，不适宜公开报道的可以通过内参的形式进行报道。希望通过各位驻黔媒体的努力，使中央媒体的宣传报道更多地向贵州倾斜。下一步，省委宣传部和驻黔媒体要建立一个很好的联系机制，省委宣传部要经常进行思考，给省内媒体和驻黔媒体提供一些题目，我们省内媒体一些好的文章和报道，再经过完善、修改，也可以到中央媒体发表，要形成这样一种氛围。当前要按照中央的要求开展好贯彻落实十八大精神的大型采访活动，使我们的宣传报道和省委的要求贴得更近，和老百姓的需要贴得更近。

三、追求卓越，进一步提高工作质量和水平

做好学习宣传贯彻党的十八大的各项工作，是我们第一位的政治任务。要在以下几个方面提高工作水平。

第一，扎实抓好自身学习。“打铁还需自身硬”。自己有一桶水，才能给人家一杯水。我们自身的学习宣传必须要放在第一位。要认真组织好本单位对十八大精神和省委全会精神的学习领会，真正吃透十八大精神和省委全会的精神。在学习过程中，大家一定要踏踏实实地、反复地学习，认真领会，要克服工作忙没时间学，克服“没时间学、学一遍就行了、大体差不多，凭现有水平也能做工作”的错误思想和“我早就学了”的习惯性思维。此外，要把学习十八大精神和学习省委全会的精神结合起来。

第二，牢牢把握正确导向。坚持团结稳定鼓劲，正面宣传为主。要遵守新闻宣传的纪律，保证阵地安全、传输安全、刊播安全，决不允许各行其是。当前尤其要加强对都市类报刊的管理。新闻监督要服从服务于大局，对敏感问题的报道一定要审慎，决不能引发炒作。

第三，严格按照中央要求。对新华社、人民日报的一系列重要文章，按照规定应该转发转播的都要不折不扣执行。

第四，切实提高报道水平。要注意抓好四点。一是抓好新闻选题。选题角度要好，选题选的不对，就会吃力不讨好、事倍功半，一个好的选题会增强影响力、吸引力，有的时候选题选好了，宣传就到位了。宣传到位还包括两个方面，一个是挖

掘要有深度,一个声势要够,目前各新闻单位一定要下功夫,推出一些有分量有深度有影响的报道。二是强化新闻阅评。新闻阅评工作很重要,要强化起来.要通过新闻阅评,促进新闻报道不断提高质量。三是集中抓好重点。宣传要出深度、上水平,就必须集中优势,打几个漂亮仗,人员、时间,包括资金,都要往重点工作上集中。四是善于循环利用。人民日报刊发了宣传贵州的重要文章,贵州电视台要报道,贵州日报要转载,使一个宣传资源多次使用,使新闻宣传升温,使我们事半功倍,实现宣传工作效果最大化。

第五,超前谋划明年工作。各级各单位要精心谋划、高度重视、靠前准备,做好年终岁末各项工作。我今天主要讲的是新闻宣传,但是其他单位也要创造性地做好工作,争取出新出彩。明年工作的主线就是贯彻落实十八大精神,贯彻落实省委十一届二次全会的精神,全省宣传思想文化系统各单位都要按照十八大精神和省委全会精神,尤其是克志书记对宣传思想文化战线的新要求,认真地安排、谋划工作,使工作上水平、有分量、有声势。

省委宣传部
副处级以上干部会议
11 月 22 日

今天会议的主要内容是,认真学习传达省委十一届二次全会精神,同时对全会的精神和内容进行落实贯彻。这次省委全会是在我省经济社会发展非常关键的时期召开的一次重要会议,会议主题重大、内容丰富、效果很好,开了两天半的时间,进行了三次会议讨论,会议认真贯彻落实了党的十八大精神、研究部署了明年的工作,取得圆满成功。我们今天召开副处级以上干部会议,就是要深入贯彻落实省委全会精神,不断提升宣传思想文化工作水平,更好围绕中心、服务大局,为全省科学发展、后发赶超、同步小康营造良好氛围。下面我提三点要求。

第一,认真学习。这次省委全会是在党的十八大刚刚闭幕之际召开的,主要任务就是如何立足贵州实际,创造性地贯彻落实好党的十八大精神。学习贯彻好这次全会的精神,首先要以深入学习党的十八大报告、党章《修正案》、中纪委报告为前提,做到以十八大精神统领省委十一届二次全会精神。我们要重点学习领会克志书记在这次全会上的讲话,深刻领会克志书记对十八大重要意义的阐述,对我们省贯彻落实十八大精神的具体工作部署。要认真领会克志书记讲话特别是与全会审议通过的两个决定中相一致的内容、新的提法和重要观点,包括我们以县为单位开展同步小康创建活动,其中提了哪些具体的要求,都要深刻领会。特别是克志书记这次强调的“新起点、新机遇、新动力、新要求”,要推动新一轮的解放思想,这些都是我们要深刻学习领会的。

第二,统一认识。这个问题和第一个问题是紧密相连的。作为党员干部,尤其是作为宣传干部,要做好宣传,自己就首先要把自己的思想统一到十八大精神上来,统一到我省建设小康社会的目标上来,统一到我省要走出一条“调整型、追赶型、跨越式、可持续”的后发赶超路径上来,统一到这次全会提出的新要求、新举措上来。比如提出的以县为单位实现同步小康,提出要打造“5 个 100”,不仅仅是一个提法,而是实实在在的工作抓手,工作载体。抓经济工作是这样,抓宣传工作也是这样,工作一定要有平台、有抓手才能推进。

第三,主动作为。省委对我们给予厚望,克志书记对宣传工作非常看重。这次省委全会,克志书记提出,贵州要像当年全国在党的十一届三中全会以后和邓小平同志南巡讲话以后那样,迸发出无比的干事创业激情和精神,实现这一要求,就需要我们宣传部门主动作为,充分营造氛围,加强舆论引导。我想有这么几个方面需要加强:一是认真研读文件原文。对于十八大和省委全会的文件学习,希望同志们认真地看原文,认真学习领会,这是我们的基本功。必须要把省委的东西吃得很透,把握好省里的一系列的动态,领会省委的新要求。二是宣传好十八大精神。宣传十八大精神,要想出新出彩,要想在以往的基础上有新的特色,是不容易的。宣传十八大和省委全会精神要有新的突破,要从我们省贯彻十八大精神方面进行琢磨。十八大之前的宣传工作我们搞得很好,接下来的宣传工作更要搞好，发扬我们能打硬仗的作风，主动作为。三是大力推动解放思想。解放思想对我们来讲分为两个方面，就是我们自身如何解放思想以及我们要解放哪些思想。“十破十立”是指导全省的，我们要结合这一重要指示，根据当前宣传思想文化工作实际，认真思考我们应该破除哪些思想？树立哪些思想？思考如何推动全省的思想大解放，宣传工作要在解放思想活动中发挥什么样的作用。四是树立好先进典型。树立典型的目的实际上是提升贵州的形象，提升贵州人的思想。要发挥宣传部的优势，全力挖掘我省的各种典型，推出来、立得住，大力宣传出去，让人一听就想起贵州，就想起贵州人不屈不挠、艰苦奋斗的形象。五是提升舆论引导水平。做好舆论引导特别是网络舆论引导工作，一定要有极强的敏感性，想在前面、做在前面。最近几起舆情应对事件过去后，要及时总结分析，拿出一些行之有效的常态化手段，要从省的层面思考下一步我们要建立健全什么样工作机制，从根本上提升舆论引导能力。六是加强自身事业建设。抓好自身事业建设，要突出抓好文化事业和文化产业。同时，要根据省委党建工作的要求，进一步抓好宣传部门的思想、作风建设，开展好“走转改”、“帮联驻”等工作，争取各个方面都有新进展。

在十八大贵州代表团培训工作会上的讲话

(11 月 5 日)

各位党代表、同志们：

大家好！党的十八大召开在即，各位将肩负我省 4000 万人民的重托和期待，代表我省广大党员出席这次极其重要的大会，这既是一个党代表传递贵州人民心声，履行光荣使命的庄严时刻；又是一次展示贵州党员风采、树立贵州崭新形象、开展对外宣传的重要契机和重要平台。

近年来，我省大力实施“走出去、请进来”的外宣战略，整合资源、形成合力，积极主动借助国家高端新闻发布平台，以及重大活动、重要节点等，大力开展对外宣传，外宣工作“围绕中心、服务大局”的能力和水平不断增强，在展示多彩贵州形象、提升贵州影响力等方面，取得了明显成效。特别是在全国“两会”、国发 2 号文件出台、第九届全国少数民族传统体育运动会、贵州 · 香港投资贸易活动周、中国(贵州)国际酒类博览会、全国民营企业助推贵州发展大会等一系列高密度、高规格的会议和活动期间，借势发力，乘势而上，积极引导中外媒体对贵州进行集中报道，强力传播了贵州正面的声音，大大提升了“走遍大地神州、醉美多彩贵州”的良好形象。同时，通过在清华大学、复旦大学、南方传媒学院等高端平台集中培训我省外宣干部和新闻发言人，逐步增强了各级党政领导干部的媒体意识和同媒体打交道的能力，有力地推动了大外宣格局的构建，形成了外宣工作的良好态势。

为做好党的十八大期间我省对外宣传工作，根据克志同志要求，结合我省及贵州代表团工作实际，下面，我讲三点意见。

一、统一思想、提高认识，深刻领会做好党的十八大期间贵州对外宣传工作的重要意义

党的十八大是我国在经济社会发展的关键时期召开的一次十分重要的会议，是全国人民政治生活中的一件大事、喜事，全国关注、举世瞩目。对我省而言，做好党的十八大期间贵州对外宣传工作，既是贯彻落实中央部署，做好党的十八大宣传工作的重要内容，又是我省主动适应当前舆论形势，积极应对媒体，展示贵州良好形象，为贵州科学发展创造良好外部环境的现实需要。各位党代表要充分认识做好党的十八大期间贵州对外宣传工作的重要性，增强责任感和使命感，牢牢树立“我是贵州形象大使”、“我是贵州新闻发言人”的政治意识、大局意识和责任意识，在参会期间充分发挥积极性和主动性，认真对待每一次媒体采访，切实做好贵州对外宣传工作。

关于这一点，克志书记明确指示，要求各位省委常委都要做好接受采访、宣传贵州的准备。各位代表要高度重视党的十八大期间贵州对外宣传工作，将各种媒体采访视为对外展示本地区、本部门工作成绩的契机，增强在高端发布平台上对外宣传贵州，介绍贵州、展示贵州的意识。尤其是将在贵州代表团团组开放日上发言和回答记者提问的代表，更要高度重视，作好充分准备，珍惜这一难得的展示机会。

一要充分认识到做好党的十八大期间贵州对外宣传工作，是主动适应当前舆论形势、做好舆论引导的需要。从国际舆论态势看，随着我国综合国力和国际地位不断提升，国际社会更加关注中国，同时心态也比较复杂。一方面，中国在各类国际事务中发言权和影响力日益增强，许多双边多边国际事务离不开中国的参与；另一方面，敌对势力又不愿意看到社会主义中国的快速崛起和强大，因此近年来西方加大了在意识形态领域方面的渗透，试图延缓、遏制我国发展势头。从国内舆论态势看，伴随着改革开放的不断深入，各种社会矛盾日益凸显，各种社会力量都试图发出自己的声音，我国经济社会发展进入了一个关键时期，既充满发展的潜力和动力，又面临各种挑战和风险，社会正义、教育公平、经济安全、收入差距、医疗社保、生态环保等问题都非常突出，媒体和民众十分关注这些问题。从互联网舆论态势看，随着十八大的临近，网上的杂音、噪音逐渐增多，政治性话题、民生话题、复杂敏感事件关注度居高不下，且相互交织，网上舆论泛政治化倾向严重，在处置上稍有不当就会对党和政府的形象造成极大损害。网上网下互动日益频繁，使各类热点难点问题处置起来更加复杂，有的个别事件、孤立事件被网络放大、炒作，迅速演变成影响巨大的公共事件。从涉黔舆论形势来看，目前我省正处于坚持科学发展、奋力后发赶超的关键阶段，境内外舆论对我省报道基调总体积极健康向上。但也应当看到，我省的经济热点、民生热点、敏感问题、司法案件及不可预测的各类突发事件，比如对我省工业强省等发展思路和发展战略的质疑，近期外界对“国酒茅台”商标注册的关注和质疑，以及在我省经济社会发展进程中客观存在的就业、征地拆迁、矿群矛盾、房价、医改、环境污染等，都可能成为媒体和公众关注的焦点。对这些问题的应对，都必须按照中央和省委有关精神和规定来把握，既要充分表明党和政府的态度及立场，又要说明具体应对措施和办法，切实维护我省和谐稳定大局。

总之，在当前态势下，如何加强对社会热点难点敏感问题的引导，积极营造对我有利的舆论氛围，维护社会和谐稳定的任务十分艰巨。这也对我们提高舆论引导和驾驭媒体特别是新兴媒体的能力提出了新的更高的要求，迫切需要我们更多地在十八大这样的高端展示平台上，有效引导舆论，借助媒体力量积极发出贵州正面的声音。

二要充分认识到做好党的十八大期间贵州对外宣传工作，是在全国凸显贵州地位、展示贵州形象的需要。前不久，温家宝总理在贵州考察工作时指出，贵州尽快实现富裕，是西部和欠发达地区与全国缩小差距的一个重要象征，是国家兴旺发达的一个重要标志。国发2号文件将贵州发展定位为“四基地一枢纽”、“三区一屏障”，凸显了贵州在国家和区域发展战略中的重要地位。省委、省政府提出，坚持科学发展，奋力后发赶超，实现跨越发展，力争到2020年与全国同步实现全面小康。各位党代表在大会期间，要自觉主动担负起“贵州新闻发言人”的责任和使命，主动接受和联系各级各类媒体采访，通过新闻媒体平台，积极发布贵州正面的权威信息，一方面，让外界更加了解贵州在全国区域协调发展中日益凸显的重要地位，更加关注和支持贵州发展；另一方面，对外界展示我省在经济建设、政治建设、文化建设、社会建设、生态文明建设和党的建设等方面取得的巨大成就，展示各级党组织和广大党员推动科学发展的实际行动，展示当代贵州人民自觉自信自强、创先创新创优的精神风貌，努力争取更多外部资源助力贵州发展。

三要充分认识到做好党的十八大期间贵州对外宣传工作，是我省深化改革、扩大开放，推动经济社会发展的需要。克志书记深刻指出：“贵州欠发达、欠开发，根本是欠开发。”我省要实现科学发展、后发赶超，必须不断提高对内对外开放的力度和水平。在此过程中，必须通过切实有效的对外宣传工作,借助新闻媒体平台不断提升贵州的知名度和美誉度,吸引社会各界对贵州的广泛关注,争取国内国外对贵州更多的支持,为贵州开放开发营造良好的外部环境。党的十八大受到中外媒体高度关注,做好党的十八大贵州对外宣传工作,其重要性、有效性不言而喻。各位党代表在十八大期间,要充分利用好大会平台、媒体渠道,以及个人的影响力和社会关系,结合本地区、本部门实际,大力对外宣传介绍十六大以来,特别是十七届五中全会以来,贵州坚持以科学发展观为指导,推动经济社会各方面发展所取得的巨大成就和进步;宣传介绍各地各部门贯彻落实省委、省政府"两加一推"经济社会发展主基调,实施工业强省和城镇化带动战略,推动"三化同步"的进展和成效;宣传介绍我省经济社会发展速度明显加快,主要经济指标增速在全国的位次大幅前移,跻身全国前列的情况;宣传介绍今年以来,全省经济社会发展呈现出的"增长稳定、投资增加、调整加快、活力增强、民生改善"良好态势等。通过中外媒体的广泛报道进一步吸引海内外各界对贵州的关注、理解和支持,进一步鼓舞和激励贵州全省干部群众把握历史性发展机遇、干事成事的信心和决心,推动我省继续深化改革、全面扩大开放,为贵州经济社会发展实现历史性跨越提供强大的舆论支持和动力。

二、强化媒体意识、注重交流沟通,有效提升党的十八大期间贵州对外宣传的传播效果

在网络时代、"自媒体时代",人人面前都有麦克风,人人皆可成为新闻发言人,人人皆可为记者,一条有爆炸性的新闻上网,瞬间就可传遍全球。我们面临的挑战,一方面是话语权的争夺,如何主动发布自己想说的权威信息,发出自己积极正面的声音,充分展示自己的成就、形象,扩大自身的影响力,营造于我有利的舆论环境,一方面是面对突发事件和各种敏感问题,如何迅速了解事实,第一时间发布权威信息,主动抢占舆论引导制高点,解疑释惑,消除谣言,化解矛盾,共同推动问题解决,显得更加重要。

在党的十八大期间,如何用好媒体平台、发布权威声音、开展对外宣传,展示贵州后发赶超新气象,树立"多彩贵州"新形象,引导关注支持,推动贵州发展,对各位党代表来说,是一项神圣的使命和艰巨的任务,也是锻炼和提高领导干部执政能力的重要机会。希望各位代表积极做好与新闻媒体打交道的准备,讲贵州发展、说贵州变化,展示我省各级党委、政府开放、民主、文明、进步的形象,展示我省各族干部群众干事创业的良好精神状态,增强外界对贵州发展的信心,争取更多对贵州经济社会发展的理解和认同,争取更多海内外各界人士到贵州投资兴业。

*一是以正确的认识和良好的心态面对媒体。*党的十八大期间,无论是团组开放日活动、还是大会日常议程活动,各位代表都免不了要与媒体打交道。我们要认识到,一方面,媒体代表了社会公众获取信息的诉求;另一方面,各级党政部门又可以借助媒体对外发布权威信息,增进沟通、加强了解,对话交流、争取支持,消除误解、达成共识,向外界说明一个真实的贵州。媒体记者来贵州团采访,说明外界关注贵州,这是好事,我们既要转变观念、增强信心,又要做好充分准备,积极主动应对,不断提升与新闻媒体记者打交道的意识和能力。要敢于接受采访,不回避、不推挡,善于把新闻媒体作为宣传展示的重要平台和渠道,发出贵州坚持科学发展、奋力后发赶超的时代强音。我们应该相信,绝大部分记者是正面友善的,希望通过客观公正的报道反映贵州经济社会发展的情况。当然也要注意,可能有个别媒体记者会借机采访一些近年来我省发生的敏感事件或话题,如不能积极主动正确应对,可能会出现一些负面报道,影响到贵州对外形象,对这部分媒体记者,要本着有理有利有节的原则做好应对。

*二是以诚信负责的态度面对媒体。*各位代表诚信负责的态度,代表和展示着我省各级党政部门和领导干部的形象和信誉,切忌不要以视采访为"纠缠"的态度粗暴对待媒体。要本着开诚布公的原则,对于媒体提出的各类合理采访要求和具体问题,应尽可能客观、准确、快速的反应。能够立即接受采访的,要第一时间给予积极回应,接受采访;如果暂时不能接受采访或还没有明确口径可以答复的,也要本着尊重坦诚的态度与媒体沟通,并明确告知,尽快掌握情况后回复和接受采访。特别需要注意的是,在任何情况下,都一定要

做到不说谎、不猜测、不推测、不说“无可奉告”、不发表个人观点。尤其大会期间,如果各位代表所在地区或部门发生突发危机事件,面对可能大批前来采访的记者,要坚持快讲事实、重讲态度、慎讲原因的原则,通过媒体的报道来获得公众的支持和帮助,营造有利于事件处置的良好舆论氛围。

*三是以及时公开信息、前后一致的方式引导媒体作出正面的报道。*媒体之所以前来采访,是因为其所采访的事件或情况需要得到来自官方权威信息的证实,以便采写报道,回应和满足社会公众及时了解情况的关切。面对采访,我们应及时、准确、全面、合法地公开和介绍有关信息,信息一时还不够全面的,要随时补充。同时,要注意做到发布的信息前后一致,清晰准确。回答媒体采访,要认真准备回复口径,不要轻易和草率表态。在整个采访过程中口径要前后一致、重点突出、条理清楚,并表明立场或态度。有些口径则要简要介绍事情的经过、处理的情况及所在党政部门和单位的态度,内容要具体,并有一定的信息量。一时不能准确清晰答复的,可以先与记者沟通,告知其需要核实信息后及时接受采访。采访问题涉及多个地区(部门)或代表的,要事先做好与其他地区(部门)、代表的交流沟通,迅速统一口径后做出回复。

*四是在采访中要注意个人形象。*在交流中,尽量使用通俗易懂的语言,避免过多地使用专业术语和抽象数据,尤其要注意少讲、不讲官话和套话。在着装上,要注意穿着的端庄大方,随身配饰要简约简练。在言行举止上,要注意行为得体。总之,每一位代表都要有“我代表着贵州形象”的意识,自觉维护自身良好形象,对外展示贵州各族干部群众的良好精神风貌和文明素养。

*五是冷静应对外国记者。*要注意外国媒体在客观报道我省发展情况的同时,有可能炒作我省当前一些热点、敏感问题,各位代表要高度重视这一问题,如遇外国记者采访,从三个方面做好应对工作。其一,向其主动介绍我省的发展成就和巨大变化,充分展示贵州良好形象。在讲成绩的同时,也不回避问题和挑战,引导外国记者全面、客观、正确、理性地看待我省在发展进程中存在的一些问题。其二,要积极主动承接外国记者对我省代表团和代表提出的采访需求。不能因为面对的是外国记者就有所顾虑,甚至拒绝采访,要本着开放自信的态度,沉着冷静应对采访。其三,要进行有效管理。目前,各地都已建立了外国记者工作联席会议机制,要充分发挥这一机制的作用,提前排查本地区、本部门外国记者可能感兴趣的话题、事件、问题和隐患,按照提前制定的外国记者采访舆论引导和应对方案主动正确应对,确保做到心中有数。

三、精心准备、齐心协力,共同把党的十八大期间贵州对外宣传工作抓实抓好

为做好十八大贵州对外宣传工作,根据省委要求,省委宣传部牵头成立了代表团宣传报道组,各项宣传工作正有序推进和开展。但根据我们以往的经验来看,这项工作不仅仅关系省委宣传部和宣传报道组,还需要各位代表的大力支持和配合,这样才能确保各项工作落到实处取得实效,增强大会期间我省对外宣传工作的影响力。

*一是要精心准备。*党的十八大还有几天就要正式召开,请各位代表认真思考和准备在大会期间可能会被媒体采访的话题或事件。在贵州代表团开放日上发言和答记者问的代表,要按要求抓紧时间组织撰写和精心修改发言稿和备答内容,力争在发言和答问中出精彩话、出标题语,最大限度地吸引媒体眼球,最大程度地提升贵州对外宣传工作的影响力和传播效果。

*二是要主动出击。*大会时间看似很长,实则不然。团组开放日活动只有短短半天,其余时间在完成大会规定的各项议程和任务后,就所剩无几。各代表团都会把十八大作为对外展示各自成就的发布平台,届时必然积极争抢有限的媒体资源。我省代表团团组开放日当天,可能会有多个代表团同时开放,对媒体而言就有一个选择和比较的问题。我省作为西部欠发达地区,与东部地区、沿海地区相比,差距还很大,更加迫切需要媒体的大量报道,力求吸引外界对我省的关注和支持。在这种情况下,各位代表必须增强主动出击的意识,主动发布有新闻价值的权威信息,不能被动等待、接受媒体采访,要有主动推介展示的意识和打算。

*三是要积极配合。*近年来,我省在境内外开

展的一系列重大经贸、文化、招商、旅游、体育活动,成效显著,对外宣传工作发挥了重要作用,通过开展对外宣传,我们对外展示了形象、拓展了视野、引来了投资,对内凝聚了人心、提振了士气、增强了自信,省委、省政府对此给予了充分肯定。外宣工作取得的这些成绩与各级各部门的大力支持配合是分不开的。为确保在党的十八大期间为我省营造良好的外部舆论环境,请各位代表积极主动配合宣传报道组的工作,和我们一起共同做好党的十八大期间贵州对外宣传工作,为进一步提升贵州形象,扩大贵州对外影响力做出积极贡献。

四是要主动参与。有六项重点工作需要各位代表参与配合,确保既要宣传报道好又要注意工作纪律。其一,大会期间,宣传报道组将竭诚为代表团和各位代表提供新闻宣传服务。媒体对贵州团和代表提出的采访申请,宣传报道组将及时送达代表团或代表本人,请各位代表做好准备。各位代表在新闻服务方面如有需要,可及时与宣传报道组工作人员联系。其二,宣传报道组编印了《贵州经济社会发展有关问题问答参考》发给每位代表,内容主要是今年来我省经济社会发展中的一些热点、难点和敏感问题,请大家熟悉了解有关内容,并注意保密。其三,宣传报道组编印了系列外宣品提供给各位代表参阅,同时请主动提供给前来采访的记者。其四,宣传报道组策划了一系列集中采访选题,将在会议期间邀请新闻媒体对有关代表进行集中或单独采访。宣传报道组会提前与各位代表沟通有关事项,请各位做好充分准备,按照克志书记的要求,务必主动配合接受采访。其五,各位代表在开放日上的发言和回答记者提问,应注意严格按时间要求把握好发言内容,应尽量从媒体的关注点切入,以贴近新闻和记者需求的表达方式,简明扼要,直截了当,突出重点和亮点,注意要尽量口语化,不说空话、套话和官话。第六,根据大会秘书处新闻组要求,各代表团团组开放日活动时,代表不接受记者现场单独采访,如事先有安排,应在代表讨论区之外的公共区域进行;同时,如各位代表希望接受境外记者采访,可通过宣传报道组向大会新闻中心提出书面申请,各位代表不直接与境外记者联系。请各位代表务必注意以上两点要求。

最后,我简要介绍一下十八大我省宣传报道近期工作及大会期间各项工作筹备进展情况,让大家了解一下宣传工作的整体背景。

一是精心做好会前预热宣传。从8月下旬开始至十八大召开前,在《人民日报》、《光明日报》、《经济日报》、《新华每日电讯》、《中国日报》、中央电视台、人民网、新华网等中央主要媒体和网站上投放了“迎接党的十八大”预热宣传特刊、专题节目,推出大量贵州重点报道,反响很好。同时,组织省主要新闻单位和网站开展了大规模预热宣传、社会宣传和理论宣传。

二是精心策划会议期间宣传。根据克志书记关于要全力做好党的十八大期间贵州对外宣传工作的指示精神,省委宣传部制定了《党的十八大会议期间贵州省宣传工作方案》等细化实施方案,对宣传工作作了周密安排和部署。认真筹备贵州代表团开放日等重要活动,多方邀请中央、境外、省外记者参与报道,精心设计代表发言、答记者问等环节。组织精干采编力量随团赴京做好宣传报道,除大会新闻中心核准的省主要新闻单位注册记者外,还组织中央、境外驻黔媒体,省主要新闻单位和重点网站派出特邀记者组成大会前方报道组,确保完成会议期间各项宣传工作和报道任务。准备了一批将于会议期间在《人民日报》、《光明日报》、《经济日报》、中央电视台、《瞭望》新闻周刊、《半月谈》杂志、《中国新闻周刊》杂志、《今日中国》杂志、香港经济日报、香港文汇报等中央和境外主要媒体上投放的我省十八大宣传专版、专题采访节目。

三是提前安排好会后后续宣传。做好提前量,打好主动仗。在党的十八大胜利召开后,将全力抓好以十八大精神统一思想、武装头脑的工作,协调组织中央、境外主要媒体和省主要新闻单位,重点做好对十八大报告精神的解读,积极报道贵州全省上下认真学习贯彻落实报告精神的情况。组织宣讲团在全省开展十八大报告理论宣讲工作,用十八大报告提出的党的最新理论创新成果教育引导广大党员和干部群众,进一步巩固全省各族人民团结奋斗的共同思想基础。

各位党代表、同志们,说了这么多,无非是希望大家群策群力,在十八大这个高规格的外宣平台上充分展示"多彩贵州"多彩、奋进、希望的新形象,充分展示贵州各级党委、政府锐意进取的新形象,充分展示贵州各族干部群众干事创业的新形象,让我们大家携起手来,共同做好十八大贵州对外宣传工作,共同为贵州科学发展后发赶超营造良好的外部舆论环境!

谢谢大家!

在贵州大学建校110周年庆祝大会上的讲话

(12月16日)

尊敬的宗兴副主席,尊敬的各位领导、各位嘉宾,老师们、同学们、同志们:

在全省上下深入学习宣传贯彻党的十八大和胡锦涛同志视察贵州重要讲话精神之际,我们齐聚在美丽的花溪河畔,隆重庆祝贵州大学建校110周年。在此,我谨代表中共贵州省委、贵州省人民政府,向贵州大学全体师生员工和广大校友表示最热烈的祝贺!向出席大会的各位领导和嘉宾表示最诚挚的欢迎!向全省教育战线的同志们表示最亲切的问候!

"溪山如黛、常沐春风,学府起黔中。"1902年贵州大学的前身"贵州大学堂"的创办,标志着贵州近代教育制度的确立,开启了贵州高等教育发展的先河。110年来,贵州大学始终心系国家和民族的前途命运,始终以贵州的建设发展为己任,始终紧跟时代前进的步伐,积淀形成了悠久的办学历史、深厚的文化底蕴和鲜明的办学特色,为国家特别是贵州经济社会发展提供了强有力的人才支持和智力支撑,作出了重大贡献。新中国成立后,贵州大学的发展进入了新的历史时期,始终得到历届党和国家领导人,教育部和贵州省委、省政府的殷切关怀和悉心指导。胡锦涛同志曾先后六次视察贵州大学。2011年5月9日,习近平同志视察贵州大学。经过几代人的励精图治,贵州大学目前已经发展成为一所门类齐全、办学特色鲜明,在国内外有一定影响的国家"211工程"大学。贵州大学的历史,是贵州高等教育发展的一个缩影,是艰苦奋斗、自强不息的创业史,是追求光明、探索真理的奋斗史,是革故鼎新、与时俱进的发展史。借此机会,我代表贵州省委、省政府,向在贵州大学建设发展过程中给予大力关心支持的各级领导和社会各界人士,向呕心沥血、无私贡献的各届校领导、教坛名师、专家学者,向一代又一代辛勤耕耘的教职工们和一批又一批勤奋上进的莘莘学子表示衷心的感谢并致以崇高的敬意!

党的十八大描绘了全面建成小康社会、加快推进社会主义现代化的宏伟蓝图,为党和国家事业进一步发展指明了方向。省委十一届二次全会创造性地贯彻落实党的十八大精神,就推动贵州科学发展、后发赶超,确保2020年与全国同步全面建成小康社会做出了一系列重要工作部署。站在新的历史起点上,贵州要实现"科学发展、后发赶超、同步小康",基础在教育,关键在科技,核心在人才。作为我省唯一的"211工程"大学,作为全省高校的排头兵,贵州大学肩负着崇高使命和历史责任。希望贵州大学以党的十八大精神为指导,深入贯彻落实好省第十一次党代会精神和省委十一届二次全会精神,紧紧围绕"两加一推"主基调、"三化同步"主战略,抓住教育部"中西部高等教育振兴计划"及"2011计划"等带来的新机遇,按照省委书记、省长赵克志同志"突出抓好'六个加强'、'六个提高'"和"到2015年力争实现'五个增加'"的重要指示,努力成为"全省优秀人才的培养基地、科技创新的示范区、扩大开放的桥头堡、经济社会发展的助推器。"一是紧紧围绕培养高素质创新型人才这个根本目标,立足人才培养这条主线,创建高水平的兴学育人基地;二是紧紧围绕加快推进科技协同创新这个关键目标,立足科学研究这根主轴,创建高水平的科学研究基地;三是紧紧围绕推动经济社会科学发展这个战略目标,立足服务贵州这个主责,创建高水平的社会服务基地;四是紧紧围绕建设社会主义文化强国这个核心目标,立足文化传承这项主题,创建高水平的文化引领基地。希望贵州大学进一步解放思想、实事求是、与时俱进、求真务实,切实做到“十破十立”,着力改善办学条件、着力优化学科结构、着力培养引进高端领军人才,使贵州大学真正成为具有区域特色,在国内外有一定影响、服务地方发展的领军型高水平大学。省委、省政府将继续重视和支持贵州大学的发展,进一步加强领导、加大投入,为贵州大学科学发展、跨越发展创造良好条件。

一百一十载风雨沧桑、薪火相传,一百一十载桃李芬芳、砥砺辉煌。希望关爱贵州大学的各位领导、社会各界人士以及广大校友,一如既往继续支持贵州大学事业发展。希望贵州大学以建校110周年为契机,坚持正确的办学方向,秉承“明德至善、博学笃行”的校训,不断提高教育质量和办学水平,为推进贵州科学发展、实现后发赶超,与全国同步全面建成小康社会宏伟目标作出新的更大贡献!

祝贵州大学在新的征程上再立新功、再创辉煌!祝贵州教育事业欣欣向荣、蒸蒸日上!

谢谢大家!

在贵州省文学艺术界联合会第七次代表大会闭幕式上的讲话

(12月26日)

各位代表、同志们:

全省文学艺术界联合会第七次代表大会,圆满完成了各项议程,今天就要闭幕了。这次大会是我省文艺界的一次盛会,各位代表聚集一堂,建言献策,共商发展繁荣贵州文艺事业大计;总结了第六次文代会以来的工作,讨论了今后贵州文艺发展的规划,明确了文学艺术发展的目标任务,修改了文联章程,选举产生了新一届领导班子。大会开得很成功,是一次民主、团结、求实、鼓劲的大会,是一次承前启后、继往开来的大会。在此,我代表省委、省政府,向各位代表表示衷心的感谢!向新当选的省文联主席、副主席和各位委员表示热烈的祝贺!向全省文艺工作者致以崇高的敬意和诚挚的问候!

自省六次文代会以来,省文联在省委、省政府的坚强领导下,围绕中心、服务大局,坚持正确的文艺方向,团结带领全省广大文艺工作者为繁荣发展贵州文化事业做了大量卓有成效的工作,切实发挥了党和政府联系广大文艺工作者的桥梁和纽带作用。我省广大文艺工作者坚持“二为”方向和“双百”方针,以敏锐的政治眼光、昂扬的精神状态、出色的艺术劳动,创作了大量讴歌改革发展伟大实践、展现贵州时代精神和风貌的文艺作品。全省各个艺术门类百花竞放、异彩纷呈,文艺氛围融洽和谐,文艺创作积极活跃,文艺队伍意气风发,形成了团结、干事、发展的良好局面。

中国文联和省委对这次省文代会高度重视,中国文联党组书记、副主席赵实同志亲临大会并作重要讲话,对我省文艺事业提出了四个衷心希望,很有指导性和针对性。省委常委会对这次文代会作了专题研究,克志书记出席大会开幕式并作重要讲话,充分肯定了省六次文代会以来全省文艺工作和文联工作所取得的突出成绩,对进一步开创我省文艺事业又好又快发展的新局面,提出了五个方面的明确要求,大家要认真学习,深刻领会,自觉贯彻落实。下面,我就进一步推动全省文艺事业繁荣发展再讲几点意见。

一、以学习宣传贯彻党的十八精神为首要任务,充分发挥文学艺术助推贵州科学发展、后发赶超、同步小康的独特作用

党的十八把科学发展观确立为我们党的指导思想,作为指导党和国家全部工作的强大思想武器,并对中国特色社会主义经济建设、政治建设、文化建设、社会建设、生态文明建设等方面作了全面部署。在文化建设上明确提出了建设社会主义文化强国的奋斗目标,强调要走中国特色社会主义文化发展道路,坚持“二为”方向、“双百”方针和“三贴近”原则,推动社会主义精神文明和物质文明全面发展,建设面向现代化、面向世界、面向未来的,民族的、科学的、大众的社会主义文化。这是我国文化建设的根本要求,为文艺事业发展指明了方向,我们必须始终遵循和努力践行。前不久召开的省委十一届二次全会就学习贯彻党的十八大精神,开启我省与全国同步全面建成小康社会新征程进行了动员部署,解决了当前形势下十八大精神怎么学,同步小康怎么干的问题。我们要切实增强解放思想的主动性和自觉性,进一步提振干事创业的“精气神”。

在推动我省文艺事业繁荣发展过程中,我们必须坚持以科学发展观为指导,牢牢把握社会主义核心价值体系这个兴国之魂。中华民族有五千多年源远流长、博大精深的璀璨文化,既是中华民族生生不息的精神动力,又是实现伟大“中国梦”的精神资源。作为民族精神的火炬和意识形态重要组成部分的文艺,对建设社会主义核心价值体系,建设中华民族共有精神家园具有独特作用,文艺战线担负着重要职责。广大文艺工作者要把科学发展观贯穿文艺创作的全过程,始终坚持社会主义先进文化前进方向,辩证继承和扬弃传统文化,以党的十八大提出的“富强、民主、文明、和谐,自由、平等、公正、法治,爱国、敬业、诚信、友善”的24字社会主义核心价值观引领文艺创作,注重在时代进步的伟大实践中汲取创作灵感,注重反映人民创造历史的波澜壮阔。

希望省文联新一届领导班子和全省广大文艺工作者,把学习好、宣传好、贯彻好党的十八大精神作为当前和今后一个时期首要的政治任务,深入学习贯彻党的十八大精神和省委十一届二次全会精神,深刻领会习近平总书记系列重要讲话精神,把思想和行动统一到中央和省委的要求上来,切实增强文艺工作的责任感、使命感,以高度的文化自觉推动我省文艺事业又好又快发展。在我省后发赶超的关键时期,大家尤其要深刻认识优秀文艺作品对思想的启迪作用、对人们精神的激励作用、对社会矛盾的疏导作用,深刻认识构筑“精神高地”对于冲出“经济洼地”的极端重要性,紧紧围绕省委、省政府中心工作,在服务大局中激发活力,创作出更多具有贵州特色、贵州风格、贵州气派的优秀作品,着力反映先进人物,讴歌时代典型,表现火热生活,记录贵州后发赶超足音,反映贵州前进步履,为人民立言、为发展鼓劲、为跨越抒情;尤其要立足贵州、放眼全国、敢于担当,最大限度地团结动员广大文艺工作者,积极投身建设文化强省的伟大工程,创作出更多弘扬社会正气、礼赞传统美德、反映和谐理念、倡导奋进精神的优秀文艺作品,开展积极向上、丰富多彩的文艺活动,努力将贵州悠久的历史、灿烂的文化、秀美的风光、丰硕的成就、崭新的风貌,以及“开放创新、团结奋进”的贵州时代精神展现在世人面前,不断积累贵州前行的正能量。在积极反映和热情讴歌贵州改革发展伟大实践的同时,不断推动贵州文艺的繁荣发展,努力开创贵州文艺事业又好又快发展的新局面。

二、以打造精品力作、做大做强文艺品牌为抓手,不断提升贵州文化的影响力和竞争力

精品生产是带动文化事业、文化产业繁荣发展的重要抓手,是实现社会效益和经济效益双丰收的重要载体。没有精品生产,也就不会有文化品牌,更谈不上文化影响力。

这些年来,我省文化建设取得了很大进步,突出表现在:在党的十八大召开前全面完成了中央明确的文化体制改革各项任务;一些组建和整合的骨干文化企业集团已初步取得良好效益;影视创作在全国崭露头角;以“多彩贵州”为代表的贵州文化符号走出了贵州、走向了全国、走向了世界;文化理论研究氛围较浓;文化与旅游融合发展的势头良好;省文联全力打造的“多彩贵州·山花竞放”全省文学艺术界大联欢,设立的贵州文学“金贵奖”和恢复设立的“乌江文学奖”均产生了较大的影响。总的来说,贵州文化建设的亮点很多、成绩不小,这样的良好局面来之不易。

但是也要清醒地看到,与我省丰富的文化资源相比,与经济社会加速发展的步伐相比,与广大群众热切期望相比,我省文艺精品生产的力度和水平还存在许多不足，特别是与先进省份相比，我们还存在不少差距。在中宣部组织的精神文明建设“五个一工程”评选活动中，我省获奖的类别不广、数量不多，还需要全省艺术家们和文艺工作者加倍努力、奋力追赶。

当今时代，文艺创作的物质基础、社会环境、传播渠道、表现形式都发生了深刻的变化，广大文艺工作者只有坚持解放思想、实事求是、与时俱进，大力促进文艺观念、内容、风格、流派的推陈出新，大力促进文艺体裁、题材、形式、手段的充分发展，才能创作出更多具有贵州特色、贵州形象的优秀作品，不断增强文艺的时代感、吸引力和影响力。要积极适应信息化、网络化、数字化迅猛发展的新形势，高度重视科技手段在文艺创作生产中的运用，充分打开艺术想象空间，不断催生新的艺术样式和艺术品种，着力增强文艺作品的表现力、吸引力、感染力。希望新一届文联领导班子和广大文艺工作者继续利用并发挥好我省文化资源丰富、文艺创作发展势头高涨的优势，把加强社会主义思想道德建设作为发展先进文化的重要内容和中心环节，从省委、省政府的重大部署中找准文艺创作结合点，从人民群众普遍关心的热点问题中找准文艺创作的锲入点，面向基层、面向群众，弘扬真、善、美，努力创作一批思想深远、艺术精湛、制作精美，在全国有影响的优秀作品，勇攀贵州“文化高峰”，构筑贵州“精神高地”，创作一批立得住、叫得响、传得开、留得下的文艺精品，同时做大做强现有文艺品牌，进一步提升贵州文化在全国的地位和影响。

三、以服务大众、文化惠民为出发点和落脚点，进一步密切文艺同人民群众的联系

文化惠民是党和政府“执政为民”理念的在文化上的具体实践，这是社会主义文化大发展大繁荣的一项重大举措，也是一项惠及城乡百姓、普及大众文化的民生工程。

文学艺术源于人民、为了人民、属于人民。广大文艺工作者要始终坚持以人民为中心的创作导向，努力为人民抒情、为人民放歌，深入基层，贴近群众，密切同人民群众的血肉联系，积极反映人民心声，深入生产第一线，深入企业、乡村、社区、军营、校园生活最前沿，用自己熟悉和擅长的文艺形式，创作生产出高质量、高水平、高品位的文艺精品。要坚持以人为本，以满足人民群众精神文化需求为出发点和落脚点，打造出更多的贵州文化品牌，更好地满足人民群众多样化、多层次、多方面的精神文化需求。

省文联近年来开展的一系列“送欢乐下基层”慰问演出活动、“心系建设者”赴国家重点工程一线慰问演出以及各艺术门类的采风、调研、座谈活动，均体现了文艺创作践行宗旨，文艺家社会责任的勇于担当，得到了人民群众拥护和赞扬。希望新一届文联领导班子和广大文艺工作者坚持“三贴近”原则，积极开展“走基层、转作风、改文风”和“讲、访、帮、促”活动，密切同人民群众的血肉联系，动真情热爱人民、转作风贴近人民，使实劲鼓舞人民，以解决文化民生为先导，统筹城乡，推动基本公共文化设施服务均等化。以实现民乐为宗旨，真正让文化成果惠及城乡百姓。以培养提升城乡群众文化素养为目标，促进我省新农村建设事业。全方位开展文化惠民活动，不仅要把文化送下去，更要让文化在基层生根发芽，让文化惠民真正汇入文化民生的时代交响曲，让文化惠民从文化领域扩展至各领域，从政策层面提升到制度层面、文化层面，升华为一种“惠民文化”。

四、以深化改革、勇于创新为动力，不断激发我省文艺繁荣发展的生机与活力

党的十八大报告指出，建设社会主义文化强国，关键是增强全民族文化创造活力。无数事实证明，没有文化创造活力的民族不是真正强大的民族。只有通过不断改革创新，让文化创造源泉充分涌流、文化创造活力持续迸发，文化强国、文化强省的梦想才能真正变为现实。

当前，我省经济发展迅速、人民生活水平显著提高、文化建设迈上新台阶、社会事业取得新进步，文艺发展的环境从来没有像今天这样宽松和自由，文艺改革创新的条件也从来没有像今天这样充分具备。希望新一届文联领导班子和广大文艺工作者，一定要把握机遇、乘势而上、奋发有为。要在深化改革中激发活力。以体制机制改革创新为内生动力，以深化完善、巩固提升为基本要求，坚定不移地纵深推进文化体制改革。按照国家和省关于事业单位分类改革的要求，加快完善各级各类公益性文化事业单位劳动人事、收入分配、社会保障制度改革，积极探索建立事业单位法人治理结构，把改革动力转化为现实文艺生产力，为群众提供更多更好的文艺产品。要在开拓创新中激发活力。充分发挥我省文化多元、多民族文化厚重的优势，开放创新、包容发展、大胆作为，在继承优良传统、借鉴优秀文化成果的基础上推进文艺创新，围绕"多彩贵州"文化品牌，传承发展好我省丰富的民族民间文化、红色文化，保护开发好优秀的传统艺术，展示贵州文化的独特魅力。多出精品、多出人才、多出社会效益和经济效益。

明年是全面贯彻落实党的十八大精神的开局之年，也是贵州建省600周年。我们要牢牢把握学习贯彻党的十八大精神这根主线，以繁荣发展我省多民族文化、积极推进建设文化强省为根本任务，抓住设立贵州专业文艺奖的契机，围绕明年省里纪念贵州建省600周年系列活动，积极主动、富于创造性地展开工作，真正推动文艺工作出亮点、创品牌、上水平，为全省经济社会发展提供强大的精神文化支撑。

五、以培养造就高素质"文艺贵军"为关键，不断夯实我省文艺事业发展的基础

人才是第一资源。繁荣发展我省多民族文化，建设文化强省，迫切需要培养造就一大批德艺双馨的文艺人才。要坚持党管文化、党管干部、党管人才的原则和德才兼备、以德为先的选人用人标准，营造尊重劳动、尊重知识、尊重人才、尊重创造的良好社会氛围，大力实施文化人才工程，培养造就一支锐意创新、结构合理、作风过硬的高素质文艺人才队伍。

近年来，在省委、省政府的重视关心下，在"多彩贵州"系列大赛的锻炼选拔下，我省文艺尖子不断涌现，文艺队伍不断壮大。但是应该看到，我省文艺人才紧缺的现状还没有得到根本改变，在中青年文艺工作者中还缺乏在全国有影响的大师级人才。因此，我们要站在事业发展的战略高度，充分认识优秀文艺人才培养的重要性，采取切实有效措施加快人才建设步伐。要认真落实省委、省政府关于实施人才强省战略的决定，按照克志书记提出的"造就一批在全国有影响的文艺领军人才，造就一批遍布各个艺术门类的文艺骨干和文艺新人，造就一批懂文艺、会经营、善管理的复合型人才，造就一支规模宏大、门类齐全、结构合理的文艺贵军"的要求，结合本地实际研究制定使优秀人才脱颖而出的具体政策和措施，切实关心文艺工作者的创作和生活，关心文艺工作者健康成长，充分调动作家艺术家的积极性和创造性，营造各类人才健康成长和开展文艺创作的良好环境，形成广纳群贤、人尽其才、充满活力的用人机制，迎来一个人才辈出的伟大时代。

各级文联要认真组织文艺工作者学习理论知识，引导广大文艺工作者树立马克思主义的人生观和文艺观；继续深入开展好各类文艺培训活动，不断提高文艺工作者的专业水平；加强对团体会员和基层组织的业务指导，进一步健全联系基层、联系文艺工作者，发现人才、培养人才，使人才脱颖而出的有效机制。要十分关心各种体制下的文艺工作者所想、所急、所需，脚踏实地的为艺术人才的成长倾注心血，热情服务。要继续抓好文艺工作者德艺双馨评选表彰和优秀人才培训工程。省文联和各协会要结合全省文艺工作实际，树立全省"一盘棋"的思想，各文艺协会间、团体会员间要加强团结协作，各展所长、优势互补，在相互交流中达到相得益彰，在密切合作中求得共同进步，在形成合力中实现整体推进。各级文联组织要以这次大会为契机，以能力建设为核心，全面加强班子建设、制度建设和作风建设，切实增强服务能力，改进工作方式、改善工作条件、拓展工作领域，提高文联为协会和团体会员服务的水平。新一届省文联领导班子要尽快进入角色，按照省委的要求和此次代表大会确定的目标任务，完善工作措施，明确工作重点，制定工作计划，认真抓好落实，努力把文艺工作和文联工作提高到一个新的水平，真正把文联办成文艺工作者的温馨和谐之家。

全省广大文艺工作者自觉践行'爱国、为民、崇德、尚艺'的文艺界核心价值观和职业道德公约，不断提高自身思想修养、知识水平、艺术品格和道德情操，坚守艺术理想和艺术良知，潜心钻研、勇于探索、执著追求，加深文艺修养，提高业务本领，既要不断攀登艺术高峰，追求艺术之美，又要不断提高思想境界，追求人格之美、品德之美。坚持把社会效益放首位，艺品与人品相统一，自觉承担起优秀文化的传承者、传播者、创造者的历史责任。不同艺术门类、不同艺术流派、不同年龄阶段的文艺工作者要相互尊重、相互学习、取长补短、共同进步。

各级党委、政府和宣传部门要准确把握文艺工作特点和规律,把加强和改进文艺工作作为建设文化强省的重要抓手,高度重视,加强领导,大力支持,不断提高领导文艺工作的能力和水平。特别是在政策支持、经费保障、工作基础条件、人员配齐配强等方面,切实帮助解决基层文联的实际困难问题,做到政治上充分信任,创作上热情支持,保障上有力到位,生活上真诚关心,依法维护文艺工作者的合法权益,尊重文艺创作,尊重艺术人才。要做好文化精品的宣传推介工作,在全社会形成关心、支持文化事业繁荣发展的良好氛围。

各位代表、同志们,我们正处在实现贵州经济社会发展历史性跨越,与全国同步全面建成小康社会的重要时期。历史的发展赋予了当代文艺工作者神圣的使命和责任,伟大的时代为文艺繁荣发展提供了良好机遇和广阔舞台,火热的生活呼唤我们为发展先进文化、构建社会主义和谐社会创造出新的业绩。让我们更加紧密地团结在以习近平同志为总书记的党中央周围,高举旗帜、凝聚力量,围绕中心、服务大局,锐意进取、阔步前进,为开创贵州文艺事业新局面,创造贵州文艺事业的新辉煌,推动贵州文化发展的新跨越而努力奋斗!

余心声文章

历史性跨越的强大支点

——写在国发〔2012〕2号文件颁布之际

一

一个地方发展的道路虽然漫长,但紧要处往往只有几步。

2012年1月12日,国务院出台了《关于进一步促进贵州经济社会又好又快发展的若干意见》(国发〔2012〕2号),使我省又迈出了具有决定性意义的一步,这一步必将在贵州发展的里程上烙下深深的印记。

振奋人心的消息从北京传来,贵州高原沸腾了!

这是龙年新春来临之际,国家送给贵州4千万各族儿女的一份特别厚礼,饱含着党中央、国务院的深切关怀,寄托着全省人民的热切期盼,承载着贵州发展的壮美图景。

在贵州后发赶超、提速转型的关键时期,国发2号文件强势给力,无疑是动力、是东风、是及时雨。贵州经济社会发展历史性跨越获得了强大支点,进一步托起了贵州与全国同步实现全面建设小康社会的信心与希望!

二

在全国大棋盘上,中央的每一步"落子",都有其深刻的背景。

在牢牢把握本世纪第二个十年发展"黄金机遇期",统筹东中西部协调发展,建设全面小康社会的大背景下,文件的出台,体现了党中央、国务院立足国情、顺应时代的战略安排,是心系国运、情牵民生的智慧结晶。

"贵州尽快实现富裕,是西部和欠发达地区与全国缩小差距的一个重要象征,是国家兴旺发达的一个重要标志。"——文件开宗明义,从前所未有的战略高度道出了贵州加快发展的特殊重大意义。

"五大战略定位"、"打造西部地区重要的经济增长极"、"两步走"发展目标、"四大经济区"空间布局……文件凸显了贵州在全国发展中的地位和作用,找准了贵州的比较优势和潜力所在,如此高瞻远瞩、慧眼如炬,谋划的定是促进全国区域协调发展的大手笔,作出的定是开创贵州科学发展新局面的大战略!

"贵州与全国同步建成全面小康社会",由此上升为国家战略。

能否走好贵州这着棋,实现好中央的战略意图,离不开国家层面的大力支持,但更为关键的是,贵州要在服务全国发展大局中承担更大责任、作出更大努力,走出一条符合自身实际和时代要求的后发赶超之路。

三

透过字字千钧的文件背后,那一幕幕关心、支持和帮助贵州发展的感人场景,依然清晰定格在人们记忆中……

我们不会忘记,一直以来,党中央、国务院给予贵州高度重视和深切关怀。7年前,胡锦涛总书记视察贵州的重要讲话,吹响了贵州努力实现历史性跨越的号角，激励着贵州人自强不息、砥砺奋进。近年来，胡锦涛、吴邦国、温家宝、贾庆林和习近平、李克强等党和国家领导人多次就加快贵州发展作出重要指示，仅2011年就有20位中央高层领导和30多位正省部级领导亲临我省考察指导工作，给予多方支持，为贵州发展创造有利条件。正是在这一背景下，全面支持贵州发展的意图在国家层面渐渐清晰起来……

我们不会忘记，为了贵州发展大计，在省委的带领下，省几大班子领导殚精竭虑、锲而不舍、孜孜以求，从北上京津到南下港澳，从泛珠三角、成渝经济区到长三角，学习先进经验，招商引资，寻求多方合作。为了得到中央部委更多支持，省委书记、省长多次赴京汇报工作，多次带队“跑部”、“跑委”……一次次真切的诉说，一回回艰辛的付出，终有了沉甸甸的收获。

我们不会忘记，为了给贵州量身打造一个“拔穷根”的政策支持文件，去年9月，由国家发改委牵头，42个国家有关部门组成的联合工作组到我省调研。158人兵分12路，奔赴全省9个市(州)、88个县(市、区、特区)深入调研。从田间地头到工矿学校，从苗乡侗寨到街道社区，他们为贵州经济诊断把脉，为贵州发展细心求解，把汗水和智慧化作了文件中饱含深情、切合实际的举措。

四

这是一回久远的期盼。

“连峰际天、飞鸟不通”、“烟瘴之地、蛮荒之邦”……一度不被外界看好的贵州，发展困难重重、筚路褴褛。这是贵州历史上最沉重的悲情。新中国成立后，国家不断加大对贵州的支持和投入，但是由于历史、地理等诸多制约因素，发展过程步履艰难，在全国发展“挂末”的状况长期未能改变。

然而，贵州的贫穷是富饶的贫穷，是缺乏开发的贫穷。这个被誉为中国的宝贝之州，有着江南煤海之称，生物资源丰富多样，民族文化多姿多彩，自然风光神奇迷人，生态气候优势独具。坐拥“富矿”，却是全国发展短板中的短板，2010年贵州人均GDP为1.3万元，只相当于全国平均水平的40%，只有上海的六分之一左右。

“多少事、从来急，天地转、光阴迫”。贵州追赶全国发展的步伐必须加快。“贵州发展不能总是垫底，我们也要奋力爬高”、“贵州加快发展，需要自力更生，也需要外援，尤其需要国家层面的大力支持”……这样的呼声其情亦真、其意亦切、其时亦久！

经过努力，去年以来，从《贵州省水利建设生态建设石漠化治理综合规划》、《黔中经济区发展规划》到全省66个县列入全国三个集中连片特困地区扶贫攻坚规划、毕节和铜仁撤地建市，再到国发2号文件出台，不到一年的时间里，一项项“顶层设计”相继出台，贵州获得国家层面的支持前所未有。

细阅文件，令人欣喜地发现，所有关系贵州经济社会发展的重点、难点问题在文件中都有充分的反映，许多我省多年希望办的事、希望实施的重大工程和项目在文件中都有明确的表述。文件的出台，如春雨沁润黔中儿女久渴的心田，似东风鼓足贵州蓄势待发的风帆。

五

人们细细地思考着文件、咀嚼着文件，尽管角度不同，但却有着这样的共识：文件充分肯定和提升了贵州改革发展的实践与经验。

实施西部大开发战略以来，贵州经济持续快速增长，社会事业全面进步，综合实力明显提升。特别是刚刚过去的2011年，是我省经济社会发展史上极不平凡的一年，创造了不少令人欢欣鼓舞的成绩，全省生产总值5702亿元，首次年增加超千亿元，增速位列全国第三，多项重要经济社会发展指标增速一改往年全国挂末位次。这些无疑为文件出台奠定了坚实的实践基础。

党的十七届五中全会以来，省委、省政府在推动贵州发展中形成的规律性认识和发展思路，为文件提供了决策基础。“加速发展、加快转型、推动跨越”主基调和“工业化带动、城镇化带动”主战略，突破交通水利瓶颈、壮大特色优势产业、发展现代农业、推进扶贫开发、发展文化旅游产业、加快社会事业发展等重大举措，在文件中都得到了充分体现。这既是中央对我们工作的肯定，也是对我们的鞭策和鼓舞，更坚定了我们大胆实践、勇于创新的信心。

水到渠成，源自坚持不懈的耕耘和开拓。地方发展愿望上升为国家战略，文件精神转化广大干部群众的自觉行动，必将催生一场波澜壮阔、广泛深刻的大变革。

六

从全国角度看贵州，以贵州实际谋发展。文件11个部分、54条发展方略，条条真金白银，句句力透纸背。翻开文件，一股“实、新、快”的气息扑面而来。

“实”在切合实际、措施扎实，这是文件最大的特点。文件结合我省实际，从财税、投资、金融、产业、土地、人才、对口支援等七个方面提出了119项支持贵州加快发展的突破性政策，并明确实行差别化产业政策，允许开展电力直供、以质抵量实行耕地占补平衡等，这些支持贵州加快发展的重大政策效应将很快显现。

“新”在创新实践、允许先行，这是文件最大的亮点。文件明确了在贵州实施的试点13项、示范17项、重要规划13项和重大工程项目176项。批准我省做试点示范，就是允许我们先行先试、先人一步、率先突破。

“快”在希望殷切、愿望迫切，这是文件最大的看点。一项决策，事关人民群众福祉；一纸蓝图，饱含多少发展希望。文件全文使用“加快”一词达53次、“加大”一词达41次、“加强”一词达65次。我们从中分明听到了当代贵州脉搏强劲的跳动。

文件既立意高远，又步履坚实。“到2015年，贵州全面建设小康社会实现程度接近西部地区平均水平”，“到2020年，实现全面建设小康社会奋斗目标”……规划的每一方面均列出了清晰的时间表、路线图。翻开它，差别化产业政策、电价改革、村镇银行、农村清洁工程、学校“小餐桌”、特岗医生……一个个令人心动的关键词频频跳入眼中。统筹兼顾、以人为本、全面协调发展、可持续发展……这些科学发展观的精髓，如同一根红线贯穿于文件的字里行间。

当前，读懂文件，是当前全省上下最重大、最紧迫的要务。我们必须埋下头来学，下苦工夫钻，真正做到文件的精神实质懂、主要观点熟、引申含义清、良苦用意明。要认真消化、吸收文件精神，围绕文件中提出的后发赶超路径、建设贵安新区等重大问题开展深入研究，以调研推动工作，推动各项政策措施的落实。

七

文件给了一个让全国让世界倾听贵州故事的机会，贵州将以后发赶超的跌宕情节吸引全国、感动世界。

这个故事最引人入胜的地方，在于回答好文件提出的“走后发赶超之路”这道历史性难题，使贵州经济尽快冲出“洼地”，实现跨越发展。

走后发赶超之路，就要鼓足赶超之气。“神居胸臆，而志气统其关键”。实现后发赶超，各级干部群众都将经历一场智慧和意志的考验。我们要大力弘扬“开放创新、团结奋进”的贵州时代精神，构筑贵州精神高地。只要我们树雄心、立壮志，拿出贵州人的胆气豪气，敢与强的比、敢向高的攀、敢同勇的争、敢跟快的赛，夙兴夜寐、奋起直追，就没有翻越不了的高山，就没有克服不了的困难，就能创造后发赶超的“贵州速度”。

走后发赶超之路，就要找准赶超之法。以科学发展观为统领，从贵州实际出发，学别人的先进经验、走别人的成功路子，绕开别人走过的弯路。把后发赶超与加快转型有机结合起来，既要赶、也要转，既要快、也要好，既要工业强省、也要生态立省。走出一条新型工业化之路、生态文明发展之路、和谐发展之路。

走后发赶超之路，就要善施赶超之策。坚定不移地实施“工业化带动、城镇化带动”主战略，坚定不移地推进“三化”同步。要善于“扬长补短”，既发挥水火互济、文化多彩、生态良好等比较优势，在“借力赶超”中实现我省比较优势和资源利用的最大化；又抓紧“补短”，着力解决基础设施建设、生态治理与保护、扶贫攻坚等短板，保证既定目标的实现。要优化布局，激活“板块”，充分发挥黔中经济区“发动机”、“火车头”的带动引领作用，打造成为全省对外开放的桥头堡；利用毕水兴和“三州”民族地区能源资源富集、特色突出等优长，发挥其不可或缺的“两翼”作用，共同推动贵州经济的腾飞。

八

“苟日新，日日新，又日新”。在快速变化的世界面前，贵州要打好后发赶超这场“翻身仗”，就必须进一步解放思想，更高地举起改革开放这面大旗。

在历史的坐标上，鲜明地标注着贵州人改革开放的勇气和胆识，延伸着贵州人的光荣与梦想。无论是顶云公社的包产到户，还是湄潭、金沙率先实行耕地“生不增、死不减”的政策；无论是建立毕节、安顺两大试验区，还是创建“四在农家”……贵州的每一次重大突破、每一个重要进步，都是解放思想、敢闯敢试的结果。

文件允许我省试点示范，就是鼓励我们先行先试、大胆改革。这是改革攻坚的关键时刻，这是与传统落后体制作决裂的最佳时机。要通过深化各项改革，建立起充满活力、富有效率的体制机制，进一步解决我省国有经济实力不强、民营经济发展不快、县域经济发展滞后、支柱产业支撑不力等问题。要切实转变政府职能，把政府该管的进一步管好、该放的进一步放开，加快推进扩权强县，增强发展活力，为文件贯彻落实创造良好环境。

贵州的落后，更多的是封闭带来的。美国著名经济学家舒尔茨认为，空间、能源、耕地的限制，不是贫困的决定性约束条件。这启示我们，贵州要想摆脱现实的封闭、历史的窠臼和大山的阻隔，就必须增强世界意识，扩大开放，借力赶超。近年来，我省一系列重大招商引资项目相继落户，一系列重要会展成功举办，在中国西南版图上，一个开放奋进的新贵州形象跃动而出。借力文件，我们一定要乘势而上，以更大的勇气“走出去”、“请进来”，打好招商引资系列“组合拳”，在更为广阔的舞台上去展示，在更高层次上参与竞争，以对话增进了解，以沟通扩大交流，以合作赢得更大发展。

打破常规，奋发图强，让我们在“改革”与“开放”中闯出一方新天地，闯出一个新时代，闯出一个新贵州！

九

上一个千年，人类最伟大的思想家马克思曾经说过，最先朝气蓬勃投入新生活的人们，他们的命运是令人羡慕的。

实现全面建设小康社会，承载了多少梦想、多少憧憬、多少奋斗、多少牺牲。如今，这一壮丽的事业正大步推进，指日可待。历史选择了我们这一代人，我们就要无愧于时代。

今后几年是我省与全国同步实现全面建设小康社会的关键时期。关键时期好比赛跑中的“极点时刻”，只有突破极点，才能实现后发赶超，到达胜利的终点。

关键时期，就必须有高度的责任感和强大的执行力。“得时无怠，时不再来，天予不取，反为之灾”。当前，能否抓住文件提供的政策机遇，是对全省上下的一次“大考”。我省贯彻文件的实施意见已经出台，各级各部门要把项目任务排出时间表、路线图，要加大向上汇报对接、向外争取合作力度，特别要加紧和国家各部委全面联动、无缝对接，及早谋划一批重大项目，早论证、早立项、早报批，切实把政策用到极致，争取到国家最大的支持，确保“黄金政策”发挥“黄金效应”。

实干是真工夫，落实更是真本事。各地各部门要认真对照任务抓落实，防止工作失之于“粗”、失之于“虚”。全省广大党员干部要积极投身“四帮四促”、“创先争优”等活动，大兴求真务实、真抓实干之风，做到行动早、出手快，不争论、不折腾，任何时候都不分神、不松劲，一天也不耽误地推进发展。让每一个人的点滴努力，汇聚成贵州加速发展的强大力量。

十

2000多年前，古希腊哲学家阿基米德曾豪言：“给我一个支点，我可以撬动地球”。

2000多年后，在东经103°～109°、北纬24°～29°之间一块17.6万平方公里的土地上，以国发2号文件为支点，4000万勤劳智慧的贵州儿女，正从真实可触的现实发力，奋力压动历史性跨越的杠杆。

征程开启豪情在，蓄势腾飞何壮哉。贵州发展，一往无前；贵州前景，魅力无限！

论构筑贵州“精神高地”

一

在长顺县敦操乡麻山腹地，有这样一群乡干部，他们背着背篼，每天翻山越岭数十公里，风雨无阻地往返于陡峭崎岖的山间，为村民送去代买的生活用品、生产物资，送去党的政策和致富信息……年复一年、日复一日，他们用双肩背来了民心，背出了党和人民的“鱼水深情”。

这些在崇山峻岭深处挺起的铮铮脊梁，不仅展现了贵州人的坚强意志，开拓了贵州人自强不息的精神疆界，更是贵州“精神高地”上铸就的一座精神丰碑。

省委主要领导在不同场合多次强调：没有“精神高地”，就解决不了“发展洼地”的问题。贵州要摘掉贫穷落后的帽子，既要遵循经济规律，更要高扬精气神，只有最大限度地凝聚起全省各族人民的智慧和力量，最大限度地激发起全省上下的热情和干劲，才能实现后发赶超、跨越发展。

二

唯物辩证法认为，物质决定意识，意识对物质具有反作用，在一定条件下甚至起着决定性作用。

历史也告诉我们，没有精神支撑的民族注定会行之不远。人类史上有的国家因天灾而倾覆，有的文明因战争而消亡。中华民族在五千年长河中曾经历太多的艰难，但文明血脉一直未绝，民族历史一直绵延，正是在与每一次灾难的较量中，我们的民族不断激发出新的精神源泉。百年来争取民族独立、自由、解放的血火锻造，新中国成立以来自立自强的艰辛探索，30年改革开放时代大潮的荡涤洗礼，丰富着民族精神的时代内涵。迈入新世纪新阶段，从抗击非典到迎战特大自然灾害，每一次严峻考验，都是一次民族精神的再现与升华。

井冈山精神、长征精神、延安精神、抗战精神、西柏坡精神、雷锋精神、载人航天精神、抗震救灾精神……这些精神，是中华民族五千年伟大精神的历史延续，是中国共产党人解放思想、实事求是、与时俱进的时代创造。

伟大的精神是时代的旗帜，是干事创业的支撑，是发展跨越的动力。站在新的历史起点上，贵州要加速发展、后发赶超，与全国同步建设全面小康社会，必须要有一种不畏艰难、顽强拼搏的钢铁意志，要有一种坚韧不拔、敢于胜利的英雄气概，用精神的力量奏响实现历史性跨越的雄浑乐章。

三

“黔处天末，崇山复岭，地狭民贫。”这是前人对贵州勾勒的悲情轮廓。然而，千百年来，生于斯、长于斯的贵州人筚路褴褛、上下求索，始终以磅礴的精神力量，推动着历史车轮滚滚向前。

顶云公社“率先实行包产到组”，大关村人“抠万年土、造米粮川”，贵州铝镁人连续六年实现平均每天申报一件专利，冷洞村人“石旮旯里种出金银花”，毕节、安顺两大试验区20多年创新探索，“四在农家”、“多彩贵州”品牌的成功打造……贵州高地上不断绽放出璀璨的精神花朵。

在长期的革命和建设中，勤劳勇敢智慧的贵州人，孕育并践行了长征精神、遵义会议精神、三线建设精神、大关精神。在迎战新世纪特大旱灾中，挺立起了“不怕困难、艰苦奋斗、攻坚克难、永不退缩”的“贵州精神”，而今在奋起跨越赶超的“赛场”上，我们正高扬着“开放创新、团结奋进”的贵州时代精神。这些精神的价值，比创造的财富还要宝贵、还要长远。

这些精神，是扎根贵州，无私奉献，艰苦创业，团结奋进的崇高品质，悠悠岁月中积淀成为贵州人的精神家园和动力源泉。

这些精神，是摆脱贫困，寻求富裕，建功立业的不懈追求，饱含了一代代贵州人为家乡的繁荣发展和后来居上的执著梦想。

这些精神，是涓涓溪流，最终汇就成贵州精神的浩瀚海洋，是我们构筑贵州“精神高地”的不竭动力、丰厚源泉和重要支撑。

四

在新的起点上加快发展、加速转型、推进跨越，是一项光荣而艰巨的事业，伟大的事业需要伟大的精神作支撑。构筑贵州“精神高地”，是现实的呼唤、时代的要求、人民的期望。

人穷志不穷。经济相对落后，精神却不能落后。7 年前，胡锦涛同志视察贵州并深情期望：“贵州的同志要有志气、有信心，努力实现经济社会发展的历史性跨越”，就是要求贵州的干部群众要不甘落后、后来居上，充分发挥主观能动性，为经济社会发展注入强大的精神动力。对于贵州来说，由于追赶发展的压力异常沉重，而技术支持、人力资本等现代化的动力因素又难以在短期内取得突破性进展，精神力量的重要性就尤为突出。

振兴贵州，赶上全国发展的步伐，是每一个贵州人心中的夙愿。在新的发展阶段，我们正努力变梦想为现实，推动贵州经济起飞，去年我省主要经济指标增速在全国的位次大幅前移，经济增速进入全国前三位。如今，逐鹿西部、浙比中原，检视自身、找准优势，贵州在中国发展战略格局中的独特价值日益凸显；鹤鸣九皋，声闻于天，后发赶超的身影在贵州高原阵阵萌动。

不同领域、不同职业、不同岗位的人们以各自的方式表达同一个声音：贵州加油，贵州雄起！

这种深切认同，再一次印证：贵州要突破环境的硬约束，走出“发展洼地”，实现经济社会发展的赶超跨越，首先要实现精神上的赶超跨越。构筑“精神高地”，不仅是一种客观、历史、必然的选择，更是一种主体、理性、智慧的选择。

五

一个民族的精神力量，可以在长期的历史过程中不断显露，但在紧急关头、重大事件中，更容易瞬间爆发。一个群体的精神世界，可以在平时的生产、生活中逐步长成，但更能在生与死、血与火的熔炉中显现本色。一个地方的精神取向，可以从英雄人物、典型代表那里找到答案，但更应在广大人民的普遍行为和社会实践中得到张扬。

贵州“精神高地”，立足发展、源于实践、契合时代，它以长期革命建设中形成的精神财富和优秀传统文化为基石，充分体现了贵州各族人民的精神风貌和优良品质。它既是贵州建省 600 年来悠久历史的积淀，也是社会主义核心价值体系在贵州落地生根的生动实践。

构筑贵州精神高地，是一项长期的战略任务。我们不仅要把这项工作融入贵州经济社会发展的全领域、各方面和全过程，扎扎实实地搞好宣传和实践活动，使之家喻户晓、深入人心，更要在实践中不断丰富和完善其内涵和外延，充分发挥好“精神高地”的势能，凝聚起实现后发赶超、促进社会和谐稳定的强大精神力量。

多少年后，历史将表明，矗立在贵州高原上的“精神高地”，是当代贵州人留给未来最宝贵的精神财富，必将标注成这个时代最鲜明的回忆。因为它锻造了 4000 万贵州儿女更加坚定的理想信念、更加豪迈的志气信心、更加昂扬的精神状态，更加优良的党性作风，在黔中大地创造奇迹，在岁月深处写下荣光。

六

贵州“精神高地”是理想信念的高地。只有大力奏响热爱祖国、热爱贵州、建设贵州的最强音，才能点燃发展的昂扬激情。

理想信念决定着人的精神状态，决定着干事创业的成效乃至成败。对于普通群众来说，没有理想和信念，就没有生活的追求和奋斗的目标；对于党员干部来说，没有理想和信念，注定就无所作为甚至跌入腐败和犯罪的深渊。

贵州人历来具有“天下兴亡、匹夫有责”的强烈责任感、使命感，始终彰显了贵州人民心系国家发展、勇担时代使命的崇高理想和坚定信念。汶川抗震救灾，贵州子弟兵顶住身体极限，为抢救生命不眠不休；北京奥运盛会，贵州“拳王”邹市明一举夺冠，实现中国拳击奥运金牌零的突破；第九届全国少数民族传统体育运动会，贵州人民向全国献上了一幅“成功、圆满、精彩”的壮丽画卷……在中华民族伟大复兴的进程中，构筑贵州“精神高地”，更加需要坚定信仰、矢志不渝，坚持马克思主义指导地位，坚定不移地走中国特色社会主义道路，大力推进社会主义核心价值体系建设，打牢团结奋斗的共同思想基础。

远大的目标立足于贫弱的基础，历史的豪情蕴藏着现实的挑战。在加速发展、后发赶超的今天，我们更加需要将这一理想信念转化为热爱贵州、建设贵州的满腔热情，坚定到 2020 年与全国同步实现全面建设小康社会的信心，紧紧立足贵州实际，深入贯彻落实科学发展观，把中央的精神与贵州的实际结合起来，创造性地推进各项工作，把全省干部群众的力量涓滴相积、汇川成海，推动贵州经济社会又好又快、更好更快发展。

七

贵州“精神高地”是志气信心的高地，只有进一步树立自觉自信自强的贵州意识，才能进一步把发展速度提起来、再提起来。

志气和信心是最耀眼的精神火焰。一个地方的贫穷落后并不可怕，可怕的是缺乏改变贫穷落后面貌的志气和信心。近年来的发展表明，贫穷落后并不是贵州的代名词，更不是贵州的固有标签。只要真正做到自觉自信自强，就一定能够实现后发赶超。

自觉，就是认清使命谋发展。面对中央的殷切期望和全省各族人民的追求和梦想，全省党员干部要自觉认识到肩负着重于泰山的历史使命，自觉做到自我加压、主动作为、敢于作为，不为任何困难所阻，不为任何风险所惧，不为任何干扰所惑，聚精会神、锲而不舍地把富民兴黔的宏伟事业不断推向前进。

自信，就是找准优势促发展。秀甲西南惊世界，细数优势竞风流：地之势，位处西南交通大枢纽，铁路、公路、航空、通讯网络纵横交汇；文之势，多民族文化特色鲜明，积淀丰厚、多姿多彩、绝无仅有；物之势，山川形胜，钟灵毓秀，物华天宝，资源丰富；力之势，全省一盘棋、上下一条心，拧成一股劲。各势齐发，势不可挡，一定能创造一个高于过去、高于西部、高于全国的发展速度。

自强，就是立足自身求发展。中央和国务院给力贵州，我们更要自我发力。在后发赶超的进程中，要坚决克服“精神懈怠的危险”，彻底消除“庸懒散慢”的思想惰性，敢和强的比、敢与高的攀、敢同勇的争、敢跟快的赛，攻坚克难、闯关夺隘，有条件要上，没有条件创造条件也要上，以必胜的信心和坚定的决心，千方百计地保证投资持续快速增长，增强发展内生动力。

八

贵州“精神高地”是精神状态的高地，只有大力弘扬创业创新创优的进取精神，才能让加快发展的动力源更加强劲。

“精神爽奋则百业俱兴，精神懈怠则百兴俱废”。极目骋怀，令人欣喜的是，一种加快发展的风气在黔中大地日趋浓厚；一种后发赶超的共识在干部群众中高度凝聚；一种团结拼搏的精神在洋溢激荡。我们必须倍加珍惜、倍加维护。

实现后发赶超，必须弘扬创业精神。“老干妈”勇闯世界的意志，“力帆骏马”与时间赛跑的劲头，“背篼干部”平凡而伟大的坚守，无不充分证明：创业改变人生，创业成就价值，创业助推发展。要大力弘扬创业精神，全力推动百姓创家业、能人创企业、干部创事业。各地各部门要以服务创业为天职，以成就创业为己任，旗帜鲜明地为创业者撑腰，尽心尽力地为创业者护航，全力营造宽松和谐、适宜创业的良好氛围。每一位创业成功人士要继续发扬敢为人先、敢闯敢试的开拓精神，不畏艰难、埋头苦干的求实精神，永不满足、百折不挠的进取精神，在新的起点上奋力拼搏，勇创大业，铸就更大辉煌。

实现后发赶超，必须弘扬创新精神。能否充分抓住当前发展的大好机遇、沉着应对挑战，关键要有创新的思维、创新的理念，创新的机制、创新的举措。要求新思变、敢为人先，主动顺应转变经济发展方式的整体趋势。着力健全创新体系，大力提升创新能力，着力推动“产学研金政”相结合，加快高新技术产业发展，努力突破环境约束和要素制约，形成强大的核心竞争力，在激烈的区域竞争中始终掌握主动权，立于不败之地。

实现后发赶超，必须弘扬创优精神。要实现后发赶超的目标，就必须要有赶超的精神、跨越的豪情，就必须要有争先的决心、创优的信心。不仅要真抓实干，而且要争比进位。各地各部门都要强化争先创优意识，锁定目标，奋力赶超。要始终怀有争先恐后的紧迫感，确保各项工作干就要干成，干就要干好。对待每一项工作、每一件任务都必须始终保持高标准、严要求，思想上高度重视，精力上全心投入，用先进的理念来谋划发展，按优秀的标准来推进工作，努力争取最好的效果。

九

构筑贵州"精神高地"，最终要体现在工作作风上。贵州精神高地上，蔚然而成的定是务实之风、实干之景。

胡锦涛总书记在谈到贵州工作时曾强调："要把贵州事情办好，关键在党，关键在领导班子，领导班子的关键在作风。"在贵州崛起，奋力赶超的新征程中，党员干部作风的好坏，直接决定着加速发展的速度、加快转型的深度、推动跨越的强度和人民群众的满意度。每个党员干部都将经历作风的"大阅兵"、"大锻造"，唯有"干字当头、敢字为先、拼字求胜"，唯有像"背篼干部"那样，渗透在身体力行中，渗透在日常的工作、平凡的坚守中，才能淬出耀眼的精神钢火。

有形的背篼在肩上，无形的背篼就是务实的作风。务实就是从实际出发，真正解决人民群众最关心、最直接、最现实的利益问题。各地各部门要按照"民生财政"、"民生预算"的思想，进一步加大对民生实事支持力度，实施好"十大民生工程"，办好"十六件民生实事"。广大党员干部要在切实转变作风上下工夫，扎实开展"四帮四促"、"三个建设年"等活动，责随职走，心随责走，一级做给一级看，一级带着一级干，真正带领群众从发展的困顿中突围，孜孜以求幸福美好的彼岸。

雷锋曾在日记中写道："一朵鲜花打扮不出美丽的春天。"干事创业、服务群众，只有转化为党员干部的群体意识，才能迸发改变时代的"爆破力"。当"背篼干部"这个普通的名字成为一个精神符号，当学习"背篼干部"精神成为一种常态，贵州党员干部队伍焕发的新的发展激情，定能在精神的高地上绘就时代恢弘的画卷。

十

一个时代的伟大精神，总是会成为这个时代发展历史的最好诠释和注脚。

贵州，在后发赶超的道路上，迎来了腾飞振兴的曙光。这是4000万贵州儿女所向往的"风气日开、智慧日出"的开放贵州，"常思将来、常敢破格"的创新贵州，"万众一心、众志成城"的团结贵州，"欢歌代替了悲叹，笑脸代替了苦愁，富裕代替了贫穷"的奋进贵州。

省第十一次党代会召开在即，贵州科学发展的新征程将全面开启。站在贵州精神高地上，沿着几代人开辟的光辉道路，迎着跨越发展的壮丽前景，我们坚信——

更加美好的未来必将属于自觉自信自强的贵州人民！

论坚持科学发展　奋力后发赶超

一

省第十一次党代会，承载着全省党员和4000万各族人民的希望和梦想，从省情出发，对贵州今后五年的发展作出了全面部署，响亮提出：以党的十八大精神为指引，坚持科学发展，奋力后发赶超，为与全国同步实现全面建设小康社会宏伟目标而奋斗……这是嘹亮的号角，这是激越的战鼓！贵州儿女从内心深处迸发出了不甘落后、奋起直追的豪情志气。

站在这个历史交汇处，我们感慨万千、倍加振奋。

过去五年，我们在攻坚克难中奋起直追，战胜一次又一次的艰难险阻，书写了科学发展的恢弘答卷。

未来五年，我们将面对新的机遇和挑战，开启贵州科学发展、后发赶超的新征程！

二

寰顾四宇，检视自身：在建设全面小康的坐标上，在全国发展的大局中，贵州处在什么历史方位？

省第十一次党代会上，省委的基本判断得到了全省上下的高度认同，这就是：贫困和落后是贵州的主要矛盾，加快发展是贵州的主要任务。在前进的道路上，我们还面临着许多突出的困难和问题、巨大的压力和考验。

从小康建设时间坐标来看，全面建设小康社会已经“赛程过半”，然而我省小康进程大体上落后全国8年，落后西部平均水平4年。这就意味着我们必须在剩下不足100个月，不足3000天的时间里保持高位发展，完成好既要“赶”又要“转”的双重任务，才能缩小与西部和全国的差距。

从经济社会发展的现状来看，我省与全国不在同一起跑线上，既有总体的差距，也有局部的差距；既有量的差距，也有质的差距。工业化、城镇化和农业现代化进程迟缓，农业基础薄弱，工业支撑不力，三产发展缓慢，区域发展不平衡，城乡差距大，贫困人口多，贫困人口和贫困发生率居全国前列。

从国家发展大势来看，近年来，我省发展势头不错，但必须看到，我们的GDP和人均GDP等重要指标依然处靠后位置，与发达省份的差距仍然较大。我们快，别人可能更快；我们好，别人可能更好。面对我省的发展现状，面对各地竞相发展的态势，我们如果安于现状、小富即安就会停滞不前，按部就班、亦步亦趋只能永远落后。

后发赶超，是当今贵州的时代所赋、大局所在、民心所向。唯有只争朝夕，奋起直追，立跨越之志，行赶超之为，才能不辜负全省广大干部群众的信任与期望。

三

后发赶超，贵州曾经离它如此之远；而今天，贵州正手握这根撑杆主动起跳。

发展经济学理论认为，后发是一种发展状态，但也是一种优势。因为后发，更能激发出奋起直追、赶超跨越的豪情斗志；因为后发，可以少走弯路、多走捷径，少交学费、多拿高分；因为后发，可以更大程度地挖掘潜力，释放出加速跨越的能量。

充分利用后发优势，奋起实现后发赶超的事例，比比皆是。经济史学家格申克龙在总结德国、意大利等国经济追赶成功经验的基础上，于1962年创立了后发优势理论，推进了美国的快速发展。韩国直到19世纪60年代仍处于贫困国家行列，在广泛吸收各国先进技术的基础上，采取一系列措施促进经济发展，迅速迈入发达国家行列，成功实现后发赶超。深圳从一个小渔村发展成现代国际化城市，仅用了30年时间。

今天的贵州，后发赶超，风鹏正举，时不我待。经过多年的改革发展，我省区位、资源、能源、市场、劳动力等比较优势日益彰显。参照经济学家罗斯托将经济社会发展划分的阶段，我们已处在经济起飞阶段，迈上了加速发展、加快转型的高位平台。特别是国发2号文件为我省量身定做的一揽子扶持政策，使我省迎来了千载难逢的政策机遇集中叠加期和效应释放期。今天的贵州人，思富求变的愿望比以往任何时候都要强烈，赶超跨越的信心比以往任何时候都要坚定。

月晕而风，础润而雨。天时，地利，政通，人和。这些都是巨大的发展潜力，充分利用好这些前所未有的基础和条件，我省将步入大有可为的黄金发展期。

四

后发赶超，举什么旗？答案只有一个：坚持科学发展。

这是实践经验的结论。过去5年的成功实践充分证明，办好贵州的事情，必须解放思想，深化省情认识，不断完善和创新发展思路，充分发挥自身的比较优势，努力走出一条具有贵州特色的后发赶超之路。

这是前进路上的需要。必须牢记，科学发展观过去是、现在是、将来仍然是全面建设小康社会强大的思想武器。小康路上，贵州从低水平起步，必须坚持科学发展观，全面掌握政策，借鉴先进经验。唯其如此，贵州的小康建设才能少走弯路、多抄近路、闯出新路。

对于一个地方的发展而言，坚定不移走科学发展之路，核心问题就是要明确发展取向。国发 2 号文件关于贵州“四基地一枢纽”、“三区一屏障”的战略定位，不但让我们的前进方向更加明确，也使衡量、判断工作的标准更加明晰。循着这样的方向前进，我们一定能开拓出一条内陆山区省份后发赶超的新路子。

五

后发赶超，走什么路？这是关系贵州发展目标能否实现的根本问题。

正如报告所指，对于贵州而言，发展差距在“三化”，出路和希望也在“三化”。今后五年乃至更长时期，我省扩大社会就业靠“三化”，城乡居民增收靠“三化”，壮大财政实力靠“三化”，缩小城乡差别靠“三化”，破解二元结构靠“三化”，从根本上扶贫脱贫也要靠“三化”。

工业化是动力。要走具有自身特色的工业化道路，既要有集聚度，打造产业园区，又要有关联度，延伸产业链、提升附加值；既能解决就业问题，又能提高企业效益。要通过工业化提升全省经济实力，增强以工促农、以城带乡的能力。

城镇化是载体。推进“三化”融合，城镇就是融合点。要通过城镇化孕育更多产业，吸纳更多的农村人口在城镇就业生活，解决山区贫困人口脱贫和缩小城乡差别问题。要注重大中小城市和城镇协调发展，尤其要注重发展特色小城镇，做大做强特色优势产业，大力培育新的经济增长点。

农业现代化是基础。“三农”问题的核心是产业化，要调整农业产业结构，市场需要什么就生产什么；要开拓农产品市场，通过农业现代化增加农民收入，支撑工业化、城镇化的发展。

特别应该看到，在“三化”同步的过程中，要特别注意树立正确的资源观和科学的开发观。贵州的工业化绝不是搞“村村点火、处处冒烟”，贵州的城镇化也绝不是要消灭田园牧歌、个性特色。我们的发展，是坚持在发展中加快转型、在转型中加快发展，是在破解资源环境制约、保持青山常在绿水长流的发展，是面对更加刚性的市场约束和环境约束、实现环境友好、生态和谐的发展。

六

后发赶超，朝着什么样的目标前进？全省上下，万众瞩目。

省第十一次党代会科学把握贵州未来五年乃至更长一段时期发展脉搏，作出了响亮而铿锵的回答：从量的方面看，要实现“三高于、一达到、五翻番”，因为没有一定速度的增长，就谈不上赶超。从质的方面看，要建设一个经济持续增长、政治文明进步、文化繁荣发展、民族团结和睦、社会和谐稳定、生态环境良好，充满活力、日新月异、幸福祥和的贵州。

这样的目标，对于刚刚跨越绝对贫困边缘的贵州来说，是多么美好的愿景，既任重道远，更充满希望。它表明，后发赶超不仅是概念的变化，区域形象的更新，更是发展内涵的升华。它意味着，后发赶超谋求的不只是经济的、局部的赶超，而是经济、政治、社会、文化的“全方位赶超”，是在科学发展观指导下，伴随着经济发展方式转变、产业结构调整的更高层次的赶超。

朝着这样的目标，我们要通过五年的奋战，努力冲出“经济洼地”，使综合经济实力跃上新台阶；全力总攻“绝对贫困”，使人民生活水平跃上新台阶；着力构筑“精神高地”，使人们的道德文化水准和精神面貌跃上新台阶；广泛凝聚发展合力，使民主法制建设跃上新台阶；深入推进党的建设新的伟大工程，使党的建设科学化水平跃上新台阶。

这些既是一个个激励斗志的高标准，也是一项项真抓实干才能完成的硬任务。可以预见的是，前行的路上有坡有坎，往往是鲜花和荆棘共生，光荣和汗水相伴，但无论多么曲折、艰难，坚定的方向不会改变，激情的鼓点永不停歇！

七

后发赶超之路要走得快，必须以解放思想为先导，敢于打破一切阻碍发展的陈规陋习，向解放思想要跨越的动力，向改革创新要跨越的空间。

在过去短短的两年里，我们在解放思想上不断超越自我，用后发赶超的超常规行动，在经济社会发展坐标系上，绘出了一条昂扬向上的曲线。

今年一季度，全省生产总值增长14.7%，公共财政预算收入增长52%，社会消费品零售总额增长16.7%，增速均排全国第1位；全社会固定资产投资增长64.2%，增速排全国第2位。其他一些主要经济指标增长幅度，都高于全国和西部平均水平。这深刻地昭示，思想解放的程度决定着贵州推动发展的进度。

解放思想是一篇大文章。全局之中定方位，矛盾之中寻出路，关键是要做好两方面的工作。

一方面，要以开放添活力。要看银山拍天浪，开窗放入大江来。从“请客来”到“客自来”，从“招商引资”到“招商选资”……近年来的实践证明，没有向上争取支持给力，对外招商引资借力，仅仅依靠自身努力、自己发力，要想改变排名靠后、总是垫底的局面绝不可能。开放就是搞活，搞活就要激活各种生产要素，激活各种生产要素就能加快发展，把“引进来”和“走出去”有机结合，围绕承接产业转移，打好招商引资系列“组合拳”，不断拓展发展空间，实现以大开放促大开发大发展。

另一方面，要以改革增动力。创新机制、优化环境，在重点领域和关键环节推进改革，大胆突破体制机制障碍，切实转变政府职能，建设法治政府、阳光政府、诚信政府，营造开放开明的政策环境、公平公正的法治环境、竞争有序的市场环境。大力培育市场主体，充分发挥市场在资源配置中的基础性作用，为经济社会发展营造良好环境。在全社会培育创新意识，倡导创新精神，让一切创新的热情充分焕发，充分发挥创新对贵州后发赶超的支撑引领作用。

八

后发赶超之路要走得稳，必须强化思想组织保障。

各级党组织和广大党员是后发赶超的引领者、组织者和推动者。要坚持把提高党的建设科学化水平和全面建设小康社会的伟大实践结合起来，真正把各级党组织和广大党员锻造成小康建设的战斗堡垒和时代先锋。广大党员干部要把思想和行动统一到省第十一次党代会精神上来，把智慧和力量都凝聚到与全国同步进入全面小康的大局上来，形成同频共振谋发展、齐心协力奔小康的强大合力。

省第十一次党代会闭幕不久，省委十一届一次全会审议通过了《中共贵州省委关于大力加强党的纯洁性建设，确保全省后发赶超、跨越发展的决定》，会上，栗战书作了题为《投身到无限的为人民服务中去》的重要讲话，强调要争分夺秒工作，尽心竭力服务。后发赶超，必须始终保持与人民群众的血肉联系，始终从人民群众中汲取智慧和力量，始终依靠人民群众来推动工作。我们要牢固树立以人为本理念和人民至上观点，让人民群众能够在最需要的时候感受到党的温暖、看得见干部的作为，真正让全省人民共享多享发展的成果。

与全国同步进入全面小康，既是一场整体战，也是一场攻坚战，其时间之紧迫，任务之艰巨，世所罕见。不进行超常规的谋划，不采取超常规的举措，绝不可能取得最后的胜利。在这场超常规的小康征程中，我们每个人都应当构筑起“自觉自信自强、创先创新创优”的“精神高地”。坚持这样的精神，具有这样的气魄，我们就能追赶上全面小康的国家步伐。

九

宏伟构想令人向往，美好前景催人奋进。

未来的贵州，天更蓝，水更清，山川更秀美，生态更宜居。物更阜，民更丰，百业更繁荣，人文更鼎盛。让我们乘着省第十一次党代会的东风，乘着解放思想的东风，乘着求真务实的东风，坚定信心，鼓足干劲，抢抓机遇，努力拼搏，开创后发赶超、贵州崛起的美好未来！

九万里风鹏正举，贵州发展生机无限。

论坚持科学发展　坚持改善民生
坚持从严治党

一

当下贵州，张开了经济起飞的双翼，轰足了后发赶超的油门。

当下贵州，充满了新活力新气象，全省各族人民乘着省第十一次党代会胜利召开的浩荡东风，正满怀豪情大步迈上科学发展、后发赶超的新征程。

在发展的关键时期，胡锦涛总书记对贵州工作作出重要指示，强调要“坚持科学发展、坚持改善民生、坚持从严治党”。

这一重要指示，寄予了对贵州发展的期望，体现了对贵州领导班子的信任，饱含了对贵州各族人民的深情，为我们做好工作指明了方向。

在全省上下学习贯彻胡锦涛总书记“7·23”重要讲话精神，深入贯彻落实国发2号文件和省第十一次党代会精神之际，认真学习领会总书记这一重要指示，我们倍感亲切、倍增信心、倍添力量。

二

思路正确，满盘皆活。

重大决策的作用，往往在历史回顾中更为深刻地显现；战略部署的意义，也常常以风生水起的发展让人叹服。

党的十七届五中全会以来，省委、省政府团结带领全省各族人民奋发进取，高举“发展、团结、奋斗”的旗帜，以科学发展为主题，以加快转变经济发展方式为主线，以“加速发展、加快转型、推动跨越”为主基调，重点实施工业强省战略和城镇化带动战略，同步实施农业现代化，开启了贵州加速发展、科学发展的新时期。

唯有数据，才能准确描述贵州的发展变化，才能让我们清晰看到这一系列重大战略决策部署转化为富民兴黔的显著成效：

从2006年到2011年，全省生产总值从2339亿元增加到5702亿元，人均生产总值从不足800美元增加到2500美元以上，财政总收入从448亿元增加到1330亿元，全社会固定资产投资从1198亿元增加到5102亿元，城镇化率从27.5%提高到35%，城镇居民人均可支配收入从9117元提高到16495元，农民人均纯收入从1985元提高到4145元……

即使是在世界经济发展衰退、进出口贸易萎缩，全国经济增速回落、下行压力加大的情况下，贵州经济仍逆势上扬，呈现出强劲的发展势头：继2011年全省GDP增速排名全国第三之后，今年上半年GDP增速排名全国第二，二、三产业增速和固定资产投资增幅均居全国首位，主要经济指标增速创20年最高，呈现出“速度在高位上运行、位次在追赶中前移、投资在扩大中优化、结构在调整中提升”的良好态势。

尤为重要的是，我们在加速发展过程中，进一步改善民生，加快各项社会事业建设步伐，加强和改善党的建设，推进干部作风大转变。全省上下精神面貌焕然一新，干事创业、增比进位、创先争优的氛围空前浓厚，展现出无穷的发展力量。

“上下同欲者胜”。靠着清晰的发展思路，凭借正确的决策部署，加上全省人民奋力拼搏，我们创造了一个“高于过去、高于西部、高于全国”的“贵州速度”，书写了令人刮目的“贵州故事”。实践充分证明，省委、省政府确定的主基调、主战略符合中央要求，符合贵州实际，符合人民愿望，是完全正确的。

三

在看到成绩的同时，我们也必须清醒认识到，“贵州仍是欠发达省份，发展的任务很重”，制约和影响我省发展的矛盾和问题还不少,“要充分估计贵州发展的艰巨性”。

——农村贫困人口505万人,占全国贫困人口总数的15%,居全国第一;贫困发生率为16.5%,居全国第二。全省贫困人口多、贫困面积大、贫困程度深,是全国新阶段扶贫攻坚的主战场。

——经济总量小、工业化率低、城镇化率低、就业容量小、社会管理水平低,经济总量排在全国第26位,建设全面小康的进程大体上落后全国平均水平8年,落后西部平均水平4年。突破交通水利等基础设施瓶颈、加强生态文明建设、加快推进“三化”同步任务十分艰巨。

——开放程度低,眼界不宽,市场经济体制不完善,一些重点领域改革滞后,推动各级干部进一步解放思想、转变作风、增强执行力的任务较重,统一改革力度、发展速度和社会可承受度的任务十分艰巨。

——面对下一轮发展,全国大部分地区已进入以转变发展方式为重点的阶段,而贵州既要转变发展方式,又要加快发展速度,面临着既要“转”又要“赶”的双重压力、双重任务。

随着国发2号文件的实施和省第十一次党代会精神的全面贯彻落实,贵州改革发展已进入了更深层面的攻坚阶段,已处在加速发展的“机遇期”,赶超跨越的“黄金期”,不进则退、缓进也退的“挑战期”。可以说,“十二五”时期,将是贵州实现经济社会发展历史性跨越,与全国同步进入全面小康社会的“决战期”。我们绝不能在发展中落后、在前行中退位。

四

艰巨的任务摆在每一个贵州人的面前,发展的重大机遇又一次等待我们把握。

如何巩固来之不易的良好态势,如何把握后发赶超的重大机遇,如何应对和攻克前进道路上的重重困难,推动全省经济社会又好又快、更好更快发展,需要我们作出回答。

“善弈者谋势”,定位决定方位。关键时期,胡锦涛总书记高瞻远瞩,明确指出贵州要“坚持科学发展、坚持改善民生、坚持从严治党”,鞭辟入里、切中肯綮,为我们正确作答提供了遵循。

科学发展、改善民生、从严治党,三者相辅相成、有机统一。发展,是硬道理,是第一要务,科学发展是解决一切问题的前提;民生,是国计的起点和终点,是强省的基础和标识,改善民生是科学发展的题中应有之义;治党,是执政之基,是为民之要,只有从严治党,才能保障科学发展、保障改善民生。三者共同贯穿于落实科学发展观、建设全面小康社会的伟大实践之中。

坚持科学发展,对当前的贵州来说,就是要坚持实践证明是正确的发展思路不动摇,坚持“两加一推”主基调、实施工业强省和城镇化带动主战略、推进“三化同步”不动摇,按照“四基地一枢纽”、“三区一屏障”的战略定位,推动经济社会全面协调可持续发展,力争“十二五”末“全省生产总值翻一番、突破1万亿”,走出一条后发赶超之路。

坚持改善民生,就是要打好新阶段扶贫开发“攻坚战”,全力总攻“绝对贫困”,大力推进社会保障体系建设,落实更加积极的就业政策,按照“学有所教、老有所养、住有所居、病有所医”要求,推动各项社会事业加快发展,使人民生活水平跃上新台阶。

坚持从严治党,就是要加强党的先进性、纯洁性建设,以更严的要求、更高的标准、更实的举措,全面推进党的思想、组织、作风、制度建设和反腐倡廉,增强各级党组织的战斗力凝聚力吸引力,为又好又快、更好更快发展提供强有力的组织保障。

有了深刻的理解,才会有彻底的落实。

五

坚持科学发展,必须“干”字当头。

实践证明,发展靠干,赶超靠干,跨越靠干。不干,半点马克思主义都没有,半点科学发展观都没有。科学发展不能坐而论道、袖手旁观,必须有敢想会干为人民的豪迈气概,一天也不耽误地干,扎扎实实谋发展促发展,不断积小胜、取大胜。

科学发展还要走对路、迈好步。有了好的思路,绝对不能折腾反复;有了好的势头,千万不能松劲懈怠。“一个省的发展,最重要的是要走对路,不能走错路、不能迈错步。”不偏离正确方向,不走弯路,才不贻误时机。确定了的发展思路,认准了的发展方向，就要不折不扣地执行，义无反顾地前行。

当前和今后一段时期，我们既要紧紧抓住和切实用好机遇，又要积极应对挑战，在最能拉动经济增长、最有增长潜力、最可持续发展的领域和环节上加大工作力度，实现创新、创优、创高。

要在“干”中稳增长、扩投资。稳增长、扩投资不是抽象的概念，是一个个具体的项目为支撑，是一个个产业园区为引擎，考验着我们的“落地率”、“开工率”。要切实做到“两个遏制”，重点抓好100 个产业园区建设。按照“行动要快、项目要准、手续要齐、跑得要紧”的要求，落实好国发 2 号文件和我省列入国家“十二五”规划的项目，确保完成和超额完成全年投资任务，对 GDP 贡献率达到 10%。

要在“干”中调结构、促转型。我省的差距在“三化”，出路也在“三化”，必须坚持“三化”同步。围绕大力构建特色产业体系，集中力量打造酒、烟、茶、食、药“五张名片”，加快推进煤电磷、煤电铝、煤电钢、煤电化“四个一体化”。推进实施“185工程”，在大规模调整结构中推进农业现代化。又好又快地推进城镇化，确保全年城镇化率提高 1.3个百分点以上。

要在“干”中保生态、优环境。坚持以生态文明理念引领经济社会发展，把生态文明建设的理念、原则、目标等深刻融入和全面贯穿到经济、政治、文化、社会建设的各方面全过程，着力推进绿色发展、循环发展、低碳发展，在进一步优化贵州生态环境中实现贵州科学发展。我们要严把环保的前置关口，凡是可能让 GDP 变灰、变褐、变黑的，不管项目规模有多大，都坚决不能上，做到项目建设与生态保护并重。

要在“干”中抓改革、促开放。“改革开放年”考验着我们顺势而为、乘势而进、借势而起的能力。我们身处内陆，决不能为内陆意识所缚。只有不断深化重点领域、关键环节的改革，在更大范围和更高层次上搞活开放，才能释放改革开放“双活力”，为贵州后发赶超蓄势聚能。要把“请进来”和“走出去”更好结合起来，打造和利用好更多高端开放平台，实现以大开放助大开发促大发展。

六

坚持改善民生，必须“情”字为重。

“天下顺治在民富，天下和静在民乐。”改善民生，是我们一切工作的出发点和落脚点。民生问题不仅是经济问题，也是重要的政治、文化、社会问题。我们所做的一切工作，归根到底都是为了4000 万贵州各族人民的福祉。

“情”字为重，就是要带着感情察实情。要把人民群众当家人，把群众来信当家书，把群众反映的问题当家事，把做好群众工作当家业。带着感情沉到群众中去、到基层中去，不忘记大山深处的父老乡亲，不让群众的声音“沉没”。真正了解群众最紧迫、最根本、最核心的民生问题，问需于民，取智于民，形成解决民生问题的好思路、好办法。及时回应和解决群众的期待和诉求，做到“民有所呼、我有所应”，坚决克服脱离群众的危险，做好信访维稳工作。

“情”字为重，就是要带着感情办实事。拿出更大的勇气和魄力，在加快发展同时，坚持“民生财政”、“民生预算”，实施好“10 大民生工程”和“16 件民生实事”，大力推进社会保障体系建设，把保基本的安全网织得牢不可破，启动好“全国扶贫开发攻坚示范区”创建工作，完成全年 10.13 万人生态移民搬迁任务，新增城镇就业 40 万人，减少 130 万农村贫困人口，实现 4 个重点县 76 个贫困乡“减贫摘帽”，全面开工建设 10.04 万套保障性住房……

“情”字为重，就是要带着感情求实效。民生连着民心，实绩才能取信于民。民生实事必须一件一件抓落实，绝不能摆“花架子”，搞“形象工程”。要用干部的辛苦指数，把发展的经济指数，换成群众的幸福指数。把为人民服务写在贵州大地上，把共产党好写进老百姓的心坎里，使贵州处处呈现青山绿水红日子。

七

坚持从严治党，必须“纯”字为基。

从严治党，是我们事业兴旺发达的根本保障。胡锦涛总书记明确指出，“一个省的工作能否做好，关键在党。”贵州要实现科学发展、后发赶超，关键在党,关键在保持党的先进性、纯洁性,必须把保持党的纯洁性贯穿于党的思想、政治、作风、纪律、组织和制度建设的各个方面。

“纯”字为基,核心是抓好班子。一个“团结、务实、勤奋、廉洁”的领导班子,是做好贵州工作的关键。要自觉维护班子团结,加强学习,增强执行能力,发挥班子核心作用,引领干部群众一条心、一个调、一股劲,带头干事创业、带头抓好落实,形成协力争先、后发赶超的强大合力。坚持讲政治、顾大局、守纪律,始终与党中央保持高度一致,不争论、不动摇、不懈怠、不折腾。全面统筹“发展第一要务”和“稳定第一责任”,切实做到守土有责、守土有方、守土有效。

“纯”字为基,根本是严管队伍。“一个党员一盏灯,一个支部一面旗”。打好后发赶超攻坚战,根本在于要有一支特别能吃苦、特别能战斗、特别能奉献的干部队伍。从何元亮到朱昌国,从“背篼干部”到数万名默默奉献的“帮联驻”干部,他们就是构筑贵州“精神高地”的基石,是“有一分热发一分光”最真实的写照。要深化推进“创先争优”、“四帮四促”、“三个建设年”、“帮县联乡驻村”等活动,使“发展水平向上攀升、干部作风向下深入”,进一步形成“发展要快、风气要正、作风要实、干部要干”的浓厚氛围。要大力建设学习型、发展型、服务型党组织,扎实开展保持纯洁性教育试点工作,选发展型干部、配发展型班子,着力增强自我净化、自我完善、自我革新、自我提高的能力。

“纯”字为基,关键是勤政廉政。勤而不廉要出事,廉而不勤要误事。要筑牢“思想道德、预警纠错、党纪国法”反腐倡廉“三道防线”,常修从政之德、常怀律己之心、常思贪欲之害,常吹“廉政风”,常敲“警示钟”,常打“预防针”,管好自己,管好家人,管好下属,以良好的党风带政风、促民风。要在其位、谋其政、履其责,用心想事、扎实干事、激情做事,敢于向作风顽症“亮剑”、向不良行为“开刀”、向官僚主义“宣战”,把省委、省政府部署的工作时时记在心上,紧紧抓在手上,一件一件地抓,一项一项地推动,勤奋专注地抓好落实。要增强工作激情,增强执行能力,注重细节、追求完美,克服精神懈怠,大力构筑“精神高地”,奋力冲出“经济洼地”。

“作为一粒种子,你是否深埋进了广阔的土地?作为一面旗帜,你是否高高飘扬在希望的田野?”“你把人民捧在心里,人民就把你举过头顶。”

全省各级领导班子,肩负着党的重托和人民的期望,担负着组织领导后发赶超的历史使命,要拿出新风貌、展现新形象、开创新局面,把党的政治优势、组织优势、制度优势和密切联系群众的优势转化成推动科学发展和改善民生的强大力量。

每一位党员干部都要以“三个坚持”为指引,肩负起重于泰山的富民兴黔使命,树立起坚如磐石的后发赶超信心,振作起敢为人先的精神状态,带领全省人民万众一心、攻坚克难、奋力跨越。

八

坚持科学发展,坚持改善民生、坚持从严治党,是一篇理论上永无止境、实践中常做常新的大文章、新试卷。

贵州能否巩固和发展上半年良好势头,扎实做好下半年经济工作,推动全省经济社会又好又快、更好更快发展,取决于我们能否始终做到这“三个坚持”。

贵州能否牢牢把握历史机遇、沉着应对各种挑战,实现后发赶超和跨越发展,与全国同步建成全面小康社会,取决于我们能否始终做到这“三个坚持”。

只有从全局和战略的高度来考量,从全面贯彻落实科学发展观、深入贯彻胡锦涛总书记“7·23”重要讲话中来把握,我们才能更加自觉地做到这“三个坚持”。

全省上下都要把思想和行动统一到胡锦涛总书记“三个坚持”的重要指示上来,统一到省第十一次党代会的部署要求上来,倍加珍惜凝聚起来的发展共识,倍加珍惜加快发展的宝贵机遇,倍加珍惜团结稳定的良好局面,进一步把经济发展的速度、质量、效益拉起来,始终保持“经济发展势头持续向好、社会稳定大局持续向好、干部精神状态持续向好”。

境由心造,事在人为。只要以更坚定的决心、更有力的举措、更完善的制度来贯彻落实胡锦涛总书记提出的“三个坚持”,我们就能凝聚起最广泛最强大的力量,走出一条符合贵州实际和时代要求的后发赶超之路。

九

“长风破浪会有时,直挂云帆济沧海。”新的一轮发展大潮在向我们呼唤。

齐谋黔伟业,雄关再跨越。站在历史新起点上,只要我们“坚持科学发展、坚持改善民生、坚持从严治党”,以协力争先的志气、敢于拼搏的勇气、开拓进取的锐气,勠力同心、奋力前行,就一定能在贵州这块丰饶的大地上继续书写新的辉煌,奏响更为雄浑激越的乐章,以优异成绩迎接党的十八大胜利召开!

论新起点　新机遇　新动力　新要求

一

承载着亿万人民的殷切期望,肩负着继往开来的历史使命,党的十八大胜利召开,为党和国家事业发展指明了前进方向,吹响了全面建成小康社会的进军号角。中华民族伟大复兴的巨轮,正鼓满风帆、稳舵前行,驶向更为光明的未来……

在学习宣传贯彻党的十八大精神的热潮中,省委十一届二次全会隆重召开。全会汇聚全省智慧,集中解决了“十八大精神学什么怎么学”、“后发赶超之路怎么走”,“同步小康怎么干”等重大问题,开启了贵州与全国同步全面建成小康社会的新征程。

“党的十八大为我省‘加速发展、加快转型、推动跨越’确立了新的起点,为‘科学发展、后发赶超、同步小康’创造了新的机遇,为构筑‘精神高地’、冲出‘经济洼地’提供了新的动力,为解放思想、改革开放、统筹协调可持续发展提供了新的要求。”全会上,省委主要领导这一深情而深刻的话语,令每位与会同志倍感振奋,令全省各族人民倍受鼓舞。

新起点、新机遇、新动力、新要求,托起了贵州儿女的新希望!贵州以全新的姿态再启程、再奋进。

二

新起点,源于对历史方位的准确研判。

起点,既是时间上的整装待发,又是空间上的全新谋划。新起点意味着新征程的开始。当下贵州,正处在科学发展、后发赶超、同步小康的历史新起点上。

这是重要历史阶段的新起点。这一阶段,我国处在了全面建成小康社会的决定性时期,贵州踏上了赶超跨越的决胜征程。党的十八大承前启后、继往开来,昭示了我们党举什么旗、走什么路、以什么样的精神状态、朝着什么样的发展目标前进等重大问题,选举产生了以习近平同志为总书记的新一届中央领导集体,为到 2020 年全面建成小康社会,进而到本世纪中叶建成富强民主文明和谐的社会主义现代化国家奠定了思想基础、提供了组织保障。省委十一届二次全会贯彻落实党的十八精神,为贵州与全国同步建成小康社会进行了再动员再部署。

这是贵州进一步形成共识、凝聚力量、更新观念的新起点。越是后发地区,越需要加速发展、加快转型、推动跨越;越是后发地区,越需要强力推进工业化、城镇化;越是后发地区,越需要坚持扩大开放、深化改革;越是后发地区,越需要强化交通、水利、环保等基础设施建设;越是后发地区,越需要坚持改善民生;越是后发地区,越需要高举发展团结奋斗的旗帜,加强发展型领导班子和干部队伍建设……这些是我省经济社会发展取得的宝贵经验,也是我们观念创新的新起点,唯有在此基础上不断解放思想、更新观念、勇于创新,贵州才能真正“破茧成蝶”、一路高歌猛进。

新起点上,我们检视过去,总结经验。贵州在奋力赶超的冲锋号下,思路明,举措实,坚持不懈地奋力追、全力赶、努力超,保持了经济社会跨越发展的强劲势头。

新起点上，我们着眼未来，认准目标。“科学发展”迈开大步，“后发赶超”铿锵开局，“同步小康”踏上征程。乘势而上，攀越高峰，我们正当其时。

三

新机遇，源于对时代发展的全面把握。

机遇令人心动，催人行动。当前，我省内外机遇聚合，双重优势凸显。只有认清机遇、抓住机遇、用好机遇，我们才能赢得主动、赢得优势、赢得未来。

纵观世界风云和时代大势，我们仍处在本世纪重要战略机遇期的第二个十年。西部大开发战略深入推进，今年国发2号文件深入实施，政策效应正在逐步显现。全国各地看好贵州，东部地区产业加速转移贵州，为我们扩大开放、借力发展创造了有利条件。

贵州发展活力迸发。全省人均GDP今年可望突破3000美元，已进入实现经济起飞的重要时期，工业化、城镇化加速推进，蕴藏着强劲的发展动力。抓住契机、顺势而为，保护好、引导好、发展好干部群众持续向好的精神面貌、空前高涨的建设热情，我省就能迎来一个较长的高速发展期。

贵州比较优势显现。随着交通基础设施加快改善，作为西南重要陆路交通枢纽的区位优势日益突显。能源、矿产、生物资源丰富，劳动力等要素充分，为发展特色优势产业和原材料精深加工提供了重要基础。山清水秀、生态良好、气候宜人、文化多元，发展文化旅游产业具有得天独厚的优势。

贵州后发优势突出。借鉴和汲取别人的经验和教训，我们可以避免走“先污染、后治理”的老路，可以直接引进先进的、成熟的、高端的技术，通过高端引进、高头嫁接，推进产业优化升级，逐步建立现代产业体系，可以利用国家实施区域协调发展、推进基本公共服务均等化的政策，在社会发展的某些领域和薄弱环节实现跨越式发展。

“天时”已至，中央对我省的支持力度空前，各种机遇汇集一时；“地利”已备，随着条件的改善，各类优势日益凸显；“人和”已兴，全省上下心齐气顺，同心同德，激情高涨。

时不我待，只争朝夕。临渊羡鱼，不如结网而渔；安步当车，终将错失良机。只有抓住机遇、发挥优势、坚定信心，积极争取、主动作为，保持走一步、看两步、想三步的主动状态，踏着先人一步、快人一拍的进取节奏，中央给力、向外借力、自我发力，贵州才能实现后发赶超。

四

新动力，源于新思想、新使命的启迪与召唤。

动力是前行的引擎，是燃烧的激情。我们阔步前进的新动力，来自党的十八精神和省委全会精神的鼓舞。对中国特色社会主义道路、理论和制度的自信，对科学发展观的忠实践行，对十八大确立大政方针的高度拥赞，对省委全会制定的各项工作部署的广泛认可，对未来蓝图的美好憧憬……这些凝聚出来的共识，必将转化为我们奋进的无穷力量。

我们阔步前进的新动力，来自宏伟奋斗目标的激励。党的十八大提出，全国2020年全面建成小康社会；省委全会要求，贵州要与全国同步全面建成小康社会。这既是我们学习贯彻十八大精神的具体体现，也是落实“五位一体”总体战略布局的根本要求，更是全省人民的共同愿望。只有如期完成“两步走”的奋斗目标，贵州才能不拖全国发展的后腿、不拖全国现代化进程的后腿。实现新目标，要有新步伐；迈出新步伐，要靠新精神。我们已经走在一条符合贵州实际和时代要求的后发赶超之路上，我们一定能把这条路走得更宽更快更有成效。

我们阔步前进的新动力，来自巨大压力和挑战的紧迫倒逼。“贵州尽快实现富裕，是西部和欠发达地区与全国缩小差距的一个重要象征，是国家兴旺发达的一个重要标志”。但眼下贵州，小康进程落后全国8年、落后西部平均水平4年，离全国全面建成小康社会仅剩8年时间。8年里，我们既要以高于全国、高于西部、高于自己过去的发展速度奋力追赶，又要下大力气转变经济发展方式。8年里，我省正处在发展加速期、改革攻坚期、矛盾凸显期，推进工业化、城镇化不同发展阶段出现的问题，集中在了同一时空，改革发展稳定各项任务更加繁重。压力就是动力,唯有坚定信心,才能抢抓先机,铸造辉煌。

我们阔步前进的新动力,来自近年来"赶"和"转"的成效和自信。从"两大战略"的大力实施,到"三化同步"的科学探索;从国发2号文件等"顶层设计"为赶超跨越提供强力支撑,到构筑"精神高地",冲出"经济洼地"的精气神喷薄而出;从交通等基础设施建设的突飞猛进,到联央企、通港澳对外开放的快速推进,我们用激情和实干抒写出一个个充满希望梦想、饱含时代温度的"贵州故事"。贵州发展正逐步呈现出碧水蓝天、通江达海、收入增长、蓬勃向上态势,正在成为一片创业投资的热土。

时不我待,舍我其谁!"贵州力量"带来"贵州变化",激励我们以闯的魄力、抢的意识、争的劲头、拼的勇气干事创业、竞相发展。

五

新要求,源于对客观实际和形势的清醒分析。

贵州要与全国同步小康,就必须付出数倍、数十倍甚至数百倍于别人的巨大努力,就必须在发展思路、发展措施、工作落实上切合赶超跨越的新要求,走出一条追赶型、调整型、跨越式、可持续的发展路子。

同步小康,指标体系要更加科学。建成一个不含水分、群众得实惠、老百姓认可的全面小康社会,就是要坚持"三个不能代替":不能以省的总体小康代替县县建成小康,不能以平均数代替大多数,不能简单以指标数值代替直观感受;就是要突出"三个核心指标":实现以县为单位人均生产总值达到5000美元以上,城镇居民人均可支配收入达到3000美元,农民人均纯收入达到1000美元。标准上决不搞替代,指标上决不打折扣,这是省委全会向全省人民作出的庄严承诺。

同步小康,发展措施要更加有力。有了好的思路、好的措施,才能有好的发展、快的发展。人民群众对美好生活的向往,就是我们的奋斗目标,就是我们的工作思路。要保持经济提速发展,做大经济总量,重点抓好省级"5个100工程";要大规模推进产业结构调整,加快转变经济发展方式,走新型工业化道路;要提高城镇化率,走山区特色城镇化道路;要建好对外开放平台,提升开放型经济水平;要把生态文明建设理念全面融入小康社会建设各方面全过程,创造良好生产生活环境。

同步小康,民生建设要更加提速。社会的和谐稳定,是小康社会的基石。我们要进一步把工作的重点放在保障和改善民生上,按照习近平总书记的要求,把"让我们的人民有更好的教育,更稳定的工作,更满意的收入,更可靠的社会保障,更高水平的医疗卫生服务,更舒适的居住条件,更优美的环境,使孩子们成长得更好、人民工作得更好、生活得更好"作为我们不懈追求的奋斗目标。

同步小康,社会管理要更加创新。要大力推广遵义的"四在农家"模式,建设"四在农家、美丽乡村";大力推广社区管理的"贵阳经验",创建"新型社区、温馨家园";大力推广社会风险评估的"铜仁经验",从源头上预防矛盾纠纷和损害群众利益的行为;大力推广基层矛盾化解的"余庆经验",做到小事不出村、大事不出镇、难事不出县、矛盾不上交;大力推广社区戒毒康复"阳光工程",破除特殊群体在社会管理中的顽疾……

六

立足新起点、抓住新机遇、激发新动力、把握新要求,最关键是要以继续解放思想为支撑、为引领。

历史和实践反复证明,什么时候坚持解放思想,党的事业就兴旺发达;哪个地方的干部群众思想解放,哪个地方就会有大的发展。当前,继续解放思想,破除制约我省发展的传统观念和体制障碍,最重要就是要做到省委全会提出的"十破十立"。

"十破",就是要突破信心不足、墨守成规、自我满足、封闭保守、消极等待、怕担责任、坐而论道、反应迟缓、忽视产业、不跑不要的思想。

"十立",就是要树立敢于争先、开拓创新、追求卓越、包容合作、抢抓机遇、勇于担当、干字当头、立说立行、工业主导、主动争取的意识。

思想解放的程度,决定着经济发展的速度、同步小康的进度。"十破十立"的根本目的,就是要推动贵州科学发展、后发赶超,确保2020年与全国同步全面建成小康社会。

打开解放思想的“总闸门”，真正做到“十破十立”，我们才能更好地落实省委全会精神，抓住“双重机遇”，发挥“双重优势”，完成“双重任务”。

解放思想不能凌虚蹈空，要拿给实践来检验。面对新一轮的思想大解放，我们一定要拿出“想抓”的意识、“能抓”的措施、“真抓”的作风和“善抓”的本领，在超越自身的同时超越别人，在实践中深化认识，在创新中转变观念，使工业经济迈上新台阶，城镇化建设呈现新面貌，农业现代化稳步推进，民营经济有大突破，县域经济实力有大提高。

七

立足新起点、抓住新机遇、激发新动力、把握新要求，关键在党、关键在人。

要牢牢把握加强党的执政能力建设和先进性、纯洁性建设这条主线，大力建设学习型、创新型、发展型、服务型党组织，努力把党建优势转化为发展优势，把党建成果转化为发展成果，引领干部群众一条心、一个调、一股劲，广泛凝聚奋力争先、后发赶超的强大合力。

要进一步把广大党员干部的思想认识统一到党的十八大精神和省委全会精神上来，以更加奋发有为的精神状态、求真务实的优良作风，切实把党的十八大精神和省委全会精神内化为共识，深化为发展规划，转化为政策措施，量化为具体项目，确保取得实实在在的成效。

“打铁还需自身硬”。要按照“团结、务实、勤奋、廉洁”的要求，把建设“四型”党组织的任务，落实到选干部、配班子，建队伍、聚人才，抓基层、打基础的具体工作中，努力使各级党组织在推动科学发展、统筹发展、创新发展和自身发展中发挥引领作用。

干部有压力，干事才会有动力；干部有危机感，群众才有幸福感。要坚持群众路线，做好群众工作，大力开展“讲、访、帮、促”活动，深化拓展“四帮四促”、“三访”、“帮联驻”工作，尽心尽力造福群众，促进干群同心、上下同步、合力同进，使“发展水平向上攀登、干部作风向下深入”成为新时期贵州干部的自觉追求。

八

黔中大地热潮涌动，一派如火如荼，一番欣欣向荣，一路欢歌嘹亮！

立足新起点，在新征程上继往开来、奋力前行；把握新机遇，在新征程上顺势而为、乘势而上；增强新动力，在新征程上激情书写“贵州故事”；落实新要求，在新征程上努力建设“美丽贵州”。

巍巍娄山，同抒伟志；磅礴乌蒙，共鉴雄心。发展的自信、跨越的自信、小康的自信，越来越清晰地荡漾在我们的心中。眺望2020年，贵州与全国同步建成小康社会的美好蓝图，一定能在4000万贵州各族儿女勤劳的双手中绘就。

省委宣传部工作

理 论 武 装

【概述】 2012年，根据中央宣传部和省委宣传部宣传思想工作要点安排，理论工作紧紧围绕学习宣传贯彻党的十八大、十七届六中全会、国发2号文件、省委十届十二次全会、省第十一次党代会、省委十一届二次全会精神，服务省委省政府中心工作展开，结合2012年宣传思想文化工作"品牌年"主题，在理论学习、理论研究、理论宣传等方面开展了大量工作，对于深化认识、统一思想、凝聚力量发挥了重要作用，为推进经济社会发展提供了精神动力和理论支持。

【深入学习宣传贯彻党的十八大精神】 (1)起草下发有关通知。代省委起草下发《关于学习宣传贯彻党的十八大精神的通知》、《关于做好党的十八大精神宣讲工作的通知》，对全省学习宣传贯彻党的十八大精神、开展宣讲等有关工作进行部署。起草下发《关于组织党员干部收听收看党的十八大开幕式和闭幕式的通知》、《中共贵州省委宣传部关于学习宣传贯彻党的十八大精神的安排意见》，对各地各部门及时认真组织学习宣传贯彻十八大精神提出要求。

(2)做好中央宣讲团来黔宣讲党的十八大精神有关工作。制定中央宣讲团赴我省宣讲党的十八大精神宣讲报告会《工作方案》、《接待方案》，在有关部门的配合下，牵头组织做好中央宣讲团成员、科技部党组书记、副部长王志刚赴我省宣讲人员组织、场外互动、新闻报道、接待服务、资料提供等工作，圆满完成了中央宣讲团来黔宣讲的各项任务。

(3)举办全省学习贯彻党的十八大精神宣讲骨干培训班暨宣讲动员会。12月1日至3日，我部与省委讲师团举办全省"学习贯彻党的十八大精神宣讲骨干培训班暨宣讲动员会"，对省委宣讲团成员、各市(州)、省直机关工委、省委教育工委、省委国防工业工委、省国资委宣讲骨干150余人进行培训，为推动在全省开展党的十八大精神宣讲工作作好组织和师资准备。

(4)全面开展宣讲工作。按照中央和省委部署，组建学习贯彻党的十八大精神省委宣讲团和各市(州)、县(市、区)宣讲团，采取统一部署、分级组织、分层实施，"省市县三级联动"方式，开展全省宣讲工作。其中省委宣讲团成员17人，分赴全省9个市(州)、省委3个工委和省国资委及部分县宣讲，共计宣讲近40场。省、市、县、乡四级共组织党的十八大精神宣讲报告会6000余场，直接听众100余万人次，推动在全省兴起了学习宣传贯彻党的十八大精神热潮。

(5)举办学习贯彻党的十八大精神系列座谈会。11月23日至27日，我部会同省委讲师团、省委教育工委、省社科院、省社科联组织召开了省直机关领导干部、高校师生、基层领导干部、省社科界专家学者学习贯彻党的十八大精神系列座谈会，整理专家领导发言在《贵州日报》连续刊发四个专版，推进党员干部学习，营造了良好学习氛围。

(6)及时编写学习十八大精神专报。编写了《超前策划精心部署推动兴起学习贯彻党的十八大精神热潮》、《中央宣讲团党的十八大精神报告会在贵阳举行，推动贵州兴起学习贯彻党的十八大精神新热潮》、《把党的十八大精神转化为推进同步小康的强大动力》三期学习宣传贯彻十八大精神的专报，报送中宣部、省领导。

【精心组织学习贯彻国发2号文件和省第十一次党代会精神系列活动】 (1)举办宣讲骨干培

训班。与省委讲师团于4月24日至26日共同举办"学习贯彻省第十一次党代会精神宣讲骨干培训班",对各地各部门分管领导及宣讲骨干共140余人进行培训,为开展宣讲做好组织和师资准备。

(2)开展全省宣讲工作。根据省委办公厅转发省委宣传部关于做好学习贯彻省第十一次党代会精神宣讲工作的通知要求,4月28日,组织省委宣讲团成员15人分赴各地各系统宣讲,全省省、市、县、乡四级共组织宣讲报告6000余场(其中省委宣讲团宣讲报告45场),直接听众70余万人次。

(3)认真编写学习宣传资料。与省委讲师团共同组织编写《省第十一次党代会精神宣讲提纲》,供宣讲团成员宣讲参考;编写《省第十一次党代会精神学习辅导材料》,印制2万本,赠送各地各部门供党员干部学习使用。

(4)在县处级以上领导干部中开展征文活动。围绕"学习贯彻国发2号文件和省党代会精神"主题,在县处级以上领导干部中开展征文活动,全省收到征文500余篇,推荐报送征文办公室100多篇,编辑出版文集《坚持科学发展、奋力后发赶超——学习国发2号文件和省第十一次党代会精神征文集》。

(5)组织开展"贵州省学习贯彻省第十一次党代会精神知识竞赛活动"。5月9日至6月30日,面向全省党员干部群众开展学习贯彻省第十一次党代会精神知识竞赛。竞赛共收到答题卡10万余份,评出组织奖10名,个人奖210名。

【组织开展"解放思想,推动跨越"大讨论活动】 (1)组织开展全省"解放思想,推动跨越"大讨论活动。根据省委、省政府办公厅关于省第十一次党代会重要任务分解方案,省委宣传部牵头,有关单位配合在全省党员干部中组织开展了"解放思想,推动跨越"大讨论活动。省委办公厅转发了《省委宣传部关于在全省深入开展"解放思想、推动跨越"大讨论活动的意见》,各地各部门紧密结合国发2号文件和省第十一次党代会精神,采取多种形式组织开展"解放思想、推动跨越"大讨论活动,为科学发展,后发赶超凝聚了思想共识和精神动力。

(2)组织开展"解放思想,推动跨越"大讨论集中督导工作。8月13日至16日,会同省委讲师团、省社科院、省社科联,采取召开座谈会、实地调研、走访询问、查看材料等方式对全省开展"解放思想、推动跨越"大讨论活动进行集中督导,确保大讨论活动"出实招、求实效、有实绩"。在《贵州日报》刊发各地各部门大讨论的好做法好经验,以及《用思想大解放推动贵州大跨越——我省开展"解放思想、推动跨越"大讨论活动综述》多个专版。

(3)组织开展"解放思想、推动跨越"系列网络活动。今年9月至10月,组织开展了喜迎党的十八大"解放思想、推动跨越"系列网络活动,开展"献计黔中"推动贵州跨越发展对策建议征集评选、组织领导干部参加网络访谈等活动,为迎接党的十八大胜利召开营造了良好氛围。

(4)做好纪念邓小平同志南方谈话20周年宣传工作。与省社科联于4月共同举办了"纪念邓小平同志南方谈话20周年座谈会",结合实际研讨进一步解放思想,深化改革开放问题,为推动我省经济社会更好更快发展提供了理论参考和智力支持。

【深入推进学习型党组织建设】 (1)做好省委中心组学习服务工作。围绕党的纯洁性建设、胡锦涛同志7月23日重要讲话、党的十八大等重大主题,先后邀请国家统计局局长马建堂,全国政协常委、中央党校原副校长李君如、《求是》杂志副总编黄中平等中央有关部门领导及专家为省委中心组学习作辅导报告。8月14至17日,省委中心组开展了为期四天的学习读书会活动,围绕深入学习胡锦涛、习近平同志的重要讲话精神,研讨全力推动我省科学发展、后发赶超的理论和实际问题,通过学习进一步统一了思想、凝聚了共识,增强了加快发展、后发赶超的危机感、紧迫感和责任感。

(2)深入开展"四学四创"主题学习活动。制定下发《贵州省深入开展"四学四创"主题学习活动实施方案》,在广大党员干部中开展"向书本学习、向实践学习、向群众学习、向先进学习,创学习型领导班子、创学习型党组织、创学习型单位、创学习型党员”的“四学四创”学习活动，进一步提升学习型党组织建设成效。7月到8月，围绕推进学习型党组织建设“四学四创”活动，在全省县处级以上领导干部中开展“学习马列经典、坚定理想信念、推动跨越发展”主题征文活动，编辑出版文集《坚定信念推动跨越》。

(3)提供学习资料。做好《十八大报告辅导百问》、《辩证看、务实办——理论热点面对面2012》、《党建》杂志等的学习宣传工作，购买赠送基层党组织、广大党员干部学习。推进党委(党组)中心组网络学习平台建设，为各地中心组学习创造良好条件。编制12期《中心组学习参考资料》，发放各级党委中心组。

【深化对我省省情及经济社会发展的理论研究】 (1)举办“发展·名家论坛”。围绕我省经济社会发展重大主题，组织开展“发展·名家论坛”研讨活动，举办“保持党的纯洁性推动贵州跨越发展”、“欠发达地区后发赶超”2期论坛。其中，“欠发达地区后发赶超”论坛邀请西部中部和东部部分地区社科院的领导和专家以及我省专家学者60余人参加，紧紧围绕欠发达地区坚持科学发展、奋力后发赶超的重大理论和现实问题进行深入讨论，为推进我省经济社会又好又快更好更快发展建言献策。

(2)围绕深入贯彻国发2号文件和省委十届十二次全会精神开展深入研讨。指导和协调当代贵州杂志社、省社科院、省社科联等单位组织召开了“构筑贵州精神高地”、“文化旅游发展创新区”的专题座谈会和研讨会。与省委党史研究室、黔东南州委共同主办弘扬“三敢精神”理论研讨会，就如何弘扬“三敢精神”，构筑“精神高地”，推动贵州经济社会跨越发展开展深入研讨。

(3)指导协调省中国特色社会主义理论体系研究中心各基地开展研究工作。围绕中国特色社会主义理论体系、党的十八大、国发2号文件、胡锦涛同志在十七届中纪委第七次全会上的重要讲话、“南方谈话”20周年、省委十届十二次全会、省第十一次党代会等重大主题，指导协调省中国特色社会主义理论体系研究中心省委党校、省社科院、省社科联基地做好选题设计和研究，全年共撰写刊发文章60余篇。

(4)继续举办哲学社会科学教学科研骨干研修班。与省委组织部、省委党校、省教育厅、省财政厅共同做好2012年贵州省哲学社会科学教学科研骨干研修工作，全年举办四期研修班，组织省有关高校、省委党校、省委讲师团、省社科院、省社科联、部分市(州)党委宣传部、市(州)党校、讲师团、社科联哲学社会科学教学科研骨干260人进行研修。

【开展形式多样、针对性强的理论宣传阐释工作】 (1)制作播出三集电视政论片《科学发展奔小康》。为迎接党的十八大胜利召开，阐述省委省政府推进我省经济社会又好又快更好更快发展的重大战略思想和工作部署，充分反映我省近年来尤其是近两年来的发展成就，我部与贵州广播电视台共同制作了三集电视政论片《科学发展奔小康》，于9月26日至28日在贵州卫视连续播出，在干部群众中引起强烈反响。中宣部新闻出版总署新闻阅评对该片给予肯定。

(2)组织开展“理论下基层”系列活动。在总结2011年“社科理论下基层”活动经验基础上，与省社科联继续办好2012年“社科理论下基层”活动，在全省各市(州)组织展开了主题报告、调研咨询、科普宣传等活动，组织社科专家下基层50多人次，围绕当前形势任务和中央、省委重大决策部署，编辑出版有关通俗理论读物，推进党的创新理论进机关、进社区、进企业、进学校、进乡村，提升党员干部群众及青年学生的思想理论素养。

(3)组织开展“贵州省社科普及周”活动。9月22日至29日，省委宣传部、省社科联共同举办了2012年贵州省社会科学宣传普及周活动。此次以“提升公众人文素养，构筑贵州精神高地”为主题的全省社科普及周活动，在全省9个市(州)同步启动。活动期间，省属主要文科高校、60余家省级社科类学会(协会、研究会)和10余家省直部门组织开展了百余项丰富多彩的广场宣传咨询、科普展览、文艺演出、报告会、专题调研、论坛等宣传普及活动。《贵州日报》、贵州广播电视台等媒体对活动进行了全面报道。活动的开展对加大哲学社会科学在全社会的传播力度，进一步提升公众人文素质和全社会文明水平起到了重要作用，为迎接党的十八胜利召开营造了良好氛围。

(4)撰写刊发署名“余心声”政论文章。围绕中央和省委的重大决策部署，“余心声”文章写作组先后撰写发表了《历史性跨越的强大支点——写在国发〔2012〕2 号文件颁布之际》、《论构筑贵州“精神高地”》、《论坚持科学发展奋力后发赶超》、《论坚持科学发展坚持改善民生坚持从严治党》、《论新起点新机遇新动力新要求》等 5 篇文章在省的主要媒体上刊播，解读干部群众关心的热点难点问题，充分发挥深化认识、统一思想、凝聚力量、鼓舞斗志的作用。同时编辑出版了《跨越的足音——“余心声”28 篇》，供全省学员干部学习参考。

(5)组织召开理论宣传联系会。组织召开 2012 年省内媒体理论部门负责人联系会，及时通报中宣部和省委宣传部 2012 年理论工作重点及要求，了解和把握媒体理论宣传的重点和动态。

社 科 规 划

【概述】 2012 年，是我省哲学社会科学事业发展比较迅速、哲学社会科学研究活动较为活跃、社科规划管理工作成绩非常明显的一年。在省委、省政府的重视和省委宣传部的领导下，在全国哲学社会科学规划办的支持下，省社科规划办认真贯彻落实党的十八大和省第十一次党代会精神，紧紧围绕中央和省委工作大局，紧密联系贵州经济社会发展实际，着力加强应用对策和基础理论研究，各项工作实现了超常规发展。

【国家社科基金项目申报立项情况】 2012 年，国家社科基金项目申报和立项工作实现新突破。全省共有 31 个单位申报国家社科基金项目 700 项，比上年增加222 项，增幅达46.4%；上报全国社科规划办 519 项，比上年增加 70 项，增幅达 15.6%。重大招标项目前后四批上报申报材料 9 项，后期资助项目前后两批上报申报材料 4 项。在申报数和上报数均大幅增长的情况下，一是立项总数和资助金额创历史新高。全年共有 17 个单位获得 98 项国家社科基金项目，比上年增加 16 项，增幅达 19.5%，其中：年度项目 52 项，西部项目 42 项，重大招标项目 2 项，后期资助项目和期刊资助项目各 1 项；资助金额 1595 万元，比上年增长 403 万元，增幅达 33.8%，净增长额连续两年超过 400 万元。二是立项率稳步攀升，年度项目立项数再超西部项目。2012 年，我省国家社科基金项目综合立项率为 18.11%，比 2010 年翻了近一番，比 2011 年增加了一个百分点。继 2011 年年度项目立项数首次超过西部项目后，2012 年我省年度项目立项 52 项，西部项目立项 42 项，年度项目立项数再次超过西部项目，且由 2011 年的 3 项扩大到 2012 年的 10 项，特别是年度项目立项增幅为 30%，西部项目立项增幅为 13.5%，前者高于后者超过一倍。三是实现了全省高等院校和主要科研机构国家社科基金项目全覆盖的目标。共有 17 家单位获得国家社科基金项目立项，比去年增加 1 个，国家社科基金项目承担单位分布面进一步扩大。特别是兴义民族师范学院和六盘水师范学院首次获得国家课题，标志着我省实现了市(州)高校国家社科基金项目全覆盖的目标。同时，以往断断续续立项的黔南民族师范学院、铜仁学院、安顺学院，实现了连续、稳定立项的目标。

(1)贵州大学岳公正主持的《工业化国家国民财富分配制度的重大改革、调解机制和政策体系比较研究》和贵州民族大学龙耀宏主持的《黔湘桂边区汉字记录少数民族语言文献分类搜集整理研究》，先后获国家重大课题立项，实现了年初确定的国家重大课题立项不间断的目标，至此我省已连续第三年获国家重大课题。岳公正主持的课题，是我省立足于社科研究的全国性平台，面对全国性重大现实问题，与全国较强团队竞争首次获得的国家重大招标课题，标志着近年来我省专家学者在应用研究方面的研究实力和水平得到大幅提升。龙耀宏主持的课题，为我们传承民族文化、挖掘区域文化提供了强有力的理论资源和智力支持。

(2)贵州师范大学郝勇主持的《朱熹〈诗经〉解释学研究》获准立项为后期资助项目，这是自贵州大学龙宇晓的《〈清水江文书·贵州民族文化宫杨友庚赠藏卷〉整理校释》实现我省高校系统后期资助项目立项零的突破以来,高校系统获得的第二项后期资助项目,也是2012年我省唯一获得立项的后期资助项目。

(3)全国社科规划办先后实施了两批学术期刊资助,每种每年资助40万元,重点资助办刊导向正确、学术水平较高或者专业和地域特色突出、社会影响较大的学术期刊。省社科院的《贵州社会科学》获得资助,这是我省第一次获得此类项目,也是全国社科规划办设立学术期刊资助项目当年就获得资助的,改变了以往国家设立新的资助项目以后,我省往往要若干年后才有立项的历史。

【省社科规划课题申报立项情况】 2012年,省社科规划课题申报和立项工作跨上新台阶。一是申报积极,立项数量稳中有升。全省共有39个单位申报省课题719项,比去年增加143项,增幅达24.8%。在2011年立项总数高速增长基础上,2012年立项总数达170项,比2011年增加20项,增幅为13.3%,拟资助经费总额达285万元。二是注重选题和论证,立项质量明显提高。与2011年相比,2012年立项的课题,无论是选题还是论证,都有很大的提高。相当一部分课题具有很强的成长性,很有可能在下一步的教育部课题和国家课题中脱颖而出。三是基础理论研究大大加强。2012年的省课题立项,对基础理论问题研究的支持力度进一步加大,民族问题研究、法学、社会学等学科的基础理论研究立项数,远远超过同学科应用对策研究的立项数。四是课题类别更加科学合理。今年立项的省课题,分布比例更加均衡协调,一般课题、青年课题的立项数量和比例又有新的提高,应用对策和基础理论研究“双轮驱动”的格局得到进一步加强。五是更加注重综合平衡。地方院校共立项52项(含自筹经费课题14项),占同期立项总数的33.5%,与2011年相比,地方院校的立项数及其在全省立项总数中所占的比例均有较大提高。

【国家社科基金结项课题部分成果简介】 (1)贵州省民族研究院姬安龙主持完成的《苗语台江话参考语法》(项目批准号:11BYY105),是2012年度我省获“优秀”等级结项的国家课题成果。该成果以类型学参考语法理论为指导,在进行充分的田野调查以获取丰富的第一手语料基础上,首次从语音、词汇、语法等角度对苗语台江话进行了全面系统深入的研究,是目前苗语中部方言语法研究方面最详备的一部著作,填补了苗语语法研究的许多空白,主要表现在:突破了许多传统知识体系,分析出苗语台江话的14种词类,对动词的体范畴、动词形态的分析都不乏新意;对名词词缀,特别是“有意义的名词词缀”,分析细腻,举例具体;量词分析引入语义色彩分析,开拓了量词分析的新思路;发现了台江苗语的反义构词和否定词叠加构词方式;全面总结了台江苗语的词缀,把过去认为是“量词”或“词头”的成分,作为词缀处理;计算出台江苗语声韵调配合频率,指出配合频率的高低与苗语本身的语音规律有关;提出了“状词”这一具有苗语特点的词类等。

(2)贵州师范大学史光辉主持完成的《东汉——唐汉文重译佛经词汇研究》(项目批准号:06CYY016)基于30组重译佛典,对东汉至唐代的汉文重译佛经中的词汇作了多维度、全方位的系统研究,全面揭示了佛教汉语词汇的音义变化与结构更替,是一部体大思精的佛经词汇研究著作。其学术建树主要体现在:研究内容涉及佛经词汇研究的方方面面,既有词语考证、词汇现象解释、南北用语差异描写等基础性研究,也有词汇复音化描写、词汇结构历时分析等专题研究,在中古佛经同义语义场描写方面还有新的探索性研究,带有一种集成的特点;广泛阅读佛经文献,获得一大批同词异译的材料,资料的统计与分析时,不厌其烦,细致入微,带有一种竭泽而渔的全面归纳取向;以东汉-唐汉文重译佛经词汇比较为切入点,透过某一时代或几个时代完整的佛经重译文献,对汉语历史词汇展开全方位研究,突破了以个体翻译家,或单个时代译经文献某类词汇为研究对象的局限,选题视角新颖独到。总之,该成果在许多方面取得新的突破,对于佛教经典语汇和中古汉语研究、佛经的校刊与订正,以及宗教义理及哲学思辨发展演化研究,具有重要的学术参考价值。

(3)贵州师范大学蔡鸿主持完成的《魏晋河洛

音注研究》(项目批准号:07BYY040)系统搜集和考察了魏晋时期河洛地区经师的音注材料,勾勒出魏晋时期河洛方言的大体面貌,并整理出魏晋音注汇编——《魏晋音注索引》,是一份很有学术含量的研究成果。其主要特点和建树如下:通过考证群体注家籍贯,编列出《魏晋音注索引》,第一次对魏晋洛阳籍注家音切资料进行了全面系统深入的整体考察,勾勒出魏晋时期洛阳音韵的大体面貌,揭示了魏晋通语的方言基础就是洛阳音的史实;对汉末李奇到刘宋裴松之之间十九位河洛地区经师一一进行考证,详尽列出每位撰音人的籍贯、出注书名、音注数量,重点考察魏晋河洛语音状况,得到了2765条音注材料,考据精确,治学严谨;提出了不少具有启发性的观点,真实、客观反映了汉语语音自上古经西汉至魏晋在河洛地区的演变情况。

(4)贵州师范大学吴夏平主持完成的《唐代文馆朝野流转与文学互动》(项目批准号:07XZW003)第一次对唐代学官、史官、秘书郎、学士、校书、正字等文馆文士的朝野流转与文学互动关系,作了全面深入的研究,对于拓展唐代文学的研究空间,深刻认识唐代政治与文学关系,特别是文馆制度及文馆文人精神风尚对文学创作的影响,具有重要的学术价值。其主要特点和建树有:对唐代文馆文士相关资料,进行了全面的搜集整理,甚至扩展到墓志碑刻等出土文献;五个附表运用计量分析方法,对唐代学官迁转、史官迁出等史料,做了全面整理与归类,生动具体地显示出唐代文馆官员的流动情况,具有非常重要的史料价值;通过文士朝野流转的视角,首次全面系统地讨论文馆文士的文学创作,动态地呈现文馆文士与文学之间的互动关系,突破了以往研究点多面少、过于静态的局面;通过概括总结与实证案例相结合的方法,以韩愈为例讨论学官朝野流转与文学互动关系、史官流转对山水散文创作的影响、著作郎官流转对碑志文创作的影响、校书和正字之流转对传奇创作之影响,令人耳目一新。

(5)贵州师范大学周进主持完成的《清代土地绝卖契约"中人"法律问题研究及现代借鉴意义》(项目批准号:07XFX009)以清代契约文本和案例为基础,在全面梳理清代土地绝卖契约"中人"产生的历史背景、社会基础和文化传统的基础上,深入考察了"中人"的多种功能及其现代意义。其主要特点和建树有:以清代土地绝卖契约"中人"为研究对象,多视角地分析了"中人"制度的功能和社会意义,丰富了对该项制度的认识,填补了学界在这方面的研究空白;通过对清代土地绝卖契约"中人"以及相关制度的研究,剖析了传统社会交易制度中相关规则对现行立法、司法的借鉴意义,并依据相关社会调查结果,对"中人"及相关制度在立法和司法过程中的运用做了可行性的论证,在立法与司法实践方面均具重要的参考价值;对清代土地绝卖契约"中人"法律问题的研究,包括"中人"的背景、来源、人数、中资,"中人"寻觅买主、撮合交易、画字成交、典后复卖、找价取赎等主要活动内容,"中人"的说合、见证、担保、双向居间、物权证明、纠纷调处等功能,以及"中人"的现代意义等,内容全面、丰富而深入;搜集整理了大量珍贵的研究资料,以及过去一些地县当事人的诉状和知县的批示、判决,取得了丰富的第一手研究资料,在资料搜集整理方面具有开拓之功。

(6)贵州财经大学罗坤瑾主持完成的《网络舆情监控与构建公共信息空间研究》(项目批准号:11XXW006),是一部具有一定学术和应用价值的研究成果,其主要特点和建树有:总结出了一些具有规律性的东西,如对网络空间公共领域与私人领域相互转化关系的分析、对网络舆论特点的提炼和发展阶段的划分、对网络民族主义的认识与分析、对重构公共领域的思考等;围绕重构网络公共信息空间问题,提出了很多独特的思路和建议,如确立传统主流媒体引导的媒体管控思路、提升网民媒介素养的路径等;基于传播学、舆论学、政治学、管理学等多学科视角,将研究上升到理论层面,探讨当代中国网络舆情与公共信息空间之间的互动关系,以及一些前瞻性与紧迫性的问题,具有较强的理论意义与学术价值,特别是第8章引用巴赫金的"狂欢理论"来诠释中国网络民意的非常态表达,有一定的理论创新价值。

(7)贵州民族大学周相卿主持完成的《雷公山地区苗族习惯法与国家法关系研究》(项目批准号:06XMZ031),通过深入研究雷公山地区苗族习惯法与国家法的相互关系,揭示了苗族习惯法作为文化现象的存在价值，及其在维持社会秩序方面的特殊功能，是对习惯法与国家法关系理论研究的一大推进，对进一步研究其他民族地区习惯法与国家法之间的关系，具有重要的参考价值。其主要特点和建树有：通过长达 9 年的时间，分阶段逐步对雷山地区、五台县五个自然山寨、剑河县西部等地的苗族习惯法展开深入的田野调查，克服了难以计数的困难，积累了大量的第一手资料，使整个研究建立在丰富真实的数据资料之上；对苗族聚居程度较高、传统传承比较典型的雷公山地区的苗族习惯法进行了"麻雀"解剖，对于完善少数民族地区的民族自治条例，加强少数民族习惯法与国家法之间的协调对接，具有非常重要的现实意义。

(8)遵义师范学院雷昌蛟主持完成的《〈经典释文〉常用异读字注音问题研究》(项目批准号：07XYY012)，深入探讨了《经典释文》中常用异读字在经传中的音义配应情况，归纳了《经典释文》的注音方式和编排体例，并专门制作了"《经典释文》全文电子索引"和"十四经经注全文电子索引"，较大地推动了汉语"异读"研究的深入和细化，在学术和实践层面都有积极意义。该成果的主要特点如下：深入分析了一批常用异读字在《广韵》、《经典释文》中的音义关系，以及在《经典释文》中的注释体例，并提出了一些有学术价值的结论；辟专章研究《经典释文》中 40 个常用异读字的注音情况，对某字在十四部经典经注中的出现次数、常见音、异读音、兼注音在《经典释文》中的注音次数及其在经典中的意义等情况做了详细标注，对未注音时的词义、各种注音情况中具有相同意义的注音状况，也进行了清晰的描述；制作了"《经典释文》全文电子索引"和"十四经经注全文电子索引"两个电子索引，可穷尽统计《经典释文》中的常用异读字，检索方便、数据翔实、统计清晰，基本满足了对研究对象全文检索的需求。该成果对深入研究汉语史上异读字音义演变规律，具有一定的学术意义，对编纂修订词典字典，有积极的参考价值。

新 闻 出 版

【概述】 2012 年，全省新闻宣传工作紧紧围绕省委、省政府中心工作，不断创新思路、创新形式、创新内容、创新手段，提升系统性、开放性、专业性、传播性，打好了一系列重大主题宣传战役，多项工作取得历史性突破，有效凝聚了发展正能量，传播了贵州好声音，为推进我省科学发展、赶超跨越、同步小康营造了良好的舆论氛围。

【党的十八大新闻宣传】 按照中宣部和省委的安排部署，对十八大涉黔宣传进行了系统设计和通盘考虑，对会前、会中、会后的重点工作进行逐一策划和对接，在中央、省内媒体上形成了立体式、全方位的宣传声势。一是以系统化设计抓好总体工作策划。省内新闻宣传方面，先后下发了 7 个宣传报道方案，组织省各新闻单位分阶段、分类别、分系列地推出专题报道，中宣部第 372 期、第 451 期《新闻阅评》及国家广电总局对我省迎接十八大宣传进行了专题表扬。对外新闻宣传方面，在中央主要媒体策划推出了 6 期迎接十八大特刊，会议期间，又协调《人民日报》、《光明日报》、《经济日报》、《瞭望新闻周刊》各推出 1 期贵州特刊(专题)，还对接推出了一系列涉黔深度报道。二是以开放性思维实施宣传统筹。组织各级各部门提供大批新闻选题，安排省有关新闻单位参与方案策划、稿件撰写等，高质量完成中央媒体贵州特刊组稿工作；对中央主要媒体的记者进行点对点的邀请，保证了开放日现场的热烈氛围；与中宣部新闻局等有关方面多次磋商，解决好开放日记者入场等具体问题。三是以专业化方式提高报道落地率。在贵州专刊(专题)的组稿工作中，有针对性做好选题征集、筛选过滤、稿件撰写、后期把关等各项工作；精心准备了《中央媒体迎接党的十八大贵州专刊荟萃》、《贵州省近期重点新闻稿件汇编》等新闻背景资料，为记者写稿提供便利。四是以多点面操作扩大宣传报道纵深。协调贵州广播电视台积极向中央人民广播电台、中央电视台报送稿件，中央人民广播电台共采用报送的 21 条

(组)新闻和专题,中央电视台播发十八大贵州新闻报道 53 条,新闻专题 1 期;在贵州专刊的组织中,组织省有关新闻单位参与了组稿工作,并积极提供报道素材;中央媒体刊发的重点涉黔报道,及时提示省各主要新闻单位刊播预告消息,进行转载转播。

【省第十一次党代会新闻宣传】 一是对内宣传浓墨重彩。下发《中国共产党贵州省第十一次代表大会宣传报道意见》,组织省各新闻单位统一开设"同心谋跨越 五年铸辉煌—喜迎贵州省第十一次党代会"专栏,贵州日报每天用 4 个整版以上、最多达 12 个整版进行全面报道,共刊发稿件 360 余条;贵州广播电视台进行了近 3 个小时的党代会开幕式高清信号直播,《新闻联播》栏目会前播出各类报道 190 多条。二是对外宣传力度空前。《人民日报》以"奋进贵州,激情跨越"为主题推出了两个专版,并在头版头条推出《贵州干部扎根基层四帮四促》;新华社播发党代会的多条稿件;《经济日报》头版头条刊发《贵州万名干部下基层贴近民心》;中央电视台在《新闻联播》连续播出 3 条涉黔新闻。三是主题报道亮点纷呈。贵州日报在党代会开幕次日,推出四大主题和四大专题,对报告进行全方位摘要和解读;贵州广播电视台(电视)在《新闻联播》中连续推出了 5 集系列特别节目《跨越五年间》;贵州广播电视台(广播)播出了系列报道《朱昌国的新梦想》、《宋全海的新打算》等。四是配合报道新意迭出。除省各主要新闻单位外,组织都市类晚报类媒体积极参与党代会的宣传报道,《贵州都市报》专题报道《县委书记》、《贵州商报》的专访报道,均得到各方好评。

【国发 2 号文件新闻宣传】 多次召开主题宣传策划会,对做好国发 2 好文件的宣传报道工作进行部署,并积极与中宣部及中央主要新闻媒体进行汇报和对接。2 月 11 日,中宣部新闻局印发《关于做好进一步促进贵州经济社会又好又快发展宣传报道的通知》(通知〔2012〕55 号),要求人民日报、新华社等中央主要媒体认真做好国发 2 号文件的宣传报道工作。积极组织中央、省内各新闻单位参加国发 2 号文件新闻发布会、专家座谈会、金融座谈会的宣传报道工作。《人民日报》在头版头条刊发《贵州后发赶超乘势启航》,其他版面刊发《贵州:洼地奋起正当时》、《实现贵州发展的历史性跨越》等重要稿件。中央电视台《新闻联播》提要播出发布会消息和我省贯彻落实情况各一条,《焦点访谈》栏目推出专题报道《贵州:新机遇 新发展》。新华社播发《从经济洼地奋起闯后发赶超之路》等 13 篇报道。《光明日报》、《经济日报》、《工人日报》、《中国日报》、中国新闻社、《北京青年报》等各新闻媒体及时刊发重点报道和深度报道。

【全国"两会"新闻宣传】 一是提前启动宣传工作。制定下发了《2012 年全国"两会"贵州宣传工作方案》,对"两会"宣传做出总体部署、明确责任分工;组织召开多次新闻协调会,请中央媒体驻黔机构积极协调各自总部,争取更多更好版面、时段开展涉黔报道;提前梳理出一批我省重点宣传报道选题,撰写基础新闻稿件汇编成册,供媒体记者使用。二是周密做好实施工作。认真做好媒体服务工作,准备了《贵州省近期重点宣传报道选题稿件汇编》等多种资料供记者使用;积极开展对外新闻宣传,在《人民日报》、《经济日报》等重点媒体上推出各类宣传专版 48 个;认真做好记者的组织邀请工作,17 家中央、香港、省内媒体的 64 名记者随团赴京开展报道,规模创历年"两会"前方采编人员之最。三是精心组织系列宣传。《人民日报》刊发 4000 多字的栗战书代表专访《乘势"后发赶超",走出"经济洼地"》,中央电视台财经频道《经济半小时》播出《小丫跑两会:王小丫探访贵州团》,新闻频道播出《贵州人大代表热议国发 2 号文件》,新华社播发《"营养午餐"让数千万农村上学娃不再"饿肚上课"》等稿件,《光明日报》刊发特写《我们不想总是垫底,也想奋力爬高》,《经济日报》刊发赵克志代表署名文章《后发赶超 加快发展》,中央人民广播电台播发《"贵州速度"带来的新变化 主要经济指标增速为近 20 年来最高》等报道,《贵州日报》、贵州广播电视台、金黔在线等省主要新闻单位和网站刊播各类稿件近 4000 条。

【重大任务配合新闻宣传】 围绕胡锦涛同志来黔考察,组织《贵州日报》在头版连续推出《志气与信心凝聚力量》、《科学发展的生动实践》等六篇深度述评和延伸专版20余个,贵州广播电视台(电视)以每天一集的方式推出"贵州科学发展十年综述"六集系列报道,贵州广播电视台(广播)同时推出《用志气和信心书写跨越的华章》等六组反映贵州经济社会发展成就的重点系列报道。围绕温家宝同志来黔考察,组织《贵州日报》在头版连续推出《借力东风振翅飞》、《高原巨变写新篇》等六篇深度综述及相关评论,贵州广播电视台推出系列主题报道。围绕李长春同志来黔考察,组织《贵州日报》在头版连续推出了《科学发展的"贵州答卷"》、《携手创新托起"醉美贵州"》等四篇深度综述及相关评论、延伸专版16个,贵州广播电视台(电视)采制了5组主题报道。加强与中央电视台的联系,成功协调中央电视台《新闻联播》推出《贵州:向山要地 建设工业梯田》和《建"多彩贵州"促文化繁荣》、《科技引领贵州经济社会提速转型》等多条报道。

【第二届中国(贵州)国际酒类博览会新闻宣传】 参与酒博会有关新闻宣传工作,营造良好舆论氛围。中央电视台《新闻联播》等中央主要媒体有关栏目均刊播酒博会开幕消息。组织省内媒体开设了丰富多彩的专栏、专题,采取消息、通讯、特写、花絮等各种报道方式,在酒博会期间形成了报道高潮。据统计,各媒体共刊发酒博会有关报道4000余条(次)。

【重大典型"走转改"新闻宣传】 以"走转改"大型主题活动为载体,开展"我和背篼干部进农家"、"下基层看变化扶贫攻坚在乪那"、"帮县联乡驻村促发展"、"挺起乌蒙脊梁"、"实施扶贫生态移民,加快推进扶贫攻坚"、"多彩贵州文明行"等主题采访,促进中央、香港媒体对贵州持续关注报道。推出"背篼干部"重大先进典型,中央电视台《新闻联播》连续五天推出"背篼干部"系列报道,李源潮同志作出重要批示,我省组织事迹报告会;推出威宁自治县经济社会发展重大先进典型;推出铜仁市社会稳定风险评估机制、遵义市服务型党组织建设和湄潭县农民曹成刚植树造林先进典型;推出六盘水市水城县法那村"富民型党组织"等一批先进基层党组织、寇强等优秀挂职干部的先进典型。

【新闻出版管理工作】 先后修订完善多个新闻管理制度:起草《关于进一步健全完善新闻宣传工作机制的实施意见》;拟定《贵州省突发事件和热点敏感问题新闻应急实施办法》,进一步规范新闻应急的处置措施;拟定《关于加强和改进新闻阅评工作方案》,更好地发挥新闻阅评工作在确保媒体正确舆论导向、推动媒体工作水平提高等方面的重要作用。

【妥善引导热点问题、敏感问题】 一是参与威宁"9·7"地震的舆论引导工作,组织14家中央、省内新闻单位和网站的24名记者组成采访报道组进行集中采访,通过开设专题、专版、专栏等形式,开展大规模、连续性、高强度的宣传报道,在较短时间内形成了舆论强势。二是认真做好毕节市五少年死亡事件的舆情处置工作,第一时间向中宣部新闻局进行专题汇报,协调各相关省区市宣传部给予大力支持,协调、安排新华社、省内新闻单位第一时间刊播了3条新闻稿件,及时占领舆论高地,有效缓解了舆情,得到了国家新闻应急中心领导的充分肯定。三是做好涉茅台等舆情的处置和引导工作。

精神文明建设

【概述】 贵州省精神文明建设工作坚持以科学发展观为统领,以邓小平理论和"三个代表"重要思想为指导,按照"高举旗帜、围绕大局、服务人民、改革创新"的要求,紧紧围绕迎接学习宣传贯彻党的十八大,扎实推进社会主义核心价值体系建设,深入开展形式多样的群众性精神文明创建活动,丰富载体、注重实效,各项工作在推进中巩固提升、在创新中深化拓展,为全省经济社会又好又快、更好更快发展提供了强大精神动力、有力道德支撑和良好社会环境。

【公民思想道德建设有声有色】 围绕迎接党的十八大胜利召开，以“科学发展、成就辉煌”为主题，全方位展示贵州经济社会发展成就，唱响共产党好、社会主义好、改革开放好的主旋律。组织推出“威宁试点”重大先进典型，大力宣传长顺县敦操乡“背篼干部”精神，为我省坚持科学发展、奋力后发赶超凝聚精神力量。组织开展第三届贵州省道德模范推荐评选活动，58 人获道德模范称号，37 人获道德模范提名奖，省委书记赵克志在颁奖晚会上亲切接见道德模范，要求各级党委、政府切实关爱道德模范，在政治上关心、工作上支持、生活上帮扶，在全省上下掀起了崇尚模范、学习模范、争当模范热潮。组织全省道德模范代表赴各市州、省属高校和省委党校举办先进事迹报告会 18 场，观众达 2 万余人次，巩固扩大了道德模范评选表彰宣传效果。采取切实有效措施帮扶困难道德模范，推动形成好人有好报的良好社会氛围。广泛开展我推荐我评议身边好人活动，评选“贵州好人”240 名，入选“中国好人榜”37 名。组织开展“感动中国之感动贵州”十大人物评选、贵州十大都市年度人物评选以及第二届“我最喜爱的人民警察”评选等活动。

以春节、清明、端午、中秋等传统节日为依托，在全省广泛开展“我们的节日”主题活动和“六进村”活动等，进一步丰富群众文化活动。以“迎接十八大，争做文明有礼贵州人”为主题，广泛开展学雷锋、文明短信征集传播、公益广告大赛以及中华诗词大赛等“讲文明树新风”系列活动。认真组织开展公民道德建设宣传月、公民道德建设宣传日等活动，树立了道德榜样，彰显了道德力量。深入实施“贵人善行”主题系列活动，在全省掀起“颂最美精神做最美贵州人”的热潮。

【群众性精神文明创建活动蓬勃开展】 制定文明城市、文明单位、文明村镇测评体系，强化重点、突破难点，通过明察暗访、群众满意度测评、问题督办、通报批评、媒体曝光、群众监督等有力措施，推动整治工作不断深入。城市基础建设投入不断加大，城市功能不断完善，新（改）建公共厕所 527 个、农贸市场 219 个。大力整治车站码头、背街小巷、城郊结合部等重点部位脏乱现象，提升城市形象，群众生产生活环境不断优化。全省城乡环境综合平均分为 93.5 分，较上一年提高 2.75 分；群众综合满意率为 85.95%，较上一年提升了 6.22 个百分点。

围绕第二届酒博会和第七届旅发大会等重要活动，以政务服务、旅游接待等公共服务行业为重点，广泛开展职业道德宣传教育和文明优质服务竞赛活动。以食品行业、窗口行业和公共场所三大领域为重点，开展道德领域突出问题专项教育和治理活动，打造贵阳市云岩区飞山街、花溪区花阁路等一批餐饮服务食品安全示范街。广泛开展文明行业、文明集市、诚信个体工商户创评活动等，进一步完善双向考核和动态管理机制，推动创建活动深入开展。开设“不满意问题征集”专栏，共收到各类问题 1201 条，办结率达 93.68%，公众对社会公共服务行业满意度为 87.24%，较去年提升 1.75 个百分点。

广泛开展“四在农家”创建活动，推动农村精神文明建设取得新成效。制定省级“四在农家”示范点标准，围绕建设农村千里文明长廊，投入 1000 万元，督促指导、资助建设 40 个省级“四在农家”示范点。截止 2012 年底，全省共打造各级创建点 12800 余个，受益群众达 1140 多万人。统筹城乡共创共建，组织动员 988 个文明单位与 988 个村寨结成一对一帮扶对子。继续加大农村基础设施建设投入力度，抓好村庄规划建设和村容村貌整治，农村生产生活条件明显改善。广泛开展诚信农民、星级文明户、文明村镇等创建活动，农村群众文明素质进一步提升。

【未成年人思想道德建设亮点纷呈】 以省文明委名义制定下发《贵州省未成年人思想道德建设工作测评体系》。深入基层调查研究，全面掌握各地未成年人思想道德建设的现状、成绩和问题。建立健全考评体系，将净化社会文化环境工作纳入精神文明创建指标体系。深入推进互联网、荧屏声频、校园周边环境和出版物市场专项整治活动，营造了有利于未成年人健康成长的良好社会文化环境和氛围。围绕迎接党的十八大胜利召开,广泛开展诗文写作、歌咏等“祖国好·家乡美”主题系列活动,600多万中小学生积极参与。积极开展网上祭英烈活动,全省参与学生达510多万人。组织开展“向国旗敬礼、做有道德的人”网上签名寄语活动,120余万学生受教育。大力开展“童心向党”歌咏活动,贵阳、遵义、黔东南等地录制的《唱支山歌给党听》等25个歌咏节目获全国展播。深入开展美德少年星级评选活动,在未成年人中推动形成崇尚先进、见贤思齐的良好风尚。扎实推进乡村学校少年宫建设,投资3350万元建设乡村学校少年宫项目134个。举办“千校万师”德育骨干教师培训30期,培训教师4200人,进一步提高教育质量。

【“三关爱”志愿服务深入开展】 组建“三关爱”志愿服务行动队伍,深入农村、社区、学校等,广泛开展送温暖、送健康、送关爱等志愿服务行动。全省招募“三关爱”绿丝带志愿者63万人,与29万留守儿童、空巢老人、残疾人结成帮扶队子,服务群众达309万人次。召开全省学雷锋活动座谈会,在铜仁市召开经验交流会议,表彰优秀志愿服务组织和志愿者,总结推广成功经验。举办志愿服务工作网络访谈,拍摄上映中国首部感恩支教志愿者的青春励志院线电影《飞扬的青春》。全省建立志愿者服务站(服务中心)5403个、志愿者服务基地1961个、各级志愿者协会133个以及“微笑小屋”125所,注册志愿者突破139万人,志愿服务阵地进一步拓宽。

【文化惠民工程扎实有效】 大力推进“西部开发助学工程”和文明贵州助学行动,按照中央文明办的安排部署,进一步明确工程实施标准和要求,圆满完成100名“宏志班”高中生和625名大学生的推荐确定工作。将中央文明办赠送的“绿色”电脑4000台按要求发放到位。大力实施文化惠民工程,推动公共文化服务能力和水平不断提高。建设“农民文化家园”333个,建成农家书屋3166个,实现农家书屋全覆盖。建成数字农家书屋200个和乡镇公共电子阅览室445个,完成数字图书进农家200户。完成445个乡镇综合文化站、18个社区文化活动中心、95个社区文化活动室公共电子阅览室建设。完成22个县级公共图书馆和文化馆维修改造。全省开展农村电影公益放映24万余场次。大力开展文化、科技、卫生“三下乡”活动,为群众送去价值227.94万元的物资和慰问金。

【精神文明建设阵地不断拓宽】 按照《中国文明网联盟网站工作考评办法》要求,进一步调整贵州文明网运行管理机制,创新网上活动形式,开展各种内容丰富、形式多样的网上精神文明创建活动。中央文明办全年对各联盟网站共进行4次测评考核,贵州文明网在省级联盟网站中平均排名前六。组建首批绿丝带网络文明传播志愿者队伍,邀请网络舆情专家进行培训,充分运用博客、微博、QQ群等新媒体开展网络文明传播活动,推动文明传播信息化水平不断提升。策划实施“德行贵州”系列微访谈,邀请“最美乡村医生”钟晶、“背篼干部”代表等与广大网友开展在线交流,每期均在中国文明网的文明“峰”向标专栏展示。全年共举办访谈29期,每期均有10余万网友参与互动,网民点击率累计达327.5万人次,取得良好社会效果。举办2012“全国知名网络媒体、博主多彩贵州行”大型主题采访活动。依托重要节日,组织广大网民参与“网上拜大年”、“网上祭英烈”、“向国旗敬礼做一个有道德的人”等网上投票及评议活动。成功承办《中国文明网·文明村镇》专栏,推出《贵州文明》电子杂志12期。

【工作经验和体会】 (1)坚持把统筹协调、齐抓共管作为精神文明建设的根本方法。科学整合资源,在省、市、县层面推动形成党委领导、政府推动、文明委协调、部门齐抓共管、社会多方参与的工作领导体制。

(2)坚持把围绕中心、服务大局作为精神文明建设的基本遵循。明确站位,找准定位,服从服务于全省改革发展稳定大局,为贵州“科学发展、后发赶超、同步小康”营造氛围,在跨越发展中体现作为。

(3)坚持把开展群众性创建活动作为精神文明建设的重要载体。精心策划组织形式多样、内涵丰富的主题活动,贴近生活、贴近实际、贴近群众,不断增强精神文明建设亲和力、吸引力和感染力。

(4)坚持弘扬“开放创新团结奋进”的贵州时代精神,不断改革创新,始终保持创建热情、服务热情、创新热情,积极拓展阵地,不断增强创建活力,增进创建实效,推动精神文明建设与时俱进、不断发展。

(5)始终尊重人民群众的主体地位,坚持把以人为本、服务人民作为精神文明建设的出发点和落脚点。把精神文明建设与群众需求相结合,调动群众积极性和主动性,让群众在参与中受教育、得实惠。

文　化　艺　术

【第十二届精神文明建设“五个一工程”评选】 根据中宣部《关于认真做好第十二届精神文明建设“五个一工程”评选工作的通知》[中宣办发(2012)3号]精神,启动我省第十二届“五个一工程”评选工作,共收到自2009年7月1日至2012年5月31日之间首次播映、上演、出版的电影、电视剧(动画片)、戏剧、歌曲、广播剧、文艺类图书等符合参评条件作品99件,评出省“五个一工程”获奖作品26件,其中电视剧(动画片)、电影、戏剧、广播剧、文艺类图书各4件,歌曲6件,组织工作奖9个,奖励优秀作品奖和组织工作奖485万元。电视剧《奢香夫人》入选中宣部第十二届精神文明建设“五个一工程”优秀作品奖。

【2012多彩贵州舞蹈大赛】 由中共贵州省委宣传部主办,贵州广播电视台主体承办,贵州日报报业集团、当代贵州期刊传媒集团、省舞协、多彩贵州文化产业发展中心联合承办。在巩固“党政推动、媒体搭台、市场运作、社会参与、文化旅游唱戏”运作模式的基础上,按照“坚持体现开放性、创新性、实效性”要求,结合电视传播规律创新赛制,按新作赛和新人赛进行比赛。新作赛以选拔作品为主,设贵州民族民间舞,贵州原生态舞,现、当代舞,国际标准舞,街舞5种类别,以省直机关工委、省委教育工委、武警贵州总队政治部和9个市、州为单位,设12个赛区。“新人赛”以选拔人才为主,不分舞种,在深圳、成都、上海、北京、贵阳设5个赛区,将赛事推广到华东、华南、华北、西南等地。

大赛从3月全面启动,9月27日晚在贵州广播电视台1000平方米演播大厅举行颁奖晚会,历时6个月。共有1千多个舞蹈作品、2万多名选手参赛,产生了6个金黔奖、11个银瀑奖、16个铜鼓奖、1个团体一等奖,2个团体二等奖,3个团体三等奖。

大赛以“热爱贵州、鼓舞贵州、建设贵州”为主题,围绕“构筑精神高地,舞出文化自信”,以舞蹈的形式实现了对多彩贵州品牌的推广和宣传,进一步提升“多彩贵州”主题文化活动的魅力和影响力。新作赛各舞种在题材选择、主题提炼、作品编创与表现手法上积极探索贵州元素的时代融和与中国表达,具有鲜明贵州特色的原生态舞蹈继续发展,具有浓郁贵州风情的民族民间舞蹈新作品不断涌现,本土编导全面成长,一大批85后、90后舞蹈人才成了大赛的主角。新人赛是经国家广电总局批准的唯一的舞蹈类全国选秀节目,以大型电视栏目方式为全国舞者搭建一个中国电视舞蹈平台,设立200万元“中国舞蹈未来之星国际培训计划”专项基金,促进了舞蹈与电视,以及贵州舞蹈新人与国内外著名舞蹈大师及高端舞蹈资源的进一步协作交流。通过新作与新人两项赛事,进一步体现贵州舞蹈文化的艺术价值、社会价值、历史价值,推动了贵州舞蹈资源的开发、利用、传承、提升,吸引了全国舞蹈界的强烈关注,中国舞协官网专门推出本次大赛专页。

【全国重大赛事参赛及获奖】 (1)第四届全国少数民族文艺会演。我省两台剧目入选,获优秀组织奖等20项奖项,其中舞剧《天蝉地傩》获音舞类剧目金奖、最佳导演奖、最佳编辑奖、最佳音乐奖、最佳舞美奖、最佳演员奖(3人)、最佳新人奖(2人)、演员奖(3人)等8项;田园民间歌舞集《原色》获表演金奖、最佳节目奖(《锦鸡舞》和《跳脚》)、最佳演员奖(2人),最佳新人奖(2人)、导演奖、编剧奖、音乐奖、舞美奖,演员奖(2人)、节目奖(《芦笙阵》和《踩鼓》)等9项。

(2)“2012年全国儿童歌曲大奖赛”。侗族大歌《美丽的森林我的家》获儿童组银奖。

【文艺精品创作】 制定下发《中共贵州省委宣传部文艺工作专项经费使用管理办法》和《贵州省文艺精品创作专项资金使用管理暂行办法》。继续实施《贵州文艺作品高端平台展示奖励办法(暂行)》,对44件符合条件的文艺作品集中奖励,奖励金额519.8万元。

【重大文艺活动】 (1)省十一届党代会专场文艺演出—《同心跨越》。由省委办公厅、省委宣传部、省委统战部联合主办,4月15日晚在贵阳国际生态会议中心会议大厅举行。省委书记栗战书,省委副书记、省长赵克志等省领导和出席省第十一次党代会的代表们一同观看了演出。

(2)纪念毛泽东同志《在延安文艺座谈会上的讲话》发表70周年《理想之歌》——傅庚辰作品音乐会。由省委宣传部、省文化厅、省委党史研究室联合主办,省文联和贵阳市委宣传部承办,7月1日和2日,在贵阳大剧院举行。中国音乐家协会名誉主席、中国文学艺术界联合会荣誉委员、联合国世界音乐理事会终身荣誉会员、国家一级作曲家、正军职少将傅庚辰,省委常委、常务副省长、省委宣传部部长谌贻琴,副省长谢庆生出席。

(3)走进经典音乐·李岚清音乐讲座。由省委、省政府主办,省委宣传部、省文联、高等教育出版社承办,9月25日下午在贵阳大剧院举行。中共中央政治局原常委、国务院原副总理李岚清给我省干部群众做走进经典音乐专题讲座。省委书记赵克志主持讲座。中央社会主义学院党组书记、第一副院长叶小文,省委副书记陈敏尔,商务部原副部长龙永图,国务院国有重点大型企业监事会主席李志群等和我省音乐界、书法篆刻界代表,高校师生代表及武警官兵代表400余人一起聆听了讲座。

(4)“东部文化西部行·小百花贵州之旅”文化交流活动。9月25日至30日,中国剧协副主席、中国非遗越剧唯一传承人、小百花越剧团团长茅威涛,率小百花越剧团携新版《梁祝》,赴我省开展文化交流活动。活动由贵州省委宣传部、浙江省委宣传部、贵州省文化厅、浙江省文化厅联合主办,贵州文化演艺集团有限责任公司、贵州省演出有限责任公司、浙江小百花越剧团共同承办。9月25日,省委副书记陈敏尔在贵阳会见了茅威涛一行。9月28日、29日两晚,新版越剧《梁祝》在贵州饭店国际会议中心上演。在黔期间,茅威涛一行走进贵州大学举办《对抗遗忘》专场讲座。

文 化 产 业

【概述】 2012年,是实施“十二五”文化改革发展规划纲要、深入推进文化改革发展的关键一年。一年来,全省上下深入学习贯彻党的十八大精神、党的十七届六中全会精神、李长春同志在贵州视察工作时对贵州文化改革发展所作的重要指示精神、全国文化体制改革表彰座谈会精神和省委十届十二次全会、省第十一次党代会、省委十一届二次全会精神,按照中央和省委、省政府的工作部署和要求,在省文改文产领导小组的统筹领导和省文改文产办的协调指导下,在过去扎实工作的基础上,进一步攻坚克难、切实履职,推动全省文化体制改革取得了决定性成效,促进文化产业不断呈现加快发展的良好态势。

【召开系列会议学习贯彻中央和省有关精神,加快推动全省文化改革发展工作】 (1)召开全省文化体制改革和文化产业发展暨“五个一工程”表彰大会。10月19日,全省文化体制改革和文化产业发展暨“五个一工程”表彰大会在贵阳召开。会议传达了李长春同志视察贵州时在沿途作的重要指示和赵克志书记在省委常委(扩大)会议上的讲话精神,以及全国文化体制改革工作表彰大会和第十二届精神文明建设“五个一工程”表彰座谈会精神。会议表彰了全省文化体制改革工作先进单位、先进个人和贵州省第十二届精神文明建设“五个一工程”组织工作奖获奖单位。省广电网络股份有限公司、贵阳日报传媒集团经营有限公司和遵义文化旅游演艺有限公司在会上作经验交流发言。

(2)召开相关专题会议研究部署文化改革发展工作。2月8日,全省非时政类报刊出版单位体制改革工作会在贵阳召开。会议传达了中央和省深化非时政类报刊出版单位体制改革有关精神,对全省非时政类报刊出版单位转企改制相关工作作了安排部署。6月29日,召开非时政类报刊出版单位体制改革专题协调会。会议传达学习了全国文化体制改革工作座谈会精神,通报了全省非时政类报刊出版单位体制改革进展情况及存在的主要问题,并对下一步工作进行了安排部署。7月9日,召开落实省委十届十二次全会精神制定文化产业发展政策实施意见专题会议,研究通过《关于研究制定落实省委十届十二次全会精神支持文化产业发展相关政策实施意见的工作方案》,并分别于11月27日、28日,召开研究支持文化产业发展若干政策措施相关专题座谈会,讨论研究《政策措施》相关内容,听取部门、民营企业、行业协会、专家等参会代表的意见和建议。11月13日,召开省政协重点提案办理情况检查工作座谈会,会议听取了《关于解决发展贵州民族文化产业资金难的建议》(省政协十届五次会议第85号)办理情况的汇报,并得到省政协提案委员的充分肯定。

【深化文化体制改革取得新突破】 (1)全面完成文化体制改革工作任务。在积极指导推动各地各有关部门全面完善、巩固提升已有改革成果的基础上,进一步加大指导、督办力度,推动有关部门、地区和单位按期完成非时政类报刊出版单位转企改制这一改革重点难点任务,确保了在党的十八大召开前全面完成中央明确的文化体制改革各项任务,得到中央文化体制改革和发展工作领导小组的充分肯定和先进表彰,《人民日报》、新华社、中央电视台、《光明日报》、《经济日报》等中央主要新闻媒体和中央改革办3期《工作简报》对此都分别作了宣传报道。

(2)努力推动培育骨干文化企业。积极推动省直5大集团公司和各市(州)转制文化企业进一步深化完善改革,打造合格市场主体,并积极鼓励面向市场做大产业、多元拓展,推动有条件的企业加快做大做强步伐,不断提升竞争力。加大与省有关部门的协调力度,积极为广电网络、出版集团、家有购物3家企业加快筹备上市步伐创造良好条件。

【实施文化产业项目取得新突破】 (1)全力推动实施“十大文化产业园”和“十大文化产业基地”建设。坚持以“十大文化产业园”和“十大文化产业基地”为实施文化产业项目的重中之重,专人督办、紧密跟踪、强化协调、及时通报,2012年,除2个项目已建成投入使用、2个项目正在谋划启动相关对接工作外,其他项目已完成规划编制或已开工建设,总体进展较好。

(2)以深圳文博会为重点平台加大文化产业项目招商引资力度。5月17日至21日,组织600余人的贵州代表团参加第八届中国(深圳)国际文化产业博览交易会,并在文博会上签约合同项目54个,签约金额188.04亿元,创贵州代表团参加历届深圳文博会签约金额之最,截至2012年底,项目履约率为100%,累计到位资金32.8838亿元,资金到位率17.5%。

(3)积极扶持文化产业项目建设。会同省财政厅组织12个文化产业项目申请使用2012年中央文化产业发展专项资金,争取到6个项目、6300万元资金扶持。组织各地各有关部门申报文化产业项目使用省级文化产业发展专项资金,对84个项目安排4677万元专项资金予以扶持。2011年通过认真组织申报,有27个文化产业项目列入2012年省重大工程和重点项目名单,2012年又按照要求,认真组织报送了34个项目申请列入2013年省重大工程和重点项目名单。

(4)谋划并组织开展省级文化产业示范基地申报评选工作。2012年4月,牵头研究制定了《贵州省文化产业示范基地申报评选管理试行办法》,并经省文改文产领导小组同意,已会同16个省直部门正式联合印发。经组织评审,首批24家省级文化产业示范基地已获正式授牌。

【打造特色文化品牌呈现新亮点】 (1)实施“四化驱动”进一步提升“多彩贵州”品牌。在2011年全类注册“多彩贵州”商标推广品牌市场运作,编制《多彩贵州品牌价值研究与品牌“十二五”发展规划报告》探究品牌发展规律等工作基础上，2012 年，通过进一步深入研究和大胆实践，走出了一条价值标准化、运作专业化、传播多元化、发展集约化“四化驱动”提升“多彩贵州”品牌的科学可持续发展道路。通过市场运作，已授权 18 家企业使用“多彩贵州”商标，逐步构建了品牌产业集群，并正式开工建设“多彩贵州”品牌研发基地，致力打造多彩贵州文化研究、多彩贵州特色文化产业孵化和培育、多彩贵州文化展示和宣传、多彩贵州文化培训和交流四大平台。中央改革办《工作简报》专门就“多彩贵州”品牌的打造及市场推广运作进行了深度报道。

(2)以“多彩贵州”品牌为龙头，推动各地打造特色文化品牌。在“多彩贵州”品牌的带动和示范下，积极指导推动各市(州)在发展文化产业过程中贯穿品牌的理念和方法，提升文化产品的竞争力，指导推动安顺、毕节、铜仁、黔南、黔西南等地打造推出了一批地域文化品牌、产品文化品牌、乡村文化旅游品牌等，并推动六盘水规划打造“中国凉都”品牌。

【推动文化旅游融合迈出新步伐】 (1)启动加快文化旅游发展创新区建设工作。为落实好国发 2 号文件关于建设文化旅游发展创新区的精神和要求，从实际出发，研究提出关于加快推动贵州省文化旅游发展创新区建设工作方案，并成立工作组启动考察调研，力争在 2013 年 3 月以前形成关于我省文化旅游发展创新区建设的指导意见、标准设置和申报评审办法，努力推动贵州成为世界知名、国内一流的旅游目的地、休闲度假胜地和文化交流的重要平台。

(2)扶持推动各地各有关单位大力发展文化旅游产业。从贵州实际出发，在组织项目招商和文产资金扶持上，对各地各有关单位谋划的文化旅游项目予以倾斜考虑，2012 年组织各地各有关单位在深圳文博会上签约的 54 个合同项目中，文化与旅游相结合的项目有 43 个，占 80%，签约金额达 132 亿元，占总签约金额的 70%；在 2012 年安排省文化产业发展专项资金扶持的 84 个文化产业项目中，涉及文化旅游的项目有 49 个，占 58%，扶持金额 3107 万元，占总扶持金额的 66%。同时，积极推动毕节、遵义、铜仁、黔西南、黔东南等市(州)大力发展乡村文化旅游、谋划特色文化旅游项目、启动文化旅游创新区规划、打造文化旅游度假胜地、举办银饰刺绣博览会等；扶持推动县级文化旅游产业发展，通过规划指导、组织专家评审等，为修文县、平塘县、剑河县、织金县等地规划发展文化旅游产业。

【夯实文化产业基础取得新突破】 (1)认真组织开展文化产业统计工作。2012 年 3 月筹备召开全省文化统计工作会议全面部署安排 2012 年全省文化产业统计，并开展了统计业务培训。在各地各有关部门的积极配合、共同努力下，形成并正式发布《贵州省 2011 年文化产业统计报告》，全省文化产业收入 393.99 亿元(含文化旅游收入 141.50 亿元)，比 2010 年增加 72.34 亿元；增加值达到 140.23 亿元(含文化旅游增加值 40.59 亿元)，比 2010 年增加 28.02 亿元；占 GDP 比重为 2.46%，比 2010 年增加 0.02 个百分点。同时，起草《2013 年文化产业统计工作方案》并征求各地各有关部门意见，启动 2013 年文化产业统计的筹备工作。

(2)落实并制定完善文化改革发展政策措施。继续加强同省有关部门沟通协调、争取支持，确保国家和省有关政策落实到位，协调有关部门认定发布 19 家转制文化企业名单，及时享受税收优惠政策。牵头会同省有关部门认真研究制定并初步形成《贵州省支持文化产业发展若干政策措施》。及时修订完善《贵州省文化产业发展专项资金使用管理暂行办法》。

(3)进一步强化文化产业人才培养培训力度。会同有关单位在韩国、北京、上海等地举办 3 期文化产业方面的培训班，并于 12 月 27 日举办“全省转制文化企业培训班”，邀请湖南出版投资控股集团负责人为我省转制文化企业建立现代企业制度和企业上市作专题讲座，有针对性的对全省转制文化企业负责人进行了系统培训。

(4)加大推动文化产业投融资力度。牵头研究制定《贵州省文化产业发展基金组建方案》获省政府批准设立，会同省有关部门、中介机构研究制定了关于基金运作的协议、章程等法律文件，将择机召开基金组建工作会议。协调推动当代贵州杂志社、贵州广播电视台、省文联就贵州文化发展基金会登记注册事宜与民政部门多次沟通,相关工作正在进行中。组织相关人员赴深圳、天津、海南等地就文化产权交易内容、交易所科学规范运作机制等进行了学习考察。

(5)推动各地强化文改文产工作机构建设和人员配备。2012 年,安顺市、铜仁市、六盘水市、黔东南州、黔西南州等地市级文改文产机构已升格为副县级机构,明确编制并配备人员;安顺市、毕节市所属各县级文改文产机构均升格为副科级机构;六盘水市编办已分别批复同意成立市、县文化产业发展中心;遵义市即将成立市文化产业促进中心。

(6)进一步加强督办考核的力度。在坚持"两周一督办"有力推动全省文化体制改革和文化产业发展工作的基础上,认真落实省委十届十二次全会精神,积极协调对接省委组织部、省目标办,将 2012 文化改革发展工作纳入年度考核内容,进一步加大督办推动力度。七是认真做好文化改革发展相关工作。牵头并积极组织各地各有关部门开展《贵州省文化改革发展案例选编》一书的编撰工作,各地各有关部门已报送材料,正组织力量抓紧进行整理、提炼。指导并推动省社科院牵头完成《文化产业蓝皮书》的编著出版工作。

宣 传 教 育

【概述】 2012 年,全省思想政治工作按照"品牌年"的要求,围绕党的十八大、省十一次党代会召开,认真谋划,不断创新,突出重点,打造品牌,措施有力,成效显著。

【党的十八大、省第十一次党代会和贵州时代精神等重点社会宣传工作有新成效】 认真贯彻落实省委十届十二次全会精神,组织全省大力开展党的十八大、省第十一次党代会和贵州时代精神社会宣传工作,从社会氛围营造和环境布置工作出发,注重统筹协调、突出重点,有效整合资源、丰富载体,在全省范围大力培育和弘扬贵州时代精神,为党的十八大和省第十一次党代会的成功举行营造了浓厚的社会氛围。印发《关于大力培育和弘扬贵州时代精神的实施方案》、《大力培育和弘扬贵州时代精神社会宣传工作方案》和《关于印发〈关于认真做好迎接党的十八大胜利召开的社会宣传工作方案〉的通知》,要求各地各部门要整合资源,通过各种形式和宣传载体,全面启动党的十八大、省第十一党代会和贵州时代精神的社会宣传工作,并组织各新闻媒体开辟专栏、刊播公益广告等形式,加大构筑"精神高地"社会宣传力度,全社会形成迎接党的十八大、省第十一次党代会胜利召开和会议精神的贯彻落实以及深化培育和弘扬贵州时代精神的浓厚社会氛围。在党的十八大和省第十一次党代会召开期间,国旗、党旗飘扬在主干道沿街两旁,迎接党的十八大和省党代会的宣传标语跃然公益广告牌、LED 屏、墙体广告、街道、社区、楼宇、治安卡点、报刊亭以及广场花卉造景、鲜花字牌中。高速公路上、高速公路收费站、旅游景点都遍布了十八大和党代会以及贵州时代精神的宣传标语。全省、贵阳市社会氛围营造涉及面之广、数量之大、效果之好是过去从来没有过的,为党的十八大和党代会胜利召开营造了良好的社会氛围。党的十八大召开之后,组织编写了《党的十八大精神学习活页(农村读本)》发到全省 18000 余个行政村,使基层党员和农民群众能迅速、准确、便捷、深入地学习党的十八大精神,以促进农村形势政策教育,推动农村思想道德阵地建设,进一步提升农民素质。

【全省重大典型宣传工作有新突破】 认真贯彻落实省第十一次党代会要求,对以长顺县敦操乡"背篼干部"为代表的一批先进典型进行挖掘、提炼、宣传,结合报告会、集中宣传报道等形式,广泛开展全省重大典型宣传工作。精心组织中央、省属媒体对"背篼干部"进行广泛、深入的宣传报道,并成功举办贵州省"背篼干部"精神报告会,在社会各界引起了强烈反响,报告团全体成员还受到省委书记栗战书等省委主要领导的亲切接见。为了更好地宣传各地各部门在改革发展中取得的成绩和涌现出的先进典型,下发《关于进一步加强全省经济社会发展中涌现出的先进典型的宣传报道意见》，特别推出对威宁县、金阳碧海社区管理经验、贵阳市社区管理创新、铜仁社会稳定、遵义“四在农家”、余庆加强基层基础工作等典型宣传报道，大力宣传威宁等全省各地经济社会发展中的好方法、好经验。积极向中央媒体、省主要新闻媒体推荐贵阳、遵义、毕节、铜仁等先进集体和最美乡村教师、医生等先进个人近百个，组织省级主要新闻媒体通过报纸、广播、电视、网络等多种形式在“黔中楷模——与雷锋精神同行”专栏中对老红军李光同志、贵州农村信用社安顺办事处和我省拳击运动员邹市明同志等先进事迹进行集中宣传。充分整合贵州省先进典型数据库，全省道德模范、身边好人、“黔中楷模”等先进典型宣传活动，策划组织“贵人善行——颂最美精神做最美贵州人”主题活动启动仪式，并下发《“贵人善行——颂最美精神做最美贵州人”主题活动方案》和《“贵人善行——颂最美精神做最美贵州人”主题活动宣传报道方案》，深入开展“贵人善行”主题活动。下发《关于先进典型信息采集和报送的通知》，完善全省先进典型宣传工作的联动机制、培育机制、推荐机制、储备机制、学习宣传机制和评价奖励机制，进一步完善全省先进典型数据库。认真组织中央电视台 2012 年度十大“感动中国”人物之感动贵州人物评选宣传，充分发挥先进典型在全省的引领示范带动作用，为我省加速发展、加快转型、推动跨越提供强有力的舆论支持。

【社会主义核心价值体系建设有了新发展】 以“五心教育”（忠心献给祖国、孝心献给父母、爱心献给社会、诚心献给他人、信心留给自己）活动为载体，大力推进社会主义核心价值体系建设，在全省倡导“爱国、敬业、诚信、友爱”的价值取向，大力培育和弘扬“开放创新、团结奋进”的贵州时代精神。组织调研组到余庆县调研，并将其作为社会主义核心价值体系在贵州生动实践的典型，组织新闻媒体进行深入挖掘，宣传报道，在全省产生了广泛影响。2 月 27 日中宣部在北京召开的第九届中国公民道德论坛上遵义市余庆县作了题为《以“五心教育”为载体奏响公民思想道德新乐章》的典型发言，并得到与会领导和专家的充分肯定。结合余庆县“五心教育”活动开展的经验，印发《关于在全省深入开展以“践行雷锋精神、争当时代先锋”为主题的“五心教育”活动的通知》和《关于推荐“身边的雷锋”续写雷锋日记和“五心教育”心得有关事宜的通知》，通过深入开展先进典型选树、“百千万”学习雷锋宣讲、学习雷锋专题专栏、续写雷锋日记和“五心教育”心得等活动，把“五心教育”活动推向全省。在活动开展期间，通过《金黔在线》网站、社会各界共推荐身边“雷锋人和事”2900 余件（次），撰写日记 2700 余篇，广大干部群众积极参与活动，社会反响非常好。

【爱国主义教育基地吸引力、感染力和影响力不断增强】 从省级文化事业经费中划拨 100 万元专项资金用于贵州省工委旧址、榕江县红七军军部旧址、旷继勋故居、遵义沙滩文化旧址、遵义娄山关红军战斗遗址等 5 个爱国主义教育基地陈列布展的提升改造，充分发挥爱国主义教育基地的重要作用，提升红色文化品味。收集整理各市州报送的 50 个省级以上爱国主义教育基地资料，编辑出版《贵州省爱国主义教育基地导览》，同时，积极争取将遵义会议纪念体系列为全国推进红色景区标准化示范单位，加大对爱国主义教育基地的推介力度，积极宣传红色经典旅游景区。鉴于红军一渡赤水纪念馆（丙安红一军团纪念馆）缺乏资金，对收藏文物没有进行有效保护的现状，起草《关于红军一渡赤水纪念馆（丙安红一军团纪念馆）申请补助资金的请示》上报中宣部，申请资金 30 万，用于红军一渡赤水纪念馆（丙安红一军团纪念馆）的修缮、内部灯光建设和文物的收藏、保护，对革命文物的保护进一步加强。按照省委办公厅《贵州与浙大深化合作工作推进建议方案、贵州省人民政府浙江大学战略合作框架协议（建议方案）》要求，起草《关于兴建浙大西迁纪念馆的建议方案》，并建议省委宣传部、省委党史研究室、省发改委、省财政厅、省文物局、遵义市委市政府、湄潭县委县政府各负其责，积极整合社会资源，共同努力打造，再现浙大西迁的历史。联合省文物局举办了全省爱国主义教育基地讲解员培训班，对来自全省各地的 100 余名讲解员进行了培训，进一步提高了讲解员的业务水平和职业道德，更好地服务于我省红色旅游。

【国有企业思想政治工作活力不断增强】 根据《中共贵州省委宣传部贵州省国资委中共贵州省委国防工委关于加强和改进新形势下国有及国有控股企业思想政治工作的实施意见》（黔委厅字〔2011〕83号）精神，进一步深化"五型企业"创建工作，于3月30日在息烽县开磷集团磷煤化工基地召开全省国有企业思想政治工作经验交流会暨"五型企业"创建工作推进会，进一步动员全省国有企业统一思想，提高认识，明确任务，深入扎实地开展好以"五型企业"创建工作为重要载体的思想政治工作。根据中国政研会《企业文化建设评价指标体系纲要》（试行稿）、《国有及国有控股企业文化建设工作评价指标体系实施细则》（试行稿）精神，结合贵州实际，突出贵州国有企业思想政治工作和企业文化建设的特色，制定了《贵州省"五型企业"暨企业文化建设评价指标体系》，进一步推进以"五型企业"为品牌载体的国有及国有控股企业思想政治工作，提升企业文化建设的科学化水平。根据中国政研会《关于开展企业文化建设示范单位推介活动的通知》要求，配合《贵州省"五型企业"暨企业文化建设评价指标体》试点工作的顺利进行，组织省国资委、省委国防工委等相关部门组成调研组深入贵州花溪农村合作银行、贵州黎阳航空发动机（集团）有限公司等5个国有企业进行实地调研，开展问卷调查，并召开了全省"五型企业"暨企业文化示范单位试点工作专题调研座谈会，来自全省国防工业和国资委系统11家全省"五型企业"暨企业文化建设试点单位参会并交流经验，并向中国政研会、中宣部政研所提交高质量的试点工作调研报告，研究成果《以"五型企业"为抓手着力推进企业文化建设》荣获中国思想政治工作研究会2012年课题研究成果一等奖，充分展现贵州"五型企业"创建成果。

【认真组织全省文化、科技、卫生"三下乡"活动】 为进一步动员社会各界关心、支持全省社会主义新农村建设，根据中宣部等14部委《关于2012年深入开展文化科技卫生"三下乡"活动的通知》要求，与省教育厅、省科技厅、省司法厅等15家单位共同下发《关于深入开展2012年文化科技卫生"三下乡"活动的通知》，对全省"三下乡"活动作出安排部署，于1月7日，在清镇市犁倭乡举行2012年贵州省文化科技卫生"三下乡"集中示范活动，30多家省、市级单位和600多名干部、专家、科技人员参加，为当地群众送上了一场精彩的文艺演出，并开展入户慰问、义诊、培训等活动，为群众送去价值227.94万元的物资和慰问金，让当地群众得到了真正的实惠。并于2012年科技活动周期间，会同省科技厅、省科协在贵阳市、黔西南州晴隆县开展了文化科技卫生"三下乡"活动，受到当地干部群众的好评。在集中示范活动的带动下，全省"三下乡"活动蓬勃开展、常年不断、成效显著。

【贵州省政研会工作不断完善】 组织省政研会全体理事单位召开省政研会2012年理事会，在回顾总结2012年省政研会工作的基础上，对2013年重点工作进行了部署安排，为进一步扩大省政研会工作覆盖面和影响力，增补贵州省高速公路管理局、贵州省机场集团有限公司、贵安新区开发投资有限公司等7家理事单位，全省近百家理事单位及增补单位参加了大会。同时，在会议上联合省国资委、省委国防工委共同命名中国移动通信集团贵州有限公司、贵州黎阳航空发动机（集团）有限公司、贵州开磷（集团）有限责任公司、贵州航天控制技术有限公司等11家单位为贵州省"五型企业"暨企业文化示范单位。为进一步加强全省思想政治工作的针对性和实效性，省政研会联合上海宣传党校，在上海联合举办了"贵州省政研会理事单位负责人及信息联络员培训班"，来自全省各市（州）基层宣传部及省政研会部分理事单位负责人、信息联络员35人参加了本期培训班。此次培训班进一步丰富了参训学员的理论知识、增强了他们的业务本领、明晰了工作思路，为学员们搭建了交流学习、互动协作的平台，奠定了坚实的工作基础，学员满意率达96.88%。

【圆满完成企业政工职称评审工作】 按照省人社厅关于2012年职称评定工作安排部署，印发《关于开展2012年度贵州省企业政工系列专业职务评审工作的通知》，正式启动了2012年企业政工职评工作，并指派专人负责评审事项的咨询答疑工作。从9月底至11月底，完成了单位申报、初步核实、建立信息库、专家初审、网站公示、组织答辩、召开评委会、单位公示等环节的工作。经过严格有序的评审，共有120人具备政工师任职资格，69人具备高级政工师任职资格。

对　外　宣　传

【概述】 2012年，全省外宣工作深入贯彻落实党的十八大和省第十一次党代会精神，继续紧紧围绕“加速发展、加快转型、推动跨越”的主基调，坚持围绕中心、服务大局，坚持以宣传思想文化工作“品牌年”要求为引领，不断深化拓展“大外宣”格局，积极创新思路和方法，切实转变作风，切实提高工作科学化水平，塑造了“开放创新、团结奋进”的贵州时代新形象，为贵州科学发展、后发赶超、同步小康营造了良好的外部舆论环境。

【全国“两会”贵州对外宣传再创新高】 (1)总体宣传规模和声势取得重要突破。《人民日报》、新华社等30多家中央媒体刊播报道近千条。《人民日报》、香港《经济日报》等主要媒体刊载专版48个。英国路透社、美国彭博新闻社、日本共同通讯社、香港经济日报社、台湾东森电视等10多家境外媒体也刊播或转载了大量报道。

(2)重要版面和时段的报道实现较大增长。大会期间，《人民日报》、中央电视台，香港《文汇报》等境内外重点媒体报道力度空前，在重要版面(栏目、时段)刊播了100余条(篇、个)涉黔重点新闻稿件和专题报道。

(3)创新外宣方式传播效果明显。根据媒体采访需求，归纳整理一批集中采访选题，在大会期间组织了对24名代表、委员的11场小型系列集体采访，40余家媒体260多人次记者参加了系列采访，刊播了大量稿件，受到参与代表、委员和媒体记者的一致好评。

【国发2号文件对外宣传掀起高潮】 (1)策划组织召开两个重要会议。2月13日，在国务院新闻办组织召开国发2号文件新闻发布会。时任省长赵克志，国家发改委副主任杜鹰，时任省委常委、副省长黄康生出席，分别介绍国发2号文件出台的战略考量和贵州发展战略布局等，并回答媒体记者提问。64家中外媒体近150名记者参加，贵州广播电视台、国新网、人民网、新华网、中国网、央视网等进行全程直播，境内外媒体和网站发稿近300篇(条、幅)。这是我省首次在国新办举行新闻发布会。时任省委书记栗战书充分肯定新闻发布会“很成功”。2月28日，在京组织召开专家座谈会，深入研讨文件对贵州经济社会发展的重大意义，来自国家发改委、国务院发展研究中心、人民日报社、北京大学的13位领导、专家出席。30余家媒体约50名记者参会，人民网、新华网全程图文直播。同时还与省委政研室合作编写了《探索贵州后发赶超之路——〈意见〉解读之二》作为2号文件的重要辅助教材。

(2)组织开展两次集中报道。组织好对3月2日省委、省政府在京召开的“支持贵州又好又快更好更快发展金融座谈会”的集中报道，邀请境内外重点媒体和省主要媒体记者参加，策划实施专题报道。积极争取国家外文局支持，组织局属各中央外宣媒体组成记者团，于6月下旬来黔进行主题为“提速·贵州”的集中采访，报道我省贯彻落实国发2号文件情况。记者团由《今日中国》等7家期刊和网站多个语种的11名记者组成，分三路深入我省各地采访，相关报道于8月相继刊发。

【2012贵州·香港投资贸易活动周对外宣传效果明显】 6月10日至13日，省委、省政府在香港举办贵州·香港投资贸易活动周，省委外宣办组织好活动系列对外宣传。一是协调凤凰卫视节目主持人吴小莉带队来黔专访时任省长赵克志。凤凰卫视中文台、资讯台在《问答神州》栏目6次播出时长1个小时的专访节目。二是认真组织在港媒体推介会，共邀请20余家中央、香港媒体高层参会与我省领导交流互动。三是精心准备形象片和宣传折页等系列外宣品和新闻背景资料。四是组织安排省级主要媒体随团报道。五是协调中

央、香港主要媒体加大报道力度。中央电视台专访了谌贻琴同志,新华社等中央媒体刊发大量报道。香港《经济日报》、香港《文汇报》等共刊发50余个整版报道,并配发上百篇文字和图片报道。凤凰卫视、香港卫视、香港电台等媒体陆续刊发、播发有关活动报道。

【第二届中国(贵州)国际酒类博览会宣传工作继续深化】 9月上旬,第二届酒博会在贵阳举办。省委宣传部、省委外宣办全力做好会前、会中宣传工作。一是成立执委会办公室宣传组,健全工作机构确保任务落实。二是组织系列新闻发布活动,对外介绍大会各项筹备工作进展情况及大会召开盛况,回应媒体关切。三是做好媒体服务工作,为省内外参会的86家媒体近300名记者提供专业化服务。四是协调组织参会媒体全方位报道大会。《人民日报》、《贵州日报》等重点媒体刊发专版近300个;在中央电视台、凤凰卫视等电视媒体播放大会电视广告片3000次;人民网、新华网等重点网络媒体开设大会专题报道网页,刊发各类稿件1100余篇(幅);省内媒体共刊发本届酒博会有关报道4000余条/次。人民日报、新华社、中央电视台先后刊播了酒博会开幕的消息和专题报道。

【省第十一次党代会对外宣传切实有效】

(1)4月13日组织召开了党代会专题新闻发布会,对外介绍大会各项筹备工作进展情况。张群山等4位有关省领导出席发布会,向新闻媒体通报了党代会各项筹备工作进展情况,并回答记者提问。

(2)做好会议期间在中央、香港主要媒体的宣传报道,协调争取《人民日报》、中央电视台等媒体推出《贵州干部扎根基层四帮四促》、《闻雨而动忙春耕》等重点报道,新华社等媒体也刊播了大量相关报道。香港《经济日报》、香港《文汇报》、香港《大公报》、香港《商报》等香港主要媒体,以专题、专栏、深度报道、报网结合、邀请总部记者来黔采访等多种形式,在本媒体报、网上刊载大会相关报道共计100余条。

【"多彩贵州"形象推广和对外传播力度空前加大】 (1)继续在中央电视台开展"多彩贵州"形象片投放工作。有效解决工作机制,确保成为常态化工作。据央视市场研究机构提供的广告监测数据显示,2011年8月1日至2012年12月31日,有9亿人通过央视收看到贵州形象片,平均每人收看20次,收看过3次以上的观众达6.3亿人,仅今年1至8月,就有超过110亿人次收看。"走遍大地神州·醉美多彩贵州"已成为贵州形象的代名词,该片的播出进一步传播了贵州新形象,极大提升了贵州在外的知名度和美誉度。同时,其创意作为省市形象和品牌宣传经典案例,被全国多家重点高校传播学课程运用。

(2)在天安门广场LED大屏幕投放"多彩贵州"形象片。经与北京市委宣传部积极协调,定于2013年全国"两会"前在天安门广场LED大屏幕免费播出我省形象片。省委外宣办专门成立了项目组,委托专业制作公司开展形象片摄制工作,并于2012年底组织完成了后期制作。

【2012"多彩贵州踏春行"暨迎接省第十一次党代会大型主题采访活动】 3月24日至3月30日,由省委组织部、省委宣传部、省经信委、省旅游局、省扶贫办主办,省委外宣办(省政府新闻办)及省有关市(州)党委、政府承办的2012"多彩贵州踏春行"暨迎接省第十一次党代会大型主题采访活动在我省举行。活动共邀请了《人民日报》、新华社、中央电视台、中新社、《瞭望周》刊、凤凰卫视、香港《经济日报》等64家境内外媒体、门户网站的92名编辑、记者,以及11家兄弟省(区、市)党委外宣办负责人参加。此次采访活动围绕工业强省、"四帮四促"、扶贫开发、民生建设、多民族文化大发展大繁荣、"旅游强省"建设等五个主题,采取调研的方式,分八条线路赴九个市(州)深入采访。据不完全统计,各类媒体共刊播报道200余篇(条、幅),充分展示了我省工业强省、"四帮四促"活动、扶贫开发、民生建设、旅游强省、民族文化、红色文化等,对外宣传了我省投资环境、比较优势和后发优势,以及我省进入"十二五"以来经济社会发展取得的成效,对外宣传展示了"多彩贵州、开放贵州、希望贵州、奋进贵州"综合形象。

【邀请境内外媒体来黔采访报道】 (1)继续邀请各级各类媒体走进贵州集中采访。积极邀请国家外文局、中央人民广播电台、香港凤凰卫视、香港《星岛日报》等来黔采访报道。4月下旬,邀请中央人民广播电台台长王求率队来黔,深入遵义等6个市(州),累计行程5000余公里,就"四在农家"、文化旅游融合发展等进行了报道,总计发稿近200条(次)。协助中国外文局在贵州举办2012年全国外宣工作协作会,深化与全国外宣部门的协作关系,拓宽了我省外宣渠道。

(2)继续做好在省内举办的各类展会对外宣传。组织好对第七届省旅发大会、中国·贵州国际绿茶博览会、中国·贵阳国际特色农产品交易会等的对外宣传,组织《人民日报》、香港《文汇报》等境内外主要媒体和省主要新闻单位参会并作报道。

【"走出去"品牌推介活动继续加大力度】 (1)继续开展"世界感知多彩贵州"境外文化旅游推介活动。7月下旬,省领导率"多彩贵州风"艺术团赴美国、日本开展文化交流活动,在日本东京和美国纽约等地开展了2场推介会和8场文艺演出,其中演出现场观众达一万余人次。活动受到两国社会各界广泛关注,日本NHK电视台、美国《休斯敦纪实报》、《世界日报》等境外主流媒体、中央和省主要新闻单位作了大量报道,在两国形成了一股强劲的"多彩贵州风"。人民网、新华网、新浪、搜狐、网易、凤凰网等50余家网站刊发或转载了此次活动报道。7月上旬,与我省著名歌唱家龚琳娜合作,组织我省"大白嗓合唱团"参加TFF(Tanz-und Folkfest)Rudolstadt德国音乐节,向欧洲地区展示了我省浓郁的民族风情和特色音乐,德国之声等德国主流媒体、国内主流德语媒体中国国际广播电台、国际在线等均进行了现场报道,人民网、新华网、新浪网、搜狐网等50余家网站全方位报道了此次德国音乐节上的贵州声音。

(2)继续做好省委、省政府组团赴省外、境外参加各类展会的对外宣传。开展了第八届泛珠大会、第十三届西部博览会、2012香港美食博览会等展会的对外宣传推介,重点展示我省经济社会发展的良好态势,以及我省特色产品的资源禀赋和产业优势。

【高端平台新闻发布成效显著】 (1)十八大贵州代表团开放日活动展示激情和自信。71家中外媒体103名记者参加,代表纷纷发言并回答《人民日报》等媒体记者提问。赵克志现场接受央视记者采访。人民网等进行图文直播。100余家网站转载相关报道,《点燃每个人的激情与自信》累计访问量达4千万次,赵克志被称为激情代表。百度关键词显示相关链接29.6万条,在各省区市中为第五位。赵克志书记肯定开放日活动组织得好。

(2)全国"两会"贵州代表团开放日活动精彩纷呈。原定2小时活动持续了3个多小时,80多家媒体的180多名记者参加,7位代表回答了凤凰卫视等15家媒体记者20余个提问,并出现争抢提问的情景。贵州电视台和中国网等进行现场直播。"强行起飞"等精彩话语被媒体直接引用。百度关键词显示相关链接141万条,居各省区市前列。三是国发2号文件新闻发布会成为2012年度贵州外宣开年第一仗。这是我省首次在国新办举行新闻发布会。国家发改委和国新办给予了大力支持。时任省长赵克志、国家发改委副主任杜鹰等出席,介绍文件出台的战略考量和对贵州发展的重大意义,并回答中央电视台等媒体记者提问。64家境内外媒体近150名记者参加,贵州电视台和国新网等进行现场直播。百度关键词显示相关信息284万条。栗战书同志批示"很成功"。

【重大主题新闻发布影响力不断扩大】 (1)贵州·香港投资贸易活动周媒体推介会。6月10日媒体推介会在香港举行,谌贻琴、蒙启良等出席。香港中联办宣传文体部副部长刘汉祺、中央主要驻港媒体负责人、香港主流媒体高层和记者共20余家单位近40人应邀参加。香港《文汇报》等媒体高层负责人先后发言,并就如何处理旅游发展与工业发展的平衡等进行面对面交流。谌贻琴接受了香港卫视现场专访。

(2)第二届中国(贵州)国际酒类博览会系列新闻发布会传播覆盖面广。8月9日和9月8日,贵州省和商务部分别在北京和贵阳联合举行了2

场新闻发布会。谌贻琴、蒙启良、姜增伟等出席，并回答了凤凰卫视等媒体记者提问。近150家媒体190多名记者参加。百度关键词显示相关信息252万个。

(3)中外媒体集体采访贵州扶贫开发推进可持续发展项目新闻发布活动。这是我国参加联合国可持续发展大会前，国新办“可持续发展”主题系列新闻发布中的唯一赴地方开展的发布活动。活动将新闻发布与实地采访结合，6月1日在贵阳启动。副省长禄智明、国家扶贫办副主任郑文凯、中央外宣办新闻局局长郭卫民等出席，并回答新加坡联合早报、印度时报等媒体记者提问，24家中外媒体近40名记者参加。中国网等进行现场直播，中外媒体发稿50余篇(条)，大量稿件被各网站转载。

【党务政务常规新闻发布吸引力不断增强】 (1)坚持不懈加强把关。加强与党政部门、新闻媒体的沟通和协商，加强新闻发布的流程管理，严格审核发布内容、人员、问题设计、敏感问题、背景资料等，不断提高新闻发布的新闻性、权威性和传播效果。新闻发布内容覆盖了工业强省、城镇化建设、生态建设、特色产业、金融业、民族文化、旅游开发、扶贫攻坚、民生改善、四帮四促、引金入黔等经济社会发展各方面。

(2)不断扩展发布空间吸纳更多人参与发布活动。据不完全统计，全年约有280多家(次)单位和部门的290多人(次)参加了38场新闻发布会和8场新闻通报会，约1650多家(次)中外媒体和网站的2780多人(次)记者就270多个问题与我省约170多人(次)的省领导及有关部门和地区负责人进行了现场问答，传播范围不断扩大。

(3)省第十一次党代会新闻发布会实现零突破。这是我省首次召开党代会新闻发布会。张群山、宋璇涛、孙永春出席发布会，谌贻琴主持会议。90家新闻媒体和网站201名记者参加。人民网、新华网等19家网站进行现场图文直播，央视网、凤凰网、搜狐等纷纷转载相关报道。百度关键词显示相关信息184万个。省委领导肯定新闻发布会现场气氛很好，整个效果也很好。

【突发事件及敏感问题的应急发布与舆论引导主动有效】 (1)围绕省委、省政府重大发布活动组织编印《备答口径》。认真研判新闻舆情，组织编印550多个问题备答参考，内容涉及经济社会发展的各类重点问题和敏感问题。

(2)协调组织威宁抗震救灾新闻发布及采访报道。参与组织14家媒体24名记者赶赴灾区，及时协调获取权威信息，深入一线采访，迅速反映灾害情况、安置情况和救灾进展等，连续6天刊(播)发报道80余篇(条)。

(3)指导做好毕节“11·16”事件应急发布。参与应急工作组赶赴毕节，了解处置情况，掌握媒体采访需求，汇总分析舆情，针对媒体炒作5名男孩生前生存状况等，指导发布信息，做好记者服务，积极引导舆论。

(4)及时协调组织应对敏感问题舆情。针对媒体炒作我省石漠化速度扩张、93号汽油、黎庆洪涉黑案、“5·28”糜崇标案、“6·4”和“7·5”期间维稳工作、外国媒体采访龙美伊、白酒“塑化剂”事件等，发挥新闻发言人队伍作用，指导制定口径及舆情分析，通过新闻发布、提供新闻稿件等方式，适时发布权威信息，抢占舆论高地。

(5)指导做好接待外国记者采访工作。加强与省外事部门的沟通协调，就外国记者电话问询和采访有关敏感问题，会商应对办法。指导省高院、省环保厅、毕节市、威宁县等积极应对日本、德国、英国等国媒体记者的采访需求。

【坚持品牌打造，深入开展“诚信友爱贵州人”网络文化活动】 借助微博客网络传播平台，发起贵州诚信友爱好人好事“随手找”、“随手拍”、“随时传”微博征集活动，开展“德行贵州”系列微访谈，时任省委常委、宣传部部长谌贻琴出席活动启动仪式并致辞。省文明办、省政府新闻办和各市(州)文明办、新闻办，七十余个县(市、区)党委宣传部在腾讯网开通的官方微博，与贵州各新闻媒体官方微博，以及千余名贵州爱网青年志愿者个人微博形成了“诚信友爱贵州人”微博群。活动开展以来，超过16万微博网友发布了贵州诚信友爱好人好事、诚信友爱宣言；推出20期先进典型“微访谈”，获得200余万人次的访问；通过百度搜索

“诚信友爱贵州人”，搜索出相关网页达31.5万。全省各地宣传部门积极参与活动，深入挖掘推出了长顺县敦操乡“背篼”干部、“最美乡村医生”钟晶、“贵阳最美女孩”向欣园等一批先进典型。通过微博群积极宣传，积极推荐，相互收听、相互转播，增强了“诚信友爱贵州人”活动的覆盖面和影响力，使宣传效应呈几何级数增长，在网上形成浓厚的舆论氛围，推动形成了良好的社会道德风尚。

【精心组织“背篼干部”精神系列网络宣传】 省内主要网站积极宣传报道“背篼干部”先进事迹，分别开设了“践行宗旨一心为民向背篼干部学习”、“贵州背篼干部背出鱼水情深干群效应”等专题，推出“重要导读”、“学习动态”、“精彩评论”、“图片报道”、“网上学习会”等专栏，发稿400余篇(条)。《贵州手机报》、《当代党员》手机杂志等持续报道“背篼干部”先进事迹，“贵州名博”博主发表10余篇博文。组织协调贵州广播电视台第五频道拍摄制作“背篼干部”微电影，省委外宣办与省广播电视台联合举行了首映式。中国贵州网(省政府新闻办主办)英文频道、《中国日报》贵州频道(英文版)积极开展对外报道，引起《华盛顿邮报》等外媒的关注转载。通过系列网络宣传，广泛宣传了“背篼干部”先进事迹，挖掘了“背篼干部”思想内涵，提振广大干部群众精气神，较好地树立了我省基层干部良好形象。

【成功举办2012“全国知名网络媒体、博主多彩贵州行”大型主题采访活动】 6月11日至6月15日，省委宣传部、省文明办、省发改委、省经信委联合举办了“网眼看贵州聚焦新跨越——2012全国知名网络媒体、博主多彩贵州行”大型主题采访活动。中央重点新闻网站、全国知名商业网站、有关省(市、区)重点新闻网站记者编辑和全国知名博主、版主，省内媒体，以及有关省(市、区)党委外宣办(网信办)负责同志，共计94人参加采访活动。参与活动的中央、全国各省(市、区)的网站共开设了32个栏目众多、信息量大的专题，除反映本次采访外，还设置了贵州经济社会发展、文化旅游、民俗风情等专栏。截至2012年7月2日，共采写发出报道800余篇、博文360余篇、微博5500余条、照片近8000幅，较好地推动外界认识贵州、了解贵州、感知贵州、投资贵州。“微博贵州”开设了此次活动的话题，采访的情况通过微博及时传达给近百万的听众。参加活动的记者编辑、博主积极发挥微博的传播优势，随时随地通过简短的文字、图片把所见、所拍发至所属网站的官方微博，第一时间进行传播。来自全国的知名博主、版主充分发挥专长，撰写的博文有实事、有分析、有数据，数十篇博文点击率达万人次以上。

【第二届网络问政与舆情监测高峰论坛在贵阳举行】 9月21日，人民网、省委宣传部在贵阳共同举办微时代·大责任——第二届网络问政与舆情监测高峰论坛。省委书记、省长赵克志为论坛的召开发来贺信，省委常委、宣传部部长喻红秋、人民日报社副总编辑马利，省政协副主席谢晓尧、人民网总裁兼总编辑廖玒出席会议。中央、省(市、区)互联网相关部门、中央驻黔新闻单位、中央新闻网站贵州频道、省直有关单位、省主要新闻单位、省主要网站负责同志，各市(州)以及贵阳市各区县党委宣传部主要负责同志近200人参会。语文出版社社长、原教育部新闻发言人王旭明，国家行政学院电子政务专家委员会副主任，教授、博士生导师汪玉凯，北京大学新闻学院副教授胡泳等专家围绕“微博时代网络问政与舆情监测”作主题演讲。同时借助此次平台，通过在各个场合、各种载体中融入贵州元素，宣传推介贵州人文景观和经济社会发展成就，增强与会人员对多彩贵州的认识了解。

【网络信息管理日益规范】 (1)切实加强网络管理。加强新闻网站的备案管理，开展对中央新闻网站地方频道(分站)的初审报批，开展省属新闻网站的日常管理和年检工作。精心安排部署十八大期间网络管理，日常通过内部通信系统发管理提示近百条，大会期间建立值班制度，全天候监看巡查，确保网上信息安全。

(2)做好网上舆情日常监测。今年以来，先后处置黎庆洪涉黑案、网民质疑学生营养改善计划、关岭3.15事件、织金学生食物中毒事件等多起重大网络舆情。向国家互联网信息办、有关省领导编辑报送各类网络舆情信息、日报、专报等近4000条(期),全面反映互联网上涉黔舆情动态,为决策层提供国内网络舆情和应对案例,中央领导批示近20条,省领导批示近60条。省互联网信息办公室获人民网"网络舆情监测管理奖"。

【外宣工作机构和干部队伍建设水平进一步提升】 (1)健全完善各级外宣工作机构。正式成立省互联网舆情研究中心,切实提高我省网上重大舆情发现和处置能力,为各市(州)的机构建立健全提供参考;各地网络宣传工作机构建设稳步推进,贵阳市、安顺市已成立互联网信息办公室,其他各市(州)相应机构也正在筹建。

(2)加强干部队伍建设。今年先后在广州南方传媒学院、上海交通大学举办了2012年全省外宣办主任培训班、全省新闻发言人培训班、全省互联网宣传管理培训班,各级各部门200多名干部参训。重点做好课程设置和教师选择,创新形式、丰富内容,将课程讲授与现场交流、推介展示、模拟演练、专家点评、实地考察等结合,增强了针对性、实战性和现场感,有效开拓了我省外宣、网宣干部和新闻发言人队伍的视野和思路,提升了业务工作水平和能力。

【各级各部门外宣工作亮点纷呈】 (1)各市(州)外宣工作丰富多彩。贵阳市继续围绕生态文明贵阳会议和"避暑季"开展系列对外宣传。遵义市大力宣传以先进典型人物为主的"最美精神"。安顺市继续举办中国·贵州黄果树瀑布节。六盘水市继续对外宣传"中国凉都"品牌。毕节市依托第七届省旅游产业发展大会平台开展系列对外宣传。铜仁市着力塑造"梵天净土·桃源铜仁"品牌形象。黔东南州借助中央电视台等高端媒体对外展示丰富的传统民族节庆活动。黔南州加强与各级各部门联系沟通深化"大外宣"格局。黔西南州积极邀请和组织境内外主流媒体采访经济社会各方面发展成就。

(2)省委外宣领导小组成员单位外宣工作深化拓展。各级财政部门进一步加大对外宣工作的支持和投入力度,有力保障了各级外宣事业的发展。省民委、省文化厅积极组织参加、开展全国第四届少数民族文艺会演、"中华风韵·多彩贵州风"澳洲巡演等活动,推动我省文化"走出去"。省商务厅主动组织我省企业参加国内外知名展会,对外展示我省日益改善的投资环境和独特产业优势。省旅游局继续加大"走出去"到境内外主要客源市场推介贵州力度,提升"多彩贵州·醉美之旅"品牌形象。省外事办继续坚持"寓外宣于外事活动中"的原则开展工作,积极主动邀请和接待外国媒体来黔采访。省主要新闻单位继续组织开展"全国名家看贵州"、"听多彩之声·说魅力贵州"直播、"全国卫视贵州行"等"请进来"大型采访活动,加大向中央人民广播电台、中央电视台等的供稿力度,深化与中央、省外媒体的合作。各有关成员单位在对外交流交往中坚持开展对外宣传,推动我省"大外宣"格局不断深化。

舆情信息和调研

【概述】 2012年以来,研究室(舆情信息处)在部领导的正确领导下,坚持围绕中心、服务大局,在克服人手少、工作任务多的基础上,主动适应新形势新任务的需要,创新方法、整合资源、挖掘潜力,积极为领导科学决策服好务,推动了处室各项工作上台阶上水平。

【舆情信息工作迈上新台阶】 2012年以来,紧紧围绕党和国家重大决策部署和重大方针政策、党的十八大和省第十一次党代会精神、社会热点难点问题收集报送信息。通过全省宣传思想文化战线舆情信息工作部门和特约信息员的共同努力,我部舆情信息工作在数量和质量上都有显著提升。截至12月10日,共向中宣部、省委办公厅报送《贵州舆情信息》5000余篇,被中宣部、省委办公厅采用230余篇,得到了领导的肯定和好评。抓好舆情信息的基础性工作,制定了《中共贵州省委宣传部特约信息员考核管理办法》,建立一支特约信息员队伍;加强舆情信息员队伍培训,不断提高全省舆情信息队伍的整体素质。此外,积极主动加强与中宣部舆情信息局的联系和沟通,建立了良好的感情基础，得到了他们的大力支持和帮助。

【调研工作稳步推进】 一是组织召开了全省宣传文化系统舆情信息暨调研工作会议，传达学习全国省市区党委宣传部调研工作会议精神，总结了2011年全省调研工作，表彰了2011年度优秀调研报告，安排部署2012年调研工作，下发《省委宣传部2012年宣传思想文化工作调研要点》、《关于表彰2011年度优秀调研报告的决定》等文件。二是认真加大向中宣部报送材料工作的力度，在稿件数量、质量等方面有了明显提高。报送的《贵州运用"大宣传"方式推动兴起迎接党的十八大精神热潮》、《省委常委、宣传部长喻红秋谈学习贯彻党的十八大精神》被中宣部《宣传工作》采用。三是加强对省直宣传文化系统各单位和各市州宣传部调研课题的规划指导，及时了解工作进度，加强督促检查，推动调研成果为领导决策参考，进一步提升服务中心、服务决策的水平。目前，正在对各地报送的调研报告进行评选，拟对评选出的优秀调研报告汇编成册。

【抓好部刊《贵州宣传》和《贵州宣传年鉴》编辑工作】 做好《贵州宣传》的编辑工作，编辑出版《贵州宣传》月刊12期，共约80万字，400余张图片。抓好《2011年贵州宣传年鉴》的编辑工作，共约60万余字。

【做好部领导的文稿服务工作】 按照部领导的要求，积极主动完成好交办的文稿起草任务。共参与起草并完成领导文稿(篇、余心声文章)篇。

【认真做好《贵州宣传专报》的编辑工作】 目前，已向省委常委、省人大副主任、省政府副省长、省政协主席、副主席报送《贵州宣传专报》25期。

【在为部中心工作提供决策参考服务上取得新突破】 把加强改进调查研究作为服务中心工作和提升工作水平的头等责任。一是根据中宣部工作要点和部工作要点，研究制定下发2013年调研工作要点，指导各市(州)党委宣传部和省直宣传系统各单位开展调研工作。二是开展重点选题调研工作，根据部中心工作重点，确定一批重点选题，并组织各市(州)党委宣传部和各有关单位开展调查研究。三是根据部领导的重大决策部署和重大工作思路，组建由部机关年轻干部、青年学者和基层实际工作者组成的调研小组，围绕宣传思想文化工作的新部署、新观点、新思路开展调查研究。

【在总结提炼全省宣传思想文化工作经验上取得新突破】 在认真做好部机关重大文稿服务的同时，把总结提炼全省宣传思想文化工作经验放在突出位置，加大向中央和中宣部刊物的推介力度。一是加强对部领导重要讲话的改编，把其中的重要思想和最新思路及时报送和反映。二是主动与部各有关处室沟通协作，对其牵头组织的重大工作和重大活动认真总结提炼，把工作亮点和新鲜做法及时推介。三是加强与市(州)党委宣传部和各系统单位联系，把基层的新经验认真研究总结并及时推介。

【在舆情信息工作机制完善及质量提升上取得新突破】 作为全国为数不多的没有单设舆情信息处的省份，尤其需要在工作机制和工作方法上着力创新，最大限度调动全省宣传系统的力量推进全省舆情信息工作上台阶。一是制定修改一批制度。研究制定《舆情信息研究基地考核管理办法》、《舆情信息直报点考核管理办法》等，修改完善《舆情信息考核奖励办法》、《舆情信息分析制度》。二是加强各地各有关部门的业务培训和指导力度。积极争取把舆情信息工作纳入宣传部长培训的内容。创新培训形式组织业务培训。强化对各地各有关部门的业务指导。三是加大考核管理力度。提高舆情信息对市(州)党委宣传部业务绩效目标考核分值比重，积极探索对宣传系统各单位考核奖励办法。四是加大协调沟通力度，积极争取上级单位的指导和兄弟单位的支持。

【在做好做强宣传工作平台纽带方面取得新突破】 围绕把《贵州宣传》办成与省委宣传部工

作地位作用相称的全省优秀内刊的目标，办好新改版后的《贵州宣传》。一是加强编辑部力量。积极争取引进优秀专业编辑人员加入。把编辑人员扩大到部机关各处室。建立和规范编辑部运行机制。二是做强通讯员队伍。组建特约文字通讯员队伍。组建特约摄影师队伍。组织开展通讯员队伍培训。三是提高编辑专业化水平。

队 伍 建 设

【概述】 2012年，在部务会议的领导下，按照宣传思想文化工作"品牌年"的工作要求，全面贯彻落实党的十八大、省第十一次党代会和党的十七届六中全会、省委十届十二次全会、省委十一届二次全会精神，按照中央和我省组织工作的安排部署，坚持服务为本，着力改革创新，推进工作规范，深化干部人事制度改革，加大干部培训工作力度，推进人才培养工程，着力提高干部队伍素质，大力营造干事创业、风清气正的选人用人环境，努力为做好新时期宣传思想工作提供坚强的组织保障和人才支撑。

【坚持改革创新，不断提高部机关选人用人公信度】 按照《中共贵州省委宣传部机关"十二五"期间深化干部人事制度改革的实施意见》，继续采取竞争上岗方式选拔配备处级领导干部。在竞争上岗工作中大胆创新，通过引入年度考核结果、设置面试群众评委、开展竞岗陈述和民主推荐、部务会议成员无记名差额票决任职人选等方式，先后选拔配备了4名正处级领导干部、6名副处级领导干部。采取"两推一述"的方式选拔配备了2名调研员、2名副调研员。在2012年省直单位领导班子、领导干部履行党建和干部工作职责满意度民意调查中，我部所有考核指标并列第一。我部干部队伍建设工作得到了省委书记、省长赵克志同志高度评价，并在省委《工作交流》上作经验交流。注重实践锻炼，推荐1名处级干部到中宣部挂职锻炼，选派1名处长到县区挂任同级党委常委、政府副职，继续从省直宣传文化系统和市州党委宣传部、县市抽调了30余名干部到部机关交流锻炼，轮岗交流3名处长、提拔交流3名处长、4名副处长，4名科级干部。推行年度量化考核，按照处长（主任、组长）、副处长（副主任、副组长）、调研员、副调研员、主任科员、副主任科员、科员、工勤人员八类进行民主测评分值量化，并将量化分值作为干部职工年度考核等次评定的主要依据，有3名表现优秀的同志连续三年年度考核被评为优秀等次，经省公务员局批准记三等功。对考核分值在各类别中排名末位的，由部机关考核小组进行谈话。

【注重规范管理，加强宣传文化系统干部队伍建设】 始终坚持党管干部原则，按照中发〔1989〕7号、省发〔1989〕16号文件的规定，与省委组织部共同做好省直宣传文化单位省管干部的选拔、任用和管理工作。建立省直宣传文化单位领导班子、厅级后备干部及市州党委宣传部主要负责人信息库，及时掌握省直宣传文化系统领导班子思想政治及班子配备情况，共同做好省直宣传文化单位领导班子建设和干部队伍建设。始终坚持党管意识形态原则，按照坚持原则、把握条件、程序规范的要求，加强对省直宣传文化单位党委（党组）提出的重要岗位和重要舆论阵地干部任职人选选配、管理的考察考核和审查把关，深入细致做好省文联全会换届选举工作，指导省文联、省新闻"两会"、省作协、省美协、省舞协等做好换届工作。积极探索创新，与省委组织部共同出台了《贵州省管国有文化企业领导人员管理办法（试行），按规定做好省管国有文化企业领导人员选拔任用工作。

【坚持服务大局，抓好人才选拔培养使用】 在广泛征求意见的基础上，组织有关专家和各处室拟定了15个宣传思想文化工作调研课题，采取竞争性申报、先行拨付部分资助经费，最后根据调研成果评比结果进行经费奖励的形式，委托15名宣传文化系统"四个一批"人才开展专题研究。按照《贵州省宣传文化系统"四个一批"人才选拔培养管理办法》，开展第五批全省宣传文化系统"四个一批"人才推荐选拔工作，首次将高校社科研究人才纳入全省宣传文化系统“四个一批”人才选拔培养范围。通过组织推荐、资格审查、专家评审、领导小组会议审定，评选出第五批全省宣传文化系统“四个一批”人才人选 53 人。有 1 名“四个一批”人才入选贵州省第二批核心专家，4 名入选贵州省省管专家，3 名获贵州省“青年创新人才奖”。

【着眼提升素质，强化干部培训工作】 按照分级分类、分工负责的原则，坚持按需培训、学用结合、注重基层，重点学习政治理论、宣传业务知识、政策法规和相关知识，着力抓好全省宣传部长培训班，培训中创新培训方式，丰富培训内容，通过案例教学、现场教学、参观考察等方法，增强了培训效果，受到学员的欢迎，已培训县级党委宣传部副部长近 200 人，提前一年完成将县级党委宣传部副部长轮训一遍的任务。选派省文联党组书记、2 名市级党委宣传部长、6 名市级党委宣传部副部长、10 名县级党委宣传部部长参加中宣部举办的文艺工作研讨班和各类宣传部长培训班。积极做好与武汉大学联合举办的研究生班 2009、2011 级学习管理工作，完成 2012 级招考工作（共录取 12 人，其中破格录取 2 人）。按照“学用结合”的思路，通过“实地考察项目、专家讲授思路、领导讲解案例、项目负责人介绍实际操作”的方式，在省委组织部的大力支持下，在陕西省西安举办了文化产业专题研修班，共培训县级政府分管文化工作的负责同志 20 余人。与省委组织部共同在韩国举办了一期“贵州文化创意产业培训班”。向各地拨付 2012 年度县级和城乡基层宣传文化队伍培训专项资金 400 余万元，推动各地贯彻落实中宣发〔2010〕14 号文件和省委十届十二次全会精神。

【进一步调整完善机关内设机构，加强内部服务管理】 经省编办批准，将文化体制改革和文化产业发展办公室更名为文化改革发展办公室，单独设立，下设综合处和文化产业发展处；成立正处级全额拨款事业机构贵州省互联网舆情信息监管中心。及时准确为部机关全体干部职工办理工资，统筹部机关干部职工年休假，抓好部机关干部和省直宣传文化系统厅级干部出国（境）审查审批工作。

机 关 党 建

【组织学习党的十八大精神和学习省第十一次党代会精神】 十八开幕当天，组织全机关党员收看电视实况，并及时组织各支部开展党的十八大精神和省第十一次党代会精神专题学习活动。12 月 10 日，部务会成员在自学的基础上进行第四季度集中学习讨论。本次学习的重点是党的十八大精神、省委十一届二次全会精神。中心发言人是周晓云副部长。

【扎实开展“帮联驻”工作】 在部务会领导下，把“帮联驻”工作放在重要位置，部主要领导同志主持召开部务会和部县联系会议，专题研究部署“帮联驻”工作。明确部领导班子成员、各处室和处级以上干部挂帮联系乡镇及具体挂帮任务。部领导班子成员带队多次赴平塘县开展挂帮工作，帮助完善平塘县经济和文化旅游发展产业规划，帮助平塘县大塘镇发展茶产业。自挂帮联系平塘县以来，我部争取和协调平塘县广播电视“村村通”工程，摆图水库建设、掌布 - 铁厂旅游公路建设等大项目 20 余个，涉及资金 1.2 亿元左右。我部在平塘县文化基础设施建设方面直接投入的资金达 1300 万元左右，共建成 10 个乡镇文化广场、5 个“乡村学校少年宫”、50 个行政村“农民文化家园”等。

【加强部机关党建工作】 部务会高度重视机关党建工作，制定了工作计划和相关制度。3 月 11 日，向部务会汇报了《中共贵州省委宣传部开展基层组织建设年活动推进发展型党组织建设工作方案》，会后，机关党委根据部务会提出的意见进行修改，印发各支部开展活动。10 月 19 日，向部务会汇报了《省委宣传部 2012 年度领导班子民主生活会方案》，机关党委根据部务会提出的意见修改后组织实施，按要求报送省纪委。

【认真开展“基层组织建设年”活动】 根据《中共贵州省委宣传部开展基层组织建设年活动推进发展型党组织建设工作方案》,以平塘县作为党委联系服务点,开展基层组织调研,并组织各支部和机关共青团支部到平塘县开展帮扶活动。在机关党建工作制度中新增了“党员队伍思想状况定期分析制度”内容和“党组织书记定期与党员谈心制度”内容。4—6月份,各支部按照党章和《中国共产党党和国家机关基层组织工作条例》进行了换届工作。完成了党组(党委)分类定级和机关党委和各支部的基层组织分类定级、整改提高、晋级升位工作。部务会、机关党委和各支部三个层次均制定了《整改提高、晋位升级公开承诺书》。

【抓好离退休干部党支部建设】 (1)认真按照中组部《关于进一步加强和改进离退休干部党支部建设工作的意见》,把离退休干部党支部建设纳入党的基层组织建设总体规划,统筹安排,分类指导,整体推进。

(2)抓好组织基础建设。通过保障活动经费,提供学习资料,落实活动场地,为离退休干部党支部开展工作创造条件。

(3)抓好离退休干部党支部的班子建设。离退休支部实现了组织健全、制度完善、管理规范、活动经常,党员同志认真履行义务,按时交纳党费。

(4)抓好形式多样的组织活动。组织老同志们参加重要会议、重要活动,参观工农业生产和改革开放的成果,通过参加有关座谈会、情况通报会等,为宣传思想工作的提升建言献策。全年共组织集中学习和参加上级组织的学习、培训20余次,有260余人(次)老同志参加。

【抓好离退休干部职工的学习】 每月认真组织离退休支部的政治学习,结合我处工作实际,按照部机关的统一安排,认真组织学习和传达全国、全省宣传部长会议、全省老干部工作会议精神。科学谋划履行服务老干部工作职能,进一步组织和动员离退休干部在推进社会主义文化大发展大繁荣中发挥余热作用。在学习内容上着重加强政治理论教育,加强理想信念教育,加强观念教育。在学习形式上采取“三种方式”:离退休干部党支部每月坚持过好组织生活,抓好集中学习;与在职工一起共同学习,增进离退休干部与在职同志的沟通,了解本部门的工作情况;结合学习党的十七届六中和省委十届十二次全会精神,通过专题学习交流、讨论、畅谈个人心得体会,刊登于《贵州宣传》、《贵州老年报》等刊物。

【开展离退休干部职工的各项活动】 按照年初工作安排,7月12—13日组织部机关离退休老同志赴平塘县开展“学先进、见行动、争优秀”为主题实践活动;9月20日组织部机关离退休干部职工到永乐乡开展组织活动。通过参加活动,老同志们对我省改革开放以来经济社会发展和社会主义新农村建设的成就有了新的切身感受。

按照省老年体协《关于举办省直机关老年人“健身健步走”活动的通知》要求,组织部分离退休干部职工30余人参加由省老年体协4月17日在花溪举行的2012年“健身健步走”活动等。

积极支持老同志参加省诗词楹联学会、省委机关老年诗书画研究会等活动,在此活动中我部老同志取得了较好的成绩,二等奖三名(一等奖暂缺)我部的潘万权老同志获得,共获奖32名。组织老同志参加省直属机首届老年人文艺节活动,我部老同志参加书法、绘画、摄影比赛。获一等奖5个3人次,二等奖8个5人次,我部获组织奖。全年组织老同志开展活动9次,共170余人次参加。

省直宣传文化部门工作

省文化厅工作

【加强公共文化服务体系建设】 提出了新建贵州省美术馆、贵安新区省级文化中心等相关项目建设初步方案；推进公共文化基础设施免费开放工作，全省公共图书馆、文化馆（站）和归口管理的博物馆（纪念馆）全部实现免费开放；继续推进县级“两馆”维修改造、乡镇综合文化站设备购置、村级文化活动室建设工作；继续抓好公共电子阅览室建设，实施“数字图书进农家”工程；开展了丰富多彩的群众文化活动。

（1）舞台艺术精品展现贵州文化魅力。大型民族歌舞《多彩贵州风》自推出以来，已在国内29个大中城市巡演，出访数十个国家和地区，演出2000多场次，累计观众逾200万人次。大型民族舞剧《天蝉地傩》在第四届全国少数民族文艺会演中获“音舞类剧目”金奖，并获得6个单项大奖；大型话剧《天地文通》赴京参加了文化部主办的“2012年全国优秀剧目展演”。2012年《多彩贵州风》连续第三年赴美国进行文化旅游推介巡演，此外还出访了澳大利亚等5国。黔东南州歌舞团公司及从江县民族艺术团前往法国参加蒙特利尔艺术节等6个法国艺术节，以及应邀赴美举行了“美国华盛顿中国文化节·贵州文化周”展演。

（2）推进文化遗产保护与合理利用。遵义海龙屯土司遗址、黔东南苗族村寨、侗族村寨和铜仁万山汞矿遗址入选《中国世界文化遗产预备名单》；推进印江合水传统造纸生态博物馆等一批生态博物馆建设，黎平堂安侗族生态博物馆被列为国家首批生态（社区）博物馆示范点；推进全省文化遗产保护“百村计划”，2012年12月，国家有关部门评审认定了第一批中国传统村落，全国共648个古村落入围，贵州的花溪镇山村等90个村落入选，数量居全国之首。推进非物质文化遗产保护工作，贵州省黔东南国家级民族文化生态保护实验区申报取得成功，黔南水族国家级文化生态保护实验区申报工作积极推进。《贵州省非物质文化遗产保护条例》出台，自2012年5月1日起施行。

（3）促进文化产业发展。贵州文化广场项目累计到位资金4.75亿元，完成前期投入约3亿元，省北京路影剧院改造积极推进；贵阳朗玛信息技术股份有限公司在深圳证交所成功上市；文化产业投融资平台建设顺利推进，贵州文化产业股份有限公司注册资本达4.75亿元；遵义奇利动画影业有限公司等一批动漫企业发展迅速；西江千户苗寨旅游发展有限公司获第五批国家文化产业示范基地称号；贵州光耀文化传媒有限公司被文化部认定为动漫企业。

（4）推进文化体制改革。2012年2月，省歌舞剧院等9家文艺院团（剧场）注销了事业单位法人，标志着省直文化系统经营性事业单位转制任务全面完成。省直公益性文化事业单位积极推动内部机制改革，管理水平和服务质量进一步提升。

【公益性文化基础设施建设】 提出了新建贵州省美术馆、贵安新区省级文化中心等相关设施建设项目规模、体量、功能设计初步方案。总投资15亿元、占地面积6万平方米的贵州歌剧院和IMAX影城在贵阳东线片区动工兴建。公共图书馆、文化馆、乡镇综合文化站及村级文化活动室建设大力推进。下达中央补助免费开放专项经费9328万元，用于开展“两馆一站”免费开放工作，共补助地级“两馆”9个、县级“两馆”88个、乡镇综合文化站1448个，全省公共图书馆、文化馆（站）和归口管理的博物馆（纪念馆）全部实现免费开放。完成了250个乡镇综合文化站设备购置任务,投入资金60万元资助建设6个村级文化活动室。

【文化惠民工程】 加强数字图书馆、公共电子阅览室建设,加快县级“两馆”维修改造。下达中央补助数字图书馆建设经费共240万元,主要用于建设毕节市、黔南州数字图书馆。完成了22个县级公共图书馆和文化馆维修改造,445个乡镇综合文化站、18个社区文化活动中心、95个社区文化活动室公共电子阅览室建设任务;继续实施“数字图书进农家”工程,为300户农民家庭配送电脑及数字资源。

【群众性文化活动】 赴晴隆、德江等县开展送文化下乡活动共7次;我省选送的9个节目在第十届中国西部民歌(花儿)歌会上获得2金2银3铜和2个优秀奖;选送的两个小品(遵义市群艺馆的《乡村喜剧》、铜仁市群艺馆的《母亲的心愿》)入选参加“天穆杯”全国第三届“新农村、新文化、新风尚”小品展演;组织开展了第十六届“群星奖”评选工作;举办了“农民工子女艺术培训班”;分别举办了妇女、儿童专题文艺活动,开展了形式多样的老年文化、“四进社区”、“文化助残”等活动;进一步加强了古籍保护工作。

【艺术创作生产】 苗族舞蹈《水姑娘》、苗族原生态歌曲《水歌》及《侗族大歌》等参加了6月份在京举办的第四届全国少数民族文艺会演开幕式演出;贵州参演节目之一《天蝉地傩》获“音舞类剧目”金奖,以及最佳导演、编剧、舞美、音乐、演员、新人等6个单项大奖;贵州民族歌舞集《原色》获得表演金奖,《锦鸡舞》、《跳脚》荣获最佳节目奖、最佳演员奖、最佳新人奖以及导演奖、编剧奖、舞美奖,《芦笙阵》、《踩鼓》获得节目奖;贵州为获得金奖总数最多的5省(市、区)之一,也是贵州省组团参加全国少数民族文艺会演以来获奖最多的一次。举办了第五届贵州省政府文艺奖评选工作,共计86件文艺作品入选该奖项。10月,选送的话剧精品《天地文通》赴京参加文化部主办的“讴歌伟大时代,艺术奉献人民——2012年全国优秀剧目展演”获圆满成功,受到观众和专家、领导的一致好评。组织排演的文艺晚会《多彩贵州·秀美金州》,在时间紧、要求高、任务重的情况下,出色完成演出任务,回良玉副总理和省市主要领导等观看后给予高度评价。

【对外(港澳台)文化交流】 2012年对外及对港澳台文化交流共计38起,661人次。涉及美国、法国、德国、澳大利亚、新西兰等国家和香港、澳门、台湾等地区。其中,出访31起,579人次;来访7起,82人次。与上年相比,交流项目数和出访人数均有较大幅度增加。2月,组织“中华风韵——多彩贵州风”大型民族歌舞赴澳大利亚、新西兰成功巡演,采取市场化运作,开创了中华文化“走出去”的自主运营新模式。7月,“多彩贵州风”赴日本东京、大阪、佐货举行巡演活动,之后又赴美国芝加哥、休斯敦、迈阿密、纽约演出,这是继2010年、2011年第三次赴美国进行文化旅游推介活动。7月至8月,黔东南州歌舞团公司及从江县民族艺术团一行34人前往法国参加蒙特利尔艺术节等6个法国艺术节。9月底至10月初,应美国华盛顿华人社区联盟的邀请,组团赴美举行了“美国华盛顿中国文化节·贵州文化周”演出和展览。11月,贵州地扪侗族文化生态工作室获美国总统艺术人文委员会在白宫举行的第15届“国家艺术人文青年活动奖”。

【文物保护与合理利用】 申报世界文化遗产预备名单工作取得突破性进展。国家文物局2012年11月重新审核公布45个中国世界文化遗产预备名单项目,贵州省遵义海龙屯土司遗址、黔东南苗族村寨、侗族村寨和铜仁万山汞矿遗址4个项目入选,排名全国第2位。另外,在国家文物局申报世界文化遗产工作部署中,遵义海龙屯土司遗址被列入了2015年的申报规划,将有望实现贵州省世界文化遗产数零的突破。编制完成多个历史文化名镇、名村保护规划,赤水丙安历史文化名村规划获省政府批准公布;完成了黔东南州11个苗族村寨及黔、湘、桂三省(区)联合申报世界文化遗产预备名单25个侗族村寨的文本编制;组织开展了遵义海龙屯土司遗址考古发掘工作;完成列入

2012年文化遗产保护"百村计划"的黎平县堂安村、印江合水传统造纸生态博物馆和乌当渡寨音乐生态博物馆资料信息中心设计方案的编制，并通过了专家评审，黎平堂安侗族生态博物馆研究中心建设正式启动。编制和申报全国重点文物保护、修复和安、技防方案40余项，其中35个方案得到国家文物局批准；编制省级文物保护单位维修方案24个，实施了30余项文物保护维修工程；完成安顺文庙等5处保护规划编制工作，验收了6处保护维修工程；完成30余项建设工程用地范围内的文物调查及保护方案编制工作。第三次全国文物普查工作圆满结束，全省共登记不可移动文物14852处，新公布县级文物保护单位总计1312处，申报省级文物保护单位总计75处，申报第七批全国重点文物保护单位26处。在"博物馆日"、"文化遗产日"等重要时间点开展丰富多彩的宣传活动，普及文化遗产知识，宣传文化遗产保护，发放文物法规宣传资料1万余份，接待群众咨询5000余人次。配合国家文物局做好《中华人民共和国文物保护法》颁布30周年暨修订10周年有关宣传纪念活动，举办了"贵州省博物馆免费开放回顾展"，组织息烽集中营志愿者招募活动、四渡赤水纪念馆文艺演出等等。组织参与国家文物局和人社部联合表彰先进集体与个人评选，黄平县文物局与兴义市何应钦故居管理所所长龙虎分别获得表彰。

【非物质文化遗产保护】 完成了全省国家级非物质文化遗产代表性项目保护自查工作。高度重视人类非物质文化遗产代表作名录"侗族大歌"的保护，在黎平、从江、榕江3县启动了侗族大歌收集整理、录入数据库工作。11名省级非遗传承人入选文化部公示的第四批国家级传承人名单，开展了第三批省级传承人评审工作，共评审出105名第三批省级非物质文化遗产项目代表性传承人。黔东南国家级文化生态保护实验区申报通过了专家评审并获得文化部批准，黔南水族申报国家级文化生态保护区工作积极推进。《贵州省非物质文化遗产保护条例》出台，自2012年5月1日起施行。开展了多种形式的非物质文化遗产宣传展示活动。苗族锡绣、苗族蜡染和水族马尾绣等6个项目参加了在北京举行的中国非物质文化遗产保护成果大展；"皮纸制作技艺"、"苗族服饰"参加了在西安举办的第三届西部非物质文化遗产展演；苗族银饰制作技艺参加了在浙江义乌举办的非物质文化遗产博览会；"苗族芦笙舞"、"侗族大歌"参加了在浙江嘉兴举办的"2012中国·嘉兴端午民俗文化节"活动；贵州苗族银饰、苗绣等10个项目参加了在山东枣庄举办的第二届中国非物质文化遗产博览会；贵州玉屏箫笛制作技艺、枫香印染技艺等9个项目参加了在安徽黄山举办的首届中国(黄山)非物质文化遗产传统技艺大展；贵州省17个独具特色的非物质文化遗产项目分9个批次共22名传承人赴澳门世界文化遗产——卢家大屋展示、展销，并在当地开展传习活动，反响强烈。

【发展文化产业】 2012年9月，西江千户苗寨旅游发展有限公司获第五批国家文化产业示范基地称号，至此，我省5家文化产业示范基地有4家获得了国家文化产业示范基地称号。2012年2月，贵阳朗玛信息技术股份有限公司在深交所成功上市，成为我省首家在创业板上市的网络文化企业。遵义奇利动画影业有限公司、贵州光耀文化传媒有限公司、贵阳子墨动漫有限公司、贵阳知行文化产业投资有限责任公司等一批动漫企业发展迅速。"2012(第六届)亚洲青年动漫大赛暨中国(贵阳)卡通艺术活动"在我省举办，已连续举办6届，为贵州动漫企业的发展搭建了良好平台。2012年11月，贵州光耀文化传媒有限公司获文化部动漫企业认定，全省动漫企业达到25家，其中"贵阳数字内容产业园区"入驻24家。

【文化市场管理】 积极开展平安文化市场保障行动。在全省范围内开展文化市场联合执法检查和迎接党的十八大文化市场保障行动，严厉打击违法违规行为，查处了一批具有较大影响力和典型意义的案件。省文化市场稽查总队查办的相关案件被文化部评为2012年度全国文化市场重大案件，贵阳市南明区文化综合执法大队查办的"'5·16'侵犯音像制品著作权和贩卖淫秽音像制品案"被评为2012年全国文化市场十大案件。对校园周边文化市场进行了重点整治，开展了动漫市场专项整治行动；进一步规范行政审批，加大演出市场监管力度；有序推进网吧连锁工作，全省网吧连锁率达到30%；大力开展艺术品经营单位备案工作，全省艺术品经营单位备案登记达356家；与文化部市场司共同主办了全国文化市场综合执法师资培训班，省文化市场稽查总队主办了2012年网络执法以案施训培训班；规范统一了全省文化市场综合执法队伍工作服装，文化市场综合执法队伍形象建设得到加强。

【文化体制改革】 全省文化系统承担改革任务的国有文艺院团共23家，其中：16家转制为企业，7家撤销，全部注销了事业法人，核销事业编制2127名。同时还注销了贵州省文化演出中心和省直4家剧场（院）事业法人，核销事业编制170名并转制为企业。我省成为全国率先完成国有文艺演出院团改革任务的8个省份之一，全省文化系统8个单位、17名个人被中宣部、文化部表彰为文化体制改革先进单位和先进个人。公益性事业单位内部机制改革不断深化。省博物馆、省图书馆、省文化馆等省直公益性文化事业单位积极推动内部机制改革，管理水平和服务质量进一步提升。

省广播电影电视局工作

【概述】 2012年，省广电局认真贯彻落实省委、省政府一系列决策部署，高举发展、团结、奋斗的旗帜，按照"稳中求快、快中保好、能快则快、又好又快"的工作要求，提出了"矢志抓宣传，强力抓事业，聚力抓产业，科学抓管理，在全省宣传文化系统走前列做表率"的工作思路，全省广播影视事业、产业快速协调发展，各项工作均取得了较好的成绩。

【不断加强舆论引导能力】 广播电视宣传始终紧紧围绕党和政府的中心工作，引领社会舆论，服务全省经济社会发展大局，坚持不懈地做好宣传内容和宣传形式的改革创新，不断加强广播电视的舆论引导能力。

（1）高质量完成了各项主题宣传报道工作。全方位、多视角开展各项主题宣传报道，有力地配合了省委、省政府中心工作。高质量完成了党的十八大、省第十一次党代会、全国"两会"和贵州"两会"、国发2号文件、"十二五"规划、酒博会、迎接贵州建省600周年、贵州省第二届农民运动会、项目建设年观摩会等重要会议、活动的报道。圆满完成了对深入开展"走基层、转作风、改文风"活动和新闻战线"三项学习教育"活动、大力培育和弘扬贵州时代精神、防汛抗旱、加强新农村建设、深入推进安全文化建设、"三电"设施安全保护宣传周、纪念《在延安文艺座谈会上的讲话》发表70周年等重大主题的宣传报道任务。9月7日，云南贵州两省交界处发生5.7级地震，第一时间派出记者赶赴地震灾区，对抗震救灾进行宣传报道。舆论引导力得到进一步提升，为我省加速发展、加快转型、推动跨越营造了良好的舆论氛围。

（2）制作了一批优秀广播电视作品。共向全省广播电视播出机构推荐了3批次优秀国产动画片、优秀国产纪录片，审查国产电视剧两部共80集，审查并引进境外电视剧4部共136集。贵州卫视频道引进了《密使》、《母子情仇》和《遍地狼烟》等6部首轮剧；参加2012年"春季首都电视节目推介会"，组织11部贵州题材影视作品在贵州广播电视台各个频道集中展播。贵州广播电视台制作完成了42集电视剧《英雄使命》，开始启动贵州题材《大清奇才周渔璜》的创作。全年共有3件电视作品、4件广播作品获第五届贵州文艺奖，有1部电视剧、2部广播剧、1首广播歌曲获第十二届全省精神文明建设五个一工程奖。

（3）大力开展外宣工作。2012年，贵州广播电视台在中央人民广播电台和国际广播电台播出新闻节目532条；在中央电视台播出新闻节目1250条，其中《新闻联播》播出113条，播出新闻专题11期。

【民生工程建设取得新进展】 （1）农村有线电视网络延伸覆盖和数字化整体转换。完成720个行政村有线电视网络延伸覆盖工程建设工作，占年度目标任务数500个的144%，延伸覆盖工程投资总额 1.12 亿元。对 2011 年建设完成的 300 个乡镇广播影视综合服务站进行了配套和完善，服务站建站、配套和完善工作完成投资 1420 万元;新增乡镇及以下数字电视用户 23 万户。

(2)乡镇广播影视综合服务站建设。完成 150 个乡镇广播影视综合服务站建设工作的目标任务。

(3)农村公益电影放映。完成全年 24.0372 万场的农村公益电影放映任务。

(4)广播电视村村通。提前 4 个月，完成 21.1603万座农村直播卫星地面接收站建设工程，完成投资 6880.43993 万元。超额完成目标任务 1.1603 万座。

(5)直播卫星“户户通”工程。完成 140 万户“户户通”建设任务。

(6)高清互动机顶盒转换工程。完成 20 万户高清互动机顶盒转换的目标任务。

(7)实施“三网融合”试验项目工作。省广电网络公司编制完成了《贵州省贵阳市广播电视有线网络三网融合试点实施方案》，待省政府和国家相关部门批复后组织实施。

【深入推进文化体制改革】 (1)贵州广播电视台、贵州广电传媒集团公司召开了“贯彻落实党代会精神，改革创新促跨越发展”大会，通过了《贯彻省十一次党代会精神，推动贵州广播电视台、广电传媒集团更好更快发展的实施意见》，为贵州广播影视事业、产业加快发展规划了宏伟蓝图。省委省政府主要领导分别作出重要批示，对《实施意见》给予了充分肯定。

(2)贵州广播电视台、贵州广电传媒集团相继组织实行了中层干部竞聘上岗。

(3)按照“局管台、台控企”模式，逐步理顺了省广电局、省广播电视台、省广电传媒集团公司之间的关系，正确处理好改革、发展与稳定的关系，确保我省广播影视系统和谐稳定。

(4)完善了贵州广电传媒集团公司及下属企业法人治理结构。建立健全集团公司各项管理制度，理顺管理机制，推动集团公司做强做大。

(5)开展股权整合，明晰产权关系。协调省财政厅、省工商局等部门，将局属各公司、原电视台及电台下属各公司股权全部理顺划入贵州广播电视台。已基本完成贵州广播电视台对广电传媒集团公司的增资扩股工作。

【行业管理能力进一步增强】 (1)加强广播影视播出管理。根据国家广电总局《关于开展抵制低俗之风专项行动的通知》，加大净化声频荧屏工作力度，对婚恋交友类、情感故事类、夜间谈话类等广播电视节目进行了清查，对虚假违法健康资讯广告进行了专项整顿，对出现低俗倾向的节目及时督促整改，确保导向正确，格调健康。

(2)严格广播影视执法。制定下发了《贵州省广播电影电视局行政执法职权分解方案》和《贵州省广播电影电视行政处罚自由裁量权实施办法》，认真开展了打击侵犯知识产权和制售假冒伪劣商品专项行动。逐步规范和加强了播出机构、卫星电视地面接收设施、科技、电影和广告管理。进一步提升了广播影视系统的执法水平。

(3)大力整顿卫星电视传播秩序。根据中央和广电总局《关于依法打击非法生产、销售和使用卫星电视接收设施》的文件精神，在全省广电系统开展卫星电视传播秩序专项治理行动，共出动执法人员 987 人次，对 976 家单位和个人进行了检查，查处违法违规单位(个人)92 家(个)，收缴卫星电视设施 456 套，查缴卫星接收机 425 台、卫星天线 897 面，查获“电视棒”14 只，查处非法小广告 176 张。

【科技应用水平明显提高】 2012 年底，贵州广播电视台初步具备了高清制作和高清播出的能力。并且，贵州省高清互动电视终端达到 26.34 万户，业务收入 12826.42 万元，大大超过了其他省(市)网络公司同业务发展速度。

【切实提高安全保障能力】 省广电局高度重视安全播出和安全生产工作，通过不懈努力，确保了党的十八大、全国“两会”和省“两会”等重要播出保障期实现零停播，受到国家广电总局的表彰，安全播出和安全生产能力得到进一步提高。

(1)制度保障有力。在省广电局的统一安排部署下，全省各级广电部门认真贯彻落实《广播电视安全播出管理规定》,全面加强安全管理和制度建设,安全播出工作的制度化、规范化水平明显提高,应对重大突发事件、严重自然灾害的能力显著增强。

(2)技术保障有力。加强技术装备和基础设施的升级、改造,提高了安全播出的技术保障能力和水平。党的十八大、全国全省“两会”、元旦、春节、省第十一次党代会等重大宣传活动和重要保障期实现零停播,确保了广播电视的安全播出。

(3)检查保障有力。制定下发了《关于开展“十八大”广播电视安全播出大检查工作的通知》,转发了国家广电总局《广电总局科技司关于开展2012年全国安全播出自查工作的通知》。组织成立了安全播出大检查工作领导小组,建立健全了安全播出保障机制。在各地自查自检的基础上,省局又组成检查组对遵义市、铜仁市、黔东南州共31家播出单位和地、县管理部门进行抽检。6月7日至13日省局迎接了国家广电总局安全播出检查组对我省贵州广播电视台、省网络公司、751台、761台,遵义市广电局、遵义广播电视台、凤凰山发射台、遵义网络分公司等单位进行了安全播出保障工作抽检。8月22日召开了全省广电局长暨省直广电系统电视电话工作会,安排部署了十八大宣传、安全播出等有关工作,并与九个市(州)文广局签订了十八大安全播出目标责任书。9月17日至9月26日省广电局组织对全省九个市(州)安全播出工作进行了一次全面检查。

【做大做强广播影视产业】 2012年,全省广播电视产业总收入34.60亿元;其中,电视广告8.62亿元,广播广告6306万元,其他广告925万元,有线电视收视费7.27亿元,付费电视收视费1.46亿元,网络公司其他收入2.65亿元,三网融合业务收入158万元等。电影票房收入达1.4亿元,比2011年增加0.2亿元,增幅25%,观影人次达394万人次,放映场次达31.7343万场。

【大力抓好广播影视人才队伍建设】 省广电局高度重视人才建设工作,坚持从严选拔、注重培训、加强管理三个方面不断加强人才队伍建设,不断提高服务发展的能力,为推动全省广播影视科学发展奠定坚实的人才基础。

(1)从严选拔。按照《党政领导干部选拔任用工作条例》要求,围绕加速广播影视事业产业发展的需要,坚持在工作中考察、培养和锻炼干部,不断提高干部选拔任用工作民主化、规范化水平。

(2)注重培训。今年以来,举办一期2011年新招录人员20人的初任培训班,协助国家广电总局完成地县广电局长、广播电视台长、专业技术人员23人次的培训。选调35人参加省委组织部、省人社厅干部培训。

(3)加强管理。认真落实重大事项报告制度、问责追究制度等各项制度,不断强化干部监督工作执行力,大力整治用人上的不正之风,切实维护风清气正的选人用人环境。

省新闻出版局工作

【概述】 2012年,全省新闻出版战线广大干部职工,认真贯彻落实党的十七届六中全会精神和省委、省政府工作部署,始终坚持社会主义先进文化前进方向,紧紧围绕省委“冲出经济洼地,构筑精神高地”的总要求,以“开放创新、团结奋进”的贵州时代精神,扎实推进各项工作,全省新闻出版业呈现出良好的发展态势。全省共有图书出版单位5家,音像出版单位1家,报纸44种,期刊88种。印刷企业及复打印单位2824家,出版物发行单位2787家(含独立音像零售单位),互联网出版业务网站2家。全行业资产合计135.32亿元,负债合计71.36亿元,所有者权益合计63.96亿元,销售收入73.42亿元,利润总额9.19亿元,全部从业人员年平均人数33169人。有中央及省外报(刊)社驻黔记者站66家,境外媒体香港文汇报、香港商报、大公报驻贵州办事处各1家,省内报社驻市、州、地、县记者站61家。

【图书出版】 共出版图书966种(其中新出575种),总印数7304万册,总印张483036千印张,定价总金额5.57亿元。全省5家图书出版单位,资产总计17.81亿元,销售收入4.53亿元,利润总额6111.14万元。

加强选题论证，完成了年度图书出版选题和两批增补图书出版选题论证工作，共审批选题1627种，备案重大选题19种。加强中小学教辅材料出版管理，我省4家图书出版社获中小学教辅图书出版资质。扶持重点图书出版，对全省5家图书出版单位共计64种图书的出版共给予了608万元补助资金。向总署推荐了以迎接党的十八大胜利召开为主题的图书选题32种，策划推出了《他们为什么选择中国共产党》、《中国共产党九十年评忆》等主题出版物；完成了国家"十二五"重点图书《香港艺术设计史》和省"六个一批"文化工程重点图书《贵州文化遗产丛书》、《彝族典籍图录》、《中国少数民族古籍总目提要贵州苗族卷》、《中国少数民族古籍总目提要？贵州侗族卷》等的出版工作。我局推荐的《他们为什么选择中国共产党》、《理想的韧度》、《贵州革命英烈图仕》、《奢香夫人》获贵州省第十二届精神文明建设"五个一工程奖"。加强了《十八大报告》、《党章》等十八大文献的印刷发行工作，为全省迅速掀起学习宣传贯彻党的十八大精神热潮提供了有力支持。做好书号实名申领工作，组织相关人员参加了全国书号实名申领第二期培训并获上岗证；承办了全国书号、条码、CIP管理工作座谈会并就书号、条码、CIP管理工作作了交流发言。开展第八届贵州省优秀图书奖评选活动，对我省图书出版社2009年1月至2012年6月正式出版、公开发行的图书进行评选。开展了第二十二次全国助残日捐书活动，共捐赠图书198种，913册，码洋20357.00元。

【报刊出版】 共有正式报纸44种（含大学校报种），总印数41912.8万份，总印张650238.8千印张，定价总金额31384.1万元，广告收入5856.4亿元，资产总计79160.8万元，销售收入总计15054.1万元，利润总额10352.62万元。有正式期刊88种，总印数166.574万册，总印张214214.98千印张，定价总金额58230万元，广告收入3499.5万元，资产总计10416万元，销售收入7044万元，利润总额1844.77万元。

完成了2012年度正式报刊、内部资料性出版物、中央及省外、境外报刊驻黔记者站（分社、办事处）及新闻记者证的核验工作。全省132种正式报刊共有122种通过年检，《贵州民族报》、《贵州都市报》、《贵阳晚报》、《青年时代》、《晚晴》等5种报刊予以缓验；《贵州农村金融》、《贵州水力发电》、《夜郎文学》3种子报，《贵州广播电视报》、《黔南报》5种报刊休刊。共核验省级内资刊型142家、报型61家，市（州）内资刊型159家、内资报型30家；核验66家中央及省外、境外报刊驻黔记者站（分社、办事处）；69家新闻单位的4142名记者通过核验，共核发新闻记者证4142个。印发了《贵州省关于开展打击"新闻敲诈"治理有偿新闻专项行动方案》，于2012年5月15日至2012年8月15日开展了为期三个月的打击"新闻敲诈"治理有偿新闻专项行动。加强报刊审读工作，编印《贵州报刊审读与管理》3期，全面反映了全省报刊出版与管理情况；创办了局内部刊物《贵州新闻出版审读与管理》，对新闻出版工作进行动态管理和交流。印发了《关于重申加强报纸专刊、专版管理的紧急通知》，对《贵州日报》、《贵阳晚报》等一批能按规定出版专刊专版的单位予以了表扬，对《旅游休闲报》、《贵州民族报》、《铜仁日报》等一批涉及违纪违规出版专刊专版的单位进行了通报批评或处罚。及时纠正及查处记者站记者违纪违规行为，对《中华建筑报》贵州记者站副站长违规开办公司的行为进行了处罚，对《祖国》杂志社在贵州非法设立的记者站进行了查处。《文史天地》期发数突破10万册，位列全国文史类期刊发行量前列；刊物《博鳌观察》深受读者喜爱，已成为全球富有思想光泽的高端经济评论类杂志。

【音像电子网络出版】 共有音像出版单位1家，出版DVD－V6种，2.54万张，发行总量25万张，发行总金额102.91万元。音像出版及复制单位资产总计214.64万元，销售收入102.91万元，利润总额13.32万元。

加强出版选题论证，对贵州文化音像出版社有限公司上报的70个选题进行了论证，将《红色贵州》确定为迎接十八大的重点出版选题。以项目为支撑推动产业发展，积极向总署项目库申报入库项目，我省动漫画本历史探索专题片《夜郎寻踪》和100集原创民族民俗系列动画《民族风物志》2个项目进入总署项目库。完成2011年度音像出版单位、复制单位和音像制品电子出版物制作单位、互联网出版业务网站年检和音像制品发行单位审核登记工作。加强网络审读和监管，对全省40多家网站进行清查和监控，严防登载淫秽色情和政治性非法出版物。组织参加了“2012年贵州省科技活动周”活动，共发放资料1000余份，接受咨询人数1000人次，向晴隆县捐赠了6个系列50套(2万余元)的《中华道德故事经典系列动画片》。

【出版物发行】 共有出版物发行单位2787家(含独立音像零售单位)，其中，国营书店86家，二级批发商130家，集个体书店2569家，出版物总发行2家，自办发行2家。资产总计62.55亿元，销售收入27.15亿元(销售图书4.38亿册，销售码洋29.80亿元)，利润总额2.39亿元。

组团参加第十九届北京国际图书博览会，展示图书245种。组团参加第二十二届全国图书交易博览会，展示、展销图书418种，期刊20多种。完成2012年度出版发行单位年度核验，共有3308家发行单位通过年度核验，缓期登记73家，不予通过年检的69家出版物发行单位。

【印刷管理】 共有各类印刷企业及复打印单位2824户，其中出版物印刷企业80家。全省四类印刷企业(出版物印刷、出版物专项印刷、包装装潢印刷、其他印刷)资产总计37.51亿元，销售收入28.76亿元，利润总额3.32亿元。

牵头组织开展了印刷复制发行监管专项行动，依法取缔2家无证印刷经营点，责令8家印刷企业限期整改，对3家印刷企业进行了行政处罚，1家印刷企业因安全隐患被责令停业并移交消防机关处理。加强印刷产品质检工作，对春季中小学教材教辅、“五个一”工程图书、参加宁夏书博会的参展图书、农家书屋图书等进行了质量抽检，共检测各类图书860多种。完成了2011年度印刷企业核验工作，670家印刷企业通过核验，注销25家，暂缓核验16家。宣传推广实施绿色印刷，共有820余万册秋季中小学教材采用了绿色印刷方式，这也是我省的第一批绿色印刷产品；举办了“绿色印刷周”宣传活动，发放宣传资料，解答“实施绿色印刷”相关问题，发布《实施绿色印刷倡议书》；积极帮助和指导国有、民营印刷企业开展绿色认证工作，贵州新华印刷厂和贵阳德堡快速印务有限公司等5家印刷企业通过全国绿色印刷认证。加强印刷业人才培训，与第75国家职业技能鉴定所共同举办了贵州首届印刷技师培训班，16位学员通过技师考评，成为我省第一批印刷行业高技能人才。成功举办了第二届贵州省印刷行业职业技能大赛暨第三届全国印刷行业职业技能大赛贵州赛区选拔赛，经选拔推荐参加全国大赛的选手，获得2个二等奖、11个优秀奖。

【农家书屋】 完成了3177个农家书屋(包括11个因灾损毁的农家书屋的重建)和232个数字农家书屋建设任务。截至9月底，全省累计建成农家书屋18781个，共投入资金3.76亿元，配送图书3705万册、报刊39万份、音像制品160万张，提前3年完成了国家制定的农家书屋行政村全覆盖目标任务。2012年9月27日在天津召开的全国农家书屋工程建设总结大会上，我省新闻出版局获“2012年全国农家书屋工程建设突出贡献单位”荣誉称号，16个农家书屋获得“2012年全国示范农家书屋”荣誉称号，15位农家书屋管理员获得表扬。

【体制改革和产业发展】 深化体制改革，全省音像出版单位转企改制工作任务基本完成；启动非时政类报刊改革工作，32家非时政类报刊出版单位成功转企改制；贵州出版集团公司等已完成转企改制的新闻出版单位，法人治理结构进一步深化，建立健全了现代企业制度，成为了真正的市场主体。积极争取中央及省委省政府扶持，促成总署印发了《关于促进贵州新闻出版业发展的若干意见》，从政策、资金、项目等方面对贵州新闻出版业进行扶持；全年共争取中央各类补贴资金1.25亿元，争取省级文化产业发展专项资金640万元；共3个项目进入总署项目库，13个项目列为省重点出版项目。开工建设“文化出版产业园”，“现代文化创意与数字出版产业基地”和十方控股有限公司达成投资意向，贵州出版集团公司股改上市工作进展顺利；与工商银行贵州省分行签订“战略合作协议”，为出版企业争取到 30 亿元的意向性融资。

【“扫黄打非”】 制定了年度“扫黄打非”行动方案。全省共出动执法人员 51392 人(次)，收缴非法出版物 261.2 万件，公开销毁非法出版物 237.9 万件，办理行政处罚案件 109 起，移送刑事案件 15 起，刑事处罚 13 人；重点查办了贵阳“2·22”贩卖盗版淫秽光盘案和“5·16”批销淫秽色情及盗版音像制品案等案件，有力地打击了犯罪分子，净化了出版物市场。南明区“扫黄打非”办公室和省出版物市场稽查队被评为 2012 年全国“扫黄打非”先进集体，曲钦权、杨武和朱光洪被评为 2012 年全国“扫黄打非”先进个人。

【版权保护】 推进政府机关软件正版化工作，95 家省级机关和 9 个市(州)政府机关共投入正版软件采购资金 4650 万元，采购软件 96469 套(许可)，全面完成了省、市两级政府机关软件正版化整改工作任务，并初步形成了工作长效机制。推进企业软件正版化工作，贵州出版集团公司、贵州日报报业集团实现了软件正版化。加强版权宣传和保护，全年共登记作品 192 件；开展了“打击侵犯知识产权和制售假冒伪劣商品专项行动”和“打击网络侵权盗版专项治理剑网行动”，共收缴盗版软件 1.1 万件，删除屏蔽网络有害信息 42069 条。

【党风廉政建设】 制定完善了《党组会议制度》、《局长办公会议制度》、《贵州省新闻出版局重大行政决策制度》、《关于加强重大决策执行情况督促检查的意见》和《关于建立机关作风建设长效机制的意见》等制度，扎实开展“四帮四促”、“帮、联、驻”和以“转变作风、提高效率、服务基层、推动跨越”为主题的创先争优活动，转变了工作作风，增强了干部的责任意识、忧患意识和风险意识。开展了严肃换届纪律整治用人上不正之风宣传教育工作，加强对新闻出版政府资金项目的监督检查，深入推进行风建设，树立了良好形象。提高行政审批服务水平，更换新的行政审批系统，梳理了行政审批事项，重新编制并公布了行政审批工作流程图及相关信息，提高了服务质量，群众满意度增强；新行政审批系统实现与省监察厅电子监察系统无缝对接，确保了我局行政审批权的阳光运行。全年共受理许可申请 264 件，办结率为 100%。

【记事】 1 月 9 日，省政府副省长、省“扫黄打非”工作领导小组副组长谢庆生主持召开全省第二十五次“扫黄打非”工作电视电话会议，省委常委、省委宣传部部长、省“扫黄打非”工作领导小组副组长谌贻琴出席会议并讲话。

2 月 8 日，召开全省非时政类报刊出版单位体制改革工作会议，省委常委、省委宣传部长部长、省文改文产工作领导小组副组长谌贻琴和省政府副省长、省文改文产工作领导小组副组长谢庆生出席会议并作重要讲话。

2 月 16 日，全省新闻出版(版权)工作会议在贵阳召开，省政府副省长谢庆生省文改文产工作领导小组副组长、出席会议并作重要讲话。

3 月 27—28 日，国家软件正版化工作督导检查组到我省检查软件正版化工作，副省长谢庆生出席汇报会。

6 月 30 日，贵州省级机关软件正版化工作共投入资金 1928 万元，采购正版软件 35216 套，实现了计算机操作系统、办公软件、杀毒软件的正版化。

5 月 5 日，黄定承任贵州省新闻出版局(贵州省版权局)党组书记。

5 月 26 日，黄定承任贵州省新闻出版局(贵州省版权局)局长。

8 月 17 日，李克顺任贵州省新闻出版局(贵州省版权局)党组成员、纪检组组长。

8 月 22 日，贵州省新闻出版局与工商银行贵州省分行签订“战略合作协议”，为出版企业争取到 30 亿元的意向性融资。

8 月 25 日，国家新闻出版总署出台《新闻出版总署关于促进贵州新闻出版业又好又快发展的若干意见》。

9 月 17 日—22 日、10 月 14 日—19 日，10 月 25 日—30 日，全国“扫黄打非”工作领导小组办公室第11督查组连续3次对贵州“扫黄打非”战线深化“两个专项行动”工作进行督促检查，确保党的十八大期间贵州出版物市场平稳健康有序。

11月1日—2日，新闻出版总署出版管理司和中国版本图书馆在贵阳召开了2012年度全国书号、条码、图书在版编目(CIP)管理工作座谈会，来自各省(区、市)新闻出版局出版管理处和全国近80家出版社的负责人共120余人参加了会议。

12月3日—7日，全国“扫黄打非”办公室在贵阳举办为期5天的2012年各省(区、市)“扫黄打非”执法骨干及师资培训班。新闻出版总署党组成员、中纪委驻总署纪检组组长宋明昌为培训班授课并作重要讲话。

12月21日，宫喜祥任贵州省新闻出版局(贵州省版权局)副局长(保留正厅长级)。

省委讲师团工作

【概述】 2012年，是贵州的大宣传年，也是大宣讲年，在省委、省政府的领导下，在各级党委宣传部的直接指导下，全省党委讲师团始终坚守党的理论宣传宣讲阵地，不断创新理论宣传宣讲教育工作方式，创新拓展理论宣讲工作的覆盖面，努力探索工作新机制，积极发挥职能作用，打破常规，寻求突破，切实发挥讲师团学习、研究、宣传马克思主义的阵地作用和党性锻炼熔炉作用，为贯彻落实党中央和省委的战略部署提供有效的理论服务和支撑，工作较有成效。

【宣讲工作】 与省委宣传部共同编写了《省第十一次党代会精神宣讲提纲》和《省第十一次党代会精神学习辅导材料》。组织有关国发2号文件起草及全省讲师团系统宣讲骨干人员赴全省各地开展百场宣讲、解读活动，采用多种形式，深入机关、企事业单位，共宣讲近400场次，听讲人数达5.4万余人；组织专家、学者到各市(州)和省直机关作省党代会精神辅导报告近50场，听讲人数达7000余人；组织全省讲师团系统深入基层宣讲，抽调省委讲师团宣讲骨干配合省老干局赴全省9个市(州)对老干局系统干部和离退休干部开展十八大精神宣讲，共开展宣讲190场次，听众人数达4万余人。

一年来，通过我团服务窗口，应邀到省文化厅，省保监局，省林科院，贵阳供电局，清镇、白云监狱等单位进行党章学习、保持党的纯洁性、工业强省与城镇化带动战略等多个专题的宣讲，全年共100余场次。

另外，还配合省委宣传部共同组织召开了省直机关领导干部学习贯彻党的十八大精神座谈会，整理专家领导发言在《贵州日报》刊发，推进了党员干部学习，营造了良好学习氛围。与省委宣传部共同举办了6期甲秀视线讲坛，先后邀请中央党校党史部新时期教研室主任陈述等省内外领导、专家作“弘扬贵州时代精神”、“坚持科学发展转变经济发展方式”、“国发2号文件及其推进试点试验区示范区建设”、“坚持改革开放创新发展体制机制”、“十六大以来我们党取得的成就经验和解放思想的理论创新”、“新思想新观点新目标新举措新部署——党的十八大的创新点”专题讨论。另外，还围绕“实施工业强省，大龙产业园区发展实践”、“贵安新区建设”、“贵州省文化旅游产业集聚发展”等专题成功举办了6期贵州产业论坛。

【理论研究】 组织全省讲师团系统研究编写了《贵州社会管理的实践与探索》专著，出版了《瓮福发展模式与贵州工业强省》一书。组织完成省委课题《胡锦涛同志在黔工作期间科学发展研究》之子课题《胡锦涛科学发展思想的理论基础和实践基础研究》；完成4个调研课题《加强和创新贵州省社会管理调研报告》、《加强与创新贵州省农村社会管理研究》、《贵州工业强省战略的铜仁大龙园区实践》、《贵安新区省级重大文化设施集聚区建设》；组织完成了《贵州国民收入分配研究》等5项中青年课题。在实地调研的基础上，完成《提高党员质量，保持队伍纯洁》等论文10余篇，在省级及以上刊物发表7篇，在《贵州日报》发表1篇，其中《关于老干部在保持党的纯洁性中发挥作用的思考》一文获中组部老干局组织的全国“总结干部离退休制度建立30年来老干部工作理论研讨”

二等奖。

另外，配合省委宣传部围绕“学习贯彻国发2号文件和省党代会精神”主题在全省县处级以上领导干部中开展征文活动，全省收到征文500余篇，经过评审，推荐报送30多篇优秀论文，编辑出版文集《坚持科学发展、奋力后发赶超——学习国发2号文件和省第十一次党代会精神征文集》；还在全省范围内组织了“保持党的纯洁性”征文活动，全省收到征文259篇，经过推荐、评审，评出优秀论文35篇，《理论与当代》杂志刊发了优秀论文。

【干部培训】 4月和10月，分别举办了为期两个月的省直机关处、科级干部培训班，共设专题50个，培训学员157人。4月，举办了省十一次党代会精神宣讲骨干培训班，12月，举办了党的十八大精神宣讲骨干培训班，邀请了参与起草党代会文件的领导及专家到培训班作专题报告，分别围绕国发2号文件及两次会议精神，采用学习文件原件、听辅导报告和专题讨论相结合的方式，对来自全省九个市州地党委宣传部分管理论工作的副部长、理论科科长、讲师团负责人及教学骨干、四个工委宣传部相关人员进行了集中培训，培训人数300多人。同时，将乌当、福泉、红花岗三个基地的宣讲骨干纳入培训计划，并在11月召开了干部教育培训基地座谈会，努力为基层创建一支不走的宣讲队伍。

【理论宣传】 一是做好《理论与当代》杂志发行工作，在原有栏目的基础上，紧扣时代脉搏，及时抓住贵州经济社会发展的重点和热点，开辟了“贯彻学习国发2号文件”、“贯彻学习省第十一次党代会精神”、“保持党的纯洁性”、“学习宣传贯彻党的十八大精神”等新专栏，精心策划、精心选题、精心组稿、精心编辑，推出了“贵州时代精神”、“贵州速度”、“保持党的纯洁性”、“背篼精神”、“贵州文化旅游创新”、“黎平会议”、“后发赶超”、“党的十八大精神”等主题文章，切实发挥了刊物在实现我省奋斗目标和宏伟蓝图进程中的阵地作用，全年审稿500余万字，出版正刊12期，增刊1期，刊发各类稿件270余篇，共130余万字。二是围绕“后发赶超与后发优势”、“解放思想推动跨越”、“坚持道路自信、理论自信、制度自信——深入学习贯彻党的十八大精神”等十个紧跟时事热点的专题，编制了10期《中心组学习参考资料》，共收录169篇文章，计47.6万字，该资料从原来每期印制180份增加到每期印制2000份，赠送1900多份，覆盖面扩大至县，受到各界好评。三是做好了讲师团新网站的页面设计和改版开通工作，适时添加相应栏目开展专题宣讲、形势政策宣传，网站点击率逐步上升，目前日点击率最低达约40个IP址，最高达350个IP址，网站的影响力在稳步提升。

省社会科学院工作

【概述】 2012年，省社科院坚持以邓小平理论、“三个代表”重要思想和科学发展观为指导，全面贯彻党的十八大、国发2号文件、省第十一次党代会和省委十一届一次、二次全会精神，围绕“两加一推”加强科研、管理和服务改革创新，各项工作成效明显，荣获2012年度省直机关目标绩效考核优秀奖和创新奖，新型“思想库”、“智囊团”作用进一步发挥。

【思想政治理论学习】 认真贯彻学习党的十八大、国发〔2012〕2号文件和省十一次党代会精神、省委十一届一次、二次全会精神。在深入学习基础上，结合院实际抓贯彻落实，特别是围绕重要观点、重要理念和重大关切进行深入研究，使学习贯彻中央和省委重要会议和文件精神与单位特点充分结合起来，有力推动各项工作的改革和创新。通过党委中心组学习、召开处级以上领导干部会议和全体职工大会、部门集中学习以及深入机关、地(州)市、县、企业宣讲等方式进行学习贯彻，并通过在院网站上发布简讯等方式广泛宣传，提高认识、统一思想。

【科研工作】 (1)认真组织课题申报，课题立项数量明显增加。全年组织申报各类课题129

项，立项87项，结项42项。其中，省领导圈示指示研究课题32项，比2011年增加16项。

(2)蓝皮书数量和质量在全国社科院系统中排名进一步靠前。保质按时出版发行文化产业发展报告、社会发展报告、法治发展报告、经济运行报告、国有企业社会责任发展报告、毕节实验区发展报告、扶贫开发报告7部蓝皮书。目前皮书系列数量和出版等级在全国地方社科院中位于前列。

(3)出版专著、发表论文数量增加，质量进一步提高，学术影响力进一步提升。在社科文献出版社等出版专著10余部，在《社会主义研究》等期刊公开发表论文100余篇，在《人民日报》、《光明日报》、《中国社会科学报》、《贵州日报》等发表时政类文章20余篇。

(4)《贵州社会科学》在CSSCI位次前移情况下，重新列入2012年北大中文核心期刊，是目前全省社会科学方面唯一的综合类"双核心"学术期刊。在南京大学50种全国综合性社科期刊排名中从2010年的46位上升到2012年的15位。刊发文章中有9篇被中国人民大学报刊复印资料全文转载，2篇被《中国社科文摘》全文转载，2篇被《高等学校文科学术文摘》全文转载，1篇被《新华文摘》全文转载。另有17篇文章分别被《新华文摘》、《中国社科文摘》、《高等学校文科学术文摘》、《人大复印资料》论点摘编。由于办刊成效显著，成为贵州唯一获国家社会科学基金资助的学术刊物，年度资助经费40万元。

(5)研究成果转化成效明显。向省领导和有关部门报送《社科内参》16期和《舆情信息》165期。其中，《社科内参》有8期获省领导肯定性批示，《舆情信息》获省委宣传部单独采用60期、综合采用2期，被中宣部综合采用4期。

(6)基础理论的研究进一步加强，成效明显。在清水江文书研究方面，出版了《林业经营与文书》；在贵州巫文化研究方面，已翻译苗语典籍4部初稿；在贵州佛教文化研究方面，《贵州佛教文化的典型图像—梵净山佛教文化研究》由光明日报出版社出版；在抗日战争时期贵州历史专题研究方面，已完成书稿《黔南抗战起烽烟》。

(7)研究平台进一步拓展。建设好现有贵州省非公有制经济研究基地、社会建设（遵义）研究基地、贵州社科院·毕节试验区改革发展联合研究基地建设的基础上，成立了"应用法学研究会"、黔东南社会科学研究基地、黔东南苗侗文化研究基地、梵净山佛教文化研究基地等。还应地方发展之需，主动协调对接，为遵义市、六盘水市、黔东南州等组建社科院做了大量工作。

【重大工作任务】 (1)积极主动完成省人民政府与中国社会科学院签订战略合作框架协议的筹备工作。为深入贯彻落实国发二号文件，借助中国社科院优质科研资源助推我省跨越发展，我院积极主动完成贵州省人民政府与中国社会科学院战略合作框架协议的各项筹备工作，该协议已于2013年3月8日正式签订。

(2)根据赵克志书记的批示，我院与省政府发展研究中心、省统计局共同完成《我省省级政府效率偏低指标的研究》报告，该报告得到赵克志、陈敏尔、谌贻琴等领导充分肯定并作重要批示；我院专家撰写的《"塑化剂"事件实质上是新一轮的货币战争》经省委统战部上报中央后，获王岐山、回良玉同志重要批示。

(3)集中研究力量重点攻关，省领导圈示指示研究课题获肯定性批示或进入决策。承担的32项课题有10项获肯定性批示，其中《把作风评判权交给群众——贵州省直机关开展"万人评议机关和干部作风"研究》等进入决策。

(4)积极参与并完成省委省政府及有关部门重大工作任务。重点参与了国发〔2012〕2号文件和省十一次党代会、省委十一届一次、二次全会以及《黔中经济区发展规划》、《贵安新区建设指导意见》、《毕水兴能源资源富集区发展规划》、《武陵山片区石阡县区域发展与扶贫攻坚实施规划》等重大文件、重要讲话的起草。

【学术交流活动】 (1)参加完成全国性学术研讨会（论坛）和全省性学术研讨活动35次。其中主办或承办了"全国首届贵州·岑巩陈圆圆吴三桂史迹研讨会"、"欠发达地区后发赶超论坛"、"第十六次全国社会科学院图书馆馆长协作会议"等全国性学术研讨会，主办了"贵州速度"理论研讨会、"'两步走'发展战略"理论研讨会和"文化旅游创新区建设"理论研讨会等全省性学术研讨会。这些学术研讨会经全国和我省主要媒体报道,引起广泛关注。

(2)"甲秀论坛"学术讲座及报告社会反响进一步扩大。邀请省内外知名专家学者主讲"甲秀论坛"系列学术报告21场,报告内容涵盖了政治、经济、历史、文化、法律等多个学科领域,参会专家学者超过1000人次,社会影响力进一步扩大。《甲秀论坛·2011卷》、《贵州:后发赶超与"两步走"战略研究》论文集由中国言实出版社出版。

(3)进一步加大对外宣传力度。重点加强对门户网站的管理和建设,门户网站信息内容新颖丰富,更新速度快,与时政结合紧密,相关部门和社会对我院关注度进一步提高。2012年全年门户网站点击率达39000多次,省政府门户网站、中国社会科学院门户网站等转载频次排名进一步靠前。

【人事人才工作】 (1)积极推动干部人事制度改革,圆满完成全员竞聘工作。通过竞聘,处级干部人数由竞聘前的31人增加到竞聘后的37人,总量得到有效充实;处级干部平均年龄由竞聘前的50.16岁下降到竞聘后的46.78岁,年龄结构得到进一步优化;学历层次由竞聘前的博士1人、研究生10人增加到博士3人、研究生11人,学历层次及知识结构得到较大改善,有力推动了各项工作的开展。

(2)加强人才引进和培养力度。引进了4名博士研究生;新增3名职工在职攻读博士研究生;选派2名正厅级干部到中央党校和浦东干部学院学习、5名处级干部到省委党校主体班学习、1名副处级干部到普安县挂县委常委、副县长;选派7名青年同志(博士、硕士)到省委办公厅、省委组织部、省委宣传部、省委政研室、省发改委等单位挂职和协助工作。

(3)加强贵州社科人才基地建设。进一步发挥人才基地整合研究力量、培养与汇聚人才、服务地方发展的作用,目前各子基地相关项目启动和跟踪服务工作进展顺利。在第二批省人才基地中期考核评估中,贵州社科人才基地获"优秀"等次。

【管理创新工作】 (1)完成科研动态管理系统建设并已投入使用,科研管理在全国地方社科院系统中处于领先水平,并对其他管理工作发挥很好的助推作用。

(2)实行全员量化考核。出台了科研人员、职员、工勤技能人员年度量化考核办法,进一步提高了管理工作的水平和工作效率。

(3)加强通过实践提升专业技术人员业务水平。高级专业技术人员带领初、中级科研人员参与课题研究46人次,起到了很好的传、帮、带作用。全院有8名中级职称人员晋升为副高级职称,8名初级职称人员晋升为中级职称。

【帮联驻工作】 (1)创新帮扶模式,党建扶贫和"帮、联、驻"扎实推进。院班子成员多次赴普安商定并督促落实帮扶项目,选派1名政治素质过硬,业务素质较强的同志到普安县挂职县委常委、副县长,负责挂帮工作,4名同志常驻帮扶点负责帮扶任务的落实,全院职工赴联系点开展帮扶活动达100人次。

(2)积极组织职工捐款帮扶,在单位资金紧张情况下,配套帮扶资金12.8万元。

(3)发挥智力优势,创新帮扶模式。创意并整合资源,集中力量打造中国苗族第一镇。现已完成普安县龙吟镇"中国苗族第一镇"的申报与挂牌工作。后续工作正有条不紊进行,由于智力帮扶成效明显,获2012年省直机关目标绩效考核创新奖。

【专项工作】 在认真抓好中心工作和重点工作的同时,高度重视并认真抓好离退休、统战、工青妇、社会治安综合治理、国家安全保密、综合档案管理、全民科学素质、人口计生、节能降耗等专项工作,全面完成各项任务,工作成效明显。离退休工作方面,我院史昭乐研究员撰写的论文《深刻把握欠发达地区老干部工作科学发展的基本规律》荣获中组部"干部离退休制度建立30年来老干部工作理论研讨一等奖"(我省获一等奖的仅此一项),离退休人员在参加"贵州省直属机关首届老年文化体育艺术节"书画展等活动中,获得二等奖5项、三等奖1项的好成绩;档案管理工作在省直机关综合档案管理执法检查中我院得到检查组的高度评价。

省文学艺术界联合会工作

【概述】 全年开展各项文联工作和文艺工作210余项。目前，拥有团体会员单位32个，县级文联87个，乡级文联45个。下设12个文艺家协会、3个杂志社、“两院两室一所”和机关行政处（室）共计26个部门，在编人员137人，省管核心专家1名，省管专家3名，全国“四个一批”人才1名，贵州省“四个一批”人才10名。全国文艺家协会会员1430人，贵州省各文艺家协会会员13408人。

【省七次文代会】 省委书记赵克志，中国文联党组书记、副主席赵实出席大会开幕式并作重要讲话，陈敏尔、喻红秋、顾久、左定超等省领导出席开幕式，喻红秋部长在大会闭幕式上作重要讲话；省直各厅局领导、各市州宣传部长出席会议。来自省文联32个团体会员的各民族、各艺术门类的460名代表及28名特邀代表审议通过了李碧川作的《贯彻落实党的十八大重要精神，高举社会主义先进文化旗帜，为建设贵州多民族文化强省而努力奋斗》工作报告。大会向全省文艺界发出《致全省文艺工作者倡议书》。顾久当选省文联第七届委员会主席，李碧川、李远刚、汪信山、欧阳黔森、陈加林、彭治力、禄琴、王阿依、包俊宜、殷文霞、侯丹梅、姚晓英、龙耀宏、唐亚平、张贵华当选副主席，徐凡军任省文联第七届委员会秘书长，128名代表当选为省文联第七届委员会委员，聘请杨长槐、徐圻为省文联第七届委员会名誉主席。

【围绕国发2号文件开展文艺活动】 省文联党组向中国文联呈报《关于贵州省文联贯彻落实国发2号文件精神，请求中国文联进一步加大帮扶工作力度的请示》，中国文联作出《关于贵州省文联请求进一步加大帮扶工作力度的复函》，明确进一步加大帮扶贵州省文艺事业繁荣发展的五条意见。全国各文艺家协会响应积极，并形成对口帮扶的良好态势。中国文联文艺志愿服务中心副主任廖恳一行赴贵州省文联就文艺志愿服务开展情况及2013年中国文联文艺志愿服务工作进行调研，在安顺建立文艺志愿服务基地试点。

【“多彩贵州·山花竞放”——2012贵州文艺界新春大联欢】 1月15日，“多彩贵州·山花竞放”2012贵州文艺界新春大联欢在贵阳国际生态会议中心举行。来自贵州省文学、美术、戏剧、音乐等13个文艺家协会的老中青艺术家、九个市州文联、各产业厅局文联，以及长期以来一直支持关心贵州文艺事业发展的社会各界的朋友们齐聚一堂，共庆龙年新春佳节。此次活动由100多位贵州省著名艺术家和300多名文艺工作者、演员联袂参演，观众达2000多人。

【省第十一次党代会专场文艺演出《同心跨越》】 由省委办公厅、省委宣传部、省委统战部共同主办，省文化厅、省文联、省广播电视台共同承办。4月15日晚，栗战书、赵克志、王富玉等省领导与老同志用出席省第十一次党代会的代表共1300余人观看了演出。晚会分为《同心同德·光荣梦想》、《同心同向·团结和谐》、《同心同行·奔向小康》等篇章，来自省戏剧家协会、省音乐家协会、省舞蹈家协会和省歌舞剧院、贵州民族大学音乐舞蹈学院、都匀市歌舞剧团的艺术家和艺术工作者激情满怀地奉献了一个个美轮美奂的贵州多民族文化视听饕餮。有歌曲《中华同心》、《您又来到乌蒙山》、《同心同行奔小康》，诗歌朗诵《背篼干部精神赞》，原生态舞蹈《山与路》，“彝人传奇”的彝族民歌《迎春歌》等，整场演出，高潮迭起，既有浓郁贵州民族特色，又有与时俱进的时代旋律。

【2012形象中国·百家报社聚焦魅力镇远全国新闻摄影采访】 8月21日至25日在镇远县举行，由省文联、中国地市报新闻摄影学会、中共镇远县委、县人民政府、贵州青酒集团有限责任公司主办，省摄影家协会、省文联办公室、镇远县文联等承办。活动分开幕式、开镜仪式、摄影创作基地授牌、采风采访活动、全媒体高层论坛、摄影作品

评选评奖、闭幕式等版块。来自北京、上海、新疆、山西的全国近百家地市级报以上媒体记者齐聚镇远。

【朝霞侗歌培训基地挂牌仪式】 4 月 8—9 日,“朝霞侗歌培训基地”挂牌仪式在从江县高增乡小黄村侗寨小学举行。该活动由中国文学艺术基金会、省文联主办,从江县文联协办。活动向小黄村侗寨小学赠送了“朝霞侗歌培训基地”匾牌,聘请 10 名“朝霞侗歌培训基地”民间艺人,小黄村小学 180 多名学生成为“朝霞侗歌培训基地”学员。

【贵州文艺百花园创作基地挂牌暨文艺家采风】 5 月 3 日—4 日,“贵州文艺百花园创作基地”挂牌暨文艺家采风活动在长顺举行。此次活动由省文联、长顺县委、县政府、县文联联合主办。签署了共建“贵州文艺百花园创作基地”协议书,并赴该县敦操乡斗麻村岩脚组和打召村冗矮组,体验“背篼干部”事迹,了解民风民情。编辑出版《麻山深处的背篼干部》(DVD 带书)大型专题片。

【心系建设者】 12 月 6 日,连续举办了 5 年的“心系基层 · 心系建设者 · 贵州文艺界赴安顺北街社区”慰问演出在安顺市西秀区北街社区文庙广场举行。活动由省文联主办,安顺市文联承办,西秀区文联、北街办事处协办。

【第二届贵州省德艺双馨文艺工作者评选表彰】 3 月,中共贵州省委宣传部、省人社厅、省文联联合下发《关于评选表彰第二届贵州省德艺双馨文艺工作者的通知》,12 月,评出万光伟、王松雪、朱宏、杨艳常、李俊、李文明、肖勤、吴江勇、汪洋、赵鹏、姚晓英、唐亚平、徐明春、彭波、禄琴等 15 名“第二届贵州省德艺双馨文艺工作者”。

【首届贵州少数民族文学“金贵奖”和第三届乌江文学奖颁奖典礼】 9 月 11 日,首届贵州少数民族文学“金贵奖”和第三届乌江文学奖颁奖典礼在贵阳举行。贵州少数民族文学“金贵奖”由省作协和省民委共同主办。“乌江文学奖”由省作协主办,中共铜仁市委宣传部、中共思南县委、县人民政府具体承办。推选出 15 部乌江文学奖、4 部《乌江文学》刊物奖、16 部贵州少数民族文学“金贵奖”。

【中国版画进万家 · 走进多彩贵州】 与中国美协合作,举办“中国版画进万家 · 走进多彩贵州”活动暨“2012 全国版画工作年会”系列活动。邀请中国美协组织的全国版画名家到黔东南、黔南、安顺、六盘水采风并举行活动启动仪式。

【“理想之歌”傅庚辰作品音乐会】 音乐会涉及节目 11 个,共有 20 多个曲目,参加演出的除了贵阳交响乐团近 100 名乐手以外,还有贵州大学艺术学院合唱团、贵阳合唱团、汇美少儿合唱团、贵州花灯剧团近 300 名演员及以及北京和贵州省歌手 12 人。7 月 2 日,在省文联召开了“理想之歌”傅庚辰作品音乐会座谈会。

【云上丹寨腾飞梦想】 承办“云上丹寨腾飞梦想”——贵州省文联、清华大学情系丹寨大型文艺晚会。晚会历时近 2 个小时,18 个歌舞节目精彩纷呈。

【民俗传统与文化创新】 7 月 7 日,由省民协、黔南民族师范学院主办的第五届贵州民族民间文化青年论坛“民俗传统与文化创新”研讨会在都匀召开,来自贵州大学、贵州省社科院等 8 家单位的近 40 名专家学者齐聚一堂,就优秀民俗传统文化与社会主义核心价值体系构建、优秀民俗文化与社会主义文化的大发展大繁荣、优秀民俗传统文化与贵州时代精神、少数民族口头传统与民俗文化、黔南民族文化与发展等方面做了多层次的研讨。

【中国书法家进万家行动计划】 3 月,由省文化厅、省美协、省书协、贵阳市文联共同主办的“贵州省青年美术、书法作品展”在贵阳美术馆开展。组织书法名家 30 人为筑城广场书写历代题咏贵阳诗词书法作品,并刻石分置在筑城广场的园林景区内。4 月,由中国书法家协会、毕节地区行政公署主办，省书协、毕节地区旅游局、毕节地区文联、黔西县人民政府承办的“百里杜鹃”杯全国书法大赛在黔西开幕。5－6月，由省禁毒办、省公安厅、省教育厅、省文化厅、省广播电影电视局主办，省书协、省美协协办，贵州广播电视台新闻综合广播承办的“和谐生活，拒绝毒品”书法绘画比赛组稿、评审工作完成，展览于6月25日在人民广场举行开幕式。5月31日，由省委宣传部、省文明办、省教育厅、团省委、省妇联、省文联、省关工委主办，贵阳市实验小学承办的2012“祖国好·家乡美”系列活动——摄影绘画书法作品展示暨庆“六·一”文化艺术展示开幕式在贵阳市实验小学举行。9月，在省文联举行了2012“祖国好·家乡美”主题实践活动——全省中小学生“名诗名言”书法大赛省级初评、终评。8月19日，贵州省第五届行草书展在六盘水市体育馆举行开幕仪式，此展是中国凉都·六盘水消夏文化节期间，由省书协、中共六盘水市委、市人民政府主办，六盘水市委宣传部、六盘水市文联、六盘水市书法家协会承办的一次文化盛宴。来自全省的获奖作者及书法爱好者500余人参加了开幕式。收到参赛作品500多幅，评选出获奖作品17幅，入展100余幅，并结集出版。9月26日，由省军区、省民政厅、省文联联合主办，省书协、省美协、省摄协承办的“庆祝新中国成立63周年，喜迎党的十八大胜利召开”双庆书画摄影展在省民族文化宫开幕。共200余人参加开幕式。贵阳市书法家协会、印江县书法家协会被授予“中国书法进万家先进集体”称号。贵州省书协包俊宜、陈加林、郭晓莉、杨建被授予“中国书法进万家先进个人”称号。

【2012摄影大篷车下基层系列活动暨省摄协双月赛】 第一站，2月18日在黔东南州举行，由省摄协主办，黔东南州摄协协办。100余人参加活动，评审们对“双月赛”的获奖作品和黔东南州摄协精选的30幅会员作品进行现场点评。第二站，4月14日在毕节市百里杜鹃风景区举行，由毕节市摄协承办。省、市摄协分别授予百里杜鹃“摄影创作基地”匾牌。评委们对双月赛获奖作品进行现场点评，并观看了“14＋1”中国贵州视觉影像摄影作品展，省摄协生态摄影分会组织了十多位摄影家与当地影友进行座谈，交流对生态摄影创作的拍摄体会。第三站，6月16日在遵义举行。为迎接党的十八大胜利召开，双月赛主题在“红色记忆”专题上增加了“感恩”主题，收到参赛作品800多件，评出一等奖1名：《红色年代》，二等奖2名：《历史的见证》、《流光溢彩》，三等奖3名：《忆》、《老照片前》、《娄山日出》，优秀奖10名。第四站，8月18日在铜仁举行，收到参赛作品500多件，评出一等奖1名：张安键《空蒙山色（组照）》；二等奖2名：任志平《天地精灵》、毛之侠《天堑通途》；三等奖3名：廖江生《水澹云轻兮升烟》、郑剑玺《水墨锦江》、李勋《凯里城市风光》；优秀奖10名。100多名铜仁影友参与。第五站，10月19日在都匀市举行，由黔南州摄协协办。150余人参加活动。第六站，12月28日在六盘水举行，摄影主题为“工业题材”，由六盘水摄协协办。评委专家组对来自全省近90余名作者的500余幅摄影作品进行评选，展出80余幅作品，对六盘水市摄影界新人和主创人员的30幅摄影作品进行现场点评及互动研学。

【多彩贵州舞蹈大赛】 3月至9月，由省委宣传部主办，贵州广播电视台、省舞协等多家单位协办的中天城投2012’多彩贵州舞蹈大赛在贵阳举行，省舞协推荐2个国际标准舞作品代表省直机关工委赛区参加决赛，其中《山楂树之恋》获铜鼓奖，《重来》获优秀奖。

【贵州魔术竞技】 4月28日，组织省商业专科学院新生进行魔术比赛。6月20日，组织贵州民族大学及各高校魔术爱好者在学生活动中心举办贵州民族大学魔术协会4周年《Buffy魔幻之夜》晚会活动，几百名在校大学生观看。

【反腐倡廉曲艺大赛】 为积极配合省纪委开展全省“反腐倡廉”工作，先后组织曲艺家赴毕节、安顺、六盘水、黔南、贵阳、开阳等市、州、县进行作品改稿会、艺术辅导、编排及评审预审等工作。9月24至25日，在省委大礼堂进行决赛。9月26日，在贵州电视台演播大厅成功举行颁奖晚会。

【电影进社区】 组织放映队伍到贵阳市文昌苑、云岩广场、振华广场等社区和羊艾、沙子哨、王武等监区分别放映了电影《心灵的底色》、《关云长》、《神探亨特张》、《画皮2》等。

【拍摄电视专题片《走进清江村侧记三则》】 2月11日—2月18日,4月16—17日,5月28—30日,组织电视摄制组3次进入遵义市清江村拍摄全国劳动模范清江村党支部书记何兴明(工作纪实)电视纪录片《走进清江村侧记三则》。

【获奖情况】 大型电视连续剧《奢香夫人》获中宣部第12届"五个一工程"优秀电视剧奖和第26届中国电视金鹰奖;中短篇小说集《丹砂》获第十届全国少数民族文学创作"骏马奖";《僅家踩亲舞》获中国民间文艺山花奖舞蹈大赛金奖;侗族琵琶弹唱《侗乡巧绣娘》荣获中国曲艺牡丹奖提名奖;越剧《碧玉簪》获第十六届中国少儿戏曲小梅花荟萃活动"小梅花"银奖;小黄朝霞少儿侗族大歌合唱队获在韩国举行的第五届"歌韵东方"国际合唱比赛民歌组金奖和卓越风雅艺术表演奖;《阿爸的背篼》获2012全国打工歌曲创作大赛金奖;《森林是我美丽的家》获第二届全国儿童电视歌曲大奖赛银奖;歌曲《手牵着心连着》、大型布依族民族原生态舞剧《利悠热谐谐》获第12届省"五个一工程"奖;话剧《青春百分百》获第三届中国校园戏剧节专业组剧目奖和导演奖;《田园晚秋》获第三届中国职工艺术节书法美术作品展美术类一等奖、《笙舞传情图》获美术类优秀奖、《出师表》获书法类三等奖,《沙漠驼影》获第三届中国职工艺术节摄影艺术展艺术类摄影作品三等奖,《笼》获记录类摄影作品优秀奖,《组装》、《婀娜多姿》、《峡谷深处》、《手的力量》获优秀奖;《铁梨花》、《荧屏上的"红流":长征电视剧》分获第28届中国电视剧"飞天奖"入围奖、评论三等奖,《惊世之谜·雷山》获一等奖。

【对外及对港澳台地区文化交流】 美国魔术大师Lee Asher赴黔举行讲座,讲座分为技艺讲座、专题讲座两个板块。与俄罗斯作协、俄罗斯圣彼得堡大学相互推介作家作品。俄罗斯圣彼得堡大学孔子学院副院长、文学博士、汉学家罗季奥诺夫与贵州作家座谈交流中俄文化。

【文艺人才培养】 举办基层文联领导干部培训班,各市、州文联党组书记、主席,省级各文艺家协会主席、秘书长,部分县、区文联党组书记、主席约40余人参加培训,聘请专家、教授为学员作了《如何围绕政府中心工作开展文联工作》、《后发优势理论与贵州后发赶超》、《贵州的历史与文化》、《贵州文化产业发展现状和对策》等专题讲座。

省社会科学界联合会工作

【概述】 2012年,省社科联在省委、省政府的领导下,坚持以邓小平理论、"三个代表"重要思想和科学发展观为指导,全面贯彻落实党的十七大及十七届六中全会和省委十届十二次全会、省第十一次党代会精神,认真学习宣传贯彻党的十八大和省委十一届二次全会精神,紧紧围绕省委、省政府工作大局,解放思想,开拓创新,扎实工作,积极作为,各项工作取得了明显成效,努力为我省科学发展、后发赶超、同步小康提供智力支持和理论服务。

【组织中国特色社会主义理论体系研究和经济社会发展应用对策研究】 围绕学习宣传贯彻十七届六中全会、国发2号文件、省委十届十二次全会、省第十一次党代会精神,针对我省经济社会发展中的重点、难点、热点问题,确定了"贵州省中国特色社会主义理论体系研究中心省社科联基地"年度研究选题29个,约请专家学者和实际工作者开展研究,年底时完成选题22个,有22篇理论文章在《贵州日报》等省级以上报刊发表,为加快我省经济社会发展营造良好的思想舆论氛围。

【组织市、州社科联开展理论创新课题研究】 组织市、州社科联结合本地区经济、政治、文化、社会、生态文明建设和党的建设中的重大问题开展理论研究,9个市、州共申报课题30项,经专家评审立项10项。加强对立项课题研究的指导,课题成果质量较往年有所提升,经组织专家评审,2项评为优秀、6项评为良好、1项评为合格、1项评为基本合格。

【举办“甲秀视线讲坛”】 先后邀请王长江、纳日碧力戈、戴焰军、秦宣、吴祖平、叶韬等6位国内、省内知名专家,分别就“坚持解放思想,推进跨越发展”、“推进中国特色社会主义的战略构想”、“提高执政党建设科学化水平”、“文化互助与文化自觉:民族团结新观察”、“打好连片特困地区攻坚战,创建全国扶贫开发攻坚示范区”、“坚持科学发展,奋力后发赶超”等主题,作了6场报告,对进一步提高机关干部的思想理论素质起了积极的推动作用。

【举办“2012年贵州省社会科学学术年会”】 以“传承创新跨越发展”为主题,通过举办开幕式、主题报告会、专题讲座、研讨会、27个分会场学会年会活动、闭幕式等多种形式,组织所属学会就我省多民族文化传承创新、推动经济社会跨越发展的重大理论和实际问题开展学术交流活动,产生了一批理论研究成果,营造了良好的理论研究及宣传氛围,对推动理论创新和学科建设,推进文化强省战略的深入实施发挥了积极作用。

【组织开展学术研究和理论研讨活动】 组织力量完成了《胡锦涛同志在黔工作期间科学发展思想的理论与实践基础研究》课题,课题成果经专家评审,在28个子课题中总分排名第四,荣获二等奖;与省委老干部局联合开展“贵州省离退休干部思想政治工作调研”,省委常委、省委组织部部长孙永春在调研报告上作了批示,对调研成果给予了充分肯定,要求上报省委主要领导和中央组织部;组织力量完成《构建贵州省社科评奖成果查新体系研究》课题,课题成果将运用到今年开展的贵州省第十次哲学社会科学成果评奖工作中;组织召开“省社科界纪念邓小平同志南方谈话20周年座谈会”,深化对南方谈话精神的理解,以改革创新精神贯彻落实好国发2号文件精神;组织召开“推进文化旅游创新区建设理论研讨会”,探索文化与旅游融合发展的新路子;组织召开“省社科界学习贯彻省第十一次党代会精神座谈会”,统一思想,凝聚共识,推动党代会精神的贯彻落实;组织召开“省社科界学习贯彻党的十八大精神座谈会”,促进党的十八大精神的学习宣传、贯彻落实。

【认真做好贵州省第九次社科成果评奖资料的整理及获奖成果宣传】 对2011年开展的省第九次社科评奖有关资料进行整理,组织编印了《贵州省第九次哲学社会科学优秀成果评奖资料汇编》、《贵州省第九次哲学社会科学优秀成果评奖获奖成果摘编》,积极协调省级媒体及有关部门,对获奖成果进行宣传推介,促进社科优秀成果转化运用。

【组织开展“社科理论下基层”活动】 按照省委宣传部统一部署,协调市、州党委宣传部和社科联合作,采取分层组织实施,省、市、县三级联动的方式,以深入学习、宣传贯彻国发2号文件、十七届六中全会和省委十届十二次全会、省第十一次党代会精神为主题,把理论宣传与实践调研、咨询服务与交流互动、为基层服务与向实践学习紧密结合起来,组织社科专家组、有关学会深入9个市、州及22个县、区和乡、村开展社科宣传普及活动。“社科理论下基层”活动由专题讲座、咨询调研座谈会、社科宣传普及活动、全省性社科知识竞赛等系列活动组成,共举办各种主题报告会、讲座等上千场次、受众近百万人次;组织开展“贵州省学习贯彻省第十一次党代会精神知识竞赛”活动,累计收到答题卡26.6万余份,创知识竞赛参与人数新高;组织省市有关单位及社科类学会参与举办各种形式的科普宣传活动百余次,赠阅、发放各种图书、宣传资料20余万册(份)。省内主要媒体对活动进行了宣传报道,引起社会各界的关注,有效扩大了活动的影响。

【首次成功举办社会科学宣传普及周活动】 由省委宣传部统一部署,紧紧围绕“提升公众人文素养,构筑贵州精神高地”这一主题,组织开展了首届全省性社会科学宣传普及周活动,为迎接党的十八大胜利召开,建设充满活力、幸福祥和的贵州营造良好的文化氛围。社科宣传普及周期间，与贵阳市委宣传部、贵阳市社科联联合举办了“2012年贵州省暨贵阳市社会科学宣传普及周”开幕式、大型广场社科咨询活动、专题调研、科普讲座、科普展览等系列活动，省属高校、省市有关部门、学会等46家单位共举办36场讲座、9次专题调研、5场科普展览、10余场论坛及研讨会，上千名社科工作者深入工业园区、社区、乡村、街道、学校、企业，与群众面对面地开展社科知识宣传咨询服务活动，成功实现了在市民参与度、群众满意度、社科普及受众面等方面取得良好成效的预期目标。其他8个市、州也同时组织开展了声势浩大、内容丰富多彩、各具特色的社科宣传普及活动，产生了良好的社会反响。

【创办“黔灵百姓讲坛”】 牵头协调省图书馆、贵阳市委宣传部参与主办，金黔在线、贵阳广播电视台协办“黔灵百姓讲坛”，这是2012年我会结合市民精神文化生活需求打造的具有公益性、群众性、经常性的社科知识宣传普及平台。邀请省内有关专家学者就老百姓关心、关注的社会热点、难点问题作了10场专题讲座，内容涉及大学生就业创业、高考复习及志愿填报、生态环境保护、媒体人职业道德、政治军事、南海形势、影视赏析、养身保健、学习贯彻党的十八大精神等，贴近实际、贴近生活、贴近群众，对营造城市学习氛围，建设学习型文明城市，有效延伸社科知识普及的覆盖面都起到了积极的推动作用。

【加强人文社会科学普及基地建设】 在巩固提高现有人文社科基地建设成果的基础上，挂牌建立了贵州省人文社会科学普及遵义基地、贵阳基地和省图书馆基地，省级社科普及基地实现了市、州全覆盖并向省直有关单位拓展，市、州社科普及基地逐步向县区、乡镇延伸，成为我省开展公益性、群众性、经常性社会科学普及活动的重要场所。为建立健全科普基地工作机制，制定了《贵州省人文社会科学普及基地管理办法（试行）》，明确了基地的申报、任务、管理、经费与激励措施等，确保社科普及基地规范运行并发挥作用。

【积极参与全省“三下乡”和科技活动周活动】 组织所属学会和贵阳市社科联，分别赴清镇市梨倭乡、晴隆县民族中学参加2012年贵州省文化、科技、卫生“三下乡”集中示范活动和2012年贵州省科技活动周活动。现场开展社会科学知识普及宣传，向梨倭乡政府捐赠现金10000元，走访慰问该乡下寨村2户贫困户；向晴隆县捐赠价值7.6万元的人文社科读本，邀请贵州师范大学教授但文红为晴隆县干部群众作了题为《旅游资源与生态环境保护》的专题讲座。

【指导学会搞好规范化建设】 积极支持创建新学会，扶植学会发展，不断壮大社会科学队伍，2012年新成立了2家学会；加强对学会的政治领导和业务指导，鼓励学会在学术研究、社科普及、决策咨询等方面，为我省的经济社会发展提供更多更有效的服务。针对学会人员层次结构多元化、管理难度较大的特点，建立学会工作档案，实行学会重大事项事前报告制度，指导学会按照章程开展好学术活动和相关工作。认真审核学会年检报告书，邀请省民间组织管理局到我会集中办公，对各学会进行现场年检，及时解决疑难问题，为学会提供快捷服务。

【组织学会开展理论研讨活动】 组织学会开展各种理论研讨、学术交流活动，扩大学会活动影响力。组织召开“省社科联系统学习贯彻国发2号文件精神座谈会”，深入学习掌握文件精神实质，为各级党委、政府用足用好用活政策提供思路和对策建议；组织召开“省社科类学会学习贯彻胡锦涛总书记‘7·23’重要讲话精神座谈会”，统一思想，凝聚力量，为党的十八大胜利召开创造良好氛围；组织召开“构筑‘自觉自信自强、创新创先创优’精神高地理论研讨会”，组织所属学会和市、州社科联深入探讨“精神高地”的内涵、实质及构筑“精神高地”的途径，为我省冲出“经济洼地”，实现后发赶超提供理论支持。

【认真做好在学会建立党组织的工作】 按照中央和省委关于在社会组织建立党组织的有关精神，在学会开展建立党支部的工作，现已有23个业务主管学会(协会、研究会、促进会)建立了党支部。

【加强“贵州省社科联”网站建设】 加强网站建设优化 DNS 设置,改善访问环境,重视网站的运行维护工作,进一步增强网站系统安全性和运行效率。充分利用网站平台,反映社科界学术研究动态和社科联中心工作,使网站成为宣传社科理论、传播社科知识、开展社科评奖、发布社科信息的重要窗口。

【办好《社科新视野》、《社科之声》内刊】 紧紧围绕学习宣传贯彻中央有关精神和省委、省政府中心工作,结合我省经济社会发展中的重大理论和实际问题,约请专家学者和实际工作者撰写理论文章,为促进我省加快发展提供理论服务;通过《社科之声》,及时、快速反映社科界学术动态、决策建议、专家诉求和社科工作动态,在服务党委政府决策、服务社科界和推动社科工作方面发挥了积极作用,得到有关部门、专家肯定和好评。

【加强学习型党组织建设】 把理论武装作为加强领导班子建设、提高干部素质的首要任务,制定了党组中心组、党支部、部室理论学习计划,明确学习重点,落实学习制度。通过学习,进一步深化对当前形势和任务的认识,深刻把握党的大政方针和省委的重大决策部署,牢固树立社会科学科学发展的理念,用马克思主义中国化最新理论成果武装头脑、指导实践、推动工作。坚持党组中心组学习制度,带头发言、带头写心得体会,带动处级干部学习和党支部学习,营造良好的机关学习氛围。

【加强领导班子建设和党的基层组织建设】 认真落实领导班子建设各项制度,大力加强理想信念教育、党章学习教育、党性党风党纪教育和从政道德教育,不断增强党的意识、政治意识、危机意识和责任意识,推动领导班子思想建设、组织建设、作风建设、制度建设和反腐倡廉建设,努力提升领导班子及领导干部科学判断形势的能力、科学决策的能力和贯彻落实党的路线方针政策的能力。努力创新基层党组织建设和党员、干部教育管理工作的内容、形式和载体,增强基层党组织的创造力、凝聚力和战斗力,切实发挥党员先进性作用,以党建工作的成效带动和推进各项工作的发展并取得成效。

【扎实开展“部门帮县、处长联乡、干部驻村”活动】 领导班子成员经常深入三穗县及乡、村联系点开展调查研究,与县、乡共商经济社会发展大计,指导和推动挂帮工作落实,切实为基层办实事、解难题。联乡和驻村干部认真履行职责,深入群众开展工作,帮助乡、村出谋划策,为推动乡村经济社会发展献计出力。组织专家到三穗县进行调研,帮助制定《三穗县全面建成小康社会发展规划》,助推三穗县经济社会发展。筹集资金 10 余万元,解决上寨村路灯安装、扶持贫困户养殖和胜利村健身场地建设等实际问题。

贵州日报报业集团工作

【概述】 2012 年,贵州日报报业集团在面临任务重、困难多、压力大的情况下,积极应对严峻局面和激烈的竞争挑战,抢抓重大发展机遇,加快发展。紧紧围绕省委、省政府的工作部署和要求,在省委宣传部的直接领导下,以迎接党的十八大、深入学习宣传贯彻党的十八大精神为中心,认真贯彻落实省十一次党代会和省委十一届一次、二次全会精神,按照“稳中求进、提速转型”的总目标,以“加快发展,提速转型、品牌推动、项目支撑”为基调,内外使劲,奋力开拓,集团总体工作取得良好进展。

【重大主题宣传报道亮点突出】 紧紧围绕迎接和宣传贯彻党的十八大和省十一次党代会精神这条主线,构筑贵州“精神高地”、冲出“经济洼地”,唱响贵州“加速发展、加快转型、推动跨越”的最强音。《贵州日报》充分发挥党报引领舆论的主流作用,高质量推出一批重点报道、典型报道、主题报道和深度报道,得到省领导、社会各界和读者的广泛好评，中宣部《新闻阅评》5次对《贵州日报》的报道给予肯定，集团舆论宣传工作多次受到省委、省政府及省委宣传部的肯定和表彰。《贵州都市报》、《贵州商报》、《新报》、《经济信息时报》、《西部开发报》、《天下文摘报》、《新闻窗》杂志和金黔在线网站、爽爽的贵阳网、贵州都市网、金黔物流网、贵州手机报、新报风尚手机报、黔省校园手机报、贵州名博、金黔微博、新闻热线等新媒体群围绕品牌打造，重视提高质量，改版创新，扩大影响，媒体传播力持续提升。连续推出喜迎党的十八大报道、学习宣传贯彻十八大精神报道、省十一次党代会报道，有热度、有深度、有高度，形成强大声势和规模。2012年，在胡锦涛、温家宝、李长春等中央领导同志来黔考察期间，《贵州日报》推出了大规模、连续性的大型述评和重大典型报道，展示贵州开放奋进后发赶超的新形象，体现了主流媒体的能力和水平。集团各媒体创新做好国发2号文件和全国“两会”、省“两会”宣传，深入开展“走转改”，多层次多视角深化我省主基调主战略和“三化同步”报道，党的建设纯洁性报道、“背篼干部”精神报道、十大民生工程报道、创新社会管理报道，以及第二届国际酒博会、全省项目建设现场观摩会、民企进园区、生态扶贫移民工程、多彩贵州舞蹈大赛等重点报道，以及“全面建成小康网络调查”、“第三届贵州省道德模范评选”等活动都取得了良好的宣传效果。

【报业经营发展活力增强】 按照年初提出的“经营收入递增14%以上、力争达到递增16%”的奋斗目标，在全国报业经营整体持续下行、市场竞争更加严峻的形势下，贵州日报报业集团各经营单位奋力突围，逆势前行，保重点、提效益、调结构、扩增量。广告业务在房地产、汽车等多个重要行业广告投入下滑的不利情况下，以强化客户服务、积极策划活动和开拓新的增长点带动创收。印刷业务面对新闻纸价格持续上涨和部分报纸印量减少的压力，积极拓展《工人日报》等多张报纸代印报并采取开源节流措施，保持创收稳步增长。发行业务主攻贵阳市场、稳定外埠市场，千方百计增加报纸发行量和发行收入，并有效控制发行成本。集团传媒公司所属分公司、子公司连续运作国际汽车展览会和市州巡回车展，歌舞剧《九驿长歌》演艺策划和推广，“寻找中国最美风景县”活动，“心愿千纸鹤”和“纸上婚博会”系列活动，“龙腾贵州大家乐”和“寻找贵阳食神”网络系列活动，以及市县旅游文化节活动等等，多家经营单位以活动实施和品牌推广带来增收，系列报网经营整体向好。为了给职工和经营单位作表率，党委主动承诺补缺的经营收入指标超额完成，争取各类资金支持近4000万元。

【深化改革取得重大进展】 2012年6月中旬，中央文改工作会议和最新文件明确要求非时政类报刊出版单位必须整体转制为企业，省委、省委宣传部和省新闻出版局提出了以在职在编人员身份转换为核心的六项硬性改革任务，并限期完成。面对前所未有的改革压力和困难，在一些职工焦虑、担忧和冲动的时候，集团党委旗帜鲜明提出，坚决贯彻落实中央和省委、省政府关于深化文化体制改革的政策措施，党委思想要统一，依据政策要严格，各级干部要敢于担当，让职工清楚改革是大势所趋、非改不可，并出台了身份转变、社会保障、经济扶持等一揽子原则文件。集团领导班子带头深入改制单位和职工群众，召开一系列转企改制工作座谈会，宣讲文改政策，听取职工述求，沟通疏导情绪，共商发展方略。各改制单位领导班子和有关部门积极耐心做职工的思想工作，各级党组织、党员领导干部和离退休老党员、老同志积极支持改革、参与改革，多数职工对改革表示理解和支持。297名在职在编员工转为企业身份，占全部在职在编员工的58%；900多名聘用制员工进入企业体制，积极稳妥完成了转变人员身份、工商注册、签订劳动合同、注销事业法人等各项文改任务。到9月下旬，基本完成贵州都市报、贵州商报、西部开发报、经济信息时报、天下文摘报的转企改制及《夜郎文学》、《贵州水力发电》两个刊物的并转筹备，《贵州水力发电》更名后创办《能源新观察》试刊并获得业界认可。与此同时，完成了贵州日报社(集团)定编，开展了2012—2014年度集团中层正、副职岗位竞聘，启动了集团专业技术职务聘用工作方案和贵州日报流程改造、岗位设置和绩效考核方案，实施三个经营激励办法，激励各分公司、子公司经营拓展和能人创业，改革进一步向纵深推进。

【文化传媒品牌建设稳步推进】 贵州日报报业集团影视产业市场表现良好，主要策划运作的电影《幸存日》、《云下的日子》、《旷继勋蓬遂起义》和电视连续剧《奢香夫人》获省“五个一工程”奖，《奢香夫人》荣获了全国“五个一工程”奖和全国电视金鹰奖三项大奖，是贵州省唯一获奖的单位。电视剧《风雨梵净山》、《王阳明》拍摄完成，即将在央视等国内高端平台播出。2012 年还先后策划举办了“全国名家看贵州”系列活动、全国省报党报记者“国家公园省、多彩贵州行”大型采访活动、第 17 届全国都市报晚报总编辑年会以及“贵州都市年度人物评选”、“第六届贵州时尚文化节”、“诚信友爱贵州人”网络微博征集等七八项影响广泛的系列文化活动。《贵州日报》持续提升《家事国是 · 调研行》、《27°黔地标文化周刊》品牌栏目质量和品味，全新推出《金融周刊》，系列报网精心打造推出特色版面、栏目和频道，也得到社会普遍认同。

【重点工程项目进展顺利】 被列为全省十大文化产业基地的集团印务传媒研发基地建设，克服了项目代理单位中途政策性因素退出等一系列困难，在省委、省政府的关心支持下，一期工程印务发行项目主体建成，中央空调及电梯安装基本到位，进口印刷机购机签约，2013 年底前调试安装；二期工程媒介研发项目土建加紧施工。2012 年还启动实施了 16 个重大项目，包括集团“网络舆情监控”、贵州都市报“公众服务中心”、发行物流公司“党报零售工程”、都市虎子公司“金黔风尚旅游商品”、贵州商报“全商通”、文产公司“荔波民族旅游文化”等项目，整体进展良好，其中 8 个项目得到国家和我省专项资金补助扶持。

【《贵州都市报》一年两改版焕发生机活力】

2012 年，是《贵州都市报》的改革年。在贵州日报报业集团领导下都市报进行了文化体制改革。在充分尊重职工群众的意见和建议的基础上，2012 年 8 月都市报全体人员签订转企改制合同，将身份由事业身份转变为企业身份。在办报内容上，都市报贯彻落实“走转改”要求，突出民生、民意、民情的办报特色，时政报道取得较大突破。2012 年，《贵州都市报》立足做好报纸内容这个“主业”，通过上半年和下半年进行的改版和完善，使一张运转十多年的报纸，由内到外焕发生机活力。3 月的改版首先是在版式上给予了进一步的整合和调整，在细节问题上更注重品质，增加了版式的设计感和策划性。内容上，增加了高端访谈栏目“总编辑午餐会”，由总编辑亲自主持，进行采编整合的“小团队”操作模式，旨在通过与社会经济各领域权威人士的高端交流，为公众呈现时代前进脉络，行业发展趋势，经济变迁规律。该栏目开设以来推出了《“背篼干部”：背上有面旗》、《县委书记》、《点燃每个人的激情与信心》等，受到各方好评。全力整合打造《解读周刊》周刊，《解读周刊》改变了以往深度报道侧重于舆论监督方面的报道，通过扎实的采访，与众不同的视觉，触角更广，更加亲民。在十八大报道中，《解读周刊》尝试进行了《铁船望珠江》等报道。此次改版得到业界和社会各界的好评。9 月，因为与《贵阳晚报》、《黔中早报》一起，将报纸零售价涨为 1 元。为此，这两家报纸都进行了一定调整。为更适应越来越剧烈的竞争态势，都市报也进行了较大规模的调整。首先是从量上保证了版数与《贵阳晚报》相差不大。从 9 月起，都市报版数调整为，日常报道一般 64 版，周末 48 版，让读者直观感觉到提价后，版面变多了。更重要的是，都市报从内容上做了较大调整，从“质”上进一步满足读者需求：第一是增加了社区新闻的报道量和报道品种：社区达人秀、搜贵阳、逛社区、生活服务站、大家问大家、侃新闻、话贵阳等等。这七个整版的生活服务新闻深受读者喜欢。第二是增加了《人才周刊》，《人才周刊》星期四见报，提供就业信息，进行求职咨询，并对相关政策进行解读，这一周刊从内容上得到很多年轻读者喜欢，从创收上探索了新的增长方式。第三是每周五推出一个《文学周刊》，增加报纸的文化含量和版面品种。2012 年，都市报打造了大批可读性很强的时政报道，获得从省领导、集团领导到普通读者的表扬。多篇文章获得省委宣传部阅评表扬，其中十八大报道获得中宣部阅评表扬。

在经营上，都市报以项目制为拓展寻找发展空间，各公司运行正常，公众服务平台 96811 成立并运营良好。2012 年 3 月 26 日，《贵州都市报》96811 公众服务中心正式开通运营。这是由《贵州都市报》与福建《海峡都市报》共同打造的媒体平台，是一个全新的综合性公众服务平台，是一个与市民紧密互动的平台，是一个政府与市民沟通桥梁的平台。96811 一经开通就非常火爆，在省内获得众多好评。首期就为公众提供 25 项便民服务，包括保姆月嫂、保洁服务、家电维修等。下半年，96811 的业务得到更大更多的拓展，96811 正日渐成为不少读者家中有事情，就会首先想到的一个服务平台。

【贵州《商报》根据自身特点内强筋骨外树形象】 2012 年大事多、突发事件多。贵州《商报》全体编采人员，在继续强化经济报道的同时，精心打造精品栏目，策划专题，在重大事件、重大社会新闻上，不失语、不乱语，继续凸显报道的权威性、服务性和指导性，且努力包装版面，增强报纸可读性，网络新闻编辑提高稿件及版面的包装意识，在同题报道中做出“独家”性，特别是国际新闻版面，在同城媒体中独树一帜。

加强组织纪律，严格采前会、编前会制度，通过制度管理，建立起一支招之能来、来之能战、战之能胜的采访队伍。

2012 年 1 月 1 日，我们组织记者采写了 4 个版的报道《坚守在 2011 年的最后一天》，1 个版的报道《祝福 2012》。从 1 月 8 日省政协十届五次会议开幕到 1 月 14 日省十一届人大六次会议闭幕，共推出 25 个整版的报道，《那些矿井坑道，带我们穿越时空》、《工业园区只修单层厂房浪费了》、《民间借贷会让中小企业越借越穷》、《畅行除了限牌摇号还有什么招》等独家报道获得读者的高度好评。

为在有别于其他媒体的情况下做好春运报道，我们创造性地利用微博这一新技术，联合春运企业以及铁路公安，开创了“微博写新闻——我的春运”专栏，引起极大反响。

4 月 15 日至 19 日，省第十一次党代会召开，为了从日常报道中跳出来，做足《商报》特色，我们在会前做足、做深、做细准备工作，五易策划方案，坚持以创意来带动报道。党代会期间，我们每天推出“一个记者眼中的党代会”、“一个学者眼中的党代会”专栏，以第三只眼睛，跳出党代会会场来看党代会，得到省委宣传部领导的高度好评。推出的报道，《贵安新区究竟会是什么样》、《幸福指数高不高，要问问困难群众》等得到读者的高度肯定。

值得一提的是，本报记者主动约时任省长赵克志同志采访，他很爽快地接受了邀请，第一次安排 17 分钟的专访时间给市场类媒体。稿件见报后，引起新闻界极大关注，并得到省委、省政府的高度肯定。

在市场竞争中走差异化道路，以经济新闻为引领，凸显服务性和指导性，做一张以经济报道为主的综合性都市类日报，是贵州《商报》的明确自我定位。一年来，《董事长“坐台”，一帮人“出台”骗了 83 家公司 6000 多万》、《资产规模 800 亿贵阳银行要上市》、《“用工慌”今年迎来多重变奏》等稿件在社会上引起极大反响。

在做好经济新闻的同时，抓好社会新闻的报道是不可或缺的一个重要方面，要有所为有所不为。但在大事发生时绝不失语不乱语，对影响极大的社会事件，还要有深入、透彻、人文的关注。

2012 年 7 月，全国多个大中城市遭遇暴雨袭击，城市出现严重内涝，造成人员伤亡和经济损失。本报推出《贵阳城区多年没被淹，就靠这个洞这群人》报道，向读者展现了贵阳市城区壮观的分洪洞以及几十条排洪大沟是如何保护贵阳城区抵抗大暴雨的。

此外，2012 年，《商报》策划的影响较大的社会新闻还有《留下，女孩》、《醉酒后他爬上 30 米塔吊，大喊要见情敌：还我老婆我就下来》、《男子钱包被盗，攒来买摩托的 2300 元不见了叫停大巴鞠躬留住 30 余乘客警察赶来调查，最后还是没有找到小偷》、《凌晨大雨中，山体滑坡，一家五口被埋遇难，救援人员找到遗体时发现——他的右手还紧紧护着一岁的儿子》、《福泉市龙昌镇谷坝煤矿发生透水事故，33 人安全升井，8 人被困井下大水涌来时，5 名矿工拼命往高处跑，逃过一劫却留下惨痛回忆——眼看着工友跌倒水中再没爬起来》

等报道。

在党的十八大胜利召开的专题报道中，贵州《商报》抽调精兵强将，组成报道小组，网络编辑和本地编辑协同作战，用心开辟专版专栏。特别是在十八大开幕前，除了做好“喜迎十八大——坚持科学发展，奋力后发赶超”栏目，还在 11 月 8 日 4 版至 7 版推出“十年贵州数说辉煌”特刊，用具体的数字和鲜活的事例，浓墨重彩地回顾 10 年来贵州在经济建设、文化事业、社会发展上取得的辉煌成就，令人印象深刻，受到读者好评。

【金黔在线全力打造贵州主流新媒体的核心竞争力】 2012 年，在省委宣传部的指导和集团的直接领导下，贵州金黔在线报业数字传媒有限责任公司以建立符合现代传媒发展规律，以机制管理创新为目标，全力打造金黔在线、贵州手机报作为贵州主流新媒体的核心竞争力，进行内容提升、经营拓展、技术升级、改革管理、考核体系五个方面的改革，进一步打造金黔在线、贵州手机报新媒体的聚合优势，圆满完成 2012 年的各项任务。公司入选 2012 中国新媒体领军榜—百强新闻网站，并且荣获国家互联网办公室颁发的全国“十八大网上新闻宣传工作先进网站”称号。

金黔在线结合公司发展思路和市场需求，全新改版提升内容，打造以“金黔”为品牌的系列原创栏目，创新频道拓展市场，形成新媒体运营模式，新增 20 个频道提升金黔在线体量和影响力；结合新媒体特性，金黔在线 2012 年确立了分频道经营的工作思路，抓住我省经济社会发展的良机，陆续开通了白酒、工业经济、企业、公益、黔商、眼科、美容等一系列经营性频道。将影响力转换为市场占有率，巩固了传统业务，确保公司持续稳步发展。

充分发挥金黔在线、贵州手机报新媒体的聚合优势，日常报道抓报道品质，重大宣传战役报道提升品牌。日常宣传报道中，对编采人员的政治意识、大局意识和阵地意识的教育常抓不懈，金黔在线全年刊发 407.3 万条稿件、贵州手机报彩信综合版、时尚版、短信版多版本，全年发稿 5.5 万条，没有出现重大差错。在网民中树立了权威、全面、准确、及时的主流新媒体形象。在 2012 年的“贵州两会”、“全国两会”，“省第十一次党代会”、“国发二号文件”、“党的十八大”“贵州省第二届酒博会”等重大宣传战役中，金黔在线创新方式全面布局，创造性地做好各类宣传报道，推进舆论引导，牢牢占领“贵州第一”网络舆论高地，在网上发出宣传贵州、推介贵州的主流强音报道。

2012 年，随着金黔在线品牌影响力和权威性的不断提升，对市场的吸附力明显增强，公司在此基础上成立专业团队，对活动业务进行了更加深入和精细的划分，针对不同类型客户，提供不同的活动策划，并在此基础上总结和提升，以有别于其他媒体产品。2012 年公司围绕中心大局自创策划推出了 50 余个大型专题，如“贵州县域经济展播”、“贵州科学发展十年回顾”、“背篼干部”，“2012 中国贵州国际酒类博览会”、“第三届贵州省道德模范评选”等。承办省委宣传部、省文化厅等相关部门联合推出的活动，策划多项重大活动。如：“诚信友爱贵州人”网络征集、“解放思想推动跨越”网络征集、交警体验日活动、“龙腾贵州大家乐”、“我满意的博物馆”系列活动、“奢华浪漫七夕夜”活动、“我心中的小康社会”网络调查、“镜头下的贵州人”专栏、“寻找贵阳食神”、“咔咔角角逛贵阳”专栏等等。至 12 月初，共策划、组织、实施线上及线下大小活动 70 多项，比去年多出近一倍。这些活动取得了良好的经济和社会效益。

全面提高工作效率是 2012 年工作的一大突破。公司以更加符合新媒体运行特点进一步改革管理，建立新的组织架构，形成“6 个中心”、“1 个手机报”和“1 个总经理办公室”的公司新格局；绩效考核由公司考核中心，中心考核员工，给中层管理机构更大的自主权，充分调动了员工的积极主动性和创造性。

在连续三年快速发展的基础上，2012 年继续保持了收入和利润稳步增长 17% 的良好态势。经过 2009 年至 2011 年连续三年的快速发展，2012 年继续保持了收入和利润的稳步增加，金黔在线制度更加完善、队伍逐渐成熟、营收能力不断提高，经营工作呈现系统化、整体推进的良好态势。

【新报公司创新宣传思路，改进创收形式】 2012 年，新报公司根据年初制定的目标，紧紧围绕集团的中心工作,创新宣传思路,改进创收形式,较好地完成了全年的任务。在办报方面,《新报》报纸质量进一步提升,市场影响力进一步增强,继续入选省新闻出版局"一个品种工程"品牌外,在激烈的竞争中,再次跻身"全国城市周报十强"行列。

新报公司先后完成了改版、走转改等一系列重点工作,为《新报》的更好更快发展奠定了坚实基础。年初成功实施了改版,进一步提高了《新报》的品质,将原有的周刊整合为城与人、优生活、品风尚三大周刊,加强与读者和市场的互动,不断提高《新报》品牌影响力。实施活动营销,成功举办各种大型活动,极大提升了《新报》影响力。实现市场运作,办好"第六届贵州时尚文化节",创造性地将时尚与公益进行了有机结合,本届文化节得到知名汽车厂商总冠名以及众多商家的积极支持,读者参与热情高涨,极大提升了《新报》的影响力和吸引力。实施活动营销,成功策划了"心愿千纸鹤"、"纸上婚博会"、"11·11单身派对"等系列活动,吸引数千读者直接参与,形成了线上线下活动的互动。酒博会期间出版了《品手册》别册,3·15期间推出了《真手册》,实现经济效益和社会效益的双丰收。

在经营工作方面,紧紧抓住重点节点,整体联动做好市场拓展。3·15期间,《新报》紧紧抓住消费者关注消费的时点,策划推出了《新报》消费者特刊《真手册》;第二届酒博会期间,成功推出特刊《品手册》;在12月,利用圣诞节和婚博会,推出特刊《爱手册》、《haig手册》等。使采编工作和经营创收实现无缝链接和良性互动,几大手册的推出吸引了商家冠名加盟,有力的拓展了市场。大力策划活动,打造新报品牌,实施活动营销。策划活动、营销活动是《新报》发挥优势拓展市场的有力武器。公司策划实施了"苏宁杯"2012贵阳首届影像文化节,该活动由贵阳苏宁电器总冠名,吸引上千市民参赛,实现创收和提升品牌的双重功效;继续举办第六届时尚文化节,以公益为切入点,全城征集《新报》封面女郎,点燃时尚风暴,与市场无缝对接,多家品牌商家全程介入;继续举办"11·11"单身派对活动、全城征集圣诞礼物活动等,实现品牌和收入的双向提升。整合社会资源,协办"全国名家画贵州"活动,不仅提升了新报公司的文化底蕴,还实现了一定数额的创收。

在省级文产资金的扶持下,公司实施了"时尚读物传播平台"项目,结合《新报》的发行工作,公司加大了《新报》在中心城区的目标消费场所的直投铺报力度,加大了在贵阳消费场所高度集中的城市综合体的发行,使《新报》在尚无实力做大发行的情况下,保证了报纸在市场上的影响力,同时在传统渠道发行的基础上,公司利用自身资源启动了"全城新报"自助发行计划,在贵阳一些中高端场所设置无人售报点,既展示了《新报》形象,又丰富发行方式。

贵州广播电视台工作

【概述】 2012年是推进"十二五"规划顺利实施的关键年,也是广播电视两台合并,实现融合发展的第一年,更是充满机遇和挑战的特殊年。2012年,贵州广播电视台新闻宣传始终紧紧围绕省委、省政府"两加一推"主基调和中心工作,围绕迎接党的十八大,引领社会舆论,服务全省经济社会发展大局,坚持不懈加强和创新宣传工作。为贵州坚持科学发展、奋力后发赶超,实现建设全面小康社会的宏伟目标,提供了有力的舆论支持、营造了良好的舆论氛围。贵州广播电视台在省委、省政府的正确领导和省委宣传部、广电局党组的关心支持下,全台事业产业实现了新的突破,综合实力进一步增强,全台在融合中团结奋进,稳步前行。

【党的十八大宣传报道系统全面量大质优】 为迎接党的十八大胜利召开,从6月上旬开始,贵州广播电视台广播电视同频共振,精心谋划,提前部署。电视新闻中心全面启动了"科学发展成就辉煌"主题宣传活动,先后推出了《坚持科学发展 奋力后发赶超——喜迎党的十八大》、《贵州科学发展十年历程回顾》和《幸福千万家》等系列报道和专栏。公共频道从9月开始,用两个月的时间开展"喜迎十八大欢乐社区行"大型活动。广播七个频率根据各自特点，先后推出了《坚持科学发展 奋力后发赶超——喜迎党的十八大》，以及喜迎十八大《记者走基层》、《光辉历程》等专栏，重点策划了系列报道《山坳里的发现——探访贵州之最》《记者走基层·记录幸福》《奋进贵州·高原巨变》等报道，全方位、多角度反映贵州经济社会十年来的巨大发展变化。十八大期间，我台在北京设立了演播室，发回了180条报道并推出了本台评论，开设了特别节目。公共频道以及4、5、6等频道分别结合自身定位，开设专栏。广播七个频率共开设专栏20多个。新媒体中心对十八大进行了网络直播，开设手机报专栏，通过黔龙网官方微博快速报道盛会，邀请专家学者以微访谈形式解读十八大。广播电视报也对十八大进行了全程报道。充分发挥全媒体优势，为大会的胜利召开营造了良好的舆论氛围。贵州广播电视台新闻中心特别节目《幸福千万家》、综合广播系列报道《鹤翔阳光城》两个节目分别获国家广电总局"党的十八大广播电视宣传优秀节目"奖。

【全国、全省"两会"宣传报道内容丰富形式新颖】 "两会"期间，我台广播电视分别从前沿采访、现场直播、新闻制作播报等多个环节，多视角、全方位展现"两会"盛况。广播电视均选派骨干力量进驻北京，电视《贵州新闻联播》紧扣全国"两会"主题，贯穿展现贵州一年来经济社会发展成绩和抢抓"国发2号文件"机遇的主线，播出报道66条；在央视综合频道、财经频道、新闻频道上片超过40条，其中《新闻联播》18条，《焦点访谈》、《小丫跑两会》播出专题节目3期，新闻频道《见证履职》直播3场；贵州台在央视日均上片3条，有20名贵州代表、11名贵州委员的同期声采访被央视选用，通过央视平台推介和展现了贵州形象。广播《贵州新闻联播》开设了"会场传真"等专栏，直播达5场，在中央媒体发稿62条，播出特别专题节目《聆听春天的声音——2012》9期，分别邀请了7位省人大代表和政协委员做客直播节目。贵州广播电视台的全国"两会"新闻宣传报道，取得了可喜的成绩，国家广电总局监管中心《监听监看日报》第54期，以"贵州卫视报道代表委员解决群众困难"为题，对贵州广播电视台全国"两会"报道的形式和内容给予了充分肯定。

【省第十一次党代会及省十一届二次全会宣传报道浓墨重彩、鼓舞人心】 党代会期间，全台共组建了一百多人的报道团队，使会前会中在报道规模、报道质量和内外宣传成效等方面均取得了新突破。电视、广播都采取程序报道和深度报道、现场采访和连线采访相结合的形式，全方位、多角度、多层次地呈现会议盛况，取得了较好的宣传效果，卫视频道首次使用高清演播间将本台评论员引入到重大会议直播中，《百姓关注》栏目还推出了《记者走笔》、《党员故事》两个专栏；贵州广播电视台综合广播突出广播特色，完整转播了大会开幕式，还分别在各档新闻节目中开设了《同心谋跨越·五年铸辉煌》、《会场内外》、《党代表心声》、《记者走基层·身边的党员》等栏目，省十一届二次全会期间，《贵州新闻联播》又策划推出了"自选动作"《百姓书记话小康》专栏。为配合主频率、频道做好主题宣传，公共频道、5频道、经济广播、交通广播等相关频道频率和栏目也根据各自特点定位唱好"和声"，从不同的视角、以不同形式加大对基层党员的报道。文艺社教中心参与策划并成功录播了省第十一次党代会专题晚会《同心永远》，受到省委宣传部领导表扬。

【国发2号文件宣传解读形式多样反响良好】

国发2号文件正式颁布实施后，我台迅速组织4路电视记者赶赴北京，专程采访国家相关部委负责人、文件起草组成员和国内著名经济学家，及时报道对"国发2号"文件的权威解读和深刻解析。完成了省委省政府在北京举行的新闻发布会现场直播。电视、广播的《贵州新闻联播》都开设了《聆听春天的声音——解读国发2号文件》、"聚焦2号文件"等多个专栏进行重点宣传，共播发重点新闻报道300多篇，播出600多条次。《百姓关注》栏目还以《国发2号文件助推贵州又好又快发展，您想说点啥?》为题，与观众展开互动讨论。全省观众踊跃参与了讨论，短信平台共收到观众发来的短信17137条，短信量在原有基础上翻了一番。

【做足做精主题报道，不断彰显主流媒体价值】 围绕全省经济社会发展重心，主题报道深入浅出。2012 年，我们相继推出了“推进三化赶超跨越”专栏、“跨越五年间”、“贯彻党代会精神基层行”、“与雷锋精神同行”等专栏和系列报道，“书记百姓话小康”系列报道成为亮点，“全国卫视贵州行”节目展播等重要专栏取得了良好的传播效果。

“走基层、转作风、改文风”活动持续深入。广大新闻工作者在盛夏、在隆冬深入基层，贴近生活，以务实的作风、朴实的文风反映真实，通过“走转改”推出了一批精品力作，通过“走转改”培养锻炼了一支过硬队伍。

此外，全台还出色完成了第二届中国(贵州)国际酒类博览会、生态文明论坛贵阳会议、中超足球转播和筑城广场迎新直播宣传以及其他省内重大活动的报道，充分彰显了主流媒体的宣传策划和舆论引导能力，受到了各方面的充分肯定。

【构筑“精神高地”服务民生关注公益不断凸显媒体责任】 2012 年，贵州广播电视台先后完成了《根深叶茂贵州情——2012 年四海贵州人春节联欢晚会》、《多彩贵州舞蹈大赛》等的直播任务。《道德之光——贵州省第三届道德模范颁奖晚会》在贵州卫视播出后得到社会广泛好评。广电总局《监听监看日报》以《贵州卫视“道德模范颁奖晚会”多角度展现榜样力量》进行了专题点评。

各频率、频道以关注民生为出发点，也组织了各类大型社会公益活动，仅广播 7 大频率就策划举办了 350 多场次公益活动，以“小视角、大道理”的理念策划了《记者新春走基层》、《春天里的就业路》、《寻找身边的好人》等关注社会保障、就业、教育、营养午餐、贵人善行等民生主题的报道，充分发挥了主流媒体的影响力，弘扬了主流价值观。为大力弘扬社会主流价值观，我台在学雷锋月、背篼干部、的哥李春来和于勇事迹、诚信友爱贵州人、最美女司机、仁义哥等多个典型宣传上有力地引导了社会舆论，取得良好社会效果。

贵州广播电视台公共频道秉持“主流媒体百姓情怀”的传播理念，聚焦防震减灾、高考、手足口病等民生热点；5 频道在年初策划了“善行 2012”公益活动；科教健康频道播出了帮助群众正确辨别有毒野生菌和无毒野生菌的专题节目；综合广播大胆改革，推出思想道德类专栏《身边》，交通广播举办了“寒冬里的温暖”大型爱心公益活动，活动受到全社会的高度关注，其中为贵阳见义勇为受伤青年于勇、的哥李春来募集爱心捐款 32 万多元，为此，交通广播还获得了中华见义勇为基金会主办的第九届“昆仑奖”全国见义勇为英雄司机评选组织奖。贵州广播电视台向中央电视台上传的 5 条有关“贵州师大保安和‘飞腿哥’勇斗歹徒”的跟踪报道，自 7 月 3 日至 7 月 8 日，连续在央视的《新闻联播》、新闻频道、国际频道(2 套)等频道播出，引起很大反响。

【重大事件反应迅速，报道准确，正面引导及时到位】 为做到在重大突发事件时不缺位、不失语、不乱语，我台建立健全了重大突发事件新闻报道快速反应机制，确保第一时间把党和政府的声音传递给群众，正确引导舆论。在应对云贵两省交界处的 5.7 级地震灾害和普安县楼下镇安利来煤矿的冒顶事故等重大突发公共事件的新闻报道中，我台各频率频道均在第一时间派出记者赶赴现场，及时客观报道现场最新情况。做到帮忙而不添乱，既坚持了正确的舆论导向，又满足了听众对突发事件的知晓权。

【外宣意识进一步增强，外宣工作成绩显著】 始终坚持“外宣引领内宣，内宣服务外宣”的宣传理念，全台各频道频率紧紧围绕省委、省政府的中心工作，结合自身特点，以节目为依托，开展了形式多样的对外宣传推广活动。

电视新闻中心共在央视综合频道、新闻频道、财经频道、体育频道、国际频道播出各类新闻 1250 条，新闻专题 11 期，其中《新闻联播》播出 113 条。提前完成了 2012 年央视播出 1200 条(次)目标任务。

广播共在中央台、国际台等发稿 532 条(组)，时长达 1085 分钟，与全国多家电台并机直播连线 165 场次；参与全国 18 家电台为迎接十八大专门制作的《幸福大穿越》专题节目展播。

【坚持创新创优，品牌影响持续有力】 2012年，我台坚持“以品牌建设为抓手，始终不渝地加强和创新节目内容建设”，着力打造一批具有竞争力的品牌节目。

贵州卫视全面加大了节目研发创新力度，继去年的1月1日，30分钟的新闻节目《新闻全方位》开播以后，又推出《非常完美》、《养生》、《剧说风云》、《新闻当事人》、《安全密码》等十余档新节目。广播频率以《阳光946政风行风热线》为代表，《的哥的姐有话说》、《身边》、《听说天下》、《喻见音乐》、《阳光旅程》、《我要歌唱》等栏目以其内容贴近，形式新颖，收听率一路攀升。

创新创优，创出了一批品牌节目。电视方面，《根深叶茂贵州情——2012年春节联欢晚会》荣获中国文联、中视协全国“春晚评优”活动最高奖项——创新奖；《非常完美》荣获第26届中国电视金鹰奖“优秀电视文艺节目”奖；《取证》荣获电视法制节目“全国十佳栏目奖”；《守护苗绣》获2012年中国青海山地国际纪录片节提名奖；“天元围棋频道”获得“中国十大最具市场价值的数字付费频道”称号；专题晚会《跨域十年·融入世界》、栏目《道德星空》、《美丽心灵》，“背篼干部”的专题片《双肩背出鱼水情》、政论片《科学发展奔小康》、《第三届贵州省道德模范颁奖晚会》受国家广电总局《监听监看日报》好评。广播频率获得了包括中国新闻奖和中国广播影视大奖等奖项101个，其中，《作风决定成败》荣获2011年度中国广播影视大奖广播电视节目奖大奖。自2011’多彩贵州歌唱大赛活动启动以来，贵州广播电视台高度重视、精心策划，对大赛赛事进行了积极宣传报道，创作了一批具有一定影响力的作品，《让多彩贵州更“多彩”》、《比赛选手风采——金蝉组合》、《“多彩”为贵州正名》、《黔龙2011多彩贵州歌唱大赛专题》、《2011’多彩贵州歌唱大赛决赛直播》、《2011’多彩贵州歌唱大赛颁奖晚会》等九篇作品受到省委宣传部表彰。

【坚持深化改革融合发展稳健有力】 2012年，我台坚持以改革促融合，以改革求发展，全面推进干部人事改革。按频率、频道、技术保障、综合服务四大类别，对全台内设机构进行调整充实，对机构职能职责、目标考核进行了规范完善。从5月开始，分7个批次，开展了134个中层正副职领导岗位的公开竞聘工作，在全台干部职工的共同努力下，竞聘工作顺利结束，119名干部走上各自岗位，35个新班子已全面接手工作，在班子的配备上，党委充分考虑了年龄结构、性别结构和业态结构。这次公开竞聘历时半年，有159人、281人次参加角逐，近400人、1750人次轮流担任群众评委，近100人直接为竞聘工作服务。一批讲政治、顾大局的老同志，支持台的改革发展，主动让位给年轻同志；一批年富力强、充满朝气的优秀干部脱颖而出，充实到中层干部队伍，我台一次历史性的新老交替平稳实现，人事改革为广播电视融合发展奠定了组织基础。

【坚持党的建设，政治保证坚实有力】 2012年，我台坚持围绕中心抓党建，抓好党建促发展。不断加强基层组织建设、党员队伍建设和党风廉政建设。

积极推进基层组织建设年活动深入开展，按照“推动发展、服务群众、凝聚人心、促进和谐”的要求，着力提升基层组织战斗力，新增“五好”基层组织四个；制定了《作风长效机制建设意见》，进一步落实党风廉政建设责任制，不断强化领导干部廉洁从政意识；认真落实省委的部署，派出多名干部分赴晴隆和荔波，组织党建扶贫和四帮四促工作，结合当地实际，发挥广电优势，圆满完成了帮扶任务。党建工作的积极成果，为全台事业产业健康发展提供了坚强保证。

【加快产业发展步伐坚持主动而为经营创收拓展有力】 2012年，我台坚持主动而为，敢为人先，不断创新和拓展产业发展渠道，经营创收等各项指标取得了新的突破：参与筹建了贵州省文化产业发展基金；与北京瑞鑫安泰创业投资中心签署战略合作框架协议，在北京文化硅谷筹建贵州广电北京制作基地；与省旅游局共同签署《加快文化旅游发展创新区旅游文化项目建设合作备忘录》，不断探索建立产业融合的新模式，加快产业发展步伐。家有购物通过电视、网络、商品目录、外呼等通路，搭建起立体化的购物网络。全年主营收入达到 14 亿元，较 2011 年增长 50%。2012 年，整个集团公司合并报表显示：集团资产达 51.2 亿元，经营收入达 36 亿元，其中广告收入突破 10 亿元，实现税收 2.1 亿元。

【坚持技术升级，技术安全保障有力】 2012 年，我台坚持技术升级，进一步加大设施设备投入力度，切实增强技术保障能力。

电视方面，完成了全台高清录播等技术设备招标采购项目 8 个，总金额 3502 万；“北京家有购物高清演播室”、“IPTV 集成播控平台”建设正有序进行。改进广播覆盖技术系统，完成了交通广播高速公路调频网的建设招投标及签约工作，计划投资 800 万元，彻底改善交通广播的覆盖质量。

由于技术保障到位，服务不断加强，我台频率频道均圆满完成了安全播出任务。

【策划组织各种活动特色鲜明成绩喜人】 贵州电视台各频率、频道精心策划组织推出了各种活动，特色鲜明、成绩喜人。

为喜迎十八大，为盛会的召开营造良好氛围，贵州广播电视台特别策划推出了“喜迎十八大幸福千万家”主题宣传活动。《贵州新闻联播》推出以百姓视角讲述 10 年来群众生活变迁的专栏“幸福千万家”，并配发“幸福手记”和“幸福链接”，“潘合妹的幸福加法”、“海雀村两代村支书谋幸福”等 20 余个角度低、立意高、调子正的民生幸福故事，直观展示百姓切身感受的生活变迁；公共频道《百姓关注》推出“幸福千万家——记者手记”，记者深入老百姓的生活，认真的体会感受，从一个个鲜活的故事里，一张张质朴的笑脸里去发现快乐，解读幸福，体现人民生活幸福和谐；《天天来帮忙》，记者深入贵阳市的大街小巷，采访近 70 名市民，他们分别阐述了自己对幸福的理解、自己的期望等，形成了“幸福语录”；5 频道《法治第一线》推出“幸福千万家——普通人、身边事”；《松哥梅姐帮帮帮》结合自身的“帮忙”特性，以帮人解决困难找到幸福从而自己获得幸福感为主题，开设“我帮别人找幸福”专栏；《真情纪事》栏目也特别策划了十五集的大型系列电视节目，节目以独特的讲述故事方式，动态展现记者找寻的过程，记录十五组不同行业人的幸福生活，记录发生在他们背后令人感动万分的情感故事，关注普通人幸福生活背后的“大历史”，为贵州十年来的历史留下了珍贵的影像记录；这一活动放低视角，以“民生”为切入点，围绕“幸福”这个核心词，整合全台资源，各栏目联动，构成了各具特色而又强大的宣传攻势。

贵州广播电视台高度重视“学雷锋”主题宣传，各频道、栏目根据各自特点，《贵州新闻联播》推出专栏“与雷锋精神同行”，播出了《雷锋精神与时代同行》、《贵州青年陈章亮勇救坠楼妇女感动滇黔两地》等报道；贵州卫视《午间道》、《新闻全方位》等主要新闻栏目也结合各自特点，大力宣传雷锋精神，关注发生在身边的，令人感动的人和事；公共频道以“打提前量、打主动仗、打民生牌”为切入点，提出用“常态化”和“大众化”进行学雷锋宣传报道；《百姓关注》从 2 月 27 日开始启动新闻行动——“寻找身边的雷锋”，用“身边”作为关键词，公布寻找热线，征集生活中雷锋式的平凡人和平凡事，节目《寻找身边的雷锋：热心肠的宋阿姨》报道了下岗工人宋振纹，在自己物质条件相当困难的情况下，无私奉献、热心助人，被邻居誉为“活雷锋”，节目播出后得到了广泛好评；《新闻今日谈》栏目，加大对雷锋式人物的报道数量，将见义勇为、舍己救人、助人为乐等题材编排进节目看点，并在评论中加大“学雷锋”选题的篇幅，增加赞同、引导的力度；《天天来帮忙》栏目，突出栏目帮忙的特征，选取群众关心、领导重视，具有代表性、典型性的题材，为普通市民排忧解难；同时，公共频道还制作了《雷锋在心里在身边》等两条宣传片，以“不同的时代，同样的雷锋”为创作原点，采用较新的拍摄和编辑手法，真实、纪实、朴实地传递主持人对雷锋精神的解读，在全频道全天时段反复播出；公共频道还积极响应省委宣传部网络处的号召，早在 2012 年 1 月就在“百姓拍客网”开出“诚信友爱贵州人”专栏，提供了视频上传的专用通道，鼓励广大网友和拍客，发现、拍摄、提交相关视频，已选取播出网民拍摄的《解放军见义勇为不留名》、《老汉推车娃儿帮忙》、《摩托翻车热心人帮》、《举手之劳为安全》等。

综合广播在黔东南举行了第五届“听多彩之声说魅力贵州”全国 50 家广播电台著名节目主持

人入黔采访大型直播活动,来自全国各地的主持人通过电话连线、录音报道、并机直播等形式共发稿350余条,时长3000余分钟;微博发帖、跟帖共计5000余条;3场现场直播累计180分钟,共有30家电台主持人参与并机直播。中国日报网、中国新闻网、中国广播网、中国民族广播网、新浪、腾讯等20多家网络媒体登载活动图片数百幅。同时,综合广播还邀请了来自湖北、广西、河南、浙江、山西、安徽和湖南等地获得中国新闻奖和中国广播电视大奖的记者、编辑,深入我省贵阳、遵义、黔东南、黔西南、六盘水和毕节等地,重点针对贵州交通发展、工业化带动、循环经济、新农村建设和民族文化发展等方面进行采访报道,举行为期一周的“奋进贵州高原巨变”全国优秀广播记者入黔采访活动。

旅游广播联合泰国国家旅游局在贵阳市举办“2012贵阳·泰国美食文化节”,承办了由贵州省旅游局和南方卫视联合新浪微博、搜狐微博、腾讯微博、旅评网等主流媒体举办的“微游贵州·黔景共享——2012中华旅游名博贵州行动年之黔东南体验之旅”活动,同时旅游广播创意组织“快乐联盟”,组织全省车友前往省内外著名景区自驾,让听众不仅可以领略我省神奇的自然景观、浓郁的民族风情和深厚的历时文化,也可让听众真正走出家门,体会旅游的乐趣。

音乐广播承接举办了“一声所爱,大地飞歌”2012全国新民歌大赛贵州赛区比赛、《麦王争霸》全球粤语歌唱大赛贵州赛区比赛、“中国达人秀”贵州赛区选拔活动等大型赛事,成绩喜人,同时借助广播电视联盟的整合力及影响力成功推介了一系列优秀的贵州本土原创歌曲,获得省级领导的高度认可及广大听众的广泛关注,据悉,在2012年度《音乐先锋榜》颁奖典礼上,由贵州广播电视台音乐广播推荐选送的贵州原创歌曲《杜鹃花开》、《蓝靛草》双双获奖。

【2012’多彩贵州舞蹈大赛题材丰富舞艺超群】 2012年7月,贵州广播电视台同步启动了2012’多彩贵州舞蹈大赛“新作赛”和“新人赛”两项赛事。

新作赛以省内各市州和省直文化系统、省直教育系统以及武警部队等代表队选送的作品为主,按照贵州民族民间舞,现、当代舞,国际标准舞,街舞,贵州原生态舞等五个类别,举行了初赛、半决赛和决赛。参加半决赛的各类舞蹈作品共计120个,其中贵州民族民间舞参赛作品数量最多,达到38个;本次大赛的参赛作品题材丰富,既有反映现当代贵州人民生活的作品、也有大量展示贵州民族民间文化的作品以及表现革命历史题材的作品;而且本次大赛的作品创作和表演水平均较高,既有贵州舞蹈艺术家们精心打造的本土原创作品脱颖而出,也有省外专家指导的优秀作品争金夺银。经过激烈角逐,由贵阳市代表队选送的《太阳山》和《太极风》分别获得贵州民族民间舞和国际标准舞的金黔奖,遵义市代表队选送的《永不褪色的记忆》和《唤醒》分别夺得现、当代舞和街舞的金黔奖,黔南州代表队选送的《踩月亮》获得原生态舞的金黔奖。

“新人赛”暨电视节目《舞艺超群》分别在北京、成都、深圳、上海、贵阳以及省内多个市州举行了海选,从总数超过3000名的报名者中,通过海选遴选出200余名选手,在贵阳举行了复赛和决赛,最后,来自北京赛区的江西女孩谢欣夺得冠军。省内外的优秀舞蹈新人通过贵州卫视的十期节目的播出,向全国观众展示了他们的舞蹈才华和对舞蹈梦想的追求,节目的制作水准较高,激发了国内各界对舞蹈节目的关注和热情。

【贵州广播电视台三网合并成立贵州黔龙网文化传媒有限公司】 2012年9月1日,贵州广播电视台按照《贯彻省第十一次党代会精神推动贵州广播电视台、广电传媒集团更好更快发展的实施意见》有关精神,设立新媒体中心,批准成立贵州黔龙网文化传媒有限公司,整合原黔龙网(贵州电视台五频道官网)、贵视网(原贵州电视台官网)、今日传播网(原贵州广播电台官网)正式合并为黔龙网。

合并后的黔龙网依托贵州广电雄厚的资本实力、尖端的信息技术和优质的人才储备,独享贵州广播电视台10个电视频道、7个广播频率的海量音视频资源,在内容上提供包括图文音视频在内的全方位综合新闻资讯、法制民生、电子商务等服务。

【贵州卫视覆盖规模创历史新高】 贵州卫视2012年全国覆盖人口达8.76亿,排名全国省级卫视第八位,覆盖人口比上年增长6036万,排名上升一位,覆盖规模创历史新高。

【家有购物探索产业发展路径多方面取得成效】 家有购物通过电视、网络、理论研究等各方面探索产业发展路径,全年主营收入达到14亿元,较2011年增长50%。2012年7月家有购物全面改版升级,推出业内首档公益设计类节目《家有好设计》,首推生态农副特色商品,完成《电子商务与电视购物发展模式研究报告》,荣获中国企业营销创新奖单项奖"最佳电视购物营销模式创新奖",家有购物呼叫中心荣获2012"金耳唛杯"中国500-1000坐席最佳呼叫中心称号。

【贵州广播电视台推出15部贵州影视作品展播】 为更好地贯彻中央十七届六中全会和省委十届十一次全会精神,贵州广播电视台从2012年1月1日起,推出了以"展示多彩贵州风貌,助推贵州文化繁荣"为主题的贵州影视作品展播。贵州卫视频道、贵州广播电视台公共频道、影视频道、大众生活频道、法制频道、科教健康频道、多彩贵州高清频道均安排播出。播出的节目有反映贵州红色革命历史的题材,如《周恩来在贵阳》、《邓小平在1950》、《黄齐生与王若飞》、《杨虎城将军的最后岁月》、《遵义会议》、《雄关漫道》、《奢香夫人》,电影《云上太阳》、《炫舞天鹅》等15部。这些作品全面反映了近年来贵州在影视创作方面取得的丰硕成果,有些作品还获国家、省部级"五个一工程奖"。

贵州出版集团公司工作

【概述】 2012年贵州出版集团公司党委以改革和发展为主题,紧紧围绕深化改革、规范管理、理顺关系、整合资源、立足发展来开展工作。上半年省委对集团公司主要领导作了调整、充实,新班子团结一心,共谋发展。虽然受去年经济大环境和政策影响,教材市场竞争加剧,成本增加;教辅定价下调、征订数下滑。集团面临严峻经济形势。但是经过集团上上下下一年的努力工作,确定的目标任务基本完成。全年共实现销售26亿元、利润近1.6亿元,国有资产保值增值率达108%。

【继续深化体制改革,全力推动股改工作】 2012年是集团公司全面进入股改的第一年,也是推进股改上市的关键之年。在中共贵州省委宣传部、省文改文产办、省新闻出版局、省工商局等上级领导部门和有关部门的指导、关心和支持下,集团公司党委精心安排,集团上上下下扎实推进,攻坚克难,股改上市工作取得阶段性成果。

2012年3月上旬,为争取在最短时间内实现申报上市,借用原贵州新华书店(集团)有限公司平台,更名组建了拟上市公司——贵州出版传媒有限公司。2012年7月底,华创证券、天健会计师事务所和北京君合律师事务所3家中介机构尽职调查工作顺利完成。2012年8月30日,新设的贵州省新华书店有限公司设立,2012年11月27日该公司向新闻出版总署新申请的总发资质到位。

为了在2012年12月31日前成功完成出版传媒的搭建,不拖延整个上市进程,集团公司与中介机构制定了股改上市工作时间进度表,分解任务,要求限时完成各项工作。股改办负责公司注册登记、资产划转、人员分流、业务整合、改制与房地产各专项工作小组加班加点,在集团所属各单位支持下,推动各项工作有序进行。

2012年11月底全集团基于资产划转的现场审计工作结束;2012年12月中旬,新设拟进入上市公司的贵州省出版印刷物资有限责任公司、贵州新华印务有限责任公司成立;2012年12月中下旬,除人员较多、情况较复杂的新华书店系统、新华印刷厂外,集团其他单位人员分流已陆续走完征求意见的法律程序;2012年12月19日,由集团公司投资的贵州鹏森资产管理有限公司成立。今后,出版主业将由贵州出版传媒有限公司经营管理,非出版业务将由贵州鹏森资产管理有限公司经营管理。在12月31日前，贵州省新华书店有限公司9家市州子公司设立。集团主要主营业务、资产和人员划转完成。通过全集团员工一年来的艰苦努力，传媒公司架构正式搭建完毕，2012年股改上市一期任务基本完成，为下一步引入战略投资者、组建股份公司奠定了基础。

同时，按照省非时政类报刊改革的总体部署，《贵州农村金融》划转贵州新闻图片社有限公司的方案已获批准，划转工作已基本完成。

鉴于集团公司在文化体制改革方面所付出的努力及所取得的成果，集团公司党委书记、董事长彭晓勇同志荣获"全国文化体制改革先进个人"称号，受到中央表彰，在京出席表彰会期间，得到胡锦涛总书记、温家宝总理等党和国家领导人的亲切接见。另外，贵州人民出版社有限公司、贵州新华文轩连锁有限公司荣获"贵州省文化体制改革先进单位"称号。贵州人民出版社有限公司荣获贵州省第一批省文化产业示范基地命名。

【积极拓宽主业发展路径，提升市场竞争力】

转企改制后，各出版社有限公司积极探索发展路径，积极思考如何根据既有的资源积累及优势，体现特色、形成品牌，谋求可持续的发展。各社进一步理清发展思路，对图书结构进行了优化调整，积极策划"双效"图书选题，实现社会效益与经济效益的双赢。

2012年底，为推进"黔版图书"品牌建设，支持、引导"贵州文库"等重点选题的出版，集团公司党委决定建立"出版专项资金"，加大对基础性、学术性、文献性、中长线选题的扶持力度。

为迎接党的十八大，各出版社积极策划推出了一批重点图书。贵州人民出版社《他们为什么选择中国共产党》出版后广受好评。《中国新闻出版报》评论该书是"为迎接党的十八大的胜利召开而组织出版的献礼图书"中"有代表性的选题"。该书被列入中宣部、新闻出版总署共同组织的迎接党的十八大主题出版工程。人民社《你好，中国》成为实施"走出去"工程的重点产品。人民社《灵魂的温度》、科技社《感动世界的母爱故事》入选中宣部、中央文明办、新闻出版总署联合推介的"百种优秀思想道德读物书目"。教育社《逆境英雄丛书》(10册)入选新闻出版总署2012年向全国青少年推荐的百种优秀图书。人民社《睁大眼睛看地球——少儿环保科普系列丛书》荣获"第二届科普作家博览会优秀科普作品奖"。"贵州文库"出版工作，纪念建省600周年选题的策划进一步落实，"贵州世居民族文化书系"已启动。

为及时传达贯彻党的十八大精神，在集团公司的高度重视及统筹下，所属人民社、新印厂、新华书店密切配合，分别承担了租型、印刷、发行的工作，保证了11月19日在全省各地新华书店上架，圆满完成这一光荣的政治任务。新华书店还在全省各地同时举行"十八大主题图书"展销活动。

各出版社不仅为省内"农家书屋"提供了优质的图书，同时在外省"农家书屋"图书采购中，多种图书在数省中标，取得较好的社会效益与经济效益。农家书屋建设工作已经初步完成，各出版社正积极策划出版馆配图书。

新印厂作为一个多年亏损的老国有企业，在集团公司的帮助下，积极强化管理、开拓市场、苦练内功，在逐年减亏的基础上，今年完成销售总收入近9000万元，实现扭亏为盈。

集团数字出版中心进一步加大数字出版工作的开拓力度，基础数据库已完成二期工程，数字转换图书共计6728册已入库，现已具有检查、查询、复制功能。新组建的贵州数字出版有限公司已完成工商注册及公司章程、管理制度的制定工作，并完成了集团控股的贵州闻通数字传媒有限公司股权划转、在北京注册成立国有控股的北京漫动亚青科技公司。

在省委宣传部、省财政厅、省新闻出版局大力支持、关心、帮助下，集团公司向财政部申报"亚青动漫复合型新媒体数字出版运营平台"项目文产专项资金，得到中央财政2000万元的项目专项资金支持。

手机杂志运营经过不断努力，截至11月底，在网用户数突破10万人，在单一彩信产品方面，杂志用户数在省内名列前茅。同时，在云南丽江增设"七彩丽江"手机报，每周四期，主打云南及丽江本地新闻，兼顾国际国内重要时事，于6月正式上线，迈出了手机杂志向省外进军的第一步。

由于受今年经济大环境的影响,集团面临的形势较为严峻,教材市场竞争加剧,成本增加,刚性成本增长1000多万元。教辅受政策因素影响,出版门槛提高,定价下调、征订数下滑,集团经济利润的实现压力增大。为稳定市场,强化资源整合,避免内耗,形成合力,集团公司撤销原教材中心,新组建直属集团公司的教材教辅中心(对外称"贵州出版集团教材教辅公司"),赋予其较大的人权、事权,实行二级核算,加大绩效考核力度,以进一步拓展集团租型教材和整合教辅的市场占有率为目标,争取在集团核心业务教育类产品上有新的突破。

【继续推进重大项目建设工程】 集团公司根据国家和省的"十二五"发展规划纲要精神,积极实施集团"十二五"项目库建设,大力推进大项目建设工程并取得实质进展。针对国家各类财政资金支持项目,积极筹备集团公司的项目库。

经过反复论证,贵州文化出版产业园——贵州出版传媒有限公司数字出版印刷产业基地选址贵阳高新技术产业开发区。11月13日举行项目签约仪式,12月16日举行集中开工仪式。该项目占地285亩,建设面积约21万平方米,投资8亿元人民币。项目于2012年底动工,2015年建成。建成后可承接数字出版、数字印刷、绿色印刷、商标包装、动漫创意制作、数字化图书配送中心和文化产业培训服务,将为集团长远发展奠定坚实基础。集团公司有信心在各级党委、政府的支持下,把基地建成全省出版产业的示范性基地。

人民社"贵州图书出版中心"项目已着手实施。集团新办公大楼交房在即,装修正抓紧准备,裙楼租赁已基本落实。与贵州省经济适用房中心联建经适房投资项目已基本完成。集团公司为实施"以出版为主,多元发展"的战略进行了有益的尝试。

【切实加强党的建设、重视纪检监察工作】 集团公司党委高度重视党建工作,以党建工作为抓手,注重企业文化的构建。进一步发挥支部的战斗堡垒作用,在党建扶贫、四帮四促等活动中,取得较好成绩。通过支部建设、支部活动,增强了企业的凝聚力。

2012年集团公司党委重抓防腐反腐倡廉工作。加强纪检监察工作,为企业健康发展保驾护航。纪检监察部门全程进入干部选拔、大额采购招标等工作中,为形成风清气正、廉洁自律的企业环境做实工作。并对进一步改进工作作风、进一步提高工作效能、进一步强化廉洁自律等方面提出了工作要求。

当代贵州杂志社工作

【概述】 2012年,当代贵州杂志社(当代贵州期刊传媒集团)认真学习贯彻中央和省委、省政府关于宣传文化工作的重要部署和指示,深入贯彻落实科学发展,坚持以邓小平理论和"三个代表"重要思想为指导,深入贯彻落实科学发展观,围绕中心、服务大局,在省委、省政府的正确领导下,按照"高举旗帜,围绕大局,服务人民,改革创新"的总要求,以打造精品党刊为目标,围绕中心、服务大局,紧扣"两加一推"主基调,坚持走科学办刊建社之路,抢抓机遇,求实创新,在提高党刊质量、扩大刊物发行、创新市场经营、推进体制改革、加强内部管理等方面不断创新创优,党刊亲和力、吸引力和感染力不断增强,影响力和传播力不断提升,为我省党刊事业和文化产业发展做出了积极贡献,为全省"两加一推"营造了良好的舆论氛围。

【坚持正确舆论导向,打造党刊精品,发挥党刊影响力和传播力】

——围绕中心,服务大局、增强指导性、针对性。2012年,当代贵州杂志社紧紧围绕省委、省政府中心工作制定宣传报道计划、策划选题、设置栏目,不断提高党刊的思想、信息、知识和文化含量,结合杂志社自身特点,充分利用平面媒体和新媒体,围绕贵州实施工业强省战略、城镇化带动战略,"科学发展、后发赶超"和推进提高党建科学化水平两大重点,完成了很多重大宣传任务,策划并大容量推出"党代会专号"、"喜迎党的十八大专号"和"喜迎党的十八大专刊"等。围绕"国发2

号文件解读与落实”、贵州经济工作会议、全国两会、省党代会、文化体制改革等推出一系列具有权威性、影响力的报道,推出的“文化贵州”系列专辑,得到省领导、专家学者及广大读者的好评,形成了家亮点。多层面、多角度的报道提高了刊物的影响力和传播力。

——媒体品质不断提升,党刊质量不断提高。一是打造重点栏目,建设品牌栏目。以“当代评论”领衔党建主题,以“名家专栏”压轴社会话题,以本刊策划展示报道重点,策划了当代视线、“两加一推”科学发展笔谈、深入开展“三个建设年”活动等品牌栏目,不断创新宣传报道方式,深入挖掘、重点宣传各地发展先进经验和典型。推出的多篇文章被《人民日报》、《中国共产党新闻网》等报刊、网络转载引用。二是着眼前沿和长远,实施刊网融合建设,实现刊网互动宣传,以网络宣传为先导,抢占舆论制高点,以刊促网,以网带刊,刊网互动,协调发展,贵州先锋网、党员手机报等新媒体形成与党刊相协调呼应的网络宣传新格局。三是深入开展“走、转、改”活动。笔触对准基层,推出了一系列生动、鲜活的采访报道,深受干部群众喜爱,增强了党刊的可读性、生动性和感染力,同时也锤炼了队伍,提升了团队综合素质。

——党刊影响力日益增强。一是成功承办了贵州首届金融博览会;二是策划启动《文化贵州·九市州专辑》大型采编项目;三是精心策划和组织实施了全国十大主流财经媒体“走进贵州金融”采访报道活动、首届科普作品创作大赛、黔西南建州30年30事30人评选活动、湘黔经贸合作活动周等不同形态的品牌经营活动。四是与省委组织部共同举办的“观风论坛”得到省委的高度重视与支持。五是加强与全国党刊界的互动交流。通过各种活动,多途径、多形式提升了“当代贵州”品牌的知名度、美誉度和传播力。

【坚持服务为本,拓展经营发行,提升党刊经营水平和覆盖面】

——广告经营成效明显。一是把做好广告经营作为贵州形象宣传重要抓手和杂志社增收增效的重要途径,大力挖掘酒类、通讯、金融等重点广告资源的开发潜力,形成“当代贵州”的品牌竞争力。二是不断提升广告经营的服务水平,通过开展活动、举办论坛、展览展出等形式创优“当代贵州”品牌经营的内涵和外延,努力形成“以产品打动客户,以质量征服客户,以服务感动客户”的良性广告经营格局。集团综合经营的发展速度达到20%。

——省级重大文化设施建设工程之一— — —“当代贵州杂志社办刊业务基地”建成。当代贵州杂志社办刊业务基地建设,被纳入省委十届十二次全会确定的省级重大文化设施建设工程之一后,在省领导、省委宣传部、省发改委、省财政厅等方面的关心和支持下,2012年,我社购买了乌当区顺海大坡路小蝴蝶花园写字楼作为当代贵州杂志社办刊业务基地,目前正在进行装修改建,预计2013年4月可以完工。

——文化产业发展逐步深入,子报子刊呈现良好态势。今年以来,《晚晴》、《法制生活报》、《大众科学》、《科学快报》、《电影评介》、《杉乡文学》、《贵州化工》等非时政类报刊出版单位的转企改制工作,严格按照非时政类报刊出版单位体制改革的“时间表”和“路线图”,全面完成了各项改革任务。同时,进一步做好子刊子报和出版单位的加强、改进、创新工作,加强贵州先锋网、《当代党员》手机杂志、《法制生活》手机报、贵州图片库等建设。子报子刊有的实现收支平衡,有的实现实现扭亏为盈。《法制生活报》发行量突破5万份。

——完善规章制度,加强人才培养和内部管理。积极引进人才,2012年,当代贵州杂志社吸纳了30多名青年人才加入,同时加大继续教育力度,加快推动干部职工由传统媒体专业人员向采编、发行、经营、管理复合型人才转型。多措并举,为专业人才搭建干事创业的平台。进一步完善各项规章制度,提高制度的执行力,用制度管人管事,各项工作走上了健康、规范、有序的轨道。

——党刊覆盖面不断扩大。一是发行量稳步提高。二是加强和改进服务质量。在发行的各个环节上做到层层落实,在处理各种差错、投诉和投发问题时做到及时跟踪、及时处理、及时反馈。三是创新发行方式,多渠道推广,多条腿走路。四是实施扩大向中央机关有关部门领导的赠阅计划。同时,积极探索党刊的市场化推广,探索党刊直投方式,扩大党刊的覆盖面和影响力,提升了时效。

【做强做优主刊，做特做大出版，做新做实产业】

——做强做优主刊，打造《当代贵州》党刊品牌。一是坚持正确舆论导向，突显主刊的政治价值、文化价值，重点策划实施好学习、贯彻、落实十八大精神的宣传报道。二是策划好重大选题，增强党刊的思想、信息、知识和文化含量，使党刊不仅“正确”，而且“有用、好看”。三是不断提高刊物的整体设计水平和图片质量，提升党刊的整体呈现水平和视觉效果。四是要坚持开门办好刊，借助外脑和外力办刊，扩大党刊影响力。五是继续深化“走、转、改”活动，多到一线调研采访，多写文风清新的好文章，进一步增强《当代贵州》的吸引力、感染力和亲和力和传播力。

——做强做大出版，努力打造几个有影响力的品牌刊物。

一是《晚晴》杂志将实施“扩版提质计划”，在内容、发行经营、老年服务平台建设上实现新的突破，把《晚晴》打造成为全国优秀老年期刊杂志。二是杂志社将整合人力、物力、财力，通过改革创新，努力把《大众科学》杂志打造成为为大众生活提供科学意见的优秀科普期刊。三是拟将《贵州化工》改为《环球美酒》杂志（暂定名），紧紧围绕省委、省政府白酒产业振兴计划，把《环球美酒》杂志打造成为展示各国美酒、交流美酒文化、促进酒业发展、酿造和谐生活的酒类品牌期刊。四是拟将《科学快报》变更为《乡村地理》杂志，助推我省旅游业发展，满足人们对旅游、旅行的需求。同时，提供旅游产品策划、信息和其他服务。

五是拟将《杉乡文学》变更为《少年与法》杂志，打造一本面向全国100万所中小学师、生、家长，实现双效益的杂志。六是实施党刊数字化工程，进一步加强、改进、创新，将《当代党员》、《法制生活》手机杂志办成广大党员干部欢迎的移动新媒体品牌。进一步建好贵州先锋网，打造国内省内时政新闻、党建交流及信息沟通的红色网络平台。七是建设完善贵州图片库，以丰富的库藏图片为省委、省政府中心工作和我省外宣工作服务。同时，建立当代影像文化传播中心，积极拓展以图片资源开发利用为主的经营业务。八是将《法制生活报》打造成权威法制宣传媒体品牌。目前法制生活报发行量已达到5万份，报纸经过6年的发展，已经站在新的起点上，要在内容、发行、经营、品牌建设上实现新的突破。

多彩贵州文化产业发展中心工作

【概述】 2012年，贵州省多彩贵州文化产业发展中心（以下简称“中心”）坚持以科学发展观为指导，认真贯彻落实国发2号文件及省第十一次党代会精神，在省委宣传部的领导和支持下，以“多彩贵州”品牌建设为中心，以多彩贵州品牌研发基地项目建设为重点，积极推进各项工作。

【加强“多彩贵州”品牌规范管理】 完成“多彩贵州”品牌VI系统的设计开发。中心委托专业品牌管理机构设计开发“多彩贵州”品牌VI系统工作于今年上半年全面完成。“多彩贵州”品牌拥有了一套完整、系统和固定的视觉表达体系，确保了“多彩贵州”品牌形象在任何场合使用的规范化和统一性。《多彩贵州VI识别手册》及光碟已制作完成，并下发至各品牌授权使用企业，中心发文要求各授权企业按照《VI识别手册》要求规范使用“多彩贵州”标识，执行“多彩贵州”VI系统。

【做好“多彩贵州”商标的日常管理】 多彩贵州商标管理办公室根据自身职责要求认真开展“多彩贵州”商标的日常管理工作，今年共受理商标使用申请8件，对拟授权企业、产品、服务和行业市场前景进行全面调研和分析、对商标授权使用合同及授权使用相关标准进行修改完善等。

【完善“多彩贵州”品牌的网络档案】 中心安排专人负责管理更新“多彩贵州”商标数据库，对18家品牌授权企业使用商标后的营销宣传、产品质量、社会效益和经济效益情况进行不定期跟踪管理，及时搜集总结情况反馈企业促其发展。

【加大"多彩贵州"品牌对外宣传】 组织参展第八届中国(深圳)国际文化产业博览会。5月,中心完成了第八届中国(深圳)国际文化产业博览会"多彩贵州馆"和三个专业馆的设计、施工团队遴选和场馆搭建以及文博会期间贵州展馆的现场管理和宣传报道工作。共有8家"多彩贵州"品牌授权企业参展,"多彩贵州"馆直观地向外界展示和推介了贵州省以"多彩贵州"为龙头的区域文化品牌群和"多彩贵州"品牌培育、推广及使用成果。

【搭建"多彩贵州"品牌传播平台】 中心对"多彩贵州"旅游文化资讯频道采取免费支持、互换资源的方式进行品牌授权使用,搭建了一个"多彩贵州"品牌新的传播平台。今年,品牌授权使用企业安酒集团和信友核桃乳厂相继在该宣传平台上播放了企业形象及多彩贵州产品宣传短片。

【借力品牌授权使用企业"商贸"外宣】 9月,中心联合安酒集团在凯里市举办了多彩贵州酒大型品介会,10月,联合怡丰源贵翠文化产业公司在贵阳举办了"多彩贵州玉·贵翠臻品"首鉴会。"多彩贵州"品牌借力授权使用企业产品和商贸活动,以文化为切入点,丰富品牌文化内涵,传播品牌形象,促进和带动相关产业发展。

【编写报送"多彩贵州"品牌简报】 今年,中心共编写报送13期《多彩贵州品牌研发基地项目工作简报》和《多彩贵州品牌工作简报》,及时反映"多彩贵州"品牌相关工作动态情况。

【加快推进多彩贵州品牌研发基地项目】 成功举办项目开工典礼。项目于8月29日举行了开工典礼,省委常委、常务副省长谌贻琴宣布开工,省委常委、省委宣传部部长喻红秋作了重要讲话并提出基地建成后要努力发挥好贵州特色文化研究、特色文化产业孵化和培育、多彩贵州文化展示和宣传、贵州文化培训和交流四个平台作用。

【办理完善相关手续】 (1)土地方面。项目用地取得国土资源部、贵州省政府批复,土地和房屋征收工作基本完成。(2)规划方面。重新确定项目用地红线,完成选址意见书、建设用地规划许可证的手续办理。项目总图原则通过市规划局专家评审。(3)设计方面。通过公开征集方式,最后确定由省建筑设计研究院负责优化整合。(4)项目可行性研究报告原则通过省发改委组织的专家评审,完成地质灾害评估和环境影响评估工作。

【规范选择专业建设单位】 按国家相关规定,通过公开招标方式选择了项目管理单位、设计单位、监理单位、地勘单位和场平施工单位,通过竞争性谈判方式选择了招标公司、测量单位、开工典礼策划公司、开工典礼场平单位、造价咨询服务单位。目前各专业建设单位均已进场开展工作。

【不断推进"多彩贵州"商标授权使用】 积极支持公益性使用。继续支持"多彩贵州"旅游文化资讯频道、多彩贵州印象网等品牌公益性传播项目,采取免费支持、互换资源的方式对其进行商标授权使用。

【大力推动市场化运作】 今年商标商业性授权使用项目新增8个,分别是"多彩贵州连锁酒店"、"多彩贵州文化旅游产业发展研究院"、"多彩贵州街"和5个"多彩贵州工艺品"项目。商标授权使用拉动投资40亿元以上,带动就业5000余人,初步形成"多彩贵州"特色文化产业集群和"多彩贵州"品牌大家族。

【强化"多彩贵州"品牌工作机制保障】 (1)绩效工资考核机制。按照《中心绩效工资考核办法和分配方案》的规定,采取季度工作考核和半年、年终工作考核相结合的考核方式,推行绩效考核和奖金挂钩,激励干部职工更好地工作。

(2)项目合作机制。以项目为载体,通过聘用制、项目合作制等方式吸引人才参与中心工作,确保各项工作高效推进。

各市(州)宣传思想工作

贵阳市宣传思想工作

【概况】 2012 年,全市宣传思想文化工作始终按照“高举旗帜、围绕大局、服务人民、改革创新”的总要求,紧紧围绕“加速发展、加快转型、推动跨越”的主基调和“一先、二超、一提升”的奋斗目标,全面学习贯彻落实党的十七届六中全会、党的十八大和省委十届十二次全会、省委十一次党代会、市委第九次党代会精神,扎实推进宣传思想文化工作“品牌年”各项任务,不断深化文化体制改革,推动全市文化大发展大繁荣,为全市实现经济社会又好又快、更好更快发展营造了良好的舆论氛围。

【理论宣传】 (1)理论学习深入进行。做好全市党员干部理论学习安排,组织学习宣传贯彻《胡锦涛同志在省部级领导干部专题研讨班开班式上的重要讲话》,并组织全市 65000 多名在职党员、干部参加了理论学习考试。为全市广大党员、干部提供学习资料,编印发送了《党的十八大报告学习辅导百问》、《辩证看 务实办》、《跨越的足音“余心声”28 篇》、《贵阳发展研究》等 20000 余册,宣传科学理论,普及先进文化。

(2)理论宣传广泛开展。通过举办培训班、采取省市宣讲团联动的形式组织贵阳市宣传理论骨干学习党的十八大、省第十一次党代会精神,精心组织了 27 场巡回宣讲活动,全市近 16000 名党员、干部参加;在《贵阳日报》开设了《学习党的十八大精神》、《学习贯彻胡锦涛同志“7·23”重要讲话精神》和《学习贯彻省第十一次、市第九次党代会精神》等理论专版,并在《知行》杂志开设专栏,交流学习体会;组织开展“解放思想、推动跨越”及“十破十立”大讨论活动,深入贯彻落实党的十八大、《国务院关于进一步促进贵州经济社会又好又快发展的若干意见》(国发〔2012〕2 号)、省第十一次党代会、省委十一届二次全会、市第九次党代会精神和省委、省政府支持贵阳市加快发展推进大会精神。

(3)理论研究扎实推进。先后召开了全市宣传文化系统“学习党的十八大精神座谈会”及“学习宣传贯彻省第十一次党代会精神座谈会”、“贵阳市社科理论界学习宣传贯彻胡锦涛同志在省部级领导干部专题研讨班开班式上的重要讲话精神座谈会”、“全市宣传理论文化界学习宣传贯彻市第九次党代会精神研讨会”等,结合实际认真学习领会胡锦涛同志重要讲话精神和党的十八大及省、市党代会精神的重大意义、深刻内涵,积极为我市贯彻落实讲话和党代会精神建言献策。确定立项课题 31 个,并已全部结项。出版发行《贵阳发展研究》,为我市经济社会又好又快、更好更快发展提供工作参考和智力支持。

(4)建设学习型城市工作卓有成效。开展“四学四创”学习活动,推动形成崇尚学习、勤于学习、善于学习的良好风气。深入开展了“贵阳读书月”等系列活动。巩固“贵阳读书月”品牌,以“阅读·文明·跨越”为主题的“2012·贵阳读书月”活动,举办了全市主题活动 10 项和区(市、县)主题活动 40 余项;开展市民文化讲坛和诚信文化学习、“百名专家进百村,科技帮扶带创业”以及建设学习型家庭、青少年读书等系列活动。

【新闻宣传和舆论引导】 (1)围绕中心,加强正面主流舆论宣传。积极组织市属各新闻媒体对党的十八大、中央十七届六中全会、省委十届十二次全会、省第十一次党代会、市第九次党代会以及国发 2 号文件等进行新闻宣传报道。贵阳日报传媒集团、贵阳广播电视台等推出了30余个精品专刊(栏),推出一批贯彻落实有关会议的评论或述评等,刊播重点稿件500条(篇),推出系列评论20余篇,为深入贯彻落实中央、省、市重要会议和文件精神搭建了有效的舆论宣传平台。

(2)围绕全市重点工作、重大活动,积极营造舆论氛围。协调和组织省、市级各新闻媒体和网络媒体,对“筑城广场迎新仪式”、“2012贵阳观山湖公园春节灯会庙市”、“中超联赛开幕式”、“生态文明贵阳会议”、“李岚清书画展”、“孔学堂落成典礼”等全市重大活动以及“二环四路城市带规划建设”、“城市基层管理体制改革”、“创新社会管理”等重点工作进行了大力宣传报道,为省、市重大活动的成功举办、重点工作的顺利推进营造了良好的舆论氛围。

(3)把握导向,做好舆论引导与重大舆情事件的处置工作。对毒胶囊、医患纠纷、中日钓鱼岛争端等社会热点事件进行了积极正面引导。同时,充分发挥宣传工作作为党联系群众的桥梁纽带作用,及时有效地做好春光小学墙体垮塌、精英幼儿园食品安全等突发应急事件的舆情处置工作,客观公正地对93号汽油、花溪系列杀人案等事件进行了澄清,切实维护了社会稳定、促进了全市经济社会平稳发展。

(4)建立完善机制,切实加强网络舆论引导。加强网络宣传阵地建设,扶持贵阳新闻网做大做强,充分利用“爽爽的贵阳网”,扩大贵阳对外宣传的感染力和影响力;建立了贵阳市网络舆论引导信息平台,形成了网络信息整合机制。加强网评员队伍的建设和管理,搭建“网络舆情研判导控服务平台”,成立了贵阳市互联网信息办公室,组织协调涉筑互联网舆情监测、研判、引导、处置、发布工作。推进政务微博平台建设,在腾讯微博搭建“微贵阳”系列微博平台,近40家区县市、部门、媒体、活动的官方微博已经入驻该平台,形成了微博联动效应。

(5)抓好新闻阅评和新闻培训工作。制定了《贵阳市新闻阅评工作制度》(试行),对阅评人员构成,工作机制,激励机制进行较大程度的调整与改革,征集到新闻阅评员共38名;积极对市属各媒体的新闻宣传报道进行评阅,不断提高市属媒体新闻宣传报道的水平。举办了“贵阳市网络、新闻业务管理培训班”,对各区(市、县)新闻工作者和市属各新闻单位的有关同志进行培训,提高了新闻工作者的业务素养。

(6)围绕重要节庆日、纪念日、重大活动,搞好社会宣传工作,营造良好社会氛围。利用户外大型广告牌、LED大屏幕、摆放鲜花字牌、悬挂标语等多种方式,做好元旦、春节等重大节庆日和省市“两会”、观山湖公园春节灯会庙市活动、中超开幕式、弘扬贵州时代精神、生态文明贵阳会议、亚洲青年动漫大赛、酒博会、孔学堂落成、全国山地自行车邀请赛等重要会议、重大活动的社会宣传和环境布置工作,营造了简约、大方、隆重、热烈的城市氛围。

【文化艺术工作】 (1)打造文艺精品,文艺活动取得硕果。电视动画片《侗寨寻歌》、电视剧《小城大爱》等6部作品获贵州省“五个一工程”作品奖,其中有4部作品入选送中宣部参加全国“五个一工程”作品评奖;广播剧《心中有天堂》等6部作品获省文艺作品高端平台展示奖,广播剧《特警潘琴》获省创作资金资助;《水寨龙珠》获第21届国际木偶节优秀剧目奖,《心中有天堂》获中国广播剧研究会、中国广播电视协会共同颁发的“第十二届中国广播剧研究会广播剧专家银奖”;2012年“多彩贵州”舞蹈大赛取得两金三银、团体第一的优异成绩。

(2)社会文化活动精彩纷呈,满足群众精神文明需求。成功举办“2012万达广场中超联赛”开幕式、贵州京剧院在伦敦交流演出等文艺演出、文化交流活动。做好元旦、春节等重大节庆日群众文化活动,突出举办好筑城广场迎新仪式和观山湖公园春节灯会庙市活动。2012贵阳筑城广场迎新仪式通过仪式形式结合群众方阵队伍和中心舞台表演,突出了“迎新”和“联欢”两大主题。2012观山湖公园春节灯会庙市活动,灯展区共展出主题彩灯165组,各类彩灯广泛采用了声、光、电技术,为民众打造了一台唯美、大气、丰富多彩的“光影盛宴”。

(3)深化文化体制改革,推动文化产业发展。深入推进公益性文化事业单位改革。我市市、区两级公益性文化事业单位改革工作任务已全面完成,并按照国家事业单位人事、收入分配、社保制度改革要求持续深化。进一步深化完善经营性文化单位(含非时政类报刊)改革。推进贵阳日报传媒集团下属的非时政类报刊的改革,共同组建贵州贵报传媒有限公司。积极组织参加第八届深圳文博会,贵阳日报传媒集团文化产业园等6个项目参与签约,签约金额达63.78亿元,占全省签约金额190亿的33.6%。积极推动省十大文化产业园区、十大文化产业基地建设。2012年,贵阳数字内容产业园入驻企业26家,预计产值达5亿。

【对外宣传】 (1)做好2012生态文明贵阳会议重大主题外宣工作。专门成立宣传推广组,认真制定工作方案,做好宣传报道工作。确定会议宣传重点,对会议开幕式、基调演讲、公益演出活动、闭幕式、等重要环节进行重点报道安排;第一次在国家级新闻发布厅举行新闻发布会,较好地推广、宣传了2012年生态文明贵阳会议,进一步提升了会议国际化程度,提高了生态文明贵阳会议的影响力。

(2)凝聚媒体力量,加大宣传力度,加强对“爽爽的贵阳,中国避暑之都”城市形象品牌的推广。全力做好“避暑季”、“温泉季”的宣传工作,为2012中国·贵阳避暑季开幕式暨贵阳市第六届旅游产业发展大会和2012中国·贵阳温泉季开幕式营造良好氛围,进一步整合贵阳旅游资源,将“避暑季”和“温泉季”紧密衔接,提升“爽爽的贵阳·中国避暑之都·温泉之城”的城市旅游品牌形象。

(3)提升新闻发布工作的权威性和规范性。不断改进和完善党委、政府新闻发言人制度,全市新闻发布工作取得积极进展、应急新闻发布工作进一步完善。不断推进党委、政府新闻发布工作制度化、规范化、常态化和机制化;加强新闻发言人队伍建设,提高新闻发布水平和质量。在上海复旦大学新闻学院成功举办2012年贵阳市新闻发言人培训班。不断完善新闻发布工作机制,组织召开“2012贵阳市科技活动周”、“贵阳市原创大型木偶神话剧《山寨龙珠》”、贵阳孔学堂落成庆典、2012贵阳国际山地自行车邀请赛、2012贵阳避暑季、“2012亚洲青年动漫大赛”、“2012生态文明贵阳会议”等新闻发布会。

(4)创新网络宣传管理机制,提升网络对外传播能力。加强网络宣传阵地建设,扶持贵阳新闻网做大做强。协调爽爽的贵阳网继续加大网络外宣力度,不断丰富内容,完善栏目设置,扩大贵阳对外宣传的感染力和影响力。支持鼓励市属网站充分发挥各自特长优势,打造特色知名网络品牌,形成各有侧重、各展所长、各有特色的网络媒体格局。不断壮大正面宣传阵地,整体提升我省网络媒体传播力和影响力。

【宣传人才培养】 加强干部队伍建设,提高机关干部工作能力和素质。加大宣传文化系统干部交流挂职力度,从各区(市、县)党委宣传部、市直宣传文化系统选派了14名干部到市委宣传部各处室交流锻炼,有12名基层干部到市互联网信息办公室顶岗培训,选派了4名干部到省委宣传部锻炼,4名干部到帮扶村挂帮,既为基层宣传部、宣传文化系统的年轻干部提供了学习锻炼的平台。整合资源,创新培训形式和内容,加大对市直和基层宣传文化队伍的培训工作。加强对“四个一批”人才的培养及培训工作,6名同志获得贵州省宣传文化系统“四个一批”人才称号。在深圳大学举办了一期“四个一批”人才培训班,提高宣传部干部职工的工作能力和综合素质。

遵义市宣传思想工作

【概述】 2012年,遵义市宣传思想文化工作紧紧围绕“高举旗帜、围绕大局、服务人民、改革创新”的总体要求,坚持以邓小平理论、“三个代表”重要思想和科学发展观为指导,以改革创新为动力,以建设社会主义核心价值体系为根本任务,以满足人民群众日益增长的精神文化需要为出发点和落脚点,围绕中心、服务大局,内聚人心、外树形象,进位争先、做大图强,着力培养高度的文化自觉和文化自信,为推进遵义经济社会发展提供了坚强思想保证、强大精神动力、有力舆论支持和良好文化条件。在市作风办开展的群众满意度调查中,市委宣传部由2011年的第10位跃升至第3位;获市直机关年度考核一等奖;业务目标绩效考核获全省一等奖。

【理论武装】 全年以学习宣传贯彻党的十八大精神和国发〔2012〕2号文件、省第十一次党代会精神为主线,采取专题讲座、集中学习等形式,深入学习胡锦涛同志"7.23"重要讲话精神、市第四次党代会精神等,迅速掀起各级党委(党组)学习宣传党的十八大精神热潮;深入开展"解放思想、推动跨越"大讨论活动,推进党委(党组)中心组网络学习平台建设使用,全面加强各级党委(党组)学习制度化、常态化建设,带动了各级机关干部学习。扎实推进学习型城市建设,推出"理论手机报",先后发布信息3万余条;依托"名城大讲堂",先后举办6期专场讲座,吸引6000多名干部群众参与,形成"名城·名家·名牌"效应。深入开展理论宣传,积极策划重大理论宣传主题,形成"娄山越"系列评论文章,引导了各级干部思想、凝聚力量、促进发展;举办全市学习党的十八大精神宣讲骨干培训班,各级组织开展党的十八大精神宣讲活动1468场,226个乡镇、1995个村居、17个街道、30个机关单位50多万干部群众聆听宣讲报告。广泛开展竞赛征文活动,组织开展学习贯彻国发〔2012〕2号文件、省第十一次党代会精神、"保持党的纯洁性"、"学习马列经典、坚定理想信念、推动跨越发展"征文和知识竞赛,形成征文200余篇,竞赛试卷3万余份。

【新闻和对外宣传】 全市围绕市委、市政府中心工作,制作了《红色圣地醉美遵义》外宣画册和电视高清版本的遵义形象宣传片。加强全省小城镇建设发展大会、遵义新舟机场首航、全省第二届酒类博览会、全省第二轮第二次项目建设现场观摩会、全市第三季度项目建设现场观摩会、首届遵义旅游产业发展大会等主题策划,在市属媒体开辟"科学发展成就辉煌"、"奋力实现'两个率先'"等系列专栏,对"三化同步"发展进行了深入宣传。利用高端平台密集开展"喜迎十八大"等重大主题宣传,央视多题材、多频道、高密度宣传聚焦遵义,在央视、省广电台发稿量名列前茅。充分发挥互联网、手机报等新兴媒体作用,全市主要新闻媒体官方微博共发布广播7400余条、听众18万人。大力加强舆论引导,建立和完善各类突发事件和重大社会热点问题舆情预警、分级、监测、报告、分析、处置等制度,及时组织新闻媒体做好社会热点、焦点、敏感问题的宣传报道,确保舆论导向正确。

【思想道德建设】 大力弘扬贵州时代精神,制定了《关于大力培育和弘扬贵州时代精神的通知》、《关于大力培育和弘扬贵州时代精神社会宣传工作方案》,采取宣传橱窗、宣传栏、板报、墙报、横幅条幅、微博、手机报、短信和各单位电子显示屏等形式,形成浓厚宣传氛围。广泛开展"践行雷锋精神争当时代先锋"为主题的"五心"教育活动,在全市未成年人中评选出12名美德少年,并授予"遵义市美德少年"称号;各县(市、区)党员干部和青少年学生续写雷锋日记、"五心"教育心得132篇,分别荣获省级一、二、三等奖各两篇。全市以各行各业涌现出来的先进人物和集体为基本对象,建立起先进典型数据库,卓先顺、徐德光作为央视2012年度"感动中国"人物评选候选人;老红军李光作为全省"践行雷锋精神争当时代先锋"先进典型人物在全省各大主流媒体集中宣传报道;余庆县作为贵州省基层公民道德建设的唯一代表出席第九届中国公民道德论坛。积极开展第三届全省道德模范评选推荐,全市评选表彰第二届道德模范36人;推荐11人参加第三届全省道德模范评选,7人被评为第三届全省道德模范,4人获第三届全省道德模范提名奖。未成年人思想道德建设工作被中央精神文明指导委员会评为"全国工作先进单位"。

【精神文明创建】 扎实开展推进"双创一巩固"工作,对市中心城区人行天桥、公厕、环卫设施、农贸市场等进行大面积改造,改善了城区文明秩序;举办了遵义市首届公益广告("双创一巩固")大赛,第四届贵州省公益广告大赛获优秀组织奖。承办全省深化"整脏治乱"推进文明城市创建工作推进大会,全国卫生城市通过复检,获"全国文明城市提名资格城市";仁怀、赤水分别获"全省文明城市"称号;12个村镇获"全省文明村镇"称号、13个村镇被评为"全省创建文明村镇工作先进村镇";40家单位被评为"省级文明单位"、86家单位被评为"全省创建文明先进单位";汇川区获"全省文明城市创建工作先进城区"。扎实开展"四在农家"创建,全市启动105个"小康示范型"精品点和472个"巩固提高型"、"扶贫开发型"示范点创建,实施"农民文化家园"37个,新增创建户10万户40余万人。扎实开展"三关爱"、"双创一巩固"、"关爱自然、义务植树"和"学雷锋专家义诊·健康行走"志愿服务工作,承办了全国"三关爱"志愿服务活动启动仪式。遵义市荣获全国社会义工协会志愿服务组织奖。遵义文明网在推荐全国90个市联盟网站中排名28名。

【公共文化服务】 扎实开展国家公共文化示范区创建,完成21个制度设计课题研究。实施"八大惠民工程",完成体育健身路径工程40个,乡镇农民体育工程6个,村级体育工程45个,乡镇综合文化站电子阅览室50个,村级电子阅览室50个,社区文化活动中心20个。建成广播电视"村村通"工程20户以上自然村657个,20户以下自然村4216个。深入开展"五大群众文化品牌"活动,"激情广场·红歌之星选拔赛"评选出2012年度遵义"十大红歌之星";"百姓剧场·舞台精品剧目免费展演"30余场4万余人次;参加全省"多彩贵州"舞蹈大赛,取得了2金3银2优秀和团体银奖的优异成绩;以"红色遵义·欢乐乡村"为主题的"三下乡"取得良好效果。全市乡村大舞台达130个,成为农村文化活动主阵地。出台《遵义市文艺作品高端平台展示奖励办法》,青年作家肖勤中短篇小说集《丹砂》荣获第十届全国少数民族文学艺术创作"骏马奖";市委宣传部创作的音乐电视《相约红军走过的地方》、《十谢共产党》获省第十二届精神文明建设"五个一工程"奖;《传奇遵义》进京展演深受好评。全市农村广播电视节目数字无线覆盖工程用户300余户。

【文化体制改革】 以建设文化强市为目标,充分发挥自身资源优势,不断深化文化体制改革,促进公共文化服务体系建设和产业结构优化升级,2012年2月被中宣部、文化部、国家广电总局、新闻出版总署评为"全国文化体制改革工作先进地区"。2012年9月25日,遵义文化旅游演艺有限责任公司等一批先进单位在全国文化体制改革工作表彰大会上受到表彰。市群众艺术馆获文化部地市级国家一级馆评估复查。全面完成遵义市杂技团、遵义川剧团、遵义文工团等3家国有文艺院团转企改制任务,任务完成率为100%。广电系统实现"局台分开",统一的文化行政主体成功组建。市广播电影电视局和市文体局顺利实现"两局"合并。围绕"加大投入、转换机制、增强活力、改善服务"的改革目标,深入推进遵义会议纪念馆、市图书馆、博物馆和群艺馆等公益性文化事业单位内部"三项制度"改革。遵义会议纪念馆获得中央文改领导小组表彰,市群众艺术馆已接受文化部地市级国家一级馆评估复查。

【文化产业发展】 通过转企改制,推动和发展了遵义日报传媒集团有限责任公司、遵义红色旅游集团有限责任公司、遵义歌舞剧团有限公司、遵义杂技歌舞艺术有限责任公司、遵义文化艺术发展股份有限公司等文化产业集团。全市切实加大招商引资力度,组团参加第八届深圳文博会,推介项目39个,签订项目合同16.4亿元;遵义海龙囤遗址保护与开发列入全省5个重点推介项目内容。实施项目带动,加强文化产业园区、基地建设,遵义会展基地、中国(遵义)酒文化产业园(一期工程)、中国(遵义)长征文化博览园、遵义县平正中华仡佬文化博览园等有一定规模的文化产业园区、文化产业项目正在着力推进。发挥资源优势,加快发展红色文化旅游产业,规划建设习水土城红色文化旅游产业创新区,开发娄山关高端红色文化产业园区,打造"四渡赤水"红色文化大型实景演艺基地,建设遵义苟坝红色文化旅游创新区。全年完成文化产业增加值25.47亿元,增长32.11%,占全市GDP的比例为2.27%。

【干部队伍建设】 2012年,遵义市委宣传部实有在编人数26人,内设科室11个。遵市编复〔2012〕34号文件,关于单独设置中共遵义市委对外宣传工作办公室(市人民政府新闻办公室、市互联网信息办公室)的批复,核定中共遵义市委对外宣传工作办公室行政编制3名,设主任一名(副县级),内设对外联络科,网络宣传管理科,科室领导职数2名。选调2名正、副科级干部,2名副科提任正科实职。培训领导班子成员和基层宣传文化干部230余名,其中:4名新任县级宣传部长参加中宣部培训,12名新任县级宣传部长到省委宣传部第五、六期培训,5名干部参加文化产业培训,1名干部到省委宣传部上挂学习,48名干部参加清华大学新闻发言人培训。2名获省第四批"四个一批"人才表彰。1名进入省第五批"四个一批"人才,4人年度考核被评为全市"优秀公务员"等次,1人荣立三等功。

【"五个一工程"获奖】 5月,由中共遵义市委宣传部报送的音乐电视《相约红军走过的地方》和音乐作品《十谢共产党》荣获贵州省第十二届精神文明建设"五个一工程"奖。《相约红军走过的地方》由中共遵义市委宣传部创作,《十谢共产党》由遵义市音乐家协会创作。

【"全国文明单位"获表彰】 2月6日,在市委2号会议室,中共遵义市委、市人民政府对荣获全国文明单位称号的遵义师范学院、遵义市国家税务局(机关)、中国电信股份有限公司遵义分公司、遵义会议纪念馆、贵州赤水风景名胜区、遵义市红花岗区北京路街道办事处等单位进行了表彰。

【"基层宣传干部"培训】 4月13日至5月10日,中共遵义市委宣传部在市委党校对全市基层宣传文化干部90人进行2期培训。培训围绕"如何做好新形势下宣传思想文化工作、实现遵义宣传思想文化进位争先做大图强"主题,重点对十七届六中全会精神、国发2号文件、新时期宣传思想文化工作、宣传文化工作者的素质和能力、精神文明建设和"四在农家"创建、新闻宣传与舆论引导等几大专题,以邀请专家讲解、理论辅导、经验交流和调研座谈等方式授课。

六盘水市宣传思想工作

【概述】 2012年,六盘水市宣传思想文化工作在市委的领导下,在省委宣传部的精心指导和关怀下,高举旗帜、围绕中心、服务大局、改革创新,对内凝聚力量,对外展示形象,全面贯彻落实主基调、主战略,紧抓国发2号文件机遇,紧扣党的十八大和省、市党代会精神,牢牢把握导向,积极主动出击,创新探索发展,着力推动理论武装、舆论引导、精神文明、文化发展等方面奋力进取、奋发赶超、奋勇争先,重点工作深入推进,重大活动有效实施,重要任务全面落实,为全面建设"五个六盘水"和实现同步小康提供了强大的思想保证、精神动力、舆论支持和文化条件。

【有效利用新闻网站】 在人民网首页开设"中国凉都·六盘水视窗",宣传推介六盘水,加速"中国凉都"走向世界。

【积极使用传统媒体】 在《人民日报》头版组合头条刊发了《煤灰抢手、钢渣走俏,六盘水循环经济改写"煤文章"》,香港《经济日报》刊发《六盘水电煤成金开辟循环经济快车道》、在中国新闻社刊发《江南煤都六盘水:立足煤、跳出煤、超越煤》、《发展循环经济六盘水淘汰落后产能1313万吨》、在《中国青年报》刊发《以新型建材为突破六盘水吃定循环经济》等有影响的新闻报道。

【合理利用新型网媒】 在中国广播网、光明网、凤凰网、人民网贵州频道、新华网贵州频道等,利用微博、论坛、社区发布相关信息,发动广大网民参与互动,收到良好的宣传效果。

【利用集中采访提高宣传效果】 组织开展了"壮美六盘水·喜迎十八大"——中央网络媒体聚焦"中国凉都六盘水"大型采访活动和"多彩贵州踏春行"大型采访活动,形成了对外宣传强势。

【借助"名家"进行特色外宣】 邀请徐沛东、

陈小奇、宋雪莱等 42 名词作家、歌唱家来我市开展“畅想凉都”音乐作品创作采风和原生态摄影活动音乐采风活动；邀请美国、英国等国以及山东、深圳等省市的 83 名摄影家齐聚凉都开展原生态摄影活动，展示宣传六盘水风土人情；邀请央视拍摄制作六盘水城市形象宣传片，拍摄制作旅游风光和人文微电影，填补我市影像外宣品缺失的空白。

【搭建区域平台扩展外宣领域】 在“川滇黔十市州发展峰会”期间，邀请了邻近十市州区域内的媒体报道宣传，共同推动十个城市之间互动交流，把区域联动、媒体合作、学术交流推向更新更高的发展阶段。为响应国发 2 号文件中提出的“积极推动毕水兴能源资源富集区可持续发展”要求，毕节市、六盘水市和黔西南州三市州人民政府在六盘水召开了毕水兴能源资源富集区发展研讨会，中央、省级媒体二十余名记者对峰会进行全方位采访报道。

【深入宣传党的方针政策】 通过召开新闻通气会、阅评会、联席会，结合实际明确宣传主题，制定宣传方案，提前启动宣传工作，为十八大、省市党代会、市“两会”的方针政策和重大战略决策的贯彻落实营造浓厚氛围。

【大力宣传党和政府中心工作】 紧紧围绕“两加一推”主基调、“三化同步”主战略，组织市级新闻媒体开设了各种时政专栏，全面宣传报道各级各部门在贯彻落实党的十八大、省市党代会精神、国发 2 号文件精神等方面的重大举措和工作情况，向广大人民群众展示全市经济、社会、文化和党的建设等方面所取得的显著成效，进一步增强全市人民坚持科学发展、奋力后发赶超，全面建成小康社会的信心和决心。

【大力宣传经验典型】 发现、总结和组织宣传各级各部门在实施“工业化、城镇化、农业现代化”三大战略中的成功经验和各行各业涌现出的先进典型，先后推出了循环经济建设先进典型、“感动凉都十大人物”、水城县蟠龙乡法那村村民顾建平自编山歌谢党恩先进典型、水城县蟠龙乡法那村“富民型”党组织建设先进典型、千余村民按手印挽留驻村干部寇强的先进典型。

【深入学习提升理论素养】 以党委（党组）中心组学习为龙头，通过读书会、报告会、讨论会、专题学习、专题讲座等形式，深入学习宣传贯彻十八大、国发 2 号文件和省市党代会精神，先后开展了10 次集中学习讨论，邀请理论专家开展 8 场报告会。

【深入基层推进理论普及】 广泛开展全市深入学习党的十八大、国发 2 号文件和省市党代会精神的理论宣讲工作，组建宣讲团分赴机关、企业、学校和乡镇开展宣讲 90 场，8000 余人参加了听讲。组建了地级以上党员领导干部、县级党员领导干部和理论专家三个层次的宣讲团，深入到县（特区、区）、各大企业、乡镇办、党建扶贫（四在农家）联系点和社区宣讲党的十八大精神、省委十一届二次全会精神，实现宣讲工作全覆盖。邀请省、市社科理论专家开展“增比进位，后发赶超”主题报告会、“打造‘五个六盘水’”主题座谈会、“‘走、转、改’——社科理论专家深入工业园区调研”活动，在 8 个乡镇开展科普报告，进一步提高干部群众科普理论水平。

【深入解读加强理论应用】 编印党的十八大精神学习读本、省第十一次党代会报告学习读本、市第六次党代会报告学习读本、《六盘水市第六次党代会精神学习辅导读本》70000 册、《市委中心组 2012 年第二次集中学习发言汇编》及《市委中心组 2012 年第四次集中学习发言汇编》1000 册。开展学习贯彻国发 2 号文件、省第十一次党代会精神和“学习马列经典、坚定理想信念、推动跨越发展”征文活动。组织媒体和邀请专家对党的十八大精神、国发 2 号文件、省第十一次党代会精神和市第六次党代会精神进行深入系统解读和诠释。

【文化体制改革快速推进】 市、县两级图书馆、文化馆及市非物质文化遗产保护中心等公益性文化事业单位实施了医疗保险、生育保险、工伤保险、失业保险、基本养老保险等改革，实现全市公益性文化事业单位的收入分配与绩效挂钩；完成了《乌蒙新报》非时政类报刊出版单位改革任务；进一步推动建立健全新视屏文化传媒公司、天波文化发展公司现代企业制度。

【文化产业逐步壮大】 组织全市宣传文化系统参加第八届深圳文博会并开展招商推介，香港、深圳80余家企业参加项目推荐活动，意向性签约30亿元。组织文化产业项目申报使用2012年度省、市文化产业发展专项资金。开工建设六盘水会展中心、凤凰山文化广场、凉都大剧院，夜郎文化创业园、凉都影视文化中心和牂牁江影视拍摄文化旅游基地"六大文化产业"重点工程。启动"中国凉都"品牌规划，进一步深化和拓展"中国凉都"品牌，文化产业发展势头良好。

【精品力作不断涌现】 推荐优秀作品长篇小说《最后一个土判官》、《境界》，纪实文学《贵州女人》，电影故事片《山村风云》，广播剧《金银花开》参加全省"五个一工程"评选。一批文艺创作在全国各种表彰活动上获奖，其中李贵荣同志获全国第十届少数民族传统体育运动会歌曲征集二等奖，段胜高、洪冬荣获第十届中国西部民歌歌会银奖，朱耀斌创作并表演的曲艺作品《周处除三害》在第四届全国小戏小品曲艺大展中获三等奖。精心组织"多彩贵州"舞蹈大赛。全市7526名选手参加基层海选，541名参加市级拔赛，10个节目参加全省半决赛，一个获铜鼓奖、2个获优秀奖。

【大力推动思想政治工作】 广泛开展"贵人善行"、"五心教育"活动，大力倡导"爱国、敬业、诚信、友爱"的价值取向，大力培育和弘扬"开放创新、团结奋进"的贵州时代精神。组织的"回顾辉煌历程喜迎党的十八大"——悦达学习杯读书竞赛活动获中宣部表彰，为全省唯一获奖的地区。与涉农部门密切配合，积极开展以农民思想道德教育示范点创建为载体的农民素质教育活动，在六枝特区龙场乡永丰村、盘县坪地乡述格村、水城县蟠龙乡法那村、钟山区汪家寨镇沙坝场村启动农民思想道德教育示范点创建工作。

【大力加强爱国主义教育和传统美德教育】 围绕"我们的节日"，开展丰富多彩的节日文化活动和民俗活动，营造欢乐祥和的浓厚节日氛围。组织开展了"红红火火过大年"主题活动、"文明祭祀平安清明"为主题的公祭活动、"缘来是你"单身青年交友联谊会、重阳慰问老人等活动。围绕"学习雷锋精神"常态化，"文明交通行动计划"等，深入开展"在党旗下成长"诗文大赛、"革命诗词"书法大赛、"颂歌献给党"歌唱大赛，"我推荐、我评议身边好人"、"做一个有道德的人"等活动。

【全面推进社会主义新农村建设】 市委市政府将全市6万户"四在农家"建设任务列入全市2012年"十大民生工程"建设。建立了"市级领导班子包县、县级领导班子包乡（镇）、单位包村（社区）、领导包点、干部入户"的挂帮联系制度，围绕主要公路铁路干线、旅游景点景区及特色村镇，逐步形成城市支持农村、工业反哺农业的工作格局。积极争取中央、省的支持，完成22个农民文化家园和11个乡镇少年宫的建设任务。

【进一步提升城市文明水平】 进一步深化和拓展"整脏治乱"专项行动和"满意在六盘水"主题活动，启动首届中国凉都"争先创优微笑服务明星"评选大赛活动。广泛开展以"小手牵大手"等形式多样的文明礼仪普及宣传活动，构建家庭、学校、社会"三位一体"的宣教模式，共同整治城市脏、乱、差，市民文明素质得到进一步提升。

【进一步发挥典型引领风尚作用】 评选出10名"感动凉都十大人物"和20名提名奖人选进行表彰，并通过媒体多角度、多层次对"感动凉都十大人物"先进事迹进行立体宣传，发挥先进典型的示范效应和引领作用。

【《当代六盘水》杂志编辑出版情况】 2012年，《当代六盘水》杂志编辑部紧紧围绕市委、市政府中心工作，立足"贯彻精神、指导工作、研究问题、展示风采"的办刊宗旨，不断创新工作方法、丰富报道形式,精心组织编印 12 期正刊和 1 期学习贯彻市委中心组学习读书会精神的特刊,全年共编发图片 400 多张,编发稿件 400 多篇 90 多万字,其中编辑部自己采写的稿件 100 余篇,充分发挥鼓舞士气、内聚人心、外树形象的作用,为全市经济社会又快又好、更快更好发展营造良好舆论氛围,为六盘水科学发展、后发赶超、全面小康提供强大精神动力,为推进六盘水重要工作提供理论指导和借鉴参考。

【编印学习贯彻市委中心组学习读书会精神特刊】 2012 年 9 月 12 日,市委书记王晓光在市委中心组学习读书会结束时作了题为《解放思想、实事求是,奋力开启后发赶超跨越发展新征程》的重要讲话,根据市委安排部署,《当代六盘水》及时编印《学习贯彻市委中心组学习读书会精神特刊》,全面深入展示全市各级各部门贯彻落实讲话精神的成果,为全市在更高层次、更深程度、更广范围内解放思想,推动发展跨越提供强大精神动力。

【《当代六盘水》获全国城市十佳党刊称号】 2012 年 5 月,在湖北宜昌召开的全国城市党刊研究会第二十一届年会上,《当代六盘水》获"全国城市十佳党刊"荣誉称号。市委书记王晓光为《当代六盘水》获十佳党刊给予寄语。《当代六盘水》办刊经验入选全国城市党刊研究会会刊《党刊人》创刊号。

【加强宣传队伍建设】 市委外宣办机构升格为副县级,解决 1 名专职外宣办主任领导编制;增设市网络舆情监管中心和文化产业发展中心,解决事业编制 8 人;提拔 1 名副县级领导干部。

安顺市宣传思想工作

【概述】 2012 年,安顺市委宣传部按照中央、省委宣传部"品牌年"要求,以邓小平理论、"三个代表"重要思想、科学发展观为指导,深入开展宣传思想文化领域各项工作。全年荣获全国未成年人思想道德建设先进城市称号和全国文化体制改革先进地区、先进单位、先进个人各 1 个,全省党委宣传部 2012 年度业务目标绩效考核一等奖;荣获全省文化体制改革先进单位 3 个和先进个人 5 个,"多彩贵州"舞蹈大赛获团体 2 等奖和银瀑奖 3 个、铜鼓奖 1 个、优秀奖 2 个;全省"整脏治乱"专项行动考核一等奖;全省"满意在贵州"主题活动综合排名第一名。为全市经济社会发展提供了坚实的思想保证、精神动力、舆论氛围和智力支撑。

【理论武装】 (1)加强理论学习。组织开展"四学四创"主题学习、党的纯洁性宣传教育,推进各级党委(党组)中心组学习;组织开展干部理论学习和考试,收到学习心得 150 余篇,5 万余名干部参加理论考试;联合市委组织部、市委党校举办全市领导干部学习党的十八大精神研讨班 6 期,轮训 1266 名领导干部;发放《2012 年理论热点面对面》、《党的十八大报告》等学习书籍 2 万余册;组织开展学习贯彻省第十一次党代会精神和黔党发〔2012〕15 号文件的知识竞赛,获省组织奖。

(2)加强理论宣传。围绕党的十八大、省第十一次党代会精神和国发〔2012〕2 号文件、黔党发〔2012〕15 号文件,先后成立宣讲工作领导小组和宣讲团,建立市理论宣讲专家库,市县乡村四级联动,组织宣讲 400 余场,听众达 10 万余人次;组织开展 2012 年"社科理论下基层"活动和社会科学普及宣传月活动;成立市理论宣传评论员库,组织撰写评论员文章《潮起扬帆正当时》、《牢记宗旨,一心为民》,发表于《贵州日报》、《当代贵州》、《安顺日报》。

(3)加强理论研究。开展"解放思想、推动跨越"大讨论活动,收到调研报告 600 余篇;开展"学习贯彻国发 2 号文件和省第十一次党代会精神"、"学习马列经典、坚定理想信念、推动跨越发展"征文等活动,获省 2 个二等奖、3 个三等奖;开展宣传思想文化调研,形成调研报告 10 余篇,向上推荐 4 篇;完成省委宣传部委托调研报告 5 篇;撰写理论文章 10 篇发表于《贵州日报》、《安顺工作》等省市重要刊物;与社科联配合,首次推出了安顺撤地设市以来至2011年间的社科优秀成果。

【新闻宣传】(1)努力构建大宣传格局。制作大力宣传我市经济社会发展和党的建设等领域的辉煌成就大型广告牌50余个,户外宣传栏、公益广告200余个,电子宣传标语10万余条次,市级新闻媒体宣传标语500余条次,发送手机宣传标语30万余条,推出有关报道近700条。协调人民网和中央驻黔新闻媒体、省市新闻媒体对我市党的十八大代表进行专访。成立新闻中心,互联网舆情监管中心,正确引导舆论导向。做好2012中国·贵州黄果树瀑布节、"多彩贵州"舞蹈大赛安顺赛区、中国·安顺坝陵河大桥跳伞国际挑战赛、学习长顺县敦操乡"背篼干部"、2012年城镇化暨小城镇建设发展大会、"满意在贵州"现场会等20余项重要活动以及各项常规活动的宣传报道工作。

(2)加强舆情监管。做好网上涉安舆情的监控工作。做好党的十八大期间的新闻宣传及舆情引导工作,不断加大网络监管力度,为领导提供权威、及时、有效的决策参考。尤其在"普定2·28"、"关岭3·15"、"中日钓鱼岛争端"等关键时期,安排人手全天候24小时监看网上舆情动向,做好舆情引导及监督管理相关工作。全年无舆情漏报、迟报现象,较好地完成了互联网舆情监测相关工作。

(3)丰富精神文化生活。开展推荐"身边的雷锋"续写雷锋日记和"五心教育"活动,35个先进个人和集体入选先进典型数据库,全年开展"三下乡"活动30余次,2012年荣获全省党报党刊发行工作先进单位称号。制定下发《中共安顺市委宣传部信息工作制度》,编发《中心组学习简报》、《宣传工作简报》、《安顺网络舆情》、《精神文明建设简报》等刊物,编发信息、简报728期。

【精神文明建设】(1)建立考核考评机制。将"三创"、"整脏治乱"、"满意在安顺"、未成年人思想道德建设工作纳入目标管理,对县区按季度,对市直和省驻安单位按双月实行督查考核。巩固"百万市民学礼仪"成果,开展"百万市民行礼仪"活动,组织"构筑精神高地道德大讲堂"、"关爱环卫工人"等活动。全省第三届道德模范评选活动,推荐参加的7名同志荣获全省道德模范称号,4名同志荣获提名奖。组织贵州省道德模范先进事迹报告会、"全国道德模范故事汇"基层巡演(安顺专场)活动。启动"贵人善行——颂最美精神做最美安顺人"工作。开展传统节日活动,开展送温暖、献爱心学习雷锋活动、"三八"妇女节家庭才艺比赛、"关爱自然、义务植树"志愿服务行动、"3·15消费者权益保障日"宣传、维权活动等。

(2)认真落实相关工作。抓好"农民文化家园"32个点的建设、中央五部委"绿色电脑进西部"工程、中央和省级乡村学校少年宫12个项目点的建设。补助省级"四在农家"4个示范点的建设资金100万元,争取"西部开发助学工程""宏志班"10个名额、"西部开发助学工程"资助大学生10个名额、文明贵州助学工程33个名额,获资助折合资金近45万元。开展180个"四在农家"创建。安排使用300万元的农村精神文明建设以奖代补资金,建"四在农家"示范点30个、先进村50个,打造市级乡村学校少年宫10所。

(3)加强未成年人思想道德建设。制定工作要点,出台工作方案和考评办法,开展"做一个有道德的人"、"祖国好、家乡美"、"心向党、跟党走、有礼貌——优秀童谣"征集、"学习雷锋、做美德少年"网上签名寄语、"网上祭英烈"等活动,评选表彰安顺市"美德少年"32名,其中有3名中小学生获2012年贵州省"美德少年"荣誉称号。推进34所乡村学校少年宫建设,净化未成年人成长环境。成立"安顺市未成年人心理健康教育指导中心——安老师工作站",累计服务对象10000人次。大力宣传"文明上网、文明办网"。

(4)开展志愿者活动。组建民政社会工作、文化体育、巾帼志愿服务、关爱农民工、关爱留守儿童等10余支志愿服务队伍,注册志愿者8万余人。定期组织开展志愿服务以及关爱农民工、关爱留守儿童、关爱空巢老人的"三关爱"活动。全市志愿服务10万人次,时间近120万小时。

【文化艺术工作】 完成50个乡镇综合文化站、16个社区文化活动室和5个社区文化活动中心的公共电子阅览室建设工作,完成20户数字图书进农家工作。完成广播电视村村通工程5999户，电影放映22066场。30集电视连续剧《关山度若飞》被列为贵州省文艺精品创作50个重点项目。30集电视剧《陆瑞光》立项审批。编辑《图说安顺》，出版《英雄史诗亚鲁王发现始末》、《亚鲁王传》等，新增文艺刊物《安顺》。推荐《我在安顺等你》等6首歌曲、《安顺文化旅游丛书》和《屯堡、纪实与虚构》2部文学图书，以及电影《神马都是浮云》、戏剧《我的巴身小，我的家》参加贵州省第十二届精神文明建设"五个一工程"奖评选。第五届贵州省文艺奖评选，苗族史诗《亚鲁王》获民间文艺类一等奖。中篇小说《芝麻芝麻你为什么不开门》获贵州第三届乌江文学奖。设立安顺市政府文艺奖。"多彩贵州"舞蹈大赛取得参赛以来的最好成绩，荣获团体二等奖和3个银瀑奖、1个铜鼓奖、2个优秀奖。舞蹈《我的巴身小，我的家》获舞蹈类三等奖。蒙坝女子芦笙舞队作为贵州省唯一一支代表队参加第二届国际民间民俗健身舞蹈大会，获最佳表演奖和金舞奖。舞蹈《地戏情韵》参加贵州"群星奖"获一等奖，舞蹈《背水》、《踏月亮》获三等奖。《地戏情韵》代表贵州省参加全国"群星奖"比赛。《神马都是浮云》在全国电影院线放映，获贵州省高端平台展示奖励。举办"春到黔中"春节团拜会暨文艺晚会、春节群众文化活动展演、"龙腾迎春"书写春联、元宵节灯谜和"三下乡"文艺演出等。加强廉政文化建设，协办反腐倡廉曲艺人赛。扩大文化交流平台，举办"中国版画进万家瀑乡安顺行"版画名家作品展、爱新觉罗·启骧—李味辛伉俪书画展、山东枣庄贵州安顺"艺术缘两地情"书画展及"瀑乡·华荣文化之夜"中央民族歌舞团赴安专场文艺演出、"心系基层、心系建设者"贵州文艺界赴安慰问演出等。巩固黄果树瀑布节、孔子文化节、龙宫油菜花旅游节、万人奔向黄果树国际半程马拉松比赛、格凸河攀岩挑战赛、平坝樱花节等品牌成果，推动屯堡文化节、坝陵河低空跳伞运动国际挑战赛、奇石根雕展览的举办。

【文化体制改革和文化产业发展】 制定关于推动黔中文化大发展大繁荣的实施意见，将工作任务列入对县区和市直部门党政主要负责人的考核。全面推进"扫黄打非"工作和文化市场综合执法工作。积极培育、支持黔中报业集团、金黄果文化传播公司、黄果树艺术团文化有限责任公司等一批骨干企业以及马官文化艺术有限公司等一批民营企业的发展壮大。全市文化企业享受税收优惠1591.58万元，其中增值税124.77万元。农村电影放映工程享受所得税减免24万余元。非时政类报刊《黔中早报》完成改革并通过省级验收。组建安顺市广播电视台。启动《黔中国际屯堡文化生态园》和《安顺市民族文化产业集聚区》规划编制、各县区《文化旅游发展战略规划》编制、屯堡文化产业集聚区规划编制及建设AAAA旅游区工作。完成贵州省普定喀斯特生态系统观测研究站建设。组织参加深圳、西安、厦门、北京文化产业博览交易会，签约普定文体大道等项目，总签约资金78亿元。组织参加中国西部文化产业博览会、中国北京国际文化创意产业博览会，积极开展文化产业项目推介。引导民营资本参与文化建设。指导组建金海百合文化传播有限责任公司，开展电影剧本创作收购、拍摄、图书出版等经营活动。组织多彩万象城、黄果树苗岭屯堡城等11个项目申报2013年省级重大项目。挂牌组建20个安顺市名家艺术工作室，推动艺术名家探索文化产业发展之路，预计年创产值1000万元以上。组建安顺市文化产业发展基金，全市文化单位219个，个体工商户2074户，从业人员10543人，收入110174万元，文化产业增加值76399万元，占生产总值的2.68%。

【对外宣传】 配合多家媒体完成采访活动，完成2012年版贵州外宣片拍摄工作。协助搞好"2012全国外宣资源协作会"相关工作，完成贵州省第二届农运会外宣工作。邀请中央、省级媒体聚焦2012年中国·贵州黄果树瀑布节、油菜花旅游节、安顺建城630周年纪念活动和爱新觉罗·启骧伉俪书画展等。与中央电视台合作拍摄制作安顺对外宣传专题片《走遍中国》百集系列片《中国古镇之天龙古镇》、《一方收藏之赏石安顺》、《一方收藏之迁徙的密码(蜡染)》，面向海内外宣传。进一步推动党委政府系列新闻发言人制度建设。拟定全国"两会"、党的十八大、香港投洽会、贵州省第二届酒博会期间我市敏感问题新闻备答口径。加大新闻发布工作力度,阐释重点热点问题。就百万市民行礼仪、油菜花旅游节、黄果树瀑布节、坝陵河跳伞国际挑战赛、嫣然天使基金救助行动、安顺机场航线开通、安顺招商引资、经济社会发展热点问题召开新闻发布会和新闻通气会。赴北京与国务院新闻办网络局、北京市网络管理办公室、中央电视台第四频道《走遍中国》栏目组、中国传媒大学网络舆情研究所、中国网络电视台及《中国特产报》等单位加强联系,扩大外宣合作平台。积极参与贵州·香港投资贸易推介签约活动、“美丽中国与城市的海外推广”研讨会、“侠客游线申世遗浙江宁海在行动”等活动。协调、完成贵州旅法导演唐煌首部电影作品《脸谱》在安拍摄工作。配合做好中央电视台《走基层》栏目和国家民委组织的电视纪录片《民族故事》、湖南卫视《丁点真相》在安顺的采访工作。编辑出版画册《中国瀑乡黔中安顺》。在《当代贵州》杂志推出《创先争优增比进位——省第十次党代会以来各地经济社会文化发展成就展示》安顺专刊。与金黔在线网合作,推出《县域经济看贵州跨越发展》大型网络展播活动。

【队伍建设】 (1)加大干部交流力度。推荐副县级以上领导干部3名到市直部门和县区任职,提拔3名科级干部任副县级职务,选拔1名同志任理论科科长、1名同志挂职文艺科副科长。选拔1名同志到市互联网舆情监管中心工作。通过招考,选调8名有工作经验的年轻同志充实到市创建办、市文产办、市互联网舆情监管中心。选派1名同志到普定县白岩镇挂职副镇长。选派1名同志到上海进行志愿工作挂职学习。选派3名同志到省委宣传部、省文明办、省文产办挂职锻炼。推荐2名同志到省互联网舆情监管中心帮助工作。上挂1名基层宣传文化系统同志到市互联网舆情监管中心跟班学习。

(2)加大人才培养培训力度。完成“四个一批”人才推荐工作。指导搞好安顺市广播电视台中层干部竞聘上岗、安顺日报社招考人员相关工作。在苏州举办安顺市基层宣传干部培训班,举办新闻采编人员暨通讯员业务培训、舆情信息员培训(3期),共培训干部近200人。

(3)努力提升干部素质。认真组织人员参加中宣部举办的第37期地方党委宣传部部长培训班,省委宣传部3期县委宣传部部长培训班、新闻发布工作培训班、外宣办主任培训班、小戏小品编创高级研修班、省文产办赴韩国培训班、省委党校文化建设专题研讨班、贵州省1~4期哲学社会科学教学科研骨干研修班,以及我市事业单位新进人员初聘培训等,培训批次10余次,人员20余人。

铜仁市宣传思想工作

【概述】 2012年,铜仁市宣传思想工作按照“高举旗帜、围绕大局、服务人民、改革创新”的总要求,以学习宣传贯彻党的十七届六中全会和省委十届十二次全会精神、学习宣传贯彻党的十八大和省第十一次党代会及市第一次党代会精神、学习宣传贯彻国发〔2012〕2号文件和《武陵山片区区域发展与扶贫攻坚规划(2011-2020年)》为主线,着力抓好宣传思想文化工作“品牌年”各项任务,着力推进社会主义核心价值体系建设,着力巩固壮大积极健康向上的主流思想舆论,着力深入推进文化改革发展工作,为建设美好幸福新铜仁提供了有力的理论指导、思想保证、精神动力和文化支持。

【理论武装工作富有新成果】 (1)狠抓理论学习。着力推进学习型党组织建设,积极为市委中心组集中学习做好服务,牵头制定学习方案,编印了《坚持科学发展、奋力后发赶超——市委中心组学习读书会文集》。在松桃等4个区县和铜仁学院等7个市直单位启动开展了干部理论学习“讲学、巡学、述学、考学”试点活动。利用网络学习平台,开展了“四学四创”主题活动。

(2)狠抓理论宣讲。创办“铜仁学习大讲堂”并举办5期专题讲座,邀请省内外知名专家学者对国发2号文件和省第十一次党代会、党的十八大会议精神等进行高端解读,引导干部统一思想,转变观念,开拓视野,达到了释疑解惑,鼓舞士气的效果。依托"宣讲专家走基层"和"社科理论下基层"活动,在县区、乡镇和企业组织了 230 多场次社科理论宣讲活动,对国发 2 号文件、武陵山片区扶贫攻坚规划、市第一次党代会和省第十一次党代会进行了专题宣讲,在全市范围内组织开展了党的十八大精神宣讲近千场,进一步凝心聚力,增强了干部群众加快发展的信心。

(3)狠抓理论研究。组织开展了"学习贯彻国发 2 号文件和省第十一次党代会精神"和"学习马列经典、坚定理想信念、推动跨越发展"征文活动,铜仁市报送的《突破工业发展实现后发赶超——铜仁冲出"经济洼地"的路径选择思考》、《以马列主义为指引创新社会管理措施》获一等奖,《调查研究是领导干部解决问题的"灵丹妙药"》获二等奖,《推进产城一体促进富民强县》等 4 篇文章获三等奖,市委宣传部均获组织奖。

【新闻舆论引导拓宽新渠道】 (1)抓好成就宣传。依托主流媒体报道铜仁发展成就。积极争取省内外主流媒体关注铜仁、支持铜仁,组织开展了"多彩贵州踏春行"、"全国知名网络媒体、博主多彩贵州行"铜仁站及"中央省级媒体'铜仁生态移民扶贫工程'采风行"等主题大型采访活动,深度报道了铜仁市在交通、水利、工业、农业产业结构调整、扶贫攻坚等方面取得的显著成效和干部群众良好的精神风貌。

(2)抓好主题宣传。策划实施了 18 个新闻宣传方案,制发《新闻提示》10 期 30 多个重点新闻报道选题,召开 10 次新闻通气会,有效统筹市级媒体统一开设专栏专题,推出了"构建精神高地·冲出经济洼地——深入贯彻落实省党代会精神"、"学习贯彻胡锦涛总书记 7.23 重要讲话"、"党旗飘扬"、"坚持科学发展、奋力后发赶超——喜迎十八大"、"诚信友爱铜仁人"等系列主题宣传报道,强化了主流媒体影响力。

(3)抓好舆情引导。加强社会舆情特别是网络舆情的监测研判,对沿河谯家"4·26"煤矿透水事故、德江县国土资源局张波因公殉职事件、万山区"11.7"锰尾渣库泄漏事故等热点事件进行舆论引导。组织中央、省级、市级新闻媒体重点挖掘推出姚少军、佘国权等先进典型并组织了系列宣讲。创办了《铜仁宣传》双月刊并出版发行 5 期,改进《铜仁文明网》栏目设置,加强了对新闻媒体的管理,深入开展新闻战线"走基层、转作风、改文风"活动,有效把控社会舆论导向,为全市经济社会跨越发展营造了良好舆论氛围。

【精神文明建设取得新进展】 (1)抓典型创树。在全市中小学开展了"弘扬雷锋精神·文明志愿服务"、"祖国好·家乡美"、评选"铜仁美德少年"和"铜仁少年十个好习惯"等系列活动。组织推荐姚少军、佘国权等 6 名先进典型获全省道德模范称号,进一步拓展思想道德建设工作渠道,把未成年人思想道德教育与学校主题班会相结合,通过写心得体会、雷锋日记、主题演讲等方式,推动学雷锋活动的常态化。

(2)抓文明创建。积极协调中央人民广播电台帮助印江木黄新民村小学修建留守儿童示范学校,指导各区县加快农民文化家园和乡村少年宫建设,为未成年人健康成长提供良好的环境和文化娱乐场所。以"整脏治乱"专项行动和"满意在铜仁"主题活动为载体,加强全市城乡环境集中整治工作,先后组织开展了 3 次铜仁城区卫生集中整治月活动,全市城乡文明卫生环境进一步优化。继续推进"四在农家"和"六进村"等农村精神文明主题创建活动,着力推进主题创建活动常态化和针对性,指导各区县"六进村"向"六进户"延伸。

【对外宣传推介提升新影响】 (1)外宣工作品质全面提升。按照"高端展示、受众对外"的要求,着力打造"梵天净土·桃源铜仁"品牌,借助高端媒体展示铜仁新形象,策划开展了系列对外宣传活动。6 月 1 日起,在央视综合频道《新闻联播》前投放了《梵天净土·弥勒道场——贵州梵净山》5 秒钟铜仁形象宣传片;3 至 7 月,中央电视台综艺、国际、少儿、体育和音乐等频道先后在铜仁成功录制播出了《唱支山歌给党听》、《大手牵小手——铜仁行》、《暑假七天乐——走进铜仁》、《游钓中国·钓城铜仁》、《松桃苗族绝技绝艺》、《德江傩戏》、《沿河土家山歌》等专题节目、《远方的家——北纬30度·中国行之松桃、石阡、印江、思南》4期系列节目和"中华龙舟大赛——铜仁站"CCTV－5现场直播,其中《唱支山歌给党听》主题歌会是央视为纪念建党91周年制作播出的特别节目,分别在综合频道、音乐频道、高清频道播出精品版和完整版,超时长播出达90分钟,在全国引起了强烈反响。利用名人效应和重大活动推介铜仁旅游资源。邀请香港凤凰卫视著名节目主持人吴小莉担任铜仁梵净山文化形象大使。配合完成了贵州外宣片《苗族绝技》、《玉屏箫笛》、《梵净山高僧坐禅》等拍摄。

(2)积极探索自创品牌活动。策划举办了受省委宣传部肯定的"'梵净山'杯2012中国56个民族'全家福'纪实作品摄影展",目前收到图片数百幅。举办了"山美·水美·人醉美——国际旅游小姐走进多彩贵州·感悟桃源铜仁"和"珠江小姐贵州环保行"等活动,组织梵净山歌舞团参加中国广州国际演艺交易会并演出2场铜仁专题文艺节目。圆满完成了第二届酒博会铜仁宣传工作和市第一届体育运动会,市第一届旅游产业发展大会暨2012贵州梵净山文化旅游节的系列品牌策划和推广,全面阐释了"梵天净土·弥勒道场"旅游文化品牌的内涵,向外界展示了开放创新加速发展的铜仁新风貌。《全国道德模范张蕾:背着父亲上大学》荣获第27届贵州新闻奖一等奖,《带伤绽放的玫瑰》获全国少数民族运动会优秀新闻获。

(3)创新模式延伸外宣工作覆盖面。积极策划外宣选题,邀请中央驻黔媒体及省外媒体来采访,对铜仁市工业发展、文化旅游资源等工作成效进行了有力的宣传推介。2012年,铜仁市在香港《文汇报》刊发了4个专版,新闻采访专稿3篇;在《人民日报》、中央电视台等中央媒体刊发铜仁新闻稿件380多条次,省内外媒体刊发铜仁新闻稿件3100余条次,网络图片3800多幅,对铜仁市经济社会发展的进展、成效、特色和亮点进行了宣传推介。

【文化改革发展工作实现新突破】 (1)文化体制改革进展顺利。铜仁文化体育局和广播电影电视局行政主体实现合并,完成了铜仁市广播电视台、梵净山歌舞团有限公司改制工作,2012年,铜仁市被中宣部、文化部、国家广电总局、国家新闻出版总署联合表彰为"全国文化改革先进地区",梵净山报业有限公司为评被全省文化改革"先进单位",张选明等3人被评为"先进个人"。

(2)文化基础设施得到加强。建成了铜仁体育馆和大剧院。文化惠民工程加快建设,公共文化服务体系日臻完善,铜仁市文体广电局因"村村通"工作被国家广电总局评为全国先进集体。加强特色文化保护利用,万山汞矿遗址已成功申报为中国世界文化遗产预备名单。

(2)文化活动出新出彩。组织开展了"乌江文学奖"评选和中国思南乌江风情原创歌曲大奖赛;举办了2012年梵净山文化旅游节;开展了多彩贵州舞蹈大赛铜仁选拔赛暨"桃源铜仁"舞蹈大赛,舞蹈《水困》获多彩贵州舞蹈大赛三等奖,实现了铜仁市参加多彩贵州舞蹈大赛决赛奖牌零的突破。组织3个节目参加了2012年贵州省群星奖决赛暨全国群星奖选拔赛,分别获一等奖1个、二等奖2个;市群艺馆《母亲的心愿》以复赛第六名的好成绩参加全国第三届"新农村、新文化、新风貌"小品大赛总决赛;

(3)文化产业发展步伐加快。建立了铜仁市文化产业项目库,编制规划了90多个文化招商引资项目,在第八届深圳文博会上成功签约10个项目,签约资金13.08亿元。加强对全市文化产业园区规划建设调研论证。充分用好省级文化专项资金,重点扶持松桃苗绣研发基地和玉屏箫笛研发生产基地等5个文化产业项目建设。建成了大明边城、苗王城影视和绝技绝活展演基地。大明边城和苗王城分别被授予"全省首批文化产业示范基地"。

(4)文艺精品创作成果丰富。积极推进影视产业发展。启动了电视连续剧《蓝色乌江》、电影《情姐下河洗衣裳》、花灯剧《严寅亮和颐和园》的立项、剧本编撰等前期工作。电视专题片《梵天净土·桃源铜仁——印象梵净山》荣膺中国广播电视节目奖(第22届星光奖)电视文学节目提名荣誉奖,获得第26届中国电视金鹰奖,电视文艺观众投票全国第二名;电影《旷继勋蓬遂起义》获全省"五个一工程"优秀作品奖;在取得《大香山》秘本使用和调研的基础上,组织有关专家根据该剧情改编为《上善若本》电影，已完成剧本初稿。松桃《八人秋》参加中国民间文艺山花奖评奖活动获金奖；沿河《摆手舞》赴重庆酉阳参加第二届土家摆手舞节并获金奖。

【干部队伍建设取得新成效】 （1）加强干部培训。制定并印发了《铜仁市2012年宣传文化干部培训工作计划》（铜宣通〔2012〕21号），进一步提高干部政策水平、理论素养和业务工作能力，按要求多次派人参加了中宣部、省委宣传部通知的干部培训。全年完成了干部教育培训13期，培训宣传文化干部人数1500人（次）。

（2）强化队伍建设。与编委办就如何贯彻落实中央、省、市加强县级和城乡基层宣传文化队伍建设的有关意见商定措施和办法，努力提高宣传文化干部队伍的整体水平。向省委宣传部推荐了9个“四个一批”人才，同时按照上级要求，开展了文化产业金黔人才、基层文化人才的选拔、培养和使用。完成了全市宣传文化系统干部、人才统计工作，上报了有关统计表。

【2012年铜仁文化频频高端展示】 （1）制作5秒的形象宣传片在CCTV－1《新闻联播》前投放。经过近三个多月的对接和筹备，顺利完成了铜仁形象广告片的策划、制作和报批。从6月1日起，单号在CCTV－1《新闻联播》前播放5秒钟《梵天净土·桃源铜仁—贵州梵净山》的形象广告。

（2）录制3期文艺节目在CCTV－4《中国文艺·贵州行》栏目播出。于3月底邀请CCTV－4《中国文艺·贵州行》栏目摄制组到铜仁开展“走转改”活动并拍摄了《神奇松桃》、《德江傩韵》、《沿河山歌》3期节目和1期综合周末版节目。以上节目已于6月11日—17日在CCTV－4“中文文艺”栏目播出，时长30～45分钟。

（3）配合央视栏目组完成纪念建党91周年主题歌会“唱支山歌给党听”特别节目的录制并播出。本次主题歌会是中央电视台《民歌·中国》栏目为隆重纪念中国共产党成立91周年、迎接党的十八大的召开而制作的特别节目，经过央视导演组前期的精心策划和组织，最终选定于6月22日在铜仁民族风情园进行主题歌会的现场录制。主题歌会的精编版“特别节目”已于6月30日晚11时44分在央视一套播出（时长60分钟）；完整版分别于7月1日19时30分在央视音乐频道、21时在高清频道，7月7日11时在央视《民歌·中国》栏目先后播出（时长90分钟）。在录制现场，以标语牌、空飘等形式对“走遍大地神州·醉美多彩贵州”、“两加一推、三化同步”、“构筑精神高地、冲出经济洼地”、“梵天净土·桃源铜仁”等主题口号进行了宣传展示。《情姐下河洗衣裳》、《这山没得那山高》等3首我省经典民歌参与节目录制并播出。

（4）央视体育频道现场全程直播中华龙舟赛（铜仁·碧江站）实况。7月7日至8日，2012中华龙舟大赛（铜仁·碧江站）在国家级风景名胜区锦江大明边城龙舟基地隆重举行，来自广东、江苏、重庆、浙江等地及贵州省麻江、镇远、铜仁的16支队伍参加比赛。中央电视台体育频道于7月8日对当天的比赛实况进行了现场直播，在直播过程中，铜仁的民歌、民族舞蹈及服饰等都在节目中得到了很好的展现。

（5）央视少儿频道《大手牵小手》开展铜仁行活动。7月14日，邀请董浩、毕福剑等近20名央视明星主持人与铜仁市的足球爱好者在铜仁市民族中学球场进行了一场“明星足球赛”；7月16日，在铜仁民族风情园文化广场现场录制了一场“少儿文艺节目”，充分展示我省少年儿童蓬勃向上的精神风貌。活动当天录制的节目《大手牵小手铜仁行》已于7月24日晚在中央电视台少儿频道21:00播出。

（6）央视《暑假七天乐》首次走进铜仁。7月15日，在铜仁市文化产业示范基地——大明边城现场录制了《暑假七天乐——走进铜仁》专题节目，节目由综艺频道著名主持人毕福剑主持，体育频道著名主持人韩乔生、付玉龙，著名相声演员陈寒柏，歌手何静、朱之文、娃娃加盟现场演出。这是“七天乐”节目首次走进铜仁，也是首次走进贵州。8月18日，《暑假七天乐——走进铜仁》专题节目在CCTV－3套21:00播出，时长45分钟。

【铜仁市举办第一届旅发大会暨2012贵州梵净山文化旅游节】 10月30日,铜仁市第一届旅游产业发展大会暨2012贵州梵净山文化旅游节在位于梵净山脚下、民族风情浓郁的江口县寨沙侗寨隆重召开。此次铜仁市"一会一节"系列活动包括铜仁市第一届旅游产业发展大会、佛教文化系列活动、梵净山非物质文化遗产展演、举办旅游商品展销、2012环梵全国自行车大赛、梵净山文化旅游资源推介会等。本届旅游产业发展大会由中共铜仁市委、铜仁市人民政府、国家体育总局自行车击剑运动管理中心、省旅游局、省文化厅、省体育局、省民委、省宗教局主办,中共江口县委、县人民政府承办,铜仁市旅游局、市文体广电局、市民宗委协办。副省长蒙启良,省旅游局副局长郑旭,铜仁市委副书记、市长夏庆丰出席会议并讲话。会上举行了授牌仪式,为获得"国家AAAA级旅游景区"称号的梵净山、大明边城、石阡温泉群,环梵净山"金三角"旅游创新区党工委、管委会,"大世界基尼斯之最——最大的金玉佛像(坐佛)金玉弥勒"、"江口写生创作基地"授牌。

【吴小莉受邀担任梵净山文化形象大使】 7月9日,香港著名主持人吴小莉接受贵州省铜仁市之邀,正式担任铜仁梵净山文化形象大使。吴小莉是从台湾、香港到内地,进而走上国际舞台的资深新闻人,以其专业的报道水平、完美的公众形象受到观众的广泛关注和喜爱。近年来,铜仁市围绕"两加一推"主基调,着力构建"两带两圈"产业体系,推进"六个新跨越",其中"梵天净土·桃源铜仁"品牌得以培育和彰显,以梵净山为龙头的文化旅游产业发展迅速。5月上旬,吴小莉应邀登临梵净山,感受了梵净山优美的自然风光、厚重的佛教文化和多彩的民族风情。吴小莉担任梵净山文化形象大使,必将产生"名山+名人"叠加效应,助推铜仁梵净山文化旅游产业发展和国际旅游目的地建设。

【铜仁着力打造环梵净山"金三角"文化旅游创新区】 2012年,铜仁市积极推进文化旅游产业发展,充分发挥旅游资源优势,作出了着力打造规划建设环梵净山"金三角"文化旅游创新区的规划,加快把文化旅游产业培育成全市国民经济的战略支柱产业和人民群众更加满意的现代服务业。建设环梵净山"金三角"文化旅游创新区,将铜仁市富集的文化旅游资源实行统一规划,统一管理,统一开发,努力把最优质的旅游资源转化成最优质的品牌和产业,全力促进文化旅游产业"一业振兴"。通过大力发展文化旅游产业,吸引更多的人流、物流、资金流、信息流在铜仁市汇聚,带动群众就业、创业,促进群众增收致富,提升群众生活品质和人口素质,实现发展方式的转变。

【国际旅游小姐走进桃源铜仁】 为宣传"梵天净土·桃源铜仁"文化旅游品牌,借助大赛品牌优势,运用赛事成果,进一步提升铜仁知名度和美誉度,推动铜仁文化旅游产业跨越发展,加快国际旅游目的地建设,铜仁市于2012年5月27日至5月30日举办"山美·水美·人醉美——国际旅游小姐走进多彩贵州·感悟桃源铜仁"主题宣传活动。此次宣传活动由市委宣传部、市文明办主办,市文体广电局、铜仁广播电视台、石阡县委宣传部和"大明边城"旅游开发有限公司承办。邀请了导演、高级讲师、国际旅游小姐组织中国执委会执行主席杨旭,国际旅游小姐沈婵娟、龙慧、余白雪等四位铜仁籍选手以及获"2008年中国年度总冠军"、"国际亚军"的童鹤和获"2010年中国年度冠军"、"国际第四名"的王璐等14位佳丽参加了"走进大明边城·感悟桃源铜仁"和石阡县"国品苔茶·国水石阡——国际旅游小姐中国佳丽石阡行"等活动。

毕节市宣传思想工作

【概述】 2012年,毕节市宣传思想文化工作在省委宣传部的精心指导和市委坚强领导下,按照"高举旗帜、围绕大局、服务人民、改革创新"的总要求,以迎接、学习、宣传、贯彻党的十八大为主线,以建设社会主义核心价值体系为根本,以提高公民文明素质和社会文明程度为目标,以构筑试验区精神高地为抓手,奋力奏响科学发展主旋律,倾情浇灌富裕美好文明花，为建设富裕和谐美丽新毕节营造了良好的思想舆论环境。

【理论工作硕果累累】 (1)深入推进“八学八增”、“四学四创”等系列学习型党组织建设读书活动，全市 50 余万名干部群众参加各种读书活动，培训干部 20 余万人(次)。

(2)积极参加“学习马列经典、坚定理想信念、推动跨越发展”征文活动。向省委宣传部推荐了 9 篇文章，其中 4 篇获奖，市委宣传部获组织奖。组织文章参加“全省学习贯彻国发 2 号文件和省第十一次党代会精神”征文活动，推荐文章 8 篇，3 篇获得奖励。自主开展了“科学发展、成就辉煌”理论学习征文活动，共收到文章 60 余篇，遴选了 10 余篇优秀文章在《毕节日报》刊登。

(3)认真组织开展了“社科理论下基层”、“社会科学宣传普及周”活动，联合市社科联编印了《社会科学基本常识》下发各级各部门。组织干部职工 58000 余人参加学习贯彻省第十一次党代会精神知识竞赛活动，并获全省组织奖。

(4)市委创新组建市领导班子成员报告团、“构筑试验区精神高地、争当后发赶超排头兵”先进典型报告团、市委宣讲团等 3 个类别宣讲团深入基层宣讲省第十一次党代会精神 60 余场(次)。各级宣讲报告团深入农村、机关、社区、学校、军营等基层单位宣讲 4070 场(次)，听众达 25 万人次；党的十八大召开后，各级领导带头宣讲，党委宣讲团巡回宣讲，乡镇农民讲师团深入宣讲，共宣讲 5700 场(次)，听众达 28 万人。

(5)重点抓好应用对策研究，组织社科理论骨干和协调相关部门深入调研，系统总结精心提炼，深刻揭示试验区建立的历史背景、基本经验、重要意义等理论问题，整理编撰《毕节试验区改革发展课题研究》、《开发扶贫，生态建设——毕节试验区 24 周年回顾与展望》等一批指导改革建设的理论成果，不断丰富“毕节经验”的内涵。

【舆论引导扎实有效】 (1)精心策划重大主题宣传。制定了《关于贯彻落实国发 2 号文件精神的宣传工作方案》，开设“国发 2 号文件精神解读”、“抢抓重大机遇、推进追赶跨越——学习贯彻国发 2 号文件精神”等专栏进行集中宣传，刊发(播)新闻稿件 330 余篇；制定《中国共产党贵州省第十一次代表大会宣传报道意见》，开设“贯彻省第十一次党代会精神——构筑试验区精神高地争当后发赶超排头兵”等专栏进行集中宣传，刊发(播)新闻稿件 100 余篇；制定《迎接党的十八大宣传报道工作方案》，开设了“同心共建试验区，喜迎党的十八大”、“聚焦十八大”、“学习贯彻落实党的十八大精神”等专栏进行集中宣传，刊发(播)稿件 400 余条。

(2)健全完善新闻宣传相关规章制度。制定了《毕节市突发公共事件新闻报道应急方案》、《毕节市新闻宣传工作重大事项报告制度》、《毕节市新闻宣传工作联席会议制度》等相关方案和措施，不断加强和改进全市新闻宣传工作。

(3)网络宣传管理效果明显。制定了《毕节市网上评论工作暂行办法》、《中共毕节市委宣传部互联网舆情处置暂行办法》、《毕节市互联网宣传管理工作联席会议制度》、《关于进一步加强网络宣传管理的实施意见》、《毕节市微博客内部管理若干规定》等一系列制度、办法。加强对“毕节试验区网”、“乌蒙新网”等网络媒体的建设管理，加大对“手机报”的管理及指导工作，组织、采编稿件 3 万多篇；加强建立健全舆情预警机制，及时监控网络舆情和报送舆情专报供市委、市政府领导及部领导决策参考，组织网评员公平客观跟帖评论，一年来，微博发稿量共计 2261 条，其中，新华微博共发 298 条，人民微博共发 352 条，腾讯微博“微毕节”共发 359 条，腾讯微博“毕节试验区网”共发 1252 条，有效引导舆论。充分利用网络开展“喻妈妈颂母亲”、“毕节试验区四季歌”、“弘扬遹那精神奋力后发赶超”等宣传活动，点击率达 3000 余万次，得到了中央、省委领导的肯定。

【文明创建成效斐然】 (1)大力开展弘扬贵州时代精神和试验区精神工作。通过高杆广告、张贴大幅固定标语、LED、LCD、电子显示屏、出租车宣传次数达 160 余万条(幅、次)，组织开展学习、宣传、比赛、竞赛、形象展、研讨等活动 1 万余次。

(2)建立先进典型培育和宣传推广机制，重点培育了"海雀实践"、"迤那精神"、"力帆速度"、"水西和谐"等典型320余个,其中《喻妈妈颂母亲》、《试验区四季歌》等典型宣传串红网络,中央、省、市媒体进行了广泛的宣传报道;结合实际开展以"践行雷锋精神,争当时代先锋"为主题的"五心"教育活动,选树7名典型报送省委宣传部,组织宣讲95场,在市新闻媒体开设专题专栏宣传典型,发稿700余篇条;抓好"道德模范"评选,6人被评为全省道德模范,5人获全省提名奖;集中开展我推荐、我评议身边好人活动,组织推荐上报100余名好人,其中27名入选"贵州好人榜",11名入选"中国好人榜",在全省第二、三季度考核评比中均获得全省第一名。

(3)抓好节日主题活动。在"春节、清明、端午、七夕、中秋、重阳"等重大传统节日期间,开展了丰富多彩的节日文化活动和民俗活动,营造欢乐祥和的浓厚氛围;全市组织开展"三下乡"系列活动近40场。并发放《毕节农村实用技术》、《蔬菜质量安全生产》手册等科技图书资料72300多份(册),举办培训班10期,技术咨询30000多人次,5万余名群众得到实惠。

(4)扎实开展"整脏治乱"专项行动和"满意在毕节"主题活动。加强督办督查,对"整脏治乱"存在严重问题的15个乡镇33名乡镇领导进行问责,下发《督办通知书》10期、《整改通知书》11期,对出现的问题限期整改,同时进行广泛宣传报道,编写了《"四个满意环境整治"活动信息》50期;创新开展"四个满意"活动,明确专人负责每天查看群众反映问题,及时进行梳理,督促相关部门进行整改,并将整改落实情况反馈给老百姓,确保群众反映的问题和建议得到及时办理和回复。

(5)抓好"四在农家"创建工作。提升打造110个"五园新村"精品示范村,新建文化活动小广场83个,文化宣传长廊或文化墙127个,农家书屋100个。同时抓好农民文化家园建设,每季度到各县(区)对32个农民文化家园建设进行督查,确保工程质量和进度。启动修建15所乡村学校少年宫。

(6)深入"和谐毕节·三关爱"绿丝带服务行动。全市共组建"和谐毕节·三关爱"绿丝带志愿服务队伍286支,注册绿丝带志愿者1260人,开展各项关爱活动1879次,志愿服务23567人(次),结对农民工子女学校130所,帮扶结对农民工子女3629人。

(7)精神文明建设信息工作上台阶。被中央文明网刊载信息139条,中央文明网贵州频道刊载信息411条,在中央文明网毕节频道刊载信息935条,制作专题12个。中国文明网毕节站在连续两个季度考评中,在全省名列第一,成为对外展示试验区精神文明创建的窗口和平台。

(8)抓好未成年人思想道德建设工作。加大对"淫秽色情"出版物、盗版"口袋本"图书、盗版教材、盗版电子出版物的清理力度,严厉打击网吧接纳未成年人行为、超时营业行为,及时取缔部分黑网吧,不断净化社会环境。毕节市文明办被评为2012年全国未成年人思想道德建设工作先进单位。

【文艺创作百花争妍】(1)按要求报送7个作品参加第十二届精神文明建设"五个一"工程评选,优秀电视剧《奢香夫人》获得第26届中国电视金鹰奖后,又荣膺中宣部第12届"五个一工程"优秀奖。

(2)精心组织全省第七届旅发大会《磅礴乌蒙》大型文艺演出,展现了毕节的历史文化和试验区的风采,受到观众赞誉和领导好评。

(3)按照"五个一"要求抓好文艺创作,即:组织开展创作一批影视剧、采写一部报告文学、创作一组试验区组诗组歌组曲、举办一批试验区摄影书画美术作品展、收集整理一批民间文艺作品等的"五个一"精品创作活动。由著名剧作家欧阳黔森制作,以试验区建设发展为背景素材,在大方县拍摄的反映开发扶贫、生态建设的电影《莫道君行早》于9月17日杀青,并进入后期制作;集中展现毕节试验区的自然风光、多彩的民族风情和生动的红色文化,激情讴歌试验区建立20多年来所取得辉煌成就的大型交响音诗画《毕节试验区组歌》完成二稿创作。全景式展现试验区科学发展的报告文学已完成初稿。

(4)精心组织开展群众文化活动。组织开展多彩贵州舞蹈大赛。7月15日组织全市选拔,推选10个节目参加全省比赛,一个节目获铜鼓奖。

结合实际开展双服务活动，协调组织市文艺团体到基层巡回演出文化活动 7 场次。组织开展群众文化活动、“三下乡”、“四进社区”、“五进家园”等活动 20 余场(次)。

【文产文改成效显著】 (1)积极组团参加第八届深圳文博会。策划编制了一批具有资质和可研性的文化产业项目，编制成《毕节市文化产业招商引资项目推介手册》1000 余册在深圳文博会进行招商引资。在深圳文博会上落实签约项目 8 个，签约金额 20.25 亿元。

(2)按要求全面完成了文化产业统计工作任务，经省统计局反馈，毕节市 2011 年文化产业增加值达 5.86 亿元，约占 GDP 的 0.79%。

(3)采取“三化三结合”(即：从政府建设到企业参与渐进化，从核心园区到各类园区组团化，从政府主导到以商招商市场化，园内开发与园外改造相结合，基础设施建设与文化产品开发相结合，发展文化旅游与改善民生相结合)推动省十大文化产业园区之一“大方古彝文化产业园”建设，抓文化产业园区建设的成功经验曾得到喻红秋同志的批示肯定。

(4)《毕节日报》发行量突破 7 万份，居省内市(州)党报发行量首位。文化体制改革在全国文化体制改革工作会议上作了交流发言，受到中宣部等四部委表彰，成为全省 9 个市(州)中唯一受表彰的市，参会代表受到胡锦涛、习近平等中央领导亲切接见。

【对外宣传再创佳绩】 (1)质量高。在《人民日报》、中央电视台等国家级媒体刊播稿件 243 条(次)，同比增长 89%。其中《人民日报》刊发头版头条 2 条，并在党的十八大开幕当天刊发了题为《毕节试验区——今日新华章》连版；新华社《国内动态清样》发稿 19 条；《人民日报内参》发稿 2 篇；中央电视台播出稿件 49 条。

(2)数量多。在《贵州日报》、贵州电视台等省级主流媒体刊播稿件 1142 条(次)，同比增长 96%。其中《贵州日报》刊发头版头条稿件 26 条，刊发整版 36 版；贵州电视台播出头条稿件 36 条；《当代贵州》推出专刊一期。

(3)形式新。全力做好全省第七届旅游产业发展大会新闻宣传、文艺演出、原生态国际摄影大展等系列活动，配合省委宣传部组织 60 余家媒体近百名记者开展“多彩贵州踏春行”、“全国名家看毕节”等大型采访活动；精心制作《杜鹃花开》、《磅礴乌蒙》、《磅礴乌蒙魅力毕节》光碟、画册及宣传折页等外宣品向外宣传推介毕节试验区，使“磅礴乌蒙、花海毕节”形象更加深入人心。2012 年电视外宣工作取得全省第 2 名的历史最好成绩。

(4)积极做好抗震救灾对外宣传。9 月 7 日 11 时，毕节市威宁县等遭受 5.7 级地震，中央、省、市各级新闻媒体及网站强势联动、分工协作，昼夜奋战灾区一线，迅速采写了大量感人新闻，在中央、省、市各级媒体及网站累计刊播毕节市抗震救灾新闻报道 500 余条(幅)。

【构筑精神高地提振精神】 (1)强化“五力并举”内化于心。一是抓好理论学习促认同。组织黄亚洲等全国名家和市内外专家学者召开“构筑毕节试验区精神高地”主题理论研讨会和系列座谈会，凝练出试验区精神高地的本质、内涵、核心、特征。二是抓舆论引导求认知。在人民网、市(县、区)报纸、电视、网络等媒体开设“构筑毕节试验区精神高地”专栏，深入宣传阐释试验区精神高地。三是抓文艺创作塑灵魂。创作推出了《十颂试验区》等一批反映试验区改革发展的文艺作品。四是抓文明创建夯基础。以“整脏治乱”和“满意在毕节”活动为抓手，广泛开展“三创一建”文明创建活动。五是抓对外宣传扩影响。邀请了 40 多家中央和省级主流媒体大力宣传构筑精神高地新举措和先进典型。

(2)实施“五大先锋行动”外践于行。在机关事业单位、企业、社区、学校和农村，有针对性地开展“服务先锋”、“创业先锋”、“和谐先锋”、“育人先锋”、“致富先锋”五大先锋行动，激励干部群众在实践中争当后发赶超排头兵。

(3)树立“五个典型”标杆引领。推出了海雀实践、力帆速度、迤那精神、水西和谐、勺窝探索等五个体现试验区精神高地的先进典型，受到栗战书、谌贻琴、秦如培等领导同志批示肯定。

黔东南自治州宣传思想工作

【概况】 2012 年,黔东南苗族侗族自治州宣传思想文化工作在省委宣传部的有力指导下和州委的正确领导下,紧紧围绕学习宣传贯彻党的十八大、十七届六中全会、省委十届十二次全会、省委十一届二次全会、省第十一次党代会、州委八届十一次全会和州第九次党代会精神这一主线,牢牢把握推动多民族文化大发展大繁荣这一主题,唱响黔东南"加速发展、加快转型、奋力赶超、推动跨越"主基调,扎实推进宣传思想文化工作"品牌年"各项工作,为全州经济社会发展"稳中提速、赶超进位"提供了强大的思想保证、精神动力、舆论支持和文化条件。

【深入推进理论武装工作,为全州经济社会发展提供了有力的思想保证】 (1)抓好政治理论普及工作。围绕中央、省、州重要文件和重要会议精神,编发《2012 年黔东南理论教育读本》9.5 万册。举办全州干部职工政治理论学习考试,采取交叉巡视的方式加强对考试的督查,确保干部理论学习取得实效。

(2)推进学习型党组织创建。组织召开全州党委中心组暨学习型党组织创建活动经验交流会,对全州第一批学习型党组织进行命名,推荐 13 篇论文参加全省"学习马列经典、坚定理想信念、推动跨越发展"征文活动,荣获二等奖 1 篇。

(3)开展重大理论和现实问题研究。围绕贯彻落实国发〔2012〕2 号文件精神,省第十一次党代会、州第九次党代会精神深入开展理论研究,推荐 23 篇文章参加全省评奖,有 3 篇获 3 等奖。组织召开"弘扬'三敢'精神、构筑'精神高地'、推动跨越发展"理论研讨会。

(4)抓好党委(党组)中心组学习。制订《州委中心学习组 2012 年度学习计划》,开展了 5 次集中学习。推进党委(党组)中心组网络学习平台管理和使用。安排专人管理网络学习平台,加强对网络学习平台建设使用情况的督促检查,确保平台运行正常。采取州、县、乡三级联动的方式,在全州广泛组织开展国发 2 号文件、省第十一次党代会、党的十八大精神宣讲,组织宣讲团深入县市宣讲 48 场,受众 20000 余人。

【牢牢把握正确舆论导向,为全州经济社会发展营造良好舆论氛围】 (1)精心策划组织实施重大主题宣传。制定印发《关于进一步加强新闻宣传工作的实施意见》(黔东南党办发〔2012〕2 号)和《关于成立黔东南州新闻宣传工作领导小组的通知》(黔东南党办通〔2012〕16 号),按照"整合资源、合力推进、构建大宣传格局"的总体思路,设置 16 个专题宣传工作小组,开展"建设美丽黔东南"主题宣传活动,做好典型宣传。组织开展"科学发展、辉煌成就"、"稳中提速、赶超进位,奋力实现开门红"、"学习贯彻落实国发 2 号文件精神"、"弘扬'三敢'精神、构筑'精神高地'、推动跨越发展"和"学习宣传贯彻省第十一次党代会精神"等主题宣传活动。

(2)认真开展重大典型挖掘宣传工作。做好从江县人武部、锦屏县河口乡派出所等先进集体,从江民警王延丽、消防战士华明、基层先进工作者刘坤强等先进个人以及各条战线涌现出的 18 个先进集体、19 个先进个人的典型挖掘宣传工作。

(3)开展形势政策教育和社会宣传活动。组织开展 2012 年文化、科技、卫生、法律"四下乡"活动和以"践行雷锋精神,争当时代先锋"为主题的"五心"教育活动,推荐日记和心得 137 篇参加省里评奖,获得省一等奖 2 篇、二等奖 4 篇、三等奖 4 篇。完成我州 6 个省级爱国主义教育基地资料图片收集整理工作,完成榕江红七军省级爱国主义教育基地陈列布展提升改造项目的申报工作。

(4)加强网络文化建设和管理工作。积极策划、支持筹建黔东南文化网,组织黔东南在线、黔东南信息港等网站负责人赴铜仁市委宣传部考察学习互联网站建设和管理工作。向省委宣传部申请项目资金支持黔东南在线的全面改版升级建设。做好重大涉州舆情的监控和处理,组织网评员开展网上舆论引导,及时有效地消除负面影响,维护社会稳定。

(5)推进舆论引导工作制度化、规范化建设。制定《黔东南州阅评研判工作制度》,召开 2 次新闻阅评会。制定《黔东南州虚假失实新闻报道责任追究制度》,开展"走基层、转作风、改文风"等系列专题采访活动,进一步推进舆论引导工作制度化、规范化建设。

【深化精神文明创建活动,为全州经济社会发展提供强大精神动力】 (1)扎实推进"整脏治乱"专项行动。印发了《关于加强农贸市场公厕停车场建设工作的意见》(黔东南府办发〔2012〕91号),全州实施农贸市场升级改造15个、完成公厕升级改造38座、完成新建公厕40座、完成新建停车场64984平方米。2012年全省"整脏治乱"综合考核中,我州并列全省第一名。

(2)深入开展"满意在贵州"主题活动。制定下发了《黔东南州2012年"满意在贵州"主题活动实施方案》,将"满意在贵州"主题活动与"整脏治乱"专项行动同安排同部署同检查同考核。2012年全省综合满意度指数电话调查中,我州满意度名列全省第四。

(3)全面推进精神文明建设,深入开展文明县城、文明村镇、文明单位创建活动。凯里市获得全国文明城市提名资格,雷山县城获得全国文明村镇称号,施秉县获得全省文明县城称号,镇远县获得全省文明先进县城称号。同时,全州还获得全国文明单位3个、全国文明村镇3个、全省文明村镇4个、全省文明先进村镇12个、全省文明单位28个、全省文明先进单位61个。

(4)组织开展公民道德建设系列活动。举办黔东南州首届"公民道德"辩论大赛,开展全省第三届评选推荐活动,推荐上报获得全省第三届道德模范6名、全省第三届道德模范提名奖4名,开展"我推荐,我评议身边好人"活动和"和谐黔东南三关爱"志愿服务行动。

(5)加强未成年人思想道德建设工作。大力净化社会文化环境,由文化部门牵头,联合公安、工商、消防等职能部门组成网吧专项整治工作检查组,开展全州网吧专项整治工作。加强学校及周边环境治理,营造安全文明的就学环境。州教育局将学校安全稳定工作作为"社会管理创新和平安创建工程"来抓,下达义务教育阶段学校安保经费2000多万元。以"祖国好·家乡美"等主题活动为载体,积极组织开展各项比赛活动,完成全州13个少年宫项目建设点政府集中采购、设备安装调试和组织验收工作,并正常开展活动。

(6)抓好"四在农家"创建示范工作。督促抓好2011年全省"四在农家"创建示范点黄平县旧州镇寨碧村的项目规划和实施,完成省划拨40万元补助经费投入。组织完成2012年省级"四在农家"创建示范点4个和示范带4个申报工作。做好全州农民文化家园项目选点、考察、申报工作,获批34个建设点,建设经费102万元。

【深入推进文化繁荣发展,为全州经济社会发展提供了有力的文化支持】 (1)深入推进文化体制改革。完成本州所属非时政类报刊《杉乡文学》出版单位的转企改制改革。推动州级全面完成文化体育、广播电影电视"两局"合并工作。在文化体制改革工作中成绩突出,被中宣部表彰为全国文化体制改革先进地区。

(2)推动文化产业发展。组织参加第八届中国(深圳)国际文化产业博览会,成功举办了黔东南文化产业招商引资项目推介暨签约活动,我州参加文博会人员达210人,占贵州省代表团600人的三分之一,签订合同资金、协议(含意向)资金达338.35亿元,其中合同资金163.95亿元。推进被列入贵州省"十二五"期间重点文化产业项目工程的"中国(凯里)民族文化产业园"、"贵州(凯里)民族民间工艺品交易基地"建设。目前,已进驻立昌民族动漫园项目和凯里东方斗牛城项目2个大型文化产业项目。贵州(凯里)民族民间工艺品交易基地已经基本建成,完成了4亿元投资,建成16万平方米商业铺面和展览大厅。组织开展文化产业统计,于今年4月20日前全面完成数据上报工作,5月20日前全面完成数据处理工作。

(3)做好省级文化产业专项资金的申报和使用。共收到申报项目43个,申报资金达6134.4万元。推荐18个项目作为我州重点项目向省申报专项资金,争取到专项资金250万元。做好2011年省级文化产业专项资金的安排使用,扶持州内重点文化企业发展。

(4)积极推动文化文艺活动创新发展。成功举办了中国·凯里原生态民族文化旅游节暨中国

·凯里银饰刺绣博览会、凯里甘囊香国际芦笙节、剑河仰阿莎文化艺术节、雷山苗年文化周及苗族鼓藏节、台江姊妹节、从江侗族大歌节、榕江萨玛节等民族民间节庆活动。组织开展2012多彩贵州舞蹈大赛,在全省决赛中,我州共获得一个银奖、一个铜奖、三个优秀奖,荣获团体奖三等奖。组织"五个一工程"奖申报,共有电影《云上太阳》、广播剧《黎平曙光》、歌曲《家乡的味道》三部作品获奖,黔东南州委宣传部获得组织工作奖。推动《侗族大歌》、《杨至成将军传奇》、《黎平1934》等多部影视剧的签约拍摄工作,完成电影《云上太阳》、侗戏音乐小品《行歌坐月》等作品的拍摄和播出工作。申报2012年贵州省文艺高端平台展示奖励,我州电影剧本《火中凤凰》,电影《苗乡情》,歌曲《欢乐黔家福》、《花一样的地方》、《百里杜鹃开》、《苗岭谣》、《百花香》七部作品获奖。

【围绕提升"美好黔东南"形象,为全州经济社会发展创造良好的外部环境】 (1)借助高端媒体宣传推介黔东南。先后完成央视《八仙过海闹新春》特别节目在雷山县西江千户苗寨进行录制播放,CCTV-4对西江千户苗寨春耕备耕的四场直播,CCTV-10《探索·发现》栏目黔东南苗族芦笙制作技艺《卡拉乌笼》和《苗族芦笙制作技艺》拍摄播放,CCTV-7《每日农经》农产品公益宣传系列节目《魅力黔东南》拍摄播放,CCTV-4《走遍中国》大型系列节目"中国名镇"黄平、镇远古镇风貌拍摄播放。香港凤凰卫视欧洲台、美洲台《今日中国·多彩贵州》专题宣传片拍摄播放等工作。全国"两会"期间,《人民日报》、香港《商报》记者对李飞跃州长进行了专访,州委常委、州政府副州长黄秋斌做客贵州卫视《论道——2号文件》节目。

(2)加大"走出去、请进来"力度。组织开展了全国50家广播电台著名节目主持人及全国10家著名网络媒体"美好黔东南"行大型直播宣传报道活动、全国百名省级党报旅游记者旅游创新发展贵州行黔东南采访活动等,先后邀请国内外媒体200余家近2200人次参与宣传报道,刊播各类稿件2000余篇(幅)。共在国家级媒体(包括报纸、广播、电视)刊发、刊播相关稿件1000余篇(幅、条);在省级媒体(包括报纸、广播、电视)刊发、刊播相关稿件3600余篇(幅、条);在相关网络媒体刊发相关稿件8万余篇(幅、条)。

(3)不断提高新闻发布工作水平和应对突发事件的能力。认真贯彻落实新闻发言人制度,及时调整充实新闻发言人和联络人。策划组织召开新闻发布会,围绕全州经济运行情况、重点项目推进情况、赴香港招商、2012年贵州·环雷公山超100公里跑国际挑战赛等内容,先后召开了20多场较大规模的新闻发布会。做好黎平、从江等土地纠纷事件以及雷山县永乐开屯事件、凯里市舟溪泥石流、岑巩县思阳镇"6·29"大型山体滑坡地质灾害等突发事件的舆论引导和处置工作,维护社会稳定。

【加强干部队伍和机关建设,为全州宣传思想文化工作"创品牌、上水平"提供有力的组织保证】 争取州文明办、州委外宣办升格为副县级机构,增设州志愿服务管理办公室,共增加事业编制15名。面向全州公开遴选事业单位工作人员13名、面向全省公开选拔科级领导干部5名,全年共新进干部20名,进一步充实了干部队伍。协调州委组织部和州编委办联合下发了《关于加强乡镇(街道)专职组织员队伍建设的意见(试行)》(黔东南编办通〔2012〕21号),明确乡镇(街道)配备1名副乡长级专职组织员,专职从事基层组织和宣传工作。加大干部培训力度,2012年州级安排培训资金80余万元,下拨各县市培训资金21万元;积极组织参加中宣部和省委宣传部举办各类培训班等,在州内组织举办了5期培训班。积极开展学习型党组织创建活动。我部机关坚持党委中心组学习制度,认真制定年度学习计划,按期、按计划开展集中政治理论学习活动6次、集中学习12天。自创建活动开展以来,共开展集中学习6次,中心组学习4次,考察学习5次,达到全员百分之百参学,到课率达到97%以上,累计学时近220小时。在2012年度州直机关目标绩效考核中,我部荣获达标奖、优秀奖和工作目标创新奖三个奖项,连续十年获得州直机关目标考核一等奖;2012年度全省目标绩效考核获得二等奖的好成绩。

黔南自治州宣传思想工作

【概述】 2012年,全州宣传思想工作坚持以邓小平理论和“三个代表”重要思想为指导,深入贯彻落实科学发展观,紧紧围绕全省宣传思想文化工作“品牌年”要求,按照“围绕政治抓宣传、围绕中心抓宣传、围绕基层抓宣传、围绕创新抓宣传”的工作理念,坚持贴近实际、贴近生活、贴近群众,深入学习宣传贯彻党的十八大、省州党代会精神,着力在统一思想、引导舆论、鼓舞士气、增强干劲上下工夫,为建设生态之州、幸福黔南提供有力的思想保证、精神动力、舆论支持和文化条件。

【以推出“文峰”政论文章为带动,理论武装工作不断为加快黔南发展汇聚正能量】 (1)学习型党组织建设深入推进。一是抓好全州各级党委中心组“六个一”理论学习。二是抓好学习型机关创建。全州涌现出如福泉市“周末名家大讲堂”、罗甸县机关干部“晚八点读书班”、都匀市坝固镇“百家讲堂”等学习型机关创建典型。三是抓好解放思想大讨论活动。结合黔南实际,在全州开展了以“三实三创、推动跨越”为主题的解放思想大讨论活动,取得了撰写调研文章1312篇、提出促进发展对策建议3028条、建立健全相关规章制度1166项、解决实际问题5678个的显著成效,为全州经济社会又好又快、更好更快发展提供了强大的思想保证和精神动力。

(2)理论宣传实现广覆盖。一是创新形式,推进理论宣传大众化。在州县媒体开办“黔南理论视线”栏目,推出署名“文峰”政论文章,对中央、省州重大决策部署和重大会议精神进行解读。二是构建大宣讲,推进理论宣讲全覆盖。组建州县乡三级领导干部宣讲团,开展理论宣讲进村寨、进街道、进社区、进园区、进军营、进企业、进机关等“七进活动”,理论宣讲实现“全覆盖”。三是拓展载体,推进理论教育大众化、普及化。组织全州理论界、社科界结合实际,开展“社科理论下基层”,全年共开展活动20余场。

(3)理论学习调研取得新成效。一是组织开展各类征文及调研活动成果丰硕。开展了学习弘扬“背篼干部”精神征文、保持党的纯洁性征文、参加全省“学习马列经典、坚定理想信念、推动跨越发展”征文和全省学习贯彻国发2号文件和省第十一次党代会精神征文活动。二是舆情信息及部刊工作取得重大突破。全年向中宣部、省委宣传部报送舆情信息780条,较上一年度增长112%,被中宣部采用27条,较上一年度增长108%,被省委宣传部采用50余条,增长64%。三是组织对内刊《黔南宣传》进行改版。增强《黔南宣传》的可读性、趣味性,提高指导全州宣传思想文化工作水平,提升了其影响力。

【以塑造“背篼干部”形象为着力点,为建设“生态之州、幸福黔南”营造良好舆论氛围】 (1)围绕喜迎党的十八大和学习宣传省州党代会精神,主题宣传突出。精心策划启动了“科学发展赶超跨越——喜迎党的十八大”、“深化走转改·聚焦三化同步·喜迎十八大”等主题宣传活动,开展各类主题宣传活动50余个,新闻媒体共开辟各类相关专题专栏专版数为52个,刊播稿件3600余条(篇)。党的十八大开幕当天,我州采编的“都匀榔木水寨水族群众贺盛会”新闻报道,荣登中央电视台《新闻联播》栏目,成为当天全省唯一登上央视《新闻联播》的新闻报道。

(2)围绕构建黔南精神高地,重大典型宣传出彩。一是推出了“背篼干部”精神。及时组织深入宣传并总结提炼了“践行宗旨、务实苦干、克难奋进、永不懈怠”的“背篼干部”精神,通过采取刻发光碟、召开新闻发布会、巡回报告、理论研讨、制作邮品、征文等形式大力宣传“背篼干部”精神。二是组织开展“黔南骄傲”十大年度人物评选活动。以“记录黔南发展年轮、展示黔南发展成果”为主旨,讴歌全州改革开放各项事业蓬勃发展的正能量和共产党好、社会主义好、改革开放好、伟大祖国好、各族人民好的时代主旋律。三是围绕深化“走转改”,组织开展系列宣传。邀请中央、省媒体并组织州县(市)媒体联合开展“深化走转改、聚焦三化同步、喜迎十八大”采访活动,全面展示我州近十年经济社会发展的显著成绩。

(3)围绕建立健全完善新闻宣传制度,舆论引导能力进一步提高。一是健全完善突发事件新闻宣传的应急预案。二是认真开展“杜绝虚假报道,增强社会责任,加强新闻职业道德建设”专项教育活动成效明显。三是坚持“新闻通气会议”和“新闻阅评”相关工作制度。

【以开展“城镇建设年”和“寻找家乡的美丽”活动为载体,不断提高全州城乡文明程度】 (1)以开展道德之星、道德模范评选表彰活动为抓手,多形式开展道德实践活动。一是认真组织推荐全省第三届道德模范候选人,全州有5名候选人获得了全省道德模范称号,5人获得道德模范提名奖。二是开展全州“道德之星”评选活动。18名候选人获得了黔南首届“道德之星”称号。继续开展“我推荐、我评议身边好人”和“五心教育”主题活动。三是组织开展了以“聚焦家乡美、展示黔南成就、喜迎十八大”为主题的纪实摄影比赛和优秀作品展览。

(2)以“满意在黔南”主题活动和“整脏治乱”专项行动为抓手,大力开展群众性精神文明创建活动。一是强化“整脏治乱”工作责任。二是将“整脏治乱”工作纳入对州直机关和全州县(市、区)年度工作目标考核。将“整脏治乱”纳入领导班子和领导干部政绩考核内容。三是广泛开展“满意在黔南”主题活动。倡导文明言行、践行文明礼仪,优化公共秩序、公共环境和公共服务,提高社会公共服务水平和质量,提高群众满意度。

(3)以广泛开展“祖国好・家乡美”主题活动和“寻找家乡的美丽”系列活动为抓手,大力推进未成年人思想道德建设工作。一是积极组织开展“祖国好・家乡美”和“寻找家乡的美丽”主题活动。二是深入开展净化社会文化环境工作。三是认真督促2011年17个乡村学校少年宫的建设任务,现已全面完成并已投入使用。四是以广泛开展“学雷锋活动”为主抓手,大力推进志愿服务常态化。

(4)以抓好“四在农家”、“农民文化家园”项目点建设为主抓手,进一步加强农村精神文明建设。一是建成了2011年度独山奎文阁第一个省级“四在农家”创建示范点,并申报获得了2012年度省级“四在农家”示范点4个、农村精神文明活动中心4个、“农民文化家园”项目81个,各项目点正在积极建设中。二是广泛开展文化、科技、卫生“三下乡”和文化、科技、法律、卫生“四进”社区及广场文化活动。三是继续开展黔桂两省区边界农村精神文明创建活动。增进边界地区群众交流与互信,为促进民族团结营造了良好社会环境。

【以高端平台展示为切入点,不断树立黔南对外新形象】 (1)突出重大主题对外宣传。一是围绕州委、州政府中心工作,精心策划“聚焦两会”、“建党91周年”、“科学发展・赶超跨越——喜迎党的十八大”、“学习贯彻党的十八大精神”、“185”农业产业化工程等主题宣传。全年外宣稿件达3360篇(条)。

(2)突出重大典型对外宣传。建立完善全州12县(市)和各部门先进典型集体和个人资料库。重点突出“背篼干部”、见义勇为青年李庆丰、“马背上的警务室”等先进人物和集体。

(3)全力构筑黔南外宣品牌。一是借助高端平台,树立黔南对外宣传新形象。邀请央视拍摄7集210分钟专题片《走遍中国・走进黔南》。二是借助招商旅游文化交流平台和节会加强外宣工作。邀请中央、北京、重庆和省级媒体进行采访报道,加强对外宣传。三是打造精品,加大对外宣传。立足黔南,制作出版《地球绿宝石、风情黔南州》等外宣品,多渠道、多方式深入宣传黔南,提高黔南知名度和美誉度。四是整合资源,全力提高全州外宣工作水平。

(4)努力提高引导社会舆论能力。一是加强新闻发言人制度建设。建立健全新闻发言人沟通联络机制,推进州级有关部门新闻发布工作常态化和机制化。组织编印《黔南州突发公共事件新闻发布工作手册》发放全州各级各部门,加强突发事件工作指导,提高应对和处置突发事件能力。二是积极探索创新网络管理和对外传播能力。建立由州“两办”、州委宣传部、州委政法委等部门为成员的州互联网舆情工作领导小组,完善联席会议、信息通报以及有害信息处置等制度建设,加快推动全州网络新闻宣传管理工作水平整体提高。

【以策划"寻遗黔南"为突破口，非遗保护开发有新途径】 （1）积极组织文艺精品创作生产。一是积极组织数字电影《追梦的山里娃》、《好花红》、《酥李花盛开的地方》和长篇小说《水族人的抗战》、歌曲《布依六月六》、调研课题《贵州毛南族》等思想性、艺术性、观赏性较强的文艺作品申报省精神文明建设"五个一工程"。二是推动文艺精品创作生产。创作了一批以构筑黔南精神高地为主题的报告文学、长篇通讯、诗歌及歌曲等文艺作品，深入弘扬我州"背篼干部"精神。三是积极拍摄彰显黔南民族文化元素的数字电影《近距离击杀》和《姑鲁之恋》。目前两部电影正在紧张拍摄之中。

（2）组织开展第八届"多彩贵州"舞蹈大赛。充分利用广播、电视、报纸、网络等媒体对"多彩贵州"舞蹈大赛广泛宣传发动，在全省决赛中，我州选送的原生态舞蹈节目《踩月亮》、《三月三》、《多彩校园》、《清清河边》、《解放》等五个节目分别荣获大赛的金黔奖、铜鼓奖和优秀奖。

（3）加强公共文化服务体系建设。一是结合今年省定十大民生工程的建设，采取多形式、多渠道的方式推进公共文化设施建设。二是组织开展喜迎十八大系列丰富多彩的群众性文化活动。先后开展了"激情满剑江，喜迎十八大"群众广场文艺展演、"生态之州、幸福黔南·歌唱祖国迎盛会"，通过一系列广场群众文化活动的举办，营造全州上下欢乐祥和、喜庆热烈的节日氛围。

（4）深入开展文化体制改革工作。一是转制剥离改革按标准全部完成。黔南日报社、黔南广播电视台的印刷、广告、发行等经营性部门完成剥离转制，组建黔南同兴广告有限责任公司、黔南印务发行有限责任公司、黔南黔视传媒文化有限责任公司。二是局、台"合并改革"如期完成任务。黔南电视台、黔南人民广播电台"两台合并"后，新组建的"黔南广播电视台"挂牌成立。三是完成了州市歌舞团划转改革。四是文化市场综合执法改革标准完成。州编办已批复成立州文化市场综合执法支队及12县市文化市场综合执法大队，全州13个文化市场综合执法机构人员增加到154人，工作经费已列入财政预算（单列）。五是非时政类报刊《夜郎文学》并转改革全面完成。

（5）文化产业发展工作。一是认真组织开展2011年文化产业统计工作。二是周密组织第八届深圳文博会参会工作。会上成功签约11个文化产业项目，签约金额67.42亿元，占全省签约金额180.04亿元的37.4%；组织了26个文化产业项目参加贵州省文化产业招商引资宣传推介，项目金额达332.722亿元。三是积极争取贵州省文化产业发展专项资金扶持。四是组织三个文化企业申报省级文化产业示范基地。五是组织州县27个重大文化产业项目申报省立项。六是充分发挥我州非物质文化遗产资源丰富的优势，借助第八届深圳文博会，与深圳世纪华业非物质文化遗产投资有限公司多次沟通，签署战略合作总体框架协议。先后组织参加了第二届中国非物质文化遗产博览会、海峡两岸传统手工艺术交流展示会和首届两岸四地非物质文化遗产珠海精品展等活动。有效宣传展示了我州丰富的民族文化，为我州以非遗文化的保护开发为切入点，促进文化产业发展奠定良好基础。

【以加强干部队伍培训为契机，着力提升宣传文化工作水平】 （1）加强干部培训和人才培养工作。一是增强宣传思想文化干部舆论引导能力。举办了全州宣传思想文化干部培训班，就全州所有乡镇宣传委员、县（市）宣传干部如何提高正确引导舆论能力进行专题培训。二是增强宣传思想文化干部舆情收集和研判能力。发挥中宣部舆情信息直报点的优势，邀请中宣部舆情局舆情分析处文友华处长和省有关舆情信息专家为全州舆情信息员培训授课，全州舆情信息收集、研判、分析水平不断提升。

（2）围绕"四帮四促"、"帮县联乡驻村"活动开展主题实践活动，服务基层服务发展。按照中央、省委和州委关于"创先争优"、"四帮四促"、"帮县联乡驻村"和"十大民生工程"等活动要求，坚持部领导干部带头，领导班子作表率，坚持面向基层，带领机关干部职工深入党建扶贫联系点、帮扶企业、社区开展调查研究，扶贫攻坚。部机关集中人力、物力、财力，全力以赴投入到"四帮四促"活动中，为扶贫联系点平塘县谷硐乡贫困户解决春耕物资6000多元，为受灾群众捐物折款近2万元,努力帮助群众解决生活中的困难和问题。

黔西南自治州宣传思想工作

【概述】 2012年,在州委的正确领导和省委宣传部的精心指导下,紧紧围绕《中共黔西南州委宣传部2012年宣传思想工作要点》和年初宣传思想工作会议的总体安排部署,以全省宣传思想文化工作"品牌年"为契机,以邓小平理论和"三个代表"重要思想为指导,深入贯彻落实科学发展观,按照"高举旗帜、围绕大局、服务人民、改革创新"的总要求,较好地完成了各项工作任务,对内凝聚力量,对外展示形象,为全州经济社会又好又快、更好更快发展发挥了重要作用。

【理论武装有深度】 (1)抓好州委中心组学习。全年共协助组织了七次州委中心组集中学习。同时,为州委中心组成员及副州级以上领导干部订购了相关学习资料。

(2)认真组织开展党的十八大精神和省第十一次党代会精神的学习宣讲。州领导带头分别赴各县(市)进行辅导宣讲,州理论骨干和社科专家深入乡镇进行辅导宣讲,各县(市)也结合实际开展了形式多样的宣讲活动,使党的十八大和省第十一次党代会精神家喻户晓、深入人心。

(3)做好理论学习资料发放工作。及时将《十八大报告学习辅导百问》、《辩证看务实办·理论热点面对面2012》、《贵州省第十一次党代会精神学习辅导材料》等通俗理论读物分发给全州各级各部门干部职工学习。及时将中宣部、中组部提供的第五批、第六批优秀书目推荐给全州各级各部门,引导全州广大党员干部读好书、用好书。

(4)组织全州3万多人参加全省学习省第十一次党代会知识竞赛活动,荣获组织奖。

(5)做好学习型党组织建设工作。制定下发实施方案,有序推进全州"四学四创"主题学习活动的开展。

(6)积极参与组织省、州开展的"社科理论下基层"主题宣讲、专家咨询、社科知识宣传普及等系列活动。

(7)积极组织参加省委宣传部、省委讲师团、省社科院等主办的重大主题征文活动。我州报送的《从〈共产党宣言〉谈贵州主基调主战略》、《学好马列经典推动贵州跨越发展》分别获全省"学习马列经典、坚定理想信念、推动跨越发展"征文活动一、二等奖;《坚持"一二三四"思路和措施全力推进新阶段扶贫开发工作》、《贯彻落实科学人才观增强黔西南发展活力》分别获"学习贯彻国发2号文件和省第十一次党代会精神"征文活动二、三等奖。

(8)深化理论阐释和理论宣传。围绕中央、省、州重点工作,适时发表"周宣文"、"鼓夫"政论时评文章,为全州经济社会发展营造良好氛围。

【舆论引导有力度】 (1)抓好重大主题新闻宣传。一是认真抓好喜迎党的十八大和贯彻党的十七届六中全会、国发2号文件、全国、全省、全州两会和省第十一次党代会、州第六次党代会精神等重大时政主题新闻宣传。组织策划了"落实国发2号文件精神推动科学发展跨越发展"、"跨越发展后发赶超——喜迎党的十八大"、"强力推动经济社会又好又快更好更快发展"、"推动科学发展实现后发赶超"、"两会传真"、"两会特别报道"、"贯彻落实二号文件促进跨越发展"等专栏,营造了良好氛围。二是精心策划实施"加速发展、加快转型、推动跨越"、工业强州和城镇化带动战略、农业产业化战略以及"稳中求进、提速转型"等重大主题宣传。在州内媒体开设专题专栏,进一步加强对重点工程、重大项目、"三农"工作、招商引资、改善民生等宣传报道,全方位反映我州"两加一推"和"三化同步"的重大部署、积极实践和取得的突出成就。三是组织媒体开辟"贵人善行——颂最美精神做最美金州人"主题活动专栏,开展主题宣传报道。做好"学雷锋活动"、"道德模范先进事迹报告会"等宣传报道。

(2)抓好重大活动、会议新闻宣传。一是抓好建州30周年庆祝活动的新闻宣传。在州内媒体开设了"欣欣向荣30年"、"我与金州同龄"、"展示新成就,喜迎建州30年"等专题。黔西南日报社推出自治州成立30周年纪念特刊共64个版,创《黔西南日报》创刊以来报纸版面数量之最。广播新闻播发稿件256条,时长300分钟,贵州台用稿13条;电视新闻播发稿件206条,时长380分钟,中央台采用2条,贵州台采用23条;其中,5集主题报道《黔西南奋进30年》,连续在《贵州新闻联播》头条中播出;民生电视新闻播发稿件115条。及时、有效地渲染了州庆气氛。二是做好布依族三月三、六月六,苗族八月八,安龙荷花节、晴隆彝族火把节暨二十四道拐汽车爬坡赛,普安龙吟苗族第一镇挂牌等活动的宣传报道,营造了喜庆、热烈的浓郁氛围。三是完成了滇桂黔石漠化片区区域发展与扶贫攻坚启动会、黔西南州庆祝中国共产党成立91周年暨创先争优表彰大会、全州第六次民族团结进步表彰大会、全州第五届房交会、全州第二届运动会等重要会议的新闻宣传报道。

(3)抓好社会热点问题新闻宣传。着力对党建及扶贫、物价、教育、就业、住房、医疗、食品安全等民生问题开展宣传报道。在州内媒体上开设了“推动科学发展实现后发赶超”、“抗大旱保民生促发展”、“保持党的纯洁性加强执政党建设”、“深化四帮四促推动提速转型”、“加强基层组织深化创先争优”、“干部下基层扎实帮群众”、“金州党旗红”、“记者走基层”、“新春走基层”、“寒冬送温暖关爱暖民心”、“乡村扫描”等专栏、专题报道。

(4)抓好网络舆论监管。一是建立健全舆情预警机制。积极探索网上舆情的有效搜索方法,加强舆情信息共享平台建设,完善州、县、乡三级舆情联动处置机制。做到早发现、早通报、早处置,有效地防止了各类舆情的扩散。2012年,我州没有发生一起在全国造成恶劣影响的互联网负面事件。二是做好微博发展管理工作。积极探索黔西南微博发展管理的路子,鼓励和规范州内党委、政府部门开设政务微博,加强州内公务人员个人微博、新闻单位官方微博、新闻从业人员个人微博管理。为进一步打造黔西南微博问政、微博行政奠定了坚实的基础。三是加强网络阵地建设和管理。积极做好社会网站清理整顿,开展互联网低俗信息整治,不断提高互联网从业人员的业务素质,进一步规范网站信息发布审查制度。四是加强网络宣传管理工作队伍建设,建立健全工作机制。进一步整合各县(市)、州直部门网宣资源,发挥网宣优势。通过多种形式的培训,网络管理人员的管理水品普遍提高,利用网络宣传黔西南的能力得到增强。积极倡导、鼓励网宣工作创新,积极探索具有黔西南特色的网络宣传管理的路子。

【社会宣传有拓展】 (1)深入开展“三下乡”集中示范活动。2012年,州及各县(市)共组织开展文化科技卫生“三下乡”活动40余场,慰问400余户贫困户,发放慰问物资价值10余万元,发放各种科技、法律、卫生等图书及宣传资料20万余份(册),现场义务就诊咨询1200余人,送药价值8万余元,现场接待农业种植养殖技术咨询3000余人。通过“三下乡”活动的开展,把党和政府的温暖与关怀送给了广大人民群众,加强了党和人民群众的血肉联系。把精彩的文艺节目送给了广大人民群众,丰富了广大人民群众的精神文化生活。把科技卫生知识送给了广大人民群众,为人民群众提供了健康和致富的钥匙。把法律知识送给了广大人民群众,增强了人民群众的法制观念,促进了社会和谐稳定。

(2)继续推进“百城万店无假货”创建活动。5至8月,组织州“百城万店无假货”活动领导小组成员单位分别对全州8县(市)的授牌单位进行了跟踪检查,就商品质量要求、假冒伪劣商品的识别方法等对企业管理者进行了现场培训,要求各商业企业要严格管理,严把进货渠道关,确保所销售产品的质量。通过继续推进“百城万店无假货”创建活动,为我州经济社会又好又快、更好更快发展营造了良好的社会环境。

(3)开展黔西南州思想政治工作研究会工作。根据省政研会的要求,结合我州实际,对州政研会的工作进行了安排部署,明确了州政研会各理事、常务理事成员的工作任务,确保了思想政治工作在各项事务中的引领作用。同时,通过各单位的认真思考和专题调研,撰写了47篇有价值、有分量、高水平的调研文章和理论文章。

(4)积极开展好社会宣传教育工作。积极参与、组织、协调、开展了“3·15国际消费者权益日”、“科技宣传周”、“社会治安综合治理宣传活动”、“安全生产月”、“三八妇女维权周”、“禁毒宣传活动”等宣传教育活动,收到了良好的宣传教育效果。

【对外宣传有影响】 (1)精心策划,积极协调“请进来”,塑造黔西南州良好的整体对外形象。全力做好滇桂黔石漠化片区区域发展与扶贫攻坚规划工作会的宣传报道。配合做好2012贵州·香港投资贸易活动周宣传,并在活动周期间刊发黔西南州经济发展和招商引资专版和专访。积极参与“中国兴商联谊会”的筹办,组织省内媒体参与采访报道宣传,并与《贵州日报》合作宣传专版。配合做好“2012多彩贵州踏春行暨迎接省十一次党代会”大型采访活动之“走进魅力黔西南”,配合中央电视台做好电视纪录片《民族故事》在我州的拍摄。邀请中央电视台新闻频道对我州春季农业生产情况进行现场直播。邀请中央电视台《地理中国》栏目赴我州拍摄系列专题。邀请全国著名作家采风团、中国国家画院画家、全国玉石专家、名家到黔西南采风考察指导,借助名家影响力宣传推介黔西南。通过这些“请进来”的举措,努力塑造我州“宜游、宜居、宜业”整体形象。2012年共接待中央电视台、新华社、《人民日报》、《求是》杂志社、《经济日报》、中新社等中央级媒体、省外媒体、境外媒体及省级媒体网站150余家200余名记者,赴黔西南州针对农业、工业、城镇、旅游文化建设发展等进行深入报道,共发专版30余个,文章400余篇(条、幅),起到了良好的外宣效果。

(2)拓展思路,丰富载体,借重大活动开展对外宣传。一是以30年州庆为重点抓好外宣工作。按照州庆总体方案的要求,围绕“州庆”这个中心,通过举办“三十人三十事三十企”评选、“广播名嘴话金州”、“寻找金州民族之花”等活动,展示了我州30年辉煌成就、发展历程和少数民族的风采,不断引导州外新闻媒体进行报道,为建州30周年营造良好的舆论氛围。积极借助高端平台展示黔西南,《求是》杂志在2012年第8期刊登了原州委书记陈鸣明同志的理论文章《以创新求突破以实干促发展》,这是建州以来《求是》杂志首次刊载我州作者撰写的理论文章。《人民日报》在4月30日头版显著位置刊发了《黔西南自治州三十年三十而立从头越》的文章。通过州庆宣传,共刊发文章200余篇(幅、条),网络刊发转载共132,000条。二是以重大活动为契机加强对外宣传。2012年秋季,推出“黔西南民族风情旅游季”系列活动宣传。在党的十八大召开期间,积极协调人民网、新华社、《经济日报》、中国新闻社、《大公报》等媒体开展对黔西南州十八大代表进行采访,对黔西南大力宣传;并组织州内媒体记者对全州8县(市)开展“农业产业带建设”等专题进行深入报道,有效地扩大了外界对黔西南州的关注度。在第二届中国(贵州)国际酒类博览会、2012中国·贵州国际绿茶博览会、全国道德模范评选、“贵人善行”等重大活动中,积极协调主流媒体网站采访报道黔西南活动。

(3)创新思路,推动网络外宣和新闻发言人制度建设。网络外宣方面,重点开展了党的十八大、全国两会、建州30周年等重大主题的网络宣传,开展了以黔西南民族风情旅游季、全国网络媒体和知名博主贵州之黔西南行等旅游文化为主的网络外宣活动,扎实做好冷洞村支书朱昌国、最美乡村医生钟晶、金州“三大哥”和全州道德模范为代表的先进典型的网络宣传等等。通过这些网络宣传措施,全方位地向外界宣传推介了黔西南经济政治文化取得的新成就。新闻发言人制度建设方面,切实加强组织领导,推进新闻发布工作专业化、制度化、规范化建设,努力形成推进新闻发布工作的整体合力。

【精神文明建设有提升】 (1)以道德模范评选活动为抓手,深入推进公民思想道德建设。通过召开座谈会、举行先进事迹报告会等多种形式,广泛开展了向钟晶、冯莎、李国社、金州“三大哥”等的学习宣传活动。通过“平凡人、身边事”的宣传推介,在全州掀起了学习见义勇为、岗位争先、无私奉献精神的热潮,进一步凝聚了全州各族人民的意志和力量,激发了干部群众热爱黔西南、建设黔西南的热情,营造了向先进学习、争当先进的良好氛围。以第三届全省道德模范评选推荐活动为契机,深入挖掘身边的先进典型、努力推出身边的英雄。通过广泛征集、精心筛选,共向省推荐十名候选人,其中,有六人荣获全省第三届“道德模范”称号,四人荣获道德模范提名奖。

(2)深入开展"整脏治乱"专项行动和"满意在黔西南"主题活动,积极提升社会文明程度。加大投入力度,积极推进城市基础设施建设,重点加强车站、医院等人员集散地和窗口服务行业的环境建设,为"整脏治乱"提供必要的硬件条件。破解难题,集中开展"野广告"综合治理行动。采用市场化运作的方式对城市"野广告"进行治理,并按招投标方式择优选择具有一定实力和经验的家政公司进行包保治理,取得了明显成效。以州庆30年等活动为契机,大力开展城镇容貌综合整治专项行动,对重点区域进行治理,推动全州"整脏治乱"工作水平迈上了新的台阶。以党政机关、窗口服务行业为重点,规范并完善各县(市)政务中心建设,规范公交车、出租车服务。开展"迎州庆、讲文明、树新风、学雷锋"、"我推荐我评议身边好人"、"爱心送考"、"十佳文明服务之星"、"与文明同行、满意在公交"、"文明车组"、"文明驾驶员"等"满意在黔西南"主题活动,营造文明和谐氛围。通过这些有效的措施,全州环境卫生进一步美化,文化环境进一步优化,服务水平进一步提高,群众满意度指数稳步提升。

(3)以开展"祖国好·家乡美"活动为重点,扎实推进未成年人思想道德建设。一是围绕迎接党的十八大,深入开展"祖国好·家乡美"主题实践活动。结合我州实际,创新开展了"金州小雷锋"、"学雷锋班级"、"学雷锋学校"、"我最喜爱的同学"、"我最喜爱的老师"评选等五项活动。推出了一批叫得响、传得开、深受未成年人欢迎的优秀少儿歌曲、童谣、诗文、绘画、摄影作品。二是扎实推进全州净化社会文化环境工作,在全州范围内开展网吧、电玩城、歌舞娱乐场所、书店等文化市场综合整治工作。经过整顿,全州文化市场秩序总体良好,网吧管理进一步规范,超时营业接纳未成年人上网等现象和问题得到有效遏制。三是拓展未成年人思想道德建设活动载体,强化青少年"社会主义核心价值体系"教育。通过开展"向国旗敬礼、做一个有道德的人"网上签名寄语、"网上锦绣中华"、"我们的节日"等主题活动,将系列网上活动作为未成年人爱国主义教育、思想道德教育的重要载体和方式。结合"迎州庆、讲文明、树新风、学雷锋"主题系列活动,组织广大青少年积极参加"文明卫士周末行"、"义务劳动树新风"、"绿色小卫士,小手拉大手"等系列活动,进一步培养广大青少年的文明意识和高尚品德。四是积极推进乡村学校少年宫建设,有效拓展乡村学校学生的活动空间和载体,为实现"德智体美劳"全面发展奠定了基础。

(4)以"四在农家"创建活动为载体,扎实推进农村精神文明建设。深化拓展"四在农家"创建活动,督促指导建设省级"四在农家"示范点4个,积极协调文明单位、机关单位等力量参与开展"四在农家"共建共创活动。完成了全州34个"农民文化家园"的申报工作。

(5)抓好"三关爱"绿丝带志愿服务活动,营造良好文明风气。开展以关爱留守儿童、关爱空巢老人、关爱残疾人为主要服务内容的"和谐黔西南三关爱"绿丝带志愿服务活动,推动社会志愿服务活动深入开展。除了在"学雷锋"主题活动、六一儿童节、助残日、重阳节期间组织开展志愿服务集中示范活动外,志愿者还在建州30周年庆典活动、第四届"爱心送考"大型公益活动、贞丰六月六布依风情节、晴隆24道拐汽车爬坡赛、安龙荷花节等重大活动中发挥了重要作用,展现了良好的精神风貌。

【文化改革发展有成效】 (1)夯实文化产业发展各项基础性工作。在完成文化体制改革主体任务的基础上,狠抓文化产业发展各项基础性工作,为文化产业发展夯实基础。一是抓好项目申报、项目推介和项目招商。2012年共申报省级文化产业发展专项资金项目16个。以参加第八届深圳文博会为契机,精心组织了50多人的展团参加深圳文博会,选取州内文化企业的特色文化产品进行参展。以"山水长卷水墨金州"为主题展示我州贵翠、兜兰、仿古摇钱树等特色文化产品,推介我州特色文化产业项目,在本届文博会上我州共签约2个项目,签约资金0.81亿元。二是管好用好州级文化产业发展专项资金。通过调研摸底、建立项目库、开展项目督查跟踪问效等方式,管好用好州级文产资金。扶持和引导我州民营企业积极投资文化产业。黔西南州绿缘花卉动植物科技开发公司、兴义鲁屯油脂厂等一批民营企业投资文化产业,经营范围涉及休闲度假、影视、玉石、花卉、康体健身、民族服饰等多个行业,投资额超过12亿元,为黔西南州文化产业的发展注入了新生力量。三是抓好全州文化产业统计。确保了我州如期完成全州文化产业统计数据的汇总上报工作。四是做好文化产业示范基地申报工作。积极组织万峰林景区、贞丰双乳峰母亲文化产业园区、黔西南州民族文化产业园、贵州晴隆怡丰源贵翠文化产业公司等文化产业园区及文化企业申报省级文化产业示范基地。同时,参照省的做法,结合我州实际,草拟了《黔西南州文化产业示范基地申报评选管理试行办法》,拟在全州开展文化产业示范基地命名评选。

(2)突出重点,推动园区建设,促进文化产业跨越发展。围绕"有效融合文化和旅游资源,实现文化和旅游双丰收"的发展思路,突出重点,着力推动黔西南州民族文化产业园建设,促进黔西南州旅游产业与文化产业融合发展。黔西南州民族文化产业园拟依托马岭河峡谷景区、万峰林景区旅游资源优势,充分利用已经建成的兴义民族风情街一期工程和即将完工的二期工程等,把黔西南的各种文化旅游资源进行有机整合,打造成集参观、游览、休闲、娱乐、康体养生、购物、展示等多功能为一体的文化产业发展聚集区。通过园区的发展带动地方特色文化产业的发展,使文化旅游资源优势转化成产业优势和经济优势。

(3)加强文艺精品创作生产,丰富人民群众的精神文化生活。2012年,以30年州庆为契机,进一步加强文艺精品创作生产,先后有一大批文艺作品实现高端平台展示,有效地向外界宣传推介了黔西南。其中,30周年庆祝活动文艺晚会《盘江神韵》于6月6日至7日在央视音乐频道播出。MTV《山水黔西南》在央视《中国音乐电视》栏目播出。原生态舞蹈《彝族婚嫁舞》参加中央电视台举办的"2012中国民族民间歌舞乐盛典",参演"共饮长江水"、"盛世大联欢"两个部分,于11月5日、8日在央视音乐频道播出。《千人竹鼓舞》成功申报上海大世界吉尼斯纪录。在实现高端平台展示、宣传推介黔西南的基础上,精心打造,积极申报,多个作品在省级以上获奖。其中《金州美金州秀》、《布依干酒歌》、《爱在吊脚楼》、《山水黔西南》等获贵州省2012高端平台展示奖。电影《幸存日》和戏剧《利悠热谐谐》获贵州省第十二届精神文明建设"五个一工程"奖,我部还作为受表彰的9个单位之一荣获"优秀组织工作奖"。《生日的歌》、《彝族婚嫁舞》分别获2012年多彩贵州舞蹈大赛铜鼓奖。此外,我们还通过举办学唱黔西南民歌活动、2012年多彩贵州舞蹈大赛选拔赛、2012黔西南州春节联欢晚会、黔西南州"诗词之乡"创建等活动,不断丰富群众精神文化生活。

【干部队伍建设有创新】 为建设一支政治坚定、作风优良的干部队伍,2012来,州委宣传部把"天天有激情时时在状态"作为干部队伍建设的主线,一手抓常规工作,一手抓创新工作,干部队伍建设得到了加强。常规工作方面,制定了全州2012宣传文化系统干部培训计划。举行了舆情信息工作培训班,共培训舆情信息员80余人;抽调30余名干部参加中宣部、省委宣传部举办的各类培训班。2012年共推荐9名"四个一批"人才人选参加全省评选。配合做好各县(市)、州直宣传文化系统日常干部管理相关工作。创新工作方面,通过举办全州宣传文化系统演讲比赛、技能比赛,不断提高干部队伍的业务素质和整体形象。初步建成全州宣传文化干部、全州民间文化人才信息库,为推动宣传思想文化工作打下坚实基础。

文 件 选 编

关于 2011 年市州党委宣传部业务目标绩效考核结果的通报

各市、自治州党委宣传部，省直宣传文化系统各单位：

为抓好 2011 年全省宣传思想文化工作“创优年”的各项任务，省委宣传部继续对各市州党委宣传部进行业务目标绩效考核。各市州党委宣传部高度重视，加强领导，推进工作落实，促进改革创新，提升了工作科学化水平。

按照市州党委宣传部业务目标绩效考核办法和 2011 年度市州党委宣传部业务目标绩效考核工作通知的要求，由省委宣传部机关和省直宣传文化系统单位选派人员组成的考评组分赴各市州党委宣传部进行现场考评，并结合部机关业务处室对主管职能业务目标的考评结果，以及创新工作、考评工作实施情况和加分因素，进行了综合考核。

根据考核情况，省委宣传部部长办公会议研究决定，贵阳市委宣传部、遵义市委宣传部获一等奖，各奖励 20 万元；黔东南州委宣传部、毕节市委宣传部、安顺市委宣传部、铜仁市委宣传部获二等奖，各奖励 18 万元；黔南州委宣传部、黔西南州委宣传部、六盘水市委宣传部获三等奖，各奖励 15 万元。

希望各市州党委宣传部认真总结经验，查找差距，抓好 2012 年各项工作，进一步打造宣传思想文化工作品牌，营造提速转型、增比进位的浓厚氛围，为全省“加速发展、加快转型、推动跨越”作出新的贡献。

中共贵州省委宣传部

2012 年 1 月 12 日

关于深入开展 2012 年文化科技卫生“三下乡”活动的通知

各市、自治州党委宣传部、文明办、教育、科技、司法、农业、文化、卫生、广播电影电视、新闻出版局、人口计生委、团委、妇联、科协、社科联，省有关新闻单位：

2012 年是实施“十二五”规划和新一轮西部大开发战略，加快经济发展方式转变，实现“稳中求进、提速转型”的重要一年。为进一步动员社会各界关心、支持全省社会主义新农村建设，推动农村经济社会“稳中求快、快中保好、能快则快、又快又好”发展，根据中宣部等 14 部委《关于 2012 年深入开展文化科技卫生“三下乡”活动的通知》(中宣发[2011]48号)的要求,省委宣传部、省文明办、省教育厅、省科技厅、省司法厅、省农业委员会、省文化厅、省卫生厅、省人口计生委、省广播电影电视局、省新闻出版局、团省委、省妇联、省科协、省社科联等15部门决定,2012年继续推进文化科技卫生“三下乡”活动深入开展。现将具体安排通知如下:

一、指导思想

以邓小平理论和“三个代表”重要思想为指导,全面落实科学发展观,深入贯彻党的十七届六中全会和省委十届十二次全会精神和全省经济工作会议精神,紧紧围绕建立和完善农村公共服务体系,丰富农村精神文化生活,提升农民群众综合素质,动员全社会关注农村、关心农民、支持农业,不断加强农村文化科技卫生领域公共服务,完善活动长效机制,更好地服务农村经济社会发展、满足农民群众过上美好生活的新需求、新期待。大力推动社会主义文化和贵州多民族文化大发展大繁荣,深入实施广播电视村村通、文化信息资源共享、农村电影放映、农家书屋、乡镇综合文化站等文化惠农工程和科技、卫生等领域的惠农工程,帮助农村地区建设各类公共服务网络,把优秀精神文化产品、法律法规和法律服务、科学知识和实用技术、卫生知识和医疗服务送下乡。不断满足农民群众日益增长的物质和文化生活需要,推动农村经济和社会全面发展。各地各部门要充分认识深入开展文化科技卫生“三下乡”活动的重要意义,切实抓好“三下乡”经常化工作机制建设,不断完善投入保障机制,强化公共财政对“三下乡”的支持力度,调动广大文化、科技、卫生、法律工作者下乡的主动性积极性,坚持贴近实际、贴近生活、贴近群众,加大力度、扎实工作,力争在发展农村经济、增加农民收入上,在完善农村公共服务体系上,在丰富农民群众精神文化生活上,在引导农民群众养成科学文明健康生活方式上,取得新的进展、新的突破。

二、主要内容

各地、各部门要认真安排,精心组织,抓好一批带动作用强、深受群众欢迎的重点项目,搞几次社会影响大、社会效果好的集中活动。要继续抓好文艺下乡、图书下乡、电影下乡、科技大篷车下乡、大中专学生暑期“三下乡”、亿万农民健康促进行动等活动。省直有关部门将组织开展九个方面的示范活动:

1. *大力开展“三下乡”集中示范活动*。“两节”期间省直有关部门,在清镇市犁倭乡,开展2012年贵州省文化科技卫生“三下乡”集中示范活动。各地要结合本地实际,组织文化、科技、卫生、法律等方面的专家和工作者,认真开展“三下乡”活动,努力营造欢乐、祥和、喜庆的节日氛围,为构建社会主义和谐社会服务,努力推动“三下乡”活动深入开展。

2. *不断加强农村文化建设*。深入开展“四在农家”创建活动和农民文化家园建设工程;通过政府扶持、社会参与、市场运作、群众享受的方式,积极推进农村公共文化服务体系建设;利用重要民族传统节日等契机,以“我们的节日”为主题广泛开展群众性活动。

3. *深入开展“送戏、送电影、送图书”下乡活动*。广泛开展志愿服务活动,积极配合做好中央文艺院团赴我省农村慰问演出工作,组织好我省文艺工作者坚持深入基层进行慰问演出;认真开展好送戏和送电影下乡等文化下乡活动;深入实施农村电影放映工程和农家书屋工程,办好农民电影节,向部分县赠送电影拷贝和图书;开展各种农民读书活动,不断扩大文化服务范围,为基层群众送去更多的精神食粮。

4. *组织开展科技下乡活动*。认真实施农业科技培训行动,组织省级科技下乡服务团,成立种植业、养殖业、科研小分队,继续开展农业科技入户工程,重点加强稳粮增产、畜禽防疫、农机具操作、农耕技术等方面的培训;继续开展以星火带头人培训、农民技术培训、贫困县科技扶贫培训、龙头企业科技培训为主要内容的星火培训计划和规范化种植技术及GAP管理培训,开展科技咨询和农村实用技术培训,抓好科技特派员试点工作,组织好科技活动周系列活动。

5. *广泛开展科普宣传活动*。继续抓好科普队伍建设,组织科普大篷车深入农村进行科普宣传,大力建设科普宣传活动载体,建设农民科技书屋,赠送农业科技资料书籍;积极开展“科普活动日”等大型科普宣传活动,举办专题农业农技、农耕技术讲座和培训。

6. *深入开展卫生下乡活动*。进一步健全农村合作医疗制度，切实搞好传染病、艾滋病和地方病的防治工作；大力培训医务人员，继续实施"万名医生支援农村卫生工程"项目，组织省地医疗卫生机构从设备、技术、人员等方面，对口支援县乡医疗卫生机构，帮助做好基层医院骨干医生培训；组建医疗队赴农村地区开展巡回医疗，面向农村积极开展健康教育活动。

7. *大力开展送法下乡活动*。深入开展"六五"普法工作，利用"3·8"妇女维权月、"6·1"未成年人保护宣传周、"6·26"禁毒日、"12·4"全国法制宣传日等开展法制宣传活动，广泛开展法律进乡村、送法进农家活动，为农民群众提供优质的法律服务。

8. *积极开展关爱母亲、儿童系列行动*。组织开展新农村新家庭计划、婚育新风进万家、幸福家庭创建、关爱女孩行动、生育关怀行动；深入农村基层开展"母亲水窖"、"母亲健康快车"、"春蕾计划"、"安康计划"、"美德在农家"等活动。

9. *组织好大中专学生暑期"三下乡"活动*。把暑期"三下乡"活动与大中专学生社会实践活动和青年志愿者行动结合起来，与大中专学生思想政治教育结合起来，与提高自身素质结合起来，与服务农村教育结合起来，与服务农民群众生产生活结合起来，努力提高大中专学生的思想道德素质和社会实践能力。

三、工作要求

深入开展"三下乡"活动，是社会主义新农村建设的内在要求，是人民群众的热切期盼。各地各部门要以对党的事业和群众利益高度负责的态度，高度重视，加强领导，落实和完善有关措施，为"三下乡"工作提供有力保障。真正把这项得民心、顺民意、合民情的工作抓紧抓好，抓出成效。

1. *精心组织，周密安排*。各地各部门结合实际制定全年的工作计划，把集中活动与经常性工作结合起来，区分阶段，明确重点，列出进度，加大人员投入、物资投入和财政投入，确保各项工作有计划有步骤地顺利推进。要抓紧对今冬明春"三下乡"工作做出安排，推动在元旦春节期间形成工作热潮。各有关部门要在党委、政府领导下，齐抓共管，各司其职，协调配合，发挥各自优势，集中各自力量，形成工作合力，共同推动"三下乡"活动深入开展。

2. *突出重点，讲求实效*。深入开展"三下乡"活动，既要扩大覆盖面，推动工作普遍开展，又要集中力量，突出工作重点。要把"三下乡"活动与富民兴黔和扶贫开发结合起来，加大为贫困地区服务的力度。人员多往那里去，钱物多往那里送，项目多往那里建，帮助那里的农民尽快脱贫致富奔小康。要切实改进工作作风，深入基层、深入实际、深入群众，尤其要深入到困难多、工作基础差、群众意见多的地方去，为群众办实事，解难题。坚决反对形式主义、官僚主义。

3. *加强宣传，形成氛围*。各级各类新闻媒体要结合开展"走基层、转作风、改文风"活动，加大对"三下乡"活动宣传报道的力度，要运用报刊、广播、电视、互联网等大众传媒，采用多种形式，大力宣传"三下乡"活动的重要意义和中央的有关要求，宣传农民群众对"三下乡"的愿望和要求，宣传各地各部门开展的"三下乡"重点活动，宣传"三下乡"工作取得的成果和给农民群众带来的好处，宣传在"三下乡"工作中的好经验、好做法和好典型，积极营造全社会关心、支持、参与"三下乡"活动的浓厚舆论氛围。

中共贵州省委宣传部
贵州省文明办
贵州省教育厅
贵州省科技厅
贵州省司法厅
贵州省农业委员会
贵州省文化厅
贵州省卫生厅
贵州省人口计生委
贵州省广播电影电视局
贵州省新闻出版局
共青团贵州省委
贵州省妇联
贵州省科协
贵州省社科联
2012年1月5日

关于大力培育和弘扬贵州时代精神的通知

各市(州)党委宣传部、文明办,省直有关单位:

为认真贯彻落实省委十届十二次全会精神,在全省大力培育和弘扬“开放创新、团结奋进”的贵州时代精神,现将《关于大力培育和弘扬贵州时代精神的实施方案》印发给你们,请结合实际,抓好落实。

中共贵州省委宣传部
贵州省文明办
2012年1月17日

关于大力培育和弘扬贵州时代精神的实施方案

为认真贯彻落实省委十届十二次全会通过的《中共贵州省委关于贯彻落实党的十七届六中全会精神推动多民族文化大发展大繁荣的意见》精神,按照“培育和弘扬‘开放创新、团结奋进’的贵州时代精神”的任务要求,在全省范围大力培育和弘扬贵州时代精神,进一步营造加速发展、加快转型、推动跨越的浓厚氛围,特制定本方案。

一、指导思想

深入贯彻落实党的十七届六中全会和省委十届十二次全会精神,适应新形势新任务的需要,大力培育和弘扬“开放创新、团结奋进”的贵州时代精神,唱响加速发展、加快转型、推动跨越的最强音,展现贵州新形象,为推动全省经济社会又好又快、更好更快发展坚定信念、统一思想、集中心思、凝聚力量,为创造又好又快、更好更快的“贵州速度”提供强大的精神动力和思想保证,为推动多民族文化大发展大繁荣,夺取经济社会发展新胜利营造良好氛围。

二、工作任务

1.认真学习,切实增强干部群众培育和弘扬贵州时代精神的自觉和自信。广泛开展各类宣传学习贵州时代精神的教育活动,把贵州时代精神作为各级党校的重要学习内容,作为甲秀视线等品牌讲坛、论坛报告会内容,作为各地形势政策宣讲的重要内容。充分发挥市民学校、社区图书室、企业职工学校、单位培训中心、农民文化家园、农民夜校、农家书屋等阵地的积极作用,进一步扩大贵州时代精神学习覆盖面和影响力,使广大干部群众深刻认识到贵州时代精神是贵州当代文化之“魂”,是民族精神和党的优良传统的生动体现,是与长征精神、遵义会议精神、三线建设精神、大关精神和抗旱中贵州精神一脉相承的贵州各族人民的宝贵精神财富。全省各级干部要带头学习贵州时代精神,坚持解放思想、实事求是、与时俱进,自觉践行全心全意为人民服务的根本宗旨,以励精图治、奋发有为的精神状态为党和人民干事创业,把时代精神落实到加强党性修养和作风传承上,贯彻到改革开放和现代化建设中,以新作风、新作为推进各项工作取得新成就。

责任单位:省委宣传部、省直机关工委、省委教育工委、省委国防工委、省国资委、省委党校、省委讲师团、省新闻出版局。

2.广泛宣传,着力营造培育和弘扬贵州时代精神的浓厚氛围。省级主要新闻单位要开设以弘扬贵州时代精神为主题的专栏,从不同层面深入浅出的阐释贵州时代精神,及时发现、宣传、树立全省各地各部门弘扬贵州时代精神的先进典型,制作刊播一批弘扬贵州时代精神的公益广告。贵州日报在头版开设专栏,针对贵州时代精神的各个层面,组织好采访报道,适时推出评论员文章,在理论版策划并组织一批深入阐释贵州时代精神的理论文章,把宣传进一步引向深入,升华理性认识。贵州日报系列报紧扣主题,策划各具特色的栏目和报道,使贵州时代精神更加鲜活，让群众喜闻乐见、易于接受。贵州广播电视台通过各类新闻栏目、百姓互动栏目深入报道贵州时代精神的内涵、意义和时代特征，通过鲜活的生动事例充分展示和宣传好贵州时代精神。组织一批弘扬贵州精神的优秀电视剧进行展播，通过广播节目《身边》，讲述身边弘扬贵州时代精神的感人故事，创作一批表现贵州时代精神的广播剧和广播歌曲。当代贵州以专题的形式，适时报道全省各地各单位弘扬贵州时代精神、在"稳中求进、提速转型"、"两加一推"中的新思路、新举措、新局面、新成效。金黔在线、贵州文明网、今日传播等网站充分发挥网络媒体弘扬贵州时代精神的重要作用，切实开展好"开放奋进贵州人"网络文化传播系列活动。

各地各部门要有机结合各种节庆假日和党代会、"两会"、旅发大会、酒博会等省、市（州）、县（市、区）重大活动和重要会议的社会宣传，以机场、火车站、客车站、码头、高速公路沿线以及窗口服务单位为重点，运用飞机、火车、长途客车、公交车、出租车、客船、服务窗口等载体，不断扩大贵州时代精神的宣传覆盖面。充分利用宣传橱窗、宣传栏、板报、墙报、横幅条幅、标语牌、宣传画、彩旗彩灯、户外广告牌、网站论坛、微博、手机报、短信，充分利用单位、企业门户网站、高校局域网、企业报、学报、有线电视，充分利用各种电子显示屏、楼宇音视频广告以及各种商业广告平台，滚动播出弘扬贵州时代精神的公益广告，在全省范围形成规模与声势，营造浓厚的社会氛围。

责任单位：省委宣传部、省文明办、省直机关工委、省委教育工委、省委国防工委、省国资委、省广电局、贵州日报报业集团、当代贵州杂志社、贵州广播电视台，各级党委宣传部、文明办。

3.深入研究，不断丰富贵州时代精神的内涵。组织省中国特色社会主义理论研究中心各基地开展贵州时代精神理论研究，推出一批研究成果。以贵州省社会科学学术年会为平台，以贵州时代精神为主题，组织学会、协会、研究会开展多种形式的研讨活动。组织开展各种形式的以学习弘扬贵州时代精神为主题的征文活动。策划出版诠释贵州时代精神的理论、人物、事件图书，打造具有贵州元素、贵州印记、贵州符号的精品图书。以弘扬贵州时代精神的先进典型为题材，研究创作一批文学、音乐、美术、电影、摄影、歌舞、戏剧、小品等形式多样的具有良好社会影响力的文艺作品，充分展示和弘扬贵州时代精神。

责任单位：省委宣传部、省文化厅、省新闻出版局、省社科联、省文联。

4.注重实践，使贵州时代精神内化于心、外用于行。将培育和弘扬贵州时代精神与公民道德宣传月、宣传日、学雷锋纪念日、和谐贵州"三关爱"、文明城市、文明村镇、文明单位创建等各项道德实践和群众性精神文明创建活动有机结合，将贵州时代精神融入道德模范、"身边好人"、都市年度人物等先进典型评选活动之中，充分展现全省各行各业抓发展、促转型、谋跨越的良好精神风貌。在省直机关广泛开展"走红路、转作风、促发展"主题学习实践活动，继承革命传统、弘扬时代精神，推动贵州跨越。组织文艺演出团队深入军营、厂矿、社区、农村进行文艺演出，将充分展示贵州时代精神的文艺节目送进千家万户，激励、鼓舞、教育各族群众自觉学习和弘扬贵州时代精神。将培育和弘扬贵州时代精神作为大中小学德育教育的重要内容之一，把"祖国好·家乡美"活动与"做一个有道德的人"、"中小学弘扬和培育民族精神月"、"我与祖国共奋进"等活动结合起来，以中小学弘扬和培育民族精神月、大学生校园文化月活动为载体，广泛开展以培育和弘扬贵州时代精神为主题的征文、演讲、书画等活动，不断提高未成年人思想道德素质。

责任单位：省委宣传部、省文明办、省直机关工委、省委教育工委、省委国防工委、省国资委、省文化厅、团省委、省妇联。

三、工作步骤

各地各部门要充分利用各项重大庆祝活动，将培育和弘扬贵州时代精神有机融入其中，结合本地本部门实际突出不同阶段的宣传重点。

第一阶段（1月至2月）：以庆祝元旦、春节为契机，围绕"两会"的召开，广泛宣传贵州时代精神，营造浓厚的节日氛围，激发全省广大干部群众创先争优、创新创业、创造财富的热情。

第二阶段（3月至9月）：以公民道德宣传月、宣传日、学雷锋纪念日为契机，将培育和弘扬贵州时代精神与各项道德实践活动相结合，掀起培育和弘扬贵州时代精神的热潮，喜迎党的十八大和省第十一次党代会召开。

第三阶段(10 月至 12 月)：围绕庆祝党的十八大的胜利召开，大力弘扬贵州时代精神，发掘、宣传、树立一批培育和弘扬贵州时代精神的先进典型，充分体现贵州时代精神为实现"贵州速度"提供了强大的精神动力和思想保证。

第四阶段(2013 年以后)：把培育和弘扬贵州时代精神作为一项长期工作坚持不懈地抓好，使之成为推动贵州经济社会快速发展的强大动力和展示贵州良好形象的精神支撑。

四、工作要求

1. 提高认识、加强领导。各地各部门要深刻认识大力培育和弘扬贵州时代精神的重要意义，把这项工作摆上重要日程，认真研究部署。各地党委宣传部要牵好头，各有关部门、群团组织要各司其职、密切配合，加强领导、明确任务，确保活动有序开展，整体推进。

2. 精心组织、重在实效。各地各部门要参照本方案，结合实际，制定本地本系统大力培育和弘扬贵州时代精神的具体工作措施，精心组织策划各种形式多样、干部群众欢迎的宣传实践活动，切实将贵州时代精神融入改革开放和现代化建设的方方面面，确保工作取得实效。

3. 创新方法、及时总结。各地各部门要结合本地本部门工作实际，努力探索创新符合工作实际，体现地方行业特色的培育和弘扬贵州时代精神的新载体、新方法，及时总结工作经验，并将 2012 年工作情况于 12 月 1 日前报省委宣传部。

附件：培育和弘扬贵州时代精神宣传标语。

附件

培育和弘扬贵州时代精神宣传标语

1. 大力弘扬"开放创新、团结奋进"的贵州时代精神！

2. 开放创新、团结奋进！

3. 弘扬"开放创新、团结奋进"精神，推动贵州经济社会又好又快，更好更快发展。

4. 弘扬"开放创新、团结奋进"精神，加速发展、加快转型、推动跨越！

5. 开放创新、团结奋进、稳中求进、提速转型！

6. 弘扬"开放创新、团结奋进"精神，创造又好又快、更好更快的贵州速度！

7. 大力弘扬"开放创新、团结奋进"的贵州时代精神，为实现贵州经济社会发展历史性跨越而努力奋斗！

关于印发 2011 年贵州宣传思想工作创意奖评选结果的通知

各市、自治州党委宣传部，省直宣传文化系统各单位，各有关单位：

根据本部的工作安排，今年开展了 2011 年贵州宣传思想工作创意奖评选活动。经组织对 230 件工作创新方案书和创意方案策划书进行评选，现决定将《以"诚信农民"建设为抓手 助推农村精神文明建设》等 13 件工作创新方案和《微型纪录片项目〈微・观〉》等 10 件创意方案共 23 件评选结果名单印发公布，予以表彰。

希望全省宣传思想文化工作各单位继续为贵州宣传思想文化工作出谋献策，创造优良成绩，打造优秀品牌，为推动多民族文化大发展大繁荣作出贡献。

附:《2011 年贵州宣传思想工作创意奖评选结果名单》

中共贵州省委宣传部

2012 年 1 月 12 日

2011 年贵州宣传思想工作创意奖评选结果名单

一、工作创新类

一等奖　空缺

二等奖(2 名)

1. 以“诚信农民”建设为抓手 助推农村精神文明建设

创作者:贵阳市委宣传部

2. 遵义市打造“五大品牌” 引领群众文化活动

创作者:遵义市委宣传部

优秀奖(11 名)

1. 在省直机关开展“走红路,学传统”参与式干部主题教育培训　创作者:省直机关工委

2. 打造“大美贵州”的高端文化导视平台—贵州日报《27 · 黔地标》创刊　创作者:贵州日报文艺部

3. “走进千家万户　感受民族运动会”活动

创作者:贵州日报报业集团虎子传媒

4. 唤醒地域文化记忆　提炼文化精神 集聚黔西南文化发展合力——“金州文化讲坛”的策划与创新实践

创作者:黔西南州委宣传部

5. 培育打造地方文化品牌“十谢共产党”文化作品花开神州

创作者:湄潭县委宣传部

6. 安顺百万市民学礼仪在潜移默化中提高全民文明素质

创作者:安顺市“三创”办、安顺市文明办

7. 加强地方时政读物出版　着力服务工业强省战略

创作者:贵州人民出版社

8. 田野里长出来的农民艺术团——普定文化产业改革发展的“民营文化模式”

创作者:普定县官镇马堡农民艺术团

9. 创“三级提升”模式 树“美德少年”典范——贵阳市在全省率先开展“文明小公民、美德少年、小道德模范”推荐命名活动

创作者:贵阳市委宣传部、贵阳市精神文明建设指导委员会

10. 让感恩、创造和享受幸福成为时代主旋律——平塘县以“幸福进万家”为载体加强公共文化服务体系建设

创作者:平塘县委宣传部

11. 党旗高高飘扬——庆祝建党 90 周年大型文艺节目

创作者:贵州电视台

二、创意方案类

最佳方案奖(2 名)

1. 微型纪录片项目《微 · 观》

创作者:贵州电视台卫视中心

2. 最牛凯里——黔东南州凯里市文化品牌创意方案

创作者:黔东南州委宣传部

优秀方案奖(8 名)

1. 展示走进“贵州国家级非物质文化遗产地”摄影创作系列活动　创作者:惠水县委宣传部

2. 天籁之和

创作者:贵州电视台艺术社教中心

3. 关于开展“动画、影视、游戏”三位一体宣传贵州的创意方案　创作者:甘礼宁(清镇市委宣传部)

4. “桃源铜仁”文化风景区设计创意企划书

创作者:铜仁桃源文化风景区设计创意课题小组

5. 百万巨奖海选旅游使者畅游“醉美贵州”

创作者:黔南州文学艺术研究所

6. 发挥民族文化资源优势　打造中国布依文化产业园

创作者:皮仁刚(黔西南州委宣传部)

7. 闪闪满天星　璀璨贵州情——“满天星”贵州宣传志愿者推广策划方案

创作者:安顺市委宣传部

8.打造台江县施洞镇“苗疆银都”文化产业园品牌创意策划

创作者:台江县委宣传部 台江县文化体育广播电视旅游局

关于建立先进典型宣传工作常态化机制的通知

各市(州)党委宣传部,省直机关工委、省委教育工委、省委国防工委、省国资委、省总工会、团省委、省妇联,省军区政治部、省武警总队政治部、省消防总队政治部,省主要新闻单位:

当前,我省正处于“加速发展、加快转型、推动跨越”的发展机遇期,新形势对典型宣传提出了新的更高要求。建立常态化机制,树立和宣传各行各业的先进典型,充分发挥先进典型的引领示范作用,引导人们见贤思齐、创先争优、奋发向上,对进一步激励、动员全省各族人民,构筑精神高地,促进贵州经济社会发展的历史性跨越,具有重要作用。为加大我省先进典型的培育、推荐、学习和宣传力度,现将建立先进典型宣传工作常态化机制的有关事宜通知如下:

一、建立先进典型工作联动机制

各地各部门要树立抓典型就是围绕中心、服务大局的观念。抓紧建立和完善典型宣传工作的领导体制和工作机制,形成各级党政领导高度重视,宣传部门组织协调,各部门、各行业、各基层单位干部群众积极参与的互联互动、上下渠道畅通的联动机制。同时,积极发挥各级宣传干部、新闻工作者及通讯员的作用,形成上下贯通、左右通达的信息反馈网络。

各级党委宣传部门要把宣传先进典型作为重要任务,建立健全先进典型的调研、信息反馈、培养、总结提炼、宣传推介、考核奖励等规章制度。

二、建立先进典型培育机制

各地各部门要围绕中心、服务大局、与时俱进,拓宽培育渠道,拓展培育领域,完善培育机制,全方位多层次地培育各条战线上的先进典型,努力营造百花齐放、典型辈出的生动局面。

1.*围绕中心培育典型*。坚持把培育典型的重点放在落实省委、省政府中心工作的实践中,有针对性、有重点地培育基层,特别是生产第一线的先进典型,紧密跟踪,深入提炼,对事迹感人的典型及时上报。

2.*扣准热点培育典型*。注重在培育上做文章,在策划中下工夫。要密切关注社会热点,制定典型宣传计划,通过民主推荐、群众监督、组织审查等程序,把人们关注的,有时代气息、事迹感人的先进典型挖掘出来,根据形势要求确定重点选树对象,组织精干力量深入基层开展调研、指导帮助,对典型加以总结、提炼、升华,并把握好典型宣传推出的时机、节奏和密度。

3.*紧贴时代培育典型*。时代造就典型,典型更要有时代特点。一个典型只有能够引领时代潮流,顺应时代要求,才能为时代和人民群众所接受,才有鲜活生命力和强大带动力。在社会转型时期,我们尤其需要大力继承和弘扬传统美德以淳化民风、凝集人心,而典型人物往往是既富有传统美德又具有时代精神的代表性人物,要通过宣传先进典型弘扬传统美德和时代精神,推进社会主义核心价值体系的建设。

4.*发动群众培育典型*。要深入基层、深入群众,通过走访调研,认真挖掘、寻找身边的先进人物和事迹。要坚持走群众路线,以群众为主体,吸引群众广泛参与,充分听取群众意见,使典型具备深厚的群众基础、为群众所公认。

三、建立先进典型推荐机制

建立逐级推荐先进典型的工作制度,形成各行各业、社会各方善于发现典型、积极推荐典型,大力宣传、推广典型的工作机制。

1.各地各部门对先进典型的宣传实行逐级把关,按管理权限审查报批。

2.全省重大先进典型由各市(州)党委、省直有关部门党委(党组)或省级军事机关政治部向省委宣传部推荐,经省委分管领导审定后,由省委宣传部在全省范围组织学习宣传,事迹特别突出的先进典型,作为全国重大先进典型向中宣部推荐。

3. 全省各市(州)、省直有关部门、省级军事机关政治部每年各向省委宣传部推荐1个以上的先进典型。

四、建立先进典型储备机制

建立先进典型储备机制是做好先进典型宣传的基础性工作。

1. 建立先进典型数据库。各地各部门要建立先进典型数据库,加强对先进典型的信息储存,安排专人负责对媒体宣传报道的先进典型进行收集整理,对涌现出来的先进典型及时登记、入库。对“先进典型数据库”进行动态管理,及时充实和更新数据库信息。

2. 坚持共建共享的原则。在典型的培养、推荐、宣传、推广过程中,尤其要注重发挥全省上下各地各部门的积极性,确立典型培养工作机制,建立典型共享资源库,资源共享,避免重复培养典型。各相关部门作为典型培育的参与者,共同享有的典型资源。

五、建立先进典型学习宣传机制

各级党委宣传部门在先进典型宣传上,既要继承过去在实践中形成的有效方法和经验,又要解放思想,与时俱进,在方式方法和机制体制上不断改进和创新。

1. 加强新闻宣传。贵州日报、贵州广播电视台、当代贵州杂志社、贵州都市报、贵州商报、金黔在线网站等省主要新闻媒体,要统一开设“黔中楷模”常设性专栏,发挥好媒体自身的特色和优势,宣传报道全省性先进典型。要高度重视网络宣传,利用在线访谈、专题、专栏、微博等方式,形成先进典型网络宣传平台。省委宣传部统一安排专栏的宣传报道,集中进行宣传,组织编辑出版《黔中楷模》系列丛书。市(州)主要新闻媒体要开设宣传报道先进典型的常设性专栏。

2. 加强社会宣传。对省级以上重大典型,应通过组织先进事迹报告会、学习座谈会、研讨会等活动,运用图书、音像、画册、诗歌、报告文学、戏剧、歌曲、影视、文艺节目、手机短信、公益广告等形式进行宣传,把典型宣传引向深入,增强先进典型宣传的感染力、吸引力和影响力。

3. 统筹抓好新老典型的宣传。对老典型要关心、支持,搞好跟踪宣传。对新典型的宣传要营造氛围、形成声势、确保实效。要保持典型宣传的连续性、经常性,切忌树一个忘一个,各级党委宣传部门要切实担负起协调指导责任,扎实有效地开展好典型宣传工作,使全省广大干部群众学有榜样,赶有目标。

六、建立先进典型评价奖励机制

学习宣传先进典型,发挥先进典型的示范引导作用,就要尊重和爱护先进典型,通过建立表彰奖励机制、评价反馈机制、经费保障机制,使关爱褒奖先进典型的措施落到实处。

1. 建立表彰奖励机制。各地各部门要根据先进典型的事迹特点和社会反响,适时对先进典型授予相应的荣誉称号或作出学习决定。要坚持精神奖励与物质奖励相结合的原则,通过对先进典型的表彰和奖励,体现党和政府对先进典型的关心,激励先进,引领群众。

2. 建立评价反馈机制。要定期不定期地采取问卷调查、座谈了解、网络征询等方式,及时掌握社会各界对所推出的先进典型的反响,掌握广大群众对先进典型宣传工作的意见和建议,建构科学的信息反馈和评价系统。

3. 建立经费保障机制。各级党委宣传部门要把典型宣传工作摆上重要议事日程,安排专项经费,以保证典型宣传工作的顺利开展。

中共贵州省委宣传部
2012年2月16日

关于在全省深入开展以“践行雷锋精神、争当时代先锋”为主题的“五心教育”活动的通知

各市（州）党委宣传部，省直机关工委、省委教育工委、省委国防工委、省国资委，省军区政治部、省武警总队政治部、省消防总队政治部，省主要新闻单位：

为大力弘扬雷锋精神，构筑贵州精神高地，积极推动社会主义核心价值体系建设，以良好的精神状态迎接党的十八大和省第十一次党代会的胜利召开，根据省委安排部署，现将在全省组织开展以“践行雷锋精神、争当时代先锋”为主题的“五心教育”活动的有关要求通知如下。

一、指导思想

以邓小平理论和“三个代表”重要思想为指导，深入贯彻落实科学发展观、党的十七届六中全会精神和省委十届十二次全会精神，以“五心教育”活动为载体，着眼于构建社会主义核心价值体系，着眼于推进社会公德、职业道德、家庭美德、个人品德建设，着眼于提升公民思想道德素质和社会文明程度，倡导“爱国、敬业、诚信、友爱”的价值取向，弘扬“开放创新、团结奋进”的贵州时代精神，推动学雷锋活动常态化、机制化，推动社会主义核心价值体系建设具体化、大众化，形成践行雷锋精神、争当时代先锋的生动局面，形成我为人人、人人为我的良好社会氛围，激发干部群众热爱贵州、建设贵州的热情，凝聚全省各族人民的意志和力量，打牢共同思想道德基础，构筑贵州精神高地，努力实现后发赶超目标。

二、基本内容

“五心教育”是践行雷锋精神的有效途径，是弘扬贵州时代精神的重要载体，是社会主义核心价值体系建设具体化、大众化的有益探索，是公民道德建设的生动实践。

1. 忠心献给祖国。即以爱国爱家情感凝聚人。以爱国主义为核心，弘扬雷锋热爱党、热爱祖国、热爱社会主义的崇高理想和坚定信念，坚持立党为公、执政为民，廉洁从政、克己奉公，把忠于祖国、忠于党和人民统一起来，把爱国精神化作建设贵州、后发赶超的满腔热情和实际行动。

2. 孝心献给父母。即以敬老爱亲美德熏陶人。以尊老爱幼为核心，弘扬雷锋身体力行中华传统美德的高尚情操，尊老爱幼、夫妻和睦、勤俭持家、邻里团结，让每一个家庭都充满生机和活力，在全社会形成尊老爱幼、团结友爱、互帮互助的良好氛围。

3. 爱心献给社会。即以助人为乐风尚激励人。以集体主义为核心，弘扬雷锋服务人民、助人为乐的奉献精神，不断培育包容胸怀和互助精神，努力形成我为人人、人人为我的良好社会氛围，构建扶贫济困、礼让宽容的人际关系，不断增强服务社会、奉献社会的责任意识。

4. 诚心献给他人。即以诚信道德意识塑造人。以诚实守信为核心，弘扬雷锋干一行爱一行、专一行精一行的敬业精神，努力加强职业道德建设，加强政务诚信、商务诚信、社会诚信、司法公信和个人诚信建设，增强诚实守信意识，做到遵守诺言，恪守信用，构建公平、公正、诚信的社会关系。

5. 信心留给自己。即以奋发向上的信念引导人。以自信自强为核心，弘扬雷锋锐意进取、自强不息的创新精神，开拓创新，勇于担当，不断实现自我超越和发展，弘扬雷锋艰苦奋斗、勤俭节约的创业精神，正确对待成败得失，塑造自尊自信、理性平和、积极向上的社会心态，努力形成全民创新、全民创业、勇于创造的良好氛围。

三、活动安排

1. 开展“践行雷锋精神、争当时代先锋”先进

典型选树活动。在全省广泛开展“践行雷锋精神、争当时代先锋”先进典型选树活动，按县（市、区）、市（州）、省三级进行层层选树，层层推荐，各县（市、区）分别选树5名先进典型，通过新闻报道、主题晚会、先进事迹报告会等形式，进行大力宣传，并向市（州）推荐。市（州）根据各县（市、区）推荐的情况，认真遴选10名市（州）级先进典型，进行宣传，并向省委宣传部推荐5名先进典型。省直机关工委、省委教育工委、省委国防工委、省国资委、省军区政治部、省武警总队政治部、省消防总队政治部参照各市（州）做法，在本系统内开展“践行雷锋精神、争当时代先锋”先进典型宣传活动，并分别向省委宣传部推荐2名先进典型。省委宣传部根据各地各部门报送的先进典型，采取网络投票、专家评选等方式，选树10名先进典型，在全省进行广泛深入宣传。同时，把事迹特别突出的先进典型，作为全国重大典型向中宣部推荐。

2. 开展“百千万”学习雷锋宣讲活动。各县（市、区）组织由先进典型与有关领导、专家、学者共同组成的宣讲团，走进机关、学校、企业、社区、农村、部队，开展宣讲活动，每个县（市、区）不少于10场。各市（州）、省直有关部门、省级军事机关政治部相应组织宣讲团，在本地本系统开展巡回宣讲活动。全省形成数百名先进典型、领导、专家、学者宣讲，上千场（次）的报告会，数万人受教育的生动场面，让身边的学雷锋先进典型与广大干部群众深情交流，领导、专家、学者深入讲解阐释，让广大干部群众积极加入到活动中来，推动“五心教育”活动深入开展。

3. 开设学习雷锋专题专栏。将学雷锋活动与先进典型宣传结合起来，在省主要新闻媒体开设“黔中楷模——与雷锋精神同行”学雷锋先进典型专栏，集中宣传各行各业涌现出来的全省先进典型，宣传报道普通群众“践行雷锋精神、争当时代先锋”的感言感受和实际行动，努力扩大活动的社会影响。

4. 开展“践行雷锋精神、争当时代先锋”网络系列活动。一是在中国文明网贵州频道、金黔在线等网站开辟“黔中楷模——与雷锋精神同行”学雷锋先进典型专栏；二是在网上开展“身边的雷锋”推荐活动，拓宽先进典型的选树视野和渠道，把先进典型的推荐过程作为广大干部群众接受教育的过程；三是开展网络续写雷锋日记、“五心教育”心得活动，广泛动员，层层发动，充分调动广大干部群众特别是青少年的积极性、主动性和参与性，每个县（市、区）今年5月前组织推荐不少于10篇日记和心得给中国文明网贵州频道和金黔在线网站。

5. 举办“黔中楷模——与雷锋精神同行”主题晚会。从明年开始，每年3月份，举办“黔中楷模——与雷锋精神同行”主题晚会，集中展示全省学雷锋先进典型的感人事迹和高尚品德，充分发挥先进典型的引领作用，激发全省各族人民参与社会主义核心价值体系建设的热情。

四、工作要求

1. 加强领导、密切配合。各地各部门要把“五心教育”活动摆上重要日程，从实际出发，按照通知要求，制定具体工作方案，精心组织，周密部署，抓好落实。各地党委宣传部要牵好头，各有关部门、群团组织要各司其职、密切配合，形成强大合力，确保工作有序开展，整体推进。

2. 注重引导、营造氛围。各地各部门要充分运用报刊、广播、电视、网络、手机等媒体，广泛宣传“五心教育”活动的基本内容和重要意义，宣传活动中涌现出来的好做法、好经验、好典型，以及活动取得的成效。要以重大节日、重大活动为契机，充分利用宣传橱窗、宣传栏、板报、墙报、横幅条幅、标语牌、宣传画、彩旗彩灯、户外广告牌、网站论坛、微博、手机报、短信，营造浓厚的践行雷锋精神、争当时代先锋的社会氛围。

3. 找准结合，深化拓展。各地各部门要坚持以创新精神推进“五心教育”活动，在总结和借鉴长期以来学雷锋活动的好做法好经验的基础上，根据时代的发展变化，结合“满意在贵州”主题活动、“和谐贵州三关爱”绿丝带志愿服务行动、“祖国好、家乡美”系列活动、“诚信农民”和“诚信青年”创建活动，广泛动员群众参与，不断创新内容、形式和方法、手段，增强“五心教育”活动的吸引力感染力，不断赋予雷锋精神新的时代内涵，推动活动深入开展。

4. 加强督查、确保实效。各地党委宣传部要把“五心教育”活动作为深入开展学雷锋活动的重要举措，作为弘扬贵州时代精神的重要载体，作为社会主义核心价值体系建设的品牌活动，与中心工作同部署、同落实、同考核，省委宣传部将把“五心教育”活动作为对各市（州）党委宣传部年终绩效目标考核的重要内容，各市（州）党委宣传部要把“五心教育”活动纳入对各县（市、区）党委宣传部的考核，加强督促检查，以推动工作，确保取得实效。

中共贵州省委宣传部

2012年3月8日

关于对2012年全国“两会”涉黔新闻宣传报道先进集体和优秀作品给予表彰奖励的决定

中央、香港驻黔主要新闻媒体，省级主要新闻单位：

今年全国“两会”期间，中央、香港驻黔新闻单位和省级主要新闻单位按照省委领导“内振精神、外塑形象”的要求，在省委宣传部对宣传工作的统一部署下，积极行动、全力以赴做好全国“两会”涉黔宣传报道，刊播了大量重点报道和深度报道，在宣传规模、报道深度、外宣力度、传播效果上取得了进一步突破，取得了良好的宣传效果，营造了良好的舆论氛围，受到了社会各界的普遍关注和好评。

中共贵州省委宣传部决定对人民日报贵州分社等11家中央、香港驻黔主要新闻单位和贵州日报报业集团等3家省级主要新闻单位给予表彰，对《实现贵州发展的历史性跨越》等72篇优秀作品给予奖励。希望各单位再接再厉，紧紧围绕省委、省政府中心工作做好宣传，进一步提高新闻策划的专业化水平，继续深入推进重大主题报道，为贵州经济社会又好又快、更好更快发展提供更有力的舆论支持，为提高贵州知名度、树立贵州新形象、扩大贵州影响力作出新的积极贡献。

中共贵州省委宣传部

2012年3月31日

附：1.2012年全国“两会”涉黔新闻宣传报道先进集体

2.2012年全国“两会”涉黔新闻宣传报道优秀作品

2012年全国“两会”涉黔新闻宣传报道先进集体

（共计14家）

1. 人民日报贵州分社
2. 新华社贵州分社
3. 光明日报贵州记者站
4. 经济日报贵州记者站
5. 中央人民广播电台贵州记者站
6. 中央电视台贵州记者站
7. 中国日报贵州记者站
8. 中国新闻社贵州分社
9. 香港文汇报贵州办事处
10. 香港大公报贵州办事处
11. 香港商报贵州办事处
12. 贵州日报报业集团
13. 当代贵州杂志社
14. 贵州广播电视台

2012 年全国“两会”涉黔宣传报道优秀作品

（共计 72 篇）

人民日报社贵州分社：

1.《实现贵州发展的历史性跨越》（3 月 2 日，人民日报 2 版）

作者：人民日报评论员

2.《乘势“后发赶超”走出“经济洼地”——访贵州省书记、省人大常委会主任栗战书》（3 月 7 日，人民日报 14 版）

作者：人民日报记者龚金星、汪志球

3.《碧水蓝天，打造宜居环境》（3 月 10 日，人民日报 10 版）

作者：人民日报记者汪志球

4.《执政为民谋幸福》（3 月 11 日，人民日报 2 版）

作者：人民日报记者龚金星、汪志球

5.《“促进西部和欠发达地区与全国缩小差距”——“〈国务院关于进一步促进贵州经济社会又好又快发展的若干意见〉专家座谈会”发言摘登》（3 月 13 日，人民日报 19 版）

作者：人民日报贵州分社

新华社贵州分社：

1.《奋力撕下“贫困落后”标签——贵州代表热议贫困地区如何加快脱贫“步伐”》（3 月 11 日）

作者：新华社记者王橙澄、王新明

2.《“深水区”里如何破冰前行？——代表委员“把脉”公立医院改革》（3 月 9 日）

作者：新华社记者王新明、王橙澄、吴小康

3.《只有村医“坐得住”群众才能看上病——全国人大代表“会诊”偏远地区“看病难”》（3 月 6 日）

作者：新华社记者王新明、王橙澄、吴小康

4.《“营养午餐”让数千万农村上学娃不再“饿肚上课”》（3 月 7 日）

作者：新华社记者王橙澄、张莺、赵文君

光明日报贵州记者站：

1.《贵州代表盛赞国务院部委解决问题雷厉风行》（3 月 12 日，光明日报 4 版）

作者：光明日报记者柳路

2.《“我们不想总是垫底，也想奋力爬高”》（3 月 8 日，光明日报 3 版）

作者：光明日报记者吴春燕、柳路

经济日报贵州记者站：

1.《黔中大地“后发赶超”——访全国人大代表、贵州省委书记栗战书》（3 月 11 日，经济日报 12 版）

作者：经济日报记者王新伟

2.《创新“工业梯田”用地模式》（3 月 11 日，经济日报 16 版）

作者：经济日报记者王新伟

3.《创造又好又快的“贵州速度”——十一届全国人大五次会议贵州代表团团组开放活动侧记》（3 月 14 日，经济日报 16 版）

作者：经济日报记者王新伟

4.《金融支持助力贵州经济“起飞”——金融界人士热议落实国务院有关贵州发展若干意见》（3 月 14 日，经济日报 16 版）

作者：经济日报记者王新伟

中央人民广播电台贵州记者站：

1.《珍惜民族品牌茅台不需要误度误解》（3 月 12 日，中国之声《新闻纵横》）

作者：中央人民广播电台记者王贵山、陈屹、潘晴霞

2.《我代农民报告》（3 月 7 日，中广网）

作者：中央人民广播电台记者王贵山、陈屹、潘晴霞

3.《贵州代表团开放日话筒给谁都可以的问答会》（3 月 7 日，中广网）

作者：中央人民广播电台记者王贵山、陈屹、潘晴霞

4.《万峰潮涌话跨越——贵州代表陈鸣明做客中国之声〈政务直通〉大型访谈》（3 月 9 日，中国之声《政务直通》）

作者：中央人民广播电台记者王贵山、陈屹、

潘晴霞

5.《毕节新跨越中国反贫困的贵州样本——贵州代表秦如培做客中央台〈政务直通〉大型访谈》(3月10日,中国之声《政务直通》)

作者:中央人民广播电台记者王贵山、陈屹、潘晴霞

中央电视台贵州记者站:

1.《大山深处的背篼干部》系列之一:《贵州敦操:大山里出了群“背篼干部”》(3月15日,中央电视台《新闻联播》)

作者:中央电视台记者念红梅

2.《大山深处的背篼干部》系列之二:《贵州敦操:背篼干部劝耕忙》(3月16日,中央电视台《新闻联播》)

作者:中央电视台记者念红梅

3.《大山深处的背篼干部》系列之三:《贵州敦操:改种高粱为啥这么难》(3月17日,中央电视台《新闻联播》)

作者:中央电视台记者念红梅

4.《大山深处的背篼干部》系列之四:《贵州敦操:村民当街要低保干部苦口劝春耕》(3月18日,中央电视台《新闻联播》)

作者:中央电视台记者念红梅

5.《大山深处的背篼干部》系列之五:《贵州敦操:年底考核受挫“背篼干部”再鼓劲》(3月19日,中央电视台《新闻联播》)

作者:中央电视台记者念红梅

6.《见证履职:聚焦医院改革》(3月7日,中央电视台新闻频道)

作者:中央电视台记者念红梅

7.《走基层百姓心声——80后农民工发微博救重病女儿》(3月7日,中央电视台《朝闻天下》)

作者:中央电视台记者念红梅

中国日报贵州记者站:

1.《贵州省的目的是吸引更多的投资》(3月8日,中国日报5版)

作者:中国日报记者刘祥瑞、苏江元

2.《国发2号助力贫困省的大提升》(3月13日,中国日报9版)

作者:中国日报记者何柏霖

3.《让媒体惊喜的发布会》(3月11日,中国日报3版)

作者:中国日报记者刘祥瑞

中国新闻社贵州分社:

1.《温家宝夜访贵州团:耽误大家休息,很过意不去!》(3月8日)

作者:中新社记者张一凡、张伟

2.《贵州省委书记栗战书:“麦克风给谁都可以!”》(3月7日)

作者:中新社记者张伟、陈孟统

3.《贵州省委书记栗战书定义贵州经济“起飞”》(3月7日)

作者:中新社记者张一凡、张伟

4.《贵州省长赵克志:要富裕农民最关键是减少农民》(3月7日)

作者:中新社记者张伟

5.《贵州团媒体开放日“爆棚”80余家媒体抢话筒》(3月7日)

作者:中新社记者张伟

6.《贵州雷山贫困户心声:请告诉总理,我脱贫了!》(3月11日)

作者:中新社记者张伟、杨应光、李雪

香港文汇报贵州办事处:

1.《黔东南准备4000亿大蛋糕》(3月16日,香港文汇报A32版)

作者:香港文汇报记者周亚明、郎艳林

2.《贵州省委书记栗战书:经济增速领先全国强势跨越终极惠民》(3月5日,香港文汇报AA15版)

作者:香港文汇报记者郎艳林

3.《贵州省长赵克志:重点实施工业强省誓为贵州“拔穷根”》(3月5日,香港文汇报AA16版)

作者:香港文汇报记者郎艳林

4.《2012,逾千亿办大民生》(3月15日,《香港文汇报·贵州报道》)

作者:香港文汇报记者郎艳林

5.《“新版合作社”的则戎样本》(3月15日,《香港文汇报·贵州报道》)

作者:香港文汇报记者路艳宁、虎静

香港大公报贵州办事处:

1.《国发〔2012〕2号文件——贵州新一轮大发展的里程碑》(3月7日)

作者:香港大公报记者汪仕英、劳莉、杜锦霞

2.《贵州:唱响跨越发展最强音》(3月10日)

作者:香港大公报记者汪仕英、劳莉、杜锦霞、赵也

3.《贵州:厚积薄发乘势赶超》(3月10日)

作者:香港大公报记者汪仕英、劳莉、杜锦霞、赵也

4.《清镇:破解农民不富难题打造诚信城市建设和谐社会》(3月10日)

作者:香港大公报记者汪仕英、劳莉

5.《赶超跨越奋进创新打造全新贵州》(3月10日)

作者:香港大公报记者汪仕英、劳莉

香港商报贵州办事处:

1.《14金融机构助黔崛起支持贵州500余项目建设》(3月5日,《香港商报·中国经贸》)

作者:香港商报记者张丽、许入介

2.《构建和谐民生水利服务宜业宜居丹寨——贵州丹寨县水利事业发展纪实》(3月5日,《香港商报·香港地产》)

作者:香港商报记者张晖、史振华

3.《赶超求跨越独山再发力》(3月5日,《香港商报·香港新闻》)

作者:香港商报记者许入介、王兵

4.《毕节经验领黔扶贫》(3月6日,《香港商报·重点关注》)

作者:香港商报记者张丽、史振华、许入介

5.《肩负历史使命第三产业百亿航母》(3月6日,《香港商报·特别报道》)

作者:香港商报记者钱林桃、张晖、史振华

6.《栗战书:缔造贵州速度》(3月7日,《香港商报·重点关注》)

作者:香港商报记者张丽、许入介、史振华

贵州日报报业集团:

1.《两会漫议一组》之《给力借力发力》《撕掉"贫穷落后"的"固有标签"》《思想解放的速度也要更好更快》(3月5日、8日、15日,贵州日报1版、2版、5版)

作者:贵州日报记者万群、冉斌、王兵

2.《构筑贵州"精神高地"奋力冲出"经济洼地"——我省全国人大代表、政协委员谈以昂扬的精神抢抓金灿灿的机遇》(3月6日,贵州日报5版)

作者:贵州日报记者万群、冉斌、周黎兵、王兵、赵国梁、杨惠、李凯、刘超凡、肖菡、袁天志、吴蔚、罗婧、白荧

3.《深情牵挂殷殷嘱托——温家宝总理看望贵州代表团代表纪实》(3月8日,贵州日报1版)

作者:贵州日报记者万群、赵国梁、白荧

4.《奋力爬高的贵州答卷科学发展的贵州实践》(3月9日,贵州日报1版)

作者:贵州日报记者万群、冉斌、王兵、赵国梁

5.《助贵州文化昌盛繁荣为精神高地添砖加瓦我省文化界高攀使命慨然前行》(3月9日,贵州日报9版)

作者:贵州日报记者黄蔚、实习生苏钰涵

6.《"穷省"拨响"民生算盘"——从"民生四题"看发展为民》(3月13日,贵州日报1版)

作者:贵州日报记者万群、冉斌、周黎兵、赵国梁

7.《履职心语专栏一组》(3月7、9、10、11、12、13、14日,贵州日报5版、5版、2版、2版、5版、5版、5版)

作者:贵州日报记者万群、冉斌、周黎兵、王兵、赵国梁、杨惠、李凯、刘超凡、肖菡、袁天志、唐波、白荧、吴蔚、罗婧

当代贵州杂志社:

1.《"两会"上的"贵州风度"》(当代贵州2012年全国"两会"当代视线专题报道(第九期))

作者:当代贵州记者尹辉

2.《代表·风采风度》(当代贵州2012年全国"两会"当代视线专题报道(第九期))

作者:当代贵州记者尹辉

3.《媒体聚焦贵州》(当代贵州 2012 年全国“两会”当代视线专题报道(第九期))

作者:当代贵州记者尹辉

贵州广播电视台:

1.《总理难忘贵州情》(3 月 8 日,贵州广播电视台广播《贵州新闻联播》)

作者:贵州广播电视台记者侯莹、谢红娟

2.《抢出来的提问机会》(3 月 8 日,贵州广播电视台广播《贵州新闻联播》)

作者:贵州广播电视台记者侯莹

3.《履职这五年》系列之《访出来的提案,走出来的民情》《人大代表的乡土情怀》(3 月 4、8 日,贵州广播电视台广播《贵州新闻联播》)

作者:贵州广播电视台记者王庆江、谢红娟

4.《从贵州速度到贵州信心》系列综述三集(3 月 7、10、14 日,贵州广播电视台广播《贵州新闻联播》)

作者:贵州广播电视台记者谢红娟、侯莹、王庆江、胡涛、吉宁

5.《带着民声上两会》之《拔掉穷根,贵州脱贫攻坚满怀信心》《乡村医生钟晶的开心事》《让草海更加湿润》(3 月 8、10、13 日,贵州广播电视台广播《贵州新闻联播》)

作者:贵州广播电视台记者王庆江、侯莹、吉宁

6.《深情牵挂殷殷嘱托——温家宝总理看望贵州代表团代表纪实》(3 月 8 日,贵州广播电视台电视《贵州新闻联播》)

作者:贵州广播电视台记者王天波、杨波、李德海、田义夫

7.《为民履职建言发展——见证人大代表这五年》(3 月 5 日,贵州广播电视台电视《贵州新闻联播》)

作者:贵州广播电视台记者尹平、王皓宇、唐毅昆、胡鹏

8.《新闻特写:从“奋力爬高”到“强行起飞”》(3 月 7 日,贵州广播电视台电视《贵州新闻联播》)

作者:贵州广播电视台记者胡雪乔、牟晰、苏畅、王玮、杨楠、

9.《妇女节:收获“愿景”的女委员》(3 月 8 日,贵州广播电视台电视《贵州新闻联播》)

作者:贵州广播电视台记者何吟迪、李永胜、蒋飞宇、罗维

10.《履职——推进新医改医院怎么办》(3 月 7 日,中央电视台新闻频道)

作者:贵州广播电视台记者刘玮、周雪梅、刘大宁、陈渝

中共贵州省委宣传部关于学习宣传贯彻省第十一次党代会精神的通知

各市、自治州和县(市、区、特区)党委宣传部,省直宣传文化系统各单位党委(党组):

省第十一次党代会是在党的十八大即将召开、贵州改革开放和社会主义现代化建设关键时期召开的一次重要会议,科学回答了“把一个什么样的贵州带入科学发展新阶段”和“建设一个什么样的省委和各级党组织”,提出了五个方面的奋斗目标和“三高于、一达到、五翻番”的核心指标,吹响了贵州坚持科学发展,奋力后发赶超,与全国同步实现全面建设小康社会的冲锋号。为深入学习宣传贯彻省第十一次党代会精神,推动全省宣传思想文化工作深入开展,现将有关事项通知如下:

一、深入学习、深刻领会,把思想和行动统一到党代会精神上来

全省宣传思想文化战线要把学习领会、深入贯彻落实党代会精神作为当前和今后一个时期首要政治任务,要高度重视,精心组织,积极发挥职能作用,迅速在全省掀起学习热潮。各级党委宣

传部，要认真做好同级党委中心组学习的服务工作，以领导干部的学习带动广大干部群众的学习。宣传文化系统各单位，要通过党委会、党组会、中心组学习、组织生活等形式，有计划、有针对性的安排学习，切实把握重点、吃透精神，真正做到融会贯通，学以致用。要通过学习，全面理解和把握有关文件、讲话的基本内容和精神实质，深刻领会贵州未来发展的战略思路和主要目标，深刻领会加强我省各级党组织先进性纯洁性建设的深刻意义和具体举措，深刻领会我省文化建设的基本经验和发展方向，进一步增强坚持科学发展、奋力后发赶超的信心和决心，进一步提高做好宣传思想文化工作的积极性、主动性和创造性。

二、精心组织、广泛宣传，大力营造贯彻落实省第十一次党代会精神的浓厚氛围

做好省第十一次党代会精神的宣传工作，要大力宣传过去五年的成就，大力宣传我省今后五年发展的新目标、新任务，大力宣传加快发展、后发赶超的务实举措，要整合宣传资源、广辟宣传渠道、创新宣传方式，力求形成强大声势，切实把全省广大党员和干部群众的思想和行动统一到大会精神上来，切实把各方面的智慧和力量凝聚到大会提出的奋斗目标和重要任务上来。

*一要迅速掀起宣传热潮。*各级新闻单位要发挥各自优势和特色，通过开设专栏、开辟专题等多种形式，组织有声势、有深度的宣传活动，努力在全社会营造浓厚的学习贯彻氛围。各类新闻媒体要结合当前开展的“走、转、改”活动，组织好“贯彻党代会精神基层行”等大型采访活动，进一步把党代会精神带到基层，及时报道各地区、各部门、各条战线学习贯彻全会精神的有关情况，总结推广有代表性的典型经验，形成良好的舆论导向；各地各单位要广泛开展形式多样的社会宣传，充分利用宣传栏、阅报栏和公益广告等各种宣传文化阵地，充分利用楼宇电视、车载电视、户外显示屏、手机短信等都市类媒体，努力使省第十一次党代会精神家喻户晓，深入人心。

*二要加强理论阐释研究。*各级党委宣传部、讲师团，要通过召开座谈会、举办研讨班和学习班等形式，做好向广大党员和干部群众的宣传阐释工作；社科研究单位要围绕党代会提出的重大理论和实践问题，深入开展理论研究和对策研究，为贯彻落实党代会精神提供智力支撑；各大媒体要推出一批宣传阐释党代会精神的理论文章，帮助干部群众全面准确地理解党代会精神；贵州省中国特色社会主义理论体系研究基地要切实发挥作用，提高研究水平，有计划、有步骤地推出理论成果，争取在全国重要刊物上刊登。

*三要精心组织宣讲活动。*要精心组织宣讲活动，帮助全省干部群众领会党代会精神的科学内涵、吃透精神实质、把握基本要求；各级党委宣传部要会同有关单位，选调熟悉党的理论路线方针政策、了解我省改革和发展实际，政治素质好、理论水平高、宣讲能力强的领导干部和理论工作者组成宣讲团，深入基层巡回宣讲；要通过组织集中培训、集体备课、举办研讨班等形式，加强对各级理论骨干的培训，确保宣讲的准确性、严肃性；各级社科联要围绕学习贯彻省第十一次党代会精神等内容，紧扣各地经济社会发展实际，组织专家学者组成社科理论下基层讲解组，赴全省各市（州）、县（市、区、特区）开展专题讲座。

三、重行务实、科学谋划，进一步推动我省宣传思想文化各项工作扎实有效开展

省第十一次党代会深刻总结了近年来我省文化改革发展的实践探索和成功经验，明确提出了“奋战五年，构筑精神高地，人们的道德文化水准和精神面貌跃上新台阶”的战略目标，并对我省文化改革发展中一系重大问题进行部署。全省宣传思想文化战线要扎扎实实按照部署，科学谋划，制定措施，推动宣传思想文化工作取得新的更大成绩。

*一要大力构筑“精神高地”，为实现我省后发赶超提供强大精神支撑。*要在全省上下大力培育和弘扬“开放创新、团结奋进”的贵州时代精神，使之内化于心、外践于行，成为引领全省人民前进的旗帜，要深入开展向“背篼干部”学习活动，要加大贵州时代精神的宣传力度，实现全方位宣传，进一步提高群众知晓度，要进一步拓展传播渠道，实现立体式宣传，提高群众参与度。大力倡导“爱国、敬业、诚信、友爱”的价值取向，广泛深入开展学雷锋活动并使之常态化，深入宣传我省各条战线上涌现出来的优秀党员和劳动模范，组织全省道德

模范事迹巡讲，继续抓好推荐评议“身边好人”活动，在全社会形成争当先进模范的生动局面。着力提升具有贵州特色的精神文明创建水平，继续深化拓展我省群众性精神文明创建六大品牌的活动内涵，要以提高市民文明素质为核心，全力推进创建全国文明城市工作，广泛开展以“讲文明、树新风、促和谐”为主题的创建活动；要更加注重把精神文明建设与维护人民群众的切身利益结合起来，与改善城乡生产生活环境结合起来，与激发广大人民群众创造美好未来的实践结合起来，使创建活动范围不断扩大，示范带动效应不断增强。

二要坚持深化文化体制改革，推动多民族文化大发展大繁荣。要进一步完善公共文化服务体系建设，按照公益性、基本性、均等性、便利性的要求，着力实施好“八大文化惠民工程”，在抓好大型公共文化设施建设的同时，要将文化惠民项目尽力向基层延伸、向边远贫困地区延伸，抓好社区、农村文化设施建设，扶持重要文化遗产和优秀民间艺术保护工作，组织好多种形式的公益性文化活动。严格按照中央的“时间表”和“路线图”，加速推动完成我省非时政类报刊出版单位改革任务；加快推动已转制文化企业认真对照改革标准，查漏补缺、规范完善各项改革手续；深入推进公益性文化事业单位、一般时政类报刊出版单位以及实行事业体制的党报党刊、广播电视台、文艺院团等规范完善内部机制改革，高质量完成文化体制改革各项任务。要重点实施好“六个一批”文化工程，加快推进省“十大文化产业园”、“十大文化产业基地”及省重点文化产业项目建设。要立足打造文化旅游发展创新区，做大做强“多彩贵州”品牌，建设文化产业基地和区域特色文化产业群，大力推动文化与相关产业、现代科技的融合发展。要通过深化改革激发文艺创作生产活力，在讴歌人民、讴歌时代、讴歌贵州的文艺创造活动中催生更好更多的精品力作，不断提升贵州文化的竞争力和影响力。

三要大力加强党员干部的纯洁性建设，不断提升宣传思想文化队伍的执行力和战斗力。要按照中央和省委关于保持党员、干部队伍纯洁性的要求，着力增强自我净化、自我完善、自我革新、自我提高的能力，牢固树立全心全意为人民服务的宗旨意识，努力在服务中求有为，在创新中求实效，在提高中树形象，切实把宣传思想战线各级领导班子建设成为政治坚定、办事公道、工作敬业、感情融洽的领导集体。要在新闻、文艺、出版、哲学社会科学等领域广泛深入开展“走基层、转作风、改文风”活动，对在活动中涌现的优秀新闻作品要加大表彰力度。要深入开展“四帮四促”、“创先争优”活动，进一步深化“三项学习教育”，真正在作风转变中提高工作成效。要切实加强基层宣传文化队伍建设，实施“文化产业金黔人才培养工程”、“基层文化人才培养工程”。按照分级分类、分工负责的要求，要以市州县党委宣传部负责人为重点，继续开展领导干部和各类专业人才的培训、哲学社会科学教学科研骨干研修等工作，努力提高宣传思想战线干部队伍的政治素质、业务素质和工作能力，切实推动我省宣传思想文化工作不断取得新进展，以优异的成绩迎接党的十八大胜利召开。

各地各单位要进一步加强组织领导，明确工作责任，强化督促检查，确保党代会提出的目标任务和重大战略部署落到实处，并及时把学习宣传贯彻情况报告省委宣传部。省委宣传部将适时对各地各单位学习宣传贯彻情况进行督查。

中共贵州省委宣传部

2012年4月28日

中共贵州省委宣传部关于学习宣传贯彻党的十八大精神的安排意见

党的十八大是在我国进入全面建成小康社会决定性阶段召开的一次十分重要的大会，是党的奋斗历程中又一次承前启后、继往开来的重要会议，学习宣传贯彻党的十八大精神，是全省宣传思想文化战线当前和今后一个时期的首要政治任务。根据中央部署和省委《关于认真学习宣传贯彻党的十八大精神的通知》要求，现提出如下安排意见：

一、深入学习领会，用党的十八大精神统一思想认识

要精心制定学习计划，作出总体安排，通过多种途径，组织开展多层次多形式的学习活动，扎实有效地推动党员干部群众学习党的十八大精神。一是抓好党委（党组）中心组学习。充分发挥党委（党组）中心组学习示范带头作用，引领各级领导干部学习。省委中心组将举办学习党的十八大精神研讨班。各级党委（党组）中心组要把党的十八大精神作为重要学习内容，在近期组织集中学习，列出专题结合实际进行研讨。二是组织开展新一轮“解放思想、推动跨越”大讨论活动。在前一阶段开展解放思想工作基础上，紧紧围绕“解放什么思想，怎样解放思想，如何通过解放思想切实推动跨越发展”等问题，紧密结合实际，制定工作方案，加强统筹协调，组织开展新一轮思想大解放活动，破除制约我省发展的思想观念，推动全省上下进一步与时俱进、求真务实、开拓创新。三是抓好党员领导干部特别是县处级以上领导干部学习研讨。以县处级以上领导干部为重点，组织开展党的十八大精神学习研讨。省委宣传部配合有关部门组织领导干部学习党的十八大精神、加强群众路线教育专题研讨班。各地各部门也要举办所属部门和单位领导干部学习班，认真学习党的十八大精神。四是广泛开展党的十八大精神学习教育活动。各级宣传部门和有关单位要充分发挥职能作用，组织开展各具特色的学习教育活动，推动深入学习贯彻党的十八大精神。省委宣传部组织省直宣传文化系统各单位负责同志学习党的十八大精神；与省委党史研究室、贵州广播电视台共同组织举办全省学习党的十八大精神电视知识大赛，各地各部门组队参赛；与省委讲师团、省社科联举办以学习贯彻党的十八大精神为主题的“甲秀视线讲坛”，邀请省外知名专家学者，结合实际为省直宣传思想文化系统党员干部解读党的十八大精神。贵州日报社围绕学习贯彻党的十八大精神，撰写“余心声”文章，在省内主要媒体同时刊播。各级宣传部门要充分发挥组织协调作用，运用通俗生动的语言和群众喜闻乐见的形式，广泛组织党员干部群众学习党的十八大精神。

二、组织集中宣讲，推动兴起学习宣传贯彻党的十八大精神热潮

中央决定从11月27日起在全国范围集中开展党的十八大精神宣讲活动，我们要按照中央和省委要求，组织宣讲团在全省广泛深入开展宣讲工作，推动党的十八大精神进基层进群众。一是做好中央宣讲团宣讲报告会组织工作。中央宣讲团将于近期赴我省宣讲党的十八大精神，省委宣传部将做好方案起草、组织协调、互动交流、座谈调研和宣传报道等工作，报告会内容将通过录播、制作光碟等形式，供全省县处级以上领导干部学习。二是组织开展全省集中宣讲。根据省委统一部署、分级组织、分层实施，省市县“三级联动”要求，省委宣传部会同有关单位选调熟悉党的理论路线方针政策、了解我省改革发展实际，政治素质好、理论水平高、宣讲能力强的领导干部和理论工作者组成省委宣讲团，赴9个市（州）、部分县（市、区）及省委三个工委、省国资委系统宣讲，各市县及各部门也要组织宣讲团深入基层开展广泛宣讲，推动党的十八大精神进社区、进农村、进企业、进机关、进学校，使党的十八大精神家喻户晓，深入人心。三是举办宣讲骨干培训班。省委宣传部、省委讲师团举办“学习贯彻党的十八大精神宣讲骨干培训班”，对全省9个市（州）、88个县（市、区）及省委三个工委、省国资委宣讲骨干进行集中培训。各地各部门要结合实际，组织宣讲人员开展学习研讨，进行集中备课。四是编写印发贯彻落实党的十八大精神辅导材料。以学习党的十八大精神为主题，以中央宣讲提纲为蓝本，按照省委部署安排，由省委宣传部、省委讲师团组织专家结合我省实际，编写贯彻落实党的十八大精神和省委十一届二次全会精神学习辅导材料，供全省党员干部学习使用。

三、开展理论研究，为我省经济社会跨越发展提供智力支持

各级社科管理、研究单位和学术团体等，要组织专家学者开展深入理论研究，推出一批有水平、高质量的研究成果，为贯彻落实党的十八大精神、推进我省经济社会发展提供精神动力和理论支持。一是组织召开学习贯彻党的十八大精神系列座谈会、研讨会。省委宣传部会同省委讲师团、省委教育工委、省社科院、省社科联等单位，分别组织召开省直机关领导干部、高校师生、基层领导干部、省社科界学习贯彻党的十八大精神4个座谈会；围绕党的十八大提出的中国特色社会主义“五位一体”总布局，组织召开经济建设、政治建设、文化建设、社会建设、生态文明建设5个研讨会，刊发发言摘要和优秀论文，编辑出版文集。二是组织开展学习党的十八大精神征文活动。以“学习贯彻十八大精神、推动我省赶超跨越”为主题，与省社科院共同举办面向全省党员干部的征文活动，各地各部门要做好配合工作，促进领导干部和理论工作者研究理论和实际问题，为推进经济社会又好又快更好更快发展建言献策。三是组织专家学者撰文解读党的十八大精神。协调省中国特色社会主义理论体系研究中心各基地、研究会，组织专家学者撰写阐释解读党的十八大报告的系列文章，在《贵州日报》等媒体刊发，帮助党员干部群众学习领会党的十八大精神。四是组织学会研究会开展研讨活动。省社科联等单位组织学会、协会、研究会通过举办年会、研讨会、报告会、论坛讲座等，组织广大会员学习党的十八大精神，研讨推动我省经济社会发展的有关问题。

四、加强宣传阐释，大力营造学习贯彻党的十八大精神浓厚氛围

要把握正确导向，坚持团结稳定鼓劲、正面宣传为主，唱响主旋律，突出主基调，坚持贴近实际、贴近生活、贴近群众，策划宣传方案，统筹协调力量，整合各方资源，迅速形成宣传规模，取得强势宣传效果。一是充分发挥主阵地主渠道作用。各级宣传部门和新闻媒体要充分发挥主阵地和主渠道作用，拓展优势、突出特色，全方位多角度、有声势有深度地组织宣传报道活动，提高宣传质量和水平，大力营造深入学习贯彻党的十八大精神的良好氛围。二是精心组织主流媒体的宣传报道。贵州日报、当代贵州杂志、贵州广播电视台等要统一开辟“科学发展、后发赶超、同步小康——在党的十八大精神指引下”专栏，在重要时段、重要版面开辟专题，转发中央主要媒体的社论和重要文章，持续推出学习党的十八大精神的言论评论、通讯报道、理论文章、学习体会和成效介绍等，形成强势宣传效应。三是组织开展走基层宣传报道活动。贵州日报、贵州广播电视台等媒体要组织“学习贯彻党的十八大精神基层行”大型采访活动，策划“美丽中国？多彩贵州”重大主题新闻报道，加强对我省农村社会管理“四在农家”、“遵义经验”、“贵阳经验”、“铜仁经验”、“余庆经验”、“阳光工程”、“习水经验”等的典型宣传，进一步把党的十八大精神宣传到基层，及时报道各地各单位的好做法、好经验和新成效，推动形成良好的舆论导向。四是加强互联网等新媒体宣传。充分发挥金黔在线、贵州信息港等网站作用，广泛开展在线访谈、网上座谈、网民互动，发挥好微博、手机报、资讯客户端作用，着力营造网上正面舆论氛围。五是充分发挥各类大众媒体作用。充分利用宣传栏、阅报栏、公益广告、楼宇电视、车载电视、户外显示屏等平台和载体，广泛宣传党的十八大精神。

五、认真贯彻落实，进一步推动全省宣传思想文化工作

全省宣传思想文化战线要按照中央和省委要求，坚持学以致用、学用结合，用党的十八大精神武装头脑、指导实践，大力构建大宣传格局，在推动宣传思想文化工作上见成效。一要认真履行职责,切实做好学习宣传贯彻党的十八大精神各项工作。学习贯彻党的十八大精神,宣传思想文化战线肩负着既要抓好面向全省的宣传教育,又要组织好自身学习贯彻的双重任务。各级党委宣传部门要通过中心组学习、培训班、学习班等形式,分期分批对领导干部和业务骨干进行轮训,努力在学习贯彻党的十八大精神方面走在前列。宣传思想文化战线的党员干部要以身作则、率先垂范,在认真学习基础上,带头宣传党的十八大精神,通过深入的宣讲阐释,帮助干部群众全面准确把握报告的主要内容和基本精神。宣传思想文化战线要进一步增强责任意识、使命意识,认真履行职责,发挥牵头作用,通过有效措施,切实推进学习宣传贯彻党的十八大精神各项工作深入开展。二要深入贯彻落实科学发展观,促进全省宣传思想文化工作全面发展。要按照党的十八大关于深入贯彻落实科学发展观的要求,坚持发展是第一要务,紧紧围绕经济建设这个中心,坚持正确方向,着力服务科学发展,促进后发赶超,为我省跨越发展提供有力的思想保证,营造良好舆论氛围。坚持以人为本,把人民是否满意作为根本标准,努力提高工作成效,不断满足人民群众多层次、多方面、多样化精神文化需要。坚持全面协调可持续的基本要求,丰富新内容、创新新形式、探索新方法、开辟新途径、形成新机制,努力体现时代性、把握规律性、富于创造性,使宣传思想文化工作更加科学规范、富有成效、持续发展。坚持统筹兼顾的根本方法,充分发挥全社会和宣传思想文化战线各单位优势,协调整合资源,汇聚各方力量,努力形成大宣传格局,推进全省宣传思想文化工作全面发展。三要贯彻落实社会主义文化强国建设战略,推动我省文化大发展大繁荣。按照党的十八大关于扎实推进社会主义文化强国建设的要求,进一步推进我省多民族文化繁荣发展,不断提高我省文化的软实力和竞争力,不断增强贵州文化自觉和文化自信。认真践行社会主义核心价值观,构筑“自觉自信自强、创先创新创优”的精神高地,加强精神文明建设,广泛开展道德模范评选表彰、“诚信贵州”、“贵人善行”、“五心教育”等活动,推动全省道德文化水准和精神面貌跃上新台阶。进一步深化文化体制改革,加快推进文化产业发展,促进文艺精品创作生产,加强城乡公共文化服务体系建设,保证人民群众共享文化建设成果,不断满足人民群众精神文化需求。四要加强干部人才队伍建设,为创新推进全省宣传思想文化工作提供坚强保障。按照党的十八大关于加强干部人才队伍建设的要求,加强宣传思想文化战线干部队伍建设,提高理论、政治和业务素养,保持优良作风,保持干部队伍政治上高度统一和理想信念上坚定不移。牢固树立人才是第一资源的观念,统筹全省文化人才建设,兼顾人才资源在专业、产业和地域间的合理布局,加强人才培养,用好现有人才,注重人才引进。进一步完善公开选拔、竞争上岗等制度,推进竞争性选拔干部常态化。加强宣传思想文化战线干部培训工作,组织举办县(市、区)宣传部长培训班,加强对党的十八大精神的学习。

全省各级党委宣传部门要把学习宣传贯彻党的十八大精神作为头等大事,加强组织领导,精心安排部署,制定工作方案,完善保障措施,确保各项工作责任到位、落实到位,取得实实在在的成效。省委宣传部将会同有关单位,对各地各单位学习贯彻党的十八大精神工作进行指导检查,及时掌握学习贯彻党的十八大精神的情况。

关于组织好“凝聚正能量　同步奔小康”系列主题新闻宣传的通知

各市(州)党委宣传部、省各主要新闻单位:

《“凝聚正能量同步奔小康”系列主题新闻宣传实施方案》已经省委、省政府主要领导同意,现下发给你们,请认真贯彻落实。

中共贵州省委宣传部

2013 年 4 月 22 日

“凝聚正能量　同步奔小康”系列主题新闻宣传实施方案

当前,全省上下正在深入贯彻党的十八大、全国“两会”、省第十一次党代会和省委十一届二次会议精神,抢抓重要战略机遇,努力推进科学发展、后发赶超、同步小康。为加强统筹策划,不断提升新闻宣传的质量与影响,进一步为凝聚发展正能量、实现同步小康的贵州“中国梦”提供强大舆论支持、营造良好舆论氛围,拟于今年 4 月下旬至年底,组织省各新闻媒体和网站统一开展“凝聚正能量同步奔小康”系列主题新闻宣传。现提出如下实施方案:

一、指导思想

紧紧围绕党的十八大、全国“两会”、省第十一次党代会和省委十一届二次全会精神,整合传统媒体和网络媒体资源,突出主题,明确目标,大力宣传我省经济社会发展和党的建设各领域的重大思路、决策、部署和辉煌成就,大力宣传我省深化改革开放的举措和成效,大力宣传我省全面贯彻落实中央作风建设新要求的情况,大力宣传解放思想“十破十立”的做法和进展,大力宣传我省同步小康创建活动实践中涌现出的先进典型和经验,凝聚和传递推进科学发展、后发赶超、同步小康的正能量,努力形成主题鲜明、重点突出、亮点纷呈、生动活泼的新闻宣传局面。

二、宣传安排

各新闻媒体和网站进一步加强新闻报道的统筹策划,在继续做好“在十八大精神指引下”、“聚焦 5 个 100 工程”、“聚焦‘十破十立’”和“我心中的小康社会”等重点专栏报道和各项常规报道工作的同时,从 4 月下旬至年底,重点围绕省委、省政府重大思路、决策、部署和中心工作,结合今年我省开展的各项重大活动、召开的重要会议、重要时间节点等,按照省委宣传部的统一安排,在重要版面、重要时段,以每月 1 至 2 个主题新闻宣传的时间节奏,分阶段精心推出一系列有质量、有分量、有力度、有影响的组合式深度报道,不断形成一个个宣传高潮。拟重点推出以下 10 个主题的宣传报道。

1. 在实现中华民族伟大复兴“中国梦”的历史进程中,科学发展,后发赶超,与全国同步全面建成小康社会,努力实现现阶段贵州的“中国梦”。(7 月启动,持续至年底)

结合我省同步小康创建活动的开展,以及解放思想“十破十立”、“5 个 100 工程”等的宣传报道,重点宣传全省各地区各部门坚持“三个不能代替”,突出“三个核心指标”,推动科学发展、后发赶超,努力建成一个不含水分、实实在在、群众得实惠、老百姓认可的全面小康社会,为实现现阶段贵州“中国梦”而努力奋进的相关情况。

2. 坚持深化改革与扩大开放一起抓,突出开放重点、培育开放主体、拓展开放途径、打造开放载体、营造开放环境、培养开放队伍,全方位推进对外开放。(“深化对外开放”)

结合 4 月开展的我省赴长三角考察招商活动、5 月举办的 2013 贵州 · 香港投资贸易活动周等,重点宣传近年来我省深化体制机制改革,抓好招商引资、招财引智,精减行政审批事项,大力发展民营经济,全面推进对内对外开放水平的相关情况。

3. 增强科技创新能力,大力构建以企业为主体、市场为导向、产学研相结合的技术创新体系,以科技引领创新驱动。(“科技引领创新驱动”)

结合5月在贵阳举办的全国科协第十五届年会等,大力宣传我省坚持科技创新,支撑和引领工业化、信息化、城镇化、农业现代化“四化同步”,加快转变经济发展方式,形成体制机制的新优势、开放型经济的新格局、创新驱动发展的新动力。着力宣传调整调优产业结构,加快应用高新技术改造提升传统优势产业,实现产业技术升级等方面的相关情况。

4. 大力发展循环经济,建立健全环境保护制度,推进生态文明建设。(7 月启动,时长 1 月)

结合7月举办的 2013 生态文明贵阳国际论坛等,重点宣传近年来我省以生态文明理念引领经济社会发展,大力发展循环经济,推动企业、园区、产业、社会循环发展,提高资源综合利用水平,加强生态环境保护,建立促进科学发展、体现生态文明要求的考核评价机制,增强可持续发展能力的相关情况。

5. 加强作风建设,密切党群干群关系,全面提高党的建设科学化水平。(“加强作风建设”)

结合7月中国共产党成立92周年、6月以“十破十立”为主要内容的解放思想大讨论活动的总结,以及“讲、访、帮、促”活动、同步小康驻村帮扶工作、“同心”品牌打造、发展型服务型党组织建设、加强党的纪律和党风廉政建设等,重点宣传我省加强改进党的建设,干部群众精神面貌、工作作风和干事创业氛围发生的巨大变化。

6. 大力实施工业强省和城镇化带动战略,走具有贵州特色的新型工业化发展路子,构建具有山区特色、结构合理、功能完善、绿色生态的城镇发展空间布局。(9 月启动,时长 1 月)

结合近期国务院即将对《贵安新区建设指导意见》的批复,100 个产业园区、100 个城市综合体、100 个示范小城镇建设,以及 9 月在贵阳举办的中国(贵州)国际酒类博览会、第九届泛珠三角区域合作与发展论坛暨经贸洽谈会、高端装备制造与高新技术产业国际合作推进会等,重点宣传我省打造“四个一体化”和“五张名片”,发展几个领域的战略性新兴产业和军民融合产业,加快发展生态文化旅游产业;以贵安新区建设带动黔中经济区和黔中城市群发展,统筹抓好旧城改造、城市新区和县城建设,实现产城互动的相关情况。

7. 实施人才强省战略,创新机制体制,努力开辟人才工作新路子,坚持高质量育才,高起点引才,高效率用才,将各方面优秀人才集聚到贵州经济社会发展中来。(8 月启动,时长 1 月)

在前一阶段第一届中国贵州人才博览会宣传的基础上,进一步重点宣传我省坚持党管人才原则,大力实施人才强省战略,建立健全体制机制,完善政策措施,优化人才环境,创新工作载体,加强人才队伍建设,提高人才工作科学化水平的思路和举措,宣传全省上下心系人才、重视人才、珍惜人才、用好人才的新气象,将各方面优秀人才集聚到我省经济社会发展中来的相关情况。

8. 坚持经济发展与改善民生一起抓,加强社会管理创新,提高社会管理科学化水平。(10 月启动,时长 1 月)

结合教育“9 + 3”计划、“3 个 15 万元”政策、增加居民收入等重要工作,重点宣传我省加强社会管理创新,大力推进科技、教育、卫生等社会建设,提高社会管理科学化水平,涌现出贵阳、余庆、铜仁、毕节等社会管理先进典型,切实维护群众利益,广大群众生产生活条件日益改善的相关情况。

9. 全面加快扶贫开发进程,调整调优农村产业结构,积极推进农业现代化。(11 月启动,时长 1 月)

结合 100 个现代高效农业示范园区建设、扶贫生态移民工程实施进展、农村危房改造以及武陵山区、乌蒙山区、滇黔桂石漠化片区三个集中连片贫困地区扶贫开发工作等,重点宣传我省各市(州)抢抓机遇,全面加快扶贫开发进程的思路、举措、亮点,积极发展现代农业、推进农业结构调整、加快农村群众脱贫致富步伐等的相关情况。

10. 加速发展、跨越发展、转型发展,在转变发展方式中实现增比进位。(12 月启动,时长 1 月)

结合 12 月召开的全省经济工作会议,重点宣传我省各地各单位、各行业各部门调动各方面积极性,点燃广大干部群众的创业激情,加速发展、跨越发展、转型发展,在转变发展方式中实现跨越发展,努力实现增比、进位、转型、突破的相关情况。

每个主题新闻宣传推出前，省委宣传部统一制定下发各主题新闻宣传的报道提示。在实施过程中，根据我省全年工作实际情况对主题及时作适当调整。

三、宣传要求

1. 高度重视，精心策划。各新闻单位和网站要把“凝聚正能量同步奔小康”系列主题新闻宣传摆在全年新闻报道工作的突出位置、列入重要日程，由主要负责同志牵头，组织骨干力量参与，做到思想认识到位、工作措施到位、组织落实到位，确保重点报道落实到重要版面、重要时段；要全面、准确、深入理解省委、省政府的相关思路、决策、部署，按照统一要求，结合各自实际，与相关重大活动、重要会议等的报道有机融合，精心策划周密的总体宣传方案和每个主题详细的报道计划，在反映已经取得的成效和好的做法的同时，重点聚焦面向未来的思路、举措、愿景等，确保主题宣传取得良好效果。

2. 加强联动，步调一致。平面媒体和广播电视、传统媒体和网络媒体之间要保持报道步调的基本一致，一个时段内集中推出一至两个主题，形成共同声势；要加强相互合作，尽力做到资源共享，做到宣传报道的相互呼应；要积极配合对外新闻宣传工作，主动加强与中央、香港媒体的联系，在新闻选题、组稿、供稿等方面全力支持配合。

3. 创新形式，做足深度。要尊重新闻传播规律，紧紧按照“三贴近”原则，深化“走转改”活动，严格遵循中央和省委关于改进文风的规定，从新闻报道、评论言论等的文字风格、文章标题、版面编排等各环节全面加以改进，用形象语言讲实在道理，用生动事例看进步成就，在报道的深度发掘上做文章、下功夫，努力做到从形式到内容都出新出彩，在以往相同主题报道的基础上，进一步增强宣传报道的吸引力感染力和针对性实效性。

4. 加强统筹，形成合力。省各主要新闻单位要按照主题宣传报道全覆盖的原则，加强统筹协调所属子报（刊、网站）、系列频率（频道、网站）的各种资源，发挥各自优势，形成宣传合力，从不同角度增强宣传声势；媒体的版面、专栏，要进行有效统筹，形成既有分工、又有合作的宣传工作机制，实现言论、理论、专题、图片、特写、侧记等多种报道形式有机配合。

各市（州）党委宣传部根据本方案，结合本地实际，组织所属新闻媒体和网站做好相应宣传报道，共同在全省形成良好舆论氛围。

关于做好保持党的纯洁性宣传教育工作的通知

各市、自治州党委宣传部，省直机关工委、省委教育工委、省国资委、省委国防工委宣传思想工作部门：

根据中央要求和省委部署，现对学习宣传贯彻胡锦涛同志在十七届中央纪委第七次全会上的重要讲话精神，做好保持党的纯洁性宣传教育工作通知如下：

一、认真学习、深刻领会，充分认识保持党的纯洁性的重大意义

胡锦涛同志在十七届中央纪委第七次全会上的重要讲话，从党和国家事业发展全局和战略高度，全面总结了党风廉政建设和反腐败斗争取得的新成效新经验，科学分析了当前反腐倡廉形势，明确提出了党风廉政建设和反腐败工作的总体要求和主要任务，深刻阐述了保持党的纯洁性的极端重要性、紧迫性以及总体要求和工作重点，是对马克思主义党的建设理论的创新和发展，是指导当前和今后一个时期党风廉政建设和保持党的纯洁性的纲领性文件。十届省纪委第七次全会全面贯彻十七届中央纪委第七次全会精神，深入分析我省反腐倡廉形势，研究部署 2012 年工作任务，对保持党的纯洁性提出了明确要求。认真学习、深刻领会胡锦涛同志的重要讲话精神和十届省纪委第七次全会精神，对于推进全省党的建设，保持党的先进性和纯洁性，提高党组织的领导能力和党员干部的执行力具有重要意义。全省宣传思想文化系统各级党组织和广大党员干部要通过学习教育，切实把思想和行动统一到中央和省委的决策部署上来，扎实抓好保持党的纯洁性的宣传教育工作，为推进我省经济社会又好又快发展提供强有力的思想组织保证。

二、精心策划、认真组织，把保持党的纯洁性贯穿到宣传思想文化工作各个方面

学习宣传贯彻胡锦涛同志重要讲话精神，做好保持党的纯洁性宣传教育工作，要切实把保持党的纯洁性贯彻落实到宣传思想文化工作中。一是加强理论学习，进一步提高党员干部保持纯洁性的自觉性和坚定性。广大党员干部要把学习胡锦涛同志的重要讲话精神作为重要任务，把握科学内涵，领会精神实质。要深入推进学习型党组织建设，抓好党委(党组)中心组学习，将保持党的纯洁性作为学习的重要内容。在全省广大党员干部特别是在县处级以上领导干部中开展“学习马列经典、坚定理想信念、推动历史跨越”、“四学四创”等学习活动，引导党员干部认真践行社会主义核心价值体系，坚定理想信念、坚守精神家园，牢固树立正确的世界观、权力观、事业观。充分发挥讲座、论坛、报告会等载体作用，加强保持党的纯洁性的宣传教育。各级党校、干部学院、讲师团要将保持党的纯洁性纳入教学、宣讲内容。二是加强理论研究，为保持党的纯洁性提供理论支撑。通过组织召开座谈会、研讨会、开展课题研究等，深化保持党的纯洁性的理论研究。社科界要组织召开专题研讨会，组织理论工作者和实际工作者对保持党的纯洁性有关重要问题进行研讨。社科管理部门要指导协调省社科研究单位、学术团体、研究基地、研究会等，深入开展保持党的纯洁性的研究，推出一批上水平、有价值的研究成果。三是加强新闻宣传，为保持党的纯洁性营造良好舆论氛围。精心组织各级新闻媒体在重要时段、重要版面开设专栏专题，推出一批有深度、有分量的评论、专访和理论文章，进行全方位、多角度宣传报道；积极利用互联网等新兴媒体，开展保持党的纯洁性的宣传，形成网上正面舆论强势；深入发掘、及时反映我省在党的纯洁性建设方面的先进典型、感人事迹，在各级各类新闻媒体中大力宣传。四是加强社会宣传，为保持党的纯洁性营造良好社会氛围。大力倡导“爱国、敬业、诚信、友爱”的价值取向，大力弘扬以“开放创新、团结奋进”为核心的贵州时代精神。结合“社科理论下基层”、“文化科技卫生”三下乡等活动，推动保持党的纯洁性教育渗入基层党组织和基层党员干部。充分发挥省政研会等团体的作用，开展多种形式的学习活动，加强对广大党员干部的思想政治教育。举办党的纯洁性建设先进典型事迹报告会，大力宣传优秀党员感人事迹。认真贯彻落实《建设社会主义核心价值体系实施纲要》，结合“五心”教育、“满意在贵州”、“四在农家”等活动，广泛开展党的纯洁性教育。

三、高度重视、加强领导，确保保持党的纯洁性宣传教育工作取得实效

学习宣传贯彻胡锦涛同志重要讲话精神，做好保持党的纯洁性宣传教育工作，既要体现在思想认识的提高上，更要反映在实际工作中，在指导实践、推动工作上见成效。一是要认真部署，周密安排。全省宣传思想文化系统要把学习宣传贯彻胡锦涛同志重要讲话精神，做好保持党的纯洁性宣传教育工作作为一项重要政治任务，摆在重要议事日程，切实加强领导，认真安排部署，精心组织实施，抓紧抓实保持党的纯洁性宣传教育的各项工作。二是要注重形式，务求实效。学习宣传贯彻胡锦涛同志重要讲话精神，做好保持党的纯洁性的宣传教育工作，要与学习省纪委十届七次全会精神结合起来，与正在开展的“创先争优”、“作风建设年”和“四帮四促”等活动结合起来，与宣传思想文化工作“品牌年”活动结合起来，确保工作落到实处、取得实实在在的成效。三是要强化教育，提升素质。要把保持党的纯洁性宣传教育作为宣传思想文化队伍建设的重要内容，推进全省宣传思想文化系统党员、干部的纯洁性建设，加强党员干部的学习教育培训，深化“三项学习教育”、“走转改”活动，进一步提高政治素质、理论水平和业务能力。

中共贵州省委宣传部

2012 年 2 月 2 日

关于做好我省第十二届精神文明建设“五个一工程”评选工作的通知

各市、自治州党委宣传部,省直宣传文化系统各单位,省直有关单位:

为切实做好我省第十二届精神文明建设“五个一工程”评选工作,现将有关事宜通知如下:

一、申报评选工作的指导思想

认真贯彻党的十七届六中全会、省委十届十二次全会的精神和胡锦涛总书记在中国文联第九次全国代表大会、中国作协第八次全国代表大会上的重要讲话精神,高举中国特色社会主义伟大旗帜,以邓小平理论和“三个代表”重要思想为指导,深入贯彻落实科学发展观,坚持社会主义先进文化前进方向,坚持“二为”方向和“双百”方针,坚持弘扬主旋律、提倡多样化,把体现社会主义核心价值体系要求,代表我省文艺创作生产成就和水平,深受人民喜爱、具有广泛影响力和市场覆盖面的优秀作品评选出来,大力唱响共产党好、社会主义好、改革开放好、伟大祖国好、各族人民好的时代最强音,更好地发挥文化引领风尚、教育人民、服务社会、推动发展的作用,为党的十八大胜利召开营造良好氛围,进一步激励我省各族干部群众为推动贵州多民族文化大发展大繁荣和经济社会又好又快发展作出积极贡献。

二、申报评选工作的原则

坚持思想性、艺术性、观赏性、可读性的统一,坚持社会效益、经济效益的统一,坚持贴近实际、贴近生活、贴近群众,坚持公平、公正、公开,坚持导向性、权威性、群众性,严格标准,宁缺毋滥。获奖作品要体现社会主义核心价值体系的基本要求,展现正确的世界观、人生观、价值观,具有反映国家发展、社会进步、人民创造、时代风尚的良好思想内涵和精神追求。

三、参评作品的门类和资格审定

参评作品共6个门类:戏剧、电影(包括动画电影)、电视剧(包括电视动画片)、广播剧、歌曲、文艺类图书(长篇小说、报告文学和纪实文学)。评选范围为2009年7月1日至2012年5月31日之间首次播映、上演、出版的作品。参评单位要严格按照各项作品的申报要求,做好资格审定和申报工作。原则上涉及同一主创人员的报送作品不宜过多。省部级现职领导干部作为主创人员署名的作品原则上不参加评选。

四、评选奖项及数量设置

我省第十二届精神文明建设“五个一工程”评选设组织工作奖和优秀作品奖。优秀作品奖数量为:戏剧、电影(包括动画电影)、电视剧(包括电视动画片)、广播剧、文艺类图书每类不超过3部,歌曲不超过5首。获奖作品将参加全国第十二届精神文明建设“五个一工程”评选。参评单位有两件以上作品入选我省第十二届精神文明建设“五个一工程”或有一件以上作品入选全国第十二届精神文明建设“五个一工程”的,可获我省第十二届精神文明建设“五个一工程”组织工作奖。

以上奖项均颁发获奖证书与奖金。

五、申报评选工作要求

各市、自治州党委宣传部和省直宣传文化系统各单位、省直有关单位要高度重视,精心组织,积极做好作品申报工作。

各市、自治州党委宣传部作为参评单位组织本地区作品的初选和申报工作;省直宣传文化系统各单位、省直有关单位作为参评单位组织本系统、本单位作品的初选和申报工作。各参评单位要严格按照《关于申报贵州省第十二届“五个一工程”文艺作品的要求》(见附件),做好作品初选和申报工作。

省精神文明建设“五个一工程”领导小组办公室组织作品评选时,将严格执行关于评选工作的回避制度,保证廉洁公正。

六、做好优秀作品的展示工作

对入选作品及作者,要突出宣传,各级电台、电视台、网站、影剧院、书店要为举办获奖作品展映、展播、展演、展销活动创造条件,提供必要支持,提高和扩大“五个一工程”作品的社会影响,丰富广大人民群众的精神文化生活,推动社会主义文化的繁荣发展。

附:关于申报贵州省第十二届“五个一工程”文艺作品的要求

中共贵州省委宣传部
2012 年 2 月 6 日

附

关于申报贵州省第十二届“五个一工程”文艺作品的要求

一、申报作品的范围

凡 2009 年 7 月 1 日至 2012 年 5 月 31 日之间演出、播映、出版的戏剧、电影(包括动画电影)、电视剧(包括电视动画片)、广播剧、歌曲、文艺类图书(长篇小说、报告文学和纪实文学)均可申报参评。

二、申报作品的数量

参评单位申报的作品,戏剧、电影(包括动画电影)、电视剧(包括电视动画片)、广播剧、文艺类图书每类不超过 3 部,歌曲不超过 5 首。

三、合作作品的申报

允许合作单位通过协商由一家申报参评作品,同时允许两个或两个以上参评单位联合申报合作作品参评。

四、申报材料

各申报单位须提供《精神产品创作生产综合报告》一式 5 份,申报戏剧、电影(包括动画电影)、电视剧(包括电视动画片)、广播剧、歌曲,须提供“五个一工程”作品申报表(附后)一式 25 份,每部(首)申报作品音像制品 DVD10 套。申报文艺类图书(长篇小说、报告文学和纪实文学)须提供《图书出版综合报告》及作品申报表各 3 份,每种图书须提交 10 本(套)。各单位各项作品申报材料统一使用 A4 纸规格打印,按申报作品排名次序,分别装订。申报材料经参评单位盖章后有效。

五、具体项目要求

1. 申报参评戏剧作品演出场次不得少于 50 场。作品制品可报 DVD 碟并随附文字脚本一份。除话剧外,其他所有剧种需有字幕。制品盒上需注明剧名、排名、序号及参评单位名称。

2. 申报参评电影(包括动画电影)作品必须已在电影院线放映并有较好票房收益,电视剧(包括电视动画片)作品必须已在省级以上电视台播出并有较高收视率。电影(包括动画电影)、电视剧(包括电视动画片)制品均需报送可用于一般家庭影碟机播放的 DVD 影碟。长篇电视剧每部作品需捆成一套,制品盒上需注明剧(片)名、排名、序号及参评单位名称。申报前请认真检查报送作品的画面和声音质量。

3. 申报参评歌曲作品必须已在省级以上电台电视台多次播放、播出,并具有广泛社会影响。歌曲申报表及歌谱(包括词曲)各 25 份,表格、歌谱统一使用 A4 纸规格。歌谱统一为简谱,歌曲文字材料以表一、谱一,表二、谱二……表五、谱五依序排列。歌曲制品仅限盒式录音带和音乐 CD,不得报送录像带和 MTV 影碟。制品盒上需注明歌名、排名、序号及参评单位名称。报送歌曲作品必须取得词曲作者的书面授权书,如出现重复授权争议,由各地在报送前自行解决。

4. 申报参评广播剧作品须在省级以上电台多次播放,并具有广泛社会影响。广播剧作品可报送盒式录音带或 CD 碟,并随附文字脚本一份。制品盒上需注明剧名、排名、序号及参评单位名称。

5. 申报参评图书须有广泛影响,发行量原则上要求达到 3 万册。

6. 每项申报作品请申报单位事先排好名次,并在申报表中注明。

六、作品报送时间及地点

根据我省实际情况,2012 年 3 月 30 日至 4 月 15 日为作品集中申报时间,预计于 4 月 15 日至 5 月 31 日之间演出、播映、出版的戏剧、电影(包括动画电影)、电视剧(包括电视动画片)、广播剧、歌曲、文艺类图书(长篇小说、报告文学和纪实文学)的作品也要提前做好申报资料的准备,按时申报,逾期未申报的作品,不得参评。

戏剧、电影(包括动画电影)、电视剧(包括电视动画片)、广播剧、歌曲报送到省委宣传部文艺处,联系电话:0851－5892537。

文艺类图书报送到省委宣传部新闻出版处,联系电话:0851－5815736。

关于印发《贵州省思想政治工作“五型企业”实施方案》的通知

中央在黔及省属国有企业:

根据《中共贵州省委宣传部、贵州省国资委、中共贵州省委国防工委关于加强和改进新形势下国有及国有控股企业思想政治工作的实施意见》精神(黔委厅字〔2011〕83号),先将《贵州省思想政治工作“五型企业”实施方案》印发给你们,请结合实际,抓好落实。

中共贵州省委宣传部
中共贵州省国资委委员会
中共贵州省委国防工委
2012年2月22日

贵州省思想政治工作“五型企业”实施方案

为认真落实《关于加强和改进新形势下国有及国有控股企业思想政治工作的实施意见》精神,切实加强和改进新形势下国有企业思想政治工作,进一步推动国有企业加速发展、加快转型、推动跨越,充分发挥国有企业在我省经济社会又好又快、更好更快发展中的主力军和排头兵作用,特制定本方案。

一、指导思想

高举中国特色社会主义伟大旗帜,以邓小平理论和“三个代表”重要思想为指导,深入贯彻落实科学发展观,紧紧围绕加速发展、加快转型、推动跨越的主基调和工业强省、城镇化带动主战略的实施,以社会主义核心价值体系建设为根本任务,以创建思想政治工作学习型、责任型、文化型、和谐型、幸福型“五型企业”为载体,在国有企业大力培育和弘扬“开放创新、团结奋进”的贵州时代精神,积极倡导形成“爱国、敬业、诚信、友爱”的价值取向,创新内容形式、打造品牌载体、健全体制机制,不断提高国有企业思想政治工作科学化水平。

二、工作重点

1. 成立领导小组,整合力量,形成科学高效工作机制。省委宣传部、省国资委、省委国防工委成立贵州省思想政治工作“五型企业”创建工作领导小组,领导小组办公室设在省委宣传部宣传教育处,负责日常工作。领导小组每年第一季度召开一次联席会议,安排部署全年工作,领导小组办公室每季度召开一次调度会,根据全年工作安排,及时协调解决相关工作,及时总结推广工作经验,及时发现宣传先进典型,确保工作取得实效。贵州省思想政治工作“五型企业”创建工作领导小组成员如下:

组　长:杨兴举　省委宣传部副部长、省文明办主任

副组长:陈亮贵　省国资委党委副书记

孙建国　省国防工会主席、国防工委委员

办公室主任:刘　冲　省委宣传部宣传教育处处长

副主任:滕　义　省国资委党建处处长

蔡赤丁　省委国防工委宣传处处长

孟　麟　省委宣传部宣传教育处副处长

2. 打造品牌载体,科学评估,制定“五型企业”评价体系。根据全国企业文化建设评价体系,结合贵州实际,以“五型企业”为品牌载体,采用定性与定量相结合的方式,制定“五型企业”评价体系,

将国有企业思想政治各项重点工作任务明晰化、具体化、数据化，充分发挥测评体系指挥棒的积极作用，引导国有企业纵向同自身比，横向同先进企业比，形成国有企业思想政治工作你追我赶、创先争优的良好工作氛围。

3. 确定试点单位，树立样板，评选推荐企业文化示范单位。“五型企业”创建工作采取先试点后推广的方式，深入国有企业调查摸底，选取思想政治工作基础扎实、工作积极性高、具有一定行业代表性的国有企业开展“五型企业”试点工作，开展“五型企业”评价体系试评工作。在不断完善评价体系的同时，及时总结试点企业思想政治工作的成功经验和创新方法。评选推荐一批企业文化示范单位，组织媒体进行集中宣传报道，在国有企业树立样板，通过有声势有规模的舆论引导，以点带面，推动全省国有企业思想政治工作不断取得新的进步。

4. 召开现场会议，总结推广，搭建学习交流宣传平台。每年选取工作成效显著、经验丰富的国有企业召开现场经验交流会，不断总结推广国有企业思想政治工作的先进经验，不断加强国有企业之间的交流学习，相互借鉴、彼此促进，形成现场交流——总结经验——宣传推广——推动工作的良性推进机制，在国有企业之间形成齐心合力、共同推进思想政治工作的良好工作局面。

5. 增强队伍素质，强化培训，提高政工干部业务水平。每年邀请领导、专家或委托专业培训机构对全省国有企业政工干部进行培训，不断提高政工干部的理论水平、政治素养和业务本领，并将培训情况作为政工职评的重要考核依据之一。培养政工干部勤于思考、善于学习、勇于实践，结合各企业实际情况，将培训所学应用于实际工作，创造性地开展工作，为不断加强和改进国有企业思想政治工作作出新的贡献，取得新的成绩。

三、工作要求

1. 提高认识、加强领导。中央在黔及省属国有企业要不断提高加强和改进思想政治工作的认识，切实把这项工作摆上重要日程，认真研究部署，与企业业务工作同安排、同推进、同考核，充分发挥政工部门的工作积极性，广泛组织动员干部职工参与其中、受益其中，确保“五型企业”创建活动有序开展，整体推进。

2. 精心组织、重在实效。中央在黔及省属国有企业要参照本方案，结合实际，制定本企业“五型企业”创建方案和工作措施，精心组织策划各种形式多样、干部职工欢迎的群众性创建活动，切实将思想政治工作融入经济发展的方方面面，确保工作取得实效。

3. 创新方法、及时总结。中央在黔及省属国有企业要结合企业实际，突出企业独有的行业特征和文化底蕴，努力探索创新符合工作实际，体现企业特色的“五型企业”创建新思路、新方法，注重经验总结，及时将创建活动进展情况报领导小组办公室。

关于印发《中共贵州省委宣传部关于进一步精简会议文件简报和规范领导活动的办法（试行）》的通知

各处室：

《中共贵州省委宣传部关于进一步精简会议文件简报和规范领导活动的办法（试行）》已经部领导同意，现印发给你们，请根据工作实际抓好落实。

中共贵州省委宣传部办公室

2012年9月13日

中共贵州省委宣传部关于进一步精简会议文件简报和规范领导活动的办法(试行)

根据中办发〔2012〕16号文件精神和省委办公厅的要求,为增强宣传思想文化工作的针对性和实效性,现就进一步精简我部会议、文件、简报,规范领导事务性活动提出如下办法。

一、精简会议

1. 全省宣传思想文化工作会,按中央、省委的部署召开。全省宣传部长会议、全省宣传部长座谈会,一般一年各召开1次。全省宣传部长会议年初召开,根据工作需要邀请有关省领导出席,参会人员一般不超过150人,会期一般不超过1天半;全省宣传部长座谈会,一般为年中召开,会期为1天,参会人员不超过80人。

2. 全省文明办主任会议、全省外宣办主任会议、全省文改文产办主任会议,一年各召开一次,与会人员一般不超过60人,会期不超过1天,并尽量与全省宣传部长会议套开。

3. 省文明办、省委外宣办、省文改文产办和省委宣传部内设处室组织召开的各类专题工作会议(现场会议),原则上每年不超过1次,与会人员一般不超过50人,会期一般为半天。

4. 部务会议一般每月召开1次。

5. 部工作例会("碰头会")每两周召开1次。

6. 已经发文安排部署的工作,一般不再召开会议进行安排部署。每年需要召开的会议,各处室年初拟订方案报办公室汇总送审。超出会议计划且必须以部名义召开的会议,有关处室应在会议拟召开前半个月申报;须临时紧急召开的会议,由分管部领导提出,报部长审批。

7. 提倡召开电视电话会议和视频会议,凡需传达和部署到基层的工作,尽可能采用电视电话会议形式,一次性传达到基层,避免层层开会、层层传达。

8. 会议应少安排大会发言,确需安排的,每位发言时间应限制。会议没有审议事项的,不安排分组讨论。

9. 除现场会议外,一般不安排参观活动。各类会议期间,一般不安排文艺演出、联谊活动等。

二、精简文件

10. 凡现行文件规定仍然适用的,不再重复发文。没有实质性内容、可发可不发的文件,一律不发。能由省委宣传部发文的,不再报请省委办公厅转发。能由省文明办、省委外宣办、省文改文产办、省社科工作办发文的,不以省委宣传部名义发文。

11. 严格控制以省委宣传部、省文明办、省委外宣办、省文改文产办、省社科工作办名义印发的文件数量。控制发文规格,能以函的形式印发的,不以文件形式印发;能通过电话、传真解决的问题,不另发文件。控制文件发送范围,减少发文份数。

12. 严格限制文件、讲话等材料篇幅,反对"长、空、假",倡导"短、实、真",避免"穿靴戴帽"。除重大工作部署性文件,一般性公文控制在2500字以内,重要公文控制在5000字以内;报送省委的请示和报告,原则上不超过3000字。讲话、发言等材料,在会议上已印发的,不再以文件形式印发。

13. 省委宣传部、省文明办、省委外宣办、省文改文产办、省社科工作办不得向下级党委、政府发布指示性公文,部(办)内设处(室、组),不得对外发文。

三、精简简报

14. 省委宣传部报送省委常委和省人大、省政府、省政协有关领导同志的简报为《贵州宣传工作专报》,由研究室定期编辑,经秘书长、常务副部长和部长审签后,以中共贵州省委宣传部的名义报送。部长不在贵阳时,由常务副部长签发。省文明办、省委外宣办、省文改文产办、省社科工作办以及各处室需要报送省委常委和省人大、省政府、省政协有关领导同志的简报或信息,经处室负责人审签并经分管部领导把关后,交研究室汇总,按程序审定后通过《贵州宣传工作专报》报送。

15. 省文明办的简报为《贵州省精神文明建设简报》,由秘书组定期编辑,报送范围为省文明委主任、副主任以及相关成员单位,经分管部领导审签后报送。

16.省委外宣办的简报为《省委外宣办工作简报》,由事业发展处定期编辑,报送范围为省委外宣工作领导小组组长、副组长以及相关成员单位,经分管部领导审签后报送。

17.省文改文产办的简报为《文化改革发展工作简报》,由文改办综合处定期编辑,报送范围为省文改文产工作领导小组组长、副组长以及相关成员单位,经分管部领导审签后报送。

18.《网络舆情快报》由网络处定期编辑,每日1期,报送省委常委同志和公安、国安等相关部门,由处室负责人和分管部领导审签后报送。《网络舆情专报》由网络处不定期编辑,报送省委书记、省长、省委副书记、常务副省长、省委秘书长和相关部门,由分管副部长、常务副部长审改后报部长审定签发后报送。部长不在贵阳时,由常务副部长签发。

19.《贵州社科信息》由社科规划办编辑,报送范围为省社科工作领导小组组长、副组长和相关单位,经分管部领导审签后报送。

20.《理论工作信息》、《贵州新闻宣传》以及《贵州对外宣传通讯》、《贵州省思想政治工作研究》不再印发。其内容由部刊《贵州宣传》反映。《贵州宣传》增设相应栏目,由相关责任处室定期供稿,具体内容由相关处室编撰并经处室负责人和分管部领导审签后送研究室。

21.《贵州舆情信息》主要报送中宣部舆情局,同时送省委办公厅信息处;《中共贵州省委宣传部机关党委工作简报》发送范围在部内,根据需要可报省直机关工委。

22.如需新增简报(信息)报送省委或省委办公厅,由有关责任处室提出申请,经部主要领导同意后,向省委办公厅作出书面报告申请批准。

23.严格限制简报(信息)篇幅,简报(信息)每期篇幅应在3000字以内,超过3000字的要有内容摘要。

24.对重要问题和情况的反映,要通过请示、报告等形式报送省委或省委办公厅,不能以简报(信息)形式报送。

四、规范领导活动

25.中宣部、中央文明办、中央外宣办、中央文改文产办等中央上级部门召开的会议或举办的活动,原则上按照参会要求参加,若因特殊原因不能按要求参会的,由常务副部长委派其他部务会成员参加。

26.省委、省政府召开的重要会议和以省委、省政府名义举办的重要活动,原则上按照参会(活动)要求参加,若因特殊原因不能按要求参加的,由常务副部长委派其他部务会成员参加;省领导主持召开的会议或出席的活动,省有关领导小组召开的会议,由相关部务会成员或副厅级以上同志参加。

27.省直有关部门、各市(州)邀请省委宣传部(省文明办、省委外宣办、省文改文产办)参加的会议或活动,根据工作需要安排相关同志参加。

28.县(市、区、特区)邀请省委宣传部(省文明办、省委外宣办、省文改文产办)参加的会议或活动,原则上不安排部务会成员参加。

29.各地各部门各单位举办的周年纪念、庆典活动,各类联欢会、迎春会,剪彩、奠基、揭幕、首发首映、汇演、颁奖等以及旅游、文化、招商等活动,原则上部主要领导不题词、不发贺电贺信,和本部门工作相关性不大的,原则上不安排人员参加。

30.各地各部门各单位邀请部务会成员出席的会议和活动,有关处室收到邀请函后,应统一交部办公室,并由部办公室根据《省委宣传部部务会议成员参加会议和活动的试行办法》统筹安排。

关于印发《大力培育和弘扬贵州时代精神社会宣传工作方案》的通知

各市、州党委宣传部，中央在黔及省直有关单位：

为切实在全省营造大力培育和弘扬"开放创新、团结奋进"的贵州时代精神的浓厚社会氛围，为推动贵州经济社会又好又快、更好更快发展提供强大的精神动力和思想保证，现将《大力培育和弘扬贵州时代精神社会宣传工作方案》印发给你们，请结合实际，抓好落实。

中共贵州省委宣传部

贵州省文明办

2012 年 3 月 11 日

大力培育和弘扬贵州时代精神社会宣传工作方案

为大力培育和弘扬"开放创新、团结奋进"的贵州时代精神，切实在全社会营造浓厚的社会氛围，特制定本方案。

一、宣传节点

1.3 月公民道德宣传月至省党代会召开。各地各部门广泛动员，通过各种形式载体和宣传媒介，结合省第十一次党代会社会氛围营造和环境布置工作，启动培育和弘扬贵州时代精神社会宣传工作，掀起培育和弘扬贵州时代精神的热潮，为喜迎省第十一次党代会隆重召开营造良好社会氛围。

2.9 月 20 日公民道德宣传日至党的十八大召开。各地各部门在 3 月公民道德宣传月社会宣传工作的基础上，进一步加大社会宣传工作力度，集中力量，形成声势，推动全省再次掀起培育和弘扬贵州时代精神的新高潮，喜迎党的十八大胜利召开。

二、宣传重点

以贵阳市及各市(州)政府所在地，机场、火车站、汽车站、高速公路沿线，旅游景区、星级酒店、政务服务大厅、加油站、银行等窗口服务行业为重点，采取多种形式和宣传载体，着力营造培育和弘扬贵州时代精神的浓厚氛围，具体任务分工如下。

序号	工作内容	责任单位
1	1)统筹协调、督查指导全省各地各部门切实开展好社会宣传工作，审定社会宣传公益广告片、户外大型广告牌、宣传标语等各种公益宣传产品。 2)印制 20 万张社会宣传画免费发放到全省各地基层单位。	省委宣传部
2	组织动员全省文明单位做好社会氛围营造工作，在服务大厅、窗口部门悬挂宣传标语，LED 显示屏滚动显示宣传标语，电子广告屏滚动播出视频宣传片。	省文明办
3	1)组织动员系统内各单位社会氛围营造工作，在服务大厅、窗口部门悬挂宣传标语，LED 显示屏滚动显示宣传标语，电子广告屏滚动播出视频宣传片。 2)在机关、单位、企业内网开辟专题、专栏进行宣传。 3)将贵州时代精神纳入各类干部培训内容。	省直机关工委 省国资委 省委国防工委

序号	工作内容	责任单位
4	1)组织动员各大中小学校在校园大门悬挂宣传标语,LED显示屏滚动显示宣传标语,电子广告屏滚动播出视频宣传片。 2)充分利用大中小学学校橱窗宣传栏、广播电视、校刊校报、校园网络等宣传媒体广泛宣传贵州时代精神。 3)将贵州时代精神纳入主题班会、队会、团会、团课、党课和教师培训学习内容中。	省委教育工委
5	1)各地公安局办证大厅、派出所、治安卡点LED显示屏滚动显示宣传标语。 2)在贵州省公安机关警务服务网开辟专题、专栏进行宣传。 3)高速路、高等级公路、各地交通干道沿线、警务执勤车LED显示屏滚动显示宣传标语。 4)制作宣传贵州时代精神的交通安全提示卡。	省公安厅 省交警总队
6	各地工业园区及市区房屋建筑和市政基础设施悬挂醒目宣传标语。	省住建厅
7	设置8块大型广告牌(贵新高速公路龙里和盘江之间、贵清高速公路二铺收费站附近、贵清高速公路与清黄高速公路结合处附近各1块,上麦站、曹关站、王宽站附近各1块,厦蓉高速公路清水江两侧服务区附近各1块),高速沿线LED显示屏滚动显示宣传标语。	省交通运输厅 贵州高速公路开发总公司
8	协调各地大型商场、购物中心悬挂宣传标语,LED显示屏滚动显示宣传标语,电子广告屏滚动播出视频宣传片。	省商务厅
9	将贵州时代精神公益宣传融入各类商业广告之中。	省工商局
10	各地旅游景区、星级酒店悬挂宣传标语,LED显示屏滚动显示宣传标语,电子广告屏滚动播出视频宣传片。	省旅游局
11	组织动员系统内各单位做好社会氛围营造工作,在服务大厅、窗口部门悬挂宣传标语,LED显示屏滚动显示宣传标语,电子广告屏滚动播出视频宣传片。	省邮政管理局 省邮政公司
12	组织动员金融系统各单位做好社会氛围营造工作,在服务大厅、窗口部门悬挂宣传标语,LED显示屏滚动显示宣传标语,电子广告屏滚动播出视频宣传片。	人行贵阳中心支行 中国银监会贵州监管局 中国证监会贵州监管局 中国保监会贵州监管局
13	1)向电信、移动、联通手机用户群发公益短信100万条,公益彩信100万条。 2)电信、移动、联通各营业大厅悬挂宣传标语,LED显示屏滚动显示宣传标语,电子广告屏滚动播出视频宣传片。 3)设计制作宣传贵州时代精神的话费充值卡。	省通信管理局 中国电信贵州分公司 中国移动贵州公司 中国联通贵州分公司
14	1)候机楼、政要通道、贵宾通道LED显示屏滚动显示宣传标语,电子广告屏滚动播出视频宣传片。 2)机场广场设置2块以上大型广告牌。 3)在公司便民服务网站开辟专题、专栏进行宣传 4)将贵州时代精神纳入各类干部职工培训内容。	贵阳机场集团公司
15	候车室、贵宾通道悬挂宣传标语,LED显示屏滚动显示宣传标语,电子广告屏滚动播出视频宣传片。	贵阳火车站

<table>
<tr><th>序号</th><th>工作内容</th><th>责任单位</th></tr>
<tr><td rowspan="2">16</td><td rowspan="2">1)各地加油站悬挂宣传标语,LED 显示屏滚动显示宣传标语。
2)在公司便民服务网站开辟专题、专栏进行宣传。
3)设计制作宣传贵州时代精神的加油 IC 卡等。
4)将贵州时代精神纳入各类干部职工培训内容。</td><td>中石化贵州石油分公司</td></tr>
<tr><td>中石油贵州销售公司</td></tr>
<tr><td>17</td><td>1)各地营业大厅悬挂宣传标语,LED 显示屏滚动显示宣传标语,电子广告屏滚动播出视频宣传片。
2)在公司网站开辟专题、专栏进行宣传。
3)将贵州时代精神纳入各类干部职工培训内容。</td><td>贵州电网公司</td></tr>
<tr><td>18</td><td>1)在机场路(3~4 块)、瑞花广场(1 块)、火车站(1 块)、喷水池(1 块)、宝山路口(1 块)、金阳新区(2 块)、环城高速路(2~3 块)、南环线(3~4 块)、花溪迎宾大道(1~2 块)、甲秀南路(1~2 块)、东二环(1~2 块)、北二环(1~2 块),协调各区市县各设置 1 块,共设置大型户外宣传广告牌 20~30 块。
2)在邮电大楼、联通公司、火车站、机场、喷水池(国美店、苏宁店)、南国花锦、市府路口、大西门、六广门、交际处、甲秀南路、金阳八匹马、金阳美食广场及各区市县大型 LED 电子电子显示屏播放公益广告。
3)在联讯传媒 700 台楼宇终端视频、分众传媒 900 台楼宇终端视频滚动播放视频公益广告。
4)在市区公交车设置车体喷绘广告 50 台(城区线路 30 台,郊区线路 20 台);设置车体横幅 1000 条;在 1500 台出租车 LED 电子显示屏滚动播放宣传标语。
5)在市区主次干道公交站台及人行地下通道设置公益广告牌 40~60 块,其中公交站台 20~30(城区 10~15 块、金阳新区 10~15 块),人行地下通道 20~30 块(城区)。</td><td>贵阳市委宣传部</td></tr>
</table>

三、宣传要求

1. 明确责任、重在落实。贵阳市及各责任单位要按照任务分工,细化方案,精细组织,确保各项工作任务落到实处。各地各部门可参照本方案,结合实际,制定切实可行的社会宣传工作方案,狠抓落实。

2. 围绕中心,借势宣传。各地各部门要紧扣地方和部门中心工作,将社会宣传工作有机融入到各项重大会议、大型庆祝活动和纪念活动之中,借势大力宣传贵州时代精神。

3. 统一行动,形成声势。各地各部门要按照宣传节点的安排,在规定时间完成好各项社会宣传工作,特别是各县(市、区)、乡镇、街道、社区要充分利用各种宣传手段和方式,统一行动,各展所长,在全省上下不断扩大宣传范围,家喻户晓,形成声势。

4. 正面引导,把握节奏。各地各部门要坚持社会宣传以正面引导为主,注重新闻宣传与社会宣传相结合、传统手段与现代技术相结合,着力发掘、宣传、树立培育和弘扬贵州时代精神的先进典型,把握宣传规律,逐步升温,不断将社会宣传工作推向高潮。

5. 行政主导,市场运作。各地各部门要通过行政手段强力推进社会宣传工作,采用市场运作的方式解决工作经费有限的问题,广泛筹集社会、企业赞助。充分发挥政治优势,广泛组织动员,将贵州时代精神公益广告融入各类商业广告之中,鼓励社会力量为社会宣传工作多做贡献。

6. 加大督查、确保实效。各地各部门要加大本地本部门社会宣传工作督查力度,及时将工作进展情况报送省委宣传部。省委宣传部将适时对各地贯彻落实情况进行通报。

关于印发《中国共产党贵州省第十一次代表大会宣传报道意见》的通知

各市、自治州、地区党委宣传部、省各新闻单位：

为认真做好中国共产党贵州省第十一次代表大会的宣传报道工作，我部拟定了《中国共产党贵州省第十一次代表大会宣传报道意见》，现予印发。请认真遵照执行。

中共贵州省委宣传部

2012年3月21日

中国共产党贵州省第十一次代表大会宣传报道意见

中国共产党贵州省第十一次代表大会，是在贵州改革开放和全面建设小康社会的关键时期召开的一次重要会议。为切实做好会议的宣传报道工作，现提出如下意见。

一、总的要求

以邓小平理论和“三个代表”重要思想为指导，深入贯彻落实科学发展观，大力宣传五年来贵州省委审时度势，提出一系列符合贵州发展实际的重大理论和战略决策，推动全省政治、经济、社会、文化和党的建设实现跨越式的发展；大力宣传党中央、国务院对贵州的亲切关怀和巨大支持，在新的历史起点上，贵州正面临着前所未有的良好发展机遇；大力宣传党代会“民主、团结、求实、奋进”的热烈气氛和会议确定的奋斗目标，展望贵州美好的发展前景。通过浓墨重彩的报道，为省第十一次党代会营造隆重、热烈的舆论氛围，引导全省干部群众紧密团结在新一届省委领导班子周围，扎实工作、锐意进取，为早日实现贵州全面小康社会而努力奋斗。

二、宣传重点

1. 大力宣传过去五年我省把中央精神与贵州实际结合起来，为经济起飞探索走出一条贵州特色的科学发展之路。在省委的正确领导下，全省上下高举“发展、团结、奋斗”的三面旗帜，以“加速发展、加快转型、推动跨越”为主基调，重点实施工业强省和城镇化带动“两大主战略”，统筹推进工业化、城镇化、农业产业化“三化同步”，着力打牢以交通、水利为重点的基础设施建设和科技、教育、人才这“两大基础”，切实把握宏观调控的力度、节奏和重点，突出“提速转型”、确保“稳中求进”。实践证明，省委的工作思路、决策和举措正确、有力、有效。

2. 大力宣传过去五年我省推动经济发展提速转型，为经济起飞奠定了物质基础。多项主要经济指标增幅在全国的位次大幅前移，经济结构转型升级步伐加快。农业结构调整成效明显，农业综合生产能力稳步提高。城镇建设逐步加速，综合承载能力增强，人居环境明显改善。扎实推进生态建设和环境保护，全面完成节能减排任务。大力加强以交通、水利为重点的基础设施建设，支撑发展的能力进一步增强。深入推进以市场为取向的各项改革，有利于科学发展的体制机制进一步构建。进一步扩大开放，借助外力推动发展的新格局初步形成。

3. 大力宣传过去五年我省推进社会主义民主政治建设，为经济起飞凝聚了强大力量。省委坚持总揽全局、协调各方，支持人大、政府、政协、司法机关和人民团体等依照法律和各自章程独立负责、协调一致开展工作，依法治省深入推进。积极支持国防和军队建设，军民融合式发展取得积极成效。统一战线日益壮大，民主党派、工商联和工青妇等人民团体的作用得到充分发挥；民族、宗教工作富有成效，民族地区发展加快，进一步巩固了和谐稳定、共促发展的生动活泼的政治局面。

4. 大力宣传过去五年我省促进文化繁荣发

展，为经济起飞提供了精神动力。深入开展社会主义核心价值体系建设，形成“不怕困难、艰苦奋斗、攻坚克难、永不退缩”的贵州精神，提炼“开放创新、团结奋进”的贵州时代精神，倡导“爱国、敬业、诚信、友爱”的价值取向。广泛开展精神文明创建和各类志愿者服务等活动，精心打造“多彩贵州”文化品牌，提升了贵州美誉度。大力宣传先进模范人物，建设一批重要公共文化服务设施，深化文化体制改革，提升贵州文化产业竞争力。

5. 大力宣传过去五年我省加强以保障和改善民生为重点的社会建设，为经济起飞创造了良好的社会条件。把民生作为第一要务，推行了“民生预算”、“民生财政”，实施了“十大民生工程”。巩固发展大扶贫格局，加快发展各级各类教育，城镇就业和重点人群就业稳定增长，全面实施农村居民最低生活保障制度，新型农村合作医疗制度全覆盖，城镇居民基本医疗保险制度全面推行，农村危房改造、城市棚户区改造和保障性安居工程建设加快推进。加强和创新社会管理，深入开展“平安贵州”创建活动，不断健全社会治安防控体系。

6. 大力宣传过去五年我省全面加强党的建设，为经济起飞提供了坚强的政治保证。扎实开展深入学习实践科学发展观和创先争优活动，深入实施党的基层组织先进性建设工程，大力推进学习型党组织建设，不断深化基层组织建设年和发展型、服务型基层党组织创建活动。按照建设“团结、务实、勤奋、廉洁”领导班子的要求，大力推进发展型班子和干部队伍建设。扎实开展“三个建设年”、“四帮四促”干部下基层等活动，广大干部作风明显好转。健全惩治和预防腐败体系，解决了一批损害群众利益的突出问题，形成风清气正、政通人和、干事创业的良好政治生态。

7. 大力宣传未来五年我省发展的宏伟蓝图和良好的发展前景，把全省干部群众的思想行动统一到省第十一次党代会精神上来。全面宣传省第十一次党代会的重大意义，深入细致地报道大会确定的今后五年我省的奋斗目标、总体思路、基本任务和重大安排部署。宣传国发2号文件的出台、新一轮西部大开发、新一轮扶贫开发等，为贵州赶超跨越带来的良好工作条件，创造的良好工作格局。宣传五年来贵州打下了坚实的发展基础，创造了强劲的内生动力，只要把握住机遇，就一定能够实现党代会确定的工作目标。

三、会前宣传

省内新闻单位继续办好“同心谋跨越、五年铸辉煌——喜迎贵州省第十一次党代会”专栏，并在总专栏名称下开设各具特色的子专栏（下文所提子专栏，皆为建议名称，具体名称各媒体自行决定），通过大规模、多体裁、连续性的报道，为省第十一次党代会的召开营造强大的舆论声势。

1. 推出9市州的综述报道。自本《意见》下发之日起至3月底，省主要新闻单位组织骨干记者深入9个市、州采访，连续刊播9篇大型综述性报道，充分反映在省委、省政府的正确领导下，9个市、州根据当地工作实际，发挥主动性、创造性，推动经济社会发展取得巨大发展成就。对每个市州的报道，贵州日报要用较大的版面，贵州广播电视台当天电视和广播《新闻联播》要作较长时段的报道。当代贵州就9个市州的成就报道推出一期特刊。

2. 推出10篇大型专题报道。4月初至党代会召开前，连续推出《辉煌五年·发展篇（上下）》、《辉煌五年·民生篇（上下）》、《辉煌五年·党建篇（上下）》、《辉煌五年·文化篇（上下）》、《辉煌五年·和谐篇（上下）》等10篇专题报道，全面宣传我省五年来经济建设、民生工作、党建工作、文化发展、公共服务等方面取得的巨大成就。每个专题的报道，贵州日报要用较大的版面，贵州广播电视台当天电视和广播《新闻联播》要作较长时段的报道。当代贵州杂志就10个专题推出一期特刊。

3. 推出5篇专题评论文章。在《辉煌五年·发展篇（上下）》、《辉煌五年·民生篇（上下）》、《辉煌五年·党建篇（上下）》、《辉煌五年·文化篇（上下）》、《辉煌五年·和谐篇（上下）》等专题报道的上篇推出当日，贵州日报要组织骨干力量，分别配发5篇专题评论文章，在头版重要位置刊发。贵州广播电视台电视和广播《新闻联播》摘播。贵州都市报、贵州商报在重要版面摘发。

4. 推出今昔贵州的对比报道。开设《视觉贵州·五年巨变》子专栏，选择大量具有视觉冲击力的图片、视频，进行充分的对比性报道，通过打造“视觉盛宴”，用直观的方式展现贵州的巨大变化，突出五年来我省经济社会发展的重大成就,强化成就宣传的效果。配合 9 个市州的综述报道以及 10 篇专题报道,贵州日报要分别同步推出 1 个图片专题,贵州广播电视台要充分使用对比性的视频,展示五年来的发展变化。当代贵州在两期特刊中,要分别推出图片专题。

5. 推出系列先进典型的报道。开设《又好又快发展先行者》子专栏,大力宣传报道一批又好又快发展的县市典型和具有示范带动作用的企业、人物典型,充分反映全省各地各部门结合自身实际加快发展的具体举措和工作成效。开设《党代会代表风采录》子专栏,集中报道党代表特别是基层代表的先进事迹,以及我省创造的服务型党组织、发展型党组织的典型经验。由省委组织部和省委宣传部统一部署,各媒体同时刊播,原则上一周 1 ~2 个。

6. 推出贴近群众的系列报道。开设《百姓看变化》、《眼前的发展》、《记者走笔》等丰富多彩的子专栏,通过采访基层干部群众,用生动的故事、活泼的语言和平民的视角,反映老百姓眼前和身边的变化,使报道更为可亲、可信。开设《我为党代会献计献策》、《我为贵州发展进一言》等专栏,请广大干部群众为党代会和贵州未来发展积极提建议,为党代会营造广泛参与的社会氛围。

7. 做好相关会议报道。党代会召开前,按要求做好省委召开的有关征求意见和协商座谈会、省委全体会议、省纪委全体会议、各代表团如期抵筑、各方面积极准备迎接党代会召开等筹备情况和重要会议、重要活动的报道。

8. 做好新闻发布工作。党代会召开前,组织专场新闻发布会,邀请省委新闻发言人、省委组织部新闻发言人、毕节市委新闻发言人等,向社会各界和新闻媒体发布省第十次党代会以来党的建设成就、介绍第十一次党代会的主要议程和重要内容等,各新闻单位要做好相关报道。

9. 做好社会宣传工作。通过设置大型户外公益广告牌、在户外 LED 屏播放宣传片和宣传标语、在代表入住酒店设置欢迎标语和欢迎牌、在主要道路节点和广场设置花卉景观和字牌、做好会议现场布置工作等,积极为党代会召开营造浓厚、热烈、喜庆的社会氛围。

10. 做好网络宣传工作。组织协调省主要网站、中央重点新闻网站贵州频道在首页显著位置,统一开设省第十一次党代会专题,悬挂喜迎大会的各类网页宣传游标,通过图文、音视频、微博、手机报等多种宣传形式,充分展示我们经济社会发展取得的好成绩,积极营造良好的舆论氛围。

11. 做好对外宣传工作。组织 2012“多彩贵州踏春行”大型外宣活动,邀请中央、省外、境外有关新闻单位,选择工作突出的市、州及省直厅局,围绕“四帮四促”、“工业强省”、“民生建设扶贫开发”、“多民族文化发展繁荣”、“旅游强省建设”等主题,开展系列深度调研式主题采访活动,全面深入做好贵州经济社会发展的成就报道,扩大省第十一次党代会的对外影响。

四、会议宣传

会议召开期间,各新闻媒体要用大版面、大时段,进行全方位、立体式、大规模的集中宣传,通过消息、通讯、评论、图片、理论文章等多种体裁的报道组合,及时、全面、准确、深入地向党员干部和全省各族人民传达党代会精神,为党代会营造热烈、隆重、喜庆的舆论氛围。(会议程序性报道将根据工作进度,另发具体方案)

1. 现场直播。省第十一次党代会的开幕式,贵州广播电视台、金黔在线网站同时进行电视、广播、网络现场直播。党代会宣传组要认真做好沟通协调工作,组织贵州广播电视台、金黔在线网站做好直播准备工作。各市、州广播电视台以主要频道、频率,对本次大会开幕式进行完整转播。

2. 报告解读。除做好报告摘登工作外,各媒体要用新闻眼光对报告内容进行疏理、整合、编排。通过关键词、数据图表、报告解析、代表心声、专家评述等各种手段,对报告进行细致、深入的解析。贵州日报、当代贵州推出连版、专号报道,贵州广播电视台《论道》栏目邀请领导专家做一期专题节目。

3. 集体专访。组织集体专访活动,邀请基层代表、企业代表、市县书记、厅局领导等,接受中央驻黔新闻单位、省主要新闻单位的集中采访,充分报道代表们认真履职的情况,反映他们对过去五年工作成就和未来五年奋斗目标的积极评价。

4. 领导专访。新一届省委、省纪委领导班子产生后，拟组织省内主要新闻单位对省领导做一期专访。时间地点、采访对象、参加媒体待与省委办公厅对接、明确后，再撰写专门的省领导专访工作方案。

5. 对外宣传。协调人民日报、新华社、中央电视台等中央主要媒体，做好省第十一次党代会和我省经济社会发展、党的建设有关成就的宣传报道。协调人民网、新华网等知名网站，在首页转载省第十一次党代会召开盛况、会议精神等，借助全国知名平台扩大对外影响。

6. 网络宣传。充分发挥省政府新闻办官方微博"微博贵州"作用，及时反映会议现场的最新动态，收集网民的建言献策。组织专题网评，及时解读省第十一次党代会精神。

7. 社会互动。报纸、电台、电视台要充分反映会场外群众的心声，通过组织在线访谈、电话热线、群众建议摘登等各种方式，拉近党代会与普通群众的距离，营造广泛的社会参与氛围。

五、会后宣传

省十一次党代会闭幕后，各新闻媒体要继续深入宣传党代会精神。通过持久、深入的宣传，把全省党员干部和各族群众的思想统一到省第十一次党代会精神上来。报道时间持续到十八大宣传启动为止。

1. 做好动态报道。党代会闭幕后，新闻报道的侧重点主要放在各地干部群众的积极反映和学习贯彻上。各新闻单位要组织骨干记者，深入全省各地、各部门，及时报道学习贯彻省第十一次党代会精神的相关情况。

2. 刊发辅导文章。邀请党代会报告的起草人或专家学者，就报告的主要内容撰写辅导性的文章，对党代会报告作深入浅出的解释，引导全省干部群众深入理解党代会精神。贵州日报在重要版面刊发。

3. 发表系列评论。党代会闭幕后一个月内，贵州日报在一版连续发表5-7篇系列评论，从各个角度对贯彻落实党代会精神提出要求，进一步引导干部群众把握重点、吃透精神。贵州广播电视台电视和广播《新闻联播》摘播。

4. 组织系列专访。由省委宣传部统筹协调，组织省主要媒体对9个市、州的一把手和省直有关部门主要负责人进行专访，充分宣传当地贯彻落实党代会精神的工作思路、工作举措等。

5. 刊播典型报道。深入宣传全省各地各部门以党代会精神为指导，形成新思路、出台新措施，推动本地、本部门发展涌现的先进典型和先进经验，迎接党的十八大胜利召开。

六、工作要求

1. 高度重视、全力以赴。省第十一次党代会的召开，是全省政治生活中的一件大事。做好党代会的宣传报道，让省委满意，让全省人民满意，是新闻宣传战线义不容辞的责任。从现在开始，省各新闻单位要把党代会宣传放在一切工作的首位，全体动员、全力以赴，投入最大的人力物力和版面时段，确保党代会宣传出声势、出影响、出成效。主要领导同志要切实负起责任、靠前指挥，抓好组织统筹工作，督促具体负责同志加快工作进度，确保各项党代会宣传顺利推进。

2. 加强策划、出新出彩。各新闻单位要立即行动起来，组织骨干力量，进一步完善、细化工作方案，确保程序报道全面完整、准确及时，成就宣传大气磅礴、振奋人心，典型报道实事求是、贴近群众，理论文章深入浅出、令人信服。各新闻单位要开动脑筋，充分学习借鉴其他省区市媒体的先进经验，结合我省实际充分发挥创造精神，通过创新报道方式，切实做到"三贴近"，确保党代会的宣传出新出彩。

3. 注重程序、严格把关。党代会的宣传报道，不能出现任何政治性的差错。省领导同志活动报道，应经本人或其委托的同志审阅。程序报道、需发布的文件及文稿，送大会秘书长审签。各新闻单位要切实增强把关意识，严守纪律，把好尺度。加强对热点难点问题的引导，防止炒作，防止可能诱发不稳定因素的报道。拿不准的问题及时请示。加强对记者使用个人博客的管理。

4. 加强配合、形成合力。各市、州党委宣传部根据本方案，拟订本地关于迎接、贯彻党代会精神的宣传方案，组织所属新闻媒体、新闻网站做好宣传。省主要新闻单位各系列报、刊、台、新闻网站，结合各自特点，创新宣传手段，策划精品栏目，丰富报道内容，形成宣传规模，增强宣传声势，扩大宣传影响。

关于印发《落实国发 2 号文件实施意见关于“文化体制改革和文化产业发展”的工作方案》的通知

各市(州)文改文产领导小组,省文改文产领导小组有关成员单位:

根据《中共贵州省委 贵州省人民政府贯彻落实〈国务院关于进一步促进贵州经济社会又好又快发展的若干意见〉的实施意见》(黔党发[2012]9 号)有关精神和要求,结合《国家“十二五”时期文化改革发展规划纲要》、《中共贵州省委关于贯彻党的十七届六中全会精神推动多民族文化大发展大繁荣的意见》(黔党发[2011]23 号)以及《贵州省“十二五”文化事业和文化产业发展专项规划》,我们制定了《落实国发 2 号文件实施意见关于“文化体制改革和文化产业发展”的工作方案》,现印发给你们,请根据要求抓好贯彻实施。

附:《落实国发 2 号文件实施意见关于“文化体制改革和文化产业发展”的工作方案》

中共贵州省委宣传部

2012 年 4 月 27 日

附件

落实国发 2 号文件实施意见关于“文化体制改革和文化产业发展”的工作方案

根据《中共贵州省委 贵州省人民政府贯彻落实〈国务院关于进一步促进贵州经济社会又好又快发展的若干意见〉的实施意见》(黔党发〔2012〕9 号)有关精神和要求,由省委宣传部牵头负责“依托我省多民族文化资源,建设一批文化产业基地和区域特色文化产业群。深入挖掘民族文化,做大做强以‘多彩贵州’为代表的民族歌舞、工艺美术、节庆会展、戏剧、影视、动漫等文化品牌,培育一批有特色、有实力、有竞争力的文化骨干企业,积极引进文化产业领域战略投资者。进一步深化文化体制改革。”相关任务,现结合《国家“十二五”时期文化改革发展规划纲要》、《中共贵州省委关于贯彻党的十七届六中全会精神推动多民族文化大发展大繁荣的意见》(黔党发[2011]23 号)以及《贵州省“十二五”文化事业和文化产业发展专项规划》,制定本方案。

一、指导思想及主要目标

1. 指导思想。以邓小平理论和“三个代表”重要思想为指导,深入贯彻落实科学发展观,实施建设文化旅游发展创新区战略,按照“依靠改革创新、建设文化强省、促进历史跨越”的根本要求,深入挖掘我省丰厚的历史文化资源,积极推动文化产业化和集聚化发展,全力构建具有多民族文化特色的产业体系,加速培育富有活力和竞争力的市场主体,把文化产业发展成支柱产业,提供丰富的文化产品和精品,不断满足人民群众多样化的文化需求。

2. 主要目标。到 2015 年,文化产业增加值达到全省生产总值的 5% 以上,文化产业发展成我省国民经济支柱性产业;建成“十大文化产业园区”和“十大文化产业基地”,创建 20 个以上国家文化产业示范基地和 100 个省级文化产业示范基地,形成具有多民族特色的文化产业发展格局;打造多彩贵州品牌成为国内一流的文化品牌,并带动形成一批知名文化品牌;培育一批有特色、有实力、有竞争力的文化骨干企业;按要求完成文化体制改革任务,构建形成科学、高效、富有生机活力的文化体制机制。

二、基本原则

坚持科学发展道路，遵循文化发展规律和社会主义市场经济规律；坚持构建产业链条完整、市场要素繁荣的文化产业体系，形成公有制为主体、多种所有制共同发展的文化产业格局；坚持以项目建设为抓手，通过谋划、建设、运作项目促进文化产业跨越发展；坚持牵头单位组织协调、责任单位各负其责，形成齐抓共管、狠抓落实的工作机制。

三、工作内容和责任分工

1. 建设一批文化产业基地和区域特色文化产业群。

（一）“十二五”时期，加快建设省“十大文化产业园区”、“十大文化产业基地”和规划建设一批市县文化产业园区、基地。

责任单位：省发展改革委、省经济和信息化委、省文化厅、省广电局、省新闻出版局、省旅游局，各市州党委、政府

（二）充分发挥文化资源优势，积极引导产业集聚发展，形成贵州多民族文化与丰富多彩的历史文化、区域文化、生态文化相结合的总体产业格局。将贵阳建设成为以生态文化、阳明文化为特色，以会展为重点，集多门类文化产业于一体的聚合、辐射、带动能力强的文化产业核心区；建设遵义红色文化、白酒文化与绿茶文化产业集聚区；建设以中国·凉都品牌为主的六盘水城市避暑文化产业集聚区；建设安顺屯堡文化、生态文化与古生物文化产业集聚区；建设黔东南苗族侗族文化产业集聚区；建设黔南布依族苗族水族文化与世界自然遗产地生态文化产业集聚区；建设黔西南布依族苗族文化与喀斯特生态文化产业集聚区；建设毕节彝族文化与喀斯特生态文化产业集聚区；建设铜仁环梵净山生态文化、佛教文化与土家族文化产业集聚区。

责任单位：各市州党委、政府

2. 深入挖掘民族文化，做大做强以“多彩贵州”为代表的民族歌舞、工艺美术、节庆会展、戏剧、影视、动漫等文化品牌。

（一）发展民族民间演艺业，重点探索建立景区风情演出、大众娱乐演出、小剧场演出等多层次、多种类民族民间演艺体系，鼓励社会资本进入民族民间演艺业，发展壮大一批骨干民营或农民演艺团体，发展演艺经纪、咨询评估等中介组织，建立全省演艺信息公共服务网络平台和演出票务平台。

责任单位：省文化厅

（二）发展民族民间工艺美术业，推动形成地域标志性商品、地方特产、一般旅游商品构成的民族民间工艺品体系，加快扶持一批拥有资源、特色突出、市场优势明显的龙头企业和一批工艺美术专业户，不断拓宽市场销售渠道，鼓励工艺品企业对外交流合作。

责任单位：省经济和信息化委、省民委、省商务厅、省文化厅

（三）发展会展广告业，把贵阳打造成中国西部重要的会展城市，把遵义、六盘水建成特色会展城市，加强参展服务系统和会展设施等相关环境建设，逐步实现会展广告经济产业化。

责任单位：省商务厅、贵阳市、遵义市、六盘水市

（四）发展民族节庆业，以传统节庆为基础，打造形成一批持续稳定、影响力强的品牌节庆。

责任单位：省民委、省文化厅、省旅游局、各市州党委、政府

（五）发展戏剧、影视业，制作一批展示贵州特色、贵州风貌的戏剧、影视节目。

责任单位：省文化厅、省广电局

（六）发展动漫等新兴文化产业，积极发展基于互联网、移动通讯等新媒体的动漫游戏新业态，以亚洲青年动漫大赛为依托和推广平台，重点推出一批动漫精品，推动关联产业和衍生品的建设和生产，打造公共技术服务平台、教学服务平台、版权保护和交易平台。

责任单位：省文化厅、省广电局、省新闻出版局、贵阳市

（七）推动多彩贵州品牌市场化运作，以多彩贵州品牌整合特色文化产业，形成多彩贵州品牌集群。

责任单位：省多彩贵州文化产业发展中心

3. 培育一批有特色、有实力、有竞争力的文化骨干企业。

（一）积极培育一批有特色、有实力、有竞争力

的文化骨干企业，支持企业发展壮大。积极扶持民营文化企业，培育一批中小微型文化企业。

责任单位：省经济和信息化委、省文化厅、省工商局、省广电局、省新闻出版局、各市州党委、政府

（二）积极引进文化产业领域战略投资者，加大资源整合力度，积极推动跨区域、跨行业、跨所有制联合、兼并和重组，不断培育壮大文化企业。

责任单位：省发改委、省商务厅、省投资促进局、省文化厅、省广电局、省新闻出版局

4. 进一步深化文化体制改革。

（一）深化完善国有经营性文化单位改革，以建立现代企业制度为重点，完善法人治理结构，培育合格市场主体。加快完成国有文艺院团和非时政类报刊出版单位转企改制任务，加速省直文化集团公司管理体制和经营机制改革。

责任单位：省文化厅、省广电局、省新闻出版局

（二）深化完善公益性文化事业单位改革，加快推进文化事业单位人事、收入分配、社会保障制度改革，进一步完善管理体制和运行机制，在博物馆、文化馆、图书馆等文化事业单位探索建立法人治理结构，允许社会力量参与单位的发展与内部运营管理。

责任单位：省人力资源社会保障厅、省文化厅、省广电局、省新闻出版局

（三）深化完善文化管理体制改革，建成管人与管事、管资产、管导向相结合的国有文化资产管理体制，组建和完善综合文化行政责任主体，深化文化市场综合执法改革。

责任单位：省财政厅、省文化厅、省广电局、省新闻出版局

四、工作要求

1. 切实加强领导。牵头单位和各责任单位要切实加强组织领导，主要领导亲自抓、分管领导具体抓、相关处室协力抓，切实将《中共贵州省委 贵州省人民政府贯彻落实〈国务院关于进一步促进贵州经济社会又好又快发展的若干意见〉的实施意见》（黔党发〔2012〕9号）的要求落在实处。

2. 切实加强组织实施。牵头单位要牵头制定总体方案，分解责任，推动协助各责任单位认真研究制定具体实施方案，于五月底前报送牵头单位。实施方案要明确具体内容（包括项目和活动）、发展目标及相关措施、实施步骤等，并两周一次向牵头单位报送具体实施情况，由牵头单位汇总报省委省政府。

3. 切实加强改革创新。各责任单位要紧紧围绕文化旅游发展创新区的要求，加强改革创新，创新工作思路和方法，改革阻碍文化繁荣发展的体制机制，进一步解放思想、打破常规、大胆探索、勇于创新，以改革创新促文化产业跨越发展。

4. 切实加强督促考核。牵头单位及各责任单位在实施过程中，要对贯彻落实情况定期开展督促检查，加强对重点项目、重要领域、重大工程的检查和考核，适时总结并推广实施过程中的成功经验。各单位的工作要结合《中共贵州省省委办公厅印发〈关于贯彻落实《中共贵州省委关于贯彻党的十七届六中全会精神推动多民族文化大发展大繁荣的意见》任务分工方案〉的通知》（黔委厅字〔2011〕102号）要求一并纳入年度目标考核。

关于在全省组织开展2012年“社科理论下基层”活动的通知

各市（州）党委宣传部、社会科学界联合会：

根据《2012年贵州省哲学社会科学工作要点》和《中共贵州省委宣传部2012年宣传思想工作要点》安排，为推进党的创新理论宣传普及和社科理论下基层，省委宣传部、省社科联决定在认真总结2011年“社科理论下基层”工作经验基础上，

今年继续在全省组织开展“社科理论下基层”活动。具体事项通知如下：

一、指导思想

高举中国特色社会主义伟大旗帜，以邓小平理论和“三个代表”重要思想为指导，深入贯彻落实科学发展观，坚持理论联系实际，坚持贴近实际、贴近生活、贴近群众，深化拓展“社科理论下基层”活动，加强党的创新理论宣传普及，推进党的创新理论进机关、进社区、进企业、进学校、进乡村，不断提升广大党员干部群众的思想理论素养和人文社科素养，为我省经济社会又好又快发展提供思想保证和智力支持。

二、活动内容

（一）组织举办专题讲座。围绕学习贯彻省第十一次党代会、《国务院关于进一步促进贵州经济社会又好又快发展的若干意见》（国发〔2012〕2号）、省委十届十二次全会精神等内容，紧扣各地经济社会发展实际，组织省内知名专家学者组成“社科理论下基层”专家组，赴全省各市（州）开展专题讲座。

（二）组织开展咨询调研。邀请参与起草制定国发2号文件、黔中经济区规划、贵安新区规划等重要文件的领导和专家组成专家组，赴各市（州）开展现场咨询答疑和实地考察调研等活动，与当地党政部门干部、理论工作者、教学科研工作者等进行座谈交流，就有关当地经济社会发展的重要问题提供咨询服务。

（三）开展社科理论宣传普及活动。组织社科类学会（协会、研究会）深入各市（州）开展社科理论宣传普及、社科知识有奖问答，赠阅图书期刊、法律咨询等活动。

（四）开展学习贯彻省第十一次党代会精神知识竞赛活动。与贵州日报社、金黔在线网站等媒体合作，组织动员全省党员干部群众积极参赛，推动全社会广泛深入学习党代会精神。

（五）开展社科普及基地建设。制定完善《贵州省人文社会科学普及基地管理办法》（试行），组织举行遵义市、黔南州、黔西南州人文社科普及基地揭牌仪式。

三、组织机构

本次活动由省委宣传部、省社科联、各市（州）党委宣传部、各市（州）社科联联合举办。采取统一安排部署，分层组织实施，省市县三级联动的方式进行。省委宣传部、省社科联负责邀请相关专家组成专家组，根据各地实际进行有针对性的调研，赴各市（州）开展各种主题活动。各市（州）党委宣传部、社科联结合实际，开展面向县（市、区、特区）的各种活动，丰富扩展“社科理论下基层”活动内容。同时，负责做好省社科专家学者赴各地开展活动的场地布置、人员组织、宣传报道等组织协调工作。

四、活动安排

（一）5月中旬，省社科联组织10位专家学者组成社科理论下基层专家组，开展学习培训，并根据各地反馈意见和实际情况，收集整理材料，进行集中备课；

（二）6月上旬至7月下旬，完成赴9个市（州）的“社科理论下基层”专题讲座、专家咨询调研座谈会、社科知识竞赛、社科宣传普及等主题活动；

（三）7月底前制定完善《贵州省人文社会科学普及基地管理办法》（试行），并完成遵义市、黔南州、黔西南州人文社科普及基地挂牌。

与此同时，各市（州）党委宣传部、社科联要参照省里的做法组织当地专家学者到所属各县（市、区、特区）开展“社科理论下基层”活动。

五、工作要求

（一）高度重视、明确责任。各市（州）党委宣传部、社科联要高度重视、积极参与，要结合实际，认真制定活动方案，切实加强组织领导，明确工作责任分工，精心组织实施。

（二）创新形式，注重实效。各市（州）要围绕活动主题，结合本地实际，积极探索创新活动形式，丰富充实活动内容，力争取得良好的社会效果。活动结束后，各市（州）党委宣传部、社科联要认真总结经验，形成总结材料，及时报送省委宣传部和省社科联。

（三）重视宣传，扩大影响。各市（州）党委宣传部要组织新闻媒体采取多角度多形式做好活动的宣传报道，不断扩大活动的社会效应和影响力，营造全社会共同关注社科理论宣传普及的良好氛围。

六、联系方式

省委宣传部理论处，联系人：金祝敏；联系电话：0851-5822247，15902691242；电子邮箱：LLC4567@126.com。

省社科联科普部，联系人：肖波；联系电话：0851-5250048，15985009697；电子邮箱：327013788@qq.com。

中共贵州省委宣传部

2012年5月2日

关于做好《雷锋画传》发放工作的通知

各市（州）党委宣传部：

为进一步弘扬雷锋精神，推动社会主义核心价值体系建设，根据省委主要领导指示精神和部领导的意见，我部统一订购了一批《雷锋画传》赠送给各市（州）、县（市、区、特区）党委宣传部和全省农民文化家园建设点（每点一册）。画传将由出版社直接寄至各市（州）党委宣传部，请你们认真组织好发放工作，确保发放到位。《雷锋画传》分配方案如下：

贵阳市　330册（其中农民文化家园建设点212册）

遵义市　380册（其中农民文化家园建设点256册）

六盘水市　230册（其中农民文化家园建设点161册）

安顺市　280册（其中农民文化家园建设点199册）

毕节市　350册（其中农民文化家园建设点242册）

铜仁市　300册（其中农民文化家园建设点204册）

黔南州　380册（其中农民文化家园建设点280册）

黔东南州　350册（其中农民文化家园建设点246册）

黔西南州　300册（其中农民文化家园建设点197册）

中共贵州省委宣传部

2012年5月7日

关于下发贵州省“五型企业”暨企业文化建设评价指标体系的通知

中央在黔及省属国有企业：

根据全省“五型企业”创建工作安排，参照全国《企业文化建设评价指标体系纲要（试行稿）》，经省思想政治工作“五型企业”创建工作领导小组同意，现将《贵州省“五型企业”暨企业文化建设评价指标体系》下发各企业，请结合实际，认真组织实施。

中共贵州省委宣传部

中共贵州省国资委委员会

中共贵州省委国防工委

2012年5月14日

贵州省"五型企业"暨企业文化建设评价指标体系

（试行稿）

为深入贯彻落实党的十七届六中全会和省第十一次党代会精神，建设中国特色社会主义企业文化，进一步推进以"五型企业"为品牌载体的国有及国有控股企业思想政治工作，提升企业文化建设的科学化水平，依据中国政研会《企业文化建设评价指标体系纲要（试行稿）》及《中共贵州省委宣传部 贵州省国资委 中共贵州省委国防工委关于加强和改进新形势下国有及国有控股企业思想政治工作的实施意见》（黔委厅字〔2011〕83号），特制定本评价指标体系。

一、指导思想

制定和实施《贵州省"五型企业"暨企业文化建设评价指标体系》的指导思想是：坚持以马克思列宁主义、毛泽东思想、邓小平理论和"三个代表"重要思想为指导，深入贯彻落实科学发展观，坚持社会主义先进文化前进方向，以科学发展为主线，以建设社会主义核心价值体系为根本，以满足员工精神文化需求为出发点和落脚点，适应社会主义市场经济发展要求和企业改革发展实际，坚持解放思想、实事求是、与时俱进，坚持贴近实际、贴近生活、贴近群众，紧密围绕《国务院关于进一步促进贵州经济社会又好又快发展的若干意见》（国发〔2012〕2号）的贯彻落实，既重视企业文化建设的量化指标，又反映企业文化建设的内在本质要求，引领国有及国有控股企业确立企业文化发展的先进方向，指导规范企业文化建设工作，提高员工思想道德素质和科学文化素质，重在推动企业文化建设取得实效，为推动企业科学发展、维护企业和谐稳定、促进员工全面发展，实现贵州经济社会发展的历史性跨越，提供精神动力、舆论支持和文化条件。

二、基本原则

1. 导向性原则。紧扣国发2号文件的贯彻落实和国有企业改革发展的实际，正确反映国有企业文化建设的本质要求和基本规律，坚持以人为本，坚持社会主义先进文化前进方向，明确"五型企业"创建基本内容和工作要求，指导国有企业发现文化建设工作中的薄弱环节，增强文化建设的自觉性和主动性，全面提升企业文化建设水平。

2. 科学性原则。指标体系内在逻辑严密，指标的设定既突出"五型企业"创建重点，又涵盖企业文化建设各个方面，统筹兼顾完整性和协调性；各项指标权重比客观科学、合理公正，既符合国有企业文化建设实际和规律，又充分考虑国有企业发展和员工精神文化需求；评价结果准确反映国有企业文化建设工作现状，有机结合定性分析与定量分析，科学转化定性评价结果为定量指标，形成统一、规范的量化评价指标体系。

3. 服务型原则。"五型企业"创建工作立足国有企业改革发展实际，服从服务于企业中心工作，坚持以评促建、以文化人，不断提升国有企业的核心竞争力。评价过程注重文化建设与企业生产经营管理相结合、评价检查与改进工作相结合，以"五型企业"创建推动企业科学发展，促进员工思想道德素质和科学文化素质全面提高。

4. 开放性原则。"五型企业"创建工作是一项系统性、战略性工程，是企业文化不断发展升华的历史过程。评价指标体系既继承优良传统，又适应时代发展要求，不断创新发展；既体现贵州特色、又顺应文化大发展大繁荣趋势，注重开放性和时代性；根据贵州经济社会发展和企业不同发展阶段的具体发展目标适时调整、补充、完善。

三、基本框架和内容

本评价指标体系以"五型企业"创建理念体系、"五型企业"创建运行体系、"五型企业"创建效果体系作为3个一级指标，在3个一级指标下，设置8个二级指标。其中，"五型企业"创建理念体系包含"五型企业"创建的指导理念、价值理念、功能理念3个二级指标；"五型企业"创建运行体系包含"五型企业"创建的工作系统、主体系统、支持系统3个二级指标；"五型企业"创建效果体系包含内部效果、外部效果2个二级指标。在二级指标下设置25个三级指标的80项具体指标内容。

四、分值设计

本评价指标体系分值设计按照科学、简明、合理、公平原则,根据当前国有及国有控股企业文化建设的实际,适度提高建设社会主义核心价值体系、实现科学发展、履行企业社会责任等方面工作的分值,突出企业文化建设效果的考查。为便于量化考核,总分设计为1000分。其中,“五型企业”创建理念体系240分,“五型企业”创建运行体系470分,“五型企业”创建效果体系290分。各行业(系统)、各企业在运用过程中,可根据本行业(系统)、本企业的实际情况和发展目标作适度调整。

五、评价方式

国有及国有控股企业行业分布范围广泛、数量众多、情况各异,为有效推进“五型企业”评价工作,本评价指标体系采用企业自评与省委宣传部、省国资委、省委国防工委联合审核抽查相结合的方式。

1.企业自评。企业自评工作按照省委宣传部、省国资委、省委国防工委的要求,原则上一年进行一次。由企业党委及所属企业文化工作部门组织实施,形成“五型企业”创建工作评价报告,报省委宣传部、省国资部委、省委国防工委。

2.审核与抽查。省委宣传部、省国资委、省委国防工委组成联合评估工作组,对企业上报的“五型企业”创建工作评价报告进行审核,并按照一定比例对企业进行抽查。

六、使用说明

评价主要采取查阅档案资料、召开座谈会、实地考察、个别访谈和问卷调查的方式进行。各行业(系统)、各企业可根据自身实际情况,在坚持定性与定量相结合、动态与静态相结合、主观与客观相结合原则基础上,依据本测评指标体系制定本行业(系统)、本企业的具体实施细则。

七、评价指标

一级指标	二级指标	三级指标	指标内容(分值)	评价方法
一、“五型企业”创建理念体系(240分)	(一)“五型企业”创建的指导理念(80分)	1.坚持以社会主义核心价值体系为根本(80分)	(1)员工了解马克思列宁主义的基本原理、毛泽东思想的精神实质,邓小平理论、“三个代表”重要思想和科学发展观的基本内容,能够充分贯彻落实科学发展观的要求(20分)	查阅档案资料、问卷调查、考察
			(2)员工认同中国特色社会主义道路,深刻认识中国特色社会主义制度的优越性,对中国特色社会主义发展前景有信心,有中国特色社会主义理想信念(20分)	查阅档案资料、问卷调查
			(3)构筑贵州“精神高地”,以爱国主义为核心的民族精神和以改革创新为核心的时代精神成为员工共同的精神追求,弘扬长征精神、遵义会议精神、大关精神、三线建设精神、贵州精神和贵州时代精神(20分)	查阅档案资料、问卷调查、访谈
			(4)员工熟知“八荣八耻”的具体内容,树立和践行社会主义荣辱观,倡导“爱国、敬业、诚信、友爱”的价值取向(20分)	查阅档案资料、问卷调查、访谈

一级指标	二级指标	三级指标	指标内容(分值)	评价方法
	(二)“五型企业”创建的价值理念(90分)	1. 企业发展愿景(25分)	(5)深入贯彻落实国发2号文件精神,确立符合时代要求、适应企业发展实际、体现员工意愿的企业使命或企业宗旨(15分)	座谈、查阅档案资料、问卷调查
			(6)确定企业与员工的发展目标,近、中、远期目标自成体系,具有较强的可持续性(10分)	座谈、查阅档案资料
		2. 企业核心价值观(20分)	(7)符合企业发展要求及市场定位,具有本企业特色(10分)	查阅档案资料、问卷调查
			(8)内容明确、导向积极健康向上(10分)	问卷调查、考察
		3. 科学发展理念(45分)	(9)以科学发展为主线,紧扣工业强省和城镇化带动战略,确立全面统筹协调、可持续发展理念,保证企业和谐健康发展(15分)	查阅档案资料、考察
			(10)具有创新意识,有明确的激励机制,重视对核心技术和新项目的开发、掌握、应用(10分)	查阅档案资料、考察
			(11)具有开放意识,积极应对国内外市场竞争(10分)	问卷调查、访谈、考察
			(12)具有团队合作意识,企业的沟通、分享、合作机制健全(10分)	查阅档案资料、考察
	(三)“五型企业”创建的功能理念(70分)	1. 促进企业发展战略目标的实现(20分)	(13)配合企业经营发展战略目标的实现开展“五型企业”创建工作,为企业发展提供思想保证、文化支撑和舆论支持(10分)	查阅档案资料、座谈
			(14)针对企业发展战略目标的重点或难点,有相应的细化理念予以积极引导、支持、保障(10分)	查阅档案资料、座谈
		2. 营造团结和谐的企业文化氛围(20分)	(15)激发员工的归属感和荣誉感,塑造员工主人翁精神和团队意识,引导员工积极融入团队(10分)	查阅档案资料、问卷调查
			(16)帮助企业与社会建立和谐关系,为企业营造良好的发展氛围(10分)	查阅档案资料、考察
		3. 增强企业文化的育人功能(30分)	(17)提高员工政治觉悟、思想道德水平和文明素质(15分)	查阅档案资料、访谈、考察
			(18)提高员工科学文化水平和专业技术技能(15分)	查阅档案资料、访谈、考察

一级指标	二级指标	三级指标	指标内容(分值)	评价方法
二、“五型企业”创建运行体系(470 分)	(一)“五型企业”创建的工作系统(245 分)	1. 创建学习型企业(45 分)	(19)企业领导班子和领导干部带头学习,坚持推进马克思主义学习型政党建设和廉政文化建设,注重提高政治理论修养,掌握现代企业管理知识,形成良好学习氛围(10 分)	问卷调查、座谈
			(20)组织开展中国特色社会主义理论体系学习活动和中国优秀传统文化普及工作,开展理想信念教育、形势政策任务教育、国情教育、省情教育、革命传统教育、改革开放教育、国防教育,优秀传统文化得到传承弘扬,国外优秀文化得到吸收借鉴(15 分)	问卷调查、查阅档案资料、考察
			(21)文化科技创新有成效,企业网络文化建设得到加强,格调积极健康向上(10 分)	问卷调查、访谈、考察
			(22)对学习和培训工作进行统一规划和管理,有计划、有落实、有检查、有反馈、有改进;员工有个人学习计划,自觉提升科学文化知识水平和业务技能(10 分)	查阅档案资料、问卷调查、考察
		2. 创建责任型企业(50 分)	(23)明确履行企业社会责任是企业文化建设的重要组成部分,形成长期、系统的规划(10 分)	查阅档案资料
			(24)模范遵守法律法规和社会公德、商业道德及行业规则,反对不正当竞争(8 分)	查阅档案资料、考察
			(25)将诚信经营放在重要位置,推进商务诚信建设,产品和服务符合安全标准,符合企业对客户和消费者的承诺(8 分)	查阅档案资料、问卷调查
			(26)做到节能减排、保护环境(8 分)	查阅档案资料、问卷调查、考察
			(27)保障安全生产,保证员工职业健康(8 分)	查阅档案资料、问卷调查、考察
			(28)积极回报社会,热心社会公益事业,参与地方建设,鼓励员工志愿服务社会,在“四帮四促”、农村党建扶贫、助学帮困、救灾抢险等方面勇于承担责任(8 分)	查阅档案资料、考察、座谈
		3. 创建文化型企业(85 分)	(29)社会主义意识形态在员工思想中占主流地位(15 分)	问卷调查、座谈
			(30)企业核心价值观为员工广泛认知、认同,并在企业生产经营服务活动和员工行为中得到全面体现(10 分)	问卷调查、查阅档案资料、考察

一级指标	二级指标	三级指标	指标内容(分值)	评价方法
			(31)有长远的品牌发展战略,对品牌的建设和维护制定了规划和计划,形成全员参与品牌建设格局(12分)	查阅档案资料、问卷调查
			(32)提升品牌的文化含量,细化品牌管理的标准与流程,有明确的评价标准(8分)	查阅档案资料、问卷调查
			(33)建立以企业标识、标准色、标准字、着装、司旗和司歌等为主要内容的视觉识别系统,并制定具体的应用规范(12分)	查阅档案资料、考察
			(34)有机构或人员对企业形象标识进行建设和维护(8分)	查阅档案资料、考察
			(35)企业文化手册、企业(员工)故事、企业案例、企业成功经验、先进典型和企业文艺作品门类齐全、丰富多样,有本企业特色(12分)	查阅档案资料、考察
			(36)企业文化产品发展均衡、有延续性,反映不同阶段企业发展成就和员工精神风貌(8分)	查阅档案资料、考察
		4. 创建和谐型企业(35分)	(37)建立企业文化服务体系,搭建公益性文化活动平台,完善企业公共文化服务网络,提供良好文化服务,保障员工基本文化权益(15分)	查阅档案资料、座谈、考察
			(38)经常开展员工喜闻乐见的各种文化活动,丰富员工精神文化生活(12分)	查阅档案资料、座谈、考察
			(39)定期开展企业间、企业与地方间的文化交流活动(8分)	查阅档案资料、考察
		5. 创建幸福型企业(30分)	(40)充分尊重员工主体地位,维护员工合法权益(10分)	问卷调查、访谈
			(41)关心员工工作、学习、生活,保障员工身心健康,建立困难帮扶机制和员工心理疏导等工作机制,帮助员工形成自尊自信、理性平和、积极向上的健康心态(10分)	座谈、访谈、考察
			(42)帮助员工实现职业生涯规划,重视员工个人价值实现(10分)	问卷调查、访谈
	(二)“五型企业”创建的主体系统(100分)	1. 企业领导层(30分)	(43)企业领导班子高度重视“五型企业”创建工作,将企业文化建设摆上重要议事日程,并经常听取汇报,解决工作中遇到的重大问题(15分)	查阅档案资料、座谈
			(44)“五型企业”创建等文化建设内容纳入企业领导班子学习培训计划,企业管理者领导文化建设水平有提高,在职责或授权范围内能有效管理企业文化建设工作进程,及时调整工作目标和任务,保证企业文化建设工作任务的落实(15分)	查阅档案资料、座谈、考察
		2. 组织建设(35分)	(45)有专门的企业文化工作职能部门或机构,有具体的工作目标、任务和职责,工作人员分工明确(15分)	查阅档案资料、考察
			(46)依法兴办员工文化团体,发挥员工文化创造积极性(10分)	查阅档案资料、考察

一级指标	二级指标	三级指标	指标内容(分值)	评价方法
			(47)充分发挥企业共青团、妇联、工会等组织在企业文化建设中的重要作用(10分)	查阅档案资料、座谈
		3. 队伍建设(35分)	(48)有一支理论素养高、工作能力强、思想作风优、专兼结合的企业文化工作者队伍(15分)	查阅档案资料、考察
			(49)企业文化工作专职人员数量依据实际工作需要配备,比例结构合理(10分)	查阅档案资料、座谈
			(50)关心企业文化工作者的工作、学习、生活和个人成长,提供多种学习培训和锻炼机会,保证他们的工资、奖金、职称、职务晋升等与同级生产经营管理者统一标准、统一管理(10分)	查阅档案资料、座谈
	(三)"五型企业"创建的支持系统(125分)	1. 体制机制建设(55分)	(51)企业文化建设工作纳入企业发展战略目标与规划,并制定总体规划、年度计划和规章制度,且组织实施;"五型企业"创建工作领导和运行体制机制健全完善,经费有保障(15分)	查阅档案资料、考察
			(52)定期召开企业文化工作会议,专题讨论研究"五型企业"创建等企业文化建设工作,并成为制度(10分)	查阅档案资料、座谈
			(53)建立并执行企业新闻发布制度,制定企业新闻危机公关处理应急预案(10分)	查阅档案资料、考察
			(54)有专门的企业文化建设考核评价体系,并纳入企业整体考评体系,且用于企业文化建设和企业整体考评工作(10分)	查阅档案资料、考察
			(55)定期发布企业社会责任报告(10分)	查阅档案资料、考察
		2. 基础设施和阵地建设(20分)	(56)企业文化工作职能部门有固定的办公场所和办公设施,工作条件不断改善(10分)	查阅档案资料、考察
			(57)每年拨付一定数量的企业文化设施建设专项经费,加强图书室、宣传栏、文体活动场所等阵地建设,并配备必要的现代化工具(10分)	查阅档案资料、考察
		3. 企业文化推广传播载体(20分)	(58)建立企业互联网和手机信息平台,办好企业广播电台、电视台、企业报、企业内部刊物等,扩大企业文化传播的覆盖面(10分)	考察、查阅档案资料
			(59)通过大众媒介,利用商业广告、公益广告等形式向社会宣传企业价值理念,树立企业形象,提高企业的社会知名度和认同度(10分)	查阅档案资料、考察
		4. 企业文化推广传播的方式方法(30分)	(60)开展多种形式的主题宣传教育活动(10分)	查阅档案资料、问卷调查、座谈
			(61)设计内容丰富、层次多样、针对性强的业务培训课程,且用于培训工作(10分)	查阅档案资料、问卷调查、座谈
			(62)定期开展企业文化教育实践活动,提升员工对企业文化的认知度和认同度(10分)	查阅档案资料、问卷调查、座谈

一级指标	二级指标	三级指标	指标内容(分值)	评价方法
三、“五型企业”创建效果体系(290分)	(一)内部效果(195分)	1. 企业凝聚力(80分)	(63)全体员工以企业为荣,对企业忠诚度高,自觉为企业发展作贡献(20分)	问卷调查、访谈、考察
			(64)企业管理层与员工之间、员工与员工之间关系和谐融洽(15分)	查阅档案资料、考察、座谈
			(65)在企业兼并、重组过程中,做好不同企业文化之间的融合工作,保持企业和谐稳定(15分)	查阅档案资料、问卷调查、座谈
			(66)员工到上级机关上访及群体性事件得到有效控制,无大规模群体性事件发生(15分)	查阅档案资料、考察
			(67)员工对企业的满意测评度高(15分)	查阅档案资料、问卷调查
		2. 企业成长性(65分)	(68)“五型企业”创建与企业中心工作融合度、协调发展度高,企业文化积极引领作用得到发挥,学习实践科学发展观向深度和广度拓展,在转变经济发展方式、实现科学发展方面有显著成效(20分)	查阅档案资料、考察
			(69)企业执行力提升,发展目标按计划完成,企业生产经营效益良好,企业产值和利润增长,能保证投资人和其他利益相关者的利益,实现国有资产保值增值(15分)	查阅档案资料、座谈、考察
			(70)企业未发生重大安全和质量事故、重大污染事故等(15分)	查阅档案资料、考察
			(71)企业整体实力和竞争力显著增强,发展潜力增大,基础条件优良,发展预期有保证(15分)	查阅档案资料、考察
		3. 员工成长性(50分)	(72)员工政治觉悟、思想道德水平和文明素质得到整体提升,精神生活健康(20分)	问卷调查、访谈
			(73)员工科学文化水平、职业素质和职业技能不断提高,科学创新意识增强(15分)	问卷调查、访谈
			(74)员工收入持续稳定增长,个人发展有上升空间(15分)	问卷调查、访谈
	(二)外部效果(95分)	1. 企业形象(30分)	(75)企业品牌知名度和美誉度不断上升,用户对企业产品和服务的满意度不断上升或维持在高水平(15分)	问卷调查、考察
			(76)企业对行业发展起到推动作用,在权威机构公布的竞争力等方面排名上升(15分)	查阅档案资料、考察
		2. 社会满意度(30分)	(77)企业对当地经济建设和社会各项事业的发展有明显贡献(15分)	查阅档案资料、考察
			(78)企业社会责任履行情况社会测评度高(15分)	查阅档案资料、问卷调查

一级指标	二级指标	三级指标	指标内容(分值)	评价方法
		3. 获得表彰情况(35 分)	(79)企业在党的建设、思想政治工作和精神文明建设、企业文化建设方面获得党政机关授予的国家或省部级荣誉称号(20 分)	查阅档案资料
			(80)企业培育选树的典型得到国家或省部级表彰奖励,培育选树典型或工作经验在国家或省、区、市范围得到宣传报道和推广(15 分)	查阅档案资料、考察

关于开展“五型企业”暨企业文化建设示范单位推介活动的通知

中央在黔及省属国有企业:

根据《贵州省思想政治工作“五型企业”实施方案》(黔宣通〔2012〕8 号)工作安排,现将开展“五型企业”暨企业文化建设示范单位推介活动有关事项通知如下。

一、活动目的

进一步全面贯彻落实党的十七届六中全会精神和省第十一次党代会精神,贯彻落实《中共贵州省委宣传部、贵州省国资委、中共贵州省委国防工委关于加强和改进新形势下国有及国有控股企业思想政治工作的实施意见》(黔委厅字〔2011〕83 号)的要求,推动《贵州省“五型企业”暨企业文化建设评价指标体系(试行稿)》试点工作的开展,加强和改进对思想政治工作和企业文化建设的领导,交流全省企业文化建设成果,迎接党的十八大胜利召开。

二、活动安排

1. 自愿申报。在黔国有企业均有资格根据党组织隶属关系向省国资委或省委国防工委申报;省国资委、省委国防工委根据申报情况,各向省委宣传部推荐不超过 5 家企业参加全省企业文化建设示范单位推介活动;省委宣传部将会同省国资委、省委国防工委在推荐的企业中优中选优,向中国政研会推荐不超过 5 家企业参加全国企业文化建设示范单位推介活动。被推荐的企业应以《贵州省“五型企业”暨企业文化建设评价指标体系(试行稿)》为标准,能够代表本行业企业文化建设的最高水平,企业文化建设经验应具有鲜明时代特征和企业特色。

2. 上报材料。申报企业应提交本企业“五型企业”创建及文化建设经验材料以及对《贵州省“五型企业”暨企业文化建设评价指标体系(试行稿)》试行情况的报告。

3. 抽查测评。省政研会配合中国政研会组成“企业文化建设示范单位推介工作小组”,对申报企业进行抽查测评。根据测评情况,中国政研会在全国范围选定不超过 50 家企业文化建设示范单位,省委宣传部、省国资委、省委国防工委在全省范围选定不超过 10 家贵州省“五型企业”暨企业文化建设示范单位。

4. 正式命名。第七届中国企业文化论坛正式公布全国企业文化建设示范单位名单,并邀请示范单位出席论坛,交流企业文化建设的先进经验。省委宣传部、省国资委、省委国防工委将相应公布贵州省“五型企业”暨企业文化建设示范单位名单,并邀请示范单位出席全省“五型企业”现场交流活动,交流“五型企业”创建经验。

5. 宣传推广。中国政研会组织部分中央媒体以及中国政研会杂志、网站等对全国示范单位及其工作经验进行宣传推广;省政研会组织部分省级媒体以及省政研会内部刊物、贵州文明网等对贵州省“五型企业”暨企业文化建设示范单位及其工作经验进行宣传推广。

三、活动要求

1. 按照《贵州省“五型企业”暨企业文化建设评价指标体系(试行稿)》的要求,积极推动本企业以"五型企业"为载体加强改进思想政治工作，进一步加强企业文化建设。

2. 积极推动本企业在试行《贵州省"五型企业"暨企业文化建设评价指标体系（试行稿）》的过程中，认真总结"五型企业"创建先进经验，创造更多具有贵州特色的企业文化，切实为贯彻国发2号文件和企业改革发展提供保障和服务，为《贵州省"五型企业"暨企业文化建设评价指标体系（试行稿）》的进一步完善提供具有建设性和可操作性的意见。

3. 在本企业的刊物、网站等广泛宣传《贵州省"五型企业"暨企业文化建设评价指标体系（试行稿）》，组织推动企业会员单位在企业文化建设实践中研究并运用。

4. 承担《贵州省"五型企业"暨企业文化建设评价指标体系（试行稿）》重点试点工作的企业要积极协助中国政研会、省政研会对企业试行情况进行认真调研，并按要求提供调研报告。

四、材料报送

1. 5月19日前，申报企业将经验材料及推荐表通过电子邮件和邮寄方式报送省国资委、省委国防工委。

2. 5月26日前，省国资委、省委国防工委根据申报情况，将推荐企业的经验材料及推荐表通过电子邮件和邮寄方式报送省委宣传部。

3. 5月30日前，省委宣传部根据申报情况，会同省国资委、省委国防工委向中国政研会推荐5家企业参加全国企业文化建设示范单位推介活动。

五、联系方式

1. 省委宣传部联系人：孟麟

电　　话：0851－5823885

电子信箱：gzszyh@126.com

通讯地址：贵阳市广顺路1号省委宣传部宣传教育处

邮　　编：550002

2. 省国资委联系人：王鹏平

电　　话：0851－6830464

电子信箱：gzwdjc@126.com

通讯地址：贵阳市中华北路省政府大院七号楼1151室

邮　　编：550001

3. 省委国防工委联系人：曾凡玉

电　　话：0851－6827875

电子信箱：623809374@QQ.com

通讯地址：贵阳市中华北路省政府大院七号楼1150室

邮　　编：550001

附：企业文化建设示范单位推荐表

中共贵州省委宣传部
中共贵州省国资委委员会
中共贵州省委国防工委
2012年5月14日

关于做好2012全国知名网络媒体、博主多彩贵州行大型主题采访活动有关工作的通知

有关市（州）党委宣传部，文明办、发改委、工信委（经信委、工能委）：

为深入贯彻国发〔2012〕2号文件和省第十一次党代会精神，充分发挥互联网传播作用，宣传我省近年来经济社会发展成就，宣传工业强省、城镇化带动战略实施情况和丰富的文化旅游资源，宣传我省干部群众干事创业的精气神，宣传道德模范、诚信友爱贵州人新形象，进一步为构筑"精神高地"、冲出"经济洼地"，为我省"坚持科学发展，奋力后发赶超"营造良好的舆论环境，经省委领导同意，省委宣传部、省文明办、省发改委、省经信委定于6月11日至15日举办"网眼看贵州聚焦新跨越——2012全国知名网络媒体、博主多彩贵州行"大型主题采访活动。

为做好此次主题采访活动相关筹备工作，请各单位按照活动实施方案要求做好相关工作。

附件：

1. 2012 全国知名网络媒体、博主多彩贵州行大型主题采访活动实施方案

2. 2012 全国知名网络媒体、博主多彩贵州行大型主题采访活动线路安排

中共贵州省委宣传部

贵州省文明办

贵州省发展和改革委员会

贵州省经济和信息化委员会

2012 年 5 月 29 日

附件一

2012“全国知名网络媒体、博主多彩贵州行”大型主题采访活动实施方案

为深入贯彻国发〔2012〕2 号文件和省第十一次党代会精神，进一步为构筑“精神高地”、冲出“经济洼地”，为我省“坚持科学发展，奋力后发赶超”营造良好的舆论环境，根据《2012 年全省对外宣传工作要点》有关要求，制定本方案。

一、总的要求

紧紧围绕贯彻落实国发〔2012〕2 号文件和省第十一次党代会精神，展示我省近年来经济社会发展成就，宣传工业强省、城镇化带动战略实施情况和丰富的文化旅游资源；结合弘扬贵州时代精神，宣传我省干部群众干事创业的精气神，宣传基层党员干部服务群众新举措，宣传道德模范、诚信友爱贵州人新形象，为我省经济社会发展提供精神动力和舆论支持。

二、活动名称

2012 第四届“全国知名网络媒体、博主多彩贵州行”大型主题采访活动

三、活动主题

网眼看贵州聚焦新跨越

之一：后发赶超看贵州

之二：诚信友爱看贵州

四、活动时间

6 月 11 日—6 月 15 日(共 5 天)

五、组织机构

主办：省委宣传部、省文明办、省发改委、省经信委

承办：省委外宣办、贵阳市委宣传部、遵义市委宣传部、安顺市委宣传部、毕节市委宣传部、铜仁市委宣传部、黔东南州委宣传部、黔南州委宣传部、黔西南州委宣传部

协办：金黔在线、多彩贵州印象网、贵州文明网

六、拟邀对象(80 个单位，约 100 人)

国家互联网信息办公室、各省(市)网宣部门；全国重点新闻网站、知名商业网站和地方重点新闻网站；全国知名博主；省内部分媒体。

1. 中央、地方重点新闻网站(44 家)

中央网站(11 家)：人民网、新华网、中国网、中国网络电视台、中国新闻网、中青网、光明网、中经网、中国日报网、中国广播网、国际在线

地方重点新闻网站(31 家)：千龙网、北方网、长城网、黄河新闻网、内蒙古新闻网、东北新闻网、中国吉林网、东北网、东方网、中国江苏网、浙江在线、中国安徽在线、东南新闻网、中国江西网、大众网、大河网、荆楚新闻网、红网、南方新闻网、广西新闻网、海南新闻网、华龙网、四川新闻网、云南网、中国西藏网、西部网、甘肃新闻网、青海新闻网、宁夏新闻网、天山网、中国台湾网

2. 知名商业网站(8 家)

新浪网、搜狐网、网易、腾讯网、凤凰网、百度、中华网、猫扑网、天涯社区

3. 全国知名博主(15 人)

4. 全国网宣单位(32 家)

国家互联网信息办公室，各省(区、市)互联网信息办公室(网络处)

5. 省内媒体(10 家)

贵州日报、贵州广播电视台、金黔在线、贵阳新闻网、贵州先锋网、多彩贵州印象网、贵州农经网、今日传播、黔龙网、贵州文明网

七、采访安排

活动围绕“后发赶超看贵州、诚信友爱看贵州”两个分主题，分 4 条线路采访，其中：

后发赶超看贵州——主要对工业发展、文化旅游参观采访,反映我省实施工业强省战略、推进工业园区建设的成效,展示我省得天独厚的旅游文化资源。

诚信友爱看贵州——主要通过采访基层党员干部,采访"四在农家"、采访我省全国道德模范和诚信友爱先进典型,展现干部群众诚信友爱的高贵品质和贵州精神文明创建成果。

八、日程安排

6月10日,记者、博主报到;

6月10日晚,宴请;

6月10日晚,观看《多彩贵州风》文艺演出;

6月11日上午,活动媒体见面会暨启动仪式;

6月11日至6月15日,按线路分组赴各地采访;

6月16日上午,返程。

九、任务分工

活动成立领导小组。

组　长:杨兴举、周晓云

副组长:哈思挺

成　员:王芳、卿元、方学兵、蔡赤丁

领导小组下设办公室,负责活动的综合组织协调。

具体任务分工如下:

1. 媒体邀请

网络处负责邀请网络媒体、全国网宣单位及省内部分传统媒体。网络处、文明办秘书组共同负责邀请全国知名博主。

2. 采访线路陪同安排

线路一:网络处、金黔在线陪同。

线路二:网络处、多彩贵州印象网陪同。

线路三:文明办秘书组、贵州文明网陪同。

线路四:文明办秘书组、金黔在线陪同。

3. 省发改委、省经信委

提供我省实施工业强省战略,推进工业园区建设的成效,展示我省良好投资环境、后发优势等背景资料。

4. 有关市(州)党委宣传部、外宣办

负责协调安排网宣单位嘉宾、记者、博主在当地的采访和食宿;准备有关当地近年来经济社会发展、工业园区建设、精神文明创建和旅游文化资源等相关背景资料;联系道德模范、诚信友爱贵州人采访对象,做好采访相关准备工作。

5. 有关市(州)文明办、发改委、工信委(经信委、工能委)

提供属地实施工业强省战略,推进工业园区建设等情况,展示我省良好投资环境、后发优势,提供道德模范、诚信友爱贵州人先进典型、"四在农家"创建等背景资料。

6. 金黔在线、多彩贵州印象网、贵州文明网

金黔在线开设本次活动官方网站,多彩贵州印象网、贵州文明网开设专题,选派骨干参加活动办公室共同完成相关工作。

7. 活动办公室

略。

8. 宣传工作

网络处负责统筹协调做好相关宣传工作,确保活动实效。

附件二

2012"全国知名网络媒体、博主多彩贵州行"大型主题采访活动线路安排

线路一

6月11日(星期一)

上午:启动仪式,贵阳出发至黔西县解放村。

下午:采访黔西县循环经济产业园区、黔西县承接产业转移基地,采访第三届全国道德模范阿里木。

6月12(星期二)

上午:采访金沙县西洛乡"金沙县台金现代农业生物科技观光园",岩孔镇板桥村。

下午:参观遵义会议会址、陈列馆、红军街及红军山

6月13日(星期三)

上午:采访新蒲新区,考察遵义县云门屯。

下午:采访湄潭县绿色食品工业园区(茅贡米公司、陆圣康源公司、栗香公司),同时

在栗香公司采访第二届全国道德模范提名奖获得者蔡崇英。

采访余庆县松烟镇阳光水岸新农村创建点。参观遵义市“四在农家”展览馆。

6月14日(星期四)

上午:采访余庆县龙溪镇茨桑坳创建点、五心教育示范基地,观看农村文体协会表演。

中午:参观猴场会议会址

下午:采访瓮安新区建设,听取创新社会管理情况介绍,实地采访瓮安县政法、公安等部门,实地采访瓮安一中。

6月15日(星期五)

上午:采访马场坪园区管委会,采访宏福化肥厂、天福公司、国电福泉电厂,采访马场坪至黄丝江边布依寨。

下午:返回贵阳

线路二

6月11日(星期一)

上午:启动仪式,采访小河区小孟展示中心、奇瑞客车项目、中煤盘江项目,小河区行政中心座谈。

下午:采访清镇市红枫湖镇虎山彝寨(诚信农民示范点)

采访平坝县夏云工业园区

6月12日(星期二)

上午:采访西秀区云峰屯堡,采访平坝县全国道德模范提名奖获得者陈芝文。

下午:参观王若飞故居

考察安顺经济技术开发区民用航空高新技术产业

基地

晚上:参观安顺文庙

6月13日(星期三)

上午:考察黄果树风景名胜区

下午:采访兴义则戎乡冷洞村第三届全国道德模范提名奖获得者朱昌国。

6月14日(星期四)

上午:考察万峰林景区、马岭河峡谷

中午:参观刘氏庄园

下午:采访郑鲁万工业园区

6月15日(星期五)

上午:贞丰龙场采访“中国网事感动2011”年度人物、中国青年五四奖章获得者钟晶,采访贞丰龙场工业区。

中午:考察双乳峰景区

下午:返回贵阳

线路三

6月11日(星期一)

上午:启动仪式,赴凯里。

下午:采访炉碧工业园区

6月12日(星期二)

上午:考察雷山西江苗寨

下午:考察采访贵州青酒集团有限责任公司。

晚上:考察㵲阳河

6月13日(星期三)

上午:考察镇远古城、青龙洞

下午:乘车赴铜仁

晚上:考察梦幻锦江

6月14日(星期四)

上午:铜仁学院学术报告厅听取第三届全国道德模范张蕾事迹报告,采访张蕾的老师、同学及张蕾家人。

中午:采访大兴工业园区,香港鸿基伟业——恩纬西公司。

下午:乘车赴梵净山

6月15日(星期五)

上午:考察国家级自然保护区梵净山,考察中国土家第一村云舍。

中午:返回贵阳

线路四

6月11日(星期一)

上午:启动仪式,采访“贵阳最美女孩”向欣园。

中午:考察花溪区十里河滩

下午:考察青岩古镇

6月12日(星期二)

上午:采访惠水县长田工业园区

下午:考察采访平塘县掌布乡“藏字石”景区,

观看“幸福进万家”公益演出并采访。

6月13日(星期三)

上午:考察荔波县小七孔景区

中午:考察大七孔景区

下午:参观邓恩铭故居

6月14日(星期四)

上午:采访三都县姑噜水寨。

中午:采访水书传承人,参观水族博物馆。

下午:考察都匀石板街

6月15日(星期五)

上午:考察采访都匀市摆忙乡“百里毛尖茶长廊”

下午:采访全国优秀社区工作者曹嘉萍

返回贵阳

关于印发《“坚持科学发展 奋力后发赶超”主题宣传报道工作方案》的通知

各市、州党委宣传部,省各新闻单位:

《“坚持科学发展 奋力后发赶超”主题宣传报道工作方案》已经省委领导同志同意,现印发给你们,请认真贯彻执行。

中共贵州省委宣传部

2012年6月5日

“坚持科学发展 奋力后发赶超”主题宣传报道工作方案

当前,全省上下正在深入贯彻落实省十一次党代会精神,坚持科学发展、奋力后发赶超,为建设一个充满活力、日新月异、幸福祥和的贵州而努力奋斗。今年下半年,中国共产党第十八次全国代表大会即将召开,这是全党全国各族人民政治生活中的一件大事。为统筹安排好迎接党的十八大和深入贯彻落实国发2号文件、省第十一次党代会精神的宣传报道工作,根据中宣部关于“科学发展成就辉煌”主题宣传报道工作的安排部署和省委的有关要求,结合我省实际,制定如下工作方案:

一、指导思想

以邓小平理论和“三个代表”重要思想为指导,深入贯彻落实科学发展观,坚持团结稳定鼓劲、正面宣传为主,大力宣传中国特色社会主义的旺盛生命力,大力宣传科学发展观的强大指导作用,大力宣传我省坚持科学发展、奋力后发赶超的重要意义、科学内涵,大力宣传我省深入贯彻落实省第十一次党代会精神的重大举措、最新进展和工作成效,大力宣传我省经济社会发展和党的建设各领域的辉煌成就、广大干部群众生产生活和精神风貌发生的巨大变化,进一步坚定全省上下坚持科学发展、奋力后发赶超的信心和决心,进一步推动深入贯彻落实国发2号文件、省第十一次党代会精神,为党的十八大胜利召开在我省营造良好的舆论氛围。

二、宣传重点

1. 大力宣传中国特色社会主义的旺盛生命力。宣传中国特色社会主义制度体系的巨大优越性、中国特色社会主义理论体系的强大生机活力,进一步统一思想、凝聚共识,引导人们高举中国特色社会主义伟大旗帜,坚持和拓展中国特色社会主义道路,坚持和丰富中国特色社会主义理论体系,坚持和完善中国特色社会主义制度,为创造幸福生活和美好未来努力奋斗。

2. 大力宣传科学发展观的强大指导作用。宣传科学发展观丰富的思想内涵和巨大的理论价值,为改革开放和社会主义现代化建设提供了科学理论指导,促进经济社会实现全面、协调、可持续发展;宣传省委省政府从贵州实际出发贯彻落实科学发展观,带领全省各族人民奋力后发赶超,在加速发展中转变经济发展方式,在转变经济发展方式中实现跨越发展,全省经济社会呈现出"发展提速、转型加快、效益较好、后劲增强"的良好态势。

3. 大力宣传我省坚持科学发展、奋力后发赶超的重要意义、科学内涵。宣传省第十一次党代会提出的我省后发赶超之路,是一条追赶全国"三化"步伐,促进经济加速跨越和社会全面进步的道路,是一条既提速又转型、经济效益社会效益生态效益同步提升的道路,是一条让人民群众充分享受发展成果、不断提升幸福指数的道路。归根结底,是一条从贵州实际出发,全面、协调、可持续、惠民生、促和谐的科学发展之路。

4. 大力宣传全省上下深入贯彻落实党代会精神的重大举措、进展成效。宣传贵州各地各部门根据各自实际,发挥主动性和创造性,深入贯彻落实党代会精神,坚定不移推动"三化同步"、加快转变经济发展方式、全面提高对内对外开放水平、增强改革的科学性协调性、提高文化自觉和文化自信、推进基本公共服务均等化、加强和创新社会管理、全面加强和改善党的建设的重大举措、最新进展和工作成效。

5. 大力宣传我省经济社会发展和党的建设各领域的辉煌成就、全省人民生产生活和精神风貌发生的巨大变化。宣传我省高举"团结、发展、奋斗"三面旗帜,以"两加一推"为主基调,经济社会发展和党的建设各领域取得的辉煌成就;宣传我省全力总攻绝对贫困,着力解决事关人民群众切身利益的突出问题,全省人民的幸福指数不断提高;宣传我省积极构筑精神高地、认真组织党的纯洁性教育试点工作、"解放思想、推动跨越"大讨论、深入推进"四帮四促"活动,风清气正、政通人和、干事创业的良好政治生态初步形成。

三、报道安排

自 6 月 11 日起,省各新闻单位全面启动本次主题采访,统一开设"坚持科学发展奋力后发赶超——喜迎党的十八大"专栏,配"开栏的话",并根据各自媒体特点和宣传报道需要,在总专栏名称下开设各具特色的子专栏,开展大规模、多体裁、连续性的宣传报道。具体安排如下:

1. 及时转载中央媒体重要稿件。从 6 月上旬起,新华社将在"科学发展、成就辉煌"专栏,连续播发一批综述文章(隔日一篇),贵州日报和各市、自治州党报在一版"科学发展、成就辉煌"专栏及时转载。7 月初开始,人民日报每周刊发 1 篇评论员文章,10 月份,人民日报刊发任仲平文章,贵州日报和各市、自治州党报、都市类、晚报类媒体全文转载。

2. 策划推出系列重大专题报道。从 6 月中旬至 9 月中旬,省主要新闻单位 1 周推出 1 个主题,依次推出"增比进位、工业园区、城镇化、农业现代化、精神高地、项目落地、扶贫攻坚、基础设施、社会管理创新、党的建设、文化繁荣发展、生态文明"等 12 个主题报道。每个专题的报道,原则上贵州日报一版头条、贵州广播电视台广播和电视《新闻联播》头条报道,并配合较大版面、时段的深度报道。当代贵州杂志同时陆续推出相关主打策划报道或特刊(有关集中采访方案或推荐选题另行下发)。

3. 认真组织系列深度综述报道。从 8 月中旬开始,贵州日报推出系列专版,以每天 1—3 个版的篇幅(周末除外),刊发综述报道,逐一展示全省 9 个市、自治州和省直各主要部门、主要行业贯彻落实国发 2 号文件和省党代会精神,坚持科学发展、奋力后发赶超的工作举措、工作亮点和工作成效。贵州广播电视台广播和电视《新闻联播》做好以上专题报道。当代贵州推出 1 期特刊。

4. 撰写系列理论和评论文章。专栏开设当天,贵州日报配发评论文章,充分阐述我省践行科学发展观、贯彻落实党代会精神的具体实践和取得的显著成就。6 月中旬起,围绕 12 个专题宣传报道,每周在头版刊发一篇评论。贵州广播电视台广播和电视《新闻联播》摘播。6 月下旬起,贵州日报理论版、当代贵州杂志理论专栏联系专家、学者,刊发一批深度理论文章,深入阐明高举中国特色社会主义旗帜和坚持科学发展、奋力后发赶超的重要意义。省内其他新闻单位也要配合新闻宣传,以多种形式开展相关理论宣传。

5. 做好“解放思想、推动跨越”大讨论的宣传报道。“解放思想、推动跨越”大讨论将于6月中下旬启动,8月底结束,分为动员发动、学习讨论、调查研究、总结提升四个阶段。大讨论启动时,贵州日报头版刊发消息稿,并配发评论文章。贵州广播电视台广播和电视《新闻联播》摘播。四个阶段的相关活动,各新闻单位及时深入地做好动态报道和深度报道。贵州日报理论版、金黔在线组织开展征文活动,扩大社会参与面。大讨论收尾阶段,贵州日报头版头条、贵州广播电视台广播和电视《新闻联播》刊播综述报道,配发评论文章,对大讨论进行全面深入的总结。

6. 推出贴近群众的系列报道。各新闻单位要切实践行“三贴近”和“走转改”的相关要求,推出一批平易近人、生动活泼的报道。从百姓视角切入,从基层变化着手,以简单、朴实、清新的语言风格,充分反映人民群众生活水平和精神面貌的巨大变化,营造一种健康、向上、积极、客观的总体氛围。都市类、晚报类、财经类媒体要充分发挥各自的策划优势,推出一批既切合此次宣传主题,又贴近人民群众的高质量新闻作品。

7. 切实加强对外宣传工作。12个主题报道的新闻选题,要及时向中央、香港驻黔新闻媒体推荐,力争在其重要版面、时段刊播一批有分量、有质量的稿件,充分反映我省经济社会发展和党的建设各领域取得的巨大成就。人民日报8月上旬开始推出各省区市的系列专版报道,各新闻单位要支持配合人民日报贵州分社的相关工作,力争把贵州的专版报道做出特色、做出深度、做出影响。

8. 着力营造网络舆论强势。从6月11日起,省各重点新闻网站在首页显著位置开设坚持科学发展奋力后发赶超——喜迎党的十八大”专题,及时转载集纳中央和我省主要新闻单位的重点报道、专题节目,并积极组织自采报道。综合运用多种网络传播手段,全方位开展成就宣传。广泛开展网络互动活动,以征集网络作品、推荐优秀贴文等形式,吸引网民广泛参与,讲述坚持科学发展、奋力后发赶超带来的可喜变化。

四、工作要求

1. 高度重视、认真组织。“坚持科学发展、奋力后发赶超”主题宣传,是党的十八大召开前我省新闻宣传工作重中之重的任务。各级党委宣传部门和新闻单位要把这项工作摆在突出位置、列入重要日程,做到思想认识到位、工作措施到位、组织落实到位;要按照统一部署,结合各自实际,制定周密的宣传方案和具体的发稿计划,成立专门的班子、组建专门的队伍,切实抓好各项工作的落实。主要领导同志要亲自负责,靠前指挥,对重要稿件、重要节目要亲自审定。

2. 突出主题、坚持导向。要牢牢把握科学发展这个主题,不论是总结经验还是展示成就,无论是回顾历史还是展望未来,都要突出宣传我省科学发展、后发赶超的生动实践和辉煌成就。要牢牢把握正确舆论导向,坚持团结奋进、昂扬向上的宣传基调,努力做好统一思想、凝聚力量、振奋精神、鼓舞士气的工作,在全社会形成深入贯彻落实省党代会精神、喜迎十八大召开的浓厚氛围。宣传报道中要坚持实事求是、客观辩证,既要把成绩讲充分,又不能说过头话,切实把握好分寸。

3. 加强统筹、形成合力。各新闻单位要注意宣传步调的配合一致,根据本方案的时间安排,在一段时间内集中宣传报道一个主题,通过协调配合,共同形成宣传报道强势。各市、自治州党委宣传部按照本方案精神,拟订本地的新闻宣传方案,并认真组织实施。省级新闻单位的系列报、系列台(频道、频率)和省级党刊、社科期刊要发挥各自特色,积极做好相关的配合宣传,为贯彻落实省党代会精神、迎接十八大召开营造浓厚的舆论氛围。

4. 注重创新、提高效果。各新闻单位要用走转改的方式做好此次主题宣传,组织编辑记者深入基层一线采访报道,创新内容、创新形式、创新手段,把新闻性与思想性统一起来。要放低视角,找准切入点,由小见大、由点到面,多报道群众的生动实践,多反映群众的切身感受,多采用群众的生动语言,坚持用典型说话,用事例和数据说话,不断增强报道的吸引力、感染力、说服力。

5. 加强管理、严肃纪律。在宣传报道中,要严格遵守党的政治纪律和宣传纪律,重大敏感问题要按照中央、省委省政府的相关口径稳妥把握。报道要全面准确,引用数据要出自权威部门,拿不准的问题要及时请示,重要稿件按程序送审。要切实加强对子报子刊、系列台(频道、频率)和网络、手机等新兴媒体的管理,认真落实新闻采编管理的相关规定,严格审核把握相关流程,严禁刊播同党的理论路线方针政策、同省党代会精神相悖的错误观点,不给错误言论提供传播渠道。

中共贵州省委宣传部

2012年6月5日

关于进一步加强和改进新闻媒体理论宣传工作的通知

各市(州)党委宣传部,省各新闻单位:

为深入贯彻落实全国理论宣传工作座谈会精神,充分发挥各类新闻媒体的传播优势,切实加强和改进我省理论宣传工作,推进马克思主义中国化时代化大众化,有力服务省委省政府工作大局,现就进一步加强和改进我省新闻媒体理论宣传工作有关事项通知如下。

一、指导思想

高举中国特色社会主义伟大旗帜,坚持以邓小平理论和"三个代表"重要思想为指导,深入贯彻落实科学发展观,全面贯彻党的十八大和省第十一次党代会精神,坚持解放思想、求真务实,坚持贴近实际、贴近生活、贴近群众,加强和改进我省新闻媒体理论宣传工作,促进党员干部和群众深入学习党的基本理论、基本路线、基本纲领和基本经验,不断提高思想理论素质,进一步增强坚持中国特色社会主义道路、理论体系和制度的自觉性坚定性,为推动我省经济社会又好又快发展提供思想保证、理论引导和智力支持。

二、基本原则

坚持正确方向,紧紧围绕中心,自觉服务大局,确立思想主导,坚持理论宣传与新闻宣传相结合、理论宣传与理论研究相结合、传统媒体宣传与新兴媒体运用相结合、对内宣传与对外宣传相结合,创新方式方法,及时反映理论工作情况,不断深化理论宣传内涵,努力拓宽理论宣传影响,有效提升理论宣传成效。

三、宣传重点

1. 大力宣传马克思主义中国化最新成果。宣传中国特色社会主义理论体系、社会主义核心价值的历史地位、理论贡献、指导意义;宣传马克思主义理论研究和建设工程的重要进展和显著成效;宣传科学发展观的历史地位、科学内涵、基本要求和理论价值,充分展示党的思想理论建设的丰硕成果。

2. 大力宣传中央和省委重大政策方针和决策部署。宣传中央和省委的重要会议和重要文件精神;宣传中央和省委经济工作的总体要求、主要任务和工作重点;宣传中央和省委重大决策部署出台的深刻背景、重大意义、丰富内涵;宣传党的十八大和省第十一次党代会召开的重大意义、作出的重要部署,推进深入学习贯彻党的十八大和省第十一次党代会精神。

3. 大力宣传我省理论武装工作的重要举措、最新进展和工作成效。宣传我省深入推进学习型党组织建设和党委(党组)中心组学习的先进事例和显著成效;宣传我省重大理论主题、重要理论品牌、重大理论活动;宣传推介各类座谈会、报告会、研讨会等产生的重要研讨成果;宣传各地各部门各单位加强理论工作、推进经济社会发展的好做法、好经验。

四、宣传形式

1. 集中宣传解读。在报纸、电视、网站上开设理论版或理论专栏有关节目,全面、集中、深入、生动地开展理论宣传。加强选题策划和版面组织策划,主动设置议题,办好党报、党刊、网站、广播理论版或理论专栏,保证理论宣传版面、栏目和时长。电视理论宣传要在做好动态报道、系列报道、综合报道的基础上,精心打造理论性栏目、节目,制作播出理论专题片,提升理论宣传感染力。

2. *报道各方反响*。充分发挥新闻媒体优势,及时报道社会各界对学习宣传贯彻党的重大理论、路线方针政策的热烈反响和积极评价。挖掘干部群众学习贯彻落实党的路线方针政策、以党的创新理论指导实践的鲜活事例。及时刊播各地贯彻落实中央和省委重大决策部署、精心策划本地本单位发展的新思路和新举措。加强对我省经济社会发展总体思路、具体部署和实施路径等进行深度解读。有计划地组织对各地各部门有关领导进行专题访谈。

3. *主动引导热点*。针对干部群众关心的社会热点和思想热点,抓住改革建设实践中出现的关键性问题,科学组织理论宣传,以"短平快"的新闻报道及时反映和跟踪问题。组织专家撰写理论文章予以解释说明,深入分析现状、成因和趋势,在回应热点中体现思想引领。围绕广大党员干部群众关心的热点问题,适时撰写推出通俗易懂、深入浅出、形象生动的理论文章。

4. *推进报网互动*。积极探索传统媒体与新媒体互动合作做好理论宣传的途径,在发挥好党报党刊、广播电视和图书等传统理论宣传媒介主渠道、主阵地作用基础上,积极拓展网络报刊、网络广播电视、移动多媒体、博客微博、手机短信等新兴传播媒介,打造新兴媒体理论传播平台。贵州日报、当代贵州、金黔在线、贵州手机报、微博贵州等要互动配合,实现资源共享、优势互补,使报纸读者、互联网用户及手机用户能够及时阅读到理论文章和理论工作报道。

5. *做好对外宣传*。加大对外交流传播力度,扩大我省理论工作影响和成效。加强与中央媒体尤其是《人民日报》、《光明日报》、《经济日报》、《求是》、《党建》、中央文明网等媒体的对接,积极报送我省理论武装工作文字报道、图片、视频等信息。争取每年有1至2篇署名贵州省中国特色社会主义理论体系研究中心的理论文章在高层次报刊发表。

五、工作要求

1. *高度重视,统筹协调*。理论宣传是党的思想理论建设的重要组成部分,在宣传思想文化工作中具有不可替代的重要作用。各级宣传文化单位,各新闻媒体要把理论宣传工作摆上突出位置,科学策划,精心组织,统筹安排,集成资源,加强协调合作,形成相互促进的理论宣传格局。

2. *把握导向,严格纪律*。坚持鲜明立场,把握正确方向,增强政治敏锐性和政治鉴别力,切实服务党和国家、省委省政府工作大局,把广大党员干部群众思想认识统一到中央和省委的决策部署上来,把智慧和力量凝聚到实现经济社会发展的各项目标任务上来。

3. *突出重点,力求创新*。各新闻媒体要紧密结合我省经济发展实际,紧密联系干部群众思想新特点,积极创新内容、创新形式、创新手段,不断增强理论宣传吸引力和感染力,努力提高理论宣传的实际效果。

4. *加强联系,通畅信息*。各市(州)党委宣传部要把理论工作进展情况及时报送省委宣传部,各级新闻媒体要将视频、文字等理论宣传材料及时报送上级新闻单位,以便及时发现各地各单位的好做法、好经验,树立典型,推广先进,促进我省理论宣传工作更加扎实有效开展。

关于学习宣传贯彻胡锦涛同志在省部级主要领导干部专题研讨班开班式上的重要讲话精神的通知

各市(州)党委宣传部,省直机关工委、省委教育工委、省委国防工业工委、省国资委党委宣传思想工作部门,省直宣传文化系统各单位:

胡锦涛同志7月23日在省部级主要领导干

部专题研讨班开班式上的重要讲话，总揽全局，内容丰富，思想深刻，富于创新，具有很强的政治性、理论性、指导性和针对性，是一篇马克思主义的纲领性文献。根据 7 月 25 日全国宣传部长座谈会精神和中共中央政治局委员、中央书记处书记、中宣部部长刘云山同志重要讲话精神，按照省委的部署要求，为深入学习宣传贯彻胡锦涛同志重要讲话精神，现就有关事项通知如下：

一、深刻领会精神，进一步统一思想认识

深入学习胡锦涛同志重要讲话精神，要在领会精神实质、把握基本要求上下功夫。胡锦涛同志的重要讲话，从坚持和发展中国特色社会主义的政治高度和宽广视野，科学阐述了事关党和国家全局的若干重大问题，深刻回答了党和国家未来发展的一系列理论和实践问题，对于团结动员全党全国各族人民解放思想、实事求是、与时俱进、开拓创新，满怀信心地为全面建成小康社会而奋斗具有十分重要的意义。要深刻认识胡锦涛同志重要讲话的重大现实意义和深远历史意义，深刻把握讲话的总要求，把握深入贯彻落实科学发展观、坚持和发展中国特色社会主义的重大意义和实践要求，把握推进经济建设、政治建设、文化建设、社会建设以及生态文明建设和党的建设的重大部署。通过深入学习宣传，引导广大党员干部群众进一步提高认识、统一思想，进一步增强走中国特色社会主义道路的信念信心，增强坚持科学发展、奋力后发赶超的自觉性坚定性。

二、拓展学习形式，进一步增强学习实效

学习宣传贯彻胡锦涛同志重要讲话精神，要创优方式方法，拓宽途径渠道，力争取得实实在在的成效。各级党委（党组）中心组要把讲话精神作为重点学习内容，在近期组织一至二次学习，结合实际列出专题进行研讨。省委宣传部召开全省宣传部长座谈会，深入学习胡锦涛同志重要讲话精神、传达贯彻全国宣传部长座谈会精神。各级党委宣传思想工作部门要认真组织广大党员干部学习，全面准确、系统深入把握讲话精神实质。各级党委讲师团要组织有关领导和专家，深入基层宣讲讲话精神，做好向广大党员干部群众的宣传阐释工作。各级社科管理、研究单位和学术团体、研究基地、研究会等要组织专家学者围绕讲话提出的一系列新思想、新观点、新论断开展研究，推出一批有价值的研究成果。各地各部门要结合自身特点，通过举办座谈会、学习会、报告会、研讨会、理论下基层、社科普及周等形式，广泛组织党员干部群众学习讲话精神。广大基层党组织要发挥阵地作用，采取群众喜闻乐见的形式，联系实际学习宣传贯彻讲话精神。

三、发挥宣传优势，进一步营造良好氛围

各级宣传部门和新闻媒体要充分发挥主阵地和主渠道作用，推动兴起深入学习胡锦涛同志重要讲话精神的热潮。各级党报党刊、广播电视和主要网站，要精心策划，周密安排，在重要时段、重要版面开设专栏专题，推出一批学习胡锦涛同志重要讲话精神的专题评论、理论文章、学习经验和成效介绍等，大力宣传胡锦涛同志重要讲话的重大意义、主要内容和精神实质，宣传讲话提出的一系列重大理论概括和重大战略部署，及时报道全省党员干部群众的热烈反响和各地各部门学习贯彻的实际行动。要继续深化"坚持科学发展、奋力后发赶超——喜迎党的十八大"主题宣传，全方位展示我省改革发展的辉煌成就。要有针对性地加强社会热点难点问题的引导，进一步凝聚社会共识、壮大主流思想舆论。要集中展示我省文化改革发展的丰硕成果，深入推进社会主义核心价值体系建设，广泛开展迎接十八大、讲文明树新风活动。要精心组织对外宣传，努力形成有利于我省又好又快更好更快发展的良好环境。

四、紧密联系实际，进一步推动各项工作

深入学习胡锦涛同志重要讲话精神，既要体现在思想认识的提高上，又要反映在实际的工作运用上，在指导实践、推动工作上见成效。要紧密联系我国和我省改革开放和现代化建设的实际，把学习贯彻胡锦涛同志重要讲话精神与贯彻落实国发〔2012〕2 号文件和省第十一次党代会精神结合起来，增强人们贯彻落实科学发展观的自觉性坚定性，汇聚起推动经济社会跨越发展的强大力量。要紧密联系党的建设的实际，把学习贯彻胡锦涛同志重要讲话精神与保持党的先进性纯洁性结合起来，深入推进我省"创先争优"、"四帮四促"、"三个建设年"、"帮县联乡驻村"等活动，进一步提高党的建设科学化水平，为全省经济社会发展提供坚强保证。要紧密联系干部群众的思想和工作实际，把学习贯彻胡锦涛同志重要讲话精神与推动我省科学发展、后发赶超结合起来，进一步引导人们聚精会神搞建设、一心一意谋发展，以做好本职工作的实际行动维护好改革发展稳定大局，努力建设充满活力、日新月异、幸福祥和的新贵州。

全省宣传思想文化战线要把学习宣传贯彻胡锦涛同志重要讲话精神作为当前的一项重要政治任务，摆在突出位置，列入重要议程，切实加强领导，精心安排部署，努力改进创新，加强统筹协调，确保各项工作落到实处、取得明显成效，切实把干部群众的思想和行动统一到讲话精神上来，为党的十八大召开营造良好舆论氛围。

关于印发《加强改进当前新闻宣传工作的实施方案》的通知

省各新闻单位：

《关于加强改进当前新闻宣传工作的实施方案》已经省委领导同志同意，现印发给你们，请认真贯彻执行，并于8月6日上报细化落实方案。

中共贵州省委宣传部
2012年8月2日

关于加强改进当前新闻宣传工作的实施方案

为进一步加强改进当前新闻宣传工作，为党的十八大胜利召开和我省经济社会发展营造良好舆论氛围，按照省委领导的指示精神，现提出如下实施方案：

一、突出主题，深入推进迎接党的十八大宣传。

紧紧围绕胡锦涛总书记“7·23”重要讲话精神、省第十一次党代会精神和国发2号文件的贯彻落实情况，结合7月20日省委常委会议和7月30日全省信访和维稳工作电视电话会议精神，深入推进迎接党的十八大宣传，重点突出以下几个方面的工作：

1. 学习贯彻落实胡锦涛总书记“7·23”重要讲话精神。全面准确深入宣传我省学习贯彻落实胡锦涛总书记重要讲话精神的相关情况，营造解放思想、改革开放、凝聚力量、攻坚克难的浓厚氛围，把全省广大干部群众的思想和行动统一到讲话精神上来。

2. 坚持科学发展，走生产发展、生活富裕、生态良好的文明发展道路。大力宣传我省上半年保持后发赶超、跨越发展的良好态势和提速转型工作取得的重大成效；及时反映我省工业化、城镇化、农业现代化建设的最新举措和进展、成效。

3. 坚持改善民生，让改革发展成果更好地惠及人民群众。大力宣传我省扎实推进“十大民生工程”、十六件民生实事，统筹抓好扶贫攻坚、促进就业，加快推进基本公共服务建设，加强安全生产等各方面工作的相关情况。

4. 坚持从严治党，大力加强精神文明建设和干部队伍建设。大力宣传我省积极构筑自觉自信自强、创先创新创优的“精神高地”，努力营造良好的干事创业氛围；宣传我省加强改进思想作风、工作作风，深入推进创先争优、四帮四促、帮联驻工作的相关情况。

5. 坚持“发展第一要务”和“稳定第一责任”两手抓，正确处理改革发展稳定关系。大力宣传我省在信访维稳、社会管理方面取得的显著成效，深入宣传贵阳市创新社会管理、“余庆经验”、铜仁市社会稳定风险评估、毕节“三级联动接访”等先进典型。

二、集中力量，重点策划深度报道、特别报道。

各新闻单位在完成各项常规报道工作的同

时,要把重点放到加强新闻报道的组织策划上来,在扩大报道声势、加强报道深度、提高报道鲜活性上下功夫,集中骨干力量,围绕省委、省政府的中心工作和全省经济社会发展大局,深入基层一线采访,在重要版面、重要时段,精心推出一批有分量、有影响的深度报道、特别报道,努力形成"主题鲜明、重点突出、亮点纷呈、生动活泼"的宣传局面。

1."余心声"系列文章。近期,省委宣传部将推出《论坚持科学发展坚持改善民生坚持从严治党》、《论既要加速发展又要和谐稳定》两篇余心声文章,各新闻单位在显著版面、时段刊播,并围绕两篇文章的主题,组织刊发相关新闻报道。

2."提速转型"新闻述评。8月8日、8月9日,各新闻单位在显著版面、时段推出2篇新闻述评(名称自定),并配发评论(短评)、编者按和相关图片。上篇集中论述上半年经济工作取得的成就和我省后发赶超的良好态势,下篇论述我省加快转变经济发展方式的进展和成效。

3."精神高地"新闻述评。8月13日、8月14日,就我省构筑"精神高地"的情况推出2篇新闻述评(名称自定),配发评论(短评)、编者按和相关图片。上篇从自觉自信自强的角度,论述贵州干部群众精神面貌的巨大变化。下篇从思想作风、工作作风的角度,论述我省在干事创业氛围上发生的巨大变化。

4."民生要务"新闻述评。8月20日、8月21日,就我省发展改善民生、加强改进社会管理的情况推出2篇新闻述评(名称自定),配发评论(短评)、编者按和相关图片。上篇论述我省扎实推进民生建设,切实维护群众利益,广大群众生产生活条件日益改善。下篇论述我省加强改进社会管理,领导干部带头接访,涌现出贵阳、余庆、铜仁、毕节等社会管理先进典型。

5."喜迎十八大"系列专题报道。各新闻单位要按照省委宣传部《"坚持科学发展奋力后发赶超"主题宣传报道工作方案》的统一安排,于8月6日—8月24日,做好"项目落地、城镇化、农业产业化"3个专题报道,每周推出1个专题,并在头版、头条推出一篇相关报道。8月中旬开始,推出系列专版、专题,逐一展示全省9个市州坚持科学发展、奋力后发赶超的工作举措、工作亮点和工作成效。

三、加强联动,扩大主题宣传的声势和效果。

各新闻单位要切实按照省委、省委宣传部的统一安排部署,服从调度,以高度的积极性、主动性,在加强联动、加强统筹、加强指导上下功夫,共同打造全方位、立体式、多层次的宣传报道格局,不断加大主题宣传的报道力度和声势,有效提高新闻策划的质量和水平。

1.加强联动,营造强大宣传声势。平面媒体和广播电视、传统媒体和网络媒体之间要保持报道步调的基本一致,一个时段内集中推出一个主题;要加强相互合作,尽力做到资源共享;要做到宣传报道的相互呼应,及时反映媒体的重要活动和策划亮点;要积极配合对外新闻宣传工作,加强与中央、香港媒体的联系,在新闻选题、组稿、供稿等方面全力支持配合。

2.加强统筹,努力扩大宣传效应。媒体的版面、专栏,要进行有效统筹,形成既有分工、又有合作的宣传工作机制。专题报道、系列报道、特别报道、组合报道等,要有言论、理论、图片、特写、侧记的配合;重大活动的宣传,在做好程序报道的同时,要积极扩大社会参与,充分反映社会反响,并做好相关工作领域的延伸报道、深度报道。

3.加强指导,打造立体宣传格局。各媒体要按照主题宣传报道全覆盖的原则,加强对下属子报、子刊、频道、频率、网站的工作指导,充分发挥都市晚报类媒体、法制生活类频道频率和各新闻网站的策划优势,推出诸如"百姓说变化"、"网友晒幸福"(名称自定)等专栏,刊播一批低视角、小切口、贴近性强的报道,充分反映我省经济社会加快发展给基层群众带来的实惠和好处。

4.加强管理,坚持正确舆论导向。认真贯彻落实全省信访和维稳工作电视电话会议精神,进一步统一思想认识、狠抓工作落实、强化领导责任,做到守土有责、守土有方、守土有效。切实加强媒体内部管理,认真落实稿件审签把关、安全播出等各项工作制度,牢牢把握正确舆论导向,为党的十八大胜利召开营造良好的舆论氛围。

关于加强“解放思想、推动跨越”大讨论活动宣传报道的通知

贵州日报、当代贵州、贵州广播电视台、贵州都市报、贵州商报、人民网贵州频道、新华网贵州频道、金黔在线、贵州基层党建网、贵州先锋网：

近一段时间来，各地各部门按照省委统一部署，认真贯彻落实黔委厅字〔2012〕47 号文件精神，积极开展“解放思想、推动跨越”大讨论活动，取得了初步成效。根据省委常委、省委宣传部部长喻红秋同志要求，为及时反映、总结推广“解放思想、推动跨越”大讨论活动过程中涌现出的好做法好经验好典型，进一步营造浓厚氛围，现就有关事项通知如下：

一、宣传报道重点

1. 深入报道各地各部门经过开展“解放思想、推动跨越”大讨论活动，在帮助提升思想认识、破除陈旧观念、转变工作作风、探寻发展新思路新举措、解决发展问题、维护和谐稳定等方面取得的成效。

2. 充分反映各地各部门开展“解放思想、推动跨越”大讨论活动的生动场面和典型事例。

3. 总结提炼、宣传推广“解放思想、推动跨越”大讨论过程中涌现出的好做法好经验好典型。

二、宣传报道方式

以重要版面和时段，通过综述、消息、侧记、记者手记、领导与专家访谈等多种方式，对“解放思想、推动跨越”大讨论活动开展及其成效进行深入宣传报道。此次深入宣传，统一纳入“解放思想、推动跨越”专栏。

三、具体要求

1. 贵州日报

(1) 在重要版面报道 8 月 13 日至 16 日开展的“解放思想、推动跨越”大讨论活动集中督导工作有关情况。

(2)8 月 15 日以连版形式，集中报道省直有关部门开展“解放思想、推动跨越”大讨论活动的好做法好经验好典型好成效。

(3)8 月 23 日以连版形式，集中报道各地开展“解放思想、推动跨越”大讨论活动的好做法好经验好典型好成效。

(4)8 月底前，在“解放思想、推动跨越”专栏至少推出 8 期各地各部门开展大讨论活动工作情况。在理论版至少推出 5 篇以上大讨论活动的理论文章、工作经验介绍等。

(5) 活动结束后，头版头条刊发“解放思想、推动跨越”大讨论活动综述，在“解放思想、推动跨越”专栏至少推出 4 期有关报道，介绍各地各部门开展大讨论活动的好做法好经验好典型好成效等，

2. 贵州广播电视台

(1) 贵州广播电视台广播、电视新闻联播及时播出 8 月 13 日至 16 日开展的“解放思想、推动跨越”大讨论活动集中督导工作有关情况。

(2) 贵州广播电视台广播、电视新闻联播于 8 月底前在“解放思想、推动跨越”专栏至少推出 8 条有关报道，介绍各地各部门开展有关工作的好做法好经验好典型好成效。

(3) 活动结束后，连续 2 期从总体上报道开展“解放思想、推动跨越”大讨论活动的好做法好经验好典型好成效。

3. 当代贵州

于 8 月下旬刊刊登开展“解放思想、推动跨越”大讨论活动的好做法好经验好典型好成效专题。

4. 其他媒体

从本通知下发之日起，贵州都市报、贵州商报发挥都市类媒体优势，策划鲜活、生动的报道。人民网贵州频道、新华网贵州频道、金黔在线、贵州基层党建网、贵州先锋网、贵阳新闻网，及时上传贵州日报、当代贵州、贵州广播电视台关于大讨论活动的报道，并发挥网络媒体优势策划相应报道。

四、相关事宜

1. 各新闻单位要高度重视“解放思想、推动跨越”大讨论活动宣传报道工作，切实加强领导，明确责任要求，认真安排部署，精心组织实施，确保取得明显成效，进一步营造浓厚舆论氛围。

2. 省委宣传部理论处协调相关媒体采访的对接工作及提供各市（州）活动开展情况有关文字材料。收到本通知后，各新闻单位要立即明确 1 至 2 名联系记者。活动结束后，各新闻单位要及时报送宣传报道总结。联系人：李胜，联系电话：0851 – 5822247，18798740326；邮箱：LLC4567 @ 126. com。

关于印发《中共贵州省委宣传部关于进一步支持安顺加强宣传思想文化工作的方案》的通知

中共安顺市委宣传部，省直宣传文化系统各单位：

为贯彻落实《中共贵州省委 贵州省人民政府关于进一步支持安顺加快经济社会发展的意见》（黔党发〔2012〕15 号），现将《中共贵州省委宣传部关于进一步支持安顺加强宣传思想文化工作的方案》，印发给你们，请结合实际抓好落实。

中共贵州省委宣传部

2012 年 8 月 15 日

中共贵州省委宣传部关于进一步支持安顺加强宣传思想文化工作的方案

为深入贯彻落实《中共贵州省委贵州省人民政府关于进一步支持安顺加快经济社会发展的意见》（黔党发〔2012〕15 号）文件精神，进一步发挥宣传思想文化工作在促进安顺经济社会提速发展、赶超跨越中的重要作用，特拟定如下工作方案。

一、支持安顺加强理论工作

（1）支持安顺加强学习型党组织建设。在宣传干部培训、宣讲骨干培训、哲学社会科学教学科研骨干研修等方面给予安顺工作支持和业务指导。

（2）支持安顺市委中心组学习。根据安顺市委中心组学习需要，适时联系专家学者为安顺市委中心组作辅导报告。加强安顺党委（党组）中心组网络学习平台建设，提供技术、业务指导和适当资金支持。

（3）推进安顺理论宣传工作。协调《贵州日报》、《当代贵州》、《理论与当代》、《贵州宣传》等省级报刊刊载安顺稿件，对安顺理论宣传的评论文章、理论文章以及调研成果的评选、采用、发表给予支持。

（4）支持对安顺市委讲师团、安顺市社科联的有关工作。协调省委讲师团、省社科联在“社科理论下基层”活动、理论宣讲、学习资料编印等方面给予工作支持和业务指导，指导安顺哲学社会科学优秀成果评奖工作。

（5）在贵州省哲学社会科学规划课题申报立项中给予安顺适当支持。

二、支持安顺加大宣传力度

（6）在迎接十八大主题宣传中，协调《贵州日报》、贵州广播电视台广播、电视的《贵州新闻联播》做好有关安顺的报道。重点宣传省委、省政府《关于进一步支持安顺加快经济社会发展意见》的主要精神；对安顺贯彻落实省委、省政府《意见》的新举措、新进展、新成效进行跟踪反映；对安顺推进经济社会又好又快、更好更快发展的典型进行宣传推介。今年 9 月上中旬，邀请中央、香港驻黔媒体和省内各新闻单位，对安顺工业、文化项目建设和贵安新区建设、黄果树景区旅游开发等进行集中采访，各媒体开辟专栏、专版、专题进行集中宣传。

(7)进一步加大对安顺加快经济社会发展的新闻宣传报道力度。出台新闻宣传报道指导意见，进一步明确报道重点、报道安排和工作要求等。

(8)指导帮助安顺网上舆论阵地建设和正面宣传工作。指导帮助安顺新闻网站建设工作，加快壮大网上舆论阵地。组织协调全国和省知名网络媒体在采访活动中加大对安顺的宣传推介，加大网上正面宣传力度。

(9)加大对安顺网上舆论引导和管理工作的支持力度。协调有关部门协助安顺网络舆情监测和舆论引导工作。帮助安顺建立全市各县共用的互联网舆情监测系统，从省互联网发展专项资金中予以适当支持。

(10)在对外宣传工作中给予安顺倾斜。在安顺城市品牌形象塑造和宣传上给予支持，根据安顺实际需要，指导制作形象片、画册、折页等系列外宣品。配合安顺的重要工作部署和重大活动，适时组织中央、香港驻黔主要媒体、省主要新闻媒体进行专题采访报道。

三、支持安顺深化文明创建

(11)以开展新一轮文明城市创建活动为契机，加大对安顺文明创建活动的督促和指导。参照全国文明城市测评体系和全国城市文明程度测评体系，指导安顺坚持宣传教育和整治并重，坚持建设和管理并重，注重城乡统筹，大力推动长效机制建立，不断提高文明城市创建工作水平。

(12)支持深入开展"满意在贵州"主题活动。指导安顺加强行业部门行风政风建设，深化职业道德宣传教育和文明优质服务竞赛活动，不断提高社会公共服务水平和质量。

(13)加大对安顺农村精神文明建设工作的支持力度。以"四在农家"创建活动和农民文化家园建设为抓手，进一步加大支持力度，每年资助建设4个以上"四在农家"创建活动省级示范点和30个以上农民文化家园项目，提高安顺农村精神文明建设水平。

(14)在中宣部、中央文明办和教育部实施的"西部开发助学工程"项目中，增加安顺的贫困大学生资助名额和高中"宏志班"招生名额；在中央文明办实施的"绿色电脑进西部"项目中，增加安顺的名额；在实施"文明贵州助学行动"项目中，增加安顺的名额；在实施乡村学校少年宫建设项目中，增加安顺的名额。

四、支持安顺加强文艺创作生产

(15)在安排贵州省文艺工作经费时，对安顺符合申请条件的项目予以倾斜，支持安顺打造有影响力的文艺精品。

(16)组织省内外知名作家、艺术家赴安顺开展采风创作和辅导授课，开展文化交流活动，提升安顺整体文艺创作水平。

(17)协调省内相关新闻媒体加大对安顺文艺作品、文艺人才的宣传推介。

五、支持安顺加快发展文化事业和文化产业

(18)省文化厅、省广播电视局、省新闻出版局等省直宣传文化单位，要积极支持安顺加快图书馆、博物馆等公共文化服务设施建设，加强安顺县级文化馆、图书馆、乡镇综合文化站、村文化室建设；在文化资源信息共享工程、农家书屋、广播电视村村通工程、电影放映工程等方面给予倾斜。

(19)协调相关部门加快推动安顺"生态文化旅游融合发展示范区"建设，特别是对纳入省"十大文化产业园区"的"黔中国际屯堡文化生态园"建设加大支持力度。

(20)根据安顺需求，积极推荐省内外相关文化产业专家及团队帮助工作。

(21)积极支持安顺建设屯堡文化、生态文化与古生物文化产业集聚区，建设一批特色文化产业基地和区域特色文化产业群。根据《关于做好县级文化旅游规划编制有关工作的通知》，对符合要求的规划编制项目给予倾斜支持。积极利用深圳文博会、西部文博会、香港投资贸易推介签约、泛珠经贸洽谈会等活动和平台，加大对安顺优势文化产业项目的宣传推介力度。对安顺符合省文化产业扶持方向、社会效益和经济效益好的项目给予支持。

(22)积极协调省直宣传文化系统有关部门，加强对安顺文化产业招商引资工作的扶持，协助引进符合安顺文化产业发展方向、契合安顺文化旅游资源的项目。

六、支持安顺加强干部队伍建设

(23)每年从安顺市或所辖区县党委宣传部，选调 2 名同志到省委宣传部挂职学习。

(24)协调省直宣传文化单位与安顺宣传文化单位互派干部挂职锻炼，协调安顺宣传文化人才尤其是“四个一批”人才到省主要媒体、省管国有文化企业等单位学习锻炼。

(25)在举办全省宣传部长、文明办主任、外宣办主任、文改办主任、新闻发言人等主题培训班时，增加安顺参训人员名额。

关于印发《关于认真做好迎接党的十八大胜利召开的社会宣传工作方案》的通知

各市、州党委宣传部，中央在黔及省直有关单位：

为喜迎党的十八大胜利召开营造浓厚的社会氛围，现将《关于认真做好迎接党的十八大胜利召开的社会宣传工作方案》印发给你们，请结合实际，认真实施，抓好落实。

中共贵州省委宣传部
2012 年 9 月 14 日

关于认真做好迎接党的十八大胜利召开的社会宣传工作方案

为喜迎党的十八大胜利召开营造良好的社会氛围，结合我省实际，特制定本方案。

一、宣传步骤

1.9 月中旬至 10 月初。各地各部门在省第十一次党代会社会宣传工作的基础上，以全国公民道德宣传日为契机，全面启动喜迎党的十八大胜利召开的社会宣传工作。

2.10 月初至党的十八大召开。紧扣形势、任务，为我省喜迎党的十八大胜利召开营造良好的社会环境。

二、宣传重点

以贵阳市及各市(州)政府所在地、机场、火车站、汽车站、码头、星级酒店、政务服务中心、高速公路沿线、旅游景点景区、加油站、银行(证券、保险)等服务窗口为重点，利用多种宣传载体，为喜迎党的十八大胜利召开营造浓厚的社会氛围。各有关单位的任务分工如下。

序号	工作内容	责任单位
1	统筹协调、督促指导全省各地各有关部门开展社会宣传工作，审定媒体有关公益广告片、户外大型广告牌、宣传标语等。	省委宣传部
2	组织动员全省文明单位做好社会氛围的营造工作，在窗口单位悬挂宣传标语，在户内外 LED 显示屏滚动播放宣传标语和贵州时代精神宣传片。	省文明办
3	组织动员系统内各单位做好社会氛围的营造工作，在服务大厅、窗口单位悬挂宣传标语，LED 显示屏滚动播放宣传标语和贵州时代精神宣传片。	省直机关工委
		省国资委
		省委国防工委

序号	工作内容	责任单位
4	1）组织动员各大中小学校在校园大门悬挂宣传横幅，在LED显示屏滚动播放宣传标语和贵州时代精神宣传片。 2）充分利用大中小学校园的橱窗宣传栏、广播电视、校刊校报、校园网络等媒体广泛宣传。	省委教育工委
5	1）在各地公安局办证大厅、派出所、治安卡点的LED显示屏滚动播放宣传标语。 2）在高速路、高等级公路、各地交通干道沿线、警务执勤车的LED显示屏滚动播放宣传标语。	省公安厅 省交警总队
6	在各地工业园区及建设工地悬挂醒目的宣传标语。	省住建厅
7	在沪昆高速、兰海高速、厦蓉高速、杭瑞高速、贵都高速公路沿线大型广告牌、LED显示屏滚动播放宣传标语。	省交通运输厅 贵州高速公路开发总公司
8	协调各地大型商场、购物中心悬挂宣传标语，LED显示屏滚动播放宣传标语和贵州时代精神宣传片。	省商务厅
9	积极协调广告业主将宣传内容与各类商业广告有机结合进行宣传。	省工商局
10	在各地旅游景区、星级酒店悬挂宣传标语，在LED显示屏滚动播放宣传标语和贵州时代精神宣传片。	省旅游局
11	组织动员系统内各单位做好社会氛围营造工作，在服务大厅、窗口部门悬挂宣传标语，在LED显示屏滚动播放宣传标语和贵州时代精神宣传片。	省邮政管理局 省邮政公司
12	组织动员金融系统各单位做好社会氛围营造工作，在服务大厅、窗口部门悬挂宣传标语，在LED显示屏滚动播放宣传标语和贵州时代精神宣传片。	省金融办
13	1）向手机用户群发公益短信100万条。 2）在各营业大厅悬挂宣传标语，在LED显示屏滚动播放宣传标语和贵州时代精神宣传片。	省通信管理局 中国电信贵州分公司 中国移动贵州公司 中国联通贵州分公司
14	1）在候机楼、政要通道、贵宾通道LED显示屏滚动播放宣传标语和贵州时代精神宣传片。 2）在机场广场的大型广告牌上进行宣传。	贵阳机场集团公司
15	在候车室、贵宾通道悬挂宣传标语，在LED显示屏滚动播放宣传标语和贵州时代精神宣传片。	贵阳火车站
16	在各地加油站悬挂宣传标语，在LED显示屏滚动播放宣传标语。	中石化贵州石油分公司 中石油贵州销售公司
17	在各地营业大厅悬挂宣传标语，在LED显示屏滚动播放宣传标语和贵州时代精神宣传片。	贵州电网公司
18	在各市（州）、县（市、区、特区）的社区、乡镇、企业悬挂宣传标语。	各市（州）、县（市、区、特区）党委宣传部

三、宣传要求

1.加强领导，确保按时完成任务。各市（州）、县（市、区、特区）及各责任单位要加强领导，按照任务分工，在上一阶段工作的基础上，结合本地本部门的工作实际，按时将各项工作任务落到实处。

2.明确重点，突出宣传主题。各地各部门要明确工作重点和重点部位，努力营造喜迎党的十八大胜利召开的浓厚氛围。

3.广泛宣传，确保形成浓厚氛围。各地各部门要充分发挥机关、学校、企业、社区、商场等宣传橱窗作用，充分利用宣传栏、板报、墙报、横幅条幅、标语牌、宣传画、彩旗彩灯、户外广告牌、网站论坛、微博、手机报、短信等宣传阵地和载体，在全省形成喜庆、热烈的浓厚氛围。

4.加强督促指导，确保取得实效。各地各部门要切实加大督查力度，及时协调解决工作中遇到的问题和困难，按时推进各项工作。省委宣传部将适时进行督促检查，组织新闻媒体对各地各部门的工作进行宣传报道，确保社会宣传工作取得实效。

附件：喜迎党的十八大胜利召开的宣传标语

附件

喜迎党的十八大胜利召开的宣传标语

1.坚持科学发展，奋力后发赶超，以优异成绩迎接党的十八大胜利召开！

2.以邓小平理论和“三个代表”重要思想为指导，深入贯彻落实科学发展观！

3.大力弘扬“开放创新、团结奋进”的贵州时代精神！

4.努力构筑贵州“精神高地”，奋力冲出“经济洼地”！

5.加速发展、加快转型、推动跨越！

6.大力实施工业强省、城镇化带动战略，同步推进农业现代化！

7.高举发展、团结、奋斗的旗帜！

8.深入贯彻落实国发2号文件精神，努力推动贵州经济社会又好又快、更好更快地发展！

9.弘扬“开放创新、团结奋进”贵州时代精神，推动贵州经济社会又好又快，更好更快发展！

10.热烈庆祝党的十八大隆重召开！

11.以党的十八大精神为统领，为贵州与全国同步建成全面小康社会而努力奋斗！

12.以党的十八大精神为统领，为实现贵州经济社会发展的历史性跨越而努力奋斗！

（第10、11、12三条标语待党的十八大召开时间正式公布后选用）

关于下发《“贵人善行——颂最美精神做最美贵州人”主题活动方案》的通知

各市（州）党委宣传部、总工会、团委、妇联，省级新闻单位：

为深入贯彻落实党的十七届六中全会和省第十一次党代会精神，加强社会主义核心价值体系建设，大力弘扬贵州时代精神，努力构筑贵州“精神高地”，现将《“贵人善行——颂最美精神 做最美贵州人”主题活动方案》下发你们,请结合实际,制定实施方法,采取有效措施,确保活动取得实效。

中共贵州省委宣传部
贵州省精神文明建设指导委员会办公室
中共贵州省委对外宣传工作办公室
贵州省总工会(贵州省互联网信息办公室)
共青团贵州省委员会
贵州省妇女联合会
2012 年 9 月 18 日

“贵人善行——颂最美精神 做最美贵州人”主题活动方案

为进一步加强全省社会主义核心价值体系建设,大力弘扬贵州时代精神,在全社会大力营造颂扬“最美精神”,争做“最美贵州人”的浓厚氛围,为构筑“精神高地”,建设和谐社会,实现与全国同步建成全面小康社会凝聚强大精神力量,特制定本方案。

一、总体要求

根据省第十一次党代会关于努力构筑贵州“精神高地”的部署,围绕褒扬当代贵州人中的凡人善举,着眼群众身边事、寻常事、感人事,宣传群众身边人、寻常人、高尚人,践行社会主义核心价值体系,大力弘扬热爱祖国、热爱贵州、助人为乐、无私奉献的高尚精神,传承尊老爱幼、邻里和睦的传统美德,着眼在平凡岗位追求卓越的崇高情怀,发扬忠于职守、诚实为人的优良作风,倡导见义勇为、敢于担当的英雄气概,以贵州“最美事迹”感动人、“最美精神”鼓舞人、“最美人物”塑造人,为构建和谐社会、确保 2020 年实现与全国同步建成全面小康社会宏伟目标凝聚精神力量。

二、活动名称

贵人善行——颂最美精神　做最美贵州人

三、活动时间

2012 年 9 月—2013 年 8 月

四、活动组织机构

省“贵人善行”主题活动协调小组

组　长:杨兴举　省委宣传部副部长、省文明办主任

副组长:谢　念　省委宣传部副部长
哈思挺　省委外宣办专职副主任
朱文东　省文明办专职副主任

成　员:杨清源　省总工会副主席
刘　锐　团省委副书记
杨　玲　省妇联副主席
万　群　贵州日报报业集团副总编
奚晓阳　当代贵州杂志社总编
杨茂林　贵州广播电视台副台长
邹　虹　贵州广播电视台副总编

协调小组办公室设在省委宣传部宣教处,负责活动具体工作。

主　任:刘　冲　省委宣传部宣教处处长

副主任:卿　元　省文明办协调组组长
袁光祥　省文明办调研组组长
王　芳　省委外宣办网络处处长
连立梅　省文明办未成年人工作组副组长
李　海　省文明办协调组副组长
孟　麟　省委宣传部宣教处副处长

成　员:俞南平　省总工会宣传部部长
蒋云丽　团省委宣传部部长、统战部部长
王　丹　省妇联宣传部部长
罗　莉　贵州日报总编室副主任
赵俊涛　当代贵州采编中心主任
杨建华　贵州广播电视台总编室主任(广播)
成海燕　贵州广播电视台总编室副主任(电视)
陈　薇　贵州广播电视台新媒体中心副主任
戴正坤　贵州都市报副总编
龚良睿　贵州商报副总编
龙兴菊　少年时代报总编
季寅妮　金黔在线副总编
袁　燕　先锋网主任

赵　研　腾讯政府合作经理

伍道田　省委宣传部新闻出版处主任科员

五、活动安排

(一)举行"贵人善行——颂最美精神 做最美贵州人"主题活动启动仪式

结合第三届全省道德模范评选揭晓,举行"贵人善行——颂最美精神 做最美贵州人"主题活动启动仪式,邀请部分贵州"最美精神"代表、新闻媒体代表和省社科界专家发言,正式开通"贵人善行——颂最美精神 做最美贵州人"官方微博(腾讯微博:grsx2012)。

(二)开展"贵人善行——颂最美精神 做最美贵州人"主题活动

主题活动分为"贵人善行"——推荐"最美贵州人"、走近"最美贵州人"、微谈"最美贵州人"、给力"最美贵州人"、争做"最美贵州人"五项具体活动。通过"基层推荐(自荐)——媒体采访(网络互动)——宣传报道——组织动员——道德实践"工作环节,确保活动有序推进。组委会办公室每月初组织召开当月工作推进会,总结上月工作情况,确定当月工作重点,及时协调解决活动中的问题,推动活动深入开展。

1. 推荐"最美贵州人"。将全省已开展的"黔中楷模"、"身边好人"、"诚信友爱贵州人"、"自强自信贵州人"等推荐活动整合为"贵人善行"——推荐"最美贵州人"。各地宣传部、文明办、外宣办要做好先进典型组织推荐工作。全省各级宣传部、文明办、外宣办、工会、团委、妇联等部门要组织动员广大干部群众、志愿者等通过腾讯微博@grsx2012,广泛关注"贵人善行"官方微博和黔龙网"贵人善行"官网,并向协调小组办公室积极推荐先进集体和个人(电子邮箱:guirenshanxing@126.com)。

2. 走近"最美贵州人"。协调小组办公室根据每月工作推进会确定的人选,组织新闻媒体集中宣传"最美贵州人"人选。各媒体和网站要积极主动挖掘和宣传"最美贵州人",并在栏目中刊播。省级及各市(州)媒体、网站将已有先进典型宣传栏目统一整合为"贵人善行"栏目,统一使用"贵人善行"LOGO(可在黔龙网下载),省主要网站在主页醒目位置链接黔龙网"贵人善行"官网,集中宣传协调小组办公室每月确定的最美典型。中央驻黔新闻单位、中央新闻网站贵州频道要给予大力支持配合,进一步扩大"贵人善行"在全国影响。9月至10月,报纸、广播、电视和网站通过"贵人善行"栏目集中宣传贵州省第三届道德模范。

3. 微谈"最美贵州人"。网络媒体根据协调小组办公室确定的集中宣传"最美贵州人"人选,采取网络微访谈,微博互动、微电影等宣传方式,使"贵人善行"主题活动进一步扩大宣传效果,提升活动影响力。

4. 给力"最美贵州人"。根据当月宣传报道的"最美贵州人"人选的实际情况,动员社会各界关注、关心、关爱、给力"最美贵州人"人选,为其提供最急需的帮助,大力营造贵人善行、善有善报、好人好报的社会氛围。

5. 争做"最美贵州人"。在大力宣传"最美贵州人"人选的基础上,适时组织"最美贵州人"人选走进基层党组织、企业、学校、军营、社区、农村,与干部群众交流,动员更多干部群众参与到活动中,推荐更多身边的"最美贵州人",在全社会大力营造贵人善行、见贤思齐、争先创优、传播文明,争做"最美贵州人"的浓厚社会氛围。

(三)举行"贵人善行——颂最美精神 做最美贵州人"主题活动总结大会

结合活动开展情况,揭晓当年"十大最美贵州人",在全省营造共同推荐身边人、寻常人、高尚人,积极学好人、帮好人、做好人,以贵州"最美事迹"感动人、"最美人物"鼓舞人、"最美精神"塑造人的浓厚氛围。

关于印发《贵州省第十二届精神文明建设“五个一工程”获奖名单》的通知

各市、自治州党委宣传部，省直宣传文化系统各单位，省直有关单位：

经专家评选、领导小组审议、媒体公示等程序，我省第十二届精神文明建设“五个一工程”评选工作顺利结束，现将《贵州省第十二届精神文明建设“五个一工程”获奖名单》印发。

中共贵州省委宣传部

2012年10月9日

贵州省第十二届精神文明建设“五个一工程”获奖名单

一、优秀作品奖

（一）戏剧

《天地文通》 省文化厅

《天蝉地傩》 省文化厅

《月照枫林渡》 省文化厅

《利悠热谐谐》 黔西南州委宣传部

（二）电影

《少年邓恩铭》 省委党史研究室

《幸存日》 贵州日报报业集团 黔西南州委宣传部

《云上太阳》 黔东南州委宣传部

《旷继勋蓬遂起义》 贵州日报报业集团 铜仁市委宣传部

（三）广播剧

《辛亥贵州风云》 贵阳市委宣传部

《月亮河、月亮山》 省广电局

《黎平曙光》 省广电局 黔东南州委宣传部

《一诺千金》 贵阳市委宣传部

（四）电视剧

《奢香夫人》 贵州日报报业集团 毕节市委宣传部

《战士》 省广电局

《侗寨寻歌》 贵阳市委宣传部

《小城大爱》 贵阳市委宣传部

（五）图书

《他们为什么选择中国共产党》 省新闻出版局

《理想的韧度》 贵阳市委宣传部

《贵州革命英烈图传》 省新闻出版局

《奢香夫人》 省新闻出版局

（六）歌曲

《家乡的味道》 省文化厅 黔东南州委宣传部

《十谢共产党》 遵义市委宣传部

《手牵着心连着》 省文联

《家乡的月亮》 贵阳市委宣传部

《金色变奏》 省广电局

《相约红军走过的地方》 遵义市委宣传部

二、组织工作奖

1. 省文化厅
2. 省广电局
3. 省新闻出版局
4. 贵州日报报业集团
5. 贵阳市委宣传部
6. 遵义市委宣传部
7. 黔东南州委宣传部
8. 黔西南州委宣传部
9. 毕节市委宣传部

关于印发《党的十八大会议期间贵州省宣传工作方案》的通知

省各新闻单位：

《党的十八大会议期间贵州省宣传工作方案》已经省委领导同志同意，现印发给你们，请认真贯彻执行，并于10月24日（星期三）上报细化落实方案。

中共贵州省委宣传部
2012年10月17日

党的十八大会议期间贵州省宣传工作方案

中国共产党第十八次全国代表大会，是在我国改革发展关键阶段召开的一次十分重要的会议。为准确、及时、充分地做好党的十八大会议期间的宣传报道工作，特提出如下工作方案：

一、总的要求

高举中国特色社会主义伟大旗帜，坚持以邓小平理论和"三个代表"重要思想为指导，深入贯彻落实科学发展观，积极统筹对内对外宣传，全面准确深入、富有特色地做好各项宣传报道、深入解读十八大报告的主要内容和精神，展示贵州十八大代表的风采，宣传我国特别是我省经济建设、政治建设、文化建设、社会建设、生态文明建设以及党的建设所取得的巨大成就，努力扩大贵州的对外影响，把广大干部群众的思想统一到十八大精神上来，统一到中央和省委的方针政策、决策部署上来，为夺取全面建设小康社会新胜利而努力奋斗。

二、组织机构

（一）宣传报道组

省委宣传部牵头成立宣传报道组，负责十八大会议期间宣传报道的相关组织、协调、落实工作。

1. 组长：省委宣传部副部长谢念

2. 副组长：省委外宣办专职副主任哈思挺

3. 成员：贵州日报报业集团总编辑霍邢平、当代贵州杂志社总编辑奚晓阳、贵州广播电视台总编辑肖凯林，省委宣传部理论处处长刘正品、宣教处处长刘冲，省委外宣办事业发展处处长许振亚、对外联络处处长李毅、新闻发布处处长江峰、网络新闻宣传管理处处长王芳。

4. 联络员：省委宣传部新闻出版处张建军，省委外宣办对外联络处刘琦。

（二）会议期间前方工作组

负责会议期间在前方的具体工作对接和联络协调事宜。由谢念（会议期间参加中宣部值班）、哈思挺、江峰、王芳、张建军、刘琦以及省主要新闻单位、有关中央驻黔新闻单位随团记者组成。

（三）记者的邀请和组织

1. 随团记者。中央宣传部给我省的随团记者名额，根据工作需要，分配给贵州日报、当代贵州杂志、贵州广播电视台广播和电视。

2. 特邀记者。除随团记者外，邀请人民日报、新华社、光明日报、经济日报、中央人民广播电台、中央电视台、中国日报、中国新闻社、工人日报、农民日报、中国青年报、科技日报、法制日报、香港文汇报、香港大公报、香港商报、金黔在线记者，并增加邀请适当数额的贵州日报、当代贵州杂志、贵州广播电视台记者赴京参加宣传报道。

3. 新闻直播间。拟于贵州代表团驻地或工作人员驻地设立电视新闻直播间（相关事宜正与省委办公厅对接）。

三、省内新闻宣传（责任处室：新闻出版处）

省各新闻单位开设十八大专栏、专版，以各种形式，全面、准确、广泛、深入地进行宣传报道。

1. 及时转载、转播中央媒体的程序性报道。

人民日报、新华社等中央主要新闻单位刊播的重要程序性新闻报道,包括党的十八大举行预备会议和主席团第一次会议,大会开幕,胡锦涛总书记向大会作报告,中央领导人参加地方代表团审议报告,各代表团分组讨论报告,大会主席团第二次、第三次会议,大会闭幕,通过相关决议、名单、文件等程序性报道,省各新闻单位在显著版面和时段及时、准确地进行转载、转播。

2. 全方位、多角度解读十八大报告。比照中央主要媒体做法,贵州日报在重要版面及时刊发新华社播发的十八大报告摘登,贵州广播电视台广播和电视《新闻联播》摘要播发。贵州日报和贵州广播电视台广播《新闻联播》自开幕次日起,贵州广播电视台电视《新闻联播》自开幕当日起,开设《十八大报告解读》专栏,全方位解读十八大报告的新思想、新措施、新提法。专栏开设到大会闭幕次日。

3. 充分反映贵州代表团的相关活动情况。贵州日报和贵州广播电视台广播《新闻联播》自开幕次日起,贵州广播电视台电视《新闻联播》自开幕当日起,每日刊播1篇《十八大特稿》,综述贵州代表团讨论十八大报告的相关情况;开设《十八大代表访谈》专栏,每天推出1-2个代表专访;贵州日报开设《特别关注》专栏,推出前方采写的侧记、特写、花絮等,开设《会场写真》专栏,集中刊播一组贵州代表认真履职的图片报道;贵州广播电视台广播和电视《新闻联播》开设《直通十八大》、《党代会观察》、《党代会花絮》、《"数字"党代会》等专栏,第一时间反映贵州代表团认真履职的相关情况和大会盛况。

4. 大力宣传贵州各界庆祝十八大召开的情况。十八大开幕当日和次日,贵州日报开设《热烈庆祝党的十八大胜利召开》专版,贵州广播电视台广播和电视《新闻联播》推出相关专题,及时反映全省干部群众收听收看十八大开幕直播情况及其热烈反映,并配发一组图片、视频。对于全省各地各部门举办的各种庆祝活动,做好充分、深入的报道,现场采访一批党员干部和普通群众,反映其热烈反响和积极评价。

5. 深入报道贵州干部群众学习十八大报告的情况。贵州日报自开幕次日起,每日推出1个《贵州干部群众认真学习十八大报告》专版。贵州广播电视台电视《新闻联播》自开幕之日、广播《新闻联播》自开幕次日起,每日推出1期专题,及时反映全省各地各部门通过不同形式学习讨论十八大报告的情况,并深入报道广大党员干部学习十八大报告的心得体会。

6. 继续宣传报道贵州经济社会发展和党的建设取得的显著成就。自大会开幕次日起,贵州日报、贵州广播电视台广播和电视《新闻联播》推出《坚持科学发展奋力后发赶超—欢庆党的十八大胜利召开》专栏,每日推出1期报道,从具体、生动的案例入手,反映贵州坚持科学发展、奋力后发赶超,给广大人民群众带来的实实在在的好处和方方面面的巨大变化。

7. 推出一批低视角、切口小、生动鲜活的报道。自大会开幕次日起,贵州日报推出《媒体聚焦》、《记者手记》、《身边的共产党员》等专栏。《媒体聚焦》专栏,主要集聚十八大期间中央、省外媒体对我省和我省代表团的报道;《记者手记》专栏,重点反映前方记者在北京的见闻和感想;《身边的共产党员》,重点关注身边那些普通却不平凡的共产党员,反映他们为人民服务的点点滴滴。贵州广播电视台广播和电视结合自身特点,做好相关方面的报道。

四、对外新闻宣传(责任处室:新闻出版处、对外联络处、事业发展处、新闻发布处、网络新闻宣传管理处)

十八大召开前,我省已在《人民日报》、《光明日报》、《经济日报》、《新华每日电讯》、《中国日报》分别推出贵州特刊,并在中央媒体推出一系列重点涉黔报道。会议期间对外新闻宣传工作既要符合中央的精神,又要善于研判形势,发挥积极性主动性,努力扩大贵州的对外影响,进一步树立贵州良好形象。

(一)积极扩大贵州代表团开放日活动的对外影响(前方工作组,新闻发布处、新闻出版处、对外联络处、网络新闻宣传管理处负责)。

1. 议程。开放日的记者提问环节,时长约1个小时。主要议程为:代表发言环节结束后,主持人介绍出席开放日的新闻媒体,相关代表回答记者提问。(开放日组织方案另行专报)

2. 媒体邀请。前后方配合,广泛邀请中央、省外、境外媒体参加开放日活动(新闻出版处负责邀请中央和省外媒体,对外联络处负责邀请境外媒体,网络新闻宣传管理处负责邀请网络媒体,新闻发布处负责统筹)。

3. 媒体现场组织和管理服务。与省委办公厅共同确定回答记者提问的相关代表,拟定提问设计,做好相关工作准备,协调有关部门做好备答口径,做好开放日现场的媒体组织和服务。(新闻发布处、前方工作组负责)

(二)加强与十八大新闻中心的沟通和联络(前方工作组负责)。

1. 主动设置议题,积极协调联络中央、省外、境外媒体向新闻中心提出采访贵州代表的申请。

2. 协调贵州省相关十八大代表,在十八大新闻中心接受媒体采访。

(三)组织集中采访(前方工作组负责)。

事先征求媒体需求,精心策划选题,邀请贵州十八大代表,在贵州代表团驻地或工作人员驻地组织3-4场媒体小型集中采访活动。

(四)在中央媒体放大贵州声音(新闻出版处负责前5项、对外联络处负责第6项)。

1. 人民日报。人民日报将在十八大期间推出“国家(省)重大区域规划系列特刊”。拟与人民日报合作,在11月12日推出4个整版的贵州特刊。

2. 新华社有关媒体。拟与新华社《瞭望》周刊和《半月谈》杂志合作,在十八大期间各推出一期贵州专题报道。

3. 光明日报与经济日报。拟与光明日报、经济日报合作,在十八大期间就贵州经济社会发展取得的成就,投放2个整版的贵州专版。

4. 中央人民广播电台和中央电视台。协调中央人民广播电台、中央电视台贵州记者站,并组织贵州广播电视台,加大稿件的报送频率,提高上片率、用稿率。

5. 其他中央主要平面媒体。加强与工人日报、中国青年报、法制日报、农民日报等其他中央媒体的沟通联络,扩大报道规模。

6. 中央外宣媒体。与中国日报、中国新闻社及中国外文局所属《今日中国》等中央外宣媒体开展合作,展开集中的涉黔宣传。在《中国新闻周刊》推出十八大贵州别册。

(五)与境外媒体开展宣传合作(对外联络处负责)。

1. 主动联络凤凰卫视,邀请其就我省代表团学习讨论十八大报告、推进贵州跨越发展等话题,对我省十八大代表进行一期专访。

2. 与香港文汇报、香港大公报、香港商报、香港经济日报等媒体开展合作,投放宣传专版并组织系列报道,全方位、多角度密集宣传我省近年来经济社会发展成就。

(六)基础资料准备(新闻发布处负责第1项、新闻出版处负责第2、3项、事业发展处负责第4项)

1. 就媒体关注的热点敏感问题,准备十八大贵州代表团备答口径。

2. 汇编、印制《中央媒体迎接党的十八大贵州专刊荟萃》。

3. 安排省主要新闻单位采编《党的十八大贵州特刊》。

4. 准备新闻背景材料、新闻基础稿件、相关画册和DVD光碟,介绍贵州经济社会发展成就及各方面资源优势。

五、网络新闻宣传(责任处室:网络新闻宣传管理处)

在前期组织迎接党的十八大网络新闻宣传工作的基础上,进一步做好十八大会议期间的网上宣传报道。

1. 组织省主要网站开设专题专栏。组织金黔在线、贵阳新闻网、贵州先锋网、黔龙网、贵州农经网等省主要网站在网站首页和新闻中心要闻区开设专题、专栏,及时、准确、突出转发好新华社的各项程序性报道,转发好人民日报、中央人民广播电台、中央电视台重要稿件,及时转载省主要新闻单位反映全省广大干部群众欢庆十八大胜利召开、学习十八大报告的报道,不断充实宣传报道内容,丰富宣传报道形式,营造喜庆热烈的网上氛围。

2. 及时宣传报道贵州代表团相关情况。及时转载前方记者采写的我省十八大代表参会情况。组织金黔在线、贵阳新闻网对开、闭幕式进行网络直播,组织省主要网站、邀请中央重点新闻网站等对贵州代表团开放日活动进行网络直播。

3. 积极利用微博客、手机报等开展宣传。通过省政府新闻办在新浪、腾讯、人民网和新华网开设的官方微博—“微博贵州”,以及金黔在线、贵阳新闻网、贵州先锋网、黔龙网等我省网络媒体的微博,以短平快的方式宣传报道十八大精神。积极运用手机报、移动客户端等传播形式,及时发布信息,扩大十八大网上宣传报道影响力和覆盖面。

4. 联系协调中央重点新闻网站和全国知名商业网站帮助开展对外宣传。联系协调人民网、新华网、中新网、中国网等中央重点新闻网站和新浪、腾讯等知名商业网站,转载中央新闻媒体、贵州日报等报道我省经济社会发展成就的重要稿件,展示我省十八大代表风采。与人民网联系,邀请我省党代表走进强国论坛,与广大网友展开在线交流。积极参与新华网“党的十八大”嘉宾访谈活动,协调我省代表接受访谈。

5. 加强网络舆论引导。邀请有关专家学者围绕学习宣传贯彻十八大精神和我省各方面的发展成就撰写文章,在“贵州名博”、“多彩评论”、“最黔言”等有影响的论坛发文。组织专家就十八大热点问题与网民进行在线交流,解答网民关心的热点问题。在有影响的论坛中,及时转贴新华社、人民日报重要文章和评论,吸引网民参与讨论,使正面评论与新闻报道互相呼应,形成网上舆论热点。加强网络舆情监看,密切关注、及时搜索会议召开期间涉黔网络舆情,及时发现、及时处置。

六、理论宣传(责任处室:理论处)

下发《关于组织党员干部收听收看党的十八大开幕式和闭幕式的通知》,要求各地各系统认真组织党员干部收听收看党的十八大开幕式和闭幕式,党委(党组)中心组就总书记在十八大开幕式和闭幕式上所作的重要报告和讲话开展学习讨论。

七、社会宣传(责任处室:宣教处)

结合我省实际,广泛开展社会宣传,为庆祝党的十八大胜利召开,营造良好的社会氛围。

1. 以贵阳市及各市(州)党委政府所在地、机场、火车站、汽车站、码头、星级酒店、政务服务中心、高速公路沿线、旅游景点景区、加油站、银行(证券、保险)等服务窗口为重点,利用多种宣传载体,为喜迎十八大胜利召开营造浓厚的社会氛围。

2. 十八大召开前,充分发挥机关、学校、企业、社区、商场等宣传橱窗作用,充分利用宣传栏、板报、墙报、横幅条幅、标语牌、宣传画、彩旗彩灯、户外广告牌、网站论坛、微博、手机报、短信等宣传阵地和载体,在全省形成喜庆、热烈的浓厚氛围。

八、相关工作要求

1. 切实加强组织领导,精心部署宣传报道工作。十八大宣传是当前压倒一切的政治任务。各市(州)党委宣传部、各新闻单位要把十八大的宣传报道工作摆在最突出的位置,做到思想认识到位、工作措施到位、组织落实到位;要按照统一部署,结合各自实际,制定周密的宣传方案,认真组织落实。省主要新闻单位要制定具体的发稿计划,成立专门的班子、组建专门的队伍,加强培训、责任到人,切实抓好落实。要精心策划专栏、选题,抓紧采制稿件、制作节目。主要领导同志要亲自负责,靠前指挥,对重要稿件、重要节目要亲自审定。

2. 深刻领会中央精神,牢牢把握正确舆论导向。十八大期间的宣传报道工作,政治性、政策性很强。各项宣传报道,都要着眼于振奋精神、鼓舞士气、凝聚人心;程序报道要完整、准确、及时,成就宣传要实事求是;要用好新华社通稿,转发好人民日报的重要文章,转播好中央人民广播电台、中央电视台的重要专题节目。所有的报刊、频道、频率、网站都要按照中央的精神,统一报道标准,不能例外;各新闻单位主要负责同志要增强责任和把关意识,严守纪律,把好尺度。要提高警惕,对其他类型文章、漫画、广告要认真检查,防范敌对势力捣乱、破坏,要制定处理问题预案,不能因一些小失误而出大问题。

3. 充分发挥媒体特色,形成宣传强势和舆论合力。十八大的宣传报道是一个系统工程,各新闻单位既要团结协作、形成合力,又要各展所长、发挥特色。省各主要新闻单位、都市晚报类媒体以及各网站等都要结合自己的特点和定位,通过选择不同的报道重点,运用不同的表现形式,吸引不同的受众群体,做到宣传全覆盖,内容丰富、形式多样,共同为十八大召开营造良好的舆论氛围。要精心安排好新闻、理论、文艺、社教等各类报道、节目，安排好要闻版和各类专版、专刊，注意基调和气氛的统一。

4. 落实“走转改”要求，进一步改进创新新闻宣传报道形式。各新闻单位要把十八大宣传报道和“走转改”活动紧密结合起来，要面向基层、面向群众，用朴实的语言讲实在的道理，多联系群众身边的事例，多采取群众喜闻乐见的形式，做到生动活泼、打动人心。要坚持用事实说话，用典型说话，做到全面准确，辩证客观，留有余地，令人信服。

5. 严格宣传纪律，加强工作指导和内部管理工作。严格遵守党的政治纪律和宣传纪律，严禁刊播同党的路线方针政策相悖的错误观点。切实加强新闻单位内部管理，严格流程制度，确保编辑、播出、印刷等各个环节的安全，避免因工作疏忽而出现重大差错。大力加强网络宣传力度，确保重要位置、重要版面都用于党的十八大宣传。进一步规范网上宣传报道的新闻来源，严禁擅自转载和采用境外媒体消息，严禁转载虚假新闻和不实报道。批评性监督性报道从严掌握，确保导向正确、事实准确。重大自然灾害、安全事故等突发事件，稳妥适度，严防炒作。重大群体性事件，严格落实分级分层分类报道要求，确保舆论平稳有序。进一步加强网站内部管理，认真执行各项制度规定，确保落到实处。组织专门力量加强网上监看，对有害信息及时、坚决地封堵和删除。

关于下发《关于将威宁自治县作为重大典型宣传报道的实施方案》的通知

省各主要新闻单位、中央在黔新闻单位、毕节市党委宣传部：

为大力宣传威宁县在改革发展中取得的成绩，大力宣传工作中涌现出的先进典型，为我省加速发展、加快转型、推动跨越提供强有力的舆论支持，为党的十八大营造良好的舆论氛围，现将《关于将威宁自治县作为重大典型宣传报道的实施方案》下发给你们，请结合实际，采取有效措施，抓好贯彻落实。

中共贵州省委宣传部

2012年10月24日

关于将威宁自治县作为重大典型宣传报道的实施方案

2009年9月15日，胡锦涛总书记等中央领导批示将威宁定为“喀斯特地区扶贫开发综合治理试点县”（简称“威宁试点”），开启了威宁跨越发展的崭新征程。近年来，威宁自治县认真学习领会和贯彻落实中央领导的重要批示精神，在省委、省政府的领导下，深入贯彻落实科学发展观，高举“发展、团结、奋斗”的旗帜，围绕“两加一推”主基调，扎实推进“三化”同步战略，走出了一条坚持科学发展、奋力后发赶超的新路子，威宁自治县的城乡面貌发生了显著变化，人民群众的生活水平显著提高，各项工作取得了突破性进展，为贵州的科学发展、后发赶超做出示范。为及时总结、宣传威宁经济社会发展中的好方法、好经验，树立先进典型，发挥先进典型在全省的引领示范带动作用。根据省委的要求，现提出如下宣传报道实施方案。

一、总体要求

坚持以邓小平理论和“三个代表”重要思想为指导，全面贯彻落实科学发展观，全面展示威宁三年来励精图治，坚持科学发展、奋力实现后发赶超的先进经验，大力宣传威宁县在改革和发展中取得的成绩，大力宣传工作中涌现出的先进典型，为我省加速发展、加快转型、推动跨越提供强有力的舆论支持，为党的十八大胜利召开营造良好的舆论氛围。

二、宣传重点

1. 深入宣传威宁自治县近年来认真学习领会

和贯彻落实中央领导的重要批示精神，按照省委、省政府“两加一推”主基调，坚持科学发展、奋力后发赶超，深入实施“工业强省、城镇化带动战略”，勇于深化改革，着力扩大开放，敢于先行先试，大胆探索试验，加快脱贫步伐，坚持发展与民生并重、大力推进公共服务均衡化，使发展成果惠及广大群众的成果，奋力实现经济社会大发展、大繁荣、大跨越取得的成绩。全方位总结威宁从“乱—治—变”工作中取得的经验。

2. 深入宣传威宁自治县在党中央、国务院的正确领导下，按照省委、省政府的决策部署，全县上下深化改革，大胆探索，艰苦奋斗，经济社会发展取得的显著成绩。宣传中直机关、国务院有关部委、对口帮扶单位以及省直、市直部门整合资源、集中力量，全力推动威宁扶贫攻坚取得的新成绩。

3. 深入宣传威宁自治县领导班子近年来在加强干部队伍建设、干部作风建设、党风廉政建设、干部解放思想及思想政治建设等方面取得的成绩。充分反映威宁县围绕扶贫抓党建、抓好党建促扶贫，促进扶贫开发与党建工作良性互动的工作机制，努力把各族干部群众把思想统一到发展上，把心思集中到发展上，把力量凝聚到发展上，实现发展转型的新经验。

4. 深入宣传威宁自治县广大干部群众大力弘扬贵州时代精神和毕节试验区精神，把锦涛总书记、家宝总理和党中央、国务院的亲切关怀转化为强大的发展动力，努力提振干部群众精、气、神，全县上下万众一心、铆足干劲，全力向“一天一个样、三年大变样”发起冲刺，以“自信自强、同心聚力、排难奋进、创新跨越”精神，以“工作创一流、目标争第一”的志气，以“敢与强的比、敢跟快的赛、敢同勇的拼、敢向高的攀”的勇气，坚持“干”字当头，为迅速改变威宁贫困落后的面貌流大汗、拼命干的内在动力和良好精神状态。

5. 深入宣传威宁自治县作为全国喀斯特地区扶贫开发综合治理试点县三年来，围绕毕节试验区“开发扶贫、生态建设、人口控制”三大主题，创新实践，把政策突破、体制转换和机制创新贯穿到经济社会改革发展的各个环节和各个方面，加速了“三化”同步，特别是在解决农村贫困、基层基础设施建设、人口计生、社会管理创新、生态环境改善等问题上取得的重要阶段性成果。

6. 深入宣传威宁自治县近年来创新改善发展环境，着力打造亲商、爱商、安商、扶商、富商、敬商的投资环境，建设经济开发区推动工业化发展，推进城镇化建设，加快新城区的规划和建设，以市场化理念和工业化方法提升农业，推进农业结构调整，推动传统农业向现代农业转变。

7. 深入宣传威宁自治县近年来各级党组织、广大党员、各族干部群众积极投身全县经济社会发展的火热事业中涌现出来的先进集体和先进个人，深入挖掘先进事迹后面的亮点，挖掘发展中蕴藏的感人故事。

三、报道安排

1. 10 月 20—24 日，省主要新闻单位相关负责同志随省调研组到威宁调研，进行宣传报道策划，拟订报道方案，选定采访报道主题、对象、先进典型等。

2. 10 月 25—31 日，省、毕节市和中央在黔各主要新闻单位组成采访报道组，由各新闻单位负责同志带队赴威宁县深入挖掘采访。

3. 11 月 1—3 日，撰写稿件，进行后期编辑制作。

4. 11 月 4—7 日，贵州广播电视台《贵州新闻联播》(电视)“坚持科学发展奋力后发赶超喜迎党的十八大”专栏中强势推出威宁典型系列报道，同时配发评论。

5. 11 月 5 日，省各主要新闻单位及系列报、频道、新闻网站在一版、《贵州新闻联播》(广播)和网站首页“坚持科学发展奋力后发赶超喜迎党的十八大”专栏中强势推出威宁典型报道。贵州日报、贵州广播电视台《贵州新闻联播》(广播)同时配发一篇评论员文章，《当代贵州》在近期适时刊发专题报道，并配发评论员文章。

6. 新闻网站要发挥好网络宣传的优势，在组织好采访报道的同时，及时转载好省主要媒体的相关报道、评论和专题。组织网上评论、专家在线访谈等，进一步丰富宣传内容，改进宣传形式，增强专栏宣传的吸引力、感染力。

7. 希望中央在黔主要新闻单位及中央重点新闻网站积极支持配合，结合媒体自身特点和优势，

力争在同一时间宣传报道威宁这一典型，进一步扩大在全国的影响力。

8. 毕节市委宣传部按此方案安排，组织市属各新闻媒体和网站同时推出这一典型的宣传报道。

四、报道要求

1. 各新闻单位要高度重视，把思想统一到省委的部署和要求上来，把做好威宁自治县这一先进典型宣传报道作为迎接十八宣传报道的重点内容之一，统筹安排，精心组织，周密部署，切实把宣传报道抓紧抓实，确保典型宣传达到省委领导同志的要求和最佳效果。

2. 宣传报道要高质量、高水平，形成强大的宣传声势。要坚持"三贴近"，增强报道的针对性、实效性、吸引力和感染力，力求生动鲜活、出新出彩。采访报道要展示特色和亮点，要带着深厚感情采访典型、报道典型，深入挖掘动人故事和感人细节，用平实语言阐释深刻道理，用鲜活事例揭示事物本质，找准切入点，突出报道主题。报道内容要有鲜活的事例、感人的情节和生动的细节。

3. 要坚持团结、稳定、鼓劲、正面宣传为主的方针，准确把握宣传这一典型的深刻内含，确保宣传报道有高度、有深度、有力度，同时把握好典型宣传的力度。

关于下发《关于进一步加强全省经济社会发展中涌现出的先进典型的宣传报道意见》的通知

各市（州）党委宣传部，省直有关单位，省各主要新闻单位、中央在黔新闻单位：

为大力宣传全省各地各部门在改革发展中取得的成绩，大力宣传工作中涌现出的先进典型，为我省加速发展、加快转型、推动跨越提供强有力的舆论支持，现将《关于进一步加强全省经济社会发展中涌现出的先进典型的宣传报道意见》下发给你们，请结合实际，抓好贯彻落实。

中共贵州省委宣传部

2012 年 11 月 7 日

关于进一步加强全省经济社会发展中涌现出的先进典型的宣传报道意见

2012 年 10 月 19 日，省委书记、省长赵克志同志到省委宣传部调研时指出："要做好总结推广宣传典型的工作"，提出要充分挖掘、总结、宣传和推广背篼干部精神、贵阳金阳碧海社区管理经验、贵阳社区管理体制创新、铜仁社会稳定风险评估机制、遵义"四在农家"、余庆县加强维稳基层基础工作等先进经验和典型。为贯彻落实好省委领导意见，进一步做好全省在经济社会发展中涌现出的先进典型宣传报道工作，提高我省典型宣传工作的质量和水平，发挥先进典型在全省的引领示范带动作用，引导和鼓励全省干部群众进一步解放思想、锐意进取、干事创业，为贵州经济社会发展提供强大的精神动力和舆论支持，提出如下宣传报道实施意见。

一、总体要求

全面贯彻落实党的十八大精神，坚持以邓小平理论和"三个代表"重要思想为指导，全面贯彻落实科学发展观，以威宁县改革发展取得的成绩、贵阳市小河工业园区、贵阳金阳碧海社区管理、贵阳社区管理体制创新、铜仁社会稳定风险评估机制、余庆县加强维稳基层基础工作、遵义"四在农家"、背篼干部精神宣传为着力点，全面宣传在经济发展、园区建设、社会管理、新农村建设、四帮四促等工作中涌现出的先进典型，全面展示坚持科

学发展、奋力实现后发赶超的先进经验和在改革、发展中取得的成绩，为我省加速发展、加快转型、推动跨越提供强有力的舆论支持。

二、宣传重点

1. 深入宣传以威宁等市（县、区）为代表的全省各地各部门近年来认真学习领会和贯彻中央领导的重要批示精神，按照省委、省政府“两加一推”主基调，坚持科学发展、奋力后发赶超，深入实施“工业强省、城镇化带动”战略，勇于深化改革，着力扩大开放，坚持发展与民生并重、大力推进公共服务均衡化，使发展成果惠及广大群众的成果，奋力实现经济社会大发展、大繁荣、大跨越取得的成绩和突出典型。

2. 深入宣传以贵阳市小河工业园区为代表的全省各地贯彻落实科学发展观，抢抓国家深入实施西部大开发战略机遇，在“工业强省”战略思想的指导下，着力推进大企业、大项目向园区集聚发展，着力推进中小企业、非公企业在园区形成产业集群，不断推进产业园区向规范化、集约化、特色化发展，着力提高产业园区的产业集聚能力和承受能力，把产业园区建成经济结构调整和发展方式转变的重要载体和主导力量，为我省实施工业强省战略提供有力支撑的先进经验和突出典型。

3. 深入宣传以贵阳社区管理体制创新、贵阳金阳碧海社区管理、铜仁社会稳定风险评估机制、余庆县加强维稳基层基础工作为代表的全省各地各部门近年来贯彻落实中央、省委加强和创新社会管理工作的系列部署，面对社会经济快速发展所带来的各种复杂社会管理难题，以改革的思维谋划工作，用创新的理念探索实践，创造了一系列好经验、好做法，找到了破解各种社会管理难题的方法，创造积累了丰富的宝贵经验和突出典型。

4. 深入宣传各地各部门围绕“生产发展、生活宽裕、乡风文明、村容整洁、管理民主”20字方针，贯彻落实中央关于农村发展的重大方针和惠农政策，因地制宜，科学规划，“四在农家”创建活动不断深化拓展，广大农村的生产生活条件明显改善，乡村文明水平显著提升，新农村建设步伐不断加快，不断推进我省农村经济社会发展实现历史性跨越的先进经验和突出典型。

5. 深入宣传全省各级各部门发扬背篼干部精神，在省委、省政府的领导下，以勇于担当的责任感、时不我待的紧迫感、干事创业的使命感，带着感情、带着激情，深入企业、深入项目、深入农村、深入社区，着力解决基层发展中面临的实际困难，千方百计办好顺民意、解民忧、惠民生的实事，与群众建立深厚感情的感人事迹和坚持不懈服务群众的奉献精神和突出典型。

6. 深入宣传近年来全省广大干部群众积极投身全省经济社会发展中的先进事迹和先进典型，深入挖掘先进事迹后面的亮点，挖掘发展中蕴藏的感人故事和突出典型。

三、报道安排

1. 2012年11月中旬，省、中央在黔主要新闻单位根据《宣传报道意见》，进行宣传报道策划，拟定报道方案。

2. 2012年11月下旬—12月上旬，各主要新闻单位结合十八大精神的学习贯彻落实，重点做好对威宁县、贵阳市小河工业园区、贵阳金阳碧海社区管理、贵阳社区管理体制创新、铜仁社会稳定风险评估机制、余庆县加强维稳基层基础工作、遵义“四在农家”、背篼干部等重要典型的深入挖掘采访报道。

3. 2012年12月至2013年元月深入挖掘宣传报道各地涌现出来的其他突出典型。

4. 省各主要新闻单位及系列报、频道、新闻网站对突出典型的宣传统一安排，在十八大精神贯彻落实专栏中推出重大、重要典型，同时配发评论。

5. 新闻网站要发挥好网络宣传的优势，在组织好采访报道的同时，及时转载好省主要媒体的相关报道、评论和专题。组织网上评论、专家在线访谈等，进一步丰富宣传内容，改进宣传形式，增强专栏宣传的吸引力、感染力。

6. 希望中央在黔主要新闻单位及中央重点新闻网站积极支持配合，结合媒体自身特点和优势，力争更多、更大力度宣传报道我省在经济社会发展中涌现出的各类典型，进一步扩大在全国的影响力。

7. 各地党委宣传部门按此《实施意见》安排，组织市属各新闻媒体和网站同时推出本地典型的宣传报道。

四、报道要求

1. 各新闻媒体要把思想统一到省委的部署和要求上来，把做好重大重要典型的宣传报道作为十八大精神贯彻落实的宣传报道重点内容之一，统筹安排，精心组织，周密部署，切实把宣传报道抓紧抓实，确保典型宣传达到省委领导同志的要求和最佳效果。

2. 宣传报道要高质量、高水平，形成强大的宣传声势。要坚持“三贴近”，增强报道的针对性、实效性、吸引力和感染力，力求生动鲜活、出新出彩。采访报道要展示特色和亮点，要带着深厚感情采访典型、报道典型，深入挖掘动人故事和感人细节，用平实语言阐释深刻道理，用鲜活事例揭示事物本质，找准切入点，突出报道主题。报道内容要有鲜活的事例、感人的情节和生动的细节。

3. 要坚持团结、稳定、鼓劲为主的方针，准确把握宣传重大典型的深刻内含，确保宣传报道有高度、有深度、有力度。

4. 各地党委宣传部门要大力支持和配合采访报道活动，做好有关接待、材料准备、推荐采访线索等前期工作，配合省主要媒体完成好重大典型宣传工作。

5. 各地党委宣传部门要积极推荐在经济社会发展中，特别是在经济发展、社会管理、党的建设、园区建设、新农村建设、四帮四促等工作中涌现出来的先进事迹和先进典型，及时向省委宣传部报送典型材料，对其中特别突出的典型，由省委宣传部统一安排集中宣传报道。

典型推荐联系人：省委宣传部宣传教育处蒋楠

联系电话：0851－5893109

邮箱：gzxjc@126.com

关于印发《党的十八大精神宣传报道工作方案》的通知

各市、自治州党委宣传部，省各主要新闻单位：

《党的十八大精神宣传报道工作方案》已经省委领导同志同意，现印发给你们，请认真贯彻执行。

中共贵州省委宣传部
2012年11月19日

党的十八大精神宣传报道工作方案

党的十八大是在我国进入全面建成小康社会决定性阶段召开的一次十分重要的大会，是党的奋斗历程中又一次承前启后、继往开来的大会。学习宣传贯彻党的十八大精神，是当前和今后一个时期全省新闻宣传战线的首要政治任务。各地党委宣传部和各级新闻单位一定要认真贯彻中央和省委关于学习宣传贯彻党的十八大精神的要求，加强领导，精心组织，切实把党的十八大精神宣传好，迅速兴起我省学习宣传贯彻党的十八大精神的热潮。

一、总的要求

高举中国特色社会主义伟大旗帜，以邓小平理论、“三个代表”重要思想、科学发展观为指导，紧紧围绕党的十八大主题，全面、准确、深入地宣传胡锦涛同志所做的报告，宣传新修订的《中国共产党章程》，宣传党的十八大的重要意义和重要内容，宣传全省上下学习宣传贯彻党的十八大精神的实际行动，引导广大干部群众把思想和行动统一到党的十八大精神上来，为与全国同步全面建成小康社会而奋斗。

二、宣传重点

1. 深入宣传党的十八大的主题。深入宣传胡锦涛同志所作的报告是新形势下夺取中国特色社会主义新胜利的政治宣言和行动纲领。深入阐述党的十八大主题:高举中国特色社会主义伟大旗帜,以邓小平理论、“三个代表”重要思想、科学发展观为指导,解放思想,改革开放,凝聚力量,攻坚克难,坚定不移沿着中国特色社会主义道路前进,为全面建成小康社会而奋斗。宣传这个主题鲜明地宣示我们党将举什么旗、走什么路、以什么样的精神状态、朝着什么样的目标继续前进。深入阐述这个主题的时代背景、精神内涵和重大意义。

2.深入宣传过去五年的重大成就和十年的历史性进步。宣传十七大以来的五年,是我们经受住各种困难和风险考验、夺取全面建设小康社会新胜利的五年。宣传十六大以来的十年,以胡锦涛同志为总书记的党中央领导全党全国各族人民,奋力把中国特色社会主义推进到新的发展阶段,为全面建成小康社会打下了坚实基础。宣传十六大以来的十年,是我国经济持续发展、民主不断健全、文化日益繁荣、社会保持稳定的时期,是着力保障和改善民生、人民得到实惠更多的时期。宣传十六大以来我省经济社会发展取得的显著成就。

3.深入宣传科学发展观是党必须长期坚持的指导思想。深入阐述科学发展观是马克思主义同当代中国实际和时代特征相结合的产物,是马克思主义关于发展的世界观和方法论的集中体现,同马克思列宁主义、毛泽东思想、邓小平理论、“三个代表”重要思想一道,是党必须长期坚持的指导思想。深入阐述科学发展观科学回答了新形势下实现什么样的发展、怎样发展等重大问题,开辟了当代中国马克思主义发展新境界,是中国特色社会主义理论体系最新成果,是中国共产党集体智慧的结晶,是指导党和国家全部工作的强大思想武器。引导全党全国人民以更加坚定地决心、更加有力的举措、更加完善的制度来贯彻落实科学发展观,真正把科学发展观转化为推动经济社会又好又快发展的强大力量。

4.深入宣传党的十八大的重要内容。深入宣传必须坚持和发展中国特色社会主义,宣传全面建成小康社会和全面深化改革开放的目标,宣传加快完善社会主义市场经济体制和加快转变经济发展方式,宣传坚持走中国特色社会主义政治发展道路和推进政治体制改革,宣传扎实推进社会主义文化强国建设,宣传在改善民生和创新管理中加强社会建设,宣传大力推进生态文明建设,宣传全面提高党的建设科学化水平,引导广大干部群众在以习近平同志为总书记的党中央领导下,坚定不移走中国特色社会主义道路,在新的历史征程上继往开来、与时俱进,全面落实党的十八大确定的各项任务,完成时代赋予的崇高使命。

5.深入宣传修改党章的重大意义和新修订党章的重要内容。深入宣传党的十八大通过的《中国共产党章程(修正案)》,把党的十八大报告确立的重大理论观点和重大战略思想写入党章,充分体现了马克思主义中国化最新成果,体现了党的十七大以来党中央提出的一系列重大战略思想,体现了党的工作和党的建设的新鲜经验,适应新形势、新任务对党的工作、加强党的建设提出的新要求。宣传新修订的党章既保持了党章总体稳定,又实现了与时俱进,有利于党章更好地发挥规范和指导作用。引导广大党员干部充分认识修改党章的重大意义,全面了解和掌握党章修改的内容,更好地学习和遵守党章,更好地贯彻落实党的理论和路线方针政策。

6.深入宣传广大干部群众学习贯彻党的十八大精神的实际行动。充分报道贵州广大干部群众和社会各界对党的十八大的热烈反响和良好评价,大力宣传我省各地各部门结合工作实际和思想实际学习贯彻党的十八大精神,加强思想武装,推动实际工作,解决突出问题的情况,突出反映全省各级领导干部坚持科学发展、奋力后发赶超的实际行动和先进典型。

三、报道安排

从现在开始,各级党报、党刊、电台、电视台和重点新闻网站要结合各自特点,开设专栏、专版,集中推出一批有深度有分量的理论文章、新闻报道,迅速广泛宣传党的十八大精神。具体安排如下:

1.及时转载中央媒体重点稿件。人民日报、新华社等中央主要媒体将陆续推出一系列重要评论、理论文章和重点报道,贵州日报、各市(州)党报、都市类和晚报类媒体要在重要版面及时转载,贵州广播电视台广播和电视新闻联播摘要播发。

各媒体要及时反映党的十八大报告、新修订的党章单行本、学习辅导读物出版发行情况。

2. 组织刊播系列评论和理论文章。贵州日报、当代贵州杂志等主要报刊要在重要版面刊发“余心声”文章等评论和理论文章，深入阐释党的十八大报告提出的重大理论观点、重要战略思想和重大战略部署，帮助广大干部群众全面准确理解党的十八大精神。贵州广播电视台在广播和电视新闻联播播出系列报道，并摘播贵州日报、当代贵州杂志等主要报刊的重点文章。省和各市(州)主要报刊的理论版、专刊要刊发一批学习体会文章，帮助广大干部群众准确理解党的十八大报告的新思想、新观点、新论断。

3. 充分报道学习贯彻党的十八大精神宣讲活动。大力宣传学习贯彻党的十八大精神中央宣讲团在贵州的宣讲活动，贵州日报在重要版面刊发消息，贵州广播电视台新闻联播播发报道，并制作专题节目播出。省主要媒体充分报道省委宣讲团在各地各部门的宣讲活动和主要内容，反映宣讲活动的实际效果和干部群众的积极反应。各市(州)媒体对在当地的宣讲活动进行及时充分报道。

4. 组织开展“学习贯彻党的十八大精神基层行”大型采访活动。组织贵州日报、当代贵州、贵州广播电视台等省主要媒体记者参加的采访团，分赴各市(州)深入采访，在重要版面和重要时段推出“科学发展后发赶超同步小康——在党的十八大精神指引下”专栏，进一步把党的十八大精神宣传到基层，充分反映企业、农村、机关、学校、部队和社区的基层党组织和党员干部群众利用多种形式学习贯彻党的十八大精神的情况，及时报道推广好做法、好经验。

5. 集中推出党的十八大精神宣传报道专栏。省主要媒体要集中推出“科学发展后发赶超同步小康——在党的十八大精神指引下”、“党的十八大报告解读”专栏，通过“走转改”方式，反映贵州各级党委政府贯彻落实党的十八大精神的具体举措和实际行动，展示广大干部群众学习贯彻党的十八大精神的典型事迹和良好风貌；针对干部群众在学习贯彻党的十八大精神过程中遇到的难点问题，邀请有关部门负责人和专家学者，结合贵州实际，对党的十八大精神进行阐释和解读，对我省经济社会发展中的重大问题进行理论概括和深入探讨。各市(州)媒体也要结合各自特点和定位，推出各具特色的系列专题专栏。

6. 精心组织对外宣传和网络宣传。加强与中央、香港主要媒体的沟通联系，精心组织学习宣传贯彻党的十八大精神对外宣传报道，发出积极、正面的贵州声音。组织协调金黔在线、贵阳新闻网、贵州先锋网、黔龙网等省主要网站、中央重点新闻网站贵州频道，及时转载中央和省主要媒体的重要报道和重点理论文章。充分发挥网络特点和优势，通过开展网上访谈、网民互动、网络征文和知识竞赛等系列活动，帮助网民学习领会党的十八大精神。围绕网民关注的内容，主动设置议题，积极开展网评工作，有针对性地回答网民关注的热点和难点问题，形成网上良好舆论氛围。

7. 广泛开展社会宣传。在贵阳市及其他市(州)党委政府所在地、机场、火车站、酒店、银行等重要场所，充分利用宣传栏、横幅条幅、微博、手机报等宣传阵地和载体，积极营造学习贯彻党的十八大精神的浓厚社会氛围。

各市(州)党委宣传部参照上述安排制定工作方案，组织好本地宣传报道。

四、工作要求

1. 高度重视，加强组织领导。扎实做好党的十八大精神的宣传，是当前和今后一个时期全省新闻宣传战线的首要任务。各级党委宣传部和各级新闻单位要把这项工作摆在十分突出的位置，主要负责同志亲自抓、负总责，切实加强领导，周密制定计划，精心组织实施，确保各项工作落到实处，营造学习宣传贯彻党的十八大精神的良好氛围。

2. 深刻领会，掌握精神实质。党的十八大精神意蕴深远、内涵丰富，要宣传好首先必须学习好。各市(州)党委宣传部和省各主要新闻单位要采取多种形式，分期分批对领导干部和采编人员进行轮训，认真研读十八大文件，原原本本学习十八大报告和新修订的党章，全面准确理解党的十八大精神。

3. 改进创新，提升报道质量。不断改进创新报道内容、形式、方法和手段，提升宣传报道的质量和水平。要发扬“走转改”精神，按照来源于工作、来源于生活、来源于人民群众的要求，多采用群众新闻乐见的形式，多报道群众的生动实践，多反映群众的切身感受。要深入研究受众的心理和习惯，善用传播技巧，用事实说话、用典型说话、用数字说话，不断增强新闻报道的吸引力、感染力、亲和力。

4. 相互配合，形成宣传合力。各市（州）党委宣传部要按照本方案安排，调动各方面积极性，发挥本地媒体各自优势，注重协调配合，实现宣传效果的最大化。省各主要新闻单位要在抓好重点报道的基础上，统筹好子报、子频道（频率）和子网站的配合宣传，从不同角度、不同层次、不同侧面，全面系统地宣传党的十八大精神，共同形成宣传报道强大声势。

5. 加强管理，遵守宣传纪律。党的十八大精神的宣传政治性、政策性、理论性很强，要始终坚持团结稳定鼓劲、正面宣传为主，牢牢把握正确导向。要严格宣传纪律，拿不准的问题要及时请示，涉及重要、敏感问题的稿件要送有关部门审定。要严格把关制度，不得刊发与党的十八大精神相悖的错误观点，不给错误言论提供传播渠道，防止因工作疏忽而影响大局。切实加强对各类宣传文化阵地特别是互联网的管理。

中共贵州省委宣传部

2012 年 11 月 19 日

关于下发《中共贵州省委宣传部特约信息员考核管理办法（试行）》的通知

各市（州）党委宣传部、省直宣传文化系统各单位、各舆情信息直报点：

现将《中共贵州省委宣传部特约舆情信息员考核管理办法（试行）》下发，请认真遵照执行。

中共贵州省委宣传部

2012 年 12 月 1 日

中共贵州省委宣传部特约信息员考核管理办法（试行）

组建一支政治可靠、业务过硬、作风优良、反应迅速的特约信息员队伍，是进一步提高全省舆情信息收集、分析、研判工作整体水平的关键，是适应新形势下改进加强创新舆情信息工作的要求。根据工作需要，特制定省委宣传部特约信息员考核管理办法。

一、特约信息员是向《贵州舆情信息》提供舆情信息收集、研判、报送的人员。

二、特约信息员由全省 9 个市（州）党委宣传部、省直宣传文化系统各单位、省委宣传部舆情信息研究基地、舆情信息直报点推荐，也可以由省委宣传部舆情信息处根据要求直接选聘。

三、根据各单位推荐，被推荐人员通过省委宣传部舆情信息处考核并登记备案后，正式成为特约信息员。

四、特约信息员根据省委宣传部舆情信息处的工作安排或工作提示，按时保质完成信息收集研判报送任务。

五、鼓励和提倡特约信息员自主选题，积极报送信息。

六、省委宣传部舆情信息处对特约信息员实行动态管理，对信息上报不主动、报送量不够、采用率不达标的信息员，可以单方解聘，并发布通告。

七、省委宣传部舆情信息处定期向推荐单位、所属单位的主要领导和分管领导，以文件或手机短信等形式通报特约信息员的工作情况。

八、特约舆情信息员收集研判报送的信息，省委宣传部舆情信息处优先采用。

九、特约信息员的报送数量、采用数量归属于特约信息员推荐单位和所在单位。

十、省委宣传部舆情信息处按月计量从优向特约信息员核发稿费。鼓励和提倡推荐单位比照进行奖励。

十一、省委宣传部舆情信息处加大对特约信息员日常的业务指导,不定期开展学习研讨,根据需要组织外出学习交流考察。

十二、省委宣传部舆情信息处每年表彰奖励优秀特约信息员及先进推荐单位。

关于印发《同步小康创建活动宣传报道方案》的通知

各市、州党委宣传部,省各主要新闻单位:

《同步小康创建活动宣传报道方案》已经部领导同志同意,现印发给你们,请认真贯彻执行。

中共贵州省委宣传部
2012年12月7日

迎接党的十八大宣传报道工作方案

做好迎接党的十八大宣传报道工作,为十八大的胜利召开营造良好舆论氛围,是当前新闻宣传战线的首要任务。为深入推进迎接十八大的宣传报道,根据中宣部和省委的最新精神,特提出如下工作方案。

一、总的要求

高举中国特色社会主义伟大旗帜,以邓小平理论和“三个代表”重要思想为指导,深入贯彻落实科学发展观,深入宣传胡锦涛总书记“7·23”重要讲话精神,全面反映党的十六大特别是十七大以来我省经济、政治、文化、社会以及生态文明和党的建设取得的辉煌成就,唱响主旋律、打好主动仗,把广大干部群众的思想统一到胡锦涛总书记重要讲话精神上来,统一到中央和省委的方针政策和决策部署上来,进一步坚定坚持科学发展、奋力后发赶超的信心和决心,为党的十八大召开营造良好舆论氛围。

二、宣传重点

1.深入宣传胡锦涛总书记“7·23”重要讲话精神。全面准确深入宣传我省贯彻落实胡锦涛总书记重要讲话精神,大力推动科学发展、促进社会和谐的具体实践和工作成效。通过广泛宣传,营造解放思想、改革开放、凝聚力量、攻坚克难的浓厚氛围,把全省广大干部群众的思想和行动统一到讲话精神上来。

2.深入宣传毫不动摇地坚持和发展中国特色社会主义。宣传中国特色社会主义取得的重大理论和实践成果,进一步统一思想、凝聚共识,引导人们高举中国特色社会主义伟大旗帜,坚持和拓展中国特色社会主义道路,坚持和丰富中国特色社会主义理论体系,坚持和完善中国特色社会主义制度,为创造幸福生活和美好未来而奋斗。

3.深入宣传贯彻落实科学发展观的重大意义和根本要求。宣传科学发展观丰富的思想内涵和巨大的理论价值,为改革开放和社会主义现代化建设提供了科学理论指导,促进经济社会实现全面、协调、可持续发展;宣传省委省政府从贵州实际出发贯彻落实科学发展观,带领全省各族人民奋力后发赶超,全省经济社会发展保持又好又快的良好态势。

4.深入宣传党的十六大以来我省经济社会发展取得的显著成就。全面、深入地宣传报道自党的十六大以来,我省高举中国特色社会主义伟大旗帜,以邓小平理论和“三个代表”重要思想为指导,深入贯彻落实科学发展观,紧紧抓住重要战略机遇期，战胜一系列困难和挑战，推进经济社会又好又快、更好更快发展取得的显著成就。

5. 深入宣传我省全面加强党的建设取得的丰硕成果。宣传我省开展党的纯洁性教育试点工作、“解放思想、推动跨越”大讨论活动，积极构筑“精神高地”，扎实开展深入学习实践科学发展观和创先争优活动，大力推进发展型班子和干部队伍建设，扎实开展“三个建设年”、“四帮四促”、两万干部下基层、“帮县、联乡、驻村”等活动，全省风清气正、政通人和、干事创业的良好政治生态环境逐步形成。

6. 深入宣传十八大的重要意义和我省迎接十八大的实际行动。宣传开好十八大，对于统一全党思想，振奋人民精神，激励全国各族人民为全面建成小康社会而奋斗，具有十分重要的意义。宣传我省广大干部群众同心同德、团结奋进、勤奋工作，积极贯彻落实国发2号文件和省第十一次党代会精神，以实际行动和优异成绩喜迎党的十八大胜利召开。

三、报道安排

省各主要新闻单位要在继续转载好中央主要新闻单位的“科学发展、成就辉煌”系列稿件的同时，在“坚持科学发展奋力后发赶超——喜迎党的十八大”总专栏之下，分三个阶段深入推进迎接党的十八大宣传报道工作：8月下旬至9月上旬全面展开、迅速升温，9月上旬至9月底加大力度、形成声势，9月底至十八大召开深入推进、掀起高潮。各市（州）党委宣传部要按照统一时间节奏，结合各地实际，精心策划、统筹安排好本地新闻单位的宣传报道工作。

（一）经济社会发展成就宣传。

重点抓好“贵州科学发展十年历程回顾”系列报道和各市州、各行业的深度综述报道。

1. 在“贵州科学发展十年历程回顾”系列报道中增加相关主题的特别报道。按照《“贵州科学发展十年历程回顾”系列报道工作方案》的安排，在总体报道结构不变的情况下，根据实际工作的需要，专门增加有关特别报道，进一步充实报道内容。第5期农业现代化，增加茶产业特别报道。第6期基础设施建设，增加民航建设特别报道。其他各期，如无统一安排，各新闻单位可根据需要，增加符合该期主题的特别报道。

2. 继续抓好各市州、各行业经济社会发展成就的系列深度综述报道。参照人民日报、光明日报、经济日报推出“迎接党的十八大”31个省（区、市）特刊的做法，按照《“坚持科学发展奋力后发赶超”主题宣传报道工作方案》的安排，贵州日报推出系列专版，贵州广播电视台广播和电视《贵州新闻联播》推出专题报道，当代贵州推出特刊等，继续通过大版面、大时段，从多个角度，全方位展示全省9个市（州）和省直各主要部门、主要行业贯彻落实国发2号文件和省党代会精神，坚持科学发展、奋力后发赶超的工作举措、工作亮点和工作成效。

（二）党建工作成就宣传。

自9月初，省各主要新闻单位在宣传报道好我省经济社会发展成就的同时，要重点突出我省党建工作和精神文明建设取得的成绩。

3. 统一推出“贵州党建十年巡礼”6期系列报道。每期报道，包括新闻综述、短评、典型报道、群众心声和相关图片等。9月3日的首期报道，各媒体配发开篇语。

9月3日第1期，重点宣传我省大力加强思想政治建设、开展党的纯洁性教育和“解放思想、推动跨越”大讨论活动等相关情况；

9月7日第2期，重点宣传我省围绕发展选干部、聚人才的相关情况；

9月12日第3期，重点宣传我省着力加强基层党组织建设的相关情况；

9月17日第4期，重点宣传我省开展“四帮四促”、“帮县联乡驻村”等干部下基层活动的情况；

9月21日第5期，重点宣传我省以作风建设带动项目建设、环境建设取得的显著成效；

9月26日第6期，重点宣传我省深入推进反腐倡廉建设，营造风清气正的政治生态环境的相关情况。

4. 统一开设“十八大代表风采录”子专栏。集中宣传我省十八大代表特别是工人、农民和专业技术人员等生产工作一线代表的先进模范事迹。贵州日报、贵州都市报、贵州商报在重要版面见报，贵州广播电视台广播和电视《新闻联播》播发。我省十八大代表的刊播时间、刊播顺序，将另行下发具体方案。

（三）扎实开展“走转改”活动。

5.继续办好已开设的“走、转、改”专栏。省各主要新闻单位的“家事国是调研行”、“十年民生故事”、“从身边看变化”、“幸福千万家”等专栏，要继续加大刊播的密度、力度和深度，不断扩大社会影响。媒体负责同志要发挥表率作用，围绕上述系列报道，带领编辑记者深入基层蹲点调研、扎实采访，推出一批贴近性强的报道，提高主题宣传的感染力。

6.都市晚报类媒体开设一批民生类专栏。从现在开始，我省都市类媒体和网络媒体要加大迎接十八大的宣传报道力度，开设一批低视角、小切口的专题专栏，推出一批形式新、语言活的报道，以小见大、以点带面，生动反映科学发展给基层群众带来的实惠和好处。各主要新闻单位要加强对下属子报子刊、频道频率和网站的工作指导，切实扩大迎接十八大宣传报道的覆盖面。

7.加强网络宣传报道。省委外宣办制定具体方案，组织网络媒体开展好有关宣传报道。省重点新闻网站首页开设专栏专题，集纳相关报道和重点文章。根据网络特点，策划实施好网络宣传，全方位展开迎接十八大宣传报道，着力营造网上正面舆论强势。

（四）党的十八大的动态报道。

8.及时转载新华社重要稿件。十八大召开日期确定、党的十七届七中全会、“迎接十八大、讲文明树新风”活动和“科学发展成就辉煌”大型图片展览等活动，各新闻单位要及时转载转播新华社稿件。贵州日报和各地党报要全文转载《人民日报》刊发的任仲平文章。贵州广播电视台和各地电视台要在黄金时段安排播出《科学发展铸辉煌》大型电视文献片。

9.认真做好国庆节宣传报道。着重宣传我省的建设成就和举行的庆祝活动，及时报道我省干部群众的热烈反响，激发爱国热情，振奋民族精神，凝聚党心民心，营造热烈、祥和的节日氛围。

四、工作要求

1.加强组织领导，精心安排部署。各地各新闻单位要把迎接党的十八大宣传工作作为当前的头等大事，全力以赴投入工作，聚精会神抓好落实。各市（州）党委宣传部、省各主要新闻单位、都市晚报类媒体于9月4日上报细化工作方案。

2.把握正确导向，营造浓厚氛围。迎接党的十八大，政治性、政策性很强，各地各新闻单位要进一步强化导向意识，坚持团结稳定鼓劲、正面宣传为主的方针，牢牢把握团结奋进、昂扬向上的宣传基调。日常报道要放在十八大召开的大背景下考虑选题、把握分寸。

3.着力改进创新，增强宣传实效。切实落实“三贴近”原则，认真组织好“走转改”活动，善于通过独特的视角、新颖的形式表现重要的选题，深入浅出地进行宣传报道，提高宣传报道的吸引力感染力，使迎接党的十八大的宣传报道深入人心。

4.加强热点引导，严肃新闻纪律。坚决防止为吸引眼球炒作热点敏感问题，诱发不稳定因素。加强对重点领域、重点部位、薄弱环节的管理，严格规章制度、细化工作流程，确保内容安全、刊播安全、传输安全。重大理论问题的阐释、重要事件和人物的评价，按照中央精神和统一口径把握。拿不准的问题及时请示。

中共贵州省委宣传部

2012年8月30日

关于表彰2011年度舆情信息先进单位、直报点管理、优秀信息员和“好信息”的决定

各市、州党委宣传部，省直机关工委、省委教育工委、省委国防工委、省国资委宣传部门，省直宣传文化系统各单位，各舆情信息直报点：

2011年，全省各信息网络单位认真贯彻落实党的十七届六中全会和省委十届十二次全会精神，按照“高举旗帜、围绕大局、服务人民、改革创新”的总要求，紧紧围绕党和国家、省委省政府工作大局，紧紧围绕宣传思想文化战线的中心任务和重要部署，积极主动收集报送舆情信息。全面反映干部群众对推动贵州多民族文化大发展大繁荣、“两加一推”主基调、纪念建党90周年、辛亥革命100周年等内容，收集中央和省重大活动、重要会议的舆情动态，及时做好经济社会热点、突发事件等方面的舆情反映，加强常规动态信息和重点舆情的深入分析研判，着力提出切实有效的对策建议，在服务大局、服务决策中发挥了重要作用。在实际工作中，涌现出一批先进单位、组织管理、优秀信息员，涌现出一批高质量、有价值的舆情信息。根据《关于进一步完善〈中共贵州省委宣传部信息报送及考核奖励办法〉的通知》的规定，决定评选贵阳市委宣传部等6个市州党委宣传部、贵州大学党委宣传部等9个舆情信息直报点、贵州广播电视台综合新闻广播等1家省直宣传文化单位为“舆情信息工作先进单位”；评选遵义市委宣传部等3家单位为“舆情信息直报点管理奖”；评选黔东南州委宣传部杨荣光等13名同志为“优秀信息员”，评选六盘水市委宣传部等单位报送的《关于我省实施“两大战略”的舆情分析报告》等5篇舆情信息稿件为“好信息”。

附：2011年度舆情信息工作先进单位、直报点管理奖、优秀信息员名单和“好信息”奖篇目

中共贵州省委宣传部

2012年4月10日

2011年度舆情信息工作先进单位、直报点管理奖、优秀信息员名单和“好信息”奖篇目

一、先进单位

1. 市、州党委宣传部

贵阳市委宣传部、黔东南州委宣传部、黔南州委宣传部、安顺市委宣传部、六盘水市委宣传部、毕节市委宣传部

2. 舆情信息直报点

贵州大学党委宣传部、榕江县委宣传部、松桃县委宣传部、盘县县委宣传部、凯里市委宣传部、都匀市委宣传部、红花岗区委宣传部、晴隆县委宣传部、平坝县委宣传部

3. 省直宣传文化系统

贵州广播电视台新闻综合广播

4. 其他县（市、区）党委宣传部

黎平县委宣传部

二、舆情信息直报点管理奖

遵义市委宣传部、黔西南州委宣传部、铜仁市委宣传部

三、优秀信息员

王良琴　贵阳市委宣传部
杨荣光　黔东南州委宣传部
杜　凯　贵州大学党委宣传部
曾国强　省社科院
周小勤　贵州广播电视台综合新闻广播
邓怡荪　独山县委宣传部
付长怀　福泉市委宣传部
丁荣甫　榕江县检察院
李勇进　七星关区委宣传部

杨　琴　钟山区委宣传部

陈湘苏　遵义县委宣传部

张仁远　都匀市委宣传部

孙兆锋　省直机关工委

四、“好信息”

1.《关于我省实施“两大战略”的舆情分析报告》（贵州大学党委宣传部、六盘水市委宣传部、松桃县委宣传部报送）

2.《社会舆论对辛亥革命 100 周年的思想反映》（黔南州委宣传部、晴隆县委宣传部、都匀市委宣传部报送）

3.《关于各类安全事故频发的舆情分析》（黔东南州委宣传部、安顺市委宣传部、榕江县委宣传部报送）

4.《关于 2011 年第三季度境内外舆情的分析报告》（贵阳市委宣传部、贵州广播电视台新闻综合广播报送）

5.《关于当前物价上涨的舆情分析》（毕节市委宣传部、遵义县委宣传部报送）

关于对省第十一次党代会对外宣传优秀新闻作品给予奖励的决定

中央、香港驻黔主要新闻媒体：

省第十一次党代会召开前后，按照省委、省政府的要求，在省委宣传部的统一部署下，中央、香港驻黔主要新闻媒体，精心策划党代会有关宣传报道选题，着力整合宣传资源、创新宣传内容和方式，在宣传力度、报道规模、传播效果上取得了新突破，为党代会胜利召开和党代会精神的贯彻落实营造了良好舆论氛围，受到了社会各界普遍关注和好评。

中共贵州省委宣传部决定对人民日报社贵州分社等 13 家中央、香港驻黔主要新闻媒体的《贵州干部扎根基层四帮四促》等 46 篇优秀新闻作品给予奖励。希望各媒体继续发扬良好作风，紧紧围绕省委、省政府中心工作，为贵州坚持科学发展、奋力后发赶超提供更有力的舆论支持，为提高贵州知名度、树立贵州新形象、扩大贵州影响力作出新的积极贡献。

附：省第十一次党代会对外宣传优秀新闻作品

中共贵州省委宣传部

2012 年 5 月 25 日

省第十一次党代会对外宣传优秀新闻作品

（共计 46 篇）

人民日报社贵州分社：

1.《贵州干部扎根基层四帮四促》（4 月 18 日，头版头条）

作者：人民日报记者　龚金星　汪志球

2.《构筑“精神高地”冲出“经济洼地”（声音）》（4 月 19 日，11 版）

作者：人民日报记者　龚金星　汪志球

3.《贵州黔西南布依族苗族自治州三十而立从头越》（4 月 30 日，头版）

作者：人民日报记者　龚金星　汪志球

新华社贵州分社：

1.《栗战书当选中共贵州省委书记》（4 月 19 日，《光明日报》、《经济日报》等 142 家报纸采用，中央电视台新闻联播当晚口播）

作者：新华社记者　李劲峰

2.《贵州：未来五年将解决 1023 万农村群众饮水安全问题》（4 月 15 日，《人民日报》等 17 家报纸采用）

作者:新华社记者　杨洪涛

3.《贵州将用5年形成通达周边省份快速交通网》(4月22日,《贵阳日报》、《新华每日电讯》、《科技日报》、《中国改革报》等24家报纸采用)

作者:新华社记者　李劲峰

光明日报贵州记者站:

1.《贵州:医改四味药换得民心暖》(04月21日,4版)

作者:光明日报记者　柳　路

2.《毕节:多彩乌蒙构筑文化高地》(04月23日,4版)

作者:光明日报记者　柳　路　张俊卿　通讯员　谢　迪　何　屹

经济日报贵州记者站:

1.《落实帮扶资金47亿元解决困难近20万个贵州万名干部下基层贴民心》(4月13日,头版头条)

作者:经济日报记者　王新伟

2.《贵州山区干部背篼下乡》(4月13日,8版头条)

作者:经济日报记者　王新伟

3.《群众冷暖记心头》(4月13日,8版)

作者:经济日报记者　王新伟　通讯员　吴秉泽

4.《群众的事就是自己的事》(4月13日,8版)

作者:经济日报记者　王新伟　通讯员　郭乾

5.《贵州:加快转型后发赶超》(4月19日,13版头条)

作者:经济日报记者　王新伟　通讯员　吴秉泽

中央人民广播电台贵州记者站:

1.《贵州深山里的背篼志愿者》(4月13日,中央人民广播电台〈新闻纵横〉)

作者:中央人民广播电台记者　孟　海　曾兰茜

2.《新贵州新征程栗战书党代会报告引贵州代表共鸣》(4月15日,中广网)

作者:中央人民广播电台记者　王贵山　陈屹

3.《栗战书:贵州实现后发赶超必须解决好“赶”与“转”的双重任务》(4月15日,中广网)

作者:中央人民广播电台记者　陈　屹

4.《贵州实现经济起飞务必脚踏实地“干”字当头》(4月19日,中广网)

作者:中央人民广播电台记者　孟　海　陈玉

中央电视台贵州记者站:

1.《【直播】早熟玉米刚追肥科学施肥要注意》(4月17日,中央电视台16:00新闻)

作者:中央电视台记者　念红梅　张俊卿

2.《【直播A2:贵州兴义晴实时气温:19℃】》(4月17日,中央电视台《朝闻天下》)

作者:中央电视台记者　念红梅　张俊卿

3.《【我说心里话】【贵州】五保老人:有孩子们陪伴我们不再孤单了》(4月17日,中央电视台《东方时空》)

作者:中央电视台记者　念红梅　陈春晓　刘昌德

4.《直播【春耕地理】梯田地里“点秧苗”》(4月19日,中央电视台16:00新闻)

作者:中央电视台记者　念红梅　张俊卿

5.《直播【春耕地理】梯田地里“点秧苗”》(4月19日,中央电视台《朝闻天下》)

作者:中央电视台记者　念红梅　张俊卿

6.《贵州:闻雨而动忙春耕》(4月19日,中央电视台《新闻联播》头条)

作者:中央电视台记者　念红梅

7.《贵州:驻村干部为百姓解难题谋发展》(4月19日,中央电视台《新闻联播》)

作者:中央电视台记者　念红梅

中国日报贵州记者站:

1.代表专访《邹市明整装待发直指伦敦奥运》(4月19日,24版头条半版)

作者:中国日报记者　孙晓晨

2.《“背篼干部”在路上》(4月13日,20版头

条三分之二版）

作者：中国日报记者　苏江元

3. 代表专访《铜仁市长夏庆丰：开放也是一种生产力》（4 月 16 日，网首页、贵州频道头条）

作者：中国日报记者　苏江元

4. 代表专访《贵阳市长李再勇："火车头"提速构筑贵州经济高地》（4 月 16 日，网首页、贵州频道头条）

作者：中国日报记者　苏江元

中国新闻社贵州分社：

1.《贵州省委书记栗战书：贫穷，不是贵州的固有标签》（4 月 15 日，该文被新华网、凤凰网、新浪网、搜狐网等 20 余家国内知名网站转载）

作者：张　伟　杨　茜

2.《栗战书：贵州已具备经济"起飞"条件》（4 月 15 日，该文被凤凰网、新浪网、搜狐网等 10 余家国内知名网站转载）

作者：张　伟

3.《贵州省省长：贵州贫穷的根子在城市》（4 月 17 日，该文被澳门《新华澳报》等境外媒体采用，并被 11 家国内知名网站转载）

作者：田建红

4.《贵州省委常委：用"辛苦指数"提升民众"幸福指数"》（4 月 20 日，该文被凤凰网、新浪网、搜狐网等 10 余家国内知名网站转载）

作者：杨　茜

中国青年报贵州记者站：

1.《有形背篼里装着生活用品无形背篼里装着帮扶重任贵州大山深处的"背篼干部"》（4 月 13 日，头版头条）

作者：中国青年报记者　白　皓

2.《瓮安答卷》（4 月 27 日，头版头条）

作者：中国青年报记者　毛　浩　董　伟　白　皓

农民日报贵州记者站：

1.《在"海拔高地"与"发展洼地"中奋力崛起——访贵州省委书记栗战书》（4 月 12 日，头版头条）

作者：农民日报记者　唐园结　肖　克　张　丛

2.《毕节试验区：磅礴乌蒙展新颜》（4 月 17 日，头版头条）

作者：农民日报记者　肖　克　刘久锋

3.《打造新的"贵州速度"》（4 月 25 日，1 版）

作者：农民日报记者　肖　克　刘久锋

香港文汇报贵州办事处：

1.《贵州农民，组织起来——实施一事一议三年，本报记者对话李岷》（4 月 12 日，B3 版）

作者：陈景德/香港文汇报记者　周亚明

香港大公报贵州办事处：

1.《栗战书：贫困，不是贵州永久的标签》（4 月 15 日，香港大公网）

作者：香港大公报记者　劳　莉

2.《统一思想凝聚共识团结一心奋力开创贵州科学发展新局面》（4 月 17 日，香港大公网）

作者：香港大公报记者　劳　莉

3.《黔西南州以"贵州精神"为引领努力创造"黔西南速度"凝聚力量后发赶超》（4 月 17 日，香港大公网）

作者：香港大公报记者　劳　莉

4.《贵州打造"审批最少、服务最优、发展最好的投资热土》（4 月 17 日，香港大公网）

作者：香港大公报记者　劳　莉

香港商报贵州办事处：

1.《开放清镇投资热土》（4 月 10 日）

作者：香港商报记者　张　丽　许入介

2.《掘金宝地——贵阳跨步进入招商引资黄金时代》（4 月 13 日）

作者：香港商报记者　张　丽　许入介

3.《撬动经济新支点——解读贵阳会展从无到好、特、精、强、大的发展之路》（4 月 13 日）

作者：香港商报记者　张　丽　许入介　张天富

4.《开放乌当拥抱世界》（4 月 14 日）

作者：香港商报记者　钱林桃　陈毓钊

关于表彰2011年度优秀调研报告的决定

各市(州)党委宣传部,省直宣传文化系统各单位:

2011年,全省宣传思想文化战线坚持以邓小平理论和“三个代表”重要思想为指导,深入贯彻落实科学发展观,全面贯彻落实党的十七大、十七届三中、四中、五中、六中全会和省委十届十次、十一次、十二次全会精神,按照“高举旗帜、围绕大局、服务人民、改革创新”的总要求,按照我省宣传思想工作“创优年”各项工作安排,始终坚持解放思想、实事求是、与时俱进,始终着眼于服务领导决策、服务中心工作,深入开展调查研究,提出了许多有思想、有价值的对策建议,推出了一大批有分量的调研成果,为推动宣传思想文化工作科学化水平发挥了重要作用。党的十七届六中全会审议通过了《中共中央关于深化文化体制改革、推动社会主义文化大发展大繁荣若干重大问题的决定》,国务院发布《关于进一步促进贵州经济社会又好又快发展的若干意见》(国发〔2012〕2号),贵州宣传思想文化工作迎来难得的历史机遇和发展条件,2012年被确立为全省宣传思想文化工作“品牌年”。为进一步通过加强调查研究工作以推动宣传思想文化工作提升到新的高度,经认真组织评选,决定授予《发挥网络媒体作用做好新时期网络舆情工作的调研报告》等16篇调研报告为2011年度宣传思想文化工作优秀调研报告。

附:2011年宣传思想文化工作优秀调研报告篇目

中共贵州省委宣传部

2012年2月28日

2011年度优秀调研报告篇目

1.《发挥网络媒体作用做好新时期网络舆情工作的调研报告》(黔东南州委宣传部选送)

2.《创新农村公共文化服务的“平塘模式”——平塘县“幸福进万家”实践调查》(黔南州委宣传部选送)

3.《党的机关与新闻传播媒体关系研究》(安顺市委宣传部选送)

4.《贵州省社科评奖机制研究报告》(省社科联选送)

5.《构建农民素质提升的实践锻炼内驱动机制——毕节试验区农民素质现状与对策》(毕节市委宣传部选送)

6.《聚集资源优势推进黔西南州文化产业快速发展——2011年黔西南州文化产业发展工作调研报告》(黔西南州宣传部选送)

7.《理清“病根”对“症”下药扎实有效推进当前思想道德建设》(毕节市委宣传部选送)

8.《关于推动铜仁文化繁荣发展的思考》(铜仁市委宣传部选送)

9.《关于加快黔东南文化产业发展的调研》(黔东南州委宣传部选送)

10.《贵阳创建文明城市长效机制研究》(贵阳市委宣传部选送)

11.《对西秀区农村文化建设的思考》(安顺市委宣传部选送)

12.《城乡基础设施夯实整治工作成效突显——黔西南州“整脏治乱”专项行动调研报告》(黔西南州委宣传部选送)

13.《县域文化改革发展研究——以息烽县为例》(贵阳市委宣传部选送)

14.《加强农村文化建设推动新农村发展——黔南州农村文化建设工作调研报告》(黔南州委宣传部选送)

15.《黔西南州农村学习型党组织建设探析——以黔西南州部分乡镇村党支部为例》(黔西南州委宣传部选送)

16.《贵阳市农村“留守儿童”现状调查与对策研究报告》(贵阳市委宣传部选送)

17.《贵阳市加强宣传文化系统“四个一批”人才队伍建设研究》(贵阳市委宣传部选送)

18.《关于进一步深化“四在农家”创建的思考》(遵义市委宣传部选送)

19.《施秉县文化改革发展状况调研》(黔东南州委宣传部选送)

20.《毕节地区2011年农村精神文明建设工作调研报告》(毕节市委宣传部选送)

中共贵州省委宣传部关于印发《全省宣传文化系统贯彻落实〈国务院关于进一步促进贵州经济社会又好又快发展的若干意见〉的工作任务分解方案》的通知

各市(州)党委宣传部、省直宣传文化系统各单位、部机关各处室:

为进一步推动全省宣传文化系统认真贯彻落实《国务院关于进一步促进贵州经济社会又好又快发展的若干意见》(国发〔2012〕2号,以下简称《意见》),奋力推动贵州多民族文化大发展大繁荣,着力为贵州经济社会发展历史性跨越提供强有力的精神力量、理论支撑、文化条件和舆论氛围,特制定《全省宣传文化系统贯彻落实〈国务院关于进一步促进贵州经济社会又好又快发展的若干意见〉的工作任务分解方案》。现将有关事项通知如下,请抓好贯彻落实。

一、进一步深刻领会和提高认识,加大对《意见》的宣传力度。国发〔2012〕2号文件是1990年以来首个从国家层面全面系统支持我省发展的综合性政策文件,是指导当前和今后一个时期我省经济社会发展的纲领性文件,是党中央、国务院在我省发展的关键时期作出的重大战略决策,对我省发展具有里程碑意义,将对我省经济社会发展产生重大而深远的影响。要充分认识《意见》颁布实施的重要意义,深刻领会《意见》精神,加大对《意见》精神的阐释和解读,大力宣传各地各部门学习贯彻《意见》的好做法和好措施,大力宣传各地各部门贯彻落实《意见》取得的积极成效和有益经验,通过多渠道、全方位的宣传,让全省上下更加全面深入了解《意见》的精神实质和主要内容,更加深切感受党中央、国务院对贵州各族群众的关怀,更加把全省干部群众的心思和力量凝聚到“加速发展、加快转型、推动跨越”上来,推动贵州经济社会发展的历史性跨越。

二、谋划提出工作思路和具体措施,推动文化旅游发展创新区建设。《意见》明确将贵州定位为国家文化旅游发展创新区,要求贵州在传承优秀传统文化,弘扬社会主义先进文化,探索特色民族文化与旅游融合发展新路子,努力建成世界知名、国内一流的旅游目的地、休闲度假胜地和文化交流的重要平台。全省宣传思想文化战线要紧紧围绕建设文化旅游发展创新区的内涵和外延,结合省委十届十二次全会精神和本地、本部门实际,深入开展研究,提出建设文化旅游发展创新区的目标任务,提出一批建设文化旅游发展创新区的重大文化发展项目,提出建设文化旅游发展创新区的有效和品牌。在深入推进文化旅游发展创新区建设中,要把原已确定的工作部署上升到《意见》决策的政策措施进一步明确任务,要对《意见》新提出的具体支持政策措施细化方案推动贯彻落实,要对《意见》提出的原则性支持政策深入研讨和准确把握,力求能细化的要细化,能量化的要量化,能确定进度的要确定时间表。要积极主动与国家有关部委和省直有关部门汇报沟通衔接,全力争取最大的政策和资金支持。

三、转变工作作风和强化督查考核,推动《意见》学习宣传贯彻落到实处。抓好《意见》贯彻落实，需要宣传思想文化战线进一步转变工作作风，扑下身子深入基层，埋头苦干实干，把中央的支持政策用好用活用足，落到实处，取得实效。要加强调查研究，掌握贯彻实施情况，及时解决贯彻实施中出现的矛盾和问题，及时总结、交流、宣传和推广各地各部门在贯彻落实《意见》中的好经验、好典型和新创造。要建立健全考评机制，把分解的目标任务纳入年度考核的重要内容，强化跟踪了解，强化进程督查，强化检查验收，强化督促通报，强化考核测评，促进增比进位，确保贯彻实施工作扎实推进。

附：《全省宣传文化系统贯彻落实〈国务院关于进一步促进贵州经济社会又好又快发展的若干意见〉的工作任务分解方案》

省宣传文化系统贯彻落实《国务院关于进一步促进贵州经济社会又好又快发展的若干意见》的工作任务分解方案

序号	项目内容	省委宣传部责任处室及分管领导		责任部门及单位
		责任处室	分管领导	
1	加快推进黔东南州、黔南州、黔西南州及其他民族自治地方跨越发展。重点发展文化旅游……打造具有国际影响的原生态民族文化旅游区。	文改文产办 省委外宣办	周晓云 谢　念	省文化厅 黔东南州委宣传部 黔南州委宣传部 黔西南州委宣传部
2	稳步推进电信网、广播电视网、互联网融合发展……			省广电局
3	依托贵州多民族文化资源，建设一批文化产业基地和区域特色文化产业群。	文改文产办	李建国	省文化厅 省广电局 省新闻出版局 各市州党委宣传部
4	深入挖掘民族文化，做大做强以“多彩贵州”为代表的民族歌舞、工艺美术、节庆会展、戏剧、影视、动漫等文化品牌，培育一批有特色、有实力、有竞争力的文化骨干企业，积极引进文化产业领域战略投资者。	文改文产办 文艺处	李建国	省文化厅 省广电局 省新闻出版局 省文联 多彩贵州文化产业发展中心
5	加强遵义、镇远、习水、青岩、西江等历史文化名城（名镇、名村）以及旅游资源富集城镇保护和建设。			省文化厅
6	大力发展红色旅游，实施红色旅游二期建设方案，加强以遵义会议纪念体系为重点的经典景区基础设施建设。	宣教处	杨兴举	省文化厅
7	积极开发蜡染、服饰、银饰、苗绣、漆器、紫袍玉带石雕等特色旅游商品。	文改文产办	李建国	省文化厅 多彩贵州文化产业发展中心
8	全面推广“富在农家、学在农家、美在农家、乐在农家”创建活动。	省文明办	杨兴举	各市州党委宣传部

序号	项目内容	省委宣传部责任处室及分管领导		责任部门及单位
		责任处室	分管领导	
9	把“三州”民族地区建设成为承接产业转移、旅游休闲度假、民族文化保护和生态文明示范区。			省文化厅 黔东南州委宣传部 黔南州委宣传部 黔西南州委宣传部
10	支持水族文化博物馆建设。			省文化厅 黔南州委宣传部
11	充分挖掘民族地区丰富的民族文化和旅游资源,培育和扶持苗岭飞歌、侗族大歌、布依族八音坐唱等民族文化品牌,建设民族文化展演中心。	文艺处	李建国	省文化厅 省文联
12	支持建设市(州)图书馆、文化馆、博物馆,加强县级文化馆和图书馆、乡镇综合文化站、村文化室建设,加快建设一批公共电子阅览室。			省文化厅 省新闻出版局
13	全面推进基层公共文化设施向社会免费开放。	宣教处	杨兴举	省文化厅 省广电局 省新闻出版局 各市州党委宣传部
14	深入实施广播电视村村通、农家书屋、文化资源共享、农村数字电影放映等文化惠民工程。			省广电局 省新闻出版局 省文化厅
15	加强民族文化遗产保护和综合利用,支持非物质文化遗产展示、传习场所等设施建设。			省文化厅 省文联 各市州党委宣传部

2012年省委宣传部工作大事记

大事记

一月

1月4日至5日，谌贻琴在北京出席全国宣传部长会议，杨兴举、周晓云参加。

1月5日，谢念在贵阳参加贵州环境建设年工作电视电话会议。

1月6日，李建国在北京参加推进贵州多民族文化大发展大繁荣座谈会。

1月7日，谌贻琴出席“江山多娇刘人岛个人美术作品展”开幕式，姚远参加。

1月8日，谌贻琴出席省政协第十届五次会议开幕式，李建国参加；杨兴举在清镇市犁倭乡参加2012年全省三下乡集中示范活动。

1月9日，谢念在北京参加第二十五次全国及全省“扫黄打非”工作电视电话会议。

1月11日，谌贻琴出席会见中宣部副部长、国家广电总局局长蔡赴朝一行。

1月13日，谌贻琴出席贵阳市创建“全国文明城市”和创建“国家卫生城市”总结表彰大会，杨兴举参加。

1月14日，谌贻琴出席省委常委会议，李建国参加。

1月15日，谌贻琴在贵阳出席中国共产党贵州省第十届纪律检查委员会第七次全体会议第一次大会，李建国参加。

1月15日，杨兴举在贵阳参加省委农村工作暨全省扶贫开发工作会议。

1月16日，谌贻琴到贵阳市乌当区走访慰问贫困残疾人。

1月16日，李建国陪同王富玉副书记慰问部队官兵和优抚对象。

1月17日，谌贻琴出席2012全省宣传部长会议，李建国、姚远、杨兴举、周晓云、杨樱、谢念参加；杨兴举参加2012年全省文明办主任会议；周晓云、谢念参加2012年全省外宣办主任会议。

1月18日，谌贻琴、杨兴举赴平塘县走访慰问困难群众。

1月19日，谌贻琴在贵阳出席2012年省委、省政府春节团拜会，李建国参加。

1月19日，谌贻琴走访慰问省直宣传文化系统部分专家人才，并到贵州广播电视台东山发射台看望慰问干部职工和驻地武警官兵。

1月19日，谌贻琴出席“根深叶茂贵州情”2012四海贵州人新春大联欢活动。

1月20日，谌贻琴、杨兴举到医院看望见义勇为青年于勇和的哥李春来。

1月29日，李建国在贵阳参加省第十一届人民政府第五次全体会议。

1月30日，杨樱在贵阳参加全省人口和计划生育工作会议。

1月31日，谌贻琴出席听取对省委工作和省第十一次党代会报告的意见和建议座谈会，李建国参加。

二月

2月1日，杨兴举列席省政府第五十七次常务会议。

2月3日，杨樱参加《观风论坛——贵州省领导干部周末大讲堂》新年第一期讲座。

2月3日,杨兴举参加省旅游发展和改革领导小组全体会议。

2月4日,杨兴举到安顺市普定县、西秀区检查“整脏治乱”和文明城市创建工作。

2月4日,谢念参加金融支持贵州又好又快发展座谈会筹备工作会议。

2月7日,谢念参加研究黔西南州州庆30年有关工作会议。

2月7日,杨樱参加在创先争优活动中开展基层组织建设年视频会议。

2月8日,谌贻琴出席全省非时政类报刊出版单位体制改革工作会议,李建国参加。

2月8日,谌贻琴出席未成年人思想道德建设工作视讯会议,杨兴举参加;李建国参加研究讨论我省贯彻落实国发2号文件实施意见(送审稿)座谈会。

2月9日,杨樱参加省政府第5次民族工作联席会议;谢念参加第25次全国及全省“扫黄打非”工作电视电话会议。

2月10日,谌贻琴出席省委常委会议;出席省文明委2012年第一次会议、省委外宣工作领导小组会议和哲学社会科学工作领导小组会议,李建国、杨兴举、周晓云、谢念参加。

2月13日,谌贻琴在北京出席《关于进一步促进贵州经济社会又好又快发展的若干意见》新闻发布会,周晓云、谢念参加;李建国主持召开构筑贵州历史跨越的精神高地研讨会。

2月14日,李建国参加省维稳工作专题会议;杨兴举参加2012年全省教育工作会议。

2月15日,周晓云在北京参加《论文化建设——重要论述摘编》出版座谈会。

2月16日,谌贻琴出席全省旅游工作会议,杨兴举参加。

2月16日,李建国、杨樱参加全省机关党的建设工作暨深入推进作风建设年、“四帮四促”活动电视电话会议。

2月17日,杨樱参加研究深化与浙江大学合作专题会议。

2月17至18日,谌贻琴在山西省大同市出席全国文化产业改革工作会议,李建国参加。

2月20日,谌贻琴出席全省“整脏治乱”专项行动和“满意在贵州”主题活动电视电话会议并讲话,杨兴举参加会议;出席省科协七届六次全委(扩大)会议暨2012年全省科协工作会议,杨兴举参加;出席2011“宏立城杯”多彩贵州旅游商品两赛一会颁奖大会;周晓云参加全省新闻出版(版权)工作会议。

2月21日至23日,谢念在北京参加全国党报总编辑电台电视台台长研讨班。

2月21日至24日,谌贻琴出席全省项目建设现场观摩会,李建国参加。

2月23日,杨兴举到平塘县调研文化广场建设选址情况;周晓云参加“严肃换届纪律、深入整治用人上不正之风工作”推进会议;张云泓参加全省老干部工作会议。

2月24日,谌贻琴出席2012年第二期“甲秀视线讲坛”;出席全省第三次项目建设现场观摩会总结交流会,李建国参加会议;出席省妇联举办的“三八”国际妇女节观影会。

2月25日,杨兴举参加第三次全省妇女儿童工作会议。

2月27日,谢念参加中央外宣办召开整治淫秽色情和低俗信息专项行动工作电视电话会议。

2月27至29日,杨兴举到毕节市调研农村精神文明建设工作。

2月28日,谌贻琴出席《关于进一步促进贵州经济社会又好又快发展的若干意见》专家座谈会,周晓云、谢念参加。

2月28至29日,谌贻琴在北京参加第九届中国公民道德论坛,李建国参加。

2月29日,谢念列席省委常委会议。

三月

3月2日,谌贻琴在北京出席《国务院关于进一步促进贵州经济社会又好又快发展的若干意见》专家座谈会并致辞。

3月2日,谌贻琴出席省委、省政府在北京举行的支持贵州又好又快发展金融座谈会暨战略合作备忘录及协议签署仪式。

3月4日,谌贻琴到十一届全国人大五次会议的贵州代表团驻地,看望参加全国“两会”新闻报道的省内主要媒体和中央驻黔、香港驻黔媒体新闻工作者。

3月6日,李建国率队赴贵阳市高新区、白云区调研文化产业与科技融合发展。

3月6日,杨兴举参加2012年全省中小学“祖国好·家乡美”主题系列活动启动仪式并讲话。

3月7日,省委副书记、省长赵克志在北京与铁道部党组书记、部长盛光祖就认真贯彻落实国发2号文件,共同推进贵州铁路建设发展举行会谈。谌贻琴参加会谈。

3月8日至9日,李建国参加中宣部在河南郑州召开的舆情信息工作会议。

3月10日,谌贻琴出席2012万达广场中国足球协会超级联赛开幕式。

3月12日,谌贻琴在贵阳市乌当区水田镇盘龙山森林公园义务植树基地参加全民义务植树活动。

3月12日,周晓云参加省第十一次党代会筹备情况汇报会。

3月13日,张云泓参加贵州省委、省政府召开的与浙江大学深化合作有关事项会议。

3月15日,谌贻琴赴省委宣传部扶贫联系点平塘县开展“四帮四促”活动,李建国、周晓云、张云泓、谢念参加。

3月16日,李建国参加全省高校党的建设工作会议。

3月16日,杨兴举参加深化“四帮四促”活动扎实开展“部门帮县、处长联乡、干部驻村”工作电视电话会议暨省直单位帮县联乡驻村干部集中出发仪式。

3月16日,李建国参加全省文化产业统计工作会议。

3月17日,谌贻琴出席2012’多彩贵州舞蹈大赛组委会第一次会议。

3月17日,谌贻琴出席省委传达学习贯彻全国“两会”精神领导干部会议。

3月20日至21日,张云泓在河北省宜昌市参加2012年全国省区市党委宣传部调研工作会议。

3月21日,谌贻琴出席来黔考察工作的中国残联党组书记、理事长王新宪一行会见仪式。

3月22日,谌贻琴出席2012贵州省道德模范先进事迹首场报告会,杨兴举参加。

3月24日,谌贻琴出席部分市区县领导同志对省委工作和省第十一次党代会报告的意见和建议座谈会。

3月26日,谢念参加贵州都市报公众服务中心开通仪式。

3月27日至28日,谌贻琴赴毕节市黔西县、百里杜鹃景区、大方县检查第七届贵州旅游产业发展大会筹备工作情况。

3月28日,谌贻琴到大方县黄泥塘镇视察指导小城镇建设工作。

3月28日,李建国参加贵州省舞蹈家协会第五次代表大会。

3月29日,谌贻琴出席省核心专家、省管专家、青年创新人才奖命名表彰会。

3月29日至30日,谌贻琴陪同赵克志省长到省信访局、省国税局、省质监局、省农村信用社联合社、省广播电视台、贵州日报报业集团调研。

3月30日,谌贻琴出席省委中心组集中学习胡锦涛总书记在十七届中央纪委七次全会上的重要讲话精神会议,李建国参加。

3月31日,谌贻琴出席省委宣传部“2012年第一季度新闻通气会”。

四月

4月5日至15日,杨兴举在北京参加全国文明办主任培训班学习。

4月6日至7日,谌贻琴出席中共贵州省委十届十三次全会,李建国参加。

4月8日,谌贻琴到省第十一次党代会会务工作服务组集中办公点、接待宾馆、主会场等地检查省第十一次党代会筹备工作情况。

4月9日,李建国参加贵州省人民政府与上海交通大学省校战略合作框架协议签约仪式。

4月10日,谢念在北京参加中宣部新闻宣传工作专题会议。

4月10日至11日,张云泓参加全省党委宣传系统舆情信息暨调研工作会议。

4月11日,周晓云、哈思挺参加2012年度全省互联网宣传管理工作会议。

4月12日，谌贻琴、李建国、周晓云、谢念到《金黔在线》网站调研省第十一次党代会网络宣传工作。

4月13日，李建国参加省旅游工作座谈会。

4月13日，谌贻琴出席中国共产党贵州省第十一次代表大会新闻发布会。

4月13日，谌贻琴出席“背篼干部”精神报告会。

4月14日，谢念参加2012年全省理论宣传联系会。

4月15日至19日，谌贻琴出席中国共产党贵州省第十一次代表大会。

4月19日，谌贻琴出席中国共产党贵州省第十一届委员会第一次全体会议，李建国参加。

4月20日，谌贻琴出席贵州四川经济社会发展情况交流座谈会，参加会见香港文汇报社长、董事长、世界中文报业协会主席王树成，香港成报董事局主席谢海榆、社长田炳信一行。

4月20日，谌贻琴出席省委宣传部学习贯彻省第十一次党代会精神干部职工大会。

4月21日，谌贻琴陪同四川省党政代表团在贵阳考察。

4月23日，谌贻琴出席在毕节市黔西县百里杜鹃景区举行的第七届贵州旅游产业发展大会，杨兴举参加。

4月22日至24日，李建国在北京参加第二届北京国际电影节。

4月24日，谌贻琴出席侵权盗版及非法出版物集中销毁和“绿书签行动2012”系列宣传活动并宣布活动启动。

4月25日，李建国在北京参加2012年度国家社科基金项目评审工作会议。

4月26日，谌贻琴出席学习贯彻省第十一次党代会精神省委宣讲团宣讲工作座谈会。

4月27日，杨兴举在安徽省马鞍市参加中央专项彩票公益金支持乡村学校少年宫项目座谈会。

五月

5月2日，哈思挺参加“科学发展成就辉煌”大型图片展览活动选送参展资料协调会。

5月3日，谢念参加全省公务员报考工作领导小组会议。

5月4日，袁华参加贵州省加强文化法规建设意见会议。

5月7日，杨兴举参加全省分类推进事业单位改革工作领导小组会议。

5月9日，杨兴举在遵义市参加中央文明办“三关爱”志愿服务活动启动仪式。

5月10日，谢念参加进一步加强国家教育统一考试环境综合治理工作电视电话会议。

5月17日，杨兴举参加省纪委举办的《建立健全惩治和预防腐败体系2013—2017年工作规划》起草工作座谈会。

5月18日至21日，谌贻琴率队参加第八届中国(深圳)国际文化产业博览交易会，李建国、袁华参加。

5月21日，李建国参加贵州省委党的建设工作领导小组会暨市(州)和省直工(党)委书记抓党建工作述职会议。

5月23日，谢念参加省医改工作汇报会。

5月25日，杨兴举在贵阳市参加“2012全省全民消防安全宣传教育纲要宣传周”启动仪式，参加全省青少年学生思想道德教育工作协调会暨第一次部门联席会议；周晓云参加国家开发银行贵州省分行成立十周年庆典活动。

5月28日，杨兴举参加贵州省国防动员委员会第九次全体(扩大)会议暨民兵工作会议，朱文东在安顺市参加贵州省“学习雷锋、做美德少年”网上签名寄语活动启动仪式。

5月29日，李建国参加省基层组织建设年工作推进视频会，参加2012年贵州省引进急需紧缺领导人才和博士等高层次人才工作协调部署会议。

5月30日，谢念参加省保持党的纯洁性教育试点工作汇报会。

5月31日，朱文东赴开阳县参加“践行志愿服务精神，关爱留守儿童”活动。

六月

6月1日，李建国参加贵州大学干部大会暨省校战略合作协议签署仪式；谢念参加省政府常务会议。

6月2日至3日，李建国在北京参加马克思主义理论研究和建设工程工作会议。

6月5日至6日，张云泓到平塘县开展挂帮工作和调研活动。

6月7日，袁华到平塘县卡蒲毛南族乡调研毛南文化。

6月8日，李建国参加省委维稳工作会议。

6月11日至13日，谌贻琴在港出席2012贵州·香港投资贸易活动周。

6月15日，谌贻琴出席贵州财经学院更名为贵州财经大学揭牌庆典仪式。

6月17日至18日，谢念参加全省项目建设现场观摩会。

6月18日，谌贻琴主持全省第二轮第一次项目建设现场观摩总结交流会。

6月19日，谢念参加滇黔桂石漠化片区筹备工作会；袁华在兰州参加全国文化体制改革工作座谈会；张云泓参加全省改革开放工作会议。

6月20日，李建国参加开展保持党的纯洁性教育试点工作动员会；谢念参加"6·26爱的阳光"禁毒文艺晚会、省居民生活用电阶梯电价实施方案研究会。

6月26日，李建国到平塘县参加平塘挂帮工作会议；哈思挺参加出访美国、日本相关事宜协调会。

6月27日，杨兴举在部机关为干部职工上党课。

6月29日，谌贻琴出席全省深化医药卫生体制改革工作会议并讲话，张云泓参加会议。

七月

7月3日，杨兴举参加贵州省企业军转干部问题工作小组会议；周晓云参加贵州省第二届中国（贵州）国际酒类博览会动员电视电话会议；张云泓参加全省党政机关违规公务用车处置会议。

7月6日，李建国参加全国科技创新大会电视电话会议；周晓云参加省维稳工作会议；张云泓参加从江香猪产业发展大会筹备工作协调会议。

7月8日，周晓云参加省委常委会议。

7月9日，朱文东参加保险业支持服务毕节试验区新一轮改革发展启动大会。

7月10日，李建国参加全省科技创新大会筹备会、检查高端设备与高新技术产业国际合作推进会。

7月11日至12日，李建国参加省直机关工委"帮县、联乡、驻村"工作现场会。

7月12日，杨兴举参加省委常委会议；袁华参加全省深化国资国企改革工作会议。

7月13日，周晓云参加2012中国·贵州国际绿茶博览会开幕式。

7月17日，李建国参加全省社科规划工作会；谢念参加全国维护社会稳定工作电视电话会议。

7月15日至16日，李建国参加全省半年经济工作会议。

7月18日，谌贻琴出席全省领导干部大会，李建国参加。

7月25日，喻红秋在北京出席全国宣传部长会议。

7月27日，喻红秋出席2012生态文明贵阳会议开幕式，李建国、哈思挺参加；谢念参加全省科技创新大会筹备会议。

7月28日，喻红秋出席2012生态文明贵阳会议闭幕式，李建国参加。

7月29日，谢念参加从江香猪产业发展汇报会；哈思挺参加中央新闻媒体采访团采访省政府主席王正福、省政府常务副省长谌贻琴活动。

7月30日，喻红秋出席省委宣传部中心组学习并讲话，姚远、李建国、杨兴举、谢念、袁华、朱文东参加学习。

八月

8月1日，杨兴举参加第六期全省宣传部长培训班。

8月2日，喻红秋出席全省宣传部长座谈会，姚远、李建国、杨兴举、周晓云、谢念、袁华、张云泓、哈思挺、朱文东参加。

8月3日，喻红秋出席省委常委（扩大）会议，李建国参加。

8月5日，张云泓参加省委办公厅、省人大办公厅、省政府办公厅、省政协办公厅、省纪委、省委组织部、省委宣传部、省委统战部秘书长联席会议。

8月7日，喻红秋到贵州日报报业集团、当代贵州期刊传媒集团、贵州广播电视台、贵州出版集团等主要新闻出版单位调研，李建国、谢念、袁华、张云泓参加调研；喻红秋出席中央香港驻黔新闻单位负责人座谈会，李建国、谢念、周晓云、哈思挺参加。

8月7至8日，杨兴举、朱文东在铜仁市江口县参加全省2012年“绿丝带”志愿服务工作经验交流会。

8月8日，谢念参加省政府常务会议。

8月10日，李建国参加2013年省政府工作报告起草部署会议；朱文东在遵义市参加全省消防安全宣传教育纲要贯彻宣传推进会。

8月14日，张云泓参加省委机关保卫工作情况通报征求意见会；朱文东参加全省工商系统推进诚信市场建设创建会议。

8月14日上午和15日上午，喻红秋出席省委中心组学习报告会，姚远、李建国、杨兴举、谢念、袁华、张云泓、哈思挺、朱文东参加。

8月14日至18日，周晓云率队赴香港参加“2012香港美食博览、国际茶展、中医药展”。

8月17日，喻红秋出席省委常委会议，李建国参加。

8月20日，谢念参加省保持党的纯洁性教育试点工作情况交流会。

8月20—21日，杨兴举在吉林长春参加全国“学雷锋三关爱”志愿服务座谈会。

8月21日，李建国在遵义参加全省小城镇建设发展大会；周晓云参加省招商引资扩大开放工作领导小组会议；朱文东到平塘县者密镇、回寨镇开展帮扶工作。

8月23日，喻红秋出席全国外宣工作协作会，李建国、周晓云、哈思挺参加会议；周晓云参加“中国·贵阳国际特色农产品交易会”开幕式。

8月24日，李建国到平塘县调研帮扶工作；周晓云参加2012“多彩贵州”旅游商品设计大赛旅游商品能工巧匠选拔大赛和旅游商品展销大会动员部署电视电话会议。

8月27日，喻红秋出席贵州省科协第八次代表大会开幕式；周晓云参加全省新农保和城居保的表彰工作推荐会；谢念参加中国—东盟教育交流周筹备工作协调会；朱文东在铜仁市松桃县参加全省民族团结进步创建活动经验交流会。

8月28日，杨兴举参加全省博物馆、纪念馆爱国主义教育基地讲解员培训班。

8月29日，喻红秋出席多彩贵州品牌研发基地开工典礼，姚远、李建国、杨兴举、谢念、袁华、张云泓、哈思挺、朱文东参加；喻红秋出席贵州省科学技术协会第八次代表大会闭幕式并讲话，李建国参加。

8月30日，喻红秋出席共青团贵州省第十三次代表大会，李建国参加。

九月

9月1日，李建国参加省委党校2012年秋季学期开学典礼。

9月1日至2日，喻红秋赴遵义督导检查信访维稳工作。

9月4日，喻红秋出席省委常委会。

9月5日，喻红秋会见凤凰卫视常务副总裁崔强一行并进行座谈；杨兴举参加“贵州、浙江省经济社会发展交流座谈会”。

9月6日，喻红秋出席中宣部“走转改”采访活动视频会议贵州分会场会议，谢念参加。

9月7日，喻红秋在北京出席中宣部周恩义先进事迹座谈会。

9月7至9月8日，喻红秋在石家庄出席中国科协年会。

9月9日，喻红秋出席第二届酒博会开幕式，周晓云、哈思挺参加；喻红秋出席周永康同志调研座谈会，出席九月九的酒大型文艺演出。

9月10日，喻红秋出席贵人善行活动启动仪式，杨兴举参加。

9月11日，喻红秋出席首届贵州省少数民族文学"金贵奖"颁奖典礼。

9月12日，谢念参加全国和成都军区征兵工作电视电话会议。

9月13日，喻红秋出席全省科技创新大会、省委常委扩大会，李建国参加；谢念参加涉日维稳工作电视电话会议；朱文东参加"文明贵州助学行动"助学金发放仪式。

9月14日，喻红秋出席全省教育系统涉日维稳工作专题会，周晓云到金阳新区调研2012贵阳国际山地自行车邀请赛筹备情况。

9月15日，杨兴举、朱文东参加全省"迎接十八大，讲文明树新风，做文明有礼贵州人"中华诗词大赛颁奖晚会。

9月16日，杨兴举、张云泓参加"中国贵阳避暑季——花溪之夏"艺术节闭幕式。

9月17日，喻红秋出席省委常委会，主持召开全省高校涉日维稳形势研判会。

9月18日，喻红秋出席《后发赶超奔小康》审片会。

9月18—19日，朱文东到湄潭县督导"整脏治乱"和文明城市创建工作。

9月21日，李建国参加省委党的建设工作领导小组会议。

9月22日，喻红秋主持召开李岚清同志来黔准备工作调度会。

9月23日，喻红秋出席李岚清同志篆刻书法素描艺术展。

9月23日至24日，周晓云到安顺参加"喜迎党的十八大·中国版画进万家·走进多彩贵州"活动。

9月24日，喻红秋在北京出席中宣部"五个一工程"颁奖晚会；杨兴举到黄平、余庆等地检查文明城市创建、"四在农家"、乡村学校少年宫等工作。

9月25日，喻红秋出席中宣部"五个一工程"表彰座谈会、全国宣传部长会；李建国参加"走进经典音乐·李岚清音乐讲座"。

9月25—26日，杨兴举在余庆县参加全省青少年主题活动工作经验交流会。

9月26日，喻红秋在北京出席全国文化体制改革表彰总结大会。

9月27日，喻红秋出席多彩贵州舞蹈大赛颁奖晚会，李建国参加晚会。

9月28日至29日，喻红秋出席全省第二轮第二次项目建设现场观摩会，谢念参加。

9月28日，杨兴举在贵阳出席"贵阳孔学堂"落成揭幕仪式。

9月29日，喻红秋出席并观看浙江小百花越剧团演出新版《梁祝》，朱文东参加。

十月

10月6日，喻红秋出席温家宝同志在黔视察座谈会。

10月8日，喻红秋出席省委常委扩大会，李建国参加；哈思挺参加贵州省贯彻落实中办关于加强网络失泄密防范工作会议。

10月10日，喻红秋到宣传系统文化企业单位调研；赴黔西南州检查接待首长筹备工作。

10月10日至12日，朱文东参加省政协委员赴遵义县、湄潭县视察农村文化基础设施建设。

10月11日，杨兴举参加贵州银行成立大会。

10月12日－15日，喻红秋陪同李长春同志一行在黔视察，李建国参加。

10月15日，喻红秋出席会见航天科工集团许达哲总经理一行。

10月16日，喻红秋出席省委宣传部干部大会，姚远、李建国、杨兴举、周晓云、谢念、袁华、张云泓、哈思挺、朱文东参加；出席省委常委扩大会。

10月17日，喻红秋出席省委十八大筹备专题工作会，谢念、哈思挺参加；谢念参加全省保持党的纯洁性教育试点工作总结大会。

10月18日，喻红秋出席中央驻黔新闻媒体负责人工作会议，李建国参加。

10月19日，喻红秋出席全省文化体制改革和文化产业发展暨"五个一工程"表彰大会，李建国、袁华参加；出席赵克志书记在省委宣传部调研工作座谈会，姚远、李建国、杨兴举、周晓云、谢念、袁华、张云泓、哈思挺、朱文东参加。

10月20日，喻红秋出席贵州期刊传媒集团办公楼开工典礼。

10月20日至23日,杨兴举赴威宁县开展重大典型宣传调研。

10月21日,朱文东参加开磷集团十大人物颁奖晚会。

10月22日,喻红秋出席省委常委会,李建国列席会议。

10月23日,喻红秋出席2013年度全省党报党刊发行工作会,出席全省深化"整脏治乱"专项行动推动文明城市创建工作经验交流会,朱文东参加。

10月24日—28日,喻红秋赴北京拜访人民日报社、新华社、中央电视台、《求是》杂志社等中央新闻媒体单位领导同志,张云泓参加。

10月24日,杨兴举参加"喜迎十八大,深情颂党"少数民族代表大会;朱文东在平坝县夏云镇上河村参加安顺市"四在农家"创建省级示范点授牌仪式,参加安顺市环卫工人表彰大会。

10月26日,李建国、袁华参加贵安新区重大文化设施规划建设课题启动会议;杨兴举到长顺县敦操乡调研;哈思挺参加省旅游局与阿里巴巴(中国)有限公司旅游商务平台建设签约仪式。

10月28日,杨兴举参加全省教育系统"科学发展,成就辉煌"大型图片展开展仪式。

10月29日,喻红秋出席省委常委会,出席全省第四届职工运动会,出席会见贵州省道德模范及贵州省第三届道德模范颁奖晚会;李建国、杨兴举、朱文东参加第三届贵州省道德模范颁奖晚会。

10月30日,喻红秋赴遵义出席信访维稳座谈会;朱文东赴铜仁参加全省廉政文化进校园经验交流会。

10月31日,李建国参加十八大期间省委日常工作和突发事件应急处置工作会议;哈思挺参加全面建设小康社会调研工作协调会议。

十一月

11月3日,喻红秋会见中央人民广播电台包云副台长一行。

11月5日,喻红秋出席党的十八大贵州代表团培训会。

11月5日至16日,喻红秋在北京参加中国共产党第十八次全国代表大会;

11月7日,张云泓参加贵州省城市综合建设工作情况汇报会。

11月9日,喻红秋在北京接受中央人民广播电台《做客中央台》专访。

11月17日,喻红秋出席全省领导干部学习十八大精神大会,赴黔东南传达党的十八大精神。

11月18日,喻红秋出席省委宣传部全体干部职工大会。

11月19日至21日,喻红秋出席省委十一届二次全会,姚远、李建国参加。

11月19日,喻红秋出席省直宣传文化系统各单位负责人座谈会。

11月20日,喻红秋出席"毕节儿童死亡事件"专题会、协调小组会议。

11月22日,周晓云参加会见中东欧国家媒体联合考察团;张云泓参加省清理和规范庆典、研讨会、论坛工作领导小组会议。

11月23日,喻红秋出席省委常委会,李建国参加。

11月26日,喻红秋出席省委常委会,李建国参加。

11月27日,喻红秋出席全国党校教学研讨会并会见李景田副校长一行。

11月29日,喻红秋出席中央宣讲团党的十八大精神贵州报告会。

11月30日,喻红秋出席中央驻黔及省直新闻媒体负责人座谈会,出席电影《飞扬的青春》首映式。

11月28日至12月1日,周晓云在海南海口参加第八届泛珠三角大会。

十二月

12月4日,喻红秋陪同胡锦涛主席一行参观调研。

12月5日,喻红秋出席省委常委会、领导干部大会,李建国参加。

12月6日,喻红秋出席省委欢送胡锦涛主席一行;张云泓带队赴平塘县开展帮扶工作。

12月7日，喻红秋出席省委常委扩大会，周晓云带队赴平塘县开展帮扶工作。

12月7日至12月8日，喻红秋赴仁怀处理12.7事件的舆论引导和舆情应对工作。

12月9日，喻红秋赴黔南州平塘县宣讲十八大精神和省委十一届二次全会精神，并到大塘镇、克度镇联系点进行走访调研，张云泓陪同。

12月10日，喻红秋出席全省学习传达胡锦涛主席到贵州视察讲话精神电视电话会，出席省委宣传部机关中心组学习。

12月11日，喻红秋赴黔南州检查惩治和预防腐败体系建设情况。

12月11日至12日，杨兴举在安顺市参加全省“满意在贵州”主题活动工作经验交流会。

12月12日至14日，喻红秋出席省委中心组学习读书会。

12月12日，李建国参加省委财经领导小组第三次会议。

12月15日至20日，朱文东带队赴遵义市、六盘水市开展“四在农家”调研。

12月16日，喻红秋出席贵州大学成立110周年庆典大会，李建国参加。

12月17日，喻红秋出席省委常委会和省委常委扩大会，李建国参加。

12月18日，喻红秋出席省委常委会，李建国参加。

12月21日至22日，喻红秋在北京参加中央农村工作会议。

12月24日，喻红秋出席省文联第七次代表大会开幕式、省委常委会；李建国参加省文联第七次代表大会开幕式、省委常委会。

12月25日，喻红秋会见罗阳同志先进事迹报告团，并主持罗阳同志先进事迹报告会。

12月26日，喻红秋出席省文联第七次代表大会闭幕式并作讲话；出席省文化产业示范基地授牌仪式，李建国、袁华参加。

12月27日，喻红秋出席第十五届中国科协年会贵州筹备工作领导小组第一次会议，李建国参加；出席全省控辍保学工作电视电话会。

12月27日，谢念参加省政府常务会议。

12月29日，杨兴举到平坝县参加全省2013年“三下乡”集中示范活动暨启动仪式、贵州电视台“2012全省中小学校‘祖国好·家乡美’”主题系列活动颁奖典礼。

干 部 队 伍

2012年全省宣传干部统计表

单 位	编制数	2012年在职数
中共贵州省委宣传部	109	90
中共贵阳市委宣传部	54	52
中共遵义市委宣传部	28	25
中共六盘水市委宣传部	25	22
中共安顺市委宣传部	20	18
中共黔南州委宣传部	29	19
中共黔东南州委宣传部	20	19
中共黔西南州委宣传部	19	19
中共铜仁市委宣传部	17	17
中共毕节市委宣传部	18	17

贵阳市

市 别	编制数(人)	在职数(人)
贵阳市委宣传部	54	52

区(县)别	宣传部机关		乡 镇		社区服务中心	
	行政编制数	在职数	乡镇数	宣传委员数	社区数	宣传委员数
云岩区委宣传部	15	12	1	1	26	26
南明区委宣传部	12	12	4	4	19	19
花溪区委宣传部	10	10	9	9	18	18
乌当区委宣传部	10	10	8	8	5	5
白云区委宣传部	8	7	5	5	6	6
观山湖区委宣传部	6	6	3	6	8	8
清镇市委宣传部	13	12	9	9	5	5
修文县委宣传部	7	6	10	10	1	1
开阳县委宣传部	11	9	16	16	2	0
息烽县委宣传部	9	10	10	10	1	0

遵义市

市　别	编制数(人)	在职数(人)
遵义市委宣传部	28	25

区(县)别	宣传部机关		乡　镇		街　道	
	行政编制数	在职数	乡镇数	宣传委员数	街道数	宣传委员数
仁怀市委宣传部	13	13	18	18(兼职)	3	3(兼职)
桐梓县委宣传部	12	15	24	24(兼职)		
湄潭县委宣传部	10	10	15	15(兼职)		
遵义县委宣传部	12	12	30	30(兼职)		
赤水市委宣传部	9	9	14	14(兼职)	3	3(兼职)
正安县委宣传部	10	10	19	19(兼职)		
道真县委宣传部	6	8	14	14(兼职)		
余庆县委宣传部	9	9	10	10(兼职)		
习水县委宣传部	10	8	23	23(兼职)		
凤冈县委宣传部	8	8	14	14(兼职)		
红花岗区委宣传部	10	8	7	7(兼职)	8	8(兼职)
绥阳县委宣传部	9	6	15	15(兼职)		
务川县委宣传部	9	10	15	15(兼职)		
汇川区委宣传部	7	7	6	6(兼职)	3	3(兼职)
新蒲新区			2	2(兼职)		

六盘水市

市　别	编制数(人)	在职数(人)
六盘水市委宣传部	25	22

区(县)别	宣传部机关		乡　镇		街　道	
	行政编制数	在职数	乡镇数	宣传委员数	街道数	宣传委员数
六枝特区党委宣传部	12	12	19	19(兼职)	25(社区)	
盘县县委宣传部	14	13	37			
水城县委宣传部	11	10	33	33(兼职)	3(社区)	3(兼职)
钟山区委宣传部	7	6	5		4	

安顺市

市　别	编制数(人)				在职数(人)			
安顺市委宣传部	行政20人,事业26人				行政在职18人,事业在职22人			
区(县)别	宣传部机关				乡　镇		街　道	
	行政编制数	在职数	事业编制数	在职数	乡镇数	宣传委员数	街道数	宣传委员数
西秀区委宣传部	10	10	33	26	15(含龙宫镇)	15	6	6
平坝县委宣传部	9	8	10	7	7	7(兼职)	2	2(兼职)
普定县委宣传部	7	6	31	17	11	11(兼职)	0	0
镇宁县委宣传部	10	8	42	28	15	15		
关岭县委宣传部	8	7	10	1	13	13		
紫云县委宣传部	8	9	12	5	12	12(兼职)		
黄果树风景名胜区工委宣传部	2	0	7	0	2	2	0	0
安顺经济技术开发区工委宣传部	2	0	7	2	2	2	1	1

黔南自治州

市　别		编制数(人)		在职数(人)	
黔南自治州委宣传部		29		19	
县市区党委宣传部名称	宣传部机关		乡　镇		街　道	
	行政编制数	在职数	乡镇数	宣传委员数	街道数	宣传委员数
都匀市委宣传部	11	11	18	18	5	5
福泉市委宣传部	6	6	15	15	2	2
瓮安县委宣传部	9	8	23	23	0	0
贵定县委宣传部	6	6	20	20	0	0
龙里县委宣传部	6	7	14	14	0	0
惠水县委宣传部	6	14	25	25	0	0
长顺县委宣传部	5	5	17	0	0	0
罗甸县委宣传部	7	7	26	26	0	0
平塘县委宣传部	7	4	19	19	0	0
独山县委宣传部	7	7	18	18	0	0
荔波县委宣传部	6	5	17	17	0	0
三都县委宣传部	7	17	21	21	0	0

黔东南自治州

市　别	编制数(人)	在职数(人)
黔东南自治州委宣传部	20	19

区(县)别	宣传部机关		乡　镇		街　道	
	行政编制数	在职数	乡镇数	宣传委员数	街道数	宣传委员数
凯里市委宣传部	9	8	9	9	6	6
丹寨县委宣传部	5	5	7	7		
麻江县委宣传部	6	5	9	9		
黄平县委宣传部	7	6	14	14		
施秉县委宣传部	6	7	8	8		
镇远县委宣传部	7	8	12	12		
岑巩县委宣传部	6	5	11	11		
三穗县委宣传部	6	6	9	9	4(社区)	4
天柱县委宣传部	7	6	16	16		
锦屏县委宣传部	7	6	15	15		
黎平县委宣传部	8	6	25	25		
从江县委宣传部	7	9	21	21		
榕江县委宣传部	6	5	19	19		
雷山县委宣传部	6	6	9	9		
台江县委宣传部	6	6	8	8	3(社区)	3
剑河县委宣传部	5	4	12	12	2	2

黔西南自治州

市　别	编制数(人)	在职数(人)
黔西南自治州委宣传部	19	19

区(县)别	宣传部机关		乡　镇		街　道	
	行政编制数	在职数	乡镇数	宣传委员数	街道数	宣传委员数
兴义市委宣传部	13	9	22	22(兼职)	8	8(兼职)
兴仁县委宣传部	7	6	13	13(兼职)	4	4(兼职)
晴隆县委宣传部	6	7	14	14(兼职)	0	0
贞丰县委宣传部	6	4	13	0	0	0
册亨县委宣传部	6	3	14	0	0	0

铜仁市

市　别	编制数(人)	在职数(人)
铜仁市委宣传部	17	17

区(县)别	宣传部机关		乡　镇		街　道	
	行政编制数	在职数	乡镇数	宣传委员数	街道数	宣传委员人数
碧江区委宣传部	8	5	9	9(兼职)	4	4(兼职)
玉屏县委宣传部	5	5	5	5(兼职)	0	0(兼职)
万山区委宣传部	6	5	8	8(兼职)	1	1(兼职)
松桃县委宣传部	12	12	28	28(兼职)	0	0(兼职)
江口县委宣传部	6	6	9	9(兼职)	0	0(兼职)
思南县委宣传部	10	8	27	27(兼职)	0	0(兼职)
石阡县委宣传部	9	9	18	18(兼职)	0	0(兼职)
德江县委宣传部	6	6	20	20(兼职)	0	0(兼职)
印江县委宣传部	7	6	17	17(兼职)	0	0(兼职)
沿河县委宣传部	9	9	22	22(兼职)	0	0(兼职)

毕节市

市　别	编制数(人)	在职数(人)
毕节市委宣传部	18	17

区(县)别	宣传部机关		乡　镇		街　道	
	行政编制数	在职数	乡镇数	宣传委员数	街道数	宣传委员数
七星关区委宣传部	15	14	32	32	6	6
大方县委宣传部	12	9	32	32	16	16
黔西县委宣传部	10	10	26	26	8	8
金沙县委宣传部	9	7	26	26	6	6
织金县委宣传部	8	8	32	32	7	7
纳雍县委宣传部	9	9	25	25	5	5
威宁县委宣传部	10	10	35	35	10	10
赫章县委宣传部	12	10	27	27	3	3
百里杜鹃管委会宣传部	6	4	4	4	0	0

全省宣传文化系统领导干部名单

（2012年内任职）

一、省委宣传部

谌贻琴（女） 省委常委、宣传部部长、省社科联主席（2012年5月离任）

喻红秋（女） 省委常委、宣传部部长、省社科联主席（2012年5月任职）

姚 远 副部长、贵州日报报业集团党委书记、社委会主任、社长

李建国 常务副部长

杨兴举 副部长、省文明办主任

周晓云 副部长

谢 念 副部长（2012年2月任职）

袁 华 多彩贵州文化产业发展中心主任

张云泓 秘书长（2012年2月任职）

哈思挺 省委外宣办（省政府新闻办）专职副主任（2012年2月任职）

朱文东 省文明办专职副主任（2012年5月任职）

二、省直宣传文化系统

省委讲师团

谢 一 团长

涂 冰 专职纪检员

吴兰书 副团长

省文化厅

徐 圻 党组书记（2012年2月免职）、厅长

许 明 党组书记（2012年2月任职）、副厅长

黎盛翔 副厅长

邓 健 副厅长（2012年7月离任）

宋 健 副厅长（2012年5月离任）

张明辉 副厅长

王红光 党组成员、省文物局局长

孔 锦 纪检组长

袁 伟 副厅长（2012年6月任职）

省广播电视局

白芳芹 党组副书记、局长

胡德怀 党组成员、副局长

秦 川 党组成员、副局长

张 超 党组成员、副局长

胡建华 党组成员、总工程师

杨丽华 党组成员、纪检组长（2012年6月任职）

省新闻出版局

刘援朝 党组书记、局长（2012年5月离任）

黄定承 党组书记、局长（2012年5月任职）

宫喜祥 党组副书记、副局长（正厅长级、2012年11月任职）

杨庆武 副局长

耿 杰 副局长

李克顺 纪检组长（2012年8月任职）

省社科院

金安江 党委书记

吴大华 党委副书记、院长

吴廷述 副院长（正厅长级）

王朝新 副院长

雷厚礼 副院长（2012年5月离任）

逯献珉 纪委书记

唐显良 机关党委书记

宋 明 副院长（2012年5月任职）

省文联

顾 久 主席（2012年12月任职）

李碧川 党组书记、副主席

杨长槐　主席(2012年12月离任)

李　昂　副主席(2012年6月离任)

李远刚　副主席(2012年8月任职)

汪信山　副主席

徐凡军　秘书长

欧阳黔森　副主席

李崇明　机关党委书记

陈加林　副主席(2012年12月任职)

彭治力　副主席(2012年12月任职)

张绪晃　专职纪检员(2012年11月任职)

省社科联

唐福金　党组书记、副主席

林永菁　党组副书记、副主席

吴黔斌　党组成员、秘书长

陈新义　党组成员、专职纪检员、机关党委书记

贵州日报报业集团

姚　远　省委宣传部副部长、党委书记、社委会主任、社长

刘庆鹰　党委副书记、社委会副主任、总经理

霍邢平　党委副书记、社委会副主任、总编辑

张　兴　党委委员、社委会委员、副总编辑

王贤赓　党委委员、社委会委员、副总经理

曾定洪　党委委员、社委会委员、总会计师

万　群　党委委员、社委会委员、副总编辑

孙明强　党委委员、社委会委员、机关党委书记

陈　麟　党委委员、社委会委员、纪委书记

谢登科　贵州日报社(贵州日报报业集团)党委委员、副总编辑(2012年9月任职)

贵州广播电视台

白芳芹　贵州广播电视台党委书记、台长

贵州广电传媒集团有限责任公司党委书记、董事长

肖凯林　贵州广播电视台党委副书记、总编辑

晏世忠　贵州广播电视台党委副书记、副台长

贵州广电传媒集团有限责任公司党委副书记、副董事长、总经理

李正亚　贵州广播电视台党委委员、副台长(2012年8月任职)

谢家谊　贵州广播电视台党委委员、副台长(2012年8月任职)

陈海宇　贵州广播电视台党委委员、副台长(2012年8月任职)

杨茂林　贵州广播电视台党委委员、副台长(2012年8月任职)

邹　虹　贵州广播电视台党委委员、副总编辑(2012年8月任职)

吴　涛　贵州广播电视台党委委员、纪委书记(2012年8月任职)

贵州出版集团公司

许　明　党委书记、董事长(2012年2月离任)

彭晓勇　党委书记、董事长(2012年5月任职)

宋　健　党委副书记、副董事长、总经理(2012年5月任职)

童　俭　党委副书记、纪委书记

李立朴　党委委员、副总经理

施建新　党委委员、副总经理

宛志贤　党委委员、副总经理(2012年3月离任)

当代贵州杂志社

赵宇飞　社长、当代贵州期刊传媒集团有限责任公司党委书记、董事长

奚晓阳　总编辑

陈　红　副总编辑

王健明　副总编辑

贵州人民出版社有限公司

曹维琼　党委书记、董事长、总经理

苏　桦　党委委员、总编辑

陈　荣　党委委员、副总编辑

王　平　党委委员、副总经理、副社长

多彩贵州文化产业发展中心

袁　华　主任

蒋贵吾　副主任

胡　蓉　副主任(2012年12月任职)

三、各市(州),县(市、区、特区)党委宣传部

贵阳市委宣传部

兰义彤(女) 市委常委、宣传部长

陈 萌 常务副部长

侯 楠 副部长、市文明办主任、市孔学堂管理处处长(兼)

孙 波 副部长(兼)、贵阳日报传媒集团党委书记、社长

唐 矛 副部长

李 毅 机关党委书记

区(县)党委宣传部

段蓓云 岩区区委常委、宣传部长

刘永贤(女) 南明区区委常委、宣传部长

王光华 花溪区区委常委、宣传部长、统战部长

郭 琳(女) 乌当区区委常委、宣传部长

任 萍(女) 白云区区委常委、宣传部长

郝天宝 观山湖区区委常委、宣传部长

吴筑蓉(女) 清镇市市委常委、副市长、宣传部长

吕念东(女) 修文县县委常委、宣传部长(2012年10月离任)

方玉明 开阳县县委常委、宣传部长

王永平 息烽县县委常委、宣传部长(2012年1月离任)

李福燕(女) 息烽县县委常委、宣传部长(2012年1月任职)

遵义市委宣传部

田茂松 市委常委、宣传部长

胡凤海 常务副部长

周国栋 副部长、文明办主任

王继松 副部长

雷 洪 副部长

毛 锐 文明办专职副主任

县(市、区)党委宣传部

周玉新(女) 红花岗区区委常委、宣传部长

朱 煜 汇川区区委常委、宣传部长

王 飞 仁怀市市委常委、宣传部长

马 华 赤水市市委常委、宣传部长

张明勇 遵义县县委常委、宣传部长

刘 进 桐梓县县委常委、宣传部长

杨 松 习水县县委常委、宣传部长

牟 维 湄潭县县委常委、宣传部长

马朝群(女) 凤冈县县委常委、宣传部长

杨再芬(女) 余庆县县委常委、宣传部长

赵 薇(女) 绥阳县县委常委、宣传部长

郑 娟(女) 正安县县委常委、宣传部长

蒋正海 道真自治县县委常委、宣传部长

杨 怡(女)务川自治县县委常委、宣传部长

六盘水市委宣传部

杨宏远 市委常委、宣传部长

龚远鹏 常务副部长

林书华(女) 副部长、文明办主任

袁国中 副部长、六盘水日报社总编辑

姚 斌 文明办专职副主任(2012年4月任职)

李 黎(女) 副部长(2012年6月任职)

陈 松 六枝特区常委、宣传部长

段 芳(女) 盘县县委常委、宣传部长

李 勇 水城县县委常委、宣传部长(2012年4月任职)

张群芳(女) 钟山区区委常委、宣传部长

安顺市委宣传部

杨晓曼(女) 市委常委、宣传部长

薛 奎 常务副部长(2012年2月离任)

梁正志 常务副部长(2012年2月任职)

杨 帆 副部长(2012年10月离任)

罗迎贤 副部长(2012年11月离任)

杨 平 副部长、文明办主任(2012年2月离任)

邓 勇 副部长、文明办主任(2012年2月任职)

郑汝林 副部长、市委外宣办主任(2012年5月加任市委外宣办主任)

朱海波 副部长(2012年10月任职)

县(市、区)党委宣传部

佟建安 西秀区区委常委、宣传部长

郑 桦(女) 平坝县县委常委、宣传部长

姜开贵 普定县县委常委、宣传部长(2012年

5月离任)

邱继松　普定县县委常委、宣传部长(2012年5月离任)

韦　英(女)　镇宁自治县县委常委、宣传部长

顾新蔚(女)　紫云自治县县委常委、宣传部长

赵宗舜　关岭自治县县委常委、宣传部长

毕节市委宣传部

胡吉宏　市委常委、常务副市长、宣传部长

唐光星　常务副部长

黄中华　副部长、讲师团团长

司　晋　副部长

曾凡亚　副部长

县(区)党委宣传部

何友谊　七星关区区委常委、宣传部长

徐　萍(女)　大方县县委常委、宣传部长

雷　奕(女)　黔西县县委常委、宣传部长

魏其凯　金沙县县委常委、宣传部长

陈石光　织金县县委常委、宣传部长

黄开华　纳雍县县委常委、宣传部长(2012年8月离任)

李　涛　纳雍县县委常委、组织部长、宣传部长(2012年8月任职)

李　茂　威宁县县委常委、宣传部长

甘红梅(女)　赫章县县委常委、宣传部长

徐书云(女)　百里杜鹃党工委委员、宣传部长

铜仁市委宣传部

刘　婕(女)　市委常委、宣传部长

张选明　常务副部长

任坚强(女)　副部长、文明办主任

田　琼　副部长

庹　颖(女)　副部长

龙天平　市委外宣办主任

卫建和　市文明办专职副主任

县(区)党委宣传部

杜　吉(女)　沿河县县委常委、宣传部长

杨芳权　石阡县县委常委、宣传部长

代忠义　印江县县委常委、宣传部长

罗时跃　江口县县委常委、宣传部长

王慧英(女)　万山区县委常委、宣传部长

陈丽玲(女)　玉屏县县委常委、宣传部长

张　萍(女)　碧江区区委常委、宣传部长

杨红军　松桃县县委常委、宣传部长

张　勇　德江县县委常委、宣传部长(2012年5月任职)

杨雪峰　思南县县委常委、宣传部长(2012年4月任职)

黔东南自治州委宣传部

唐官莹(女)　州委常委、宣传部长

杨兰田　常务副部长(2012年5月任职)

文必武　副部长(2012年11月任职)

陆居超　副部长

杨再新　常务副部长(2012年5月离任)

王　蕾(女)　副部长(2012年9月离任)

县(区)党委宣传部

杨宗振　凯里市市委常委、宣传部长(2012.12任职)

廖尚勇　凯里市市委常委、宣传部长(2012.11离任)

王万敏(女)　麻江县县委常委、宣传部长

彭　瑶(女)　丹寨县县委常委、宣传部长

吴朝兴　黄平县县委常委、宣传部长

刘昌文　施秉县县委常委、宣传部长

杨丽春(女)　镇远县县委常委、宣传部长

陈永祥　岑巩县县委常委、宣传部长

衮政豪　三穗县县委常委、宣传部长

潘金海　天柱县县委常委、宣传部长(2012年12月任职)

黄　欣(女)　天柱县县委常委、宣传部长(2012年12月离任)

范烈梅(女)　锦屏县县委常委、宣传部长

高凌平(女)　黎平县县委常委、宣传部长

李峥嵘(女)　从江县县委常委、宣传部长

唐　萍(女)　榕江县县委常委、宣传部长

韦通贤　雷山县县委常委、宣传部长(2012年8月任职)

茹　捷　雷山县县委常委、宣传部长(2012年8月离任)

李志勇　台江县县委常委、宣传部长(2012年12月任职)

潘金海　台江县县委常委、宣传部长(2012 年 12 月离任)

杨银珍(女)　剑河县县委常委、宣传部长

黔南自治州委宣传部

罗桂荣　州委常委、宣传部长、统战部长、社科联主席

蒋海航　常务副部长

黄光兴　副部长、州文联党组书记、主席

伍强力　副部长、州文明办主任

县(市、区)党委宣传部

杨　艳(女)　都匀市市委常委、宣传部长

梁玉林　福泉市市委常委、宣传部长

曾　薇(女)　瓮安县县委常委、宣传部长

郑　琴(女)　贵定县县委常委、宣传部长

陈　宇　惠水县县委常委、宣传部长

万红梅(女)　长顺县县委常委、宣传部长

汪永丽(女)　龙里县县委常委、宣传部长

晏江婷(女)　罗甸县县委常委、宣传部长

杨　东　平塘县县委常委、宣传部长

钟少兰(女)　独山县县委常委、宣传部长

覃友寿　三都县县委常委、宣传部长

韦鸿敏　荔波县县委常委、宣传部长

黔西南自治州委宣传部

杨　骏　州委常委、宣传部长(2012 年 9 月离任)

罗春红(女)　州委常委、宣传部长(2012 年 10 月任职)

周茂萍(女)　常务副部长

张春山　副部长、州文产办主任

陆才美(女)　副部长(2012 年 5 月任职)

戴时昌　纪检组长(2012 年 5 月任职)

李国社　州文明办主任(2012 年 5 月离任(病逝))

杨建萍(女)　州文明办主任(2012 年 5 月任职)

刘亚萍(女)　州委外宣办(州政府新闻办)主任

县(市、区)党委宣传部

张玉龙　兴义市市委常委、宣传部长

邱国权　兴仁县县委常委、宣传部长

陈　磊　安龙县县委常委、宣传部长

王才丽(女)　贞丰县县委常委、宣传部长

刘凡林　晴隆县县委常委、宣传部长

陈建林　普安县县委常委、宣传部长

林昌平　册亨县县委常委、宣传部长

林凤娥(女)　望谟县县委常委、宣传部长(2012 年 2 月任职)